U0925621

BTV
2019 BEIJING TELEVISION
YEARBOOK

《北京电视台年鉴》编辑部 编

北京日报出版社

编辑说明

一、《北京电视台年鉴》以较翔实的图文资料，客观记述北京电视台在宣传业务、技术工作、队伍建设、事业发展、产业经营等各个方面的基本情况，反映电视事业产业的发展变化，是一部综合性资料工具书和史料文献的大型年刊。

二、本年鉴于2008年创刊，每年编印一卷，主要记录和反映北京电视台上一年度的宣传情况和各项事业产业发展成果。

三、本年鉴以马克思列宁主义、毛泽东思想、邓小平理论、“三个代表”重要思想、科学发展观、习近平新时代中国特色社会主义思想为指导，坚持实事求是的编辑方针，坚持“贴近实际，贴近生活，贴近群众”的宣传原则，为广大电视工作者以及社会各界了解和研究北京电视台提供可靠信息。

四、对本年鉴有关栏目的几点说明。

《图片》——主要收录反映2018年北京电视台各方面情况的照片。

《特载》——收录上级领导对本台的批示及台领导撰写的有关文章和重要讲话。

《概况》——概要记录全台各部门一年中主要的工作情况。

《典型经验》——选录有关业务工作的经验、体会文章。

《专项纪事》——重点记述年限内发生的大事、要事。

《频道·栏目》——介绍各频道的基本情况、栏目设置、优秀栏目。

五、《北京电视台年鉴》的编辑工作得到本台各级领导及有关部门的关心和大力支持，在此一并表示感谢。对本书的疏漏之处与不足，恳请批评指正。

北京电视台史志办（本刊编辑部）

《2019北京电视台年鉴》编辑委员会

朱礼庆　影视剧中心副主任
宗燕红　财经节目中心主任
焦少波　体育节目中心主任
赵　彤　生活节目中心主任
秦新春　动画节目中心主任
严　崴　科教节目中心主任，新纪实（北京）传媒投资有限公司法定代表人、董事长、总经理
崔　岩　北京国际电影节有限公司法定代表人、执行董事、总经理，北京国际电影节运行中心副主任（主持工作）
王立冬　播出部副主任（主持工作）
林　平　制作部主任
朱雨稼　转播传送部主任
王晓龙　动力部主任
刘晓光　技术设备管理部主任
周旭辉　信息网络管理部主任
刘绍芬　老干部工作办公室主任
朱晓宇　招投标管理工作领导小组办公室主任
刘方平　北京电视产业发展集团有限公司法定代表人、董事长、总经理
宋　毅　北京卡酷传媒有限公司副总经理（主持工作）
金　川　北京京视传媒有限责任公司法定代表人、总经理，北京紫禁城影业有限责任公司法定代表人、董事长、总经理（兼）
姜培军　北京电视台黄金海岸培训中心法定代表人、总经理
郑　星　北京北视英特维文化传播有限公司法定代表人、董事长、总经理
牛振青　北京京视卫星传媒有限责任公司法定代表人、董事长
赵峥铮　北京京视电广传媒有限责任公司法定代表人、董事长、总经理
李晓玥　北京京视体育发展有限责任公司副总经理（主持公司工作）
孙海峰　北京电视台培训中心法定代表人、理事长

《2019北京电视台年鉴》编辑部

主　　编：彭司海
副 主 编：王　昕
编　　辑：胡　泊　魏向东
特约编辑：李　卓　党委办公室
石　豪　党委办公室
秦　爽　办公室
李　毅　办公室
王　瑾　总编室
李　玲　研究发展部
张　颖　监察审计办公室
方辰杰　工会办公室
张兰岚　人事部
陈松悦　计划财务部
高红星　行政部
陶小群　保卫部
张向华　基建办公室
孙元元　广告部
吴　峰　经营管理部
王　寅　卫视节目中心
吴亚琦　卫视节目中心
张文天　新闻节目中心
宋晓月　新闻节目中心
杨东晓　文艺节目中心
鲁　盾　科教节目中心
杜　蕾　影视剧中心
孙慕瑶　财经节目中心
赵　硕　财经节目中心
汪　荦　体育节目中心

谷　华　生活节目中心
康　健　青少·海外节目中心
韩　旭　动画节目中心
高宇博　纪实频道节目中心
姜　宣　北京国际电影节运行中心
安　宁　北京国际电影节运行中心
王安琪　总工程师办公室
刘新同　播出部
王建业　制作部
段　然　转播传送部
付　谦　技术设备管理部
张　伟　信息网络管理部
孙少英　动力部
梁　爽　老干部工作办公室
杨　莹　招投标办公室
李　莉　北京电视产业发展集团
许　伟　北京京视传媒有限责任公司
杨　帆　北京京视卫星传媒有限责任公司
刘　敏　北京紫禁城影业有限责任公司
郝思嘉　北视英特维文化传播有限责任公司

▲ 2月15日，北京市委常委、宣传部部长杜飞进来到北京电视台慰问一线坚守岗位的职工并向全台职工致以新春问候

▲ 北京电视台台长李春良（右一）向杜飞进部长（中一）介绍情况

▲ 4月15日晚，中宣部常务副部长王晓晖（右一），中宣部副部长、中央广播电视总台台长慎海雄（右二）出席第八届北京国际电影节开幕式

▲ 4月15日晚，中宣部副部长、中央广播电视总台台长慎海雄宣布电影节开幕

▲ 4月15日，北京市委常委、宣传部部长杜飞进（中）在第八届北京国际电影节开幕式典礼前检查红毯仪式准备情况

◀ 4月15日，北京市副市长王宁（中），北京市广电局局长杨烁（右一）在第八届北京国际电影节开幕式典礼前视察最后准备情况

▲ 1月22日，北京电视台党委副书记、纪委书记彭司海，总工程师田方在北京市两会开幕前赴两会驻地进行工作检查指导

▲ 3月6日，北京电视台总编辑王珏、副总编辑艾冬云来到第十三届全国人大一次会议北京代表团驻地，亲切看望慰问参与全国两会报道的北京电视台前方编辑记者和技术保障人员

▲ 4月15日晚，第八届北京国际电影节开幕式在雁栖湖国际会展中心举办

▲ 4月22日晚，第八届北京国际电影节闭幕式暨颁奖典礼在雁栖湖国际会展中心举办，“天坛奖”国际评委会主席王家卫总结评奖工作

▲ 8月27日，北京广播电视台融媒体中心成立仪式在北京电视台举行

▲ 北京市委宣传部常务副部长赵卫东和北京广播电视台台长李春良共同为融媒体中心启动揭幕

10月23日，“永定河文化之旅”启动仪式在永定河畔举行 ▶

◀ 数十家媒体记者和数十位专家学者参加此次新闻行动

▲ 新闻中心栏目《新时代新担当新作为》记者采访世园会中国馆建设者

◀ 新闻中心记者在北京奶牛中心延庆基地采访全国劳模丛慧敏

▲ 北京电视台2018年春节联欢晚会

▲ 北京电视台跨年冰雪晚会

▲ 北京榜样2018颁奖典礼

▲《智享未来——2018机器人大联欢》

▲《将改革开放进行到底》论坛

▲ 纪录片《生于1978》

▲ 《嗨！东盟》摄制组拜访缅甸旅游部

▲ 《生活这一刻》主持人演播室工作照

大型历史人文纪录片《这里是通州》11月19日-24日首播

《童声英雄》主持人和小歌手合影

艾冬云副总编和主创人员审看纪录片《中关村——四十年的足迹》成片

《创意中国》第二季

《传承中国》

《上新了・故宫》

《向前一步》

《改革开放 关键一招》

▲ 电视剧《决胜》

▲ 电视剧《美好生活》

▲ 电视剧《好久不见》

▲ 电视剧《归去来》

◀ 电视剧《真爱的谎言之破冰者》

◀ 电视剧《脱身》

◀ 电视剧《面具》

◀ 电视剧《合伙人》

▲ 电视剧《那些年，我们正年轻》

▲ 电视剧《正阳门下小女人》

▲ 电视剧《娘道》

▲ 电视剧《幸福一家人》

▲ 电视剧《大江大河》

▲ 2月6日，北京电视台学习贯彻党的十九大精神暨三项学习教育集中培训

▲ 3月30日，北京电视台2018年党建工作会暨党支部书记述职评议会

基建办与监审办党员一同到新机场学习

9月20日，北京电视台与南郎社区开展区域化党建联学联建活动

▲ 北京电视台2018年工作会议

▲ 北京电视台绩效考核评审会

▲ 北京市委第七巡视组巡视北京广播电视台党委工作动员会

▲ 北京电视台开展因公出国培训

▲ 2017年度北京电视台优秀女职工及优秀集体表彰活动

▲ 北京电视台“为爱捐书”公益活动

▲ 北京电视台2018年职工乒乓球团体赛

▲ 北京电视台2018年职工羽毛球团体赛

▲ 北京电视台老干部活动

▲ 北京日报领导到北京电视台调研

▲ 北京市信访办领导就“听民意解民忧”专题报道与北京电视台领导座谈

▲ 北京电视台与内蒙古电视台开展务实合作

◀ 黑龙江省北安市宣传部到北京电视台调研

▲ 港澳台青年媒体代表团到北京电视台参观座谈

▲ 上海合作组织成员国的13家主流媒体记者、高级管理人员一行到北京电视台参观考察

▲ 发展中国家主流媒体部级研讨班来北京电视台参观座谈

目　录

特　载

概　况

专项纪事

技术管理和新技术应用

典型经验

组织机构

频道　栏目

调研报告　收视调查

获奖　表彰

节目播出时间表

广告价格表

大事记

索　引

特　　载

汇聚 BTV 人砥砺奋进的磅礴力量
奋力开创全台事业发展的崭新篇章

——在北京电视台 2018 年工作会议上的讲话

北京电视台党委书记、台长　李春良

（2018 年 2 月 8 日）

今天，我们在这里召开北京电视台 2018 年工作会议，主要任务是学习贯彻习近平新时代中国特色社会主义思想和十九大精神，传达学习北京市宣传部长会议精神，总结工作，研判形势，部署任务，动员全台干部职工振奋精神，全力以赴做好 2018 年工作。

会前，我们播放了视频短片，印发了光荣册。刚才，韦小玉同志传达了北京市宣传部长会议精神，彭司海同志通报了 2017 年工作总结和 2018 年工作要点，希望大家认真领会，抓好落实。会上，我们还表彰了一批优秀节目，希望各个部门再接再厉，拿出更多精品。4 位同志作了典型发言，讲得都很好，他们的经验和工作精神值得大家学习借鉴。我们还签订了各项责任书，希望大家扛起责任、落实好责任。下面，我主要讲三方面内容。

一、2017 年主要工作成绩

2017 年是政治大年，也是我们台加快转型发展的关键一年。面对前所未有的挑战和压力，全台干部职工以前所未有的付出，出色完成了各项工作任务。主要体现在以下八个方面：

一是十九大宣传报道彰显主流媒体责任担当。我们举全台之力重拳推出以新闻报道为主阵地，以“纪录片 + 专题片 + 公益宣传片”“影视剧 + 综艺 + 栏目”为两翼的内容矩阵，持续发力，动态跟进，策划推出《喜迎十九大》《砥砺奋进的五年》《十九大时光》《新时代新气象新作为——践行十九大精神基层行》等 10 多个专栏，累计报道 230 余篇，充分展示北京市改革发展成就，迅速掀起学习贯彻十九大精神的热潮，受到中宣部、国家新闻出版广电总局、市委宣传部等多次表扬。

二是重大主题报道浓墨重彩。紧紧围绕“两贯彻一落实”，围绕建军 90 周年等重大时间节点，围绕京津冀协同发展、疏解整治促提升等重大主题，推出了《扬帆》《我的新北京》《寻踪英雄路》《还看今朝·北京篇》等大型专题片，开设了《今晨大家谈》《市民对话一把手》《见证 2017》《跨越 2017》等一大批专栏专题节目，完成了《共建丝路　共赢发展》《从胜利走向胜利》等大型直播报道，形成了昂扬向上的主流舆论，有力服务了全市中心工作。《中国梦 365 个故事·生命线》《“限塑令”为何名存实亡》获第 27 届中国新闻奖，各频道 18 个节目获第 26 届北京新闻奖。

三是全平台竞争力稳中有升。在头部卫视竞争异常激烈的情况下，北京卫视全国市场份额继续保持增长，排名连续5年位居第四，晚间时段稳坐第三，以前所未有的幅度缩小着与前三大卫视的差距。卡酷少儿频道全国竞争力显著提升，强势挺进省级卫视十强。新闻、文艺、科教、影视、生活、体育、财经、青年、纪实等频道都在巨大的“双收”压力下顽强坚守，为稳固平台整体实力做出了重大贡献。

四是优质品牌节目迸发新活力。BTV春晚连续4年蝉联大年初一晚会收视冠军；跨年冰雪盛典三地联动三台同播，创新跨年晚会样态；《跨界歌王》等节目诠释跨界精神，引领跨界风潮；《传承者》《非凡匠心》弘扬民族精神，传播文化自信；《生命缘》《但愿人长久》《暖暖的新家》贴近火热生活，传递人间真情；《档案》《养生堂》立足核心优势，《跨年灯光秀》《军情解码》《每日文娱播报》《生活这一刻》等一系列节目保持鲜明特色，节目品牌更加深入人心；高水平承办第七届北京国际电影节，圆满完成7大主题板块300多项活动，多项数据都创了历史新高。

五是经营创收创历史最好成绩。在电视广告整体下滑的严峻形势下，经营与节目部门协同作战，拧成一股绳，不断开拓经营创收空间，全台自主经营创收实现逆势上扬，同比提升近3成，也就是比上一年增长30%，取得历史性突破，同时我们还超额完成了北京市财政下达的减亏目标任务。

六是技术保障能力持续加强。全台狠抓安全制度建设，完善应急预案，开展应急演练，强化运行维护，确保了十九大重保期播出安全零事故，得到总局和市委宣传部领导的高度肯定和批示表扬。全年完成50多个项目技术改造，融合媒体生产云、融合新闻业务系统等重大项目扎实推进；及时排除勒索病毒干扰，确保了台内网络安全；连续9年摘得广电领域技术最高奖项——“金帆奖”。

七是绩效考核和内部管理成效显著。继续加强以收视、收入、利润为主的绩效考核，有效激发了生产活力。积极推进节目创新，提出了设立创新基金、完善创新机制等方案举措；狠抓精细化管理，落实“以收定支，收支平衡”财务管理模式，达到了优化资源配置、提质增效的目的；安全保卫、物业管理、餐饮保障等平稳运行；老干部工作、工会工作扎实开展。

八是从严治党工作深入推进。“两学一做”学习教育常态化、制度化，搭建“智慧党建”APP创新平台，得到市领导的高度评价；党支部规范化建设试点工作扎实开展，全台党建工作迈上新台阶。狠抓纪检监察审计工作实施意见落地，认真完成巡视整改任务，监督全覆盖逐步落实，监督执纪问责起到了有效的警示和震慑作用。

除以上八个方面成绩外，我还有三个典型的事例和大家分享。第一个就是跨年冰雪盛典。当时崇礼和哈尔滨气温在零下二三十摄氏度，风一吹眼泪瞬间结冰，外地的同行都认为我们的晚会不可能办成。就是在这样的极端天气下，我们的同志克服身体极限，克服种种困难，以常人难以想象的毅力，把不可能的事情变成了现实。第二个就是“一带一路”新闻行动。我们记者采访的一些地区武装冲突和恐怖袭击时有发生，在巴基斯坦采访时他们身边就发生了一起恐怖袭击事件，但我们的记者没有退缩，想方设法坚持了下来，出色地完成了报道任务。第三个就是制作部演播二科在科长的带领下编写了《800 平米演播室应急操作手册》，按照手册可以在 3 秒内快速处理播出故障，还耗时两年完成了 80 多万字的《演播室视、音频实用技术指南》。没有人要求他们这样做，这是他们自发自觉、主动作为，体现出了对电视台的满腔热爱。其实像这样的例子还有很多，由于时间关系我就不一一列举了。应该讲，2017 年对于北京电视台是很不平凡的一年，全台各项工作卓有成效，大台风范有力彰显，呈现出昂扬向上、奋发提升的良好态势。这些成绩来之不易，倾注着大家的心血和汗水，凝聚着大家的拼搏与奉献。在实际工作中，我们常常看到大家以台为家、加班加点、不辞辛劳；大家团结一心、攻坚克难，既是在拼搏，更是在拼命；大家面对巨大的困难和压力，始终保持着“奔跑者”的状态，变压力为动力，把一个个“不可能”变成了“可能”，把一个个“简单”做成了“不简单”；大家不忘媒体人的初心，始终以匠心情怀对待每一个节目、每一件事情。这就是我们的同志，这就是我们的奉献精神、匠心精神和职业素养，这就是 BTV 人的情怀和担当！在这里，我代表总台党委，代表电视台党委和全体班子成员，向全台干部职工表达深深的敬意，对大家一年来的辛勤付出表示衷心的感谢！

二、关于当前的形势

2018 年是一个非常关键、极其重要的时间节点。从国家层面来看，今年是贯彻落实十九大精神的开局之年，是改革开放 40 周年，是决胜全面建成小康社会、实施“十三五”规划承上启下的关键一年。就北京市来讲，今年是北京奥运会成功举办 10 周年，是冬奥会进入北京周期的交接之年，是疏解整治促提升的攻坚之年，同时也是城市副中心正式运行的启动之年。从媒体发展态势来看，我们正处于一个传媒生态剧烈变革的时代，电视媒体所处的环境正在呈现出一些新的特点和趋势。

1. 电视媒体主流地位依然稳固。

电视仍是受众规模最大的媒体，观众规模达到 12.8 亿，包括北京在内的 71 个大中型城市平均每天有 55% 的人收看电视，而且收看电视节目的时长高达 143 分钟，电视仍然是品牌塑造的第一力量。

2. 政策管理尺度持续收紧。

2017 年被称为政策管理年，“升级版限娱令”“限星令”“限酬令”“网上网下同一标准”等多个新规陆续出台，从源头上加强管理。今年一开年，总局要求停播节目不得复播，对于有污点、有绯闻、有三俗问题的演员提出了“四个坚决不用”，堪称史上最严的“限娱令”。也就是说，2018 年政策管理尺度会持续收紧。

3. 自主原创实现模式输出。

前几年，国际市场上的优秀节目模式几乎被国内电视台消耗殆尽。近年来，国内电视节目自主创新力度不断加大。从去年起，陆续有节目引发境外制作公司高度关注，甚至实现了模式输出，如央视的《朗读者》、东方卫视的《天籁之战》等等，还有一些网剧也被流媒体巨头买下了海外版权，呈现出我们国内自主原创模式向国外输出的特点。

4. 内容制作品质不断提升。

2017 年是内容品质提高年。在政策

导向和观众审美要求的双重作用下，各台为争夺头部资源，不惜血本投入节目制作。无论是电视剧、综艺节目还是纪录片，大投入、大制作、高品质作品不断涌现，实现了内容品质和传播效果双升级。

5. 重磅节目前景喜中有忧。

“综N代”虽然在整体电视市场上占据了非常重要的地位，但与其自身的前几代相比，普遍呈现出收视和热度逐渐下滑的态势。2017年第四季度52城收视破1的晚间综艺节目从往年的一周近10档降到了一周3、4档甚至2档。文化类节目受到市场热捧，仅央视就推出了27档，各卫视更是推出了数十档，但题材扎堆、同质化竞争的问题也日益凸显。

6. 作品题材更加观照现实。

从电视剧到文化清流，从科技、慢综艺到纪录片，现实题材作品迎来了大爆发。纪录片方面，出现了《我们这五年》等一批讲述中国人奋斗故事的优秀作品。现实题材剧的口碑和热度均超过古装题材，特别是古装玄幻剧。在2017年收视前10名的电视剧中，现实题材占了6部；目前看到的2018年电视剧片单中，现实题材剧占70%。在改革开放40周年和相关扶持政策引导下，可以预见现实题材创作将持续发力。

7. 媒体融合进入“深水区”。

随着各大传统媒体基本实现“两微一端”全覆盖，中央厨房、媒体矩阵、云等媒体融合概念开始落地生根。在建军节、十九大等重大新闻节点，人民日报、新华社、央视推出的众多融媒产品频频成为“爆款”，显示出传统媒体转变理念、放下身段、主动拥抱新媒体所带来的强大力量。

8. 电视广告市场逆转回升。

央视市场研究数据显示，2017年，中国广告在连降两年之后增长4.3%。电视广告刊例收入从2016年的同比下降3.7%逆转为2017年的同比增长1.7%，对广告市场的影响从拖后腿变成了积极拉升。药品、饮料、食品、化妆及浴室用品、酒精类饮品成为电视广告增幅最大的5个行业。

9. 垂直定制成为“新常态”。

各家电视台纷纷推出电商导流、平台分成、内容付费、线下经营、产业对接等多元创收方式，垂直和定制更是成为主打营销策略。垂直类节目打通线上线下，触角延伸到美食、养生、医疗、装修、汽车、育儿等领域；央视“国家品牌计划”将单一广告销售升级为全方位品牌传播服务，找到了新的广告增长点。

10. 资本运作助力传媒发展。

广电媒体通过上市、成立基金、引入社会资本等方式，加快进入资本市场。目前已有超过百家影视传媒公司涌进新三板；芒果TV借壳快乐购二次冲击上市已经获得批准；浙报传媒出售旗下21家子公司股权，集中资金和资源重点发展优势业务；东方明珠借总局“十三五”规划政策的东风对公司高管、核心管理人员、业务骨干和技术骨干采取了股权激励措施。

从以上十个方面的动态和趋势当中，我们至少可以得出以下几个结论：一是对于电视媒体，我们一定要充满信心；二是相比之下，政策管理收紧总体对我们有利；三是内容生产要坚持高品质，在创造性转化、创新性发展上发力；四是要坚持以人民为中心的创作导向，加强现实题材创作；五是要强化互联网思维和“电视+”思维，在媒体融合发展上一定要有所作为；六是电视广告止跌回升机遇难得，一定要很好地把握；七是要在经营上精耕细作，增强服务意识，创新升级盈利模式；八是要想方设法借力资本市场，实现跨越式发展，这也是摆在我们北京电视台或者说首都广电面前的一个重要课题。总之，我们一定要对行业内的新趋势、新动向、新情况、新问题加强研究，更好地把握规律，不断提高工作的前瞻性、针对性和实效性。

三、关于2018年的工作

2018年全台工作的总体要求是：以习近平新时代中国特色社会主义思想为指导，以深入学习宣传贯彻党的十九大精神为主线，坚持稳中求进工作总基调，按照围绕中心、服务大局、改革创新、提质增效的要求，保持定力，迎难而上，着力增强舆论引导力，着力打造高质量内容产品，着力打好经营创收攻坚战，着力深化绩效考核管理，着力完善体制机制，着力推进全面从严治党，以新气象、新作为推动新发展，大力彰显新时代首都主流媒体责任担当，为建设中国特色社会主义大国首都贡献力量。按照这个总体要求，今年全台要重点做好以下七个方面工作。

1. 以高度的政治自觉抓好十九大精神学习宣传贯彻。

第一，要抓好学习。作为媒体从业人员，必须首先学习好十九大精神。十九大后全台局级处级科级干部按照上级统一要求都已轮训了一遍，但这只是初步的，下一步还要把十九大精神学习引向深入。特别是要在读原著学原文悟原理上下功夫，在学懂弄通做实上下功夫，在全员覆盖上下功夫，在结合转化上下功夫，更好地以习近平新时代中国特色社会主义思想武装头脑、指导实践、推动工作。

第二，要抓好宣传。作为首都主流媒体，我们要以“天天见、天天新、天天深”的要求，把宣传习近平新时代中国特色社会主义思想和十九大精神作为头等大事，唱响新时代的主旋律。要精心组织高端访谈、权威报道，积极推出有特色有影响的系列报道，充分展示市委市政府和首都各行各业学习贯彻十九大精神的生动实践和显著成效。要加强内容策划，把十九大报告变成重要选题、报道方案，各频道都要结合实际，在宣传十九大精神上主动作为，推出更多更好的节目，形成波次推进、高潮迭起、不断深化的宣传报道格局。

第三，要抓好贯彻。要坚持用十九大精神指导全台的改革发展实践，重点要在如何创新内容生产、如何推动体制机制改革创新、如何进一步提质增效、如何壮大我们的综合实力等方面下功夫。去年总局颁布了《新闻出版广播影视“十三五”发展规划》，我们要着眼于未来的改革发展，尽快制订北京电视台今后5年的事业产业发展规划，进一步明确电视这一板块今后5年发展的指导思想、总体目标，明确未来发展的“任务书”“时间表”“路线图”。

2. 以强烈的使命担当做大做强主流新闻舆论。

第一，要抓住三个着力点。一是重大节点。今年是改革开放40周年，要把庆祝改革开放40周年宣传作为贯穿全年的重大主题、重要任务，特别是要精心谋划好主题晚会、专题专栏系列报道，包括纪录片《中关村》等。2019年我们还将迎来新中国成立70周年、2020年全面建成小康社会等一系列重大选题，我们要提早谋划，打出提前量。2018 年还是全国两会的选举年，意义格外重大，在报道上一定要高度重视、精心策划。从北京市来看，2018 年是北京奥运会成功举办 10 周年、冬奥会进入“北京周期”交接年，我们要用好这个契机，发挥主场优势，办好《通向 2022》，提升北京电视台的影响力。同时还要围绕习近平总书记两次视察北京的重要讲话精神，继续打造有温度、有情怀的主旋律佳作。二是重要主题。要紧紧围绕全市中心工作，精心做好首都“四个中心”建设、“一核一城三带两区”、京津冀协同发展、城市副中心启用、北京城市总体规划等主题内容的动态报道和深度报道，全面反映市委市政府带领全市人民推进首都改革发展的突出成绩。比如关于“一核一城三带两区”建设，我们要做好《未来之城》《永定河》《大运河》等大型纪录片，将其打造成为重磅精品力作。同时，还要继续做好“一带一路”大型新闻行动，充分体现首都台的国际视野和责任担当。三是民生热点。习近平总书记在新年贺词中强调要关注民生，市委市政府也推出了暖心工程。我们要把医疗卫生、教育、环保、就业等作为报道的重要内容，搭起政府与百姓沟通的桥梁，回应关切、解疑释惑、疏导情绪、引导舆论。要用好春节这个契机，充分展示发展成就，反映党和政府改善民生的举措成效，着力营造欢乐、喜庆、祥和的节日氛围。

第二，要进一步提升新闻传播力。总局 2018 年将实施“舆论引导能力提升工程”，我们要以此为契机，把握新闻传播规律，重点在三个方面有所提升：一是要完善新闻舆论引导机制。要强化新闻策划和议题设置，特别是在重大事件、突发事件、敏感热点面前，要准确研判舆情，主动作为，及时发声，有效引导。二是要不断丰富新闻品种、节目形态。目前我们在报道视野、新闻形态等方面，离新闻大台的标准还有差距，还有改进空间。2018 年，我们要推出有影响力的新闻评论品牌，加紧策划卫视晚间新闻节目，加强国际新闻采编力度，不断提升首都新闻大台的话语权和议题设置能力。三是要扎实推进融合传播。近几年，我们以“两微一端”为主体的新媒体矩阵初步搭建，但是在渠道、流程、影响力等方面仍有不少问题，缺少有影响力的融媒产品。我们要强化互联网、“电视 +”思维，加强与北京新媒体集团合作，以推进融合新闻业务系统建设为契机，构建新型采编发流程，用好全台 154 个新媒体账号，深度融通内容、平台、人才，最大程度地提升融合传播能力。

3. 以时不我待的改革精神构建创新发展生态。

第一，要积极营造创新环境。去年，我们着手研究制定节目创研工作实施方案，就是要为创新提供最优环境，要着力解决四个问题：一是解决动力问题。现在我们在创新上过度依赖个别人、个别团队，动力不足问题应该说在我们全台各个节目中心还是比较突出的。创新是我们突出重围的根本出路，大家一定要有强烈的紧迫感，把创新提升到涉及电视台生死存亡的高度。只有更多的人都想创新了，创新才有更加坚实的基础。二是解决机制问题。动力不足的重要原因是机制出了问题，目前我们的激励机制、扶持机制、节目退出机制离创新的要求还有较大差距。

下一步，我们要设立创新基金，加大节目创新投入和奖励力度，强化节目末位淘汰，建立起一整套适合我台特点的节目创新推优机制，助力两个效益双提升。三是解决平台问题。包括节目创新平台、内容孵化研发平台、产品营销平台、人才创业平台，我们要打通从创意到孵化、生产、营销、盈利的价值链条。四是解决人才问题。人才优势是媒体的核心竞争优势。现在我们的政策、机制、措施离留住人、用好人还有不小的差距。我们要借鉴兄弟台的经验和好的做法，通过项目制、工作室、工作站等集聚台里台外、业内业外的创新力量，特别是把有活力、有潜力、有能力的年轻人才用起来，在创新方面形成领军人才、骨干人才、年轻人才的梯次力量，让他们成为创新创业的排头兵、主力军。

第二，要聚焦内容创新。总局 2018 年将实施“节目质量提升计划”，我们要以此为契机打造更多高质量的节目精品，力争在四个方面有所突破。一是小而美的节目。去年，我们对各频道严格实行收支平衡、开支动态调整，节目制作经费压力都很大，今年收支平衡的要求将更加严格，大家一定要强化成本意识，把有限的资金用在刀刃上，着力抓好小成本、大情怀、正能量、传播效果好的节目，这样的节目越多越好。二是文化类节目。目前，文化类节目作为一股荧屏清流，受到极大关注。北京作为全国文化中心，在资源、人才、信息等诸多方面优势在全国无可比拟，理应占据这类节目的高地。我们要充分挖掘古都文化、红色文化、京味文化、创新文化的深刻内涵，把它们作为节目创意源泉，源源不断地展示出来，在这方面我们已经推出了《传承者》《非凡匠心》《念念不忘》《中国故事大会》《中国评书大会》等，大家一定要总结成功经验，追求更高目标，推出更多具有鲜明中国文化风格、中华文化理想、文化价值的精品，更好地体现首都的国家站位、全球视野、文脉传承和文化格局。三是原创季播节目。季播节目是我们的重点节目，是撑起我们收视收入的重要龙头产品。这两年我们在生产机制、品牌打造、宣推营销等方面进行了艰苦探索，也取得了一些成绩。但是在培养自己的季播团队上尚显薄弱，存在着过度依赖外部力量的情况。下一步，我们要在培养自己的季播团队上用心用力，在学习借鉴的基础上，着力自主创新，力争取得更快更好的发展。四是有市场的节目。目前很多领导都反映北京电视台的节目总体质量不错，他们对节目经济效益欠佳感到很费解。事实上，我们确实存在节目收视率口碑都不错，但是拉不来什么广告甚至“裸奔”的情况，我们一定要想办法改变这种状况。虽然不能对一切有社会效益、有情怀的节目都要求有经济创收成果，但是对于绝大多数节目而言，都是要求社会效益和经济效益双丰收的。因此我们要进一步强化市场意识，深化供给侧结构性改革，努力生产更多适销对路的节目产品。在这方面，我们的《养生堂》就很能说明问题。很多领导问北京电视台哪个节目盈利最好，我就说《养生堂》。每年收入 1.2 亿元，成本 2、3 千万元，一档节目盈利近亿元。还有我们的一些老品牌，比如《档案》《法治进行时》《每日文娱播报》等都有很好的经验和做法，如何继续保持优势，如何挖掘老品牌的市场价值，这些都要认真研究，拿出有针对性的举措来。

第三，要推进技术创新。目前，技术部门已经制订了技术工作方面的规划，我们要以规划为抓手，进一步提升技术工作水平。一是要摸清底数。目前，我们的很多设备已经进入了更新迭代的周期，我们要对技术设备、系统进行全面的摸底排查，要对哪些设备哪些系统应该何时更新升级了然于胸，要尽快拉出一个更新改造的时间表。二是建好两个重点项目。包括融合新闻业务系统和融合媒体生产云平台项目，这两个项目既要确保时间进度，更要坚持高标准、高质量，要在可以预期的时间内保持领先，跟上新技术发展步伐。三是高清化改造。要从制、播、存等方面入手，全面提升高清节目生产能力；要加快时间进度，力争年内实现所有频道高清化播出的目标。四是要瞄准前沿技术。要密切关注4K超高清等技术，条件成熟的，要把相关新技术应用到节目制播中来。

在这里，我还要特别强调两件重要事情。第一件事就是电台、电视台、总台三台整合和改革工作。这项工作是在北京市委市政府主要领导的指示要求下，特别是在去年蔡奇书记调研讲话精神的指引下，在市委市政府直接领导下统筹推进的。从全国广电领域来看，前些年，湖南、上海、浙江、江苏等省级台通过自上而下的改革，走上了良性发展轨道，相比之下，我们在体制机制方面已经滞后。虽然我们从2001年就开始着手进行了五六轮改革，但改革的实际成效并不尽如人意。在体制机制方面，我们2017年进行了广泛调研，了解了我国广电改革的实际情况。应该讲，首都北京的广电体制机制已经严重滞后，迫切需要改革创新来激发活力。这项改革的目的和意义在于减少管理层级，整合资源、提升效率，增强节目创新能力，实行事业单位企业化管理，解决长期以来体制机制方面存在的深层次矛盾问题，不断增强可持续发展能力。这次改革的主要任务有六个方面。一是要摒弃叠床架屋的机构设置，按照中央关于规范推进电台、电视台实质性合并的部署要求，撤销电台、电视台事业法人资质，统一为北京广播电视台，保留电台、电视台呼号。二是要优化内部机构设置，整合三台现有职能部门，对业务部门实行“事业部”的管理模式，独立考核，分灶吃饭，提高资源配置和运行管理效率。三是要深化供给侧结构性改革，调整优化频道频率和栏目节目设置，创新内容生产。四是要推进企业压减工作，聚合配置相关产业资源，搭建产业发展平台。五是要理顺台网关系，加快媒体融合发展，打造新型主流媒体集团。六是要加强激励约束机制建设，激发干部职工创新创造活力。力争用三到五年时间，将北京广播电视台建设成为与首都全国文化中心定位相适应、在全国广电系统具有引领和示范作用的新型主流媒体集团。这次改革任务是非常艰巨的，既要弥补历史欠账，也要破解当前制约发展的诸多瓶颈性难题。目前，改革的总体思路和方案已经市委宣传部部务会研究通过；下一步，在市委宣传部的指导下，总体方案将于春节后提上北京市深化改革领导小组会议讨论研究，细化实施方案和配套政策，积极稳妥有序地推进改革工作。总台将利用这次改革机遇，最大程度地争取政策支持，本着以人为本的精神，积极稳妥地解决好各种矛盾问题，维护好干部职工的切身利益。面对这次三台合一的改革，全台同志都要增强“四个意识”，把思想统一到市委市政府的决策部署上来，以主人翁的姿态做改革的支持者、拥护者、推动者，确保北京广播电视台各项改革措施顺利实施。

第二件事就是第八届北京国际电影节。我想强调四点。一要高度重视。今年北京国际电影节，是十九大之后、改革开放40周年之际，北京市举办的第一个大型国际文化交流活动。总局、市委市政府领导极其重视，方方面面非常关注。2017年年底以来，市委领导多次听取电影节筹备工作汇报，并且提出了很高要求。我们一定要提高认识，把办好电影节摆到极其重要的位置，认真筹备，精心组织，全力以赴。二要举全台之力。2018年的电影节是北京电视台第一次真正意义上独立承办，办好电影节事关北京电视台的形象和声誉。年初我们召开了组委会办公室的第一次会议，14个部门已经就位。这项工作主要是以影运中心为主，但需要全台各个部门的全力支持，希望大家增强大局意识、协作意识，共同办好这项活动。三要提升专业性、影响力。要坚持高站位、高水平，突出国际性，提升权威性，展现新高度。要紧盯嘉宾、作品、活动三个关键环节，嘉宾要在国际影坛具有强大的影响力、号召力，参评影片品质要较往届再次提升，电影市场、电影论坛等重要活动要体现行业引领性、前瞻性，以此不断提高中国电影的话语权，提升电影节的国际影响力。四要加强市场开发。要开拓思路，加大招商引资的力度，扎实推进战略合作、广告招商、商业赞助等，真正实现自给自足。同时，要推进电影节与电视台资源的充分融合，做到互相借力，互相提升，共同发展。

4. 以更大决心更大力度开拓经营创收新局面。

第一，要不折不扣完成刚性任务。目前全台2018年广告经营创收目标任务已经明确，相关指标很快就要下达到各个经营主体。在这里我想强调的是，2018年的经营指标是刚性的，没有任何弹性可言。我为什么要这么讲呢？第一，这是全台正常运行的根本保障；第二，这是北京市委宣传部对我们进行考核的一个硬任务；第三，这是我们确保收支平衡、全口径不亏损的刚性要求。大家都知道，虽然去年我们广告经营创收达到了建台以来一个新的高点，市财政对我们的支持力度也进一步加大，但大家也要看到经营双增双降的现实——2017年我们的收入是增加了，但我们的支出也增加了，达到了有史以来支出的新高度。我们的收支同步增加，两者相伴而生。近两年我们每年的亏损大幅度压减，但2017年全台仍然处于收支不平衡状态。我要告诉大家的是，2018年经营创收的任务要更硬，指标的刚性程度要更高，它既是业务任务，更是政治任务，因为经营创收的背后关乎内容生产，关乎政治导向，关乎正常运转，关乎队伍稳定。因此就算有再大的困难、再大的压力，我们各个经营主体、各个节目中心也必须本着对全台同志、对事业高度负责的态度，坚决完成所承担的经营任务。

第二，要坚定信心。虽然我们2018年面临的挑战和压力非常大，但我们还是要坚定信心。我们的信心至少来自三个方面。一是我们有扎实的基础。近两年，我们在广告经营上不断探索、不断完善，实行了统分结合的管理模式，坚守统一的价格体系，推动节目经营深度融合，开展一体化经营，推进线上线下联动等，取得了很好的效果。这些措施做法，为我们完成广告经营任务打下了很好的基础。二是我们有积累的经验。2017 年，我们在巨大的困难和压力下，广告经营创收逆势而上，取得了出色成绩，在几个领先的省级台中我们的创收增幅是最大的。实践证明，只要方向对头，策略得当，敢于拼搏，实现逆袭是能够做到的。三是我们有提升的空间。数据表明，电视媒体在所有媒体的预算分配占比是最高的，依然是塑造品牌的第一力量；虽然电视广告整体投放不理想，但头部卫视广告投放不降反升，大客户预算分配更多地向头部卫视倾斜；未来植入式广告、定制广告、互动广告、冠名、融媒体整合营销等增势强劲。这是站在乐观的角度，但背后需要百倍努力。对于北京电视台来讲，广告经营还有很大空间，我们一定要把握好机遇。

第三，要补足短板。一是专业能力不够。总体上看，我们广告经营的队伍在实践中不断成长，能力在不断地提升，但是与激烈的市场竞争相比、与广告经营规律的要求相比，我们确实存在专业化能力不足的问题。比如，我们对市场信息掌握还不充分，把握市场机会的能力欠缺，对客户的需求了解不到位等。下一步，要下大力气引进广告经营人才，有重点地开发客户资源，积极创新广告经营模式，提升客户管理、服务以及需求研究的精细化程度，以专业化水平的新提升取得广告经营的新业绩。二是大客户偏少。目前我们的大广告客户只有 4 家，绝对数量少，投放的额度不高，与领先台还有差距，等到有 10 家、20 家的时候，我们的经营形势可能才会有大的改观。三是线下经营和版权销售拓展不够。这两年，我们在线下经营方面取得了初步成绩，比如生活频道推出的几大联盟，卫视的台网联盟，势头都很好，但整体规模和层次都还处在起步阶段，下一步需要尽快提升，力争见到更好的效益。我们要抓住契机，深化线下产业开拓，提升节目版权的经营水平，最大限度地增加经营创收。

在这里，我还要专门强调一下台属企业的发展问题。重点要做好四个方面工作：一是抓规划。做好产业发展顶层设计，优化调整产业布局，形成“一主多元”的产业发展新格局。二是抓市场。要以京视传媒为重点，合理配置资源，加大重点扶持力度，力争在上市融资方面取得突破。三是抓清理。要按照市委市政府的统一部署，对于弱小散、资不抵债、扭转无望的企业，尤其是重点清理占有消耗电视台资源的企业，坚决实施关停并转，确保国有资产保值增值。四是各个企业要发挥市场主体作用。不能等靠要，要主动想办法，要到市场上去开拓、去摸爬滚打，不断提升适应市场的能力。

5. 以责任重于泰山的信念确保意识形态安全和播出安全。

第一，要认清形势，始终保持清醒头脑。当前，我国社会思想意识复杂多样，经济社会热点问题泛政治化泛意识形态化，社会主流价值遭遇市场逐利性的侵蚀，媒体格局和舆论生态深刻变化。在这种形势下，意识形态领域很不平静，斗争和较量十分复杂。北京作为首都，处在各种社会思潮交融交汇交锋的最前沿，2017

年大兴火灾等事件后，境内外敌对势力借机发难，矛头直指党和政府，舆论态势一度异常凶险。在2018年北京市宣传部长会议总结讲话时，杜飞进部长专门用了近万字的篇幅，谈了首都的舆情特点、应对的经验教训和思路对策。作为首都的主流媒体，我们在维护首都意识形态安全方面地位极其重要，责任极其重大，一定要认真落实好杜部长的讲话精神，始终绷紧意识形态安全这根弦，坚持底线思维，强化忧患意识，把“字字千钧、秒秒政治、天天考试”的“金标准”贯穿到工作的全过程，始终做到旗帜鲜明、立场坚定，确保正确的政治方向、舆论导向、价值取向。

第二，要明确责任，狠抓落实。台党委意识形态工作实施细则明确提出了台级层面、部门层面所应当承担的意识形态工作责任。我们的各位台领导、各个部门一把手、各个台属企业负责人一定要扛起责任，把工作明确到岗、落实到人，对意识形态安全实行一票否决，坚决确保意识形态安全和播出安全万无一失。重点抓好五个方面。一是要加强舆情研判会商。及时掌握舆情动态，做到研判精准，反应迅速，确保我们的应对措施跟上舆情形势的变化，增强引导工作的针对性、实效性。二是要严把节目导向关。严格执行三级审看、重播重审制度，确保节目内容安全。三是要加强新媒体的管理。对于各节目中心及所属栏目新媒体账号，要按照“一个标准、一把尺子”的要求，加强内容把关审查，确保内容信息不出问题。四是要加强隐患排查处置。细化并严格执行制度流程，完善安全播出应急预案，组织应急演练，不断提升风险管控能力和应急处置水平。五是要加强对各类业务合作单位的管理。现在我们各个部门或多或少都有一些外部合作单位，这些单位往往是容易忽视的风险源，他们出事，板子一定是打在电视台。我们要把管理延伸到业务合作单位，业务合作到哪里，管理就延伸到哪里。总之，安全问题责任重大、一失万无，我们要以高度的政治敏锐性和政治鉴别力，切实增强导向意识和把关能力，把工作往细里做、往深里做，确保大问题不出、小问题也不出，确保不留任何安全隐患。

6. 以更加有效的机制进一步提升管理水平。

第一，要深化绩效考核。这两年我们实行了新的绩效考核办法，按照收支平衡、工效挂钩、向一线倾斜等原则对收视、收入、利润加大考核力度，取得了很好的效果，特别是在三个方面出现了积极变化，一是强化了效益观念，二是增强了成本意识，三是提高了协作精神。正是在绩效考核这个指挥棒的作用下，全台同志团结拼搏，2017年取得了来之不易的成绩。我们按照年初绩效考核的原则给大家兑现了年度绩效工资，就是要充分肯定大家一年来的辛苦付出，就是要在未来进一步调动大家工作的积极性。应该讲，这个绩效考核办法总体上是成功的，效果是好的，但也要进行动态化的调整优化。2018年我们要进一步完善这个考核办法，特别是要把台里的绩效考核方案和市委宣传部对我台的考核办法结合起来，把2018年考核方案与2017年考核方案更好地衔接起来。要坚持收视、收入、利润同步考核、刚性考核，以最大努力确保全台收支平衡，确保全口径不亏损。要坚决做到奖罚分明，完成考核指标的要给予重奖，对于完不成的必须横下心来坚决重罚，坚决杜绝一切侥幸心理，坚决杜绝任何大锅饭的思想，切实维护绩效考核的严肃性、权威性。

第二，要狠抓精细化管理。比如在内容生产统筹上，我们各个频道实施差异化战略不足，还在较大程度上存在节目同质化问题，节目内容资源没有很好地整合利用起来。这个问题原因是多方面的，但主要还是在全台层面上统筹协调不够，需要进一步加大管理力度，提出面向全台的、更加有针对性、可操作的措施办法。比如在人事管理上，我们还在一定程度上存在着人岗不相宜、人员闲置、甚至人浮于事的问题，这对团队的士气影响不可低估。下一步要摸清底数，量化岗位，加强清理，建立人员退出机制，决不给那些不出力、混日子的人提供任何生存空间。比如在劳务费方面，近3年我们对外邮寄的劳务费每年都超过1个亿，一方面全台资金紧张，另一方面每年又有大量的劳务支出，去年我们还查处了虚报冒领劳务费的问题。2018年，我们要制定加强邮寄劳务费管理的规定，按照“谁用人、谁发放、谁签字、谁负责”的原则，明确责任主体，加大监督检查，对邮寄劳务发放总量控制，逐步压减。还比如落地费使用问题，我们每年有3个亿的落地费，我们的落地办设在卫视节目中心，一个内容生产部门还管着卫星落地，这显然是不合理的。我们管理人员的专业程度怎么样、落地费使用效率是否做到最大化，这些都要认真研究解决。我们各个部门都要认真查找问题，举一反三，采取更加有针对性的举措，不断提高全台管理水平。

7. 以永远在路上的韧劲把全面从严治党、从严治台引向深入。

一个单位要风清气正，必须有良好的政治生态。2017年北京市纪委、市局纪监组多次来我台进行监督检查，下一步市委还要对我台进行巡视。推进全面从严治党，是我们建设良好政治生态必须打好的攻坚战。

第一，要把思想政治建设摆在首位。看北京首先看政治，看北京的主流媒体更得看政治。我们必须抓好理论学习，进一步严肃党内政治生活，不断严明政治纪律和政治规矩。全台每个党员干部、每个部门要对照新党章，对照十九大报告，对照上级有关部署要求，加强自查自纠，看看我们的“四个意识”牢不牢固，看看我们的党内政治生活严不严肃、规不规范，看看我们的执行民主集中制到不到位，看看我们的教育管理是否存在宽松软的现象等等。对于发现的问题，要切实加强整改，一个都不放过。下一步，我们要认真做好巡视迎检工作，精心组织开展“不忘初心、牢记使命”主题教育活动，切实把思想政治建设抓紧抓好。

第二，要严把选人用人进人关。要坚持德才兼备、以德为先的选人用人导向，把那些有能力有担当、想干事能干事的人选出来、用起来。要严格标准关和程序关，做到有信必核、凡提必查，坚决杜绝“带病提拔”“有病上岗”。要研究制定对优秀人才的激励政策，想方设法给更多年轻人崭露头角、一展身手的机会和舞台。在人才招录方面，要坚持高标准，2017年我们原本要招74人，后来通过第二轮面试刷掉了28人，这其中一些人能力、素质明显不符合北京电视台的要求，不符合未来的发展需求，如果让他们进到台里来，那一个人影响的就是一个团队，再大的家业也经不起这样的折腾。在这一点上，我希望每个参与把关的同志必须从严从实，宁缺勿滥。

第三，要持之以恒正风肃纪。当前，我们纠风反腐的声势不可谓不高，监督监察力度不可谓不大，执纪问责不可谓不严，但台里还有人心存侥幸，以身试纪。2017 年查出和处理的问题中，仍然还有设小金库的，有虚报冒领的，有搞利益输送的，有中饱私囊的，这说明纠风反腐不能有丝毫放松，不能有一刻停滞。下一步，我们要继续坚持无禁区、全覆盖、零容忍，坚持越往后越严，始终保持高压态势，要瞄着问题去，追着问题走，盯着问题查，对那些不收敛、不收手、顶风违纪的要痛下狠手，对那些问题线索集中、群众反映强烈的干部要格外“关照”，对那些重点领域、关键岗位、重要环节要深度聚焦，对那些搞节日“四风”问题的要紧盯不放，发现一起严办一起，决不搞情有可原、下不为例。

第四，要压紧压实一岗双责。当前，各位台领导、各位部门主任、台属企业负责人履行一岗双责总体是好的，但重业务轻管理的倾向仍然存在，不担当不敢管的情况仍然存在，压力传导不畅、责任逐级递减的问题没有得到根本改观。大家要本着对事业、对同志高度负责的态度，坚持业务工作和廉政建设两手抓、两手硬、两促进。各部门主任、台属企业负责人要切实担起责任，既要管好自己，还要管好自己的人、看好自己的门，对苗头性问题要抓早抓小，对风险漏洞要及时整改，对违纪违规问题果断处理，决不允许不管不问。纪监审部门要加大监督检查力度，凡是履行一岗双责不力的，要及时向台党委报告。

最后，我还要再说说全台“一盘棋”的问题。电视台是个大单位，点多、线长、面广，节目、技术、管理、企业四大板块各有各的特点，各有各的职能。这四个版块就像四个轮子，共同推动着全台事业向前发展，缺了哪一个都不行。团结出力量、出效益，团结出战斗力、出生产力，不团结干不成任何事情。特别是在我们这样一个大单位，特别是面对今天这样的激烈竞争和改革转型，我们唯一的选择只能是团结，我们只能下一盘棋，绝对不能有第二盘棋，绝不能搞“小九九”。我们每一个部门都要增强大局意识，做任何事情首先要从全台角度考虑问题。只有台里好，部门才能好；只有集体好，个人才能好。大家要朝着一个共同的目标，心往一处想，劲儿往一处使，多一些整体观念，少一些局部利益，多一些换位思考，少一些本位思想，多一些相互理解，少一些埋怨指责，最大限度地凝聚共识、形成合力。希望同志们始终把团结牢记在心，用团结的思维、团结的精神、团结的力量、团结的方法，共同把我们全台这盘棋下好、下活。

同志们，2018 年工作任务已经明确，每个同志都重任在肩。面对新征程新任务，天上不会掉馅饼，努力奋斗才能梦想成真。让我们不忘初心，牢记使命，拥抱新时代，贯彻新思想，汇聚 BTV 人砥砺奋进的磅礴力量，奋力开创全台事业发展的崭新篇章！

再过几天就要过年了，在这里，我代表总台党委，代表电视台党委和各位台领导，给全台同志以及你们的家人拜个早年，祝大家新春愉快，身体健康，阖家幸福，万事如意！

奋发有为推进全面从严治党 推动基层党建工作规范化

——在2018年党建工作会暨党支部书记述职评议会上的讲话

北京电视台党委书记、台长　李春良

（2018年3月30日）

按照台党委的工作安排，今天我们在这里召开北京电视台2018年度党建工作会和党支部书记述职评议会。希望通过这种方式，部署2018年党建工作，同时提供一个支部书记互相交流和学习的机会，增强管党治党的责任意识，更好地履行党建职责，提高全台党建工作的整体水平。

蔡奇书记在2月13日的市委党的建设工作领导小组全体会议上讲，要抓好2018年党建工作着重要从以下五个方面下功夫：一是深入学习贯彻习近平新时代中国特色社会主义思想；二是旗帜鲜明把党的政治建设摆在首位抓紧抓好；三是层层压实管党治党政治责任；四是用更大的力气解决突出问题；五是加强对党建工作的组织领导。台党委根据上级部署，结合我台工作实际，制定了《北京电视台2018年党建工作要点》，各党支部要认真学习七个方面的重点工作任务和要求，要对照工作要点，落实好党建工作责任，积极创新，狠抓落实，争取抓出典型，抓出经验。下面我就全面做好2018年党建工作，讲五点意见。

一、发挥好政治建设的引领作用

北京电视台作为党的喉舌，作为首都意识形态工作的重要阵地，必须以政治建设为统领，始终保持对党绝对忠诚。各支部要把旗帜鲜明讲政治建设摆在首位，把学习贯彻习近平新时代中国特色社会主义思想作为首要政治任务抓紧抓好，通过多种形式，增强学习的针对性、实效性和系统性，切实以高度的理论清醒保证政治坚定。全台党员干部要保持高度的政治敏锐性和政治辨别力，进一步树立“四个意识”，锤炼对党绝对忠诚的政治品格，严守政治纪律和宣传纪律，把意识形态工作责任制落实到位，切实维护好首都的意识形态安全和文化安全，把旗帜鲜明讲政治落实到位。

二、强化从严治党的责任担当

习近平总书记曾经对党支部书记提出过“三个是不是”的问题：是不是各级党委、各部门党委（党组）都做到了聚精会神抓党建？是不是各级党委、各部门党委（党组）都成了从严治党的书记？是不是各级党委、各部门党委（党组）都履行了分管领域从严治党责任？我们电视台的党支部书记要把这“三个是不是”，作为一面镜子，时常照一照，问一问自己做到了没有，做好了没有，提醒自己努力提高管党治党的思想自觉和行动自觉，发挥好支部书记的“头雁作用”。2017年，我们处理了一些党员的违纪行为，2018年我们要进一步加大查处在劳务费上弄虚作假，在资金使用上违法违规，在对外合作上吃里扒外，在签订合同中谋取不法利益等行为，一旦发现，决不姑息，加重处罚，形成高压态势，做到有错必纠、有责必问、有案必查。

三、牢固树立“党建+业务”工作思路

各党支部要牢固树立“围绕中心抓党建，抓好党建促中心”的工作思路，党支部和广大党员要唱主角，为电视台各项工作的顺利开展和各项任务的贯彻落实，提供坚实的组织保障。针对2018年的各项重点工作，全台党员干部一是要树立忧患意识，目前电视台处在改革的关键时期，面临的困难是空前的，要居安思危、安不忘危；二是要树立大局意识，全台要像集团军一样作战，各部门、各支部承担的任务必须要完成，一切要以全台利益为重；三是要树立创新意识，创新驱动发展，只有创新才能抓住历史的机遇期，实现弯道超车，跨越发展；四是要树立改革意识，要借三台合并的契机，从制度的高位考虑改革，使得干部人才等资源有效流转，最大化推动改革发展。

四、切实提升基层党支部的组织力

各支部要以党支部规范化建设为抓手，认真抓好“三会一课”、谈心谈话、组织生活会、民主评议党员等组织生活，深入推进支部主题党日、党支部评星定级等制度，用好信息化手段，进一步活跃支部生活，不断提升支部的组织力和战斗力。支部书记和支部委员要调动党员干部的积极性和主动性，督促支部党员接受教育、参加活动、发挥作用，不断增强组织生活的实际效果。党员干部要把积极参加组织生活作为政治培养、政治教育、政治淬炼的重要途径，努力在思想认识、责任担当上强起来，在“不忘初心、牢记使命”主题教育和“党旗耀京华——广电改革先锋行动”实践活动中，每名党员要努力锤炼党性，筑牢信仰之基，补足精神之钙，把稳思想之舵。

五、以永远在路上的韧劲全面加强作风建设

支部工作做得好不好，不是靠说出来，也不是夸出来的，而是干出来的，是靠党员先锋模范作用发挥出来的。各党支部书记要不断加强和改进作风建设，真抓实干，脚踏实地，以钉钉子精神一锤接着一锤敲，一件接着一件干，确保各项目标任务按时保质保量完成。当前，整个宣传系统都在开展大调研活动，全台各党支部要紧紧围绕全面从严治党，围绕我台改革发展中心工作，深入开展大调研。要坚持以习近平总书记对新闻舆论和文艺工作的指示精神为指导，深入把握广电领域发展规律，广泛听取各方面意见，全面了解全国甚至全世界广电行业发展的总趋势和总规律、新形势和新挑战。在调查研究的基础上，以问题为导向，结合全台的总体改革目标，从政策上、管理上拿出贴近实际的务实举措，认真落实，全力推进，切实推动我台创新发展的各项工作。

同志们，“重整行装再出发，以永远在路上的执着把全面从严治党引向深入，开创全面从严治党新局面”，这是习近平总书记掷地有声的话语。全台党员干部要认真学习习近平同志在全国两会上的讲话精神，更加紧密团结在以习近平同志为核心的党中央周围。希望全台各支部能够增强政治责任感和使命感，更加奋发有为地推进全面从严治党、推动基层党建工作规范化，以时不我待、只争朝夕的精神，承担起北京电视台改革发展的责任，拿出勇气，鼓足干劲，奋力拼搏，为新时代首都宣传思想文化建设再创新功。

记录新时代　展现新作为

——2018 年北京电视台宣传报道工作再上新台阶

北京电视台党委副书记、总编辑　王　珏

2018 年，北京电视台自觉承担起举旗帜、聚民心、育新人、兴文化、展形象的使命任务，以庆祝改革开放 40 周年为宣传主线，坚持价值引领，创新驱动，积极探索主题报道集群化、理论节目通俗化、文艺节目品牌化等创新模式，做出了自己的特色，迎来大踏步发展。

2018 年，北京卫视收视取得历史性突破，台组各频道北京地区品牌保持领先。在经历了连续 5 年排名省级卫视第四后，北京卫视 CSM 全国 35 城、52 城、71 城全天及晚间时段排名均位列省级卫视第一名，成为省级卫视新的领跑者。“BTV 春晚”第五次蝉联大年初一省级卫视春晚收视冠军。卡酷少儿频道 CSM 全国 35 城和 52 城省级卫视上星频道全天时段排名第九，在激烈的省级卫视和上星频道竞争当中首次进入前 10 名阵营。由第三方公司央视市场研究（CTR）进行的北京地区所有频道品牌研究结果显示，在北京地区所有频道品牌价值排名前 10 中，北京电视台占据 7 席；有 10 个频道进入排名前 20 位。

2018 年，北京电视台赢得社会各界的褒奖和赞誉。全台共有 27 件作品分别获得中国新闻奖、中国广播影视大奖、电视文艺“星光奖”等国家级和市级奖励，其中，《中国梦 365 个故事》第二季之《无国界医生》《筑梦可可西里》分别获中国新闻奖二、三等奖。北京卫视获得“TV 地标”（2018）年度最具品牌影响力省级卫视，《传承中国》获得年度上星频道最具品牌影响力节目；《向前一步》荣获“2018 中国电视年度掌声”称号。卡酷少儿频道原创栏目《萌娃看动物》《爱上博物馆》荣获国家广播电视总局“少儿节目精品发展专项资金扶持项目”。纪实频道囊括国家广播电视总局颁发的国产纪录片优秀制作机构和优秀播出机构两项大奖，并有多部纪录片获奖。中宣部、国家广播电视总局新闻阅评多次刊文表扬北京电视台节目。“BTV 庆祝改革开放 40 周年”等系列视频展开跨屏传播攻势，屡次登上各大互联网平台首页，占据热搜榜前列。

2018 年，北京电视台放歌新时代，各项宣传报道工作取得佳绩。

一、重大报道举旗定向，守正出新彰显担当

价值引领是首都党媒的首要职责。2018 年，北京电视台实施重大宣传报道一体化统筹机制，用心用情用功，创新传播方式，浓墨重彩做好重大主题宣传。

守正创新做好十九大精神、庆祝改革

开放40周年重大主题宣传。通过新闻报道集群、大型纪录片集群、品牌节目集群、影视剧展播集群、新媒体集群等，全方位、多角度展现北京改革开放40年来的生动实践和伟大成就。北京电视台重点新闻栏目推出《在习近平新时代中国特色社会主义思想指引下——新时代新作为新篇章》《壮阔东方潮　奋进新时代——庆祝改革开放40年》《新时代新担当新作为》以及《家国40年　对话中关村》《家国40年　百姓话改革》等系列专栏，推出了习近平视察北京4周年系列报道《新时代　新航程》以及《新时代大家谈》大型谈话节目。北京卫视频道于2018年12月18日上午与央视综合频道并机直播了“庆祝改革开放40周年大会”盛况，各档新闻栏目报道了首都各界踊跃收听收看庆祝改革开放40周年大会实况的情况，并配发了相关评论。优秀纪录片致敬改革开放40周年，从2018年11月至12月，陆续播出了《这里是通州》《中关村——变革的力量》《中关村——四十年的足迹》《生于1978——一起走过40年》《京商传奇》《为民而商》《开放北京与世界同行——北京外经贸四十年》《40年，我和我的东城》《使命》《亦春秋》等多部大型纪录片和专题片。北京卫视频道排播了两部致敬改革开放40年的现实主义题材电视剧《正阳门下小女人》《大江大河》，收视率位列全国省级卫视黄金剧场电视剧第一名。各频道策划推出了纪念改革开放40周年特别节目，生活频道推出“新国门　新大兴”纪念改革开放40周年大型系列活动，卡酷少儿频道《穿越吧少年·飞行员爷爷的礼物》被评为广播电视总局“庆祝改革开放40周年”优秀少儿节目，有力营造了良好舆论氛围。

探索理论节目通俗化。策划制作播出大型通俗理论广播电视融媒体节目《改革开放　关键一招》，以青年群体为重点，从青春视角呈现中国故事，以青春故事讲述伟大成就，深刻回答改革开放是决定当代中国命运的关键一招，推动新思想入脑入心、落地生根。节目登陆央视后，首播即获得央视组收视率第三名，北京卫视收视率连续3天晚间同时段栏目全国第一的成绩。同时，节目在优酷、腾讯、爱奇艺等视频网站同步上线，网友阅读讨论量突破1.2亿人次，在社会各界尤其是青年群体中产生了广泛的影响。

主动作为参与城市公共治理，推出《向前一步》节目。该节目切实解决了北京多个棚户区改造、文物区腾退、物业自治等悬而未解的城市难题，开创了媒体参与社会治理的节目样态，取得了良好的收视效果和社会反响，并得到国家广电总局、市委宣传部领导的肯定和表扬。节目数次位列全国同时段收视第一名，超越了众多省级卫视大牌综艺娱乐节目，成为省级卫视周末晚间黄金档的收视冠军，被国家广电总局评选为创新创优节目。

配合市委市政府中心工作，围绕疏解整治促提升、加快城市副中心建设、促进京津冀协同发展等北京市重点工作，北京电视台开设了《疏解整治促提升》《街乡吹哨　部门报到》《优化营商环境我们在行动》《市民对话一把手》《12345需求与反馈》《行走京西生态绿廊》等专栏。

我国重大主场外交活动报道不缺位。圆满完成博鳌亚洲论坛、上合青岛峰会、中非合作论坛北京峰会、首届中国国际进口博览会报道，推出《握手非洲》等有影响力的节目。

大型公益活动不断线。“带本书给家乡的孩子”“阅读益起来”等引发社会关注。生活频道全年开启六大公益主题微行动：“壮大中华骨髓库”“文明礼让斑马线”“文明旅游袋动中国”“陪伴老人一小时 智能联通一家亲”“关注阿尔兹海默综合症”“垃圾回收再分类”，暑期推出系列公益节目《一本书点亮一个梦想》，记录山区儿童对知识的渴求及乡村教师的奉献与坚守。

融媒报道有声有色。2018 年 8 月，北京广播电视台融媒体中心挂牌成立，重大报道启动联动机制，中央厨房初步搭建。围绕上合组织媒体北京论坛、中非合作论坛北京峰会、庆祝改革开放 40 周年等重大主题，北京电视台、北京电台、北京时间联合策划、联合采访、联合宣传，主流媒体激浊扬清，新媒体矩阵“一键发布”。新媒体团队联络市政府官博@北京发布，将北京电视台“改革开放 40 年”内容纳入#改革开放 40 周年北京相册#话题，成为话题的主贡献账号，同时发起#北京有你更精彩#话题，借力明星大 V 增加品牌曝光度，话题现有的阅读量达到 4 亿次。

二、文艺节目独具匠心，文化名片四海远扬

北京电视台高标准贯彻落实全国广播电视与网络视听文艺节目管理工作会议精神，围绕建设全国文化中心，推出了一系列文化综艺精彩节目。

北京卫视精心推出《非凡匠心》第二季、《传承中国》《创意中国》《中国故事大会》第二季、《我是演说家》第四季、《北京评书大会》等季播节目，做好首都文化这篇大文章。特别是联合故宫博物院推出大型文化季播节目《上新了·故宫》，激发了年轻一代了解传统文化的热情，播出后不仅在收视率与爱奇艺综艺飙升榜双双登顶，还获得《人民日报》数次发文力赞，市委宣传部领导批示表扬。

《2019 年 BTV 环球跨年冰雪盛典》由北京卫视、黑龙江卫视、河北卫视联合举办，不仅展现了北京“双奥之城”的独特魅力，更带领全国观众一起为 2022 年北京冬奥会助威打气。

《第八届北京国际电影节》擦亮历史文化名城金名片，让全世界电影人看到中国文化的瑰宝，开创了电影节影响力的新高度。

《2018 年北京电视台春节联欢晚会》《元宵晚会》《卡酷动画春晚》取得了收视与口碑的双丰收。

《跨界歌王》《跨界喜剧王》等大型综艺节目弘扬社会正能量，实现社会效益与市场效益双赢。

文艺频道推出“最美”系列活动，以“北京榜样”评选活动为契机，成功联动“最美科技工作者”“最美警察”“首都监狱卫士”“最美退役军人”“国产优秀纪录片颁奖”等，形成了一个具有鲜明文艺标识的大型活动矩阵。《国粹 +》——“水路·戏路”大运河戏曲年度系列活动推动大运河文化带的保护、传承和利用。

卡酷少儿频道爱国歌曲改编新唱竞演节目《童声英雄》，献礼改革开放 40 周年，获得国家广播电视总局专题表扬。历史文化体验类节目《爱上博物馆》打造“大博物馆”概念，荣获广电总局“庆祝改革开放 40 周年”优秀少儿节目一等奖。

大型系列纪录片《永定河》《这里是通州》《中国1927》《嗨！东盟——一带一路之东盟行》《双奥之城》《北京大工匠》《起跑线》《我们的传承》《文化京津冀》《文化记忆》等彰显北京电视台的创作实力和文化品质。

公益宣传把握正确舆论导向，重点策划播出了“庆祝改革开放40周年”系列宣传片《屏幕篇》《服装篇》《高铁篇》《通讯篇》，以小见大地展现我国改革开放40周年取得的伟大成就，并被重要网站转载推荐，引发电视观众和网友强烈共鸣。北京电视台制作播出的《牛爷串胡同》《文艺轻骑兵　新春伴你行》《烈士纪念日》等公益宣传片，受到中宣部新闻阅评和市委宣传部领导表扬。

三、影视剧展播引发热议，现实主义温暖人心

北京电视台秉承“温暖现实主义”的主旨，立足首都台定位，排播多部精品电视剧。北京卫视品质剧场、上午剧场、午茶剧场收视表现优异，均位列CSM35城、52城省级卫视第一，在省级卫视晚间黄金剧场全年收视排名前5的电视剧中，北京电视台《风筝》《娘道》《正阳门下小女人》占有3席。在已播出的14部剧中，有7部收视过1%，6部同时段排名第一。《风筝》《娘道》《面具》等剧引发广泛关注，触发社会话题，成为年度“现象级”大戏。《正阳门下小女人》《大江大河》扎根生活，立足现实，不仅是对改革开放40年恢弘历史的观照、回望，更是对当下美好生活的讴歌与礼赞。

26集三维定格偶动画《冰雪冬奥村》以2022年北京冬奥会为契机，通过定格偶动画形式讲述冬奥故事、传达奥运精神。26集大运河文化主题动画片《大运河奇缘》预计于2019年推出。项目已经纳入中宣部和广电总局“中国经典民间故事动画创作工程”项目。12集改革开放40周年动画短片《动画时光机》获得广播电视总局2018年重点动画项目扶持资金。

2018年，我们共同走过，有收获，也有告别。在新闻采编一线奋斗16年的年轻记者金蕾，这一年永远离开了我们。病逝前3个月，金蕾多次腹痛难忍仍坚持采访。这位“2018北京榜样”年度特别奖的获得者激励着更多的广电人化悲痛为力量，以奔跑的姿态，以赤诚之心，见证并记录这个伟大的时代。一支全媒化复合型BTV人才队伍正在锻炼中成长。

大浪淘沙，创新者胜。2019年，北京电视台将坚持导向为魂，在增强脚力、眼力、脑力、笔力上下功夫，推进实施“新时代精品”工程，努力营造礼赞新中国、奋进新时代的浓厚氛围。同时，紧跟人工智能、5G、大数据等新技术，持续探索媒体智能化应用、多平台传播，通过提升内容竞争力、技术驱动力、平台融合力和生态链接力，勇当主流舆论的引领者、先进文化的传播者、中国故事的讲述者、融合传播的践行者。

让党建真正成为推动全台事业发展的红色引擎

——在2018年党建工作会暨党支部书记述职评议会上的讲话

北京电视台党委副书记、常务副台长　韦小玉

（2018年3月30日）

刚才9位党支部书记代表进行了现场述职，其他党支部书记也在之前提交了述职报告，进行了书面述职。今天会议效果很好，从大家的述职报告中能够看出，2017年各支部书记抓基层党建工作还是很有成效的，全台的党建工作也取得了显著成绩。今天我在这里对评议工作和近年来党建工作做一个小结。

一、近年来党建工作取得的成效

近年来基层党建所取得的成效，可以用三个“明显提升”来概括。

一是基层党建的主体意识显著提升。各党支部以开展“两学一做”学习教育常态化制度化为契机，深入学习习近平新时代中国特色社会主义思想和党的十九大精神，不断提升党员的政治理论素养；各支部书记切实强化“一岗双责”责任担当，抓好基层党建的主体意识不断增强；在各项主题宣传重大活动中，广大党员干部冲在一线，身先士卒，立足岗位，争做贡献，凸显了先锋模范作用。

二是党支部规范化建设显著提升。全台各党支部统一思想认识，坚持问题导向，认真推进党支部规范化建设，严格按照“B + T + X”工作体系，全力抓好“一规一表一册一网”的落实。各支部书记认真推行主题党日制度，扎实推进“两学一做”学习教育常态化制度化，做好党支部换届工作，强化党员教育管理，确保各项基层党建工作规范有序进行。通过坚持不懈抓规范化建设，支部工作程序日趋完善，工作效率日渐提高。通过抓规范，抓特色，抓创新，提升了党员干部参加党员活动的仪式感和行动自觉，提高了党建工作制度化、科学化和规范化水平。

三是基层党建的工作活力显著提升。近年来，各党支部抓落实的责任意识和执行力度不断提升，各项学习教育活动效果显著。各支部结合部门工作实际，扎实抓好党建工作，规定动作做到位，自选动作有特色，积极用好“智慧党建”APP，分享交流工作体会，真正让党建活动起到了凝聚人心，推动电视台发展的良好效果。

二、需要进一步提升的空间

从近年来的基层党建工作的整体情况来讲，我们取得了很好的成绩，工作有了质的提升，大家的工作是值得充分肯定的。但与此同时，我们的基层党建工作中还存在一些薄弱问题，还有提升的空间，今年要重点在“落地、生根、开花”上下功夫。

一是党建引领全局的工作意识要“落

地”。习近平总书记在十九大报告中说过：“党政军民学，东西南北中，党是领导一切的。”各党支部要深刻领会加强和改进党的建设的极端重要性，真正把党建工作摆到更加突出位置，真正扛起全面从严治党的政治责任。党支部书记一定要结合“不忘初心　牢记使命”主题教育契机，提高政治站位，坚持党建的引领作用，牢记“看北京首先要从政治上看”，绷紧“首都无小事”这根弦，遇事要多从政治上考量，在大局下行动，真正树牢“抓好党建是最大的政绩”的工作意识，充分发挥党支部战斗堡垒作用和党员先锋模范作用，让党建真正成为推动全台事业发展的红色引擎。

二是党建和业务充分融合的工作思路要“生根”。有些党支部书记抓支部工作的思想认识有了，抓工作的力度也有了，但在如何促进业务工作与党建工作融合创新上没有很好的办法，党建工作与业务工作“双融合、双促进”上还不够深入生根，党员活动就是开大会、念材料，“两张皮”的现象还在一定程度上存在。各支部一定要把党建活动同业务活动结合起来，把提升业务素质同提高党性修养结合起来，利用“智慧党建”APP，发挥好党建工作的引领作用，用党建工作促进电视台发展。

三是要善于学习，善于借鉴，善于总结，善于创新，基层党建要全面“开花”结果。在这次党支部书记述职会上，我们选取了9位党支部书记，涵盖了节目、技术、职能、企业等部门，他们都是我台基层党建工作的良好示范。要知道“一花独放不是春，百花齐放春满园”，全台党支部要充分认识党建工作的重要性，注意抓典型经验、抓典型支部、抓示范带动。最终形成全台基层党建工作百花齐放、欣欣向荣的格局，促进全台基层党建水平全面提升。

针对2018年各支部党建工作，我也提出三点要求：一是抓政治，抓好“不忘初心、牢记使命”等主题教育活动，旗帜鲜明地把党的政治建设摆在首位抓紧抓好，提高政治站位，增强政治担当；二是抓队伍，全台57个党支部书记是党建工作的核心力量，支委是基础力量，各党支部书记要切实担负起管党治党的主体责任，组织委员也要发挥积极作用，做好支部内的日常工作；三是抓融合，要开拓思路，创新方式方法，把党建工作与业务工作有机融合，充分利用好“智慧党建”APP，发挥好党建工作的引领作用，用党建工作促进事业发展。

同志们，2018年北京电视台面临着“三台合并”“新一轮巡视整改”“改革开放40年重点宣传”“不忘初心，牢记使命”主题教育等任务。面对这些繁重的工作任务，我们的党支部责任重大，使命光荣，一定要切实提高政治站位，深化对基层党建工作的认识，树立基层党支部威信，带好队伍，坚持党建的引领作用，促进融合发展，发挥好支部书记示范引领作用，党支部的战斗堡垒作用，党员的先锋模范作用，全面推进各项工作深化落实。

坚决把风险化到最小降到最低

——在2018年半年工作务虚会上的发言

北京电视台党委副书记、纪委书记　彭司海

关于党风廉政建设工作，前两年发言我讲问题讲得比较多，这两年在台党委的有力领导下，李春良台长亲自部署推动，大家共同努力，问题在减少，成效在增加。在工作部署上，以巡视整改为契机，出台了加强和改进纪监审工作的实施意见，提出实施了19条办法措施；在力量配备上，纪监审人员从原来的8人增加到24人，足足增加了2倍；在工作力度上，狠抓突出问题治理不放松，在执纪问责上不手软，既给处分又扣绩效；在风险防控上，强化专项监察，推动重点领域监督全覆盖；在宣传教育上，建立日常通报提醒机制，开展了多种形式的教育。具体成效归纳起来，我觉得有以下十个方面。

一是台党委高度重视，从严治党、从严治台的氛围日益浓厚。台党委会仅2017年一年研究党风廉政工作有关议题就达28个。李春良台长不仅及时听取纪监审工作汇报，还亲自过问审计整改和案件查办，协调加强工作力量。各位分管台领导也都对纪监审工作给予了大力支持。可以说，重视支持、主动参与党风廉政建设，在台内已经形成很好的风气。

二是全台上下的法纪意识进一步增强，主动规避廉政风险的自觉性大大提高。大家可以发现，现在一些低级的错误少了，取而代之的是几个成为习惯的常态化：节假日期间报备公车定点封存停放；公车日常出行都登记在册；公务业务接待主动填写客饭申请单并由部门主任签字；劳务发放必须实名登记；遇到拿不准的问题，经常会向监审办问一问。有些做法确实很严格，比如公务出国要求负责人按手印，似乎不太近人情，但执行过程中大家都非常配合，让我非常感动。

三是信访举报呈现出“四多四少”的新特点。第一，实事求是反映问题的举报多了，赌气泄愤和打击报复的举报少了；第二，实名举报的多了，匿名举报的少了；第三，提供具体线索的多了，道听途说和捕风捉影的少了；第四，按正规流程反映问题的多了，一事多访、无理取闹的少了。这也从另一个侧面反映了我们的工作成效。

四是节俭办公意识不断加强，“三公”经费明显下降，工作效能显著提高。比如，加强公车监管，2017年全台公车购置和运行费下降了35%，大大节约了成本，同时也有效遏制了公车私用。又比如公务业务用餐，专项监察开展后，管理客饭人员反映工作量比以前大大降低，内部转账也大幅减少。再比如，我们2017年对新台物业合同进行把关，成本核减了300多万元。

还比如，今年对邮寄劳务费进行专项监察后，全年发放总额同比压缩8%。

五是内控管理不断完善，大家做事更讲程序、更讲规矩。比如，推进制度“废改立”，仅上半年全台就废止过时的文件38个。再比如大型节目备案，以前人工备案缺乏刚性约束，现在改为OA平台网上备案，不备案就没法往下立项建账，真正做到了监督不缺位。

六是部门联动，齐抓共管的良好格局初步形成。2017年以来，我们初步建立了监察问题反馈机制。一开始有些部门有些人员不太理解，思想上有抵触，但在各位分管台领导的支持推动下，现在各部门普遍能够积极配合，有些甚至还主动同监审办加强合作。监审办和卫视节目中心一起规范了卫视中心联席会程序。影视剧中心对流程监督进行了改进。总工办和制作部主动征求监审部门意见，加强节目制作技术经费使用的管理与监督。行政部公车改革全程和监审办密切配合。人事部加大庸懒散治理力度，全面升级OA系统请销假管理制度。广告部门更加重视广告监播检查。经营管理部加大了对台属企业“三重一大”事项的监督。

七是审计整改关口前移，整改效果逐年向好。据统计，全台年度审计问题整改率从2015年的41.38%上升至2016年的70.83%，目前只剩下部分历史遗留问题仍在整改过程中，整改效果非常显著。2017年开始，我们开展了中层干部任中审计，前移监督关口，及早发现问题。同时，我们探索大型季播节目专项审计，为台里节约经费450多万元。

八是招标工作更加公开透明，各部门依法招标的意识逐步增强。以前有的部门对招投标法律法规了解不多、认识不足，有的项目招标采购受人为因素影响较大。通过加强知识普及、解释说明和指导监督，现在我台招标工作流程的公开、透明、规范程度明显提高，各部门的规矩意识大为增强，特别是一些大型项目更是提前谋划，比如今年的春晚，文艺节目中心很早就和招管办接触咨询，争取工作的主动性。

九是各部门抓党风廉政教育的积极性主动性不断加强。各支部设立了纪检协作员、纪律监督员，开展了丰富多彩的教育活动。比如，制作部的党风廉政知识竞赛；老干办的党员干部党性教育基地；基建办的党风廉政专题会；总工办的廉政文化基地参观学习。影运中心合并到台里后得知有一本《实施意见》解读手册，第一时间到监审办申领。还有很多就不一一列举了。

十是严格落实责任追究，有效发挥了教育警示作用。2015年以来，全台共有11名同志受到党纪政纪处分，29名同志受到通报批评、经济处罚等处理。在对那些顶风违纪、不收敛不收手的人形成震慑的同时，也保护了广大员工的工作热情，鼓舞了大家的士气。

以上这十个方面的积极变化，是全台上下共同努力的结果。同时我们也要看到，个别部门和有的同志身上还存在一些不容忽视的问题，特别是有“四个不够”尤其要引起大家的警觉。

一是重视落实不够。党风廉政建设无小事，搞不好就要吃不了兜着走，但仍有些同志对这项工作说起来重要，做起来蜻蜓点水，本来应该亲自抓的事交由底下人应付事，本来应该郑重其事做的变成了顺手捎带。有的压力传导没有一竿子插到底，该红脸的不红脸，该出汗的没出汗，上面紧绷绷，下面轻飘飘。有的部门自查自纠走过场，或者浅查轻纠，或者没查没纠。有的部门对存在的一些问题习以为常，重业务轻管理，一岗双责履行不力，这样的瘸腿指挥员，怎么能够带领同志们打胜仗呢？

二是学习了解不够。现在，有的部门、支部在学习方面比较热衷于外出搞活动，不太注重静下心来抓学习，念领导讲话多，学规章制度少，真正管用的没记住几条。有的同志把明显的错误行为当成惯例，甚至还理直气壮，我相信这些同志一定不是有意为之，而是真的不清楚。前两天看过一则报道，一男子头一回坐飞机头晕想透透气，便打开了应急舱门，结果差点酿出大祸。那些不识红线底线的同志，与这个打开应急舱门的人没有什么区别，最后同样要付出代价，而且是什么时候把自己搭进去都没整明白。

三是严格较真不够。凡事最怕严格认真，只要一严格一认真，事情就好办了。目前来看，这种严谨的态度和务实作风我们有些同志还比较欠缺。有的同志为了所谓的部门和谐，对某些人的错误言行不吱声、不反驳，助长了不良风气。有的同志遇到问题总想大事化小、小事化了，而不是想着怎么解决根本问题。有的同志对重点人员、业务骨干网开一面，拉不下脸，狠不下心，致使有些小毛病变成了大矛盾。有的同志认为家丑不可外扬，关起门来整改，私底下做工作，往往是得了面子，坏了里子。

四是担当作为不够。现在明显的违规违纪少了，但担当作为不够的问题仍然不容忽视。比如，个别干部习惯于当“二传手”，问题整改拖拖拉拉，不戳要害；有的对历史遗留问题新官不理旧账；有的人对部门内部不良风气睁一只眼闭一只眼，有的问题地球人都知道就他装着不知道；有的部门把应该自己履行的监督职责同监审办的再监督工作混为一谈，甚至把自己该干的活儿派给监审办。这些都是极其有害的，必须坚决予以纠正。

针对上述问题，下一步要着力抓好几项工作。一是抓好2017年度审计发现的24个问题，以及20多个风险点和有关历史遗留问题的督促整改，加强责任传导，确保督促督办到位。二是抓好宣传教育，印制党风廉政建设知识普及问答，组织学习警示教育片，抓好谈话提醒和典型案例通报。三是强化日常监督，及时发现纠正以上“四个不够”的问题，坚决查处隐形变异的“四风”问题。四是继续深入开展“监督强化年”活动，把专项监察贯穿全年，把10个专项监督往深里做、往实里做。五是继续抓好案件查办工作，严格执纪问责，始终做到有案必查、歪风必刹，绝不姑息。因为如果我们不把案子办严，之后我们就要被别人严办。

最后，我想对大家说声感谢，感谢大家对纪监审工作的重视和支持，感谢大家对这支队伍的理解和宽容。在全面从严治党的新形势下，无论是现在，还是三台整合改革之后，党风廉政建设工作只会加强，不会放松，希望各位领导和同志们始终保持如履薄冰、如临深渊的心态，管好人看好门，真正把风险化到最小、降到最低。

找准方向　主动思变
保持我台在业界领先的技术地位

——在2018年技术工作会上的发言

北京电视台总工程师　田　方

回想一下，这次大会是搬入新台址以来组织召开的第三次技术工作大会。上次大会是在2012年7月，迄今为止时隔6年了，我们所处的环境和周围的形势发生了较大的变化，我想我们的技术工作有许多需要总结和梳理的内容，未来技术系统的规划建设、技术工作的发展方向也需要共同研究探讨。在这种情况下，组织召开此次技术工作大会是十分有必要，也是十分有意义的。

近几年来，我台技术工作取得的成绩是有目共睹的，各方团结协作全力支持节目生产业务，切实保障了播出安全和网络安全；制定发布了我台“十三五”科技发展规划，积极推进重点项目的建设实施；探索开辟创收渠道，积极主动维护技术队伍的团结稳定。在此，关于工作成绩的我不再展开多说，我重点要说的是大家在埋头苦干完成本职工作的同时，要对当前形势和环境的变化有所感知、有所思考。

从当今信息传播的态势来看，互联网技术在媒体领域开始渗透和应用。通过互联网、宽带局域网、无线通信、卫星等渠道，向电脑、手机、数字显示器等终端用户提供信息和娱乐服务的新兴媒体，包括IPTV、网络电视台、视音频APP等，逐渐开始侵占传统媒体的市场。媒体格局、舆论生态、受众对象、传播技术都在发生变化，传统媒体与新兴媒体如何共处成为整个行业需要关注和平衡的问题。

在2014年8月，习近平总书记在中央深改组第四次会议上，组织审议通过了《关于推动传统媒体和新兴媒体融合发展的指导意见》（以下简称《意见》），为媒体行业发展提供了顶层设计。《意见》提出要整合新闻媒体资源，推动传统媒体和新兴媒体在内容、渠道、平台、经营、管理等方面的深度融合，着力打造一批形态多样、手段先进、具有竞争力的新型主流媒体，建成几家拥有强大实力和传播力、公信力、影响力的新型媒体集团，形成立体多样、融合发展的现代传播体系。

《意见》肯定了主流媒体的喉舌价值，为主流媒体的发展指明了方向，各大媒体单位积极响应迅速行动了起来，中央厨房、媒体矩阵、云平台等媒体融合概念开始落地生根。包括新华社，以及以人民日报为代表的纸媒纷纷构建全媒体报道平台；天津、贵州等广播电视台筹建了自己的广电私有云；上海、浙江广电集团的融媒体中心陆续挂牌上线。

2018 年 4 月，中央电视台、中央人民广播电台、中国国际广播电台三台合并成立中央广播电视总台，并在 5 月召开的 2018 年北京国际电视技术研讨会上强势发声，将在“十一”开播首个 4K 超高清频道，还将在未来几年内加大力度进行大规模的推进和普及，提出要让更多的观众回归到电视机前，体验家庭影院的观感。

我台也在 2018 年开始有了实质性的动作，在 2 月召开的 2018 年工作会上，李春良台长着重强调了电台、电视台、总台三台整合和改革的工作，提出要摒弃叠床架屋的机构设置，整合三台现有职能部门，对业务部门实行“事业部”的管理模式，独立考核，分灶吃饭，提高资源配置和运行管理效率。

第一版实施方案于 5 月形成讨论稿，将三台现有职能部门由 40 个整合为 18 个，设立融媒体新闻、卫视传媒、地面电视、交通广播、广播传媒、广播广告经营、电视广告经营、广播技术、电视技术 9 大业务中心。其中，电视技术中心由 7 个技术部门加英特维公司构建组成。方案提交市委宣传部审议，上级领导提出职能和业务中心的架构，还需要进行更深入的融合。目前，具体的细化方案和配套政策还在研究制定中。

与此同时，迫于经营压力，这几年来我台的财务制度也一直在进行调整，2018 年各频道的节目运营方式发生了根本性的改变，节目制作经费从预算制改为以收定支，但节目制作业务沿袭的预算管理、价格标准、提成比例并没有随之调整，节目制作总量的下滑以及资金链上下游制度的不匹配直接影响了制作业务整体的正常运转。

在这种形势下，技术部门如何在大浪淘沙、重新洗牌中掌握核心资源，占据有利位置，我想至少要从以下两个大的方面入手。

第一是要切实抓好安全播出和网络安全的安身立命之本。无论演变成什么局面，确保节目的安全播出和信息网络安全是主流媒体万变不离其宗的底线，安全播出和网络安全仍然占据着“一失万无”的首要地位。2019 年是新中国成立 70 周年大庆，2022 年要迎来北京冬奥会，以及这些年来我国逐渐增多的主场外交活动，确保这些重大会议、重大活动期间的安全播出和网络安全需要精心部署和充分准备，需要脚踏实地的常抓不懈。

技术部门要继续保持在这些方面的优良传统和显著优势，要进一步完善各项安全播出规章制度，搭建起覆盖全流程、贯穿生产线、职责明确、责任清晰的管理体系，通过全链条、程序化的监督管理，确保各项规章制度的落实落地。同时，要进一步提升对网络安全的重视程度和保障等级，以及对融媒体业务的安全管控，管理策略和技术防范要两手抓，切实提高网络安全的风险防范和应急处置能力。

第二是要牢牢掌握支撑内容生产和发布的核心技术资源。对媒体行业而言，内容生产代表着媒体的核心竞争力和核心价值，而内容生产离不开强有力的技术支撑。一方面，我们要转变观念，要积极主动促进节目和技术的融合协作，依靠先进的技术手段提供优质便捷的技术服务。另一方面，要做好规划设计，顺应需要和方向，构建并运维好节目制作平台和内容发布渠道，牢牢掌握核心技术资源。目前，我们正在着手的这几项工作要加大力度、抓紧推进。

一是以融合新闻云系统为依托构建融媒体中心技术平台，形成统一中央厨房式的指挥调度系统和协同工作机制，满足广播、电视、报纸的新闻采编播业务需求，实现新闻内容生产、播出、发布、运营业务的深度融合。二是以制作业务运营为基础，集结节目转播、网络支持、播出传输、动力保障等相关业务，构建能够应对大型节目制播需求的协调联动机制，积极争取财务政策支持，有效利用现有技术资源，减少节目制作经费外流。三是扎实稳妥推进播出系统高清化改造项目的建设实施，思考整合 IPTV、流媒体推送等新媒体发布方式，构建起能够承载多渠道、面向多终端的全媒体信息发布平台。四是加大力度推进 4K 超高清制播系统的规划建设，积极争取财政资金支持，搭建具有一定生产规模的超高清转播传送和节目制作系统，保持我台在业界技术上的领先地位。

最后，我想再强调一下，虽然我们现在身处困境，但越是在这个时候，越应该主动思变、打消顾虑、增强信心。技术部门要看清形势、找准方向，要紧密团结一心、凝聚力量，我相信这个阶段是一定会过去的，还会有更好的未来在等着大家去共同创造。

顺应媒体融合发展新趋势
打造北京广电自有移动品牌

——在2018年半年工作务虚会上的发言

北京电视台副总编辑　艾冬云

通过大家的研讨，我们对上半年各中心包括各经营主体的工作有了一个更全面的认识。当前，我们在经营模式、人才队伍建设等方面面临着前所未有的困难，经历着彷徨和改革阵痛。当务之急和首要任务就是要在多媒体阵地、全媒体条件、自媒体竞争的环境中，顺应媒体融合发展新趋势，闯出一条有序的、健康的、良性的、适合电视台生存的出路，打造出属于北京广电自有的移动品牌。这不仅仅是蔡奇书记和杜飞进部长关于意识形态领域、互联网工作的重要部署，也是传统主流媒体“自我进化”和“激发生产力”的有效途径。

一、打造新闻APP的必要性

目前的“北京时间”并不是真正意义上的整合了北京广电资源的APP。

（一）补齐移动端产品板块，走出一条具有首都广电特色的融媒发展之路。

目前的现状是，头部的省级广播电视机构都打造了隶属于自己品牌的新闻APP，比如江苏广播电视台的荔枝新闻APP，浙江广播电视集团的中国蓝新闻APP，上海广播电视台的看看新闻APP，山东广播电视台的闪电新闻APP……

三台合并后，北京广播电视台作为北京市最大的融媒体新闻机构，应该也有必要打造一个属于自己的新闻APP产品，补齐最后一块拼图。

这样汇聚电视、广播、新闻客户端，就能打造一个现代融媒传播体系，走出一条具有首都广电特色的融媒发展之路，从而占领网络舆论的高地，掌握舆论的话语权。

（二）沉淀移动端用户，完成BTV品牌的网络迁移。

通过几十年的积淀，北京电视台、北京人民广播电台拥有了一大批忠实的观众、听众，在电视、广播渠道中拥有极高的公信力、权威性，BTV、RBC具有极高的品牌价值。

新闻立台一直以来就是北京广播电视台的宗旨，所以要实现媒体融合发展，并实现真正意义上的移动优先，就必须在移动端打造一个属于北京广播电视台的新闻APP。只有拥有了自有渠道，才能完成新用户的沉淀，并逐渐形成传统渠道品牌影响力向移动互联网端的迁移。

“借船出海”虽好，但船毕竟是别人家的，还要交租金，如果能自己打造一艘移动端的大船，把最好的资源都毫无保留地用上，那这艘船势必能成为媒体蓝海中的一艘旗舰。

（三）掌握新媒体端广告议价权，打造新的创收增长点。

近年来传统媒体广告逐渐下滑，广告客户向新媒体转移。原因一方面是用户向移动互联网流失，传统媒体失去渠道优势；另一方面，受到媒介形态的局限，大量新的营销手段、广告形式无法在传统媒体中体现。

在将新媒体版权收回之后，未来势必要进行移动端的内容变现，“两微一端”中，微信、微博都是第三方平台，需要与平台方协商，遵守平台规则，并与平台分利；而拥有自己的新闻 APP，能在优质内容变现的环节中，占据主动，掌握广告议价权。同时 APP 对创新营销方式、广告形式有自主权，有利于打造新的创收增长点。

二、打造新闻 APP 的优势

（一）硬件

北京电视台新闻节目融合制播系统建设项目中“融媒体发布”部分是面向移动客户端、微信公众号和微博提供统一的内容转换、制作和分发的平台，实现新闻内容的多终端发布，支持基于互联网多终端的统一用户管理，面向多终端用户开展丰富的互动业务。

“融媒体发布”部分的建设内容包含 3 个业务子系统及一个 APP 客户端，分别为统一用户中心（对外）、“两微一端”互动业务支撑系统、客户端后台支撑服务系统及面向互联网用户的新闻客户端。

同时“融媒体发布”各子系统与智慧媒体服务项目中大数据基础平台、智能推荐系统、广告系统、统计分析系统进行对接，依托大数据及应用模块的能力，实现“两微一端”的数据支撑。

也就是说，目前运行的融合制播系统，在移动端的布局架构已经搭建完成，并且新闻 APP 项目后台开发也已完成，新闻 APP 的硬件条件已基本具备。

这是良好的先天基础，地基打好了，建 APP 这个“楼”也就水到渠成了。

（二）软件

1. 全媒体人才后备充足

电视台新闻节目中心近年来一直重视新媒体发展，2015 年就成立了新媒体科，在新媒体端，特别是移动端开展业务。新媒体科成立 3 年多以来，打造出了 BTV 新闻、北京新闻微信公众号这样的拳头产品，内部孵化了具有市场竞争力的短视频品牌——京视频，形成了一个新媒体账号的传播矩阵。

新媒体科这几年推出的产品爆款频出，还获得了诸多业界奖项：BTV 新闻微信公众号 2015、2016 连续两年位列省级电视台新闻中心微信榜单首位，京视频短视频品牌常年位列微博视频机构榜前 10 位，作品获得过《人民日报》、首都网信办颁发的奖项。

此外新媒体科还受聘于腾讯，成为腾讯北京企鹅新媒体学院讲师团成员。新媒体科现有的内容团队，不仅具备和市场化新闻 APP 内容编辑、内容运营人员不相上下的能力和水平，而且政治站位更高、大局意识更强。

更值得一提的是，除了日常的社会新闻之外，新闻节目中心新媒体科在时政新闻，特别是涉及市领导和本市中心重点工作的主题宣传报道中，也表现出色，《蔡奇书记不打招呼直奔的地方，如今啥样儿了?》《蔡奇：时刻把群众安危冷暖放在心头》等多篇新媒体稿件受到宣传部领导表扬。

除了成立新媒体科，新闻节目中心一直以来也非常重视全媒体人才的培养，现有的记者团队在面对大型的全媒体报道时，是一支来之即战，战之即胜的队伍。在之前进行的“京交会”报道、“一微克行动”、“7·16大雨”等一系列的全媒体报道中，电视台新闻节目中心的记者无论是给广播台的口播连线，还是给北京时间的移动直播出镜，都圆满完成了报道任务。事实证明，电视台新闻节目中心一直紧跟媒体发展趋势，对全媒体记者人才的培养没有断档。

目前，电视台新闻节目中心在融合报道方面正力求创新突破，根据新的制播系统研发的手机APP“LU－Smart”已经安装进了中心记者的手机上，可实现记者通过手机视频回传和直播连线，从而把移动直播的轻便、灵活与电视直播的仪式感、权威性相结合，既保证迅速到达新闻现场，发回一手信息，又能把控报道质量，体现电视专业的编排统筹。

除此之外，融媒体中心成立之后，电台的广播记者、北京时间的新媒体记者纳入到整个APP的供稿体系中，将会极大地丰富APP的内容来源，成为优质内容的生产者。

2. 内容优势明显

作为首都媒体，不同于其他省级媒体机构，我们的特点和优势是站位更高，资源更多，责任更大，而这样的优势也将存在于移动端。我们的新闻APP不仅只是区域性的资讯服务和生活服务，同时也将服务于北京“四个中心”的城市定位，服务于大国外交，服务于京津冀协同发展……这款新闻APP的内容将更加凸显首善之美，大台风范，更加具有国际化的视野，更符合各层次受众的需求。

一直以来，北京聚集了全中国最多的内容创作者，作为首都媒体的新闻APP，我们也离中国最广大的内容平台、内容创作者更近，这样也更方便合作，更方便获得优质的资源，形成互补，这也是其他省级广播电视机构的新闻APP所不具备的优势。

北京电视台科教中心的法治融媒体，生活中心的融媒体产品工作室，财经、体育、文艺等中心在新媒体端也有不少垂直类头部账号，将这些优质的资源整合利用，把采编力量纳入到体系中，成为APP生产高质量内容强有力的保障。

2018年，各区融媒体中心纷纷成立，我们都与各区形成战略伙伴关系，实现内容共享、渠道共享、技术共享的融合传播模式，助力打造“新闻＋政务＋服务”的一体化APP。

三、新闻APP与“中央厨房”融媒制播系统

根据已有的新闻节目融合制播系统规划，将建设统一的内容汇聚平台，在统一的内容平台上，提供电视、新媒体多种生产工具，实现“一次采集、多种生成、多元传播”，实现融合媒体的统一生产和发布。新闻APP将成为新闻融合生产系统中关键的一个环节和融媒体发布出口。因此将带来整个生产流程和机制的改造，加快转型速度。

（一）从选题会开始，以往的单一流程变为多渠道分发的流程。

以选题会为例，在融媒体选题会上，选题的汇聚，通过APP端、PC端和云线索产生选题，将新建的选题加入选题会，通过选题会后，选题可以发到传统电视稿件和多媒体稿件。

（二）移动化办公：指挥调度及移动化报题、回传、审片。

值班主任、相关权限主编制片人、记者、编辑可以通过移动生产终端，实现移动化办公，通过融合生产工具，可以实现业务的全流程跟踪和资源的统一调度。

除了PC端的MCH融合工作平台，值班主任、相关权限主编制片人、记者、编辑可以通过移动生产终端APP，实现移动化办公，进行指挥调度（通讯、音视频通话、群组等）、报题、移动文稿、串联单查看、移动内容库、文件回传（图片、视频）、直播回传（电视、新媒体端直播）、指挥通信、移动审稿审片等。

四、广电与移动新媒体实现一体化经营

APP与传统的广电媒介渠道相结合，相互扶持，资源互通，从而形成一个广电与移动新媒体一体化经营的模式，这样既能赋能传统媒介渠道，创新经营思路，扩展经营方式，避免使其陷入单打独斗的困境，又能聚合目前分散的新媒体资源，以此实现全台新媒体资源的大整合，形成聚力。一体化经营的思路，还能帮助全台打造一个全新的强势媒介渠道，在竞争激烈的市场上占有一席之地。

总之，电视媒体向移动端发展已是势在必行。面对即将到来的5G时代，作为做了几十年传统媒体的电视人，必须转变观念。新时代是创新者的舞台，移动端是传统媒体二次创业的舞台，打造融媒体新闻APP，也是顺应媒体融合发展趋势，打造北京广电自有移动新品牌的必由之路。以此为新的起点，我们将进一步担当媒体职责，砥砺奋斗、努力拼搏，助推北京广播电视台成为政治坚定、业务精湛的新型广电主流媒体。

概　况

北京电视台概况

2018年，北京电视台以习近平新时代中国特色社会主义思想为指导，以深入学习宣传贯彻党的十九大精神和庆祝改革开放40周年为主线，坚持价值引领，创新驱动，打造高品质内容产品，不断增强传播力、引导力、影响力、公信力，不断推进改革、融合、创新，不断推进全面从严治党，较好地完成了各项工作任务，大力彰显了新时代首都主流媒体的责任担当。

一、守正创新做好重大主题宣传，彰显党媒职责使命

浓墨重彩做好十九大精神和庆祝改革开放40周年重大主题宣传。通过新闻报道集群、大型纪录片集群、品牌节目集群、影视剧展播集群、新媒体集群等，全方位、多角度展现北京改革开放40年来的生动实践和伟大成就。重点推出《在习近平新时代中国特色社会主义思想指引下——新时代新作为新篇章》《壮阔东方潮　奋进新时代——庆祝改革开放40年》《新时代新担当新作为》《家国40年　对话中关村》《家国40年　百姓话改革》等系列专栏和习近平视察北京4周年系列报道《新时代　新航程》以及《新时代大家谈》大型谈话节目。北京卫视频道于12月18日上午与央视综合频道同步直播了“庆祝改革开放40周年大会”盛况，各档新闻栏目及时报道了首都各界踊跃收听收看庆祝改革开放40周年大会实况的情况，并配发了相关评论。探索理论节目通俗化，策划制作播出了大型通俗理论广播电视融媒体节目《改革开放　关键一招》。节目在央视首播即获得央视组收视率第三名，在北京卫视播出后收视率连续3天位居晚间同时段栏目全国第一的成绩。节目在优酷、腾讯、爱奇艺等视频网站同步上线，网友阅读讨论量突破1.2亿人次，在社会各界尤其是青年群体中产生了广泛的影响。各频道于11月至12月期间，陆续播出了《这里是通州》《中关村——变革的力量》《中关村——四十年的足迹》《生于1978——一起走过40年》《京商传奇》《开放北京与世界同行——北京外经贸40年》《40年，我和我的东城》等多部大型纪录片和专题片，庆祝改革开放40周年。北京卫视播出庆祝改革开放40年现实主义题材电视剧《正阳门下小女人》《大江大河》，收视率位列全国省级卫视黄金剧场电视剧第一名。卡酷少儿频道《穿越吧少年——飞行员爷爷的礼物》被评为国家广电总局“庆祝改革开放40周年”优秀少儿节目。

围绕全市中心工作，密集推出宣传报道。配合市委市政府中心工作，围绕疏解整治促提升、加快城市副中心建设、促进京津冀协同发展等我市重点工作，开设了《疏解整治促提升》《街乡吹哨部门报到》《优化营商环境我们在行动》《市民对话一把手》《12345需求与反馈》《行走京西生态绿廊》等专栏，在增强站位意识、服务中心工作、坚持正确导向等方面效果显著。主动作为参与城市公共治理，推出了社会民生类节目《向前一步》，围绕“疏解整治促提升”专项行动中的焦点、痛点、难点，搭建起市民与政府直接沟通的公共话语平台，开创了媒体参与社会治理的节目样态，在全国引发热烈反响，得到了社会各界的广泛关注和一致好评。蔡奇书记、陈吉宁市长分别作出批示，对节目提出了表扬，杜飞进部长亲自审看、指导了每期节目，并多次对节目给予表扬和肯定。《向前一步》数次位列全国同时段收视第一名，超越了众多省级卫视大牌综艺娱乐节目，成为省级卫视周末晚间黄金档的收视冠军，被国家广电总局评选为创新创优节目。承制了市委组织部《新时代新担当新作为》基层党员访谈特别节目，共17期，获得市委主要领导的高度肯定。《市民对话一把手》升级为大型直播访谈节目，两度与观众见面，成为协商议政新平台；与天津电视台、河北电视台联合打造大型新闻行动《壮阔东方潮　筑梦京津冀》，全面展现了京津冀协同发展4年来的成果。推出了“初心·使命·家书——“廉洁颂主题纪律教育”“礼让斑马线”“行走京西生态绿廊”“北京大工匠”等特别报道。

进一步提升传播力，融媒体报道不断加强。融媒体报道成为常态，多项重要报道成效显著。2018年8月，北京广播电视台融媒体中心挂牌成立。高水平建设全新的600平方米融媒体演播室，采用了先进的舞美设计，引入了新型视觉呈现手段，实现了耳目一新的效果。从2018年初开始，本台与北京电台、新媒体集团联袂在“不负京华好春光”“红墙意识”“上海合作组织国家媒体北京论坛”“上合组织青岛峰会”“京交会”“高考”等重点报道中展开融媒体报道。启动第三季“天涯共此时——‘一带一路’”大型新闻行动，聚焦国内“一带一路”沿线城市的发展新格局，浓墨重彩展现“一带一路”倡议5年来所取得的成就、现阶段所做出的努力及未来规划。“BTV庆祝改革开放40周年”等系列视频展开跨屏传播攻势，屡次登上各大互联网平台首页，位居热搜榜前列。市政府官博@北京发布，将本台“改革开放40年”内容纳入#改革开放40周年北京相册#话题，成为话题的主贡献账号，同时发起#北京有你更精彩#话题，借力明星大V增加品牌曝光度，阅读量达到4亿次。“全国两会全景虚拟演播室”实现了新媒体端报道的规模化呈现，受到国家广电总局《收听收看日报》的肯定。国庆升旗短视频《近十五万群众天安门观礼　共祝祖国生日快乐》，播放量全网超过500万次，得到中宣部表扬。打造“BTV新闻”“京视频”“BTV养生堂”“法治进行时”“BTV i生活”等一批颇具影响力的新媒体账号，自主策划的多款融媒体产品在全网播放量达到千万量级。

拓宽报道格局，新闻影响力不断提升。在北京卫视筹备开设《首都晚间报道》，形成覆盖早中晚夜的新闻报道格局。加大国际新闻报道量，做到本土、国内、国际新闻全覆盖，实现节目样态和报道水平的提升。全年共采访、编辑、制作、播出新闻超过5万条，向中央电视台供稿3100余条，《新闻联播》发稿95条。《北京您早》《特别关注》《北京新闻》三档新闻同比去年收视涨幅均超过20%，其中《北京您早》和《北京新闻》竞争力始终稳定在高位，均位列同时段省级卫视第一。全台共有27件作品分别获得中国新闻奖、中国广播影视大奖、电视文艺“星光奖”等国家级和市级奖励。其中，《中国梦365个故事》第二季之《无国界医生》《筑梦可可西里》分别获中国新闻奖二、三等奖。北京卫视获得“TV地标”（2018）年度最具品牌影响力省级卫视，《传承中国》获得年度上星频道最具品牌影响力节目；《向前一步》荣获“2018中国电视年度掌声”称号。卡酷少儿频道原创栏目《萌娃看动物》《爱上博物馆》荣获国家广电总局“少儿节目精品发展专项资金扶持项目”。纪实频道囊括国家广电总局颁发的国产纪录片优秀制作机构和优秀播出机构两项大奖，并有多部纪录片获奖。《上新了·故宫》《向前一步》《第八届北京国际电影节》“BTV春晚”等优秀节目、活动，得到中宣部、市委宣传部领导批示表扬20余次，各栏目、节目得到上级部门表扬近500次。

二、大力推进高质量内容生产，节目凸显主流价值观和文化品质

北京卫视夺得全国卫视收视冠军。2018年，北京卫视坚持首都定位、主流担当、内容为王、守正创新的发展方向，坚持弘扬社会主义核心价值观和中华优秀传统文化，收视成绩在全国卫视收视竞争中取得历史性突破，夺得省级卫视全国35城、52城、71城全天时段全年排名第一，改写了一线卫视竞争格局，不仅创造了北京卫视成立至今的最好成绩，还打破了由湖南卫视独霸头名14年之久的省级卫视格局。同时，北京卫视连续多年保持收视高位增长，成为2018年省级卫视第一阵营中唯一实现收视增长的卫视。卡酷少儿频道位列全国省级卫视上星频道全天时段排名第9，首次进入省级卫视和上星频道前10位。在北京地区所有频道品牌价值排名前10中，北京电视台占据7席；有10个频道进入排名前20位。

大型活动反响热烈。《2018年北京电视台春节联欢晚会》取得收视和口碑双丰收，35城、52城收视率排名第一，连续5年蝉联省级卫视同时段冠军。第八届北京国际电影节受到国内外广泛关注，共有79家企业的38个重点项目现场达成签约合作，总金额达到260.8亿元，同比增长约49%，再次突破纪录，开创电影节影响力的新高度。与黑龙江电视台和河北电视台联合举办的《2019年环球跨年冰雪盛典》反响热烈，展现了北京“双奥之城”的独特魅力，相关话题阅读总量近20亿，全网视频播放量达1.5亿。举办第八届喜剧幽默大赛，取得较好的收视成绩。第三届“诚信北京315晚会”以“诚信守护美好生活”为宗旨，打造首都高品质的消费环境。大型公益活动“带本书给家乡的孩子”第六季《阅读“益”起来》，带动首都社会各界读者、全国各地出版单位为贫困地区小学捐赠爱心图书和爱心图书室。

重点节目热度不减。北京卫视精心推出《非凡匠心》第二季、《传承中国》、《创意中国》、《中国故事大会》第二季、《我是演说家》第四季、《北京评书大会》等季播节目，做好首都文化这篇大文章。《跨界歌王》《跨界喜剧王》等大型综艺节目弘扬社会正能量，实现社会效益与市场效益双赢。北京卫视播出的《上新了·故宫》是故宫博物院首次与省级卫视联手推出大型文化节目，播出后广受好评，在电视端收视率第一、互联网端热度第一。文艺频道推出“最美”系列活动，以“北京榜样”评选活动为契机，成功联动“最美科技工作者”“最美警察”“首都监狱卫士”“最美退役军人”“国产优秀纪录片颁奖”等，形成了具有鲜明文艺标识的大型活动矩阵。大型文化项目《国粹+》——“水路·戏路”大运河年度戏曲精品大汇，弘扬戏曲文化精神。科教频道联合最高人民法院新闻局、执行局和市高院共同推出了“决胜执行难”主题大型融媒体直播报道。财经频道加大与政府部门的合作力度，推出《京津冀大格局》《诚信北京》，与原有节目共同组成政策解读节目带。体育频道全面直播世界杯64场比赛盛况，《杂拌儿世界杯》以脱口秀、在线答题等形式展现不一样的世界杯。“BTV体育卫视”筹备工作扎实推进。生活频道品牌节目《生活这一刻》《全民健康学院》《美食地图》升级节目形式，打造更贴近民生、满足百姓需求的节目。青年频道开发《国际双行线》系列节目、《小童大艺》、新版《谁在说》，提升自我造血功能。卡酷少儿频道爱国歌曲改编新唱竞演节目《童声英雄》，献礼改革开放40周年，获得国家广电总局专题表扬。历史文化体验类节目《爱上博物馆》打造“大博物馆”概念，荣获国家广电总局“庆祝改革开放40周年”优秀少儿节目一等奖。纪实频道打造重大题材纪录精品，与中国—东盟中心合作4K东盟全景纪录片《嗨！东盟——一带一路之东盟行》，与国资公司合作5集系列片《双奥之城》，彰显北京电视台创作实力和文化品质。

影视剧播出口碑收视俱佳。北京电视台秉承“温暖现实主义”的主旨，立足首都台定位，播出多部精品电视剧。北京卫视品质剧场、上午剧场、午茶剧场收视表现优异，均位列35城、52城省级卫视第一，在省级卫视晚间黄金剧场全年收视排名前五的电视剧中，本台《风筝》《娘道》《正阳门下小女人》占有3席。在播出的14部剧中，有7部收视过1%，6部同时段排名第一。《风筝》《娘道》《面具》等剧引发广泛关注，触发社会话题，成为年度“现象级”大戏。《正阳门下小女人》《大江大河》扎根生活，立足现实，不仅是对改革开放40年恢弘历史的观照、回望，更是对当下美好生活的讴歌与礼赞。26集大运河文化主题动画片《大运河奇缘》纳入中宣部和国家广电总局“中国经典民间故事动画创作工程”项目。庆祝改革开放40周年12集动画短片《动画时光机》获得国家广电总局2018年重点动画项目扶持资金。

三、采取各种措施开拓经营局面，加快推进企业提质增效

广告经营新措施产生效果。广告部与节目中心共同组建融合小组，提高业务效率；在经营工作中坚守广告价格体系，全力维护全台利益和平台价值；对广告业务系统进行平台化升级改造，在规避风险、提高效率上起到积极作用；建立收入通报机制，规范节目经营统筹协调领导小组的工作流程；对违法、违规广告进一步加强监管。各节目中心充分调动栏目组的经营自主性，各栏目积极拓展经营渠道，开发节目衍生品、增加冠名收入、加强联盟合作、开拓产业链条等。北京卫视、京视卫星公司启动了“致敬改革开放40周年京企巡礼计划”，召开北京媒企沟通会，同50多家市属重点企业进行深入对接，创造新的合作机会；京视卫星公司与三元食品展开密切合作，推出高端酸奶产品，既做广告又拿利润分成，是广告多元化经营、开拓新空间、整合新资源的有益尝试；在《跨界歌王3》和《上新了·故宫》中引入了行业重点客户；于年底举办2019年度北京卫视广告招商会，实现了较好的意向签约，为2019年的广告经营打下了比较好的基础。京视电广公司加快频道产业布局，继续在家装、旅游、旅居、电商4个产业方面发力。加大栏目与产业的深度融合，启动“焕新计划”，推动常规栏目的市场化调整，开发适应并能配合产业发展的新栏目；举办“520”“七夕”相亲交友、第二届“心有力量”全国合唱大赛北京分赛区等活动，增加流量和渠道；开展电视广告+线下活动+新媒体传播+外部资源的融媒合作方式，扩大整体经营价值；通过新媒体和节目开拓的短视频，布局短视频融媒产业。京视体育公司依托赛事资源，为客户制订内容策划、产品营销、广告推广方案；在世界杯期间，完成了咪咕的世界杯产品全案设计，探索从流量经营到“流量+内容”经营模式的转变；研发耐克高中生篮球联赛赛事IP，以制作、宣传、广告、转播等多种方式将服务变现；与洪赫体育共同合作运营“想瘦联盟”项目，打造自主IP；完成自主赛事BTV青少年雪地锦标赛、滑雪冬令营、《欢乐二打一》、索契海外赛、世界杯线下推彩和球迷广场活动。

企业清理和经营取得实质性进展。制定企业清理方案，积极推动企业清理工作，新纪实卫星公司股权转让工作已完成；产业集团下属企业的清理规范工作取得进展；南戴河400亩地处置进入最后审批、签约环节；4家企业的改制工作已经完成，1家企业的改制正在推进。按照企业经营发展的规律，逐步强化了企业的薪酬管理和利润导向。台属企业积极参与节目运营，拓展经营渠道。京视传媒公司与天星世纪公司进行战略合作，获得6000万元的资金支持，用以投入公司自主开发或合作开发的影视项目；推进与人民日报和招商局系下属基金的合作。卡酷传媒公司夯实经营主体，开展多种儿童培训活动。新纪实公司与日本NHK公司及北视英特维公司共同筹资制作“守望者”系列第二部《美人谷》。电视产业发展集团进一步完善现代企业制度，积极推进集团及下属3家企业的公司制改造工作。北视英特维公司承接台内外运维、包装、舞美等业务；对接了国家体育总局小球运动管理中心、手曲棒垒运动中心等资源。

四、出色完成安全生产目标，加快推进新技术助力节目制播

安全生产工作成绩突出。17个播出频道共播出节目约140473.5小时，停播率约0.14秒/百小时，创历史最好成绩。圆满完成元旦、春节、市两会、全国两会、上合组织青岛峰会、中非合作论坛北京峰会、国庆节等共49天重保期的安全播出保障任务，未发生一起重大安全播出事故和重大网络安全事件。严格落实意识形态工作责任制，建立全台新闻宣传舆情通报与研判机制，及时传达宣传精神，分析舆情走向，有效把控导向，坚守住舆论阵地。充分筑牢安全防线，成立北京电视台国家安全人民防线建设小组。进行保密工作大检查，增强全台保密意识。重新修订《北京电视台节目内容安全管理办法》，严格执行三级审看和重播重审，细化备播工作流程，优化备播岗位值（排）班制度等措施，节目部门与技术部门密切配合，排除多起安全隐患。坚持重要时段主任值班、部门联络员制度，确保重点时段的播出安全。梳理并完善网络安全制度，坚持全域安全监测。将网络安全联络纳入安播管理体系，在网管部、播出部设立网安联络员，加强对网络安全工作的监督联络。开展播出安全评比、应急预案演练、规章制度修订、网络安全培训。加强对运维人员的管理，制定《运维人员管理办法》《运维人员绩效考核管理办法》等管理措施。对设备进行全面检查和隐患排查，确保动力设备安全运行。7 月，市新闻出版广电局委托第三方专业机构，在全市宣传单位开展了安全播出及网络安全检查，并对重要系统进行了安全等级评测，本台安全播出及办公网系统等级保护测评成绩突出。

技术保障项目全面推进。技术系统“十三五”科技规划进入推广和落实阶段。网管部和制作部负责的融合媒体生产云系统已开始业务试运行。推进云架构升级转型，通过资源整合调配、能力聚类共享、工具灵活迭代，全面提升融媒体业务支撑能力，为融媒体环境下“一次采集、多元生产、多端传播”创造技术条件。在新闻云项目建设中，部署移动文稿和视频采集工具，建设统一指挥调度系统，实现内容采集、生产过程中的异地协同，内容策划、分发环节的台网协同，对人员、资源进行统一调度，适配融媒体环境下新闻内容生产要求。播出部和总工办负责的播出系统高清化改造项目完成前期规划、招标采购和合同签订任务，进入实施阶段，引入智能化监测、处置手段，实现应急处理自动化，优化播出中心岗位配置，提高安全播出保障水平。总工办、制作部、转传部负责的移动多通道系统完成项目前期规划、立项申报、财政评审任务，提高视、音频传输能力和通话系统的稳定性。总工办积极推进超高清电视技术系统建设工作，参与奥林匹克转播公司（OBS）在中央电视台组织的 4K 转播研讨会，为 2020 年东京奥运会和 2022 年北京冬奥会转播工作做好技术准备。配合落实北京奥运频道技术系统建设方案，积极推进 4K 超高清项目建设规划。完成 SNG 卫星车的系统改造，增加光传输设备，为新闻 SNG 节目直播做好技术支持。制作部推出“一条龙一站式服务”的创新模式，应对不断变化的节目生产需求。

卫视节目中心工作概况

2018 年，卫视节目中心严把舆论导向、保证安全播出、大力守正创新，在收视业绩上取得历史性突破，首次登上全国省级卫视第一名。频道经营面对困局坚定信心，探索突破，首次实现与企业的深度产业战略合作。

一、收视取得历史性突破，平台影响力持续提升

2018 年，北京卫视收视率在央视索福瑞全国 35 城、52 城、71 城收视排名中，全部位列省级卫视第一名，在连续 5 年位列省级卫视第四名之后，一举改写一线卫视的竞争格局。

收视份额高位增长，冠军天数强势领跑。北京卫视 2018 年收视排名第一的天数达到 161 天，超出 2017 年两倍，前三的天数达到 308 天，占到全年天数的 84%，并且成为排名前五卫视中唯一保持收视增长的频道，这是北京卫视自成立以来取得的最高排名和最好成绩。

品质剧场收视夺冠，7 部大剧挺进前十。2018 年，北京卫视品质剧场收视率同比增长 30%，排名省级卫视第一，创历史最好成绩。年度排名前十的电视剧中，品质剧场占据 7 席，表现强劲。

品牌节目屡获殊荣，频道影响力持续走高。北京卫视入围“中国电视满意度博雅榜”卫星频道十强，指尖综艺榜“2018 年度最具突破力卫视平台”荣誉。《中国故事大会》《创意中国》《向前一步》《上新了·故宫》4 档节目被广电总局评为全国创新创优节目。《音乐大师课》第三季荣获第 25 届电视文艺“星光奖”少儿电视节目大奖，并入围 2018 年“中国电视满意度博雅榜”卫星频道文教类栏目十强。《传承中国》《创意中国》《生命缘》《生命的礼物》《你从井冈山走来》《中国 1927》等多档节目荣获 2018 年北京广播电视台节目创新奖。《传承者之中国意象》获得 25 届电视文艺“星光奖”电视文艺栏目大奖提名。《养生堂》入围 2018 年“中国电视满意度博雅榜”卫星频道财经生活类栏目十强。《跨界歌王》入围 2017 年十大品牌节目，并获得 2018 年“中国电视满意度博雅榜”卫星频道综艺类栏目十强。

二、重大项目价值引领，内容生产守正创新

庆祝改革开放 40 周年，主旋律报道持续创新。北京卫视高度重视改革开放 40 周年的宣传工作，提前策划，统筹布局，在第四季度持续推出一系列解读政策理论、致敬改革开放的主旋律报道。大型通俗理论电视节目《改革开放，关键一招》由中宣部、北京市委宣传部策划，以改革开放 40 年特别是党的十八大以来我国在各个方面取得的成就为切入点，通俗化解读新时代以来我国发展所面临的一系列目标任务和重大问题，通过讲好新时代中国特色社会主义的故事，深刻阐述了改革开放是决定当代中国命运的关键一招，也是实现“两个一百年”奋斗目标、实现中华民族伟大复兴的关键一招。节目播出后，连续 3 天收视位列省级卫视同时段第一，全网视频点击量破 4600 万，微博话题阅读量超 1.2 亿次。大型系列纪录片《中关村——变革的力量》，以“中关村人创新创业史”为主题，展现中关村在改革开放 40 年中引领科技创新发展的丰硕成果。大型系列纪录片《京商传奇》，通过对北京市属国有企业发展历程的回顾，展现改革开放 40 年中北京营商环境的变化。

服务首都功能建设，彰显主流媒体价值。为服务首都核心功能建设，推动北京疏解整治促提升专项行动的开展，由蔡奇书记和陈吉宁市长亲自指导，市委宣传部和市发改委参与策划，卫视节目中心推出全国首档市民与公共领域对话节目《向前一步》。节目选取北京城市治理过程中的热点、难点和痛点问题，直面市民与公共领域的分歧和冲突，通过当事人与政府工作人员以及“城市调解团”的沟通对话，推动问题解决，起到解读公共政策、普及公共价值、构建公共情感、建立公德意识的作用。节目播出后，全国收视多次位列省级卫视同时段第一名，百度搜索量和视频播放量双双破亿，蔡奇书记、陈吉宁市长、杜飞进部长、余俊生副部长等市委市政府领导多次批示表扬，节目也成为探讨大城市公共治理和基层政府工作的“样板”，被多地政府工作人员学习观看。节目刚刚播出两期后，就被国家广电总局邀请在全国广电系统视频会上进行经验介绍，并被评为第二季度的全国创新创优节目。

多档原创文化节目，助力全国文化中心建设。为大力弘扬古都文化和中轴线文化，纪念2020年故宫建成600周年，北京卫视联合故宫博物院推出大型文化季播节目《上新了·故宫》，节目融合北京作为全国文化中心和科技创新中心的功能定位，邀请明星嘉宾担任故宫文创“新品开发官”，探访故宫尚未向公众开放的隐秘区域，并与国际知名设计师合作设计推出故宫文创新品。节目播出以来，收视多次位列周五同时段第一，节目话题多次登顶微博热搜榜，主话题阅读量突破19亿，相关话题阅读总量超30亿，豆瓣评分8.2分。《人民日报》、《光明日报》、中宣部《新闻阅评》等数十家主流媒体给予高度评价，并荣获国家广电总局2018年第四季度创新创优节目，在全国视频会议上向全国同行进行经验分享。

《传承者》品牌系列第三季《传承中国》聚焦京剧艺术，创新节目样态，通过京剧名家真教、明星班主真学的沉浸式文化体验，吸引年轻观众感受原汁原味的国粹艺术。《非凡匠心》第二季继续对传统工艺进行“抢救性”发掘，打造“行走的传统工艺教科书”。《创意中国》第二季的播出，继续为全国优秀的文创项目搭建展示和交流的平台，引领文化创意创新创业新潮流。品牌文化季播节目《我是演说家》和《中国故事大会》专注讲好新时代的中国故事，弘扬社会主义核心价值观。

深耕“跨界”IP，延续现象级影响力。《跨界歌王》第三季延续该系列强势表现，收视位列2018年上半年所有音乐类节目的首位。首期节目即登上微博热门话题总榜第一、综艺榜第一、疯狂综艺季第一，百度指数位列周六当天所有综艺节目第一。《跨界喜剧王》第三季坚持在喜剧创作中融入现实关怀和人文思考，让观众在欢笑中体悟人生，理解社会主义核心价值观的真谛。节目播出后，收视多次位列同时段省级卫视第一。

品牌栏目创新发力，积极推进市场对接。2018年，《养生堂》继续发挥其在健康普及教育上的影响力，联合国家卫生健康委员会推出“全国爱眼日”和“全国控烟日”特别节目，还在2018年创新推出抖音版《养生堂》，吸引巨大流量。开播9年的王牌纪录片栏目《档案》于2018年调排至晚间920黄金时段播出，并于3月推出由市委宣传部策划指导的大型历史纪录片《中国1927》，通过对发生在1927年，不同城市、不同人物、不同事件的解剖式呈现，回答了为什么是中国共产党，以及中国共产党如何领导中国革命进程的重大主题。《生命缘》团队在2018年推出《向前一步》、《生命缘》第七季、《生命的礼物》第二季、《念念不忘》第二季等自制类纪实节目，均取得优异收视表现，并引发观众的广泛共鸣。

新闻节目中心工作概况

2018年，新闻中心积极创新，落实领导要求，多措并举提升新闻频道品质。2018年是新一届北京市委的开局之年，是贯彻十九大精神的开局之年，也是改革开放40周年，任务繁重，责任重大。新闻节目中心砥砺奋进，圆满完成了多项重大新闻报道工作，推出多项特别策划和大型新闻行动，多项重点报道得到中宣部、广电总局领导和市领导表扬。

一、圆满完成北京市两会、全国两会等重大报道工作，建立与市委有关部门沟通机制，时政报道再上新台阶

2018年是北京市人大、政协换届之年，北京市两会报道精准对位、持续创新、多种形式并举，直播与专题全面展现大会盛况；新媒体同步推送，全方位、多角度、全媒体传播。全国两会期间，媒体融合报道全面发力，《读懂两会》《共话“京津冀”》《对话两会》《两会海外朋友圈》全面开花；新媒体平台发稿70余条，总阅读超过300万；全国政协首场新闻发布会和全国人大外长记者会上，北京电视台分别获得了提问机会。报道得到中宣部、广电总局表扬。

就时政报道及配发工作，与市委有关部门建立定期沟通机制。从4月份开始，围绕市委主要领导调研完成了一系列配发报道，极大地配合了市委市政府中心工作。

二、持续深入宣传十九大精神，先后推出《新时代　新气象　新作为》等多个主旋律系列报道，把学习宣传贯彻党的十九大精神热潮持续引向深入

一年来，对十九大精神的宣传报道不断掀起热潮。新闻中心全力投入，精心策划，踏实践行“走转改”，先后推出《新时代　新气象　新作为——践行十九大精神基层行》、习近平视察北京4周年系列报道《新时代　新航程》《在习近平新时代中国特色社会主义思想指引下——新时代新作为新篇章》《疏解整治促提升》《街乡吹哨　部门报到》等多个大型主题系列报道，同时加强评论力量，制作8期《新时代大家谈》大型谈话节目，深入解读习近平新时代中国特色社会主义理论和“十九大”报告。

自8月以来，新闻中心承制了17期（每期30分钟）市委组织部《新时代新担当新作为》基层党员访谈特别节目，获得市委主要领导的高度肯定和表扬。

三、庆祝改革开放40年，推出《壮阔东方潮　奋进新时代》等多个系列报道

庆祝改革开放40周年，推出系列报道《壮阔东方潮　奋进新时代》。

推出《壮阔东方潮　行走新北京》系列报道，以“改革开放40年的大数据”作为主要报道手段和展现形式，展示改革发展成就。

与天津广播电视台、河北广播电视台联袂推出《壮阔东方潮　筑梦京津冀》系列报道，实现真正意义上的“三台联动、四十献礼、五星出品”。节目集合了三台的资源和采访力量，作为改革开放40年的献礼节目，将京津冀协同发展的成果进行全面系统梳理、挖掘、提炼，完美地展现给全国观众。

播出《壮阔东方潮　奋进新时代——庆祝改革开放40年·家国40年　百姓话改革》系列报道，选取北京与改革开放历史节点相关的地标建筑，采访建筑里的人，通过他们个性鲜明的讲述，还原历史，反映北京40年巨变，体现人民群众的获得感和幸福感。

推出《壮阔东方潮　奋进新时代——庆祝改革开放40年·家国40年　对话中关村》系列报道，采用电视人物访谈的形式，通过亲历者的讲述，还原中关村改革开放发展的历史进程。

在电视和网络推出系列微视频《我爱北京》，以普通群众为主角，小切口反映大主题。

新媒体团队策划推出系列融合报道——《我家的40年》，12月17日—20日在《都市晚高峰》栏目中播出。以双屏互动为主要表现形式，由“微纪录片+人物口述小片+多媒体互动话题”构成。

制作播出大型纪录片《中关村——四十年的足迹》，记录中关村的发展历程，追忆改革开放的足迹。

四、融媒体报道渐成常态，多项重要报道成效显著。打造全新融媒体演播室，提升新闻频道制作水平

2018年初开始，与电台、新媒体集团联袂在“不负京华好春光”“红墙意识”“上海合作组织国家媒体北京论坛”“上合组织青岛峰会”“京交会”“高考”等重点报道中尝试展开媒体融合报道，取得了良好成效。8月，北京广播电视台融媒体中心正式成立，中央厨房生产系统逐步搭建完善，融合报道已成为常态。

2月底，新闻中心启动演播楼600平方米新闻演播室实质性改造工作，2018年完成主体施工、置景安装和设备调试。5月中旬，全新的融媒体新闻生产系统投入试运行，7月实现全部新闻节目新网直播。

五、优化生产方式，提高工作效率，调整新闻编辑架构

以新闻编辑部为突破点，优化生产方式，打破“栏目制”固有模式，以“1+1+1”方式（即一名主编、一名责编、一名串单编辑）构成各档新闻节目生产核心，实施编辑跨栏目值班审稿机制，在保证节目质量的同时大幅提升了3个岗位的主观能动性，提升工作效率50%以上。

六、坚持政治站位，守正出新，围绕市委市政府中心工作，密集推出多个重大报道，《新春走基层》《幸福绽放》《市民对话一把手》等多年品牌持续创新。

《北京新闻》《北京您早》《特别关注》等节目服务和推动市委市政府中心工作，密集推出《壮阔东方潮　奋进新时代——庆祝改革开放40年》《新时代奋斗者的故事》《人勤春来早 撸起袖子加油干》《新春走基层》《优化营商环境我们在行动》《市民对话一把手》《礼让斑马线 我们在行动》《12345需求与反馈》《行走京西生态绿廊》等重大主题宣传报道，在增强站位意识、服务中心工作、坚持正确导向、推动创新发展、扩大主流媒体影响力等方面做出了积极有益的尝试。

作为延续多年的品牌栏目，《新春走基层》系列报道持续创新采编方式和报道手段，获得中宣部新闻局和国家新闻出版广电总局监管中心点名表扬；《幸福绽放》受到中宣部新闻阅评的专稿表扬；《市民对话一把手》升级为大型直播访谈节目，两度与观众见面，成为协商议政新平台；大型新闻行动《壮阔东方潮 筑梦京津冀》与天津电视台、河北电视台联合打造，三地携手全面展现了京津冀协同发展四年来的成果。

七、彰显全球视野，提升国内外重大新闻事件的话语权，圆满完成博鳌亚洲论坛、上合组织青岛峰会、中非合作论坛北京峰会报道，开拓国际聚焦板块，提升影响力和传播力

在报道我国重大主场外交活动中不缺位，博鳌亚洲论坛、上合青岛峰会、中非合作论坛北京峰会等全球瞩目的大事，新闻中心深度参与，以现场直播、专家访谈、系列报道等方式全面呈现。

2018年以来，《北京您早》栏目打造国际聚焦板块，带动早间收视全面提升；打造优质专家队伍，每天推出短平快的国际时评《今晨快评》，增加北京电视台国际新闻的话语权和公信力。新闻栏目扩大视野，聚焦国内和国际大事，在博鳌亚洲论坛、中美贸易战等事件中积极发声，敢于尝试。

八、坚持直播常态化，多项大型专题片工作有序推进，持续提升新闻频道品质，也为新闻中心带来经济效益

坚持直播常态化，如“国企开放日”、海淀创新创业季、北京时装周、北京车展、昌平农业嘉年华系列、延庆冰灯等，创造了平均每场50万元左右的收益。

打造专题节目精品，《中国梦365个故事》进入第二季，获得第28届中国新闻奖国际传播类二等奖等多个奖项，并被写入北京市党代会报告和政府工作报告。

多项大型专题片工作有序推进，大型人文地理纪录片《永定河》顺利播出，获得各方好评；《握手非洲》在中非合作论坛召开前夕顺利播出；聚焦北京城市副中心建设的6集纪录片《拂晓之城》基本完成；深度挖掘大运河文化带的6集人文纪录片《望通州》进入收尾阶段，11月播出；纪念改革开放40周年系列纪录片《中关村——40年改革与回响》12月初播出。

九、新媒体报道荣获多方荣誉；多款新媒体产品成为百万、千万量级爆款

“京视频”品牌推出后不到4个月即荣获“微博大观”最佳短视频先锋奖，每月位列微博视频机构榜前十，一年来“京视频”品牌全网播放量已超过5亿；“BTV新闻”今日头条号荣获2017年度媒体头条号；“BTV新闻”腾讯企鹅号进入腾讯区域榜前十。

自主策划打造多款颇有影响力的新媒体产品，超级月亮、春节灯谜猜猜猜、全国两会全景虚拟演播室、女老赖“戏精”一秒上身等多款热点，全网播放量达到百万、千万量级。“全国两会全景虚拟演播室”实现了新媒体端报道的规模化呈现，受到国家广电总局《收听收看日报》的肯定。国庆节升旗短视频《近十五万群众天安门观礼　共祝祖国生日快乐》，播放量全网超过500万次，获得中宣部表扬。

十、大力加强通联工作，有针对性地组织专家讲座、业务学习，更好地促进一线业务

新闻中心依托87家记者站、央视和CPTN三驾马车，截至9月底，记者站发稿2600余条，进一步丰富了频道的新闻资源；向央视送稿2400余条，其中《新闻联播》发稿69条，有力地宣传了北京市取得的各项成就；从央视回录中央领导到北京的新闻63条，完成CPTN上传2100余条。

深入一线与记者站交流培训，针对业务重点热点，比如融媒体发展，组织多次专家讲座、业务学习，有效地提升报道团队的业务素养。

文艺节目中心工作概况

2018年，文艺节目中心坚持以内容生产为根本，以经营创收为中心，深挖频道核心潜力，多元拓展经营途径，在逆势中保持频道平稳发展。

《2017年北京电视台春节联欢晚会》在2018年荣获第25届电视文艺“星光奖”电视综艺节目大奖；在2018年第八届中国电视满意度博雅榜评比中，BTV文艺频道被评为地面频道十强；《春妮的周末时光》被评为地面频道综艺类栏目十强并位列榜首；《2018年北京电视台春节联欢晚会》被评为中国电视艺术家协会电视文艺委员会春节文艺晚会最佳作品，同时在2018年北京广播电视台创新奖评选中获得节目创新奖银奖。

文艺节目中心2018年收入指标为1.4748亿元，截至12月底，广告经营收入1.4903亿元，总收入2.1043亿元，实现利润2623万元。收视率考核指标0.84，市场份额指标2.88，截至12月31日，文艺节目中心收视率0.65，收视份额2.44。

一、直面收视逆境，动态调整版面，以内容为核心完成自我优化

继2017年“6·26”大改版之后，2018年的8月20日文艺频道又进行了新一轮的自我优化，以受众大数据的真实反馈为依据，优化版面格局，精雕节目设置与形态，通过内容创新和架构调整稳定收视，实现逆势中的自我突破。

这次改版的核心是频道播出体量最大的3档日播节目《每日文娱播报》《我看行》《笑动剧场》，通过播出版面的重新布局、节目样态的优化调整，使得3档节目更具市场竞争力，不仅稳定了傍晚时段的收视率，更为晚间黄金时段节目及电视剧顺流了大量观众群。优化后的《炫剧场》也成为了市场份额的重要增长点，在台领导的支持和兄弟频道的配合下，《炫剧场》播出的《爷们儿》《正阳门下》《情满四合院》等极其贴合频道主要受众群喜好的电视剧，平均份额达到了4.0以上。

二、打造精品晚会及大型活动，提升频道品牌价值

2018年，文艺节目中心发挥频道优势，承担了多个重要晚会和大型活动，包括《2018年北京电视台春节联欢晚会》、《元宵晚会》、《中国城市春晚》、《第八届北京国际电影节闭幕式》、《第二十二届京张心连心大型文艺演出》、《2018最美科技工作者发布仪式》、《希腊、爱尔兰“北京之夜”文艺演出》、《最美警察》主题活动、《国粹+》——“水路·戏路”大运河年度戏曲精品大汇项目等。

其中，《2018年北京电视台春节联欢晚会》在北京卫视、BTV文艺频道并机播出，合计收视率17.01，市场份额53.86，连续5年蝉联省级卫视同时段收视、微博、微信3项核心数据第一，此外在今日头条超级话题、在线视频总播放量也取得第一名，拿下5个核心数据第一。泽传媒携手国家新闻出版广电总局发展研究中心新媒体研究所共同发布的“2018省级卫视春晚移动传播总榜”中，《2018年北京电视台春节联欢晚会》在连续收获4个单日冠军后，最终总榜夺冠。

《第八届北京国际电影节闭幕式》凸显东方美学和中国文化，以中国风为策划原点，向水墨电影致敬。本次闭幕式在北京卫视、电影频道和爱奇艺同步直播，北京地区收视率3.89，省级卫视同时段排名第二。

文艺频道善于将大型活动进行艺术化表现，以电视文艺手段彰显鲜明主题，在挖掘故事、升华精神、透视时代等方面独树一帜，因此集萃了很多品牌性的活动，比如2018年打造的“最美”系列活动，就是以年底的“北京榜样”评选活动为契机，整合各方资源，成功联动“最美警察”“首都监狱卫士”“最美科技工作者”“最美退役军人”“国产优秀纪录片颁奖”等，形成了一个具有鲜明文艺标识的大型活动矩阵。这几场活动时间跨度大，表现形式多元，获得了极佳的社会影响。这些活动不仅在文艺频道播出，在本台卫视、央视及其他卫视都有播出。

三、坚守文艺阵地，重大宣传节点不缺位有作为

2018年，文艺节目中心在宣传改革开放40年、三个文化带、建设全国文化中心等重大主题宣传方面都有所作为。

围绕“改革开放40年”打造系列专题片《文化京津冀》《文化记忆》《第二十二届京张心连心大型文艺演出》等项目。

与宣传“建设全国文化中心”相关的项目有：《歌唱北京》歌曲征集活动；《文化北京》对京城的文化消费、文化项目、公共文化服务进行全方位跟踪报道；三个文化带相关项目之《国粹+》——“水路·戏路”大运河戏曲年度系列活动，梳理中国传统戏曲文化的传播、发展和繁荣的脉络，为当代戏曲艺术的传承、发展和创新寻找历史依托。

四、多举措开拓创收渠道，全力完成经营任务

截至12月底，文艺节目中心广告经营收入14903万元，公益金、节目专项、版权分账等其他收入6140万元，合计2.1043亿元，实现利润2623万元。

频道多档节目积极创新经营方式，通过冠名、定制板块、商务合作等多种方式与影视公司、文艺院团、视频网站、家装购物公司展开合作。《每日文娱播报》与剧院联盟、国话剧场、天桥艺术中心合作，打造了一批与文化演出市场相关的项目，栏目组也在短视频领域积极尝试，通过参与财政资金项目，打造出“榜样面对面”“美丽乡愁”等短视频系列节目。《我看行》与家装、购物平台合作，以微剧的形式为观众提供家装讯息资讯和便捷的居家消费信息，并以分成的形式取得收益。此外《春妮的周末时光》冠名及定制收入近千万元，《我爱书画》《笑动剧场》《喜剧合伙人》均获冠名收入，《加油吧孩子》与台内公司联手进行少儿才艺培训，等等。2018 年 1—9 月，频道的软植与合作合拍收入 2921 万元，比 2017 年同期上升 36.5%。

自 2017 年 4 月 26 日“春碗衍生品”问世以来，连续获得 3 个大奖，包括 2017 年“百花杯”中国工艺美术精品奖银奖、2018 年“华礼奖”中国礼物设计大赛金奖、第十五届“北京礼物”旅游商品大赛金奖。巧夺天工的技艺和深远大气的文化底蕴，不仅为“春碗”赢得了专业领域的推崇，也在市场上获得了实实在在的回报。从 2017 年 4 月到 2018 年 10 月，“春碗”销售实现总利润 1000 余万元，台利润具体数为 732 万元。两年间，“金碗”的销售呈现了稳步增长。2018 年，在整个贵金属市场呈现低迷的大环境下，BTV“春碗”依然保持强劲的增长势头，当年本台实现利润分账 524.7 万元，是上一年利润的 2.5 倍。从 2017 年 4 月到至 2019 年 2 月 28 日“春碗”全线产品的销售总额为 5500 万元。

积极参与政府采购的项目招标，获取财政预算收入，如与市文化局、市文联、市文明办等单位合作的《文化京津冀》《文化北京》《文化记忆》《北京喜剧幽默大赛》《美丽乡愁——北京市乡情村史陈列室巡礼》《北京榜样 5 周年》等。

五、压缩成本提质增效

文艺节目中心狠抓精细化管理，在保证节目制作品质的前提下开源节流，努力压缩成本。第一季度，未覆盖成本的周播、日播栏目降低预算比例，收支差额最多的周播栏目进行精编，并通过投入产出比与收视率综合比较进行末位淘汰。

六、积极开展大调研工作，以春晚主题产品的开发与运营试水电视节目衍生品产业链

2017 年推出的首款 BTV 春晚衍生品，即“BTV 手工花丝金质春碗”和“BTV 手工花丝银质春碗”，尺寸相同，售价分别为 159800 元和 15980 元。2018 年推出的第二代“春碗”则推出了 5 种规格、7 种选择，虽然都是金质碗，价位却从 2 万多元到 20 多万元，分为了 5 档，这就给了消费者更多的选择。此外，“春碗”衍生品在 2018 年开始尝试在价格上更加“亲民”的产品，当年尝试与时尚集团芭莎珠宝合作，邀请珠宝设计师刘斐合作开发了“春碗花开”和田美玉钻石 K 金首饰，整套首饰定价在 3000 元左右。该套首饰在亮相后广受好评。“春碗”由本台出品，与北京工艺美术集团和北京市工商银行强强联手合作运营，一经推出就拥有工商银行北京市分行各网点、王府井工美大厦、北京工艺美术博物馆、北京工美艺城网、北广购物几个销售平台。

科教节目中心工作概况

2018年科教节目中心在收视和广告收入的双重重压下奋力拼搏，尝试创新，努力创收，较为圆满地完成工作任务。

一、坚守品质，提升品牌栏目核心竞争力

科教节目中心着力加强舆论引导，提升节目品质，品牌栏目如《法治进行时》《记忆》《最北京》《第三调解室》《健康北京》《庭审纪实》《法治中国60′》等夯实收视底盘，进一步提升品牌知名度与影响力。

2018年，《法治进行时》的节目板块化操作、项目化运营初见成效。《北京110》《平安119》《法治训练营》《一问一答》业已成为《法治进行时》脍炙人口的小板块。经过一年多时间打造，这些板块已经具备实现项目化的基础。

2018年是中国改革开放40周年，《记忆》按主题月策划特别节目，共策划了十几集系列节目，邀请刘晓庆、李谷一、李光曦、李玲玉、郑海霞、英达等嘉宾和大家一起分享改革开放40年的巨大变化。

2018年是《最北京》节目播出的第4个年头，也是节目走向成熟，同时致力于品牌建设的一年，已经培养出了一批铁杆观众，树立了良好的口碑和社会影响力，成为BTV科教频道周末晚间节目的一抹亮色。

《第三调解室》栏目作为最早一批电视调解类节目，社会影响力和公信力不断增长。《第三调解室》不仅仅是一个栏目，《第三调解室》人民调解委员会系北京市司法局直属的专业调委会之一，而《第三调解室》人民调解培训基地常年义务担负为基层人民调解员培训服务的重担。是一个具有公信力、号召力、影响力的媒体公益平台。

2018年《健康北京》继续与北京市卫生计生委合作，推出6大系列：元旦期间“老年营养系列”、春节期间“营养系列”、4月中下旬“春季过敏系列”、“六一”期间“儿童健康系列”、“十一”期间“金秋动起来体医融合系列”，以及贯穿第二、三季度的“节气养生系列”。同时栏目每周发布权威健康信息，已经持续了12年。

《庭审纪实》作为北京市高级人民法院与北京电视台合办的唯一一档法制纪录片栏目，以直播或准直播方式记录北京市各级法院审理重大案件的庭审过程，就庭审中的法律问题、社会话题进行调查解读，并从多方面、多角度提供法律服务，赢得了京城百姓的信任，也得到北京市公检法司各单位的认可。

《法治中国60′》在2018年中不断创新，增加了《热点播报》《安全提示》等内容。

二、积极行动，探索经营之道

2018年《法治进行时》栏目积极行

动，努力探索适合自身的经营之道。先后成功引进《平安119》冠名80万元；设立《公证时刻》板块，成功引入资金40万元；继续获得市残联、卫计委等部门的政府资金60万元。与首汽约车、建设银行、交通银行、平安产险等多家单位签署协议，获得金额230余万元。《法治进行时》的节目板块化操作和项目化运营初见成效。《法治中国60′》《现场说法》两档日播法治节目的合作合拍收入较去年有所增加，继续实现盈利。周播法治类节目《庭审纪实》《警法目录》通过企业冠名，基本达到预算的全覆盖，《庭审纪实》团队还主动出击，承接《创新北京》的合作项目，增加栏目收入。

2018年《记忆》栏目组一直在多方组织资源，以拓展节目创收的增量。硬广收入与2017年持平，合作合拍创收成为重头，比例占据栏目整个收入的一半。《腾讯云——智能+让生活更美好》《夏普——古建筑中的密码》《夏普——景泰蓝》这些节目不但在经营上为栏目做出了贡献，在影响力上也让《记忆》有所提高，可谓是强强联合。科教频道与多个委办局合作，相继推出《为你而歌》《榜样党员》《创新者说》《幸福养老》《护航2018》等节目，创收近3000万元。

三、大型活动彰显频道声誉

《非常向上》是市教委在北京电视台的重要宣传窗口，面向北京360万学生和家长，至今已有11年历史。2月26日播出的开学特别节目《开学第一课》，以师德传承为主题，展现了北京市6名从幼教到成教、特教，从小学到中学、大学的优秀教师的感人事迹，节目播出达到4.34的收视业绩，创下近年地面频道晚间节目最高的收视率。

2018年是《为你而歌》项目制作播出的第16年，导演组围绕“平凡的英雄”这个主题展开，挖掘、展现新时代优秀共产党员、先进基层党组织忠诚担当、服务人民的真实故事，向观众传递一种直达人心的温暖的力量。

《创新者说》是由北京市科委和科教频道共同策划、制作的“北京市科学技术奖”获奖作品系列短片。从2015年开始，已经连续制作播出3年。短片跳出常规的专题片介绍模式，让创新者走进荧屏，讲述发明项目，更讲述发明背后的艰辛与感悟。

12月18日是纪念改革开放40周年的日子，《健康北京》推出《健康事业前进40年》特别节目，邀请到了北京市卫生健康委新闻发言人高小俊，北京市疾病预防控制中心主任邓瑛，全国政协委员、丰台区方庄社区卫生服务中心主任吴浩三位嘉宾对改革开放带来的变化，北京市卫生健康事业的进步，以及北京市居民健康状况的改善进行了分析解读。

《记忆》栏目组与北京市委组织部合作，拍摄制作专题片《难忘初心》《第一书记扶贫记》《美村三十六计》等，与北京新媒体（集团）有限公司合作，制作播出3集专题片《将改革开放进行到底论坛》。这些系列节目在关键时刻发出了主旋律的声音。

2018年5月3日，《庭审纪实》栏目组前往中俄边境黑龙江省绥芬河天长山要塞拍摄纪实片《寻找二战东归英雄，探访最后的战场》。以讲述、实地走访、人物专访、评论分析等创作手法，通过《走进东北抗日联军》《神秘的“特种兵”训练营》《战火中的生死爱情》《凯旋而归日落天长山》4个篇章，讲述了东北抗日联军教导旅在中俄边境长达14年艰苦抗日的感人故事。

2018年春节期间，科教节目中心和法制晚报社联手，推出《智享未来——2018机器人大联欢》。此次晚会集中了国内20多个品种的200多台机器人，是机器人第一次大集结的“非人类”春晚。

四、适应全媒体发展大势，推进媒体融合

2018年5月至10月，《法治进行时》推出《决胜执行难 法治进行时全程记录》网络直播，全网共计有5400万网友在线观看。5次直播锻炼了队伍，培养出一批《法治进行时》融媒体团队的年轻干将，他们让《法治进行时》的微博、今日头条号在短短半年时间粉丝过百万。

2018年10月，《法治进行时》《法治中国60′》与“北京时间”合作推出了“法治时间”，通过推送短视频，两个月在“北京时间”的总点击量超过1亿次。科教节目中心的融媒体采用集中生产内容，多平台分发的模式，节目传播更具网络化、移动化、数据化。

从12月开始，《第三调解室》在今日头条上线《第三直播室》，每周一到周五13：30开始，时长1个小时。这是《第三调解室》栏目与京视传媒合作，在跨屏传播、向融媒体转型的一次尝试。其他栏目如《记忆》与今日头条合作，《非常向上》与教委的首都教育公号合作，《最北京》《留学生》《护航2018》等栏目根据自身栏目内容和资源优势，在新媒体平台上进行了多种创新和尝试。

影视剧中心工作概况

2018年，影视剧中心共计购买电视剧54部，其中卫视剧19部，地面剧35部。超额完成2018年收视考核任务，全年卫视品质剧场，35城、52城双网全国第一，登顶省级卫视排名榜首。经营方面，2018年影视频道市场份额保持在北京地区第2位，仅次于北京卫视。影视剧中心1—12月收入合计10183万元；支出8023万元；实现利润2161万元；完成百分比 165.8%（全年利润目标1500万元）。

一、立足“温暖现实主义”，全面唱响主旋律

北京卫视品质剧场始终以“大戏看北京”为目标定位，高扬“温暖的现实主义”风帆，将大气、厚重、有温度、有情怀的现实主义作品作为首选。2018年，在“纪念改革开放40周年”的重点宣传主题下，影视剧中心通过启动早、延续长、多层次、分阶段的播出方式，形成了整体的编排方案和宣传布局，全面唱响主旋律。开年的宣传预热期，影视剧中心以

《美好生活》《好久不见》两部关注当下生活的温暖现实主义作品，为全年的宣传氛围进行预热。年中的宣传升温期，影视剧中心连续播出《破冰者》《归去来》《脱身》《面具》《合伙人》《那些年，我们正年轻》《娘道》等多部有情怀、有深度、乐观向上的作品。进入 10 月份的宣传高潮期后，影视剧中心排播《正阳门下小女人》《大江大河》两部表现改革开放以来时代精神面貌及百姓美好生活的作品。以上两部剧扎根生活，立足现实，饱含激情，不仅是对改革开放 40 年恢弘历史的观照、回望，更是对当下美好生活的讴歌与礼赞，将“纪念改革开放 40 周年”的宣传主题持续推向高潮。

二、品质剧场收视排名登顶省级卫视首位

卫视品质剧场，全年收视成绩达到 35 城、52 城双网全国第一的好成绩。实现了历史性的突破，助力北京卫视登顶省级卫视榜首，改写了省级卫视第一阵营的格局。此外，午茶剧场和上午剧场均排名省级卫视第二位，获得了历史最好成绩。

三、影视频道收视份额稳中有升

影视频道全年收视份额在北京地区达到 5.67%，较 2017 年增长了 3.3%。频道的晚间黄金时段剧场——《首都剧场》具有高收视和高收入的特点，影视频道的主要工作都是围绕首都剧场开展的。2018 年的首都剧场，依据节目评审、数据表现、观众特点等多维度考量，继续播出以抗战、谍战剧为主的强情节剧。同时，针对目前较为严峻的广告形势，《首都剧场》全年三分之一以上的版面播出二轮剧，以此来降低支出。

四、《炫剧场》重新找准定位

《炫剧场》作为唯一一个进入黄金档的重播剧场，2018 年初播出的都市题材剧遇到了片源不足、收视不高的困难局面。为此，影视剧中心重新布局剧场，将其定位于能够体现时代变迁、情感生活、北京特色的人文剧场，并多方挖掘版权资源，丰富剧目储备，接连播出《情满四合院》《爷们儿》《正阳门下》等剧，取得了较为理想的收视成绩。

五、全年实现利润 2161 万元

2018 年 1—12 月份，影视剧中心净收入 10183 万元（含财政补助），累计支出 8023 万元，实现利润 2161 万元（利润中含电视剧未付款部分）。2018 年影视剧中心各季度广告收入波动较大，为此，影视剧中心一方面积极与广告部沟通，加强研判；另一方面迅速调整版面，以二轮剧降低支出，做好收支平衡工作。最终，全年以 2161 万元的利润，完成全年利润目标。

六、大调研工作持续开展

按照《北京电视台大调研工作实施方案》的要求，影视剧中心确定了以北京台自制剧可行性论证为主题的调研报告。同时积极组织安排调研工作，就电视台投资可能性、台属公司运作模式等问题，对部分有自制剧经验的省、市级电视台及台属公司展开了相关调研。此举旨在总结友台成功经验的同时，规避潜在风险，为北京台自制剧寻求可行方向。影视剧中心在前三季度调研成果的基础上，完成撰写并提交了题为《自制为王——新媒体时代下电视台的生存之道》的调研报告。

七、自制剧项目不断推进

自制剧方面，影视剧中心按照自制剧

初步拟定的参投和自主研发两种模式，继续推进自制剧的相关工作。北京电视台自主研发模式启动的第一个项目《冰球小子》已通过北京紫禁城影业责任有限公司立项，并于2017年6月在总局备案公示。影视剧中心已在中心内部成立项目孵化小组，负责该剧的初期研发，同时进行创作方向和运营方向的初期讨论和推进。

财经节目中心工作概况

一、重点工作完成情况

开播《财富大魔方》《京津冀大格局》《诚信北京》《说画》《对话大咖》5档全新节目。《首都经济报道》《税收天地》《数说北京》等多档栏目围绕京津冀协同发展、疏解整治促提升等重大主题进行深度解读，凸显专业风格。推出第三届《诚信北京315特别节目》、首届“北京诚品论坛”、第二届“世界读书日特别活动”，扩大中心影响，“互带模式”获溢价效应。为纪念改革开放40周年财经节目中心倾心打造20集大型口述历史特别节目《生于1978——一起走过40年》。

2018年成立宣传科融媒体工作组，与《首都经济报道》合作策划推出教师节大型融媒体特别活动、重阳节特别节目试水融媒体播出模式，实现电视端、PC端、手机端三屏合一和互动。

二、收视方面

2018年本中心向专业财经全面转型，专业节目大规模上线，非专业财经节目体量大幅缩减。但专业节目的收视瓶颈依然没有突破，截至年底，中心平均收视率0.1，完成指标的34.48%，晚间黄金时段份额0.36，完成指标的37.86%。

三、创收方面

截至10月25日，中心创收6930.7万元，与1—10月创收7708.3万元指标相比，完成度达到89.91%。净收入6124万元，支出6457万元，尚未做到收支相抵，但已经竭尽所能保证亏损可控。

2018年，在资金短缺又要专业转型的困难境况下，中心强化全员创收意识，鼓励全员寻找多元市场机会。如《财富剧场》与市残联和亦庄控股合作，进账资金良好；多家银行冠名品牌节目；首农集团冠名纪念改革开放40周年特别节目《生于1978》；与北京意杰东方科技发展有限公司洽谈的季播节目《大健康未来说》已经正式立项；与北京市人民政府办公厅合作拍摄制作12集微专题片《推动高质量发展·优化营商环境》，款项已经申请入台；与市团委合作《寻找青春印记》也已经进入款项入台阶段。

四、管理方面

2018年中心严格收支管理，遵循量入为出原则，强化绩效管理。制定《目标责任书》《劳务发放承诺书》《劳务费发放人员情况登记表》《月度绩效工资发放登记表》狠抓制度落实，防范经营风险。

年中进一步加强考勤管理，严格请销假制度。

目前，财经频道面临的问题是政策、机制、利益分配上存在制约，仅凭节目挣钱的时代已经过去。节目带来的创收受各种不可控因素影响，是不可持续的。唯有产业化运营、公司化管理才可能产生放量，发挥更大频道价值优势，解决困扰频道生存的问题，甚至可以为电视台带来可观增量。

体育节目中心工作概况

一、收视率、收视份额保持稳定，基本完成考核值

2018 年，BTV 体育频道截至年底收视率是 0.38，晚间黄金时间的占有率是 3.98。

二、经营创收完成率全台第一，世界杯经营有新突破

截至 9 月底，体育频道经营创收完成任务率为 68.7%，远超全台平均值 45.22%，名列全台第一名。

特别是世界杯的经营工作，通过积极营销，充分利用本台在技术和节目制作等方面的优势，承接了咪咕视讯全部 64 场共 131 路信号（每场比赛制作 1－3 路不同信号）的制作任务，频道获得较大收益，同时积极开发软硬广告，填补了世界杯报道在版权和节目制作上的投入。

三、奥运频道筹备迈出关键一步

10 月 8 日，台里要求体育中心全面负责奥运频道筹备。体育中心立刻全面投入筹备，只用 3 天时间就拿出频道节目整体方案并选出节目主要负责人，受到冬奥组委宣传部和本台主要领导的肯定。整体方案已经上报，并分解出奥运频道下一步筹备工作的十个方面具体内容。

四、成功完成俄罗斯世界杯报道

体育频道对俄罗斯世界杯进行了全面报道，全程转播了 64 场比赛，并配以新闻报道和特别节目，全景呈现世界杯精彩盛况。整个节目特色鲜明、内容独特，不仅在北京地区获得了较高收视率，还通过中国移动咪咕在全国有近 5000 万的点击收看。

提前谋划、认真准备。把体育节目中心 300 平方米演播室改用多景区分布的方式，利用多屏幕系统，构建不同的节目演播场景。和新闻中心一起组建了 13 人的前方报道小组，新闻资源全台共享。购买赛事版权，近年来央视对世界杯版权进行了严格控制，基本不分销，体育中心经过一年的艰苦努力，终于在赛前购买到了全部赛事版权。制定节目规划，推出了世界杯特别节目《杂拌儿世界杯》，辅以两档新闻节目和 64 场赛事直播，构成了世界杯报道的主框架。节目营销和节目策划同步进行，节目根据市场需要进行设计。融媒体报道也是这次世界杯报道的亮点，不仅充分利用 BTV 体育微信公众号，而且和电台体育广播进行深度合作，前方共同采访、资源信息共享，后方互派主持人参加对方节目。世界杯期间，体育频道全天收视率 0.35%，晚间市场份额 3.97%。比上届世界杯分别增长 45.83% 和 203.05%。世界杯期间，体育频道整体收视和晚间市场份额都名列全台第三名。

五、《冬奥项目小百科》节目受到观众好评

体育频道作为冬奥宣传的主阵地，从 2015 年开始，就将制作冬奥知识的宣传片作为一项重要工作。经过努力，第一批 22 个冬奥项目知识小片如期于韩国平昌冬奥会举办之际，于 2018 年 2 月 5 日在北京电视台体育频道开播。

《冬奥项目小百科》系列科普宣传片，运用冬奥会比赛的相关素材，加上部分实地拍摄，并结合三维动画等高科技模拟制作手段辅助演示合成，将复杂难懂的 22 个冬奥比赛项目的特点及比赛规则以通俗、平实、直观形象的方式传递给广大电视观众。播出后，中宣部阅评员对此节目给予了高度评价。

六、加大冬奥运报道力度，和冬奥组委建立密切协作

2018 年平昌冬奥会，体育中心与新闻中心联合报道组一行 7 人，在 20 天时间里，回传新闻、专题总计 40 多个，时长近 300 分钟。在《天天体育》《体坛资讯》等节目中直播连线 20 多次。除新闻以外，体育频道还全面转播了本届冬奥赛事，这也是十几年来的首次。赛事期间直播了近百小时的冬奥会比赛。此外，不断加强和北京冬奥组委、国家体育总局冬运中心等单位的联系，努力加强冬季运动的报道力度。

七、大调研工作为体育频道的发展注入新的思路

按照市委宣传部全市宣传思想文化战线大调研工作和北京广播电视台关于大调研工作的要求，体育中心确定了《体育电视和体育产业的融合发展》这一调研主题。从 4 月中旬起，调研组调研了 17 家电视台、近 10 家新媒体单位，以及国家体育总局、北京市体育局等政府有关部门，并走访了近 20 位业内专家、学者、政府官员，在掌握了大量第一手资料的基础上，三易其稿完成了大调研报告。

八、广开思路，特别节目和活动佳作频出

除传统体育电视内容以外，还广开思路，拓展体育节目的广度和深度，联合教委等有关单位，制作了校园足球季播节目《踢球吧少年》、健身减肥季播节目《享瘦联盟》、冰雪进校园特别节目《中小学生冬奥知识竞赛》《北京纪录挑战赛》等特别节目，并主办了 2018 年首届 BTV 杯青少年雪地锦标赛、第十届海洋沙滩嘉年华等拥有自主 IP 的活动和赛事。

生活节目中心工作概况

2018年，生活节目中心以构建美好生活为目标引领，在“城市生活服务平台”基础定位上不断优化，从传统思维向用户思维转变，从广告思维向产业思维突破，为向“美好生活”融媒服务平台升级转型提供有力支撑。

一、策划一系列重大主题宣传报道、文化精品与公益活动

为庆祝改革开放40周年，记录北京社会变迁与城市发展，《生活这一刻》全年持续推出板块《家门口的事放心上》；继续打造《主播单车看北京》，以探索发现的眼光，反映北京日新月异的变化。

3月维权月深入调查美容业、快递业、婚介市场等行业存在的问题，获得很高的社会关注度和民众讨论度，报道引发话题多次上榜微博热搜。两会期间策划制作《代表委员话民生》《陪伴老人一小时》等系列节目。5月12日，记者奔赴汶川地震遗址，策划3期汶川地震10周年特别报道《汶川 不能忘却的记忆》。9月份推出为期3周的“新国门 新大兴”纪念改革开放40周年大型系列活动，借助融媒体之势，线上、线下共同发力，深度挖掘大兴深厚的文化底蕴，集中呈现新时代日益国际化、时尚范的大兴形象。高燕工作室围绕重大主题报道，联合相关政府部门完成多项大型活动，如北京市三八红旗手颁奖典礼、《逐梦同行》特别节目等。生活节目中心还在暑期策划举办第七届奥运社区大舞台，设置6场线上直播辐射网端，为2022年北京冬奥会助力预热。

注重用民众喜闻乐见的丰富样式，传达公益新理念。《生活这一刻》坚守民生定位，在2018年元旦开启全年6大公益主题微行动：壮大中华骨髓库、文明礼让斑马线、文明旅游袋动中国、陪伴老人一小时 智能联通一家亲、关注阿尔兹海默综合症、垃圾回收再分类，提升生活频道的公益品牌价值与社会影响力。暑期《生活这一刻》走进太行山，推出系列公益节目《一本书点亮一个梦想》，记录山区儿童对知识的渴求及乡村教师的奉献与坚守。

健康类节目《全民健康学院》继续传播健康理念，助力健康中国建设。在2018年推出系列健康讲座，邀请北京协和医院、天坛医院、肿瘤医院等多名学科专家为民众普及健康知识，全年直播观看人次超过100万。10月份与北京红十字会合作，开启“为爱童行”大型公益活动，为贫困儿童带来关注和福利。

2018年，生活频道以推进北京成为中国特色社会主义先进文化之都为目标，打造一批精品文化力作。策划制作6集纪录片《北京大工匠》，并于“七一”期间播出。为展现非物质文化遗产对如今社会发展和百姓生活的影响，策划拍摄6集电视纪录片《遗脉相承》。为加强文化遗产保护，振兴传统工艺，策划拍摄百集系列微纪录片《百艺北京》，旨在守护、传承古都北京丰富的文化遗产与匠心文脉。为庆祝改革开放40周年，展现亦庄26年的发展成就，策划4集专题片《北京亦庄“纪念改革开放40年”成就展》。

二、以“焕新计划”为抓手，创新创优频道节目内容，重塑提升频道栏目品牌市场价值

面对日益严峻的市场环境迎难而上，2018年4月份启动“焕新计划”，带动频道上下齐抓共管，旨在从提升内容核心竞争力、提升中心人员业务能力素质、提升频道及栏目品牌市场价值、提升内部工作学习氛围四个方面进行“焕新”。

结合时代热点推出两档自主创新节目。5月份推出《成长加油站》，是一档基于当前教育市场现状，聚焦少儿成长，注重研究真问题的演播室话题节目。6月底播出大型医学人文纪录片《医者》，由北京市卫生和计划生育委员会指导，BTV生活出品，演员刘涛首次诚意献声。

创新节目形式样态。从8月份起，《生活这一刻》从90分钟调整为60分钟，集中力量做好民生新闻和生活服务，新增板块《法律小课堂》，为民众做好消费升级指导，更好发挥栏目社会影响力和舆论监督力量。《全民健康学院》自5月改版起确立演播室访谈类健康节目的定位，首次与世界卫生组织合作，带来世界前沿健康资讯，打造轻松明快的“学院”风格。美食类节目稳中求变，《美食地图》加强栏目品牌化、市场化进程；《食全食美》推出好看好吃好学的“美食秘籍”，贴合百姓日常生活难题，努力解决关于“吃”的痛点。

三、继续坚持一体化经营模式，创新经营思路，实现全线联动整合营销

2018年，生活节目中心与运营主体京视电广传媒有限公司，继续坚持一体化经营模式，作为本台地面频道探索融媒产业创新经营模式的改革试点，已初现平台效应，“三委一联席”的一体化管理模式持续发挥作用，助推电视端与新兴媒体在内容、渠道、平台、经营、管理等各方面深度融合。

频道全年总收入较2017年小幅增长，截至2018年9月30日的经营数据为：公司产业收入金额为1776.62万元，同比2017年（743.04万元）增长71.88%；进台广告收入金额7363.34万元，同比（6407.41万元）增长14.92%，实际到款金额6663.41万元，同比增长4%；全年总收入1.15亿元，同比2017年增幅4.5%。其中公司产业收入2650万元，同比2017年增长30%。

继2017年成功开拓家装、旅游、旅居、电商四大产业之后，2018年生活节目中心在这四个产业方面持续发力，同时在婚恋、教育、养老等产业领域初步探索并获得一定成效。丰富“生活+”家装产业平台，拓展家装市场；继续以品牌旅游节目为载体，开发“和BTV一起去旅行”特色旅游教育产品；依托《乐房购》和《第一房产》，不断完善旅居购房咨询服务产业链条；继续升级T2O模式，构建营销新场景，提升BTV i生活商城品牌价值；举办“520爱在北京”“七夕爱在北京”等大型交友活动，探索TV跨界婚恋平台产业模式；举办第二届“心有力量”全国合唱大赛北京分赛区活动等大型活动，挖掘老年产业发展潜力。在一体化经营模式的指引下有序发展，有效实现全线联动整合营销。

四、把握媒体资源，构建全联通、一体化、富传播的中心融媒平台体系，让融媒思维入脑入心，构建主流媒体宣发新阵地

生活节目中心在新媒体端多线布局。成立融媒产品工作室以来成功策划多场融媒体活动，联动栏目组打造多个新媒体端爆款产品，努力构建主流媒体宣发新阵地。以 BTV 生活和 BTV i 生活双品牌为引领，构建自有、共有、合作三大传播渠道互联互融传播体系。其中自有为电视频道、频道栏目自媒体；共有为生活频道与新媒体集团合作经营的 IPTV、北京时间 BTV i 生活频道；合作包括网站、新闻客户端等多种渠道，成为全屏传媒矩阵的格局。

依托频道栏目品牌影响力，打造多层级、全方位、立体化新媒体矩阵。将电视品牌延伸传播，建立全媒体影响力。其中《生活这一刻》短视频产品经过网络化改造，日常发布和重点策划相结合，2018 年全网播放量过亿。《医者》充分发挥两微平台影响力，在微信端收集、传播“医者故事”，微博端与卫计委联合发起“为医者点赞”大型公益活动。《美食地图》围绕节目 IP，打造微信 + 微博 + 小程序融媒矩阵品牌。《生活 +》组建队伍全面负责微信、抖音等新媒体平台的宣传运营。

对合作项目进行融媒化操作，推出优质新媒体产品。承接多个外部合作项目的统筹和宣推，以融媒思路策划世界机器人大会、中国网络文学家大会、国际设计周设计博览会等项目，联合频道多个栏目部门，共同完成从电视到网端的内容制作、发布与推广。

优化新媒体生产流程管理。生活节目中心依据总台要求及频道现状，推出《新媒体管理手册》，构建全联通、一体化、富传播的中心融媒平台体系，进一步确保传播安全，提升资源应用效率、提高信息传播效能。

开展融媒体课程，丰富知识结构，为频道融媒运营提供新思路新模式。探索性地创办“生活融媒创制讲坛”系列培训课程，邀请优秀的新媒体从业者围绕社交短视频、社群运营、小程序等热门话题在频道内部进行讲解答疑，提升中心融媒体运营团队的实操能力，激活中心融媒体平台活力。

五、存在不足

首先是老牌节目内容面临吸引力下降，其次是频道在一体化改革与融媒转型中逐渐发现问题。生活频道的一体化改革、产业化拓展仍处于起步阶段，在推进转型发展的过程中，存在受制于现有体制、缺乏相关行业专业资质等情况。

青少·海外节目中心工作概况

一、不断开拓资金来源，努力提升自我造血功能

2018年，青少·海外节目中心的经营状况仍然步履维艰，但中心仍尽最大努力，不断开拓经营空间，努力提升中心的自我造血功能。2018年1—10月，中心累计与社会出资方谈成新一季《国际双行线之厉害了我的课》、新一季《国际双行线之游学致造》、新一季《国际双行线之新歌来啦合作》，以及新栏目《国际双行线之了不起的她》《国际双行线之名师荟》《小童大艺》《解码区块链》《报告!我来了》《燕京城下》等近10个栏目，协议金额将近1500万元；新版《谁在说》也基于经营协议，在对方实现付款后开始播出。

二、结合经营实际，稳步推进青年频道版面与人员调整

青少·海外中心自8月27日开始，对青年频道进行了大范围版面调整，核心做法是坚决去除入不敷出的栏目，融合其他节目资源，丰富青年频道的内容播出。同时腾出中心节目制作的有生力量，参与到卫视节目的制作中，将青少·海外节目中心原本的部分“无效和低端产能”，调整为在更大的平台上适应新的需求的有效生产力量。

调整后，青年频道全天收视从此前的0.86小幅提升至0.89，晚间改以编辑类节目为主，收视从此前的0.65略有下降到0.58，晚间分众收视0.07，与此前持平。同时，中心以借调方式，抽调十余名业务骨干参与到卫视节目中心《向前一步》《养生堂》等节目的制作。至2018年9月，中心账面显示收支差距为2315.9万元，年底前将进一步缩小差距。

此外，按照上级要求，青年频道于2018年2月停播《军情解码》。停播之前，《军情解码》获国家广电总局颁发的2015—2016年度中国广播电视大奖电视栏目大奖。

三、进一步汇聚资源，稳步推进电视外宣工作

2018年，作为青少·海外节目中心的另一项主要工作，以“传播中国文化，讲好北京故事”为主轴的电视外宣工作持续推进。2018年，国际频道编播进一步规范化，内容选择进一步贴近海外受众口味，各栏目播出时间进一步符合海外受众收视习惯。2018年，国际频道播出内容以精编本台各类优秀节目为主，规划为生活类、养生类、文化类、综艺类、资讯类等几大栏目带，国际频道每天首播节目约11个，首播时长约7.15个小时，在长城平台始终位居收视前列。

2018年的电视外宣工作注重播出内容与平台的进一步扩展。除国际频道在长城平台播出外，中心还定期向纽约中文卫视、加拿大城市电视台及黄河台提供中英文电视节目，进一步拓展外宣空间。

四、举全中心之力，保障重大活动顺利举行

2018 年，青少・海外节目中心再次承担北京国际电影节开幕式的筹备工作。本次电影节开幕式全面提升创作标准，取得圆满成功，全国收视 0.72。2018 年 8 月 8 日，在北京奥运会开幕 10 周年之夜，由青少・海外节目中心筹办的“文化中国・水立方杯”中文歌曲大赛颁奖晚会暨唱响“双奥之城”华侨华人大联欢，在水立方成功录制，获得一致好评。

动画节目中心工作概况

2018 年，卡酷少儿卫视频道坚持内容生产和经营创收协同发展思路，坚守社会责任，做好主旋律宣传，推出了一系列有影响力、适应市场需求的优秀栏目、特别节目和大型活动，巩固了全国收视前十的成绩，将频道的卫视价值进一步做大做强。

一、收视稳居前十，屡获全国大奖

截至 2018 年 9 月底，卡酷少儿 4 + 收视份额 1.03，在全国 35 城省级卫视排名第 8 位，较 2017 年全年提升两位。与同类频道收视对比，在全国所有少儿专业卫视频道中位列第一阵容，北京地区所有少儿专业卫视频道中稳居第一位。

2018 年，动画节目中心获得“北京市未成年人保护工作先进集体”荣誉称号；原创出品的国内首部抗美援朝主题动画片《最可爱的人》荣获第 25 届电视文艺“星光奖”电视动画节目大奖提名奖；原创栏目《萌娃看动物》《爱上博物馆》荣获国家广播电视总局“少儿节目精品发展专项资金扶持项目”，频道影响力持续提升。

二、夯实栏目实力，拓展收入渠道

截至 2018 年 9 月，频道总收入 6792 万元，其中硬广收入 4636 万元，频道自营收入 2156 万元，累计实现利润 1190 万元，完成全年利润指标 74.4%。栏目立足自身定位，通过节目定制、内容深度合作等方式寻找内容生产和经营拓展的突破口。

动漫衍生品多屏互动综艺秀《大玩家》，将栏目与动漫产业制作、播出及衍生品开发各环节紧密结合，已经在全国动漫衍生品行业形成品牌影响力。2018 年经营收入 1800 万元，较 2017 年提升了 20%。

低幼综艺栏目《卡酷幼儿园》与社会资源合作全国公益性音乐活动，线上线下渠道结合，地面活动遍及全国 50 个城市，上万名孩子参与，与国际钢琴大师郎朗同台演奏，弘扬优秀文化，实现经营收入 300 万元。

三、配合主旋律宣传，体现社会担当

《2018 年卡酷动画春晚》，将西山文化带、长城文化带、运河文化带动画化，用动画手段展示改革开放40年人民生活日新月异的变化，诠释京味儿文化，将春节的历史渊源蕴于其中。

爱国歌曲改编新唱竞演节目《童声英雄》，献礼改革开放40周年并纪念七色光栏目开播30周年，用年轻化、时尚化的表现形式改编演唱经典爱国和主旋律歌曲，由小朋友重新演绎，唤起数代人共同的记忆。节目共12期，于7月至10月播出，获得国家广播电视总局专题表扬。

12集改革开放40周年动画短片《动画时光机》，集结中国原创动画发展精品，通过几代人的成长印记中的经典形象、故事情节折射改革开放40年一脉相承的爱国情怀、高尚品质和时代精神。片子于2018年11月播出，获得总局2018年重点动画项目扶持资金。

大型电视纪录片《起跑线》，记录了近30个儿童及其家庭的成长故事，讲述改革开放40年中国人在教育理念、育儿观念上发生的巨大变化，于2018年11月播出。

历史文化体验类节目《爱上博物馆》，打造“大博物馆”概念，通过博物馆和文化场所近40年的变迁以及博物馆中所蕴含的文化故事，让文化拥有“触摸感”和“亲近感”，实现文化教育推广功能。

四、发挥卡酷特色，讲好中国故事

结合目标受众欣赏习惯，从动画、家庭、少儿的题材入手，推出一系列精品动画力作，充分发挥频道自身优势，创新讲好中国故事。

26集三维定格偶动画《冰雪冬奥村》，以2022年北京冬奥会为契机，通过定格偶动画形式讲述冬奥故事、传达奥运精神，于2018年年底播出。以动画主角为原形设计的动画形象还参与了冬奥会、冬残奥会吉祥物征集。

26集大运河文化主题动画片《大运河奇缘》召开多次策划会，邀请多位民间艺术、动画行业专家把关创作方向，确定了角色设定、剧情设计，已经进入中期制作阶段，预计于2019年推出。项目已经纳入中宣部和广电总局“中国经典民间故事动画创作工程项目”。

五、密切联系观众，把握行业现状

频道结合自身特色，以观众为核心，走到观众中间开展公益性活动，《卡酷偶剧院》《剧星派》等栏目到社区、剧院中举办观众见面会，让小朋友和动画明星面对面，了解观众真实需求。积极开展调研工作，完成了近10万字的《国内主要城市少儿媒介接触行为分析报告》和《少儿电视媒体内容创新和经营创新研究报告》两份报告，了解新媒体环境下我国少年儿童的媒介接触行为，研究少儿电视媒体的内容创新和经营创新，为频道下一步发展提供决策参考。

纪实频道节目中心工作概况

一、打造重大题材纪录片作品，坚持原创精品内容

自制6集系列纪录片《为民而商》，每集30分钟。为庆祝改革开放40周年，2018年纪实频道与北京市商务局联合打造、共同出品6集系列纪录片《为民而商——北京商业服务业40年纪实》。

自制5集系列纪录片《双奥之城》，每集30分钟。2018年是北京奥运会成功举办的第10个年头，《双奥之城》系列片以“记忆”“探索”“人文”“生机”“冬奥（未来）”为5集内容的主题，以小切口反映大时代的变化，并引发对北京未来发展的思考。

自制30集系列微纪录片《我们的传承》，每集5分钟。《我们的传承》是一档聚焦北京传统文化的微纪录片项目，该项目是北京市委宣传部2016年度文化精品工程第一批重点项目，并获得2018年度北京宣传文化引导基金资助。

自制2集系列纪录片《AI脑力觉醒》，每集30分钟。《AI脑力觉醒》是中国首部医学人工智能纪录片，为人工智能的发展历史留下珍贵的资料。

自制纪录片《您好！卡丹先生》，时长27分钟。为庆祝改革开放40周年，《时尚印象》栏目推出纪录短片《您好！卡丹先生》。从1978年到2018年，皮尔·卡丹先生与中国结缘40年，2018年《时尚印象》栏目探访了95岁高龄的皮尔·卡丹先生，记录了这位老人的现状，听他亲身讲述跟中国的难忘故事。

自制纪录片《院士马国馨》，时长27分钟。围绕庆祝改革开放40周年主题，纪实频道《昨天的故事》栏目推出纪录短片《院士马国馨》，该片通过讲述北京建筑设计院的老一辈设计师马国馨和北京城建筑的故事，表现改革开放以来老一辈设计师为新中国做出的卓越贡献以及40年来北京城的变化。

二、积极寻找多方战略合作，加强版权合作与开发，强化国际传播力度

2018年，纪实频道坚持开放思维办频道，加强对外合作，不断增强频道的传播力和影响力，主要的合作项目有：由中国—东盟中心与北京电视台联合出品6集系列纪录片《嗨！东盟——一带一路之东盟行》；由北京电视台纪实频道、制作部、总编室联合承制，是中国首部东盟十国旅游文化4K全景纪录片；由北京电视台、新纪实传媒、北京天宝中艺国际文化传媒有限公司、日本NHK共同出品的4K纪录片《美人谷》；由中国国际电视总公司与凤凰出版传媒集团、北京科影传媒有限公司和北京电视台纪实频道联合出品，并由中国国际电视总公司和奥地利PreTV制作公司联合制作的纪录片《长城》（国际版）。继2017年纪实频道在德国柏林成功举办“北京之夜”系列纪录片展播活动之后，2018年又在德国法兰克福举行第

二季“北京之夜”周播节目开播暨“2022相约北京”冬奥会德国推介会。同时，北京电视台还与匈牙利D1电视台在匈牙利首都布达佩斯签署“北京之夜”周播节目落地播出及战略合作协议。2016年—2018年，北京电视台与澳大利亚广播公司（ABC）成功举办三届“中澳纪录片周”优秀纪录片展播活动，2018年澳大利亚广播公司（ABC）为纪实频道提供5集自制纪录片（共计300分钟），在纪实频道的黄金时段播出。同时，澳大利亚广播公司澳洲佳国际频道也在黄金时段播出北京电视台纪实频道提供的自制纪录片节目。美国中文电视台（Sino Vision）英文频道与北京纪实频道深度合作，筛选100部纪实频道自有版权纪录片进行国际版的制作，并在覆盖美国东西部的美国中文电视网进行播出，取得10万美元合作收入。这是频道节目版权开发和节目国际传播的有效尝试。《丝路时间》是北京电视台纪实频道与五洲传播中心共同合作的一档纪录片周播栏目，同时，《丝路时间》以10多种语言在全球20多个国家主流媒体进行境外播出。纪实频道与良友文化有限公司共同合办的栏目《纪录时间》内容涵盖人文、历史、经济、科技、军事、自然、青少年、社会现实等。《丝路时间》和《纪录时间》两档节目的开播充实了频道的节目资源，让观众观看到更为丰富的优秀纪实节目。同时，频道根据2018年“记录新时代”纪录片精品项目创作规划和要求，与总局签订了系列片《脊梁》制作责任书。《脊梁》系列纪录片《院士马国馨》已于2018年播出，其他人物的专题片也在策划制作中。

三、依托频道节目资源，策划特色编排

全国两会期间推出“走进新时代，喜迎两会召开”主题系列纪录片展播，从民族团结、科技创新、传统文化、自然和谐等方面整合频道片源，全面展现新时代的辉煌篇章。2018年正值北京奥运会成功举办10周年，频道策划了相关主题编排并推出5集系列纪录片《双奥之城》，记录了奥运会带给北京发展的变化。在11月推出“改革开放40年”主题编排，相继推出系列纪录片《您好，卡丹先生》《纵贯黄河》《新发地 福利而至》等。

四、开拓市场营销，探索创收渠道，社会效益和经济效益双丰收

按照频道经营的既定方针，开发纪录片市场价值，在争取政府文创资金、宣传经费的同时，积极探索与制作机构、民营纪录片公司合作。截至2018年底，纪实频道通过申请政府资金、合作合拍等多种形式的收入达到2018万元，总收入较2017年增长219%，获得社会效益和经济效益双丰收。

五、加大频道与新媒体融合发展，提升精品节目传播效果

2018年纪实频道加大与新媒体的融合发展，从精品节目的策划与生产入手，着力打造节目与新媒体共同生长的生态环境，通过跨屏传播方式，有效提升节目传播力、影响力。为庆祝改革开放40周年，纪实频道重点打造的纪录片《为民而商》，在新媒体的传播效果成绩优异。在制作正片6集时，就同时生产短视频15个（含宣传片1个），共在腾讯视频、爱奇艺、优酷、PPTV和B站等平台发布100余条视频，搜狐视频等平台主动转载，全网播放量累计超过1000万次。

4K海外纪录片《嗨！东盟——一带一路之东盟行》基于题材及内容风格、受众设定，通过全景式立体传播平台发布，显著提升节目的传播力和影响力。节目不仅在传统媒体播出收视反馈良好，在B站、爱奇艺等新媒体平台同步上线播出仅一周就取得近100万次点击量，同时利用快手、抖音等渠道播出短视频，利用微博、微信等社交媒体实时互动，大型展会点映等，在播出档期间营造了东盟热的氛围。

30集系列文化微纪录片《我们的传承》在节目策划和生产前期，就充分考虑到新媒体传播的特点和需求，充分发挥微纪录片的传播优势，全力打造融媒体传播效果。每集5分钟的内容短小精悍、生动有趣，节目首播就取得了良好的收视效果和社会评价。

除了新节目，纪实频道还利用现有精品节目内容，以拆解短视频为切入口，在纪实频道的“纪实联盟”“北京纪实频道”两个微信公众号上，每天发送3－4条精彩短视频，有效增强纪录片的趣味性和知识性，实现频道节目内容再开发。

六、纪实频道连续5年成功承办北京国际电影节纪录单元活动

2018年4月16日—18日，由北京国际电影节运行中心主办，北京电视台纪实频道联合中国传媒大学新闻传播学部、五洲传播中心共同承办的第八届北京国际电影节纪录单元在中国传媒大学成功举办。这也是自2014年纪录单元创办以来，纪实频道连续第5年承办此项重要活动。本届纪录单元以“新时代·新使命”为主题，活动设置了评审、信息发布、论坛、征集、展映五大板块。内容主要为：纪录电影优秀作品推荐、纪录片产业论坛、“一带一路”主题日活动及“记录冰雪　共享冬奥”等主题活动等。本届纪录单元的主会场首次设立在中国传媒大学，纪实频道与中国传媒大学新闻传播学部签署战略合作，并与中国传媒大学新闻传播学部影像行动力训练营联合制作大型系列片《90后》，加大了产学研深度融合与交流。

七、纪实频道圆满完成第八届北京国际电影节官方摄像团队任务

在为期一周的北京国际电影节期间，整个官方摄像团队共完成5场直播，170多场论坛和活动的拍摄，拍摄素材量1万多分钟。为中央、市属、各大视频网站等媒体提供专业视频素材，其中短视频在网站和“两微一端”进行推送，累计播放量达到1.2亿次。

八、频道荣获众多奖项，品牌价值提升

据统计，2018年纪实频道获国家新闻出版广电总局、中国电视艺术家协会、中国广播电影电视社会组织联合会、北京市广播影视协会等政府、专业机构评选的各类奖项40余项。纪实频道连续4年蝉联国家新闻出版广电总局评选的优秀制作机构、优秀播出机构。

北京国际电影节运行中心工作概况

北京国际电影节运行中心前身为北京国际影视交流促进中心（北京市广电局下属独立法人事业单位），主要职责是承担北京国际电影节筹备、举办的具体组织、协调工作，于2017年1月1日成为北京电视台内设节目中心。2018年4月3日，获得市编办事业单位登记行政许可决定书，完成原影促中心注销工作。

2018年的主要工作有：

一、举办第八届北京国际电影节

自2017年8月起，即启动第八届北京国际电影节筹备工作。2018年4月15日至22日，第八届北京国际电影节在北京举办，组织了“天坛奖”评奖、开幕式、北京展映、北京策划·主题论坛、电影市场、电影嘉年华、闭幕式暨颁奖典礼等七大主题活动，以及“注目未来”单元、纪录单元、经典京剧电影单元、网络电影单元、电影音乐会、电影沙龙及行业对话、新片发布等数百场活动。第八届电影节结束后，完成了收集、整理档案，发送感谢信，收集数据、舆情与各界对第八届电影节的评价，资金结算，项目验收与审计，电影节画册、总结片、工作纪录片等视频或画册的制作，赞助商回报总结、发放荣誉证书和赞助款入账，及其他收尾工作。

二、筹备第九届北京国际电影节

2018年8月起，启动第九届北京国际电影节筹备工作，逐级报送电影节总体方案；起草评奖章程，上报“天坛奖”评委候选名单并启动邀请工作；回访往届展商、合作方，调整北京市场工作方案，测试北京市场官网，起草招展、创投报名章程及有关报价，12月全面启动市场招展、创投报名工作；修订招商方案和回报手册，组织品牌分享会，拜访40余家客户，制作80余份专案，启动衍生品设计大赛，拓宽市场渠道，组织秋季展映等第九届电影节预热活动。

三、国际电影节交流和对外交流活动

按照市外办批复，组委会办公室分别于5月、9月、10月出访了戛纳国际电影节、洛迦诺国际电影节、威尼斯国际电影节、多伦多国际电影节、东京国际电影节、美国电影市场，参加活动，设置展位，建立联系，并在戛纳电影节、多伦多电影节、美国电影市场举办了北京国际电影节推介会，宣传北影节举办成果，邀请世界影人参加第九届北京国际电影节。

此外，参加了上海国际电影节、First青年影展、长春电影节、丝绸之路国际电影节、平遥国际影展、海南岛国际电影节等国内节展，了解掌握国内各类影节、影展发展状态，取长补短，为我所用。

在日常工作中，与法国、加拿大、巴西、意大利、智利等30多个国家的驻华使馆、文化机构保持密切联系，加强对各国影视产业的了解，并请其继续支持第九届电影节工作。

总编室工作概况

2018年，总编室将党风廉政建设与部门业务工作紧密结合，着力“两个安全”、“四个统筹”和创新发展，夯实基础工作，突出重点领域，服务生产一线，圆满完成各项任务。

一、抓好“两个安全”

内容安全方面，通过定期检查内容审看各项管理制度落实情况等措施确保导向正确。严格报备报批管理，在全台范围内印发《关于进一步做好节目报批报备相关工作的通知》，做到重点节目和重大选题随时上报国家广播电视总局和市委宣传部。改进宣传精神传达方式，确保300余条重要宣传精神和重要宣传业务及时传达贯彻并有效落实。加强保密安全管理，在每周舆情通报会前宣读保密纪律，要求与会人员严格执行保密规定，切实加强信息安全管理。制订保密工作管理要求，明确保密工作责任人和保密专员，并在总值班室安装保险柜，专门用于保存上级涉密通知等涉密材料。为迎接北京市两会，会同总工办、网管部针对各节目中心选题申报单、审片记录表、宣传精神传达落实情况以及生产网节目三级审看情况，开展为期3天的内容安全管理大检查，并将抽查情况在台编前会上进行通报。强化新媒体内容安全管理，组织召开“一把尺子一个标准”全台新媒体内容安全管理工作会议，强化导向安全和内容审核发布流程。对北京电视台官方微信、微博发布进行规范管理，针对各中心新媒体平台微博微信公众号信息发布制定《北京电视台官方微信、微博内容统筹发布工作流程》，针对新媒体集团公司“两微”平台协作发布制定《北京电视台官方微信、微博公众号协作发布工作机制》，明确工作机制和发布要求。联合人事部举办“新任科长（制片人）岗位能力培训班”和“新员工培训班”，以提高节目一线人员的政治把关能力和综合业务素质。编发《宣传管理工作月报》以及包括对全台微信、微博监看在内的各类监评报告190余期。核查情感类节目选题560期。报审境外、港澳台人员参与节目制作689人次。完成策划费、演出费审核81项，涉及资金3500余万元。

播出安全方面，通过细化工作流程，优化备播岗位值（排）班制度，严格落实责任制等措施，确保各工作环节不出差错。2018年，各频道启动应急动态编播调整机制200余次，广宣时段动态编排已成常态。导播一线实行双岗24小时监播8600小时，安全保障期增加重点安全保障值守岗，确保节目备播安全无误。进一步加强与播出技术人员的配合，监播过程中解决或启动应急处理各类问题1000余起，有效地将各类安全隐患消灭在了备播前端，有力防范了全台节目内容安全风险。继续强化实施备播环节“两单一报”和直播环节“第一责任人”制度。优化在线字幕包装系统工作流程，在提高应急字幕播出安全性、准确性和响应速度上取得良好效果。

二、做好“四个统筹”

做好节目规划统筹。根据上级部署和台领导指示，以改革开放40周年、北京奥运会成功举办10周年、“一核一城三带两区建设”等为宣传重点，围绕习近平总书记两次视察北京的重要讲话精神，充分发挥“中央厨房”枢纽作用，加强统筹策划，制定全台庆祝改革开放40周年整体宣传报道方案，在12月庆祝改革开放40周年大会期间依托北京广播电视台“两台一网”的资源优势掀起舆论新高潮。组织召开50次编委会，研究271个议题，对频道版面规划等重点项目提前调研，为台领导提供决策参考，对重点立项节目加强跟踪服务，确保编委会各项决议的贯彻落实。

做好编播管理统筹。坚持节目部门节目重点选题申报制度，及时做好日常节目的编播、数据统计和发布工作，统筹做好节假日和重要节点节目编播规划和节目资源的调配。截至第三季度，累计完成17个频道（12套节目）约10万小时的排播任务，其中非常规节目和体育赛事近800档。及时准确飞播重大宣传和气象预警字幕信息10000多条（次），有力地配合市委市政府的相关工作。

做好宣传推广统筹。聚焦重大事件、公益热点，策划制作《文艺轻骑兵　新春伴你行》、《文明过大年》、《北京之夜》、《烈士纪念日》、《我爱你中国》、改革开放40周年系列宣传片等公益宣传片23个，公宣时段上播各类宣传片300个。总编室策划制作的《让生命起舞》等8个公益宣传片入选“北京市2017年度电视类公益广告作品扶持项目”，占所有34个入选作品的四分之一，其中一类作品3个，同类占比43%；为顺应新形势，与各委办局深度合作策划推出的《绿色生活》《小心洪水　远离河道》《2018阅读季》《灭蚊防病》等系列公益宣传片既取得良好社会效应，同时也增加了经营性收入。整合台内外资源，协调台内外媒介平台，积极利用新媒体手段，加大春晚、电影节、《跨界歌王》、《跨界喜剧王》、《永定河》、《烈士纪念日》等重点项目的宣传推广力度。加强重点节目的新媒体推介，通过北京电视台官微官博统筹发布节目推广信息，递进发布节目动态，通过与“北京发布”等市属新媒体账号合作进行节目推广。截至第三季度，微信订阅号共组稿发布1700余条，平均每天发稿量为5－6条。微博共发布2800余篇（条），平均每天发稿量为9条。

做好媒资版权服务统筹。媒资系统为台内节目制作提供3万小时的资料服务，围绕改革开放40周年等重大宣传选题，提早规划、筛选整理，实现800余条约240小时节目素材的定向推送。历时3个月完成约12000盘历史新闻节目带的整编入库。为回收退库的近2万盘素材带进行价值评估，选取珍贵素材提供数字化保留服务，让历史资料发挥最大价值。截至第三季度，媒资系统实现播放出版节目和资料版节目素材存储共计81.6万小时，库存增长4.8万小时。对99份节目合同中的版权条款进行登记、审核、备案，涉及金额共计10803万元。完成与各节目公共资料提供方的签约、合同备案等工作，涉及金额535万元。跟踪、梳理本台商标注册情况，积极推进无形资产的管理工作。

继续为京视传媒公司和新媒体集团节目发行提供版权确认服务，截至第三季度，已进行各类节目版权确认 153 项。推动京视传媒公司承接本台 80 余个版权节目新媒体发行，并以此为基础起草《北京电视台新媒体版权销售办法（征求意见稿）》，规范新媒体版权销售行为，开拓节目营销渠道。吹响新媒体领域维权号角，及时清查“大鱼号”未经授权传播本台节目情况，有效保护本台版权节目的知识产权及相关利益。

三、紧密围绕台党委部署和中心工作，在多个方面进行实践探索

落实意识形态工作责任制，建立全台新闻宣传舆情通报与研判机制。认真做好巡视整改各项工作，巡视反馈意见传达后，总编室牵头制定《北京电视台党委关于意识形态工作责任制巡视反馈意见的整改方案》《北京电视台加强和改进党的新闻舆论工作任务分工方案》，统筹全台各部门按照任务分工逐项落实，立行立改。加强制度建设，修订发布《北京电视台节目内容安全管理办法》。针对现有部分节目管理制度已被新制度所替代或制度本身存在内容陈旧、重复、与现实情况脱节等现象，总编室着手对全台性节目管理规章制度进行梳理，以进一步加强制度建设，规范内容生产秩序。5 月以台发文形式发布了《关于印发〈北京电视台节目内容安全管理办法〉的通知》《关于废止〈北京电视台非常规节目编播管理规定〉等 5 项制度的通知》，在出台 1 项新制度的同时，废止了共 14 项全台性节目管理制度，进一步扎紧了制度的笼子。其中，《北京电视台节目内容安全管理办法》对全台节目内容安全管理提出总的原则和要求，明确适用范围包括：宣传精神传达与落实、选题申报与播前审查、内容安全考评、宣传管理考评等内容生产有关重点环节。该办法同时废止了《关于加强对重大节庆节目和重大题材节目审查把关的规定》等 9 项相关制度。该办法的推出有助于加强全台节目内容安全管理的系统性，为节目生产提供管理指南和制度保障。

重视调研与实务齐抓共进，总编室 2018 年调研报告《媒体融合背景下传统媒体短视频发展的现状、问题与借鉴》在扎实研究的基础上，提出建设“北京视频”短视频发展的战略思路。

为迅速构建北京电台、北京电视台以及所属新媒体平台融合报道会商工作机制，由电台、电视台总编室轮值组织召开融合报道会商平台业务工作联席会。会议细化了共商工作机制，明确了近期工作目标和工作方式。在组织层面，形成领导决策和业务执行两个线上工作群，线下形成联席会议会商制度；在内容层面，电台、电视台商定了合作的栏目及内容。在“上合”组织北京行、京交会、中非合作论坛等融合项目中，电台、电视台和新媒体集团发挥中央厨房会商机制，实现了多媒体深层次递进式融合报道，得到了市委宣传部等上级单位的充分肯定。

根据评奖工作的新形势，认真学习评奖有关政策法规和新规则，在北京电视台 2017 年度优秀节目评选过程中，联合技术部门组织网上作品申评，并首次依托本台播后监录系统，实现了对申评作品播后视频的在线自助选取，大大提高评奖工作效率。

总编室着眼于本台媒资管理系统现实情况，结合未来内容资源开发的客观需求，提出改进和完善媒资管理系统，打造智慧媒资的建议。为此，总工办、网管部、总编室三部门共同开展研究规划，确认业务需求及功能实现，以推进媒资系统智能化水平的不断提升。

以主持人团队沙龙为基础，与北京工艺美术博物馆共同举办“探非遗文化之谜，寻工艺匠心之美——北京电视台主持人走基层活动”。本次活动由总编室、文艺节目中心共同组织，今后总编室将继续联合相关节目中心（部门）组织带领主持人更多地深入基层，为讲好中国故事汲取丰富营养。

此外，在四费审核、超高清4K节目拍摄实践等多个方面，总编室都进行了积极探索。

研究发展部工作概况

2018年，研发部紧密围绕本台2018年工作要点，主动应对传媒环境变化，积极开展媒体融合研究，探索构建创新研发机制；聚焦内容生产，推动多屏数据评估体系建设，数据服务和支撑系统更加完善；跟踪传媒动态，监测市场环境，课题研究、分析报告更加及时、更具实效，为全台提供有力的服务、保障和支持。

一、聚焦深化改革，开展大调研

（一）汇聚发展智慧，高质量完成大调研工作。

按照市委宣传部全市宣传思想文化战线大调研工作和北京广播电视台关于大调研工作的要求，遵照台党委扩大会议的部署，为确保大调研工作在全台广泛、深入推进，研发部制定《北京电视台大调研工作实施方案》，明确了总体要求、基本思路、调研重点、工作要求、时间节点，成立了台长任组长的北京电视台大调研工作领导小组，本着突出目标导向、问题导向，深入一线、深入实际，找准问题、拿出实招、见到实效的要求，面向全台征集了52个调研课题，涵盖台领导、全台各中心、部室及台属企业所报课题。这些调研课题立足广电行业发展全局和北京电视台工作实际，紧密围绕打造新型主流媒体，提升传播力、引导力、影响力、公信力，创新内容生产，推动技术创新、广告经营与产业发展等重点工作，体现了高站位、小切口、针对性强的原则。按照市委宣传部和总台要求，已于4月底上报了由李春良台长主持完成的重点调研课题《北京广电融合转型战略路径研究》。其他课题按照抓好组织实施、抓好过程管理、抓好质量把关，确保按时保质形成调研成果的总体要求，各部门深入调研、反复论证，于10月底前提交了调研报告，全台高质量完成了大调研工作。在负责组织推进全台大调研工作的基础上，研发部还承担了《广电视角下电视剧产业发展现状及路径研究》等多个大调研课题。

（二）承担融媒体中心建设调研及方

案起草工作，参与北京广播电视台深化改革总体方案、实施方案调研起草工作。

一是在台领导带领下，牵头制定《北京广播电视台融媒体中心建设方案》，从任务布置开始，在短短20多天时间，迅速梳理研究有关融媒体中心建设的材料，组织台内相关部门赴浙江、上海调研，在北京广播电视台系统内部调研，经反复论证、研讨，先后拿出十几稿方案；根据市委宣传部和总台对《方案》的意见，协调电台、新媒体集团，起草完成了上报市委宣传部的最终执行《方案》。二是参与北京广播电视台深化改革总体方案、实施方案调研起草工作，在台领导带领下，研发部为改革方案的制定搜集资料、参与调研；在方案征求意见阶段，参与收集汇总全台意见建议。三是配合北京广播电视台融媒体中心挂牌成立，提供多个文字材料支持。

（三）紧抓发展热点，推进课题研究。

针对当前媒体融合不断深化的趋势，集中力量深入开展相关研究，撰写完成15万字的国家新闻出版广电总局部级社科重大项目《大视频时代电视媒体融合发展路径研究》报告，已报总局结项；完成市委宣传部2017年重点调研课题《媒体融合背景下电视内容原创能力建设研究》结项工作，并刊登在市委宣传部《宣传通讯》。

二、服务内容生产，优化数据支撑

（一）深挖数据价值，创新服务支撑。

探索数据研究创新，增强数据与内容的结合度，提升数据分析的指向性、前瞻性、引领性，使数据分析更加准确地反映市场竞争形势和内容产品的竞争力，更好支撑一线生产和经营。在做好日常收视数据发布的基础上，加强重大报道、活动的数据分析研究；为卫视节目中心、新闻节目中心、文艺节目中心、财经节目中心、动画节目中心、影视剧中心及全台重点栏目定期提供数据分析；为体育节目中心、京视体育公司按日提供80余类分众报告；在本台春晚评估中，发挥专家顾问优势，大年初二及时发布系列高水准、专业化的专家点评观点；组织举办数据专员培训工作会和短视频传播业务交流会，邀请业内专家、台内一线编辑记者展开业务研讨和经验交流。

（二）扩大样本覆盖，提升数据价值。

2018年，按照本台与广视——索福瑞（CSM）的协议，北京地区收视样本户覆盖北京下辖全部16个区，实现推及人口规模化增长。为确保扩户后的数据能更加准确反映本台影响力，充分体现节目价值，在扩容过程中，与CSM建立了通报机制，对样本户选择及样本户分布数据进行了科学测试，保证数据平稳衔接、过渡。

（三）挖掘多屏价值，探索融合评估。

针对“构建融媒体监测体系，提升数据管理服务水平”的工作目标，不断完善升级融合数据服务与节目分析水平。充分挖掘多源、多维数据价值，参与央视市场研究（CTR）媒体融合效果评估体系建设和论证工作，提升本台在融合评估数据市场的话语权。加快探索内容产品多屏、多终端传播效果和传播价值测量，促进节目与新媒体的互动营销，提升节目资源融合传播市场价值。融合评估更加具有应用价值，为《2018跨年环球歌会》《北京电视台2018年春节联欢晚会》《2018年北京国际电影节》《跨界歌王第三季》等重大报道和综艺季播提供融媒体传播效果和影响力分析；为上合组织记者峰会、京交会、上合组织青岛峰会等多场北京广播电视总台融媒体报道提供数据支持与效果评估。在做好重大报道和综艺季播全媒体数据分析的基础上，融合评估应用更加常态化，及时关注日常节目融媒体传播特点，在《北京电视台每周节目分析报告》中加入全媒体数据分析评估，发挥跨屏数据在内容生产、融媒体运行以及经营模式创新等方面的支持作用。广泛深入开展调研，分别到索福瑞、美兰德、尼尔森、脉讯、泽传媒、数太奇、国广调查等第三方数据机构以及中国传媒大学等高校走访调研，就媒体融合及全媒体收视分析体系建设进行论证。

三、深化模式研究，支持创新需求

针对电视节目市场竞争态势和创新需求变化，提升节目模式发布时效，从国外节目、国内节目及互联网节目3个维度选取最新优秀节目模式，推出《节目模式选荐》双周刊；对应台内各频道的节目创新和改版需求，进行大量有针对性的节目模式研究、翻译、推介，累计达50部以上，对内容生产的模式支持更加精准；针对国内各大卫视不断换档的季播节目，收集参考样片，以借鉴和比较的形式，撰写文字分析和节目环节比较报告，为节目中心及时提供分析资料；加大节目模式支持服务决策的功能，拣选最新、最优节目模式定期在编委会、编前会进行观摩研讨；开展优秀节目模式交流、创新创意培训，举办“国际电视节目趋势及节目创意大师课”，邀请国际知名制作人，进行全球最新节目趋势、模式开发创意流程培训，服务本台创意团队在节目模式研发环节中不断创新的需求；在台内网按一定周期，实时更新节目模式视频资料，向全台推介；以台内刊物《锐》为平台，逐月向全台发布国内外电视动态信息，特别是国际节目模式趋势报告，累计推出10期《锐》刊物，同时，通过《锐》杂志，与国内电视研究团队定期推出专项研究报告，上述文字研究报告累计达十万余字；继续推动本台节目创新研发机制建设，遵照台领导指示，不断修改完善“全台节目创研工作实施方案”；针对“纪念改革开放40年”等重大宣传报道主题，提供选题规划和节目模式参考；围绕“短视频制作”、“奥运频道”建设等专项工作任务，开展节目形态创新研究，为相关部门提供节目形态分析专项报告。

四、加强常态工作，提升效果质量

（一）加强服务保障，做好常态工作。

在常态数据工作方面，坚持做好每日收视数据发布、北京电视台每周节目分析报告、月报、季报、半年报、年报及《传媒动态》撰写发布，同时做好向上级报送收视数据及台情通报会收视数据发布等日常工作；配合绩效工作领导小组，密切结合传媒发展的变化和我台市场竞争环境特点，进一步完善绩效考核方案；配合计财部完成市委宣传部对北京电视台财政绩效指标制定的调研制定和考核工作。结合本台深化改革各项工作，加大传媒发展趋势、主要省级台体制机制改革等方面信息收集、分析力度；在常态文字工作方面，配合全台重点工作，完成相关文字工作；承担《北京电视台2018年工作会议报告》撰稿工作；完成了向总局、市委宣传部、电视艺术家协会等部门报送材料工作。

（二）立足效率提升，开展专题研究。

不断提升各类调查研究的针对性、时

效性，推出了《关于节目宣推的建议》、《关于2018年开年北京地区样本户扩容后数据变动的分析》、《关于暑期内容产品投放的建议》、《节目资源供需配置研究》、《北京电视台2017—2018年媒体融合发展情况》、《当下主要省级台节目管理模式分析》、《北京电视台拓展经营空间路径初探》、《612新加坡朝美首脑会晤报道尺度系列分析》（1—4）、《面对全球受众：主流媒体需要明晰的高度和态度》、《面对重大事件报道：主流媒体需要突破的宽度和深度》以及正在推进中的电影节研究等十几个专题报告，总字数在12万字以上。

（三）加强图书信息资料工作，提升服务水平。

按照年度采购计划，完成了本年度新书采购和编目工作，以及4万册图书架位调整；在调研读者需求基础上完成了2019年报刊的订阅；全年到馆阅览约为5000人次，借阅图书10000余册、期刊10000余册；完成了全年12期《电视文摘》的出版、发行及内网平台的电子推介宣传，并根据传媒竞争趋势变化对《电视文摘》编辑思路、内容定位、栏目设置进行了调整，紧跟热点主题，提升时效性、针对性；加强图片资料整理，提供查询阅览；与“中国知网”等专业文献网络媒体进行合作，为台内人员提供文献资料的研究及论文查询等服务。

北京电视台思想政治工作概况

2018年，北京电视台全面推进党的政治建设、思想建设、组织建设、作风建设、纪律建设，党的建设和思想政治工作取得新成效。

一、加强理论学习，全面强化思想理论武装

台党委坚持把思想政治教育摆在突出位置，认真组织开展习近平新时代中国特色社会主义思想和党的十九大精神学习，引导全台干部职工牢固树立“四个意识”，在思想上政治上行动上与以习近平同志为核心的党中央保持高度一致。一是发挥党委理论中心组学习示范引领作用。分专题深入学习习近平新时代中国特色社会主义思想，围绕全国和全市宣传思想工作会议精神、加强和改进党的新闻舆论工作等相关理论和实践问题进行学习共41次，进一步凝聚了贯彻落实中央决策部署、推动北京电视台改革发展的共识。二是把握中层干部这个关键少数。组织中层干部专题读书活动、中心组扩大学习会等教育培训10余次，组织中层干部和党支部书记参加宣传系统和北京广播电视台专题培训班，增强了全台中层干部的思想政治素质和业务能力。三是聚焦党员干部这个重点群体。着力抓好“习近平关于新闻舆论重要论述、马克思主义新闻观、职业精神和职业道德”系列学习教育活动，组织全台中层干部、支部委员、新党员及一线采编播人员近1000人参加学习贯彻党的十九大精神暨“三项学习教育”集中培训。汇编印发《北京电视台党员干部应知应会知识问答》（200题），组织开展“2018年学习教育培训自测考评”“宪法知识答题活动”等活动，确保习近平新时代中国特色社会主义思想入耳入脑入心。

二、强化建章立制，切实发挥台党委领导核心作用

一是完善“三重一大”决策机制。修订《中共北京电视台委员会贯彻“三重一大”集体决策制度议事规则》，对“三重一大”事项范围和内容、党委会决策原则和程序等作出进一步明确规定。召开党委扩大会42次，研究全台重大问题484个，抓好党委扩大会重大决议督办工作。二是健全中心组学习制度。修订印发《北京电视台党委理论学习中心组学习实施办法》，严格执行中心组学习相关规定，制订2018年学习计划。三是梳理完善制度建设。对内容生产、人力资源、外事活动等方面的制度进行重新梳理，废止了已无时效性或已不适应现实情况的各类制度、规定、办法38项。四是制定印发《北京电视台落实〈北京市2018年宣传思想文化工作要点折子工程〉任务分解》，明确了涉及我台12项重点工作任务的主要责任领导、牵头责任部门和协办部门，按时限要求推进落实。

三、守好舆论阵地，落细落实意识形态工作责任

台党委按照意识形态工作主体责任的相关要求，严格把控意识形态工作的宏观性、战略性、方向性问题，以多种有效措施确保北京电视台意识形态工作责任落到实处。一是制定印发了《北京电视台党委意识形态工作责任制实施细则》，成立了北京电视台意识形态工作小组，明确了党委意识形态工作责任制的总体要求、责任内容、工作机制、考核监管和责任追究办法。二是台党委扩大会将意识形态工作列为重要议题，对做好意识形态工作作出有针对性的安排部署。2018年9次专题研究意识形态有关工作。三是及时传达上级关于意识形态工作的重点要求，研判意识形态领域情况。每周编前会后在台领导班子成员、各节目中心及相关职能部门负责人范围内召开舆情通报与舆情分析研判通报会，传达上级宣传报道要求，对舆情热点进行分析研判，对全台宣传舆论工作进行指导，确保意识形态相关要求上下贯通、迅速落实。四是对意识形态工作责任制落实情况进行督查。全台各部门对照《实施细则》中的责任要求进行自查，对落实举措、存在问题和改进措施进行梳理，相关部门在党委会上向台党委作专题汇报。五是根据上级要求制定印发《北京电视台贯彻落实〈中共北京市委关于加强和改进党的新闻舆论工作的实施意见〉任务分工方案》，就涉及我台的七大方面36项工作进行了细化分解，抓好任务落实。六是把意识形态工作责任落实情况纳入干部考核、部门绩效考核、党支部工作考核的重要组成部分，把落实意识形态责任制工作情况作为台领导班子民主生活会和年度述职报告的重要内容。纪检机关把落实中央和市委有关意识形态工作决策部署情况纳入执行党的纪律的监督检查和执纪问责范围。

四、坚持问题导向，抓紧抓好巡视整改落实工作

市委第七巡视组对北京广播电视台开

展专项巡视，是北京电视台查找自身问题、完善内部管理、增强发展效益的重要机遇。台党委高度重视巡视工作，积极支持、全力配合、落实整改，切实提升北京电视台改革发展和内部管理水平。一是按照市委第七巡视组和北京广播电视台党委部署，认真做好巡视前准备工作，按要求上报领导班子建设、干部管理、意识形态等相关材料 3 大类 20 余种。二是全力配合市委巡视组相关工作，提供我台党委工作、内容生产、经营管理等方面相关材料 40 余批百余份，协调巡视谈话 60 余人次。三是着力抓好巡视整改落实工作，根据巡视反馈意见制定《北京电视台党委巡视反馈意见整改任务分解方案》，组织召开动员部署会，按照整改工作要求和时间节点，形成《中共北京电视台委员会关于巡视反馈意见整改工作方案》《北京电视台选人用人巡视检查整改工作方案》《中共北京电视台党委关于意识形态工作责任制巡视反馈意见的整改方案》，上报北京广播电视台。四是根据《北京广播电视台党委关于巡视反馈意见整改工作方案》，制定《中共北京电视台委员会关于落实巡视反馈意见整改工作方案》，印发全台执行。五是针对巡视反馈问题，由台“一把手”与分管台领导，分管台领导、台纪委书记与存在突出问题的主要责任部门负责人，责任部门的“一把手”与分管该项工作的部门副职、科级干部、直接责任人层层进行谈话，作为巡视整改的重要环节，全台参与谈话人数共计 231 人次。六是按巡视组要求的时间节点抓好全台各项整改措施落实，立行立改。同时，着眼长远，整改落实情况汇总形成《北京电视台巡视反馈意见整改落实情况报告》和《北京电视台选人用人巡视检查整改落实情况报告》，上报北京广播电视台。

五、层层压实责任，提升基层党建工作规范化水平

台党委严格落实全面从严治党主体责任，抓基础、解难题、督落实，推动基层党组织和党员队伍建设制度化规范化。一是坚决落实全面从严治党主体责任。研究制定《北京电视台 2018 年党建工作要点》和《2018 年北京电视台基层党建重点工作任务清单》，明确全年党建工作的任务书、时间表、路线图。召开全台 2018 年党建工作会和党风廉政建设工作会，把主体责任一贯到底。二是严格落实党支部规范化建设各项要求。按照“B + T + X”党建工作体系，抓好“一规一表一册一网”落实，对 2018 年度基层党建工作重点任务落实情况进行全面督查，建立台账清单，督促各支部针对党支部建设、党员教育管理等工作进展情况进行自查，确保件件有着落，事事有结果。三是全面深化加强台属企业党建工作。在广泛调研的基础上制定印发了《北京电视台关于进一步加强台属企业党建工作规范的意见》，完善企业章程党建工作内容，健全企业党建工作领导机制和工作机制，明确企业党支部参与企业重大事项和重大决策的工作程序。四是规范党费使用管理工作。制定《北京电视台关于进一步加强党费收缴使用管理规定》和《北京电视台基层党组织党建活动经费管理规定》，为基层党组织开展党建活动提供经费保障，对全台收缴党费情况进行督查，发现问题及时解决。五是做实做细党员“双报到”和在线学习工作。完成基层党组织和 1225 名在职党员回社区报到工作，督促党员积极参与社区服务活动，广泛组织党员在北京长城网注册并参与在线学习。六是着力加强流动党员管理。研究制定《北京电视台关于进一步加强流动党员管理工作的暂行规定》，完善流动党员管理的规范要求和程序，严格把控流动党员“入口关”和“出口关”。七是严格新党员发展程序。按上级要求对十八大以来发展党员工作情况进行了全面回顾、深入排查，按照“控制总量、优化结构、提高质量、发挥作用”的总体要求，完成34名预备党员接收工作和34名预备党员的转正工作。八是广泛开展慰问帮扶活动。春节和“七一”期间共慰问26名生活困难党员。组织开展“共产党员献爱心”捐款活动，全台共计1461人捐款123066元。积极响应市委有关号召，为北京市低收入村门头沟区清水镇黄安坨村提供帮扶资金10万元。

六、坚持多措并举，优化干部人才队伍建设

台党委严格落实《党政领导干部选拔任用工作条例》及中央、市委有关干部管理政策规定，加强全流程各环节把关，从严从细加强干部管理、选任和监督等各项工作。一是规范有序做好干部选拔任用、轮岗交流工作。严格落实《党政领导干部选拔任用工作条例》及上级有关干部管理政策规定，做好处级干部选拔任用工作，严格落实“凡提四必”，加强干部选任全流程各环节把关；按照干部管理权限，2018年初完成制作部、转播传送部副主任职位选拔任用工作，2018年中完成并配合上级组织部门完成1名中层正职、1名中层副职干部试用期考核工作；按照北京广播电视台关于机构改革过渡期严肃干部人事纪律有关规定，经报总台及宣传部审批，对2名中层正职干部进行轮岗交流；按照市委组织部工作要求，做好援疆干部选派及北京冬奥组委选调干部有关工作。二是做好领导干部个人有关事项报告填报及抽查核实工作。严格落实2018年市委组织部关于领导干部个人有关事项报告工作新要求，向全台中层以上干部下发《学习辅导百问》，做好填报政策解读和辅导工作；根据中央、市委工作部署，做好年度领导干部个人有关事项报告有关工作；按照干部管理权限，完成8名副处级干部随机查核处理工作；根据中组部《组织人事部门对领导干部函询回复采信反馈办法》要求，进一步规范细化函询工作程序。三是从严从实加大干部日常管理力度。进一步规范中层以上干部离京离岗报批备案工作流程；根据上级要求，完善我台中层干部申请因私出国（境）审批流程，建立党办、监审办联审制度；组织全台各类干部教育培训工作共计3000余人次。四是调整完善绩效考核工作。落实《北京电视台2018年绩效考核方案》，强化双效并举和差异性考核，对全台绩效考核进行定期分析、总结汇报和动态调整；修订印发《北京电视台绩效工资发放管理办法（试行）》，规范分配原则、额度测算与管理、发放程序等，有效规避了绩效工资发放风险。五是优化人力资源管理配置。完成全台储备性人员招录工作，重点做好节目部门、技术部门、广告经营部门等关键部门、重点岗位紧缺人才的台内招聘工作。接收录取2018年应届毕业生16人，落实符合要求的应届硕士研究生和非京籍人才引进工作。六是严格落实请销假制度。升级中层干部及台属企业班子成员离岗离京请销假OA系统，按上级要求进一步规范中层以上干部离京离岗报批备案工作；建立全覆盖式督导机制，对全台请销假管理工作进行动态监督。七是抓好干部职工教育培训。制订2018年教育培训工作计划，集中对全台近千余名新闻采编人员开展意识形态教育培训、新任科级干部和新入职员工培训工作，“媒体融合转型和未来媒体发展趋势”境外培训班等台级培训17项、21期次，5600余人次参加培训。

七、从严管党治党，推进党风廉政建设和反腐败工作向纵深发展

严格履行党委主体责任和纪委监督责任，全面贯彻落实中央、市委推进党风廉政建设和反腐败斗争的部署和要求，认真落实中央八项规定精神，推动党风廉政建设各项工作有效落实。一是认真落实党风廉政责任制。召开全台2018年党风廉政建设工作会议，制定印发《2018年北京电视台党风廉政建设和反腐败工作主要任务分工》，层层签订党风廉政建设责任书，督促各级领导干部充分履行“一岗双责”。二是开展“监督强化年”活动。出台《2018年北京电视台专项监察工作方案》，明确劳务费发放、台外兼职经商办企业等10项重点专项监督检查，加大对公车使用、公务接待等“四风”问题的监督检查力度，开展“小金库”等多项专项治理检查工作，深度聚焦违反“一规一约”和台内规章制度的行为，开展历史遗留问题清查工作。三是健全廉政风险防控制度。制定《北京电视台廉政意见回复办法》《北京电视台谈话函询实施办法》《北京电视台出国（境）人员政治安全回访表》《北京电视台辞职（退休）干部职工提醒谈话要点》等，规范工作流程。四是大力开展各项审计监督工作。完成2017年度全台及台属企业年度财务审计和中层干部离任审计，开展中层领导干部任中经济责任审计。围绕第八届北京国际电影节、大型节目（活动）资金支出使用、重点广告项目开展专项审计，加强大型节目、影视剧购销等日常流程监督。五是抓好党风廉政教育。通过多种方式强化典型案例警示教育，严格落实执行中央八项规定，在元旦、春节、“五一”、中秋、“十一”等重要节点做好廉洁提醒，下发《北京电视台员工出差注意事项》。组织集体观看警示教育片《清风北京——北京市正风肃纪教育片选集》和反腐败题材等专题片，在“智慧党建”APP上开设《清风BTV》专栏。印发《北京电视台党风廉政建设知识普及问答（150题）》手册，下发新修订的《中国共产党纪律处分条例》等多种学习辅导书籍，营造风清气正的良好政治生态。

八、着力凝心聚力，大力推进宣传教育、精神文明建设工作

台党委结合全台党员干部职工的需求，根据媒体工作实际，进行了一系列有益探索，提升干部职工的思想觉悟、道德水准、文明素养。一是持续开展思想政治教育。深入学习习近平新时代中国特色社会主义思想，重点围绕习近平新闻思想、全国和全市宣传思想工作会议精神、全国优秀共产党员先进事迹等开展全台性学习教育活动。二是全面强化“三项学习教育”。印发《北京电视台关于贯彻落实北京市新闻战线进一步深化拓展“三项学习教育”活动工作方案》，制定10大重点学习教育任务、9项重点宣传工作，进一步加强新闻理论和队伍建设。三是组织开展特色系列主题教育活动。组织开展“不忘初心 牢记使命——重温入党誓词”主题教育、“新时代新担当新作为”主题党日活动，组织观看《新时代新担当新作为》《为你而歌》电视系列专题片和《青年马克思》影片。四是用好“智慧党建”APP、台内网、党委宣传栏等多种宣教平台。依托“智慧党建”APP、台内网、宣传栏等载体，重点策划推出“习近平新时代中国特色社会主义思想”“第十三届全国两会”“学习新宪法”等重大主题宣传，在“智慧党建”上发布《2018年政府工作报告》《中国共产党纪律处分条例》等60余篇学习资料，积极开展在线学习、晒文互动、检查评比等线上活动。截至12月底，“智慧党建”平台访问量突破51万次，日均访问量1503次，工作圈交流互动1585次，全年各支部公众号发稿1360条。五是推动开展社会公益，彰显媒体社会价值。组织开展“为爱捐书”“带本书给家乡的孩子”“生活微行动”等爱心公益主题活动，持续推进学雷锋志愿服务，展现媒体人社会责任与担当。六是积极参与各类推优评优活动。组织参加“2018北京榜样”“2017—2018年度首都精神文明建设奖”“第九届首都市民学习之星”等多项评选表彰活动，共推荐优秀个人和集体36个，充分发挥优秀集体和先进榜样的示范引领作用。

九、服务发展大局，认真做好工会、共青团和老干部工作

党委办公室工作概况

2018年，党委办公室紧紧围绕全台中心工作和改革发展新形势，在政治建设、思想建设、组织建设、作风建设、干部队伍建设、宣传教育和精神文明建设、团的建设等方面主要开展了以下六个方面工作。

一、全面统筹、做好服务台党委和台领导班子工作

一是服务党委决策。修订《中共北京电视台委员会贯彻“三重一大”集体决策制度议事规则》，对“三重一大”事项范围和内容、党委会决策原则和程序等作出进一步明确规定。筹备召开台党委扩大会42次，研究议题484个，按要求做好党委扩大会重大决议的通知、督办工作，及时反馈决议落实情况。二是服务台领导班子建设。协调组织召开台领导班子民主生活会，班子成员查摆问题、分析原因、提出改进措施，明确了台领导班子6个方面18项整改安排。根据市委巡视组要求，开展领导干部不担当不作为方面问题自查工作，针对查找出的6个问题明确相应整改措施。三是服务中心组学习。修订印发《北京电视台党委理论学习中心组学习实施办法》，严格执行中心组学习相关规定，制订2018年学习计划，组织开展党委中心组学习41次，其中7次学习扩大到了中层干部、科级干部范围，收到良好效果。四是落实台党委全面加强意识形态工作责任制工作部署。与总编室共同制定《北京电视台党委意识形态工作责任制实施细则》，明确了党委意识形态工作责任制的总体要求、责任内容、工作机制、考核监管和责任追究办法，并印发执行。组织开展2018年上半年意识形态工作责任制落实情况督查工作，并向台党委作专题汇报。起草台党委意识形态工作责任制落实情况报告，针对存在的问题与不足提出对策和建议，上报上级部门。与总编室、监审办等部门完成意识形态工作责任制专项巡视相关工作。

二、全力配合、认真做好巡视及其反馈整改工作

一是按照北京广播电视台党委和我台党委部署，认真做好巡视前准备工作，按要求向市委第七巡视组上报领导班子建设、干部管理、意识形态等相关材料3大类20余种。二是全力支持配合市委巡视组相关工作，协调全台相关部门提供我台党委工作、内容生产、经营管理等方面相关材料40余批百余份，协调巡视谈话60余人次。三是着力抓好巡视整改落实工作，根据巡视反馈意见及台领导部署制定《北京电视台党委巡视反馈意见整改任务分解方案》，组织召开动员部署会，协调各相关部门，按照整改工作要求和时间节点，汇总形成《中共北京电视台委员会关于巡视反馈意见整改工作方案》《北京电视台选人用人巡视检查整改工作方案》，台党委研究后上报北京广播电视台。四是配合总编室，完成《北京电视台党委关于意识形态工作责任制巡视反馈意见的整改方案》中涉及党办负责内容。五是根据《北京广播电视台党委关于巡视反馈意见整改工作方案》，制定《中共北京电视台委员会关于落实巡视反馈意见整改工作方案》，台党委研究审议后印发全台执行。六是统筹协调全台落实各项整改落实情况，汇总形成《北京电视台巡视反馈意见整改落实情况报告》和《北京电视台选人用人巡视检查整改落实情况报告》，经台党委研究审议后上报北京广播电视台。七是配合北京广播电视台完成巡视整改工作专题民主生活会相关材料。

三、层层压实、全面强化基层党建工作

着力提高基层党组织凝聚力战斗力。一是坚决落实全面从严治党主体责任。按照台党委《北京电视台关于落实全面从严治党主体责任的实施意见》，研究制定《北京电视台2018年党建工作要点》和《2018年北京电视台基层党建重点工作任务清单》，确定全年党建工作的任务书、时间表、路线图，组织召开全台2018年党建工作会和党风廉政建设工作会，把主体责任一贯到底。二是严格落实党支部规范化建设各项要求。按照巡视反馈意见整改工作方案，下发《对2018年度基层党建工作重点任务落实情况进行全面自查的通知》，督促各支部针对党支部建设、党员教育管理等工作进展情况，进行全面自查，建立台账，逐条逐项进行整改，确保件件有着落，事事有结果。落实组织生活制度，开展民主评议，广泛听取意见，认真查摆问题，明确整改方向。三是着力抓好党支部书记“一岗双责”，开展党支部书记党建述职评议考核和党风廉政责任制检查考核，严格执行问责条例，切实解决管党治党中存在的问题。四是进一步规范党支部组织建设，确保组织机构健全，支委分工明确，各支部有专人负责纪检工作。根据工作实际和有关规定，对2个总支、9个党支部的17名支部委员进行了补选，撤销了紫禁城公司党支部和新纪实公司党支部。五是规范党费使用管理工作。制定《北京电视台关于进一步加强党费收缴使用管理规定》和《北京电视台基层党组织党建活动经费管理规定》，为基层党组织开展党建活动提供经费保障，对全台收缴党费情况进行督查，发现问题及时解决。

深入调研，加强规范台属企业党建工作。根据《北京电视台大调研工作实施方案》，认真开展企业党建工作调研，深入了解问题，广泛征询建议，完成《关于进一步加强台属企业党建工作规范的调研报告》，对台属党建工作现状进行了分析，就完善企业章程党建工作内容、健全企业党建工作领导机制和工作机制、明确企业党支部参与企业重大事项和重大决策的工作程序等，提出了具体研究成果，并要求已设立党支部的台属企业修改完善公司章程。结合巡视整改工作要求，研究起草《北京电视台关于进一步加强台属企业党建工作规范的意见》，进一步加强台属企业党建工作各项规范。

全面加强党员队伍建设。一是认真组织党员教育培训，推动党员在线学习。年初组织开展了学习贯彻党的十九大精神暨“三项学习教育”集中培训，全台中层干部、支部委员、新党员及一线采编播人员近1000人参加了培训，部署各支部持续学习十九大精神，持续开展“三项学习教育”。组织相关人员参加“宣传系统基层党组织负责人培训班”“宣传系统2018年发展对象短期集中培训班”“宣传系统2018年基层党组织纪检委员示范培训班”“党支部书记、组工干部、专职纪检干部培训班”。起草并印发了《关于组织党员在北京长城网注册并参加线上学习的通知》，组织全台党员用好“北京长城网”，积极推动党员学习教育在线化。二是做实做细党员“双报到”。4月底，完成基层党组织和全体在职党员回社区“双报到”工作。三是着力加强流动党员管理。经过充分研讨，研究制定了《北京电视台关于进一步加强流动党员管理工作的暂行规定》，完善我台流动党员管理的规范要求和程序，严格把控流动党员“入口关”和“出口关”。四是加强党员管理信息化，进一步核查全台1500多名党员信息，组织开展“党员E先锋”应用培训。五是严格新党员发展程序。按上级要求对十八大（2012年）以来发展党员工作情况进行了全面回顾、深入排查，按照发展工作“控制总量、优化结构、提高质量、发挥作用”的总体要求，本年度将完成34名预备党员接收工作和34名预备党员的转正工作。六是广泛开展慰问帮扶活动。春节和“七一”期间，台党委共慰问26名生活困难党员。组织开展“共产党员献爱心”捐款活动，全台共计1461人捐款123066元。积极响应市委有关号召，为北京市低收入村门头沟区清水镇黄安坨村提供帮扶资金10万元。

四、从严从细、着力加强干部管理选任监督各项工作

规范有序做好干部选拔任用、轮岗交流工作。一是严格落实《党政领导干部选拔任用工作条例》及上级有关干部管理政策规定，做好处级干部选拔任用工作，严格落实“凡提四必”，加强干部选任全流程各环节把关。按照干部管理权限，2018年初完成制作部、转播传送部副主任职位选拔任用工作，2018年中完成并配合上级组织部门完成1名中层正职、1名中层副职干部试用期考核工作；二是按照北京广播电视台关于机构改革过渡期严肃干部人事纪律有关规定，经报总台及宣传部审批，对2名中层正职干部进行轮岗交流；三是按照市委组织部工作要求，做好援疆干部选派及北京冬奥组委选调干部有关工作。

做好领导干部个人有关事项报告填报及抽查核实工作。一是落实2018年市委组织部关于领导干部个人有关事项报告工作新要求，向全台中层以上干部下发《学习辅导百问》，做好填报政策解读和辅导工作；二是根据中央、市委工作部署，做好年度领导干部个人有关事项报告有关工作。按照干部管理权限，完成8名副处级干部随机查核处理工作；三是根据中组部《组织人事部门对领导干部函询回复采信反馈办法》要求，进一步规范细化函询工作程序。

从严从实加大干部日常管理力度。一是进一步规范中层以上干部离京离岗报批备案工作流程；二是根据上级要求，完善我台中层干部申请因私出国（境）审批流程，建立党办、监审办联审制度；三是抓好干部教育培训工作，全年中层以上干部参加上级部门调训、干部在线教育学习共计3000余人次。

五、凝心聚力、大力推进宣传教育和精神文明建设

一是持续开展思想政治教育，认真组织全台政治理论学习。深入学习习近平总书记系列重要讲话精神和治国理政新理念新思想新战略及习近平总书记在全国宣传思想工作会议重要讲话精神，着力抓好“习近平关于新闻舆论重要论述、马克思主义新闻观、职业精神和职业道德”系列学习教育活动，积极组织中层干部专题读书活动，组织学习郑德荣等7名全国优秀共产党员先进事迹等一系列全台性教育活动。二是结合落实巡视反馈意见整改工作，全面强化“三项学习教育”。组织开展学习贯彻党的十九大精神暨“三项学习教育”集中培训，部署全台各部门、各支部持续开展“三项学习教育”学习，10月中旬，印发《北京电视台关于贯彻落实北京市新闻战线进一步深化拓展“三项学习教育”活动工作方案》，制定10大重点学习教育任务、9项重点宣传工作，进一步加强新闻理论和队伍建设。三是组织开展特色系列主题教育活动。组织开展“不忘初心　牢记使命——重温入党誓词”主题教育活动、“新时代新担当新作为”主题党日活动。组织观看《新时代新担当新作为》《为你而歌》电视系列专题片和《清风北京》反腐倡廉专题教育片。组织参加“纪念马克思诞辰200周年”主题纪念活动，观看《青年马克思》影片。组织开展“为爱捐书”爱心公益主题活动，为门头沟山区的孩子们送去4800多本图书，展现媒体人社会责任与担当。组织举办区域化党建联学联建特色主题活动，与属地社区党组织共同开展党建工作交流参观，不断增强党建工作活力。配发《习近平新时代中国特色社会主义思想三十讲》《习近平新闻思想讲义》《梁家河》等多种类型的学习资料。汇编印发《北京电视台党员干部应知应会知识问答》（200题），策划组织开展答题活动，检验学习效果。四是积极参与各类推优评优活动，宣传我台集体和个人的先进事迹。组织参加“2018北京榜样”“第八届首都民族团结进步奖”“2017—2018年度首都精神文明建设奖”“第九届首都市民学习之星”“第十四届北京市思政工作优秀单位和优秀思想政治工作者”等多项评选表彰活动，共推荐优秀个人和集体36个，充分发挥优秀集体和先进榜样的示范引领作用。五是用好“智慧党建”APP、台内网、党委宣传栏等多种宣教平台，及时传达上级精神，激发基层党支部活力。重点策划推出“习近平新时代中国特色社会主义思想”“全国两会”“习近平在全国宣传思想工作会议上的讲话精神”“学习新宪法”等重大主题宣传。在“智慧党建”上发布《2018年政府工作报告（全文）》《中华人民共和国宪法修正案》《中国共产党纪律处分条例（修订版）》等60余篇学习资料，积极开展在线学习、晒文互动、检查评比等线上交流活动，充分展示支部工作，增加支部活跃度，截至12月底，“智慧党建”平台访问量突破51万次，日均访问量1503次，工作圈交流互动1585次，全年各支部公众号发稿1360条，形成浓厚的学习教育氛围。

六、激发活力、推进团的建设和青年人才培养工作

一是进一步深化青年创新工作站常态化运行管理和市场孵化工作，2018年新增创新工作站创建项目一个，首批创建项目和市场孵化项目取得初步成果，其中一个市场孵化项目已取得16万元利润，一项成果已于2018年9月取得软件专利。二是以团员回社区报到工作为抓手，引导和鼓励全台团员作为注册志愿者积极参与社会志愿服务活动，目前注册率达到80%以上。三是开展“五四”主题团日活动，组织全台各团支部书记、团员青年代表集体参观北京市规划展览馆，举办团干部培训班，邀请80后“十九大代表”韩青同志为各团支部书记讲团课。四是积极选树青年榜样，参与上级举办的“北京青年五四奖章”、2018“北京青年榜样·时代楷模”等评选表彰活动，其中聂一菁同志获第三十二届“北京青年五四奖章”，全台9名青年骨干入围2018“北京青年榜样·时代楷模”提名人选前200名。

办公室工作概况

2018年，办公室紧紧围绕学习、管理、服务等工作重点，发挥承上启下、协调各方的中心枢纽作用，较好完成了台里布置的各项工作。

一、抓好理论武装强化政治引领，提高党员干部思想政治站位

办公室党支部坚决贯彻全面从严治党责任，加强学习教育。2018年，办公室党支部组织专题学习会等活动15次，支委会11次，在本台“智慧党建”APP支部订阅号上发稿31篇，朋友圈工作动态40余条；持续深入推进“两学一做”教育常态化制度化；组织全体党员学习收看《厉害了，我的国》《为你而歌》；开展“继往开来 砥砺前行”特色党日活动；进行支部换届选举、接收了3名优秀积极分子入党；组织支部党员学习习近平总书记关于进一步纠正“四风”、加强作风建设重要批示精神；深入学习关于贯彻中央八项规定实施细则的通知；在对“为官不为”“为官乱为”问题治理上，加强党性教育，深化党章党规学习；结合观看廉政教育影片，以答题形式对学习成果进行考核。

在全台范围组织法律知识学习，加强普法教育。办公室向全台职工发放2018年最新修订的《中华人民共和国宪法》，并围绕宪法法条出题，组织全台职工进行宪法知识答题，取得良好成效。认真落实中央关于加强法治宣传教育工作的部署要求，积极组织全台干部职工参与网上答题活动，2796名职工参与答题，答题率约为89%。

二、围绕中心工作强化责任担当，全方位提升业务保障能力

安全措施到位，优化公文审批流转。一是不断完善OA系统，优化公文审批程序。累计承办文件14499件；办理外来收文1325件，纸质呈文5027件；起草、审核、上报京视字文件217份、印发京视发45份，整理京视函、各类通知等118份，授权书694件，整理台领导传阅文件71件次。二是规范处理涉密文件，组织全台保密工作检查；组织全台中层干部观看12集大型保密文献纪录片；特别设置保密箱、保密柜，确立科室保密专员，强化安全员保密意识，按照日期进行分类登记，安全做好密件的转发、使用、保管工作。三是掌握信访工作主动权，立足源头防范矛盾。接信访件146件，重点处理14件。按照市委宣传部、总台部署，撰写《关于北京电视台开展2018年第一次社会矛盾纠纷排查调处情况的报告》上报。

精简优化办会程序，发挥统筹协调作用。完成30次台长办公会会务工作，共研究62个议题。筹办北京电视台2018年工作会议和北京电视台2018年上半年工作总结暨下半年工作务虚会，并创新编印近1400本《北京电视台2017年光荣册》。深化统筹全台领导带班、值班工作，协调整理相关值班表。进一步动态调整包括机要司机在内的科室早晚班制度，确保上情下达、下情上达无失误，无延误，交接安全准确。

信息报送工作水平进一步提高。配合上级单位整理上报全台折子工作和领导批示落实情况报告，辅助全台复印文件总量达53万张，整理编辑《2017年文件汇编》。聚焦北京电视台重点亮点工作，向上级单位和重点刊物报送高质量信息约50万字。截至10月25日，中央电视台《电视决策参考》采用27篇；市委宣传部《宣传系统快报》采用117条，含“特色工作”板块40条，其中《北京卫视〈向前一步〉为“疏解整治促提升”专项行动舆论护航》一文被市委办公厅《北京信息》164期采用，得到市委书记蔡奇，市委副书记、市长陈吉宁，市委宣传部副部长余俊生批示；《纪录片〈握手非洲〉收视反馈两会》《北京广播电视台融媒体报道“一微克行动”让舆论监督落地有声》两篇文章分别得到市委常委、宣传部部长杜飞进和市委宣传部副部长余俊生的批示。

规范流程加强教育，外事接待工作提高服务效率。筹办“加强外事纪律教育、进一步做好国家安全和内部保密工作”党委中心组扩大学习会，邀请市外办领导来台宣讲外事纪律，并组织全台中层干部及主编、主持人收看《因公出国（境）安全教育宣传片》。对因公出访进行安全回访，从源头上防范因公出国（境）的违纪违规风险。科学高效办理因公出访，截至10月29日，共报送因公出访团组49批次，总计149人次。落实2018年最新护照管理规定，严格执行护照归还登记制度。及时申报外籍嘉宾演员，确保节目安全播出。提高接待水平，截至10月底，共接待、接访参观人员185批次1958人；参与大型活动23次，约6850人。

开拓思路勇于创新，助力全台工作。一是不断更新完善合同文本，优化合同审核程序，最大限度防止法律风险的发生。二是96168热线服务搭建节目与观众沟通桥梁，与京视传媒、京视卫星分别展开合作，并搭建了BTV96168观众俱乐部微信平台，做好上线试运营的准备工作。三是做好通讯服务，保障直播安全。配合各部门办理群发短信，并根据需要统计短信回复情况；配合节目中心圆满完成市两会、2018年中非论坛、春节联欢晚会、北京国际电影节、足球联赛等直播任务；主动与中国移动北京分公司沟通协商，为员工名下中国移动手机号码争取了两次集团套餐的升级，降低了台内员工手机话费支出。四是心系职工身心健康，加强日常诊疗筛查。门（急）诊量18000多人次，安全转诊急危重症6例；接受医疗咨询解答万余人次，提供健康诊疗服务共896人次；完成女职工乳腺疾病专项筛查、年度健康体检，邀请专业机构开展口腔义诊。五是扎实做好基础工作，确保运转有序高效。完成《每月台情》编辑、会议室协调、报刊订阅、名片制作、介绍信开具、内网维护、档案管理等基础工作。六是为台在编及退休职工发放独生子女奖励费、“六一”儿童节日费；为职工子女办理学平险并发放保险，协助办理理赔；为职工二次报销金额百余万元。

三、深挖潜能，推动工作创新

一是强化制度严控流程，杜绝违法违规操作。制定《出国（境）人员政治安全回访表》《国家安全人民防线建设小组任务职责及工作要点》《上缴物品申报单》《对外公务活动接受物品申报单》等规章制度。二是积极参与大调研，为全台事业发展建言献策。按照《北京电视台大调研工作实施方案》要求，上报了调研课题。结合以往台里应诉的案件认真研究，在调研报告中提出具有可行性的意见和建议；完成《如何使96168微信公众号助力节目推广和观众服务工作升级》调研报告。96168栏目服务热线继2015年被授予“学雷锋志愿岗”之后，2018年再获殊荣，被首都精神文明建设委员会授予市级“学雷锋志愿服务示范岗”称号。

监察审计办公室工作概况

2018年，监察审计办公室全面贯彻从严治党、从严治台要求，坚持“无禁区、全覆盖、零容忍、重遏制、强高压、长震慑”的方针，深入落实巡视组的反馈意见及《关于进一步加强和改进北京电视台纪检监察审计工作的实施意见》，以专项监督检查为抓手，在突出问题导向上下功夫，在提高全覆盖质量上下功夫，在抓紧抓小上下功夫，通过深抓细查，带动作风的整体转变，大力营造风清气正的良好政治生态，取得了新的进展和成效，现将2018年工作总结如下。

一、认真落实党风廉政建设责任制

组织召开全台2018年党风廉政建设工作会议。会上通报了2018年全台党风廉政建设重点工作及10项专项监督检查重点工作，并对2018年全台党风廉政建设和反腐败工作进行了全面部署。全体领导班子成员、各部门中层干部、台属企业负责人、纪检协作员及纪律监督员、部分科长和制片人近400人参会。

起草并配合完成台党委书记、台长和班子成员及各中心、部、室一把手签订党风廉政建设责任书等相关工作。2018年党风廉政建设责任书根据台领导班子成员的岗位职责，结合全台16个职能部门、12个节目部门、6个技术部门、10个台属企业的岗位特点和工作实际，从新闻舆论导向、内容安全生产、节目安全播出、经营管理监督等方面对“一岗双责”提出了个性化要求，督促各级领导干部充分履行“一岗双责”，各负其职、齐抓共管，形成一级抓一级、层层抓落实的工作格局，进一步强化了一把手的责任意识。

制定下发《2018年北京电视台党风廉政建设和反腐败工作主要任务分工》，将党风廉政建设和反腐败工作主要任务进行细化分解，并明确完成时限、牵头部门、协办部门和责任人，督促各部门充分履职、各负其责、齐抓共管，形成抓党风廉政建设的工作合力。

制定下发《2018年党风廉政建设手册》，并组成检查小组于5月29日起对北京电视台40个党支部的《党风廉政建设工作手册》和104名中层干部的《记实手册》的记录情况进行了检查。检查过程中就发现的问题与被检查部门进行了面对面的沟通，提出了建议，便于各部门及中层干部能够及时按照记录要求修正完善。

落实意识形态工作责任制，将其作为重要内容写入2018年度的《党风廉政建设和反腐败工作任务分工》，作为个性化要求的重要条款列入《党风廉政建设责任书》，并把该项工作的落实情况列为党风廉政建设责任制检查工作的重要内容，在年底组织专项检查，监督各部门做好责任落实。

出具廉洁守纪证明。持续强化廉政刚性约束，针对推先评优、职务变动、职称申报等情况，全年累计出具个人廉洁自律证明材料249份，涉及1895人次。

二、强化各项工作监督检查

不断加大对“四风”问题的监督检查力度。按照市纪委监察委、驻局纪检组和总台纪委要求，于元旦、春节、“五一”、端午、中秋、国庆先后6次对全台公车使用和封存情况开展了专项检查工作；于春节、“五一”先后两次组织全台各部门开展了公务接待情况自查自纠；在春节前、“十一”前配合上级纪检部门对“四风”问题进行了专项检查，并分别形成书面材料上报。

深度聚焦违反“一规一约”和台内规章制度的行为。一是先后对节目中心劳务费发放情况、台内职工台外兼职和经商办企业情况、夫妻双方均在北京电视台及台属一级企业工作的情况进行了专项检查，提出了处理意见，对相关规章制度进行了补充完善。二是协助有关部门对科级干部民主推荐、2018年党建工作会暨党支部书记述职评议会、优秀节目评选、食堂餐饮服务质量满意度调查评分、日常药品采购招标评分、应届毕业生招录面试、外协公司准入评审会、部分台属企业总经理和副总经理试用期考核测评等重要环节进行了现场监督。

加强日常流程监督，对合同、资金流向紧盯不放。一是盯紧“三重一大”决策流程，参加党委会、编委会、广告经营会、卫视季播节目联席会、新闻演播室改造专题会、北戴河新区400亩土地处置工作专题会、春晚协调会、影视剧购剧通报会等各类重要会议。二是加强了大型节目监督，对大型季播、专题及纪录片登记备案情况及合同签订、执行情况进行监督检查。三是加强了影视剧购销工作监督，对影视剧中心卫视剧购剧工作的整改落实情况进行跟踪，并提出改进建议。四是加强了广告经营监督，对北京电视台2017年度广告的播出、合同执行等情况进行了监察，就其中发现的问题进行归类整理，向台领导提交了《2017年广告监察问题汇总》，并召开了广告部、4家广告经营主体、相关部门负责广告人员的专题会，对2017年发现的广告问题进行了通报，提出了整改要求。五是在全台范围开展了历史遗留问题清查工作。经过两轮清查后共涉及历史遗留问题49件，其中包括13个部门所报历史遗留问题42件，5家台属企业所报历史遗留问题7件，并每月向党委会定期汇报督办情况。

配合上级要求，开展各种专项治理检查工作。一是根据市反腐倡廉建设领导小组办公室下发的《关于对北京电视台2017年党风廉政建设责任制检查考核情况的反馈意见》，对检查考核中发现的问题进行整改落实，并逐条回复，撰写整改落实报告并上报。二是根据市纪委监察委下发的《纪律处分专项检查情况报告》，对涉及北京电视台2013年至2016年间的纪律处分执行过程中的相关问题进行逐条核查，撰写《关于开展纪律处分执行情况专项检查的整改报告》并上报。三是根据北京广播电视台人力资源部下发的《关于做好事业单位人事管理备案工作的通知》要求，梳理统计北京电视台2017年受处分人员情况并上报。四是按照市纪委市监委《关于开展全市监察对象统计工作的通知》要求，将全台正副处级干部、台属一级企业领导班子成员和部分管理岗位人员纳入“监察对象”范畴，并向人事部、经营管理部发出协查，完善监察对象个人信息并上报。五是根据北京广播电视台纪委要求，组织全台各部门观看《北京市正风肃纪教育片选集》，并对公车清单和台属企业公车改革相关资料进行了上报。六是配合市委巡视组对驻市新闻出版广电局纪检监察组的延伸检查，协调组织相关人员进行专题谈话，收集整理 2015 年至 2017 年的信访举报、问题线索及处置情况材料、办结案件卷宗等相关资料。

三、持续加大执纪追责问责力度

把查办案件放在突出位置，坚持“一案双查”，对违规违纪行为严格追责、严厉问责、严肃查处。2018 年北京电视台接到各类信访举报 44 件，调查完结 23 件，对 2 人给予党纪政纪处分，对 8 人进行了经济处罚，给市纪委等上级纪检部门提交情况说明 30 余件次，起到了警示震慑作用。

有效运用监督执纪“四种形态”，经常抓、抓经常，利用各种机会给相关部门和人员提醒提示。在巡视整改落实工作中，协助台党委以层层传导的形式在全台范围组织开展了谈话提醒和批评教育工作。由台长与台领导班子成员，台领导与分管部门负责人，台纪委书记与各项整改工作牵头部门负责人，各部门负责人与制片人、科组长等重点岗位工作人员逐级开展谈话提醒工作，切实提高思想认识。全台参与谈话共计 231 人次，其中与台领导班子成员谈话 9 人次，与各项整改工作相关部门负责人谈话 44 人次，与重点岗位人员谈话 178 人次。

四、做好巡视迎检和巡视反馈意见整改落实工作

配合市委第七巡视组的巡视工作，协调相关人员进行谈话，并准备相关备查材料。

巡视结束后，配合市委巡视组、驻局纪监组和总台纪委做好落实巡视反馈意见的整改工作，一是督促台内 5 个部门及台属企业自查并出具情况说明，根据市纪委市监委要求撰写函询通知回复并上报总台，二是撰写巡视整改措施，做好巡视整改的推进和落实工作。

五、大力开展各项审计工作

配合北京广播电视台完成 2017 年度全台及台属企业年度财务审计工作。根据总台出具的《管理建议书》中披露的历史遗留问题及本次审计发现的问题，组织台内 13 个相关部门召开了 3 次问题沟通会。针对北京电视台在广告经营、招投标管理、固定资产管理等方面存在的 24 个问题及对应的 33 条整改建议，撰写完成《北京电视台 2017 年度审计整改分工方案》，并向 14 个部门下发了 14 份整改通知。

继续开展中层领导干部离任经济责任审计。2018 年，监察审计办公室受党委办公室委托，完成了 8 名中层领导干部的离任经济责任审计及整改工作，在审计中发现问题 25 个，向相关部门下发整改通知 10 份，提出审计整改建议 33 条，要求其限期完成整改，切实提高审计整改时效性。

创新开展中层领导干部任期经济责任审计。根据《关于进一步加强和改进北京电视台纪检监察审计工作的实施意见》（京视党字〔2016〕31 号）的文件精神，完成中层正职领导干部的任期经济责任审计及整改工作，切实增强审计实效，达到“立审立改”的功效。2018 年共完成 2 名中层干部的任期审计及审计整改工作，审计中发现问题10个，向相关部门下发整改通知2份，提出审计整改建议7条，要求其限期完成整改，切实提高审计整改时效性。

加强对台属企业的审计监督。根据台党委会决议，继续对北京京视卫星传媒有限责任公司、北京京视电广传媒有限责任公司、北京京视体育发展有限责任公司及新纪实（北京）传媒投资有限公司开展2015—2017年财务专项审计，重点关注其经营创收、成本费用、资产保值增值等方面，审计涉及金额高达50.56亿元。2018年，在现场审计工作中，共发现涉及广告经营、季播节目管理、人员薪酬管理等方面的37个问题，并提出28条有针对性的整改建议，同时，向有关台属企业下发了整改通知。相关台属企业按时上交了整改情况报告。

开展大型节目专项审计。根据台领导指示，对市委宣传部委托北京电视台新闻节目中心承制的《中国故事——中华文明五千年》项目收支情况进行了审核，分别向台计划财务部、新闻节目中心及北京京视传媒有限责任公司收集有关材料，重点关注劳务费发放、节目制作合理环节等支出的合理性，涉及审计金额1430万元，审计中发现问题3个，提出审计整改建议3条。

开展第八届北京国际电影节专项监察审计。在电影节组委会的统一部署下，监察审计办公室与招投标管理工作办公室一同成立监审部，对第八届北京国际电影节进行了全过程监督审计。

六、做好日常宣传教育工作

2018年，在台内网纪检主页上发布中纪委案例通报、廉政知识等100余篇；把宣传教育建到手机上，在“智慧党建”APP的“清风BTV”板块发布相关稿件100余篇。在元旦、春节、“五一”来临之前，分别给副科长（副制片人）以上干部发送廉洁短信。营造廉政教育氛围，一是编辑制作《北京电视台党风廉政建设知识普及问答（150题）》手册，向全台科级以上干部和重要岗位人员发放；二是购买并发放新修订的《中国共产党纪律处分条例》等学习辅导书籍5种，为全台各党支部订阅《党风廉政建设》《中国纪检监察》，2018年共发放刊物40余期，督促各部门加强廉政学习。

出台《2018年专项监察工作方案》，全台全年重点安排10项专项监督检查，把专项监察贯穿全年，力求做到监督再实一点，检查再深一点，警示效果再好一点。在分管台领导带领下，以问题为导向，完成《关于北京电视台广告经营管理情况调研报告》。健全廉政风险防控制度，制定《北京电视台廉政意见回复办法》（京视党字〔2018〕28号）、《北京电视台谈话函询实施办法》，起草《北京电视台辞职（退休）干部职工提醒谈话要点》和《北京电视台员工出差注意事项》。

工会办公室工作概况

2018 年，工会办公室继续以关爱、温暖、服务为己任，做好“扶贫解困送温暖”工作；开展职工文体活动；加强工会办公室岗位职务学习培训，强化思想建设、业务能力，进一步开创工会工作的新局面。

一、积极开展扶贫济困，为会员职工提供帮助

截至 2018 年 12 月底，慰问援藏、援建干部 8 人，慰问全国两会、北京市两会报道团队、慰问电影节开闭幕式工作人员以及春节值班职工、两节前夕患重大疾病和生活困难的职工，平日看望生病住院职工和去世职工家属，发放慰问金额共计 235252.94 元。

工会办公室继续为持有“京卡互助卡”会员办理重大疾病、在职意外、住院医疗、住院津贴、女工特疾互助险理赔工作，截至 2018 年 12 月 31 日，共计理赔 221 人次，理赔金额共计 46.06 万元。

为了提高北京电视台餐饮服务质量，第一季度工会办公室与台行政部膳食科通过召开意见征求会的方式，征求职工代表对伙食质量、饭菜价格、花样品种、服务态度、环境卫生等方面的意见，为职工解决实际问题。

二、开展寓教于乐的文体活动，增强 BTV 凝聚力

继续做好女职工“争先进、创佳绩”评选活动。“三八”节前夕，经过全台自下而上的部门推荐、工会委员会研究、全台公示，最终评选出 2017 年度的优秀女职工 76 名，优秀集体 10 个。工会办公室对获奖的集体和个人通过大会、内网、板报宣传栏的形式进行了大力表彰。

为了解决门头沟山区孩子渴望阅读但课外读物匮乏的难题，2018 年 5 月，工会办公室组织了“为爱捐书”公益行动。全台 10 多个部门都把此次捐书作为特色党日活动，党员集体前往捐书点，短短 3 天之内全台职工捐了儿童文学、科普读物等共计 2328 本。此外，北京电视台新闻中心《带本书给家乡的孩子》节目组协调北京出版集团、发行集团送来新课标指定课外读物 2496 本。“六一”前夕，将 4800 多本爱心图书送进门头沟区妙峰山民族学校，为山区孩子送去了特殊的节日礼物。

为了丰富广大职工业余文体生活，满足广大羽毛球爱好者的锻炼需求，工会办公室在调研准备的基础上，于 3 月 1 日组建了北京电视台羽毛球俱乐部。这是北京电视台职工首个文体活动俱乐部，成为广大职工强身健体、以球会友、增进友谊的交流平台。

根据北京市总工会和中国职工保险互助会通知，进一步推动北京市工间操活动全覆盖。2018 年 4 月 17 日，北京电视台工间操开始进行。根据职工容易出现的肩颈、腰椎等问题，请专业老师量身定制了简单易学、行之有效的工间操。针对工作繁忙、不能走出直播间的一线工作人员，工会办公室也推出了一套适合在室内进行锻炼的工间操。为了更好地服务广大职工，工会请专业瑜伽教师每周两次办瑜伽培训班，这项活动受到大家青睐，平均每次上课都在30人左右，最多一次是58人，还有很多男职工参与其中，共计1200余人次参与课程。2018年6月30日，工会办公室举办了北京电视台第十届乒乓球团体赛，2018年10月27日举办了第十届羽毛球团体赛，得到全台职工认可。2018年8月1日，工会办公室组织篮球爱好者与守卫本台的武警部队指战员进行了一场篮球友谊赛，场上气氛热烈。2018年8月，工会办公室为全台职工每人购买了两张海洋沙滩节门票，丰富职工的文体生活。为纪念改革开放40周年，工会办公室配合国家广电总局及总台，在全台范围内征集书画、摄影、故事、微电影作品，并将这些作品收集整理，送交展览。

2018年，来工会申请办理母婴关爱室储物柜使用的职工日益增多，工会办公室主要进行两方面的工作，一是及时提醒快到期的女职工按时归还钥匙，以便给有需要的新妈妈提供服务；二是配合全台开展的安全隐患大排查行动，针对储物柜的小冰箱使用问题，建立每月安全使用台账，并拟定安全承诺书，每天下班前逐一检查，坚决杜绝安全隐患。

加强学习，工会办公室接到中华全国总工会办公厅关于印发《基层工会经费收支管理办法》的通知，组织职工在2018年1月和3月对通知内容分两次进行全面学习，从而更好地在日后工作中按规办事。

人事部工作概况

2018年，人事部着力优化人力资源的整体配置，继续履行管理服务职能，较好地完成了各项工作。

一、人才队伍建设

持续推进科级干部管理工作。根据全台工作部署和部门实际工作需要，依据《北京电视台科级干部选拔任用办法》，以组织推荐方式选拔任用科级干部3人。加大对科级干部的考核、交流力度，截至9月底共有17名科级干部进行了调整交流，完成了5个部门9名科级干部的试用期考核工作。

组织全台储备性人员招录工作。2018年人才引进与配置坚持两个原则，一是向节目部门倾斜，重点对品牌栏目、对承担台内外特殊任务以及融媒体方面急需的岗位给予适当数量的人才配置；二是在技术和管理部门，重点对战略发展、智力支持、广告经营以及承担台内外主要任务的核心重点岗位倾斜。完成2019年应届毕业生实习招录工作，共计50人，完成2018年应届毕业生引进工作，通过初试、笔试、面试与复试等强化考核，从中国人民大学、中国传媒大学等高校择优录用16名优秀毕业生。

落实非京籍人才引进工作。根据上级对新闻事业单位的人才落户政策要求，为2名符合要求的应届硕士研究生办理非京籍落户相关手续。参照《北京市引进人才管理办法（试行）》《市属媒体人才引进申报要求》，采取自下而上的方式，经全台各部门推荐、分管台领导核定、党委扩大会研究，在台内选出36名同志作为非京籍人才引进推荐人选。

二、绩效管理

不断调整完善绩效考核工作。根据北京市委宣传部对北京电视台的考核要求，结合三台整合改革的需要和创新发展的目标，在年初对2018年绩效考核方案进行了调整和完善：强调双效并举，坚持社会效益和经济效益的统一；深化利益捆绑；强化差异性考核，根据不同考核主体的定位和目标差异，设定不同的考核周期和重点，以半年和三季度为时间节点强化绩效考核。

针对卫视节目中心反映人员短缺、绩效工资额度不足的问题，组织相关部门研究，在卫视、文艺、影视剧、青少海外4个节目中心实行绩效工资额度统一管理；模拟利润指标统一核算（由分管台领导统一协调平衡）；根据卫视节目中心新增重点节目缺员情况，协商借调部分人员参加卫视节目中心重点节目内容生产。最终使卫视节目中心人力、资金方面的问题得以解决，有效保障内容生产顺利展开。

不断优化年度绩效考核工作。首次在年度绩效考核和工资分配中实行联动考核，将各层级、各部门利益捆绑，形成整体；强化基层员工的激励体制，基层员工绩效工资核算基数较2017年有明显上涨，进一步缩小层级差距。

建章立制工作。重新修订《北京电视台绩效工资发放管理办法（试行）》，对分配原则、额度测算与管理、发放程序、发放规定、违规发放处理等内容进行了详尽说明和明确规范，有效规避绩效工资发放风险。

三、薪酬福利管理

积极开展编制内劳动合同制工人养老保险补缴工作。为贯彻落实《关于北京市机关事业单位工作人员养老保险制度改革若干问题实施意见的通知》（京人社养发〔2016〕10号）的精神，积极开展我台编制内劳动合同制工人养老保险补缴工作。涉及劳动合同制工人的情况政策专业性极强，涉及范围广，时间跨度大。为确保这部分职工的利益不受损失，人事部翻阅了全台约1200份编制内人员档案，依据1986年国家改革用工制度的4个暂行规定和本市相关规定，确认了属于劳动合同制工人的人员130余人。针对本台曾缴纳过养老保险的历史情况，查阅1986年以后约20年间的缴费凭证，梳理出《养老保险个人账户转移单》与《职工养老保险手册》共200余份。为解决疑难特例身份确认、补缴时间段划分以及补缴办理批次等切实问题，人事部采取邀请北京市人社局的专家到台进行讲座及政策解答、登门咨询等方式，数十次沟通北京市人社局、北京广播电视台等上级单位。针对缴费凭证中记录的已缴费年限是否仍需再次补缴的问题，常务副台长韦小玉同志亲自带领人事部相关人员赴北京市人社局，经与相关部室的领导沟通协商，解决不再对缴费凭证已记载的时间段进行补缴，极大缩减补缴成本。补缴流程方案已经提交台党委会审核通过，开始分步分批次落实。

四、教育培训

截至10月22日，共举办台级培训17项、21期次，共5606人次参加培训。

组织开展全台意识形态集中教育学习。为贯彻党的十九大精神暨“三项学习教育”，集中对全台千余名新闻采编人员开展意识形态教育培训。

强化新任干部、新入职员工培训工作。组织全台24个部门96名科级干部参加培训学习。围绕“岗位”（工作职责）、“站位”（承上启下）、“到位”（尽职尽责）三个方面教育科级干部要增强“四个意识”，注重价值取向、率先示范和团队建设。

组织全台19个部门78名新入职员工参加培训学习。

开展各项业务、经营、安全培训工作。组织新闻、播音职称评价体系改革政策宣讲；举办广告审查和法律、法规培训；举办电视摄像创作与技巧实操培训；举办编辑记者、播音员主持人资格考试考前辅导；举办年度安全员培训；举办广播电视网络安全培训班等。

拓展国际视野，加快传媒融合步伐。为帮助全台一线制作人员了解最新国际电视节目趋势，提升创新能力，举办国际电视节目趋势及节目创意大师课，卫视、新闻、文艺、科教等节目中心共计200余人参与讲座。2018年10月，由节目、技术、职能等部门的13位一线业务骨干组成赴美培训团组，以“媒体融合转型和未来媒体发展趋势”为主题，学习成功经验和先进理念。

五、人员管理

进一步落实请销假制度。每月按时汇总全台各部门请销假备案情况并进行统计分析，对个别人员情况进行重点询查。在第一季度和第二季度，会同监察审计办公室对全台请销假制度落实情况进行了两次专项抽查，共涉及7个部门290余人。对抽查中发现的各类问题进行现场指导并提出4点改进意见，一是人员实际填写请销假审批表天数与备案表不一致，存在漏报情况或人员销假不及时导致的核算天数错误。需各部门负责填报人员认真核对。二是个别人对产假、病假审批表填写不及时，导致审批权限后置现象，需部门负责此项工作人员提醒请假人员及时提交审批表，督促办理相关请销假手续。三是个别部门采取打卡软件进行人员考勤工作，方便日常管理的同时存在人员打卡不是实名制的情况，有待进一步商榷其使用的规范性。四是对个别人员不在岗情况存疑的，要求部门配合提供详细的情况说明，并做出及时有效的处理。通过绩效发放与请销假备案的双向核查，杜绝“吃空饷”或瞒报、漏报情况的发生，对强化人员在岗管理，保障工作秩序起到了重要作用。

不断规范人事档案管理。按照上级部门要求和社保最新政策，设立二级预审档案制度，形成档案审核规范，对即将退休人员及特殊身份人员（劳动合同制工人）的档案审核，根据个人提供情况初核档案材料信息，进行工作经历梳理，形成查档报告并进行二级复审核算工作年限，共审核近60人次。根据巡视要求，规范整理并送审人事档案20余本。为进一步加强对人事档案的规范管理，保证在编职工切身利益，对人事档案进行了大规模整理清点工作，将历史遗留的档案零散材料集中进行逐一归档，查漏补缺。同时为了服务三台改革，已着手准备采集所有派遣制人员基本信息，不断完善补充各类人员信息。

计财部工作概况

2018 年，计财部推进财务管理模式改革创新，推进平衡预算管理和绩效考核管理，切实提质增效。按照巡视整改的要求，积极拟定整改措施，立行立改，抓紧实施。

一、深化财务管理模式改革创新，推进平衡预算管理模式

2018 年预算以市委宣传部和市财政局对北京电视台确定双 10% 的考核目标为基础进行编制。在完成上述目标的前提下，提出编制“平衡预算”的目标，按照全面预算的原则将本台所有收入和支出均纳入预算管理。继续坚持执行“部门预算制”“频道以收定支”的原则，经过三上三下的程序编制了全台财务预算。实现了三个方面的预算平衡：一是全台收入支出平衡，二是财拨收入与全台公共运维管理费用的平衡，三是频道收入和支出的平衡。

二、配合市委宣传部完成对本台 2017 年度绩效考核工作，进一步落实以收定支的管理模式

本台 2017 年改革发展的具体目标为北京卫视收视排行保四争三、广告创收年均增长 10%、亏损额年均递减 10%。计财部配合市委宣传部圆满完成 2017 年度绩效目标考核评审工作并取得优秀的考核成绩。

自 2017 年实行“以收定支、量入为出，做到收支平衡”财务管理模式以来，效果明显。2018 年计财部根据全口径、全要素、全覆盖的全面预算管理模式，调整了各节目中心绩效考核收支口径，确保利润考核计算全方位无死角，为绩效考核提供确实可靠的数据支撑。落实经营小组会的要求，以市委宣传部考核目标为导向，坚持全台范围内的“以收定支”，确保较好地完成上级部门确定的 2018 年度考核目标。

三、响应财政部关于政府会计制度改革的要求，部署本台财务制度改革工作

根据财政部统一部署，北京市财政局印发了《北京市财政局关于开展 2017 年度政府财务报告试点工作的通知》（京财国库〔2018〕746 号）和《转发财政部关于印发〈政府会计制度——行政事业单位会计科目和报表〉与〈事业单位会计制度〉有关衔接问题处理规定的通知》（京财会〔2018〕1050 号），文件要求自 2019 年 1 月 1 日起施行《政府会计制度——行政事业单位会计科目和报表》。2019 年 1 月 1 日起新的会计制度执行后，对本台的会计核算、会计信息的反映报告及考核管理均发生重大影响。计财部从上半年开始部署财务制度改革工作，开展学习培训、系统调整等工作。

四、落实审计整改要求，完成食堂账户并户工作。按照巡视整改要求，积极落实整改措施

根据年度审计提出“食堂账户由行政部管理不符合内部控制的制衡性原则，缺乏相互制约相互监督的机制”的整改意见，计财部于 2018 年 7 月 1 日起，将食堂账户并入北京电视台基本户统一核算，合并过程中对食堂账户的各项科目进行了梳理，对多年来食堂账户中的遗留问题完成了清理。

根据巡视整改要求，对“大额现金”使用办法进行了修订并立即执行，严格执行现金管理规定，改进劳务费发放方式，做到立行立改，抓紧落实。

五、计财部历时 7 个月开展节目成本调研工作，完成了《如何做好节目成本核算》的调研报告

梳理了本台目前节目成本核算体系，提出了合理配置台内有限资源，以期建立科学有效的节目成本核算和控制体系，用成本管理手段引导节目制作，提升节目的价值和潜力，以提高本台的竞争力和市场地位，实现可持续发展。

行政部工作概况

2018 年，行政部以务实、高效的工作作风，有序地完成了以下各项工作。

车辆管理工作

根据局纪检组的要求，配合台监审办，完成春节、“五一”、端午、中秋和国庆节全台公车封存、使用的抽查和统计上报工作。对全台公车进行筛选，163 辆上报消减，保留公车 318 辆，得到台党委会和台长办公会批准。完成国Ⅰ、国Ⅱ排放的 70 辆公车报废上报市财政局的工作，第二批核减的 93 辆公车资料已准备完毕并报总台财务部。根据市车改办全市公车信息化管理工作会议精神，完成了全台使用车辆的终端采购安装工作，起草了《北京电视台公车定位监督终端使用管理规定》，经台长办公会批准下发全台各部门执行。根据技术和节目部门业务用车需求，制定了 2018 年车辆更新方案，并通过了台长办公会的批准，置换车辆的选型和价格咨询等工作已完成。根据台里车型和市场车辆租赁情况起草《关于调整台内汽车租赁标准的通知》和《关于调整台内汽车租赁标准的请示》已上报待审批。通过加强管理清理油卡和统筹分配手段，截至 11 月份，燃油费减少支出 70 多万元。根据车辆运行状态调整车辆险种，使 2018 年的车辆保险费用有所下降。做好 2019 年机动车保险、机动车燃油购置、机动车维修、班车运行服务合同的续签工作。圆满完成全台交通安全宣传工作和日常车辆管理服务工作，以及领导临时安排的各项工作。

膳食保障工作

配合台里完成大型活动约44222人次的餐饮服务保障工作。完成三层职工餐厅重新招标工作，并与新中标公司北京爱其原味餐饮管理有限公司签订了餐饮服务合同。完成老台食堂经营模式转变工作。完成西餐和京视诚餐饮公司2019年餐饮服务合同的续签工作。完成对大宗农副产品供货商的监督、检查、测评等工作，并与24家供货商续签2019年大宗农副产品采购合同。完成对新、老台及主楼咖啡厅食堂厨具、灶具及各种机械设备的维修保养和部分设备更新工作。配合动力部完成对3、4、5层楼的水电表安装工作。加强对蔬菜、餐具的检测监察工作和食品留样工作。完成2019年烟道清洗合同、厨房炊事设备维修保养合同的续签工作。每月对餐饮公司人员在岗、离职、入职等情况进行统计，共计为餐饮公司人员办理进台证175人次，退证121人次。按时完成职工餐厅每周食谱的汇编发布工作。与台工会一起组织对餐饮公司进行了两次包括伙食质量、饭菜价格、花样品种、服务态度、环境卫生等5个方面的餐饮服务质量测评工作。全年发放元旦、春节、清明节、劳动节、中秋及国庆节节日值班餐券共24514张。圆满完成2018年对新、老台餐饮公司固定资产和西餐低值易耗品的年底盘点工作。

物业监管工作

完成全年对两个办公区的物业服务监管工作，对发现的问题，提出整改意见，监督验收整改项目。全面部署参与夏季防汛工作，对队伍、物资、方案、措施严格监督检查，实时参与大雨暴雨过程的防汛工作，全台顺利度汛。对南戴河培训中心的物业服务外包情况进行检查验收，排查合同执行各环节以及财务执行情况的合规性。完成绿化工程全年养护监管工作，成活率100%。完成绿化工程配套景观的完善建设工作。完成新台西侧道路路灯重建工程。启动并完成2019年新台物业外包服务重新招投标工作，签订相关物业服务外包合同。启动并完成洗车房、洗衣房和相关路面改造工程的招投标工作，签订工程外包合同。完成对相关人员的考勤、岗位状态、低值易耗品的库存和采购、大型设备的使用和维修全程监管工作。完成对新媒体物业服务的收费核算，以三方分账的方式签订协议，为台里节约经费125万余元。完成老台工作区供暖设施的移交工作，保证老台工作区新的供暖季能够正常供暖，工作生活秩序正常。本着勤俭节约的工作理念，在例行的避雷检测、蒸汽锅炉维护、热水和供暖、报修换锁等方面，认真反复清理核算，节约经费60多万元，同时避免了几百万元的资金在外积压。认真排查了漏水、玻璃自爆、地面破损等历史遗留问题，逐步维修改造。认真完成生活用水卫生许可证等各类证照的申办、信息收集和上报工作。加强档案管理，对签署的各类合同、各种大额支付、工程物料、往来文件资料都及时归类建档。

房屋管理工作

房改方面，开展回购腾退住房及住房补贴事宜的上报审批工作。为影运中心办理职工住房补贴工作。办理离职职工退回住房补贴1295127元。对因个人原因调离未退还补贴的6位职工，配合部门与台内相关部门正在通过法律途径追缴。按照各部门需求和相关领导的批示，为各部门购买配置办公家具。完成中国银行房屋租赁合同签订、广州办公房的合同提前解约和后续租户的合同签订工作。根据台长办公会的意见完成与产业集团交接 18 套住房的事宜。根据台领导批示为老干办南区党支部配置了临时活动场所。按照台党委的决议要求，清理长期租借台内住房工作，已完成 80% 的任务。斋堂基地安全工作正常运转，完成了监控系统的升级改造，做好防汛工作。

修缮工作

完成对新台生活楼地下一层浴室改造工程。完成对新台生活楼 701、703 房间墙壁粉刷工程。完成生活楼男、女浴室安装电热水器工作。完成北京电视台防水修缮工程。完成职工食堂操作间地沟更换不锈钢盖板及墙角加装护板的工作。完成嘉莲苑老干部活动室改造工程。完成更换新台幕墙玻璃及楼顶密封胶工程。完成建国路工作区保卫部办公室墙壁粉刷工程。完成演播楼楼顶防水维修工程。完成新台主楼 27 层会议室改造工程。完成全台职工劳保发放工作。

保卫部工作概况

2018 年，保卫部坚持“预防为主”的方针，以保证电视台园区安全稳定为中心，认真做好园区反恐防爆、安全秩序维护、消防安全管理、大型活动管理等各项安保工作。

一、治安管理工作

保卫部坚持以反恐防爆、防冲闯，提高电视台预防破坏的能力为主，抓好园区内部治安及园区秩序管理。一是在两节、两会等重要节点加强治安管理，尤其是扎实抓好“中非论坛”等重要时间段园区的安全保卫工作。二是强化日常安全管理工作。截至 10 月底，会客 78574 人次，物品安检 398653 件次，发现违禁品 1721 件。共审核、制作、更换、开通权限各类工作证件 1109 件，接待来台参观 67 批，1068 人次。三是正确处置各类上访事件。截至 10 月底，共处理来台上访事件 318 起 662 人次。特别是 6 月 19 日、7 月 2 日、7 月 11 日，百余名群众到北京电视台北门上访，提出“美得你装修公司”涉嫌虚假广告宣传，向电视台讨要说法。保卫部值班人员及时联系属地派出所民警到场，同时协调台内相关部门到北门口做劝说和解释工作，避免矛盾升级造成严重后果。四是协调京视物业公司清理了存放在嘉利华修理间后墙的废旧自行车、电动车、摩托车等百余辆。五是对新入台的武警战士及 200 余名物业公司护卫部安保员进行了治安、消防等业务培训授课，提高安保人员的整体业务水平。六是进一步完善物防设施。7 月份，在园区南侧围墙增加了铁丝网，坚决杜绝快递物品未经过安检直接送入园区。

二、消防安全工作

着重抓好七个方面。一是抓好消防安

全检查工作。分别在春节、国庆节及“中非合作论坛”前组织安全大检查，重点突出消防安全。同时，每次在BTV剧院有活动时，之前都认真开展安全检查和电消检工作。全年共下发整改通知单8份，查处各类违规隐患66起。二是做好施工改造安全保障工作。2018年的施工量是往年3倍，尤其是演播楼600平方米演播室的改造工作和综合楼电梯更换钢缆工作，保卫部每天有专人全程做好消防安全保障工作。三是及时做好应急抢修工作。1月3日，综合业务楼34层消防稳压水箱因拉筋断裂致水箱壁破裂；4月8日生活楼4层喷淋头因意外受损破裂；4月20日综合业务楼1602钢瓶间启动氮气因“微渗漏”意外释放，保卫部都及时协调维保公司积极抢修，避免造成严重后果。四是控制吸烟工作。持续加大对禁烟区域的检查力度，做到每日一次检查，有人报告情况立刻检查，发现违规吸烟依规处罚。五是圆满完成安全员培训工作。10月17日、18日在北京广播电视台声屏苑培训中心，组织全台80余名安全员进行安全培训。在培训中，保卫部邀请北京市国家安全局刘长城副处长，结合当前国际国内安全形势，就中央及北京市关于国家安全方面的最新要求进行了宣讲。邀请北京市警察学院冯锁柱教授结合自己多年来的从警经验，深入浅出分析国际反恐和国内治安形势，用真实案例警示危险就在身边，用亲身调研和体会向大家传授简便有效的安全防护方法。邀请北京市延庆消防支队张山营消防中队中队长就当前消防安全现状、火灾诱发因素、消防安全管理方法及措施、消防法律法规等方面进行细致讲解。组织观摩消防装备展示，进行灭火器实操训练及火灾逃生演练和人员营救。六是日常消防设施维保工作。消防系统应急抢修204次，消防系统日常维护保养1079处，清洗探测器4334个，火警跑点790余次，其余类跑点397次，按计划对消防水泵及消防排烟机、喷淋水系统、雨淋水系统、预作用系统、消火栓系统和防火卷帘门及挡烟垂壁进行检测，对全台钢瓶间的气体灭火设备进行检测保养。七是抓了各类大型活动的安全管理工作，如：创意中国、北京榜样最美警察、北京榜样寻找律师楷模、跨界歌王等剧场活动以及演播厅和41层阳光大厅活动共计1363场，观众及演员嘉宾103108人次。制发剧组工作证147个，未发生任何问题；上半年新台址施工改造共25项，共审核办理施工证、动火证773张。

三、技术防范工作

一是技术防范系统作用发挥显著。监控系统完成现场实时监控值守约7000小时，通过实时监控发现、上报配合处置各类事件、特殊情况40起，其中上访事件10余次，解决各类问题30余次；2套门禁系统共正常运行7000余小时，验卡放行400余万人次，较去年增加150万人次，增长幅度为60%；新台访客系统办理访客卡8.1万张，老台访客系统办理访客卡1.5万张；报警系统共处置各种警情千余起；车辆进出口管理系统完成车辆检验放行约80万次；安检系统完成人员安检约48万人次，物品安检约40万件次，查获刀具、发胶、酒类或其他违禁品1700余件。二是认真做好设备维护保养工作。组织维保单位坚持每日设备巡检制度，保障安防系统的正常运行。认真做好24小时应急抢修维修工作，排除各类故障 757 起，维修更换设备 68 件；带领维保单位完成各季度保养工作，共计保养各类设备 1.6 万余件。三是完成新老台访客系统建设并正式运行，设备运行良好，发挥了很好的安全管理作用。四是组织维保公司落实 UPS 电池更换、处置武警部队值班机房漏水、车管系统突发故障等应急维修工作。五是根据总台要求，完成《雪亮工程》相关工作，并形成了初步改进方案。六是做好对新维保公司的指导和监督工作，保障安保系统维保及值守的正常开展。

四、苏州街工作区安全保卫工作

结合苏州街工作区的实际情况，做好八项工作。一是加强保安员业务的培训和提高。定期学习、考核、演练，提高护卫员上岗执勤的业务水平。二是制定苏州街工作区安全治理方案，加大整治力度，做好安全治理月工作。三是协助新媒体集团办理相关人员证件及施工安全监管工作。四是按照计划完成全年的消防、安防设施的维护保养工作。五是完成重大活动及临时活动的现场安保协调工作。2 月 7 日，协助新媒体集团举办“北京大工匠”揭晓活动，安排领导、嘉宾及车辆证件。3 月 10 日，完成新媒体集团接待两会代表来台录制节目期间的安全保卫工作。六是严格落实控烟工作。在园区内加强禁烟管理力度，重点部位张贴禁烟标识，增加院内、楼内巡查次数。5 月 30 日，处理新媒体人员在禁烟区吸烟问题，该人员已被新媒体解聘。6 月 5 日，处理天鸿物业新媒体项目部物业 3 名人员在禁烟区吸烟问题，违规人员均已解聘。七是做好突发险情的抢修工作。3 月 17 日，主楼负二层 C10 房间漏水，保卫部组织动力、物业和护卫员抢修并清理。4 月 20 日，二期三层演播室多处漏水，协助动力部人员现场抢修。4 月 22 日，空调故障造成一层大厅有焦煳味，值班员立即切断电源并联系动力部值班人员进行维修。6 月 30 日，突发暴雨造成主楼四层漏水，协助物业抢险救灾。7 月 16 日，新媒体机房严重漏雨，组织护卫、动力、物业等人员抢险救灾。9 月 22 日，主楼东南侧漏水，组织物业人员经过 10 多个小时的挖掘找到漏水点并修复。八是做好园区日常治安管理工作。截至 10 月底，共会客 23002 人次、制作证件 162 个，处理上访 5 起 5 人次，查处违规吸烟 2 次 4 人次，协助公安部门外调 4 次，协助公安部门执行勤务 2 次。

五、圆满完成第八届北京国际电影节安保任务

按照电视台统一部署，保卫部在部内人员少、安保工作压力大的情况下，派出人员组建了北京国际电影节组委会安保部。安保部科学制定工作方案、细化人员责任分工，严密组织工作落实，合理布置安保力量，保障了开闭幕式、电影论坛、电影市场活动的顺利进行。其间，共保障 12 个场地 180 场活动，动用安保人员 1500 余人，共保障参会人员 8000 余名。怀柔雁栖湖国际会展中心开闭幕式、北京国际饭店电影论坛和电影市场、北京万达文华酒店新片发布、中影数字基地国际电影市场论坛等活动现场秩序井然，圆满完成本届电影节的安全保障任务。

基建办公室工作概况

2018 年，基建办加强部门制度建设，落实主体责任及各项考核指标，以做好减少地铁 28 号线建设对本台影响的相关工作为重点，较好地完成了全年工作。

一、积极做好减少地铁 28 号线建设对本台影响的相关工作

为减少地铁 28 号线建设，特别是修建北京电视台站将对本台造成的影响，基建办以主人翁的精神，多方咨询，反复论证，于 2017 年 12 月 25 日起草上报了《北京电视台关于建议取消地铁 28 号线北京电视台站设置的请示》。一年来，基建办积极推进、主动作为，多次与市委宣传部、市规土委、CBD 管委会、京投公司、地铁建管公司等单位进行咨询、沟通、汇报，及时了解工作的进展情况，认真反映本台的相关诉求，做了大量的协调工作，并将相关情况及时向台领导汇报，提出下一步工作的建议。2018 年 6 月 5 日由李春良台长带队，就地铁 28 号线建设等问题与朝阳区委领导进行了沟通协调，基建办在会议材料、内容汇报等方面做了充分准备，本台提出的取消地铁 28 号线北京电视台站设置的建议得到了朝阳区委领导的充分理解和支持，此项工作取得了阶段性成果。

二、完成生活服务楼 616 办公室隔断改造工程

该工程规模小、造价低、任务急，基建办严格执行相关规章制度和我台基建管理程序，迅速做好各项前期准备工作。按照招标采购管理规定编制了自主采购文件，邀请了两家与本台曾经合作过且信誉较好的承包商参与报价，经过比价选定北京北恒建筑装饰工程公司承担此项目。经台领导批准后，在一周内完成了计财部资金计划落实、消防局网上备案、招标备案、合同审核和签订工作。施工期间，为了不影响正常办公，分别于 3 月 31 日和 5 月 17 日利用周末和夜间加班，顺利完成了施工任务。

三、按照台领导要求，积极排查历史遗留问题

按照台监审办《开展历史遗留问题清查整改专项监察工作的通知》的要求，基建办积极组织人员梳理和排查历史遗留问题，排查出新台土地证未办理、原电视中心工程建设办公室部分办公家具和办公设备待报废、生活服务楼加层工程等遗留问题，研究并制定相应的解决方案，积极推进问题的解决。

四、落实台领导对《关于恳请北京电视台对新媒体集团办公区域维修工作给予支持的函》的批示

基建办积极协助新媒体集团拟定维修方案，配合办理各项施工手续，在实施过程中给予技术支持，加强安全、质量监督检查，保障了工程顺利实施。

五、认真做好苏州街台址已完工程的各项维保工作

及时向使用单位了解情况，针对存在

的问题责成施工单位认真整改，及时消除了各种隐患。

六、积极配合北京市地震局和中国建筑科学研究院做好《北京市地震灾害情景构建》项目的调研工作

整理收集了北京电视中心有关图纸、沉降观测等数据资料。2018 年全年，基建办共完成工程项目合同签订一份，合同金额 28500 元，支付工程款 4 笔，共计 378561.1 元。

七、进一步加强部门内部建设

加强业务培训，不断提升业务水平。5 月 10 日，基建办全体人员赴北京大兴国际机场建设工地参观学习，对在新机场建设中开展精品工程、智慧工程、样板工程、平安工程、廉洁工程建设的经验，工程设计、施工过程中的关键技术问题与现场技术人员进行了详细的交流和探讨。在此基础上，部门组织了专题研讨，并依据本台大调研工作要求，结合机场调研实际，完成了《北京大兴国际机场经验对加强我台工程管理的启示》的调研报告，使部门人员的专业水平得到提高，也为今后参与大型项目工程建设管理积累了经验。

广告部工作概况

2018 年，广告部承担全台广告经营管理的统筹、协调、服务工作，协调 4 个经营主体，提供数据支持和保障，维护经营秩序。同时负责经营 8 个专业频道的广告资源。

一、广告创收工作

2018 年，新兴媒体发展势头未改，对电视等传统媒体收入分流影响逐渐扩大；北京地区面临更加激烈的竞争，中央级频道强大的头部化力量充分放大，严酷的现状和节目资源匮乏的窘境让本台地面频道的经营举步维艰。

同时，4A 等大客户品牌在一线城市地面频道降幅基本超过 50%。为弥补流失的 4A 等大客户品牌，广告部努力开发国内多行业新客户，实现增量 4000 余万元。但是，部分行业客户投放极易受到国家政策、市场环境、消费舆论等因素的影响，美得你装饰设计有限公司和参花消渴茶等客户因遭遇突发状况减量严重。

在这样严峻的经营环境中，广告部始终充满信心、全力创收。根据计财部和广告部共同确认的拆分数据，2018 年广告部总收入约 6.8069 亿元。

二、加强统筹协调，管理提质增效

制定《北京电视台广告审查管理办法（试行）》，完善广告审查机制；草拟《北京电视台经营主体考核办法》和《北京电视台广告代理费管理办法》。督办 2018 年各经营主体《广告经营授权书》《广告经营协议书》和“一体化经营”频道的《经营目标责任书》。

统筹管理全台价格体系，坚守价格底线。审核备案各经营主体广告协议 678

份。建立大客户沟通机制，对于经营主体突破折扣红线的情况，为台领导出具审核意见30余份。

建立通报机制、报告制度。编前会通报广告收入11次，撰写收视分析报告40份。牵头召开节目经营统筹协调领导小组会议8次、广告监察问题专题会1次。

根据“以收定支”的要求，与计财部共同规范数据统计流程。确保节目中心收入确认、预算内拨付工作顺利完成。

三、审核广告编播，保证安全播出

严格执行播前付款原则，审核经营主体业务系统的客户付款情况，纠正违规问题。

完成广告编播约47万条，日均1300条。处理节目变动通知约300次，并协调客户的广告播出，配合经营主体完成客户广告加撤播广告工作。

与网管部协商解决广告存储空间不足问题，调整改变广告分发生命周期储存时间。

四、理顺监播流程，保护广告资源

加强监播力度，统一监播，处理全台各频道广告监播问题共计68277条，其中68129条已按照程序解决。

完善监播工作流程，规范错漏播广告的补播审核，办理补播2393条。

五、运维广告系统，服务经营一线

维护经营主体的广告系统，加强相应配置管理，解决广告经营业务系统日常研发和系统需求约170项。

对广告系统进行平台化改造，以统一数据、统一系统功能、统一结算为目标，规避风险，提高效率。

六、制作精品广告，完成公益任务

配合重大主题宣传，制作完成传统文化主题公益广告12条。参与公益交流评选活动，《文明乘车快乐出行》《拥抱》等作品获奖，多部作品获得北京市公益广告专项扶持。

制定《2018年北京电视台公益广告价格说明》，积极寻求政府部门、委办局合作，实现收入700余万元，播出公益广告10万余条，版本92个，完成广电总局第61号令的要求。与总编室实行联合办公机制，修订《北京电视台公益广告制作播出管理规定》。

七、配合上级监管，加强培训服务

严格执行上级部门的指示，要求各经营主体开展违法、违规广告自查自纠工作，切实强化广告发布者的主体责任。

配合上级部门，处理投诉事件83起，广告256条。

加强对外联络，组织经营主体参加行业培训和广告审查员考试；邀请北京市工商局来台开展新《广告法》等法律法规知识培训。

八、完成调研课题，寻求经营突破

坚持实事求是、问题导向的原则，采用实地调研与科学分析相结合的方式，走访江苏台、浙江台等媒体，全面分析地面频道经营困境，继续经营突破，完成调研报告《省级地面频道当前经营困境及出路探索》。

经营管理部工作概况

2018年，经营管理部切实提升管理服务水平，为全台产业发展奠定坚实基础。截至2018年末，本台10个一级企业总资产8.11亿元，其中货币资金4.15亿元，总负债3.33亿元，净资产4.78亿元。2018年营业总收入8.89亿元，营业总成本9.30亿元，投资收益482万元，营业外收支净额-369万元，利润总额-3853万元。

一、加强顶层设计，从调整和清理两方面入手，进一步完善全台产业规划

调整产业发展方式，拟定新版北京电视台产业发展规划。重新梳理各家台属企业的功能定位，厘清主业、区分辅业，整合优化全台产业资源，加快培育产业发展新的增长点，积极打造有规模、有特色、有品牌的龙头企业，创新发展思路，调整企业结构，优化产业布局，进一步做大、做强、做精优势产业，全面提升全台产业发展质量，完成《北京广播电视台企业规划方案》；提交《关于解决黄金海岸培训中心资金短缺和运维模式问题的报告》，确定了以保全资产、资金支持、托管运营为核心的未来发展方向，确定运营模式、缓解资金短缺现状，帮助企业转型发展走出困境。

加大清理力度，制定出台《北京电视台投资企业清理工作方案》。全面梳理、分类研究全台投资企业情况，按照存续保留、转型发展、吸收合并、股权转让和清算关闭的类别逐家提出处置措施，制定出台《北京电视台投资企业清理工作方案》。对于主业不清、经营不善、扭亏无望企业的清理和不良资产、呆账坏账的处置工作，明确了时间表、任务书、路线图。400亩地处置工作完成50亩地的评估、350亩地和修路款的补偿测算工作。新纪实卫星公司股权转让工作已经完成北交所挂牌程序，产业集团下属多家企业的清理规范工作也已经取得阶段性突破。

积极推进，制定台属企业改制工作方案。按照相关文件精神及工作要求，积极推进国有文化企业改制工作，指导配合5家台属全民所有制企业按规定、按程序分别制定了改制工作方案，从改制方式、进度安排、职工安置、债权债务处理方面明确了工作要求。目前，4家企业改制工作已全部完成，1家企业的改制工作暂缓推进。

二、强化监管，多维度确保企业健康有序发展

积极落实巡视反馈意见，全力做好整改落实工作。按照巡视反馈意见，与党委办公室共同组织企业对照《北京电视台关于进一步加强台属企业党建工作规范的意见》完善台属企业公司章程，将党建工作总体要求纳入企业章程，确保党对企业经营工作全过程各环节的充分领导。

强化利润导向，坚决避免亏损预算。根据《北京电视台企业预算管理办法（试行）》，全面完成北京电视台台属企业

2018年度预算编制工作。在强调“五项原则”和“两个不准”的同时，首次明确了收入增长比例，建立工资效益联动机制，与企业签订年度经营责任书，将主要预算指标以全年经营任务的形式下达给企业，进一步增强了预算的严肃性，为完成全台年度指标任务提供了保障。

丰富信息采集类型，提升数据分析水平，实时、动态监控企业发展态势。完成《北京市市级机关事业单位投资企业信息登记表》填报工作，从人员数量、企业经营、损益及分配、纳税等方面对50多家企业进行梳理，较全面地掌握了各企业经营状况。

强化企业培训和财务人员管理，不断提升专业化水平。组织台属企业负责人专题培训，拟定企业制度清单，帮助企业进一步明确“三重一大”议事规则，完善制度体系，提升内控水平；邀请相关企业负责人就企业清理的成功案例进行经验分享，助力全台企业清理工作。

主动服务，配合企业做好产权登记工作。按照北京市财政局、北京广播电视台关于产权登记工作的总体部署，圆满完成40家台属企业的产权登记工作，产权归属关系进一步明晰，为企业获得可经营资本的授权打下坚实基础。

三、完善企业法人治理结构建设，立足企业需求，服务企业发展

加强企业经营班子建设，优化企业董监高配备。积极推进在台属企业兼职人员的任免流程并进行备案工作。2018年调整了12个经营班子成员职位人选，17个企业兼职职位人选。

优化管理，探索企业绩效考核新模式，充分激发企业活力。继续强化企业经营业绩与年度考核的关联度，分类别完成一体化广告经营企业和传统产业经营企业的年度绩效考核，强化年度任务完成情况的导向作用，奖罚分明，充分调动了企业员工的经营积极性。

从细节入手，不断提升各项审计工作水平。进一步规范审计报告的复核程序，确保审计过程严密有序；在与会计师事务所沟通协商的基础上，制定审计管理建议书和审计报告模版，规范了流程、统一了格式。截至2018年10月，开展了5名台属企业负责人任期内履职尽责情况的经济责任审计；配合北京广播电视台完成了2017年度28家台属企业的财务收支审计工作；完成了2018年市委巡视要求的28家台属企业账套和相关资料的整理上交工作。

帮助企业梳理提炼廉政风险点，督促企业整改落实。

总工程师办公室工作概况

2018年，总工程师办公室将广播电视事业的发展、技术的更新与本台整体发展战略相结合，在安全播出管理、技术项目招标采购、技术规划管理及技术研发等方面开展工作，取得成效。

一、安全播出管理工作

督促完成本年度安全播出保障任务，截至2018年12月底，本台17个播出频道（11个标清、6个高清）共播出节目约140473.5小时，圆满完成元旦、北京市两会、春节、全国两会、中非论坛、国庆、2019元旦共49天重保期的安全播出保障任务。参与组织了两会、第八届北京国际电影节、俄罗斯世界杯、对话一把手、上合峰会、中非论坛驻会报道等大型活动的技术协调。各频道因设备故障、操作失误等原因引发的停播、劣播事故累计时长192秒，停播率约0.14秒/百小时。

坚持重要时段主任值班、部门联络员制度。在每日18：00至《新闻联播》结束的重要新闻播出时段，继续坚持技术部门主任值班制度。继续坚持部门安全播出联络员例会制度，每月例会形成纪要，推进信息沟通和组织工作的落实落地。自2018年8月开始，按照上级主管部门的要求，将网络安全联络纳入安播管理体系，在网管部、播出部设立网安联络员参加每月例会，以加强对网络安全工作的监督联络。

组织事故事件风险隐患的调查和跟进。通过安全播出联络员体系组织开展事故事件的调查，事故有关情况记录在《安全播出月报》中；通过总工办公会督办事项跟进风险隐患的整改和排除，主要包括声音异常、远程上载故障、播出视频服务器故障、有线传输通路故障、漏水、备播紧张等共10余项，跟进情况记录《安全播出月报》中。

组织开展安全播出生产月系列活动。6月，技术部门继续组织开展每年一度的“播出安全生产月”活动。主要包括以下几部分内容：组织6个技术部门的32个科室开展播出安全评比活动，经过自评和两次各部门互查抽查，评选出14个优秀保障集体，营造赶优争先的工作氛围；组织制作部、网管部与新闻节目中心进行融合新闻制播网的应急切换演练，模拟出现系统级故障时如何抢播新闻，以提高新闻直播应急处置能力；结合第二季度例行停机检修，组织各技术部门开展系统设备的巡检维护，确保系统运行稳定；组织开展全台范围的广播电视网络安全培训，普及信息网络安全知识、提高信息网络安全意识；组织修订形成《2018年北京电视台技术部门规章制度操作流程应急预案》；组织开展上下游传输单位的走访调研。

组织开展机房动力检修调研。3月—4月，总工办组织动力部、播出部、网管部对中国电信IDC机房、北京歌华有线和中国联通北京市二区分公司进行了数据机房动力检修的专项调研。通过调研和讨论，组织形成了备忘录，进一步明确了现有机房动力检修的原则，新建机房将以不彻底断电检修为目标进行规划建设。

组织开展传输上下游单位调研。5月至6月，总工办组织对上下游传输单位及主管部门进行走访调研，走访了中国卫通集团、中国有线、中央发射塔、总局直播卫星管理中心、573监测台、542地球站、北京无线电管理局、中央卫星电视传播中心等单位，从梳理联络机制的角度开展工作，以便更好地协助业务落实。

组织日常安全播出检查培训演练工作。截至2018年12月底，全台技术部门共组织开展各类安全播出检查44次，组织各类技术培训134次，累计参与人员

3022 人次，组织各类业务演练 61 次，累计参与人员 863 人次。

完善安全播出信息通报汇报机制。从编前会通报、内网宣传、编制月刊、汇总月报表 4 个方面进一步完善安全播出信息通报和汇报机制。

二、技术项目财政资金申请及招标采购工作

配合计财部积极开展财政资金申请工作，组织相关技术部门在云制播二期项目、制播网全面高清化（一期）项目等重点专业技术系统建设积极参与财政评审和经信委评审工作。已完成制播网全面高清化（一期）的评审，批复资金 10059 万元，云制播二期项目根据市经信委要求在完成一期项目结项后再继续评审。同时根据台技术发展规划，于 9 月启动 2019 年向市财政局与经信委的项目申报工作。

积极牵头开展“融合新闻业务系统建设项目”技术工程项目的组织协调工作。多次召开专项工作小组会推进新闻节目改版配套技术改造工作专题会，总工办牵头制定了项目实施日程表，建立起了与有关部门的联系机制，督促各项项目建设有序推进，2018 年底完成主体项目建设，2019 年 1 月 1 日开始新闻节目直播。

根据北京市发展与改革委员会要求，配合落实北京电视台高清晰度电视技术系统工程(二期)项目决算审核的准备工作。

配合落实双奥频道技术系统建设方案，积极推进 4K 超高清项目建设规划。

负责日常技术工程项目的技术方案审查、财政立项、进口审批、组织招标、监督项目实施等工作。截至 2018 年 12 月，累计组织台内项目论证会 26 场，论证项目共约 120 项；完成台外招标 20 项共 31 次，完成台内招标和谈判项目共 21 场共 89 项。2018 年全年共计完成了 112 份合同签订工作，涉及金额约 1.748 亿元，完成付款约 1.03 亿元。

三、技术规划管理及研发工作

本台技术系统“十三五”科技规划进入推广和落实阶段。这一规划对北京电视台未来几年的技术发展提供了重要的指导，对统筹各技术环节的协调发展具有重要意义，是申请财政资金支持我台技术系统建设的重要依据。

新媒体技术推进工作组在 2018 年度继续开展各项研究和实践性工作，组织相关项目推介和技术交流，为本台新媒体技术发展做了良好宣传和有益尝试。

组织 2018 年度技术会，在总结、梳理本台多年技术工作的基础上，对今后专业技术系统的规划建设、技术工作的发展方向进行了共同研究和探讨，为全台技术部门同志指明了发展方向，增强了技术部门的凝聚力，为今后更好为全台提供专业技术服务打下了坚实的基础。

积极推进超高清电视技术系统建设工作，拟定技术发展方向及实施方案，参与奥林匹克转播公司（OBS）在中央电视台组织的 4K 转播研讨会，为 2020 年东京奥运会和 2022 年北京冬奥会转播工作做好技术准备。

四、其他工作

组织各技术部门专业技术人员参加 CCBN2018、2018 年北京国际电视技术研讨会（ITTC2018）、2018 年上海国际电影电视节、电视节目技术质量控制培训班、第 31 届华东电视技术年会暨第 12 届华协体发展峰会、中国动态影像视觉艺术高端论坛会议、新技联第六届五次理事会、中国电影电视技术学会第八届二次理事会等相关会议及培训。

积极参与第八届北京国际电影节相关工作，抽调人员全面参与电影节组委会安保部工作，取得圆满成功。

加强媒体融合工作，与新媒体集团就技术服务签订合同并执行，明确双方的合作思路和整体方向。

制作部工作概况

2018 年，制作部圆满完成各项任务。全年产值 2.2 亿元，直播 7116 场，制作播出 32430 小时节目，完成 106182 条技审任务。

一、守正创新，牢记使命，认真完成各项重点保障任务

一年来，制作部抓重点、出亮点，全力以赴，保质保量完成上级领导交给的各项任务。

600 平方米新闻演播室项目是北京电视台为了满足不断增长的融合新闻业务，全面提升综合呈现效果的年度重点改造项目。为实现该演播室于 2019 年初正式投入使用，制作部 2018 年一直与新闻中心等部门一起有条不紊地推进系统联调、人员培训，力争技术上万无一失。

4K 应用日趋成熟，制作部经过多年潜心研究，已具备一定的 4K 节目生产能力，并尝试了 8K 节目制作。《Hi 东盟》《永定河》《美人谷》《航拍中国之太行八陉》都是 2018 年的扛鼎之作。应 NHK 合作要求，8K 纪录片《极致中国之境——川西秘境》也完成了前期拍摄，进入后期剪辑阶段。

推动内部资源整合，4 月份开始，制作部筹备成立大型活动科，利用部内优质资源，发挥团队优势统筹协调包括春晚、CBA 直播、将改革进行到底、卫视 2019 年广告招商会等多个大型项目，是推进制作部内部资源整合，统筹技术服务的有益尝试。

一年来，制作部完成北京市两会报道及全国两会驻会技术保障及后期制作任务。完成春晚、环球春晚等重要晚会的技术保障任务。制作部承担春晚后期制作任务，还为前期宣传片拍摄、节目包装、虚拟现实技术、高级调色等制作环节提供技术保障。在春晚离开播仅有 5 天时间即将制作完成之际，本台接到通知因为冠名商缺少执业许可证，按总局规定不能为其投播广告，因此春晚节目中所有涉及该冠名商的信息都要删除或更换。为此必须对每个镜头进行逐帧跟踪替换，工作量巨大，时间非常紧急，当晚制作部特技制作科调集骨干力量研究最佳解决方案，最终连续突击完成了任务，体现出制作部良好的大局意识、服务意识和团队协作精神。

完成第八届北京国际电影节开、闭幕式红毯准直播剪辑工作。完成现象级季播节目《跨界歌王》在大剧院的录制承担保障工作。完成为期一个月的世界杯转播任务。完成2018中非合作论坛北京峰会报道外出技术保障任务。

圆满完成《市民对话一把手》直播工作。7月2日至6日，《市民对话一把手》节目每晚7：30—8：30在600平方米演播室进行直播，此次直播，BTV新闻频道、北京人民广播电台城市管理广播、北京时间、千龙网同步直播，这是我市宣传口在三台合并、打造融媒体中心过程中的一件大事。制作部制定周密的直播方案，圆满完成了此次5天的直播任务。

配合纪念改革开放40周年宣传，年底承担了《改革开放40周年》系列专题片的制作。另外还完成一些重点节目的录制任务，如《向前一步》《金色时光》等。

二、开展安全教育，强化安全意识，安全播出不放松

制作部承担全台新闻、财经、体育、法治等节目的直播技术保障任务，新闻频道每周85场次每天11小时，演播二科1—7月份新增了财经频道《财经大直播》每周29场次每天约6小时，体育、法治频道每周30场左右的直播，安全直播任务繁重，制作部加强人员安全教育，认真落实安播管理办法，一年来未发生人为播出事故。

认真落实《制作部安全播出管理办法》，组织本部包括元旦、春节、两会、“五一”、国庆等节假日及6月敏感期例行安全检查。3月22日，接受北京市广电局来北京电视台安全大检查。每月按时上报安全播出月报表。

6月1日至6月7日，开展每年一次的制作部直播安全评比周活动，组织与直播相关的8个科室安全检查、每日零事故报告、直播时长统计以及评比评分工作。组织8个科室194名一线技术人员参加培训学习安全播出知识，并组织安全播出知识测试。同时积极组织8个与直播相关科室参加总工办开展的“6月播出安全生产月”活动。6月27日，新闻演播科模拟新闻350演播室的直播流程，进行了跨部门、多科室、多工种、多班组、全流程的联合应急实操演练，李春良台长、田方总工程师、艾冬云副总编观摩了本次演练，对演练工作给予充分肯定。

三、跟踪技术发展，加强技术培训，提升保障能力

2018年1—10月共完成培训89项，299学时，参与培训1585人次。

跟踪新技术发展。4月18日，制作部举办4K相关技术培训与交流会，邀请技术专家开展4K相关技术培训与交流，内容包括最新4K超高清测试仪、4K超高清延时器及信号发生器与转换器等设备的实际应用。10月21日，在老台800平方米演播室圆满完成咪咕视频、体奥动力合力制作的《CBA联赛4K直播》，演播二科、灯光一科承担此次直播的技术保障，呈现的播出画面干净通透，色彩绚丽。

为做好新闻演播室改造技术上的准备工作，上半年新闻演播科与多家公司进行技术交流，新闻制作科和新闻中心新媒体记者一起组织新技术交流，新闻节目融合制播系统建设项目组完成对新闻节目中心业务人员入网培训考核工作，对新闻记者、编辑178人分成5批进行入网培训考核，为新的新闻制播网的使用打下了基础。

岗位技能培训常抓不懈。11月下旬继续组织应知应会岗位技术考核。举办第

3 届前期能手大赛，激励一线职工钻研先进技术。竞赛分为演播室音频、演播室视频、演播室字幕及在线包装、前期摄像机技术 4 个专业，共有 40 多名各专业技术人员报名参加竞赛，10 月 17 日组织了首轮笔试。

做好今年金帆奖的各项准备工作。继续组织技术人员参观 CCBN 和 BIRTV 展览并撰写观后感，引导大家跟踪新技术，思考传统广电如何与新媒体融合发展。

四、面临的困难

伴随着电视台经营面对的困难，制作部也面临经营困难的局面。问题主要集中在以下三个方面。

一是近年各节目中心实行以收定支政策，各节目中心经费非常紧张，各中心一般都是缩减制作量来应对。另外拖欠制作费现象比较严重，已经影响到节目的安全生产和技术队伍的稳定。

二是目前制作部的中坚力量集中在 35 ~ 45 岁，人才老化及断档现象严重，人才储备及后备力量明显不足。没有整体的人力资源统筹思路，没有创造行之有效的人才上升机制，造成近几年多达数十名技术骨干离职，其中不乏制作部培养出来的优秀人才。

三是设备陈旧，缺口大，更新乏力。目前 80% 多的技术系统建造于 10 年前。众所周知，电视技术革新日新月异，在这 10 年间，电视技术历经从标清到高清到 3D、4K 的发展，而电视节目也从演播室通档变化成季播节目带，陈旧的节目制作设备和一路高歌猛进的节目制作需求很难匹配。

播出部工作概况

一、安全播出保障

圆满完成北京市两会、全国两会、“上合组织峰会”、“中非合作论坛峰会”等重要保障期安全播出工作。部门精心组织，中心科、传送科、技术维修科等科室密切配合，逐级分析技术环节，针对各直播频道制定了详细的直播、转播预案及应急处理预案，并将方案发放到参与直播环节的各科室，确保了重保期的安全播出。

2018 年，北京电视台 17 个频道总计播出时间 140473. 6 小时，各频道因设备故障等原因引发的停播、劣播事故累计时长 192 秒，停播率约 0. 14 秒/百小时。

二、安全播出管理

根据部门技术发展和管理的需求，完成对部分科长及普通职工的轮岗工作，配合其他层面的措施重点加强科室层级的管理工作，为安播保障创造条件。

加强运维人员的管理，提高大家的凝聚力，制定《运维人员管理办法》《运维人员绩效考核管理办法》等措施，此举是对运维人员管理的最重要手段，由此带来了管理模式的变革并起到积极的作用。

坚持每周部门主任、党支部例会、科

长例会以及技术维修例会制度，形成《部门主任、党支部例会纪要》《科长例会纪要》《技术维修会议纪要》《安播大事记》、每周《播出系统故障值班日志记录》等。

圆满完成2018年“播出安全生产月”系列活动，组织部内各岗位进行应知应会知识和应急操作规范学习，部门成立实操演练评测小组，对业务科室人员统一组织现场实操演练。经过努力，中心三科、中心五科、备播科、技术维修科获得“2018年6月播出安全生产月优秀保障集体”。

三、规章制度完善

重新修订《播出部岗位职责及管理规范》，特别针对重大节目、重点播出时段、易发生异常的直发节目等进行梳理，重新修订相关操作流程和应急处置方法，组织人员进行相关学习并模拟演练。

完成《针对直发类节目播出事故最优处置流程》编写，其中就如何避免此类事故再次发生，此类播出事故的最优处置流程两项内容做了详细总结和梳理。

制定和完善《播出部人员出入机房管理规范》《播出部机房安全管理规定》《播出部机房责任科室职责》《关于大型节目制播技术组织协调的管理规范》等规章制度。

安播小组牵头组织对《转播央视新闻联播故障时的应急预案》《监听监看操作规范》《应急播出带使用规范》3个文档进行整理修改。根据实际案例进行充分的研讨，形成了相应的操作规范，把处理突发故障容易忽略的地方以图例的方式表现出来，图文并茂。

完成新台播出区新设备库房建设，制定《播出部库房管理规范》，明确责任人和相关职责，逐步实现部门设备、备品、备件的统一管理，高效有序运行，为各科室、各机房、各系统安全播出保障提供服务。

四、系统维修维护

完成4个季度的季度停机检修和播出系统日常运维及巡检工作，针对播出系统布局变化和季度梳理出的设备故障、异态及隐患进行针对性的维修，确保技术系统稳定可靠运行。

传送科组织技术骨干克服高空作业的困难，及时对亚太6卫星接收天线的破损馈源膜进行了抢修更换，确保了安全播出。

五、系统改造项目

2018年2月，经北京电视台党委扩大会批准，播出系统全面高清化改造项目正式立项。播出部承担需求规划和系统实施任务。

2018年播出部主要完成了以下八方面项目实施前期任务。一是抽调部内技术骨干共计10人，成立播出系统高清化改造项目组，具体负责推进项目规划工作。二是通过调研、论证完成了符合台工作需求的技术需求编制，即《播出系统高清化整合分包技术需求》，经部门领导班子审核通过后，于5月下旬提交给技术管理部门。三是将技术需求规划要点向分管台领导做了汇报，并根据领导指示做了修订完善。四是项目组对备选系统结构和设备进行进一步测试、评估和修改，并先后8次对部门汇报、讨论，逐步形成最终招标技术需求。五是10月中旬完成了项目各分包的招标工作。六是从项目立项开始多次开会强调，要求项目人员一切出于公心，既要遵守规则、守住纪律红线，又要勇于担当、维护用户方合法权益，特别是要保障台关键技术系统投入使用后的运行稳定。七是明确了所有参加项目前期实施阶段的部门人员名单及参与方式和待遇，并与每位签订了《廉洁自律承诺书》《播出部技术改造项目规范化管理工作确认书》。八是12月1日项目正式动工，开始对新系统设备机房的基础设施进行改造。同期进行周转频道机房建设包括机房布局设计和机柜、控制桌的安装、标清机房两备份频道设备的搬迁及上架等工作。硬件系统、播控软件系统、网络安全系统等进行深入设计和技术调试工作，为2019年全面铺开播出高清化改造项目建设打下坚实的基础。

根据市防雷办要求，对演播楼南平台卫星机房进行改造，拆除悬空线缆并进行光缆替换，彻底消除安全隐患。

完成600A演播室与总控之间24个传输路由的搭建测试工作。

六、人员培训和技术储备

完成对新进运维人员的业务及技术系统培训，包括：台、部门规章制度、总局62号令、播出业务流程、线路梳理和框架结构；中心系统设备使用及维护、维修方法；播控软件功能、使用方法及维护方案应急处理方法等方面内容。

积极跟进新技术应用趋势和发展，针对4K、5G技术在播出系统应用进行了深入调研。

转播传送部工作概况

2018年，转播传送部圆满完成了全年各项重大直播和录像工作。

一、发挥技术优势，安全播出各类节目253场次

部门全体工作人员精心准备、努力工作，克服人员少、任务重、直播压力大等困难，圆满完成北京市两会等重要新闻活动和各类体育赛事的直播任务。2018年直播共计171场次。主要有：

2018年1月1日，完成永定门跨年灯光秀直播。

2018年1月，完成北京市人大、政协两会的直播任务。

2018年全年，圆满完成昌平北京农业嘉年华、延庆端午节、国企开放日、平谷桃花节、平谷甜桃王擂台赛、平谷核桃节、平谷香椿节、北京市双创周等多场次新闻节目直播。

2018年全年，完成中国足球甲级联赛北京北控主场赛事、中国足球超级联赛北京国安和北京人和主场赛事、CBA篮球联赛首钢队主场和北控主场、排球联赛、台球比赛、马拉松赛事等多项体育赛事直播工作。

2018年全年，圆满完成第八届北京国际电影节开幕式、朝阳公园海洋沙滩狂欢节等多场次文艺节目直播。

圆满完成各项节目录制任务，2018年共计82场次。主要有：

完成北京电视台多台春节晚会的录制

工作。

完成在水立方举办的外国人唱中国歌录制。

完成北京与张家口心连心晚会录制。

完成文艺节目中心多台文艺晚会录制。

二、进一步加强新技术学习与应用

为了更好地为编播部门提供技术支持与保障，转播传送部成立了由老、中、青业务骨干组成的创新技术应用小组，小组成员不断努力提高新技术应用水平并且得到社会好评。2018 年承接了中国之队足球赛事、中超、中甲、CBA 赛事 EVS 制作和现场导播工作。另外，在多声道伴音制作、多机位颜色统一调整、超高速摄像机应用等方面不断探索与创新，获得中国电视电影技术学会金帆奖音频、视频、综合等多项奖项。新技术的研发与应用，大大提高了部门人员专业技术水平。2018 年，多次邀请视、音频设备制造商、系统集成商的技术人员，到转播传送部传授交流最新的 4K 技术及系统应用、多声道录音的技术及应用，提高部门技术人员对新设备、新系统的掌握，为本台技术进步和安全播出打下坚实基础。技术应用小组正在加紧设计 4K - EFP 系统，积极准备参加东京奥运会和北京冬奥会的国际信号制作工作。

部门采用传帮带的方式，发挥老同志的经验，发挥年轻同志敢于创新的优势，互帮互学，进一步提高了部门技术人员的专业技术水平。

三、进一步加强安全播出责任意识，确保直播安全

为了确保安全播出任务的完成，部门进一步完善了安全播出预案，对现有转播系统进行检修维护，确保安播重保期的直播安全。

技术设备管理部工作概况

2018 年，技术设备管理部使党建与业务深度融合，时刻查找工作中的漏洞，继续健全部门的各项规章制度，深化绩效考核，严格预算制度，监督资产管理入库验收环节，执行维修合同招标内控制度，办公 OA 透明化，严格保密纪律，严格请销假制度，推行问责制。

一、资产管理工作重规划，信息化水平不断提升

备品备件及磁带购买工作。截至 2018 年 12 月 31 日，发放各类耗材数量 23117 件，金额 1565920.46 元，其中：直进直出金额 1112796.93 元，各部门领出金额 453123.53 元。申购磁带 3300 盘，价值 903200 元。

退库报废工作。退库报废工作稳步推进，2018 年清点各部门申请退库设备 365 件，金额 18076244.04 元。

资产管理工作。设备入账，截至 2018 年 12 月 31 日，共完成 41 个合同录入工作。入库金额 98194566.26 元。完成此 41 个已入库资料的文件存档（包括电子版及纸质版）。完成资源管理系统中项目负责人操作手册、资产管理员操作手册（初稿）。2018 年 OA 共有 150 项人员调动转单，固定资产部门间调转 7 项，资产设备调转 10 余件。2018 年参加总工办谈判项目共 60 项。

二、技术质量管理各项验收，技术评奖水平继续领跑同行

项目验收。完成了全台的智慧媒体所有项目收尾验收工作。截至 2018 年 12 月 31 日，技术项目验收共 41 项，如北京电视台智慧媒体 IP 化数据流交换系统 HTZH－003C、北京电视台智慧媒体移动端开发项目 HTZH－009、北京电视台智慧媒体大数据应用系统集成项目 HTZH－005A 等。同时，融媒体项目的技术验收项目正在建设，计划通过本期项目建设，完成重要技术的选型与验证，完成平台整体框架的建设和主要功能模块布局。

技术评奖。2018 年度全国金帆奖评比工作再传捷报，BTV 荣获金帆奖综合大奖，连续第 9 年获此殊荣。金帆奖是全国电视行业技术类最高奖项，2018 年共有 355 个节目获得奖项，BTV 综合得分位列第四名。获得一等奖 3 个，二等奖 13 个，三等奖 6 个。

三、保障安全播出，丰富节目生产技术数据

2018 年监录科高质量地完成本台安全播出监录、播出制作安播关键区域监控、播后节目综合应用服务工作，圆满完成春节、两会、中非合作论坛等重点保障期的安播监录任务。为本台安全播出管理、播后节目综合应用提供了技术与数据支持，保障了安全播出，丰富了节目生产。

安全播出。通过监录系统和人为监看相结合完成主备共 48 路播出信号的安全播出监播工作。截至 2018 年 12 月 31 日，监测到播出质量异常 17 次，累计总时长 16 分 55 秒。对主路 18 个标清和 6 个高清频道进行 7 × 24 小时实时录制并存储半年，对备路相应频道存储 1 周，同时对 12 套自办节目进行转储备份，确保存储周期大于一年，满足多类型播后节目综合应用。截至 2018 年 12 月 31 日，收录节目累积总时长 31.4 万小时，累积存储总量为 218TB。对播出关键岗位 54 个监控点进行全程专人实时监控和录像，保存录像素材 35 万小时，存储录像文件 273TB，提供录像查询输出 2 次，为播出异常事后原因分析和责任认定提供数据支持，提高安全播出管理水平。

播后节目综合服务。通过播后节目综合服务平台为全台业务部门提供播后节目在线点播服务，为总编室节目阅评、播音主持业务纠错等提供技术与数据支持，截至 2018 年 12 月 31 日，累计提供在线点播 1675 人次；为研发部、广告部、各节目中心、京视卫星等提供播后节目内容按需输出，满足广告的投放举证、播后节目分析、评奖等，累计提供播后节目 19 次，累计节目时长约 134.2 小时。

技改项目及其他工作。配合检测科，完成新增纪实高清（上星）监录项目、播出部安全播出关键岗位监控升级改造项目的验收工作。配合总工办，完成技术设备管理部规章制度流程 2018 版编辑整理工作。在 6 月“播出安全生产月”期间，积极组织开展各项安全培训、演练、检查、整改等，代表本部门参加评比，获得

"播出安全生产月优秀保障集体"称号。完成部门大调研工作，提交题为《高效辅助安播管理决策，全面优化播后节目应用》的调研报告。

四、部门其他工作

截至2018年12月31日，维修科完成全台技术设备和计算机桌面硬件设备的日常维修保养工作，共计维修、保养1272台（件），其中索尼设备273台（件）；松下设备136台（件）；计算机桌面硬件设备333台（件）；其他设备530台（件）。完成2018年度全台36项维修手续在OA上的审核流程及24个维修项目维修价格的谈判和确认工作。

信息网络管理部工作概况

2018年，网管部完成生产网、办公网、新媒体系统的运行维护和项目建设工作，确保业务不间断运行是部门的重点工作。

生产网、办公网投入使用10余年，一些老旧设备故障频发，部门对基础设施、基础软件等故障及时响应，不断优化资源配置，较好地完成了2018年的系统维护工作。办公网解决各种软/硬件故障，安装常用办公软件、安装打印机等。完成台内"39层文化沙龙""青少年科技创新大赛""台情通报会内网直播"等大型活动网络技术保障。配合体育节目中心完成世界杯流媒体推送专用网络搭建和推流技术保障工作，完成"中非合作论坛"等重点安保期的网络安全保障任务，完成"融媒体中心成立仪式"技术保障工作。新媒体业务运行稳定，累计生产内容49384条，内容下发到北京IPTV和北京时间共计89754条，收录任务208986小时。确保IPTV内容及时上线，完成对4K片源的编辑及转码工作，引入节目内容43740条，约56862小时。完成智慧媒体项目的全面转运维工作，确保重点保障期运维工作平稳有序。

做好项目建设工作，其中《新闻融合媒体制播网络系统》已完成深化设计、建设、调试及培训，《北京新闻》于7月4日迁至该系统，标志着新闻融合制播网络系统正式上线运行。《融合媒体云平台项目》已完成基础设施建设和安装调试，投入试运行。完成总局科技司《电视台信息系统运维服务通用要求 GY/T 317—2018》行标的发布。《广告业务数据分析与管理系统》完成招标，完成物理监控系统四期项目全平台大规模扩容及上线运行工作。完成《北京电视台灵猫广告自动监播系统》一期研发工作并交付使用，与此同时完成软件著作权的申请。

2018年是北京电视台改革发展的关键年，随着三台合并工作深入开展，明确责任主体、完善规章制度，规范网络安全运行凸显必要性。

安全应急小组对信息系统从操作、应

用、资源、备份、日志、网络安全措施、运维操作等方面梳理安全现状，并对发现的问题逐一进行整改。落实北京市广电局关于关键基础设施检查的要求，完成台内安全基础设置自查；落实重点安全保障期网络安全防护措施各项工作，包括：开展漏洞扫描、进行系统加固、完成渗透测试等，确保网络安全运行。

部门修订操作规范、工作流程和规章制度，为重要活动安全播出及现场直播保驾护航。新增《新媒体网络管理科职责》，推出6项台级业务管理办法，包括《北京电视台使用正版软件管理办法》《北京电视台台属机构设置互联网网站或服务平台备案管理办法》《北京电视台演播室网络使用管理办法》等。根据节目制作管理规范和外协节目制作管理规范，全面梳理部门信息化服务管理规范，与其他技术部门协作编制本台电视节目制作管理规范。

根据公安部网络安全会议要求，开展应用系统信息安全保护备案工作，完成总编室系统、云二系统等保测评，协助新媒体集团制定IPTV等级保护建设方案。组织开展2018年安全生产月，结合自评和检查，评审安播集体，授予流动红旗。开展重大事故应急演练，各科排查隐患，对关键设备进行安全巡检，做好安全防护并制定风险应对措施，为北京电视台网络安全和业务运行提供了重要技术支撑和保障。

部门围绕本职工作，从全台利益出发，以创新为首，拓展思维方式，做好信息化调研，依靠学习走向未来。

部门相关人员走访了中视广信、神码、微软公司，了解中央台、国际台和上海台的信息化进程和发展思路；走访华为和南方传媒，调研4K项目、考察IT信息化建设和运维方式；与可口可乐、阿里就集团化、自动化、运维手段与管理方法进行交流。部门组织技术团队前往河北广播电视台、天津广播电视台、天津网络广播电视台、新华三公司、国富瑞公司等单位进行《云环境下IT系统运维管理体系规划与建设》调研，并形成调研报告。开展《电视台态势感知平台建设》项目研究，形成技术方案申报财政资金支持。

部门参评的《北京电视台大数据平台在融合媒体的智能应用》《电视台网络安全监测系统建设技术白皮书》《北京电视台新媒体生产平台与内容中心建设》等项目获得2018年度中国电影电视技术学会第十一届科技进步奖。

面对新的形势和任务，部门加强人才培养，派员参加总台广播电视节目创意与制作培训和融合转型与未来媒体大数据应用培训。组织参加外出学习1次，与公司进行的技术交流共2次，重点项目培训7次，对其他部门进行技术培训2次，以上培训合计参加约510人次。除持续进行核心技术的培训认证工作外，还认真总结经验教训，加强人员解决故障的主导和参与意识，不断提升人员的动手操作能力。

动力部工作概况

2018年，动力部较好地完成了设备运行管理和对物业公司的监管工作，确保新办公区、苏州街办公区动力系统的安全稳定运行，保证了安全播出。

一、完成动力设备的运行及维护检修工作

做好动力系统设备的日常维护是动力部的核心工作，是确保安全播出的基础。部门自上而下严格落实、认真执行各项规章制度、操作规程和应急处置程序，加强巡视检查和运行维护工作，对隐患做到早发现早处置，在全体职工的共同努力下，完成了动力系统设备日常运行维护及重要保障期内的安全保障工作，确保安全播出，有力地支持了全台工作的正常进行。

逐步升级改造新办公区楼宇自控系统。新办公区的楼宇自控系统中使用的核心配件FX控制器及LonWorks通讯卡已不再生产，无法取得备件。为保证楼控系统安全稳定运行，动力部与北京江森自控有限公司进行了技术论证，并确定了升级改造方案：更新网络控制引擎，分区域逐步更换控制盘，将更换下来的FX控制器及LonWorks通讯卡作为备件使用。

清洗中央空调管道保障办公环境卫生安全。按照卫生部要求，为预防空气传播性疾病的发生和传播，动力部于7、8月份组织专业公司对全台中央空调风道系统进行清洗。

配合北京市质量技术监督局特检中心完成全台电梯年度检查工作。全台46部在运行的电梯均取得了安全运行许可证。

维修空调机组。按年度工作计划，动力部对新办公区综合楼15、16层网络机房使用的6套RC恒温恒湿机组及7套工艺机房使用的VRV空调机组进行了大修。

二、对动力系统的更新改造工作

完成演播楼9层灯光配电室改造项目。安装配电柜1台、400ASTS静态开关1台、40KVA UPS电源1台，并重新敷设了电缆，接通电源后设备供应商顺利地对STS开关、UPS进行了开机调试。

完成新闻演播室中心机房改造供配电配套工程，安装1台配电柜，改装2台配电柜，并重新敷设了电缆。目前运行状态良好。

综合楼17层融媒体机房配电改造。根据施工要求动力部共敷设了315米电缆，安装配电柜4台，安装300A STS静态开关2台。

完成新办公区电梯专项大修工程。新办公区电梯主要配件老化、磨损现象严重，需要进行更换以确保电梯的正常运行。动力部上半年通过调研、数据测试制定改造方案，并做好安装防护等准备工作。在历时两个半月的施工中克服高空作业、环境恶劣、人身安全风险大、交叉作业等困难，高质量地完成了电梯大修工程。

安装分体空调解决机房温度需求。为

保卫部生活楼7层和演播楼7层监控机房分别安装大金5P柜机，解决机房温度过高问题。配合新闻直播改造工程在综合楼7层东侧、演播楼701、703、E9－1机房安装分体空调。苏州街办公区二期206机房原有空调机组运行15年发生故障后已不能使用，动力部为其安装了4套5P大金分体空调。

配合新办公区新闻机房改造，对部分机房中央空调器的风道进行改造。

三、做好台外直播活动供电保障工作

动力部参与了北京市两会期间在北京会议中心和北京国际会议中心搭建演播室的安全保电及中非论坛台外保电工作。动力部对台外直播节目供电保障工作高度重视，克服人员、设备紧张的困难，抽调技术骨干，积极筹措，准备UPS电源等供配电设备，提前进入现场查看，制定施工方案，并派人员驻会对用电设备进行巡视检查，确保了台外直播活动的用电安全。

四、加强人员技术培训，确保职工技能水平稳定提升

2018年，围绕电气、空调、电梯专业对运行维护人员进行了应知应会内容的培训，并以应急预案为主进行业务技能考核，使职工专业知识得到巩固，实际操作技能得到加强，安全操作意识得到强化。

五、做好重要节日及保障期内动力系统安全运行保障工作

为做好重要节日及保障期内的安全运行工作，动力部定期对一线值班人员进行应知应会内容及应急处置预案考核。对所辖设备进行全面细致的检查和隐患排查；对所有变配电室和工艺设备机房的配电柜带电部分进行测温，防止因接线松动或过载产生高温而造成事故；对自备发电机组进行空载运行试验，以保证当外电源失电时能够在短时间内为重要保障负荷恢复供电；对播出、制作、网络机房加装的分体空调进行检修维护；加强值班力量，安排部门领导值班，确保动力设备在保障期内安全运行。

六、做好对物业公司的监管工作

动力部认真做好对物业公司的监督管理工作，每月召开与物业公司的工作协调会。检查物业公司的设备运行情况和日常工作情况，发现问题及时通知并帮助解决。根据与物业公司职责划分规定，动力部完成了对物业公司所运行设备的更新改造大修，及物业公司所需备品备件的采购和设备固定维保合同的新签续签工作，保障物业公司所辖系统设备安全正常运行。

老干部工作办公室工作概况

2018年，老干办坚持精准服务工作理念，组织开展“增添正能量　共筑中国梦”主题系列活动，结合学习十九大精神和纪念改革开放40周年开展系列活动，丰富老同志精神文化生活。

一、坚持党建引领，提升思想工作实效性

抓好带头人队伍建设。老干部党总支坚持每月学习交流会制度，及时传达、学习上级文件精神并加以贯彻落实。5名书记支委参加了市委宣传部离退休干部处举办的2018年离退休干部党支部书记培训班，西一区党支部王二石书记在培训班上做了题为《以建群建制为抓手　把党支部战斗堡垒作用落到实处》的经验交流发言，受到与会人员关注。

深入学习贯彻习近平新时代中国特色社会主义思想。各老干部党支部分别组织党员集中培训，观看北京市市长陈吉宁等做的十九大精神辅导报告录像，并进行交流座谈。北区支部组织党员撰写学习体会；全体党员收看了习近平总书记纪念马克思诞辰200周年的讲话现场直播；集体观影《厉害了我的国》和《青年马克思》；支部下发《习近平新时代中国特色社会主义思想三十讲》《北京电视台党员干部应知应会》等书籍并组织学习。

有效开展“不忘初心，牢记使命”主题教育活动。5月18日老干办全体党员和老干部各支部支委30人，到市委党校参观北京市党员干部党性教育基地，开展“在全面从严治党中锤炼党性”为主题的特殊党课实践活动。

老干部西一、西二、北区支部联合开展“科技兴国　科技强国”主题党日活动，组织党员参观中国核工业科技馆。老干办和南区党支部协助全国政协老干部局嘉莲苑活动中心举办“不忘初心　牢记使命——践行十九大精神”“庆祝改革开放40周年”书画展。

接收70岁高龄的王庆云同志为中共预备党员。

“七一”前后，组织开展“共产党员献爱心”捐献活动，共有191位党员捐款21690元。

二、增强精准服务意识，做好服务保障工作

2月2日，老干办召开退休职工迎新春茶话会。北京广播电视台纪委书记王伟及北京电视台领导到会看望慰问老同志，送上新春祝福。两节期间，台领导登门看望了身患重病和生活困难的退休职工。老干办、老干部党支部及老同志志愿者先后为19位同志送去慰问金57000元。全年累计慰问患病住院老同志130余人次。

按规定保障老同志各项待遇：为每位退休职工订阅《北京广播电视报》《健康时报》，办理赠阅市属报刊；妥善落实困难职工的帮扶助困工作；坚持新退休职工谈话制度，定期举办新退休职工欢迎会；为190余位老同志办理了公园年票；组织6批退休职工团体体检并发放体检报告；在全国第30个爱牙日到来前夕，邀请劲松口腔医院副院长高相仪为老同志们举办口腔保健及常见病预防知识讲座。

三、围绕主题主线开展活动，为党和人民的事业增添正能量

为庆祝“三八国际劳动妇女节”，组织退休女职工举办艺术插花活动，提高老同志艺术修养和生活品位。

根据市老干部局在全市离退休干部中开展纪念改革开放40周年，深入开展增添正能量，共筑“中国梦”主题活动的精神，5月组织退休职工到顺义国际鲜花港，参观“花开盛世·一带一路——第九届北京郁金香文化节”展览；10月组织开展“走进自然生态　感悟艺术人生”庆祝重阳节活动，110位老同志前往麋鹿苑生态实验中心和李可染画院参观游览。

老干部合唱团、书法班、摄影俱乐部每周开展教学活动。书法班学员以纪念改革开放40周年为主题历时半年创作书画精品20余幅，刊登于《金色岁月》杂志。合唱团在国家大剧院音乐厅组织观摩第五届北京国际青少年艺术周演出——南非约翰内斯堡大学合唱团与美国威斯敏斯特合唱团专场音乐会。摄影俱乐部将理论与实践相结合，多次组织外出采风活动。垂钓俱乐部开展钓鱼比赛，老同志们在竞赛中享受垂钓乐趣。老干部志愿者继续在各项大型活动和日常工作中发挥互助友爱精神，累计162人次参加588小时服务。在国家扶贫日到来前夕，老干部志愿服务团连续第五年开展扶贫捐赠奉献爱心活动，109位老同志捐献衣服、棉被、毛毯、文具及玩具等1190件，寄往河北省兴隆县平安堡克里木联合小学。先后组织100余名老同志参加老记协迎新春、庆“三八”、迎中秋国庆等活动，组织老同志代表观看“增添正能量　展示新风采”宣传系统重阳敬老慰问演出。

退休干部孙力、刘大敏、杨春生荣获市老新闻工作者协会颁发的“老有所为”奖。宋静海、姜大中荣获北京市老新闻工作者协会颁发的2018年“建言献策”奖。

自办刊物《金色岁月》聚焦学习宣传党的十九大精神和纪念改革开放40周年，开设学习贯彻十九大精神专栏，开展“我与改革开放”征文活动，出刊4期登载老同志征稿9篇。

2018年，老干办通过召开老干部党总支会和老干办党支部会，开展老干部问卷调查，梳理了存在的主要问题。先后调研了中央电视台、北京日报等单位，完成调研报告《老干部党建工作的创新与思考》。部门3名工作人员参加了市宣传系统离退休干部工作人员培训班，王烨同志理论联系实际，制作出精准服务工作流程分解图，进一步提升老干部工作的科学化管理水平。

招投标管理工作办公室工作概况

继续推行《北京电视台采购及招投标管理规定（试行）》，加强对全台执行《规定》的指导和监督。针对节目、技术、职能部门采购工作的不同特点，分别做好《规定》的解释说明工作，认真指导和协助各部门认真履行《规定》的相关条款，监督各采购部门对采购程序的执行过程。

接受全台各部门关于采购程序和招投标管理的咨询，协助和指导各部门按照相关法规完成本部门采购工作，其中重点在于加强对节目部门采购人员的指导，敦促节目部门建立公开透明的采购程序。2018年指导和协助全台的公开招标、内部招标、谈判磋商等工作共计121项。

对全台采购和招投标过程进行监督，重点监督开评标过程、谈判过程和定价手续。2018年共参与各部门采购过程监督155项，涉及采购金额2.67亿元，其中公开招标26项，9915万元；内部招标5项，113万元；谈判磋商90项，15697万元；询价议价19项，399万元；单一来源采购5项，611万元。配合卫视节目中心季播节目的合作签约，涉及采购预算约7.1亿元。

做好采购备案工作，指导和监督全台采购工作更趋公开透明、合法合理、节约高效。2018年共计审查和备案1499项台各部门的采购工作，涉及金额11.4亿元。

研究加强季播节目项目的采购管理。敦促和协调卫视中心建立季播节目的管理办法，建议在节目内容和形态审核，节目合作方式研讨，节目收益和制作成本论证，以及后期节目制作管理、结算审核等环节上，制定完整的管理流程和审核制度，协助卫视中心在规范采购过程、提高审查效率、有效监督关键点等方面取得进展，共同做好季播节目的采购工作。

针对越来越多的节目中心将部分所谓“统筹服务”工作直接委托京视传媒等台属企业，研究这类项目资金使用的监督办法。一方面要求相关节目中心完善自身预算及合同管理，提交证明本部门实施有效管理的过程资料；另一方面要求提交以往类似项目的结算文件，从中发现管理风险，及时提醒节目中心加强管理。

史志办工作概况

史志办的主要工作是每年编纂一部《北京电视台年鉴》，同时承担着代表北京电视台向《中国新闻年鉴》《中国广播电视年鉴》《北京年鉴》《北京广播影视年鉴》等上级刊物提供文字和图片资料的供稿任务。

2018年，史志办完成北京市广电局布置的组稿工作，上报2017年北京电视台各方面资料共计10万字左右。完成《2018北京电视台年鉴》编辑出版工作，其中收录《典型经验》24篇，《专项纪事》27篇，《概况》46篇，台领导文章11篇，技术论文4篇，以及其他内容共计11个章节，63万字，图片数十幅。

2018年，按照市委宣传部、市委党史研究室、北京广播电视台要求，在全台范围内开展北京电视台纪念改革开放40周年征文活动，共搜集整理21篇纪念文章，上报北京广播电视台。

完成北京市广播电视局布置的《北京志·广播电视志》（1994—2010）（初稿、终审稿）校对工作。在2017年史志办向《北京志·广播电视志》（1994—2010）提供了若干补充内容之后，2018年，又继续对志书编委会提出的问题尽最大努力进行补充，并先后完成初审和终审样书的校对工作。

北京电视产业发展集团工作概况

2018年，产业集团经受住企业经营机制转变所带来的压力和挑战，在企业改制和清理工作中不断探索创新，拼搏进取。2018年1至9月全集团实现营业总收入3116.15万元，同比增长9%；利润总额与去年同期相比增长194.56万元，同比增长47.64%。

电视购物公司开展春节促销活动，做好节目审查、送审备播、商品备货、配送安装。完成外租库房积压商品及原寻呼台部分固定资产清理工作。与歌华、数字电视公司多次商谈调整《爱家购物》频道位序事宜，与同行业公司洽谈合作事宜，保障公司经营稳步回升。积极推进雷德斯及优替威公司企业清理工作，完成企业公司制改制。1至9月，实现营业总收入1163万元，利润总额同比增长95%。

特雷森信息中心率先完成公司制改制并积极开拓市场，与台广告部、人事部、京视卫星、京视体育和京视电广等多家公司签订广告业务、广告监测、媒介分析等相关服务合同。加强与技术设备管理部的深度合作，积极研发广告经营管理系统（广告四期），与网管部合作开发视频数字化智能监测系统，识别准确率可达95%以上，工作效率比之前人工监播提高30%。积极搭建集团京视生活互联网平台，实现餐饮、物业、租车各个接口的数据共享，与集团财务部共同完成结算方式的研发工作，打通结算平台。积极打造“京视生活”的新媒体服务与微商务入口。1至9月，实现营业总收入357.6万元，同比增长57%，实现利润总额13万元，同比增长1419%。

京视物业公司积极做好西区的物业后勤保障工作，确保办公区及宿舍区冬季供暖和消防安全，对存在的消防隐患进行综合治理，更换灭火器材。签署行业及各部门安全生产责任书、安全度汛责任书、经营目标责任书等，组织全体员工进行安全生产、消防、岗位技能等培训，共有200人次参加，获得相关证书。根据本台采购招标有关规定，完成绿化、锅炉维保等外包项目合同签署，修订各项规章制度。组织保洁人员加班加点，对新台园区内废旧自行车进行拆解清运。对老台宿舍区绿化带进行翻新，节约经费约3万元，分拣厨余垃圾获得街道约7万元的最高补贴，电梯联动改造后电费下降30%。进行车辆道闸系统升级、物业服务管理收支情况公示，对办公区墙面、地面彻底清洗，修复宿舍区墙面、地面沉降，节日加班加点抢修空调及自来水管道、清理设备层积水等，完成设备维护保养1650余次。组织人员在高温湿热天气对雅宝里台职工宿舍区的环境脏乱差等进行了为期15天的彻底清理整治，得到了台领导、职工及街道的好评。

京视诚餐饮公司顺利完成西区食堂库房及商品柜台交接和18名人员裁减工作，

确保餐饮服务质量，实现平稳过渡。公司先后制定、完善各项规章制度等共计50余项。春节期间，组织员工加班加点生产年货大礼包400余个。增加伙食花样品种，恢复烟草零售业务，增加特色风味小吃、西餐、营养餐等，公司逐步减亏，实现双赢。为新台四层职工食堂提供每日约260人次餐饮服务，圆满完成老干部团拜、北京电影节、各节目中心春节期间大型活动、工会活动餐饮服务，就餐10000余人次。完成与行政部食材库、调料库、商品库及商品柜台的交接，后厨菜品标准化生产计量、价格测算工作，通过充分的市场调研有效压缩原材料成本。对库房和财务人员进行业务培训，实现进销存与财务对接，为每月结算理顺流程。恢复地下零点餐厅、老台西门、职工宿舍区外卖业务，月流水已达到24万元。

嘉利华汽修公司克服车改后主营维修业务量大幅减少等诸多不利因素的影响，努力拓展经营业务，开发私车修理保养、洗车新业务，提出建立台内网约分时租赁的共享出行服务平台的设想，经过调研和线上线下平台资源的开发和整合，打造“顺手车”项目，已投入3台车辆试运营，得到领导和广大职工的肯定。积极推进对外业务合作，寻找洽谈合作方，将闲置号牌资源进行合理利用投入运营。

完成集团与电视购物、特雷森、比特三环3家下属公司的改制工作，获得上级领导表扬。全力推进僵尸企业清理工作，取得突破性进展。在分管台领导和台经管部指导下，产业集团成立企业清理工作领导小组，与工商、税务、司法部门、会计师事务所及其他股东沟通创造注销清算条件，召开11次企业清理工作专题会议，实质性开展了6家企业的清理工作，其中影视达、大百科电子、雷德斯3家公司已由法院指定的律师事务所作为破产清算组履行相关程序。集团在清理工作中攻克的主要难关如下：请会计师事务所出具影视达中心达到破产清算条件的审计报告，这是清理该中心的关键一环。产业集团先后联系了7家审计机构，均表示只能出具保留意见审计报告，而此类报告原则上不会被法院采信并作为立案依据。产业集团总经理刘方平同志经多方咨询，最终联系了有着僵尸企业清理丰富经验的中兴华会计师事务所对影视达中心进行专项审计，完成了该中心资不抵债的专项审计报告，并安排专人积极与原法定代表人董强沟通，做通其思想工作，成功向法院申请破产清算。配合体育节目中心推进新维公司诉讼进程，多次与小股东沟通，积极取得其配合，公司股东会已决定关闭清算。在大股东不配合，账簿、公章和营业执照等各种证照无法提供的情况下想尽办法完成大百科电子公司强制清算立案。积极争取雷德斯公司6位自然人股东（占49%股权）的支持，多次联系原法定代表人，推进公司清算事宜。安排专人出差与优替威公司几家外地股东联系，促成清算决议。在文化旅行社账务清理工作中，申请台相关部门配合，发现手工账与电子账并存，且在询问原法定代表人等有关人员后仍无法找到两者之间的勾稽关系，无法出具审计报告后，积极与法院沟通，以原诉讼案件执行判决书申请破产清算立案。

北京卡酷传媒有限公司工作概况

2018年，卡酷传媒及下属子公司深入学习贯彻习近平新时代中国特色社会主义思想和党的十九大精神，继续推进“三项学习教育”，认真落实《北京广播电视台意识形态工作责任制实施细则》，不断强化基层党组织建设，严抓作风建设。在此基础上，卡酷传媒公司围绕工作实际，以最大决心和力度处理多年积累下来的历史遗留问题，不断面向市场寻求运营机遇，尝试打造符合现代媒体传播规律的产业集群。

一、不断完善制度建设，夯实基础严抓落实

积极配合台监察审计办公室完成监察审计工作，并根据监察审计意见完善公司相关内控制度，加强公司内部管理。将“企业重大决策必须先由党委（党组）研究提出意见建议”纳入公司章程，经股东会批准通过后，于2018年底前报工商管理部门完成公司章程的变更工作。进一步梳理《公司管理制度汇编》，完成《招投标管理制度》《外包业务管理办法》《资产管理实施细则》等制度的制定。并按照上级要求进行廉洁自律、自查自纠的专项检查，及时整改，强化监管。

二、配合台相关部署，推进台内重点工作

截至2018年10月，卡酷传媒公司完成动画节目中心在职93人的人事代管工作，代理签订劳务协议178人次。根据台党委批示，积极主动配合英特维公司对于索福瑞股权收购的相关工作，安排专人反复沟通、对接。下属苏州卡酷公司继续协助台各频道完成制作任务，相继完成财经节目中心《税收天地》栏目动画1958秒、卫视节目中心《中关村成立三十周年》栏目动画1500秒，全年承制台外协动画制作达3458秒。

三、妥善处理历史遗留，严控经营及投资风险

卡酷传媒投资成立的3家一级子公司及3家二级子公司，目前只有苏州卡酷和卡酷七色光两家公司正常运营，经营包袱极为沉重。卡酷传媒公司加强对子公司业务的指导和监督，按照稳妥谨慎的原则，本着对事业高度负责的态度，加强持续梳理，积极应对，降低经营风险。继续针对一级公司全卡通玩具库存问题和二级子公司世纪公司负债和诉讼现状，多次召开专题会，持续与外部股东们进行沟通，专程前往上海就上述历史遗留问题与外部股东协商，切实做好处理债务纠纷及债务维稳两项存量工作；继续完成了全卡通公司日常代管工作。

根据上级相关规定，制定了下属各子公司的清理方案，除下属卡酷七色光公司之外，拟对其他子公司进行关停并转，下一步将按党委会确定方案积极落实。

四、深入挖掘行业资源，着力打造原创精品

“少年强，则中国强”，打造丰富优

秀的原创内容，服务于孩子，是卡酷传媒公司在内容生产层面的追求。2018 年，卡酷传媒公司继续围绕 2017 年申报并获“2017 年度国家新闻出版广电总局丝绸之路·影视桥”、2017 年度文化产业发展专项资金等国家财政资金扶持的历史题材系列动画剧《锡兰王子》《“一带一路”框架下中国动漫走出去的平台建设》项目广泛开展项目座谈会，进一步落实项目的可行性方案，并根据立项会议，配合动画中心做好原创动画片《锡兰王子》开发工作。在做好动画创作的同时，卡酷传媒公司也有计划、有步骤地配合动画中心做好衍生产业开发与营销工作，就《锡兰王子》项目产业的衍生发展对接了绘本、游戏及舞台剧开发等合作机构，为项目的后续运营奠定了一定基础。

五、子公司蓄力主业,整合资源直面市场

七色光公司培训事业部和故宫“儿童成长中心”合作，让七色光学员体验“沉浸式”的教学。此外，七色光先后参加了“点亮蓝灯——关爱自闭症儿童”活动、“慢行十秒，让爱跟上”关注交通安全等公益活动，得到了家长们的支持。七色光艺术团在现有课程的基础上，新学期和国内知名先锋剧团斑马戏剧社合作，成立“七色斑马戏剧社”，开展伴读戏剧课程，受到了家长和学生的欢迎。同时，七色光借助斑马戏剧的小剧场资源，开启了绘本阅读等课程，吸引孩子来七色光学习。2018 年暑期，七色光艺术团先后组织学员赴美国参加波士顿儿童合唱训练营、赴意大利佛罗伦萨参加合唱节比赛（斩获四项大奖）、开展了“能言善道”夏令营活动，同时，还在中山音乐堂举行了专场音乐会。

苏州卡酷公司除继续承制台外协制作任务外，积极面向市场寻求业务拓展，签约承制北京远方天地数字传媒文化发展有限公司《中关村》动画短片 1200 秒。全年制作 Flash 动画共计 4658 秒。

2018 年，整个广播电视行业面临互联网视频行业带来的压力和挑战。对于卡酷传媒公司来说，形势也很严峻。近两年来，因台内软性广告独家代理权和电视节目制作悉数收入台内统一管理，卡酷传媒本级面临主营业务缺失、无经营性资源可以运营的局面，连续两年出现亏损。此外，下属子公司历史遗留问题集中爆发。但在此过程中，外部股东沟通异常艰难，导致子公司的大量库存无法处理、经营方向无法决策、法人治理结构无法正常化协商。与此同时，挑战与机遇并存，内容的创新、播出渠道的拓展，版权合作以及台网互动发展的空间仍然无限广阔。

北京京视传媒有限责任公司工作概况

京视传媒公司 2018 年电视节目交易总签约为 3822.93 万元，实现到款 2337.3 万元。其中，BTV 自有版权（含新媒体版权）发行签约 3106.89 万元，实现到款

1636.48 万元。具体交易情况如下：

一、BTV 节目电视版权发行完成签约 1106.89 万元，实现到款 771.48 万元

《养生堂》《档案》《我是大医生》《每日文娱播报》《法治进行时》《快乐生活一点通》《生活这一刻》《脱口而出》等 49 档自有版权栏目，发行到全国 14 家省级电视台、44 家地市级电视台及航空、铁路等播出平台。

二、BTV 节目新媒体发行完成签约 2000 万元，实现到款 865 万元

2018 年 5 月，京视传媒公司获台授权发行 BTV 新媒体版权，经过积极拓展，已签约覆盖长视频网站、短视频网站、海外新媒体、IPTV、OTT 等新媒体平台。

三、混合版权节目代理发行完成签约 716.04 万元，实现到款 567.49 万元

BTV 拥有部分版权节目的代理发行，包括《法治中国 60′》《TV100》《戚继光》《传承中国》《跨界歌王》《跨界喜剧王》《纪实天下》等 7 档栏目，发行到全国 33 家省级电视台及 8 家地市级电视台。

紫禁城影业电影、电视剧代理发行，实现落地 16 家省级电视台、85 家地市级电视台及 1 家县级电视台和 11 个城市数字影院。

四、合作出版图书、杂志实现到款 133.33 万元

2018 年，京视传媒与江苏凤凰科学技术出版社有限公司、凤凰含章文化传媒（天津）有限公司、悦读名品文化传媒（北京）有限公司合作，共出版图书 12 种，其中《养生堂》系列 5 种，《我是大医生》系列 3 种，《养生厨房》系列 4 种，图书实现到款 37.33 万元。与江苏凤凰科学技术出版社有限公司合作出版《祝您健康　养生堂》杂志实现到款 96 万元。

北京京视卫星传媒有限责任公司工作概况

一、2018 年硬广告软性投放亮点频出

2018 年全年，北京卫视全天硬广满档率同比增幅达到 8.6%，在晚间黄金时段（17：00—24：00）有八大品类广告客户的投放量实现同比增长，其中饮料、酒类、衣着三大品类客户的投放费用占投放总量比例最高。2018 年投放北京卫视的硬广告客户中，投放费用排名前 5 的品牌中有 3 个是北京卫视的独有合作品牌，分别为足力健、牛栏山和三元。

从节目植入权益类型的丰富程度来看，2018 年北京卫视的综艺节目共计呈现了 45 种软性植入形式，在一线卫视处于领先地位。北京卫视软性项目植入回报率在一线卫视中同样排名前列。例如剧场角标，单位曝光频次高居省级卫视第一。北京卫视在 2018 年携手广告客户形成了一套行之有效的定制营销体系。仅《跨界歌王》的现场植入类型就达到 18 个，在省级卫视中排名第一。京视卫星在《跨界歌王》第三季中为冠名合作客户海天订制了“十二道鲜味”环节，精选了最能体现海天味极鲜酱油产品特点的十二个菜品，让明星品尝，令品牌的传播效果达到最大化。

2018 年，南极人冠名合作北京卫视《跨界喜剧王》第三季，节目仅播出三周后，南极人在四大电商平台（京东、天猫、淘宝、拼多多）的访问量突破 7 亿人次，相比 2017 年同期增长近 27%，特别是在节目中深度植入的保暖内衣更是攀升到了市场同类产品的销售冠军。截至 2018 年 9 月 21 日，南极人电商线上商品交易总额突破 100 亿元，较 2017 年提前了 62 天。

海天作为 2018 年《跨界歌王》第三季的冠名合作客户，节目播出后海天旗下产品在全国各个区域市场的销量普遍增长，尤其在北京市场，2018 年 5—7 月，海天味极鲜类产品销售额同比上涨超过 50%。

三元通过与北京卫视《养生堂》和《品质剧场》的合作，品牌影响力和销量均提升显著。2018 年 1—6 月，三元极致鲜奶销量同比增长 31%，重点产品极致有机鲜奶的销量更是同比增长 89%。三元冰岛酸奶通过与《跨界歌王》第三季合作，2018 年 1—6 月，较 2017 年同期销售额增长 44%，尤其是 2018 年 5 月份节目播出的第一个月，三元冰岛酸奶就突破了月销售历史最高纪录，同时产品在北京地区的销量占比，也由 15% 迅速提升到了 25%。

《上新了·故宫》首期节目播出后的双 11 当日，仅过 1 小时 30 分，节目合作款产品——宫廷风特制礼盒线上累计支付金额突破 1000 万元，畅音阁同款睡衣淘宝众筹金额同样超过了 1000 万元。

二、探索《养生堂》多元经营，拓展盈利模式

《养生堂》作为北京卫视 10 年来的王牌栏目，已成为中国电视健康第一 IP，常年领跑全国健康类栏目收视。为了充分释放《养生堂》的权威品牌效应，京视卫星着手推动《养生堂》从单一的广告收入模式，形成力保广告、拓展产业的“广告 + 产业”双收入模式。以优质内容为连接中心，渠道功能实现真正的整合，把品牌传播、产品销售巧妙地合二为一。同时，《养生堂》重视在新媒体端的品牌传播，针对年轻人群体所打造的网生内容也有不错的反响，《养生堂》的抖音购物车更是为节目创收开辟了新模式，栏目深度布局多媒体平台，依据不同平台特性有针对性地分发内容，不断拓宽健康传播的边界。

三、“广告 + 产业”合作带货，引领一线省级卫视产业新模式

京视卫星将 2018 年作为产业运营发力年，推开产业运营大门的第一块敲门砖是一罐酸奶——三元“衡安堂”166 复合益生菌酸奶。2018 年，三元在北京卫视投放近 1 亿元的广告款，双方选定三元 166 酸奶作为产业合作项目。在三元单独为此项目先期投入部分广告款后，北京卫视匹配重点宣传资源，启动产业项目合作。北京卫视和三元是共同面向市场，从销售款中持续追加后续广告投入。

合作的模式，具体来说就是北京卫视作为这款酸奶的全国总经销，负责产品的宣传推广及销售，三元则根据北京卫视的销售订单生产、配送及开展售后服务。以前媒体和企业只是广告资源买卖关系，而现在电视台和企业收益捆绑，风险共担，利润共享。

四、牵手互联网企业，探索“电视+电商”跨屏营销

2018年，北京卫视在淘宝的官方商城开业。点开手机登录淘宝可以搜索到北京卫视淘宝官方商城。北京卫视和阿里巴巴在2017年开创了台网联动的先河，在“台网通”项目积累的经验上，再次升级台网联动的模式，参与人群从实时在线观看北京卫视的观众扩展到所有北京卫视的观众，随时随地打开手机淘宝，搜索“96168”或“北京卫视”即可直达北京卫视的淘宝官方商城互动页面，玩互动、抢红包、买爆款。

基于《养生堂》《我是大医生》《暖暖的味道》《养生厨房》4个栏目的微商城4年的产业运营，北京卫视的淘宝商城产品丰富，首批上架的商品都是在微商城中热销的主力产品，还有热卖的166酸奶和故宫文创产品。随着商城运营进入稳定增长期，京视卫星将实现自己的观众变成自己的消费者，实现自给自足的传播——促购闭环，全面掌握流量数据、转化数据、用户数据、销售数据。

北京国际电影节有限公司工作概况

北京国际电影节运行中心前身为北京国际影视交流促进中心（北京市广电局下属独立法人事业单位），主要职责是承担北京国际电影节筹备、举办的具体组织、协调工作，于2017年1月1日成为北京电视台内设节目中心。2018年4月3日，获得市编办事业单位登记行政许可决定书，完成原影促中心注销工作。

2018年主要工作有：

一、举办第八届北京国际电影节

自2017年8月起，即启动第八届北京国际电影节筹备工作。2018年4月15日至22日，第八届北京国际电影节在北京举办，组织了“天坛奖”评奖、开幕式、北京展映、北京策划·主题论坛、电影市场、电影嘉年华、闭幕式暨颁奖典礼等七大主题活动，以及“注目未来”单元、纪录单元、经典京剧电影单元、网络电影单元、电影音乐会、电影沙龙及行业对话、新片发布等数百场活动。第八届电影节结束后，完成了收集、整理档案，发送感谢信，收集数据、舆情与各界对第八届电影节的评价，资金结算，项目验收与审计，电影节画册、总结片、工作纪录片等画册或视频的制作，赞助商回报总结、发放荣誉证书和赞助款入账，及其他收尾工作。

二、筹备第九届北京国际电影节

2018年8月起，启动第九届北京国际电影节筹备工作，逐级报送电影节总体方案；起草评奖章程，上报“天坛奖”评委候选名单并启动邀请工作；回访往届展商、合作方，调整北京市场工作方案，测试北京市场官网，起草招展、创投报名章程及有关报价，12 月全面启动市场招展、创投报名工作；修订招商方案和回报手册，组织品牌分享会，拜访 40 余家客户，制作 80 余份专案，启动衍生品设计大赛，拓宽市场渠道，组织秋季展映等第九届电影节预热活动。

三、国际电影节交流和对外交流活动

按照市外办批复，组委会办公室分别于 5 月、9 月、10 月出访了戛纳国际电影节、洛迦诺国际电影节、威尼斯国际电影节、多伦多国际电影节、东京国际电影节、美国电影市场，参加活动，设置展位，建立联系，并在戛纳电影节、多伦多电影节、美国电影市场举办了北京国际电影节推介会，宣传北京国际电影节举办成果，邀请世界影人参加第九届北京国际电影节。

此外，参加了上海国际电影节、First 青年影展、长春电影节、丝绸之路国际电影节、平遥国际影展、海南岛国际电影节等国内节展，了解掌握国内各类影节、影展发展状态，取长补短，为我所用。

在日常工作中，与法国、加拿大、巴西、意大利、智利等 30 多个国家的驻华使馆、文化机构保持密切联系，加强对各国影视产业的了解，并请其继续支持第九届北京国际电影节工作。

北京紫禁城影业有限责任公司概况

北京紫禁城影业有限责任公司成立于 1997 年，注册资本 3200 万元，是一家集影视策划、制作、营销为一体的专业影视制作公司。成立 21 年来，北京紫禁城影业公司的经营业绩一直稳居中国电影生产企业的前列，多部影片票房居当年年度票房冠亚军的地位，总票房超过 30 亿元，影片还行销到美国、法国、日本、韩国等多个国家。

北京紫禁城影业有限责任公司共摄制完成影片 80 余部，电视剧千余集。其中既有《狼图腾》《甲方乙方》《不见不散》《没完没了》《刮痧》《红色恋人》《赤壁》《倩女幽魂》《大海啸之鲨口逃生》《小时代》等商业大片，也有《离开雷锋的日子》《张思德》《生死牛玉儒》《背起爸爸上学》《法官妈妈》《紫日》《香巴拉信使》《山乡书记》《一个人的奥林匹克》《铁人》《第一书记》《杨善洲》《天河》《百团大战》《定军山》等主旋律影片，均取得社会效益和经济效益的双丰收。紫禁城影业公司摄制出品的《重案六组》《玉观音》《少年天子》《天下第一楼》《牟氏庄园》《人是铁饭是钢》《李春天的春天》《双城生活》《怪医文三块》《传奇大掌柜》《神机妙算刘伯温》等电视连续剧在中央电视台和各地电视台播出后，均创造了较高的收视率。公司成立 21 年来，连续获得过“华表奖”“五个一工程奖”“金鸡奖”“百花奖”“金鹰奖”“百合奖”等多个国家级大奖，以及开罗、莫斯科、东京、北京等国际电影节的大奖。

北京紫禁城影业有限责任公司拥有一支由一流专业人士组成的影视制作及发行队伍，并融入国际化的制片营销理念，建立了庞大的明星网络，让·雅克·阿诺、吴宇森、黄建新、冯小刚、叶伟信、叶大鹰、冯小宁、陈国星、胡玫、吕乐、尹力、夏刚、姚晓峰、陈道明、葛优、陈宝国、王志文、张国荣、倪大红、冯远征、张涵予、冯巩、陆毅、吕丽萍、斯琴高娃、徐帆、刘蓓、梅婷、徐静蕾、瞿颖、范冰冰、吴尊、古天乐、吴镇宇、刘亦菲、冯绍峰、杨幂、郭采洁、篮球明星斯蒂芬·马布里、约瑟夫·费因斯等一大批国内外知名导演、演员都与紫禁城影业公司有过良好的合作。

北京紫禁城影业有限责任公司在北京市委宣传部、北京市广电局的领导下，在北京电视台的大力支持下，在各股东单位的积极支持和帮助下，坚持正确导向，尊重市场规律，以建立具有国内和国际领先水平的影视企业、制作高品质的民族影视作品为目标，力求在抓好传统主旋律电影的同时，大力开拓市场，积极投入商业电影的拍摄中。在电影创作方面稳步发展的同时，电视剧策划制作方面注重观察和研究市场变化，谨慎投资，力求在稳定的前提下抓好影视剧生产。

2018 年北京紫禁城影业有限责任公司电影创作情况是：以雷锋班历任班长的事迹为素材，紫禁城影业公司组织创作的电影《与雷锋有关的日子》于 2018 年初杀青，进入后期制作、修改、审查阶段。为了深入贯彻习近平总书记 2018 年 9 月 28 日视察雷锋纪念馆时做出的“雷锋是时代的楷模，雷锋精神是永恒的，积小善为大善，善莫大焉，这和我们当前‘为人民服务’‘做人民勤务员’是一脉相承的，所以雷锋精神永远值得弘扬”的讲话精神，公司目前正在加紧与资方及发行公司的沟通，一是对电影进行后期修改，二是确定发行方案，争取影片定档 2019 年暑期档上映。电影《致命底线》（原立项名：《铁幕重案》）由于电影资本市场变化，融资难度增大，工作一度陷于停滞。经过与主创团队和制片人的反复沟通，项目调整了制作预算，制定了更加切实可行的融资方案，目前项目已经重新启动，正在积极推进中。为节约拍摄时间，确保影片艺术质量，紫禁城影业公司于 2018 年 4 月和 2018 年 10 月组织摄制小分队进行了春季外景和秋季外景的抢拍和选景定景工作，为特效制作赢得充裕时间并对展现影片主题和提升艺术品质起到重大作用。影片预计于 2019 年 9 月正式开机。党建题材电影《狱中八条》已完成剧本初稿，并获得总局备案立项公示。该片已被中国文联列为精品工程项目，为适应市场需求计划在剧本中进一步加入商业元素，目前正在广泛寻求合作，不断完善剧本。为了迎接 2022 年冬奥会，拟开发动画电影《冰球特工队》，该项目已完成立项备案工作，处于剧本创作和前期策划阶段；主旋律电影《帅孟奇》经过多方协调，确定重新启动该项目，已经初步确定编剧人选，正在进行前期收集资料和实地采风工作。

电视剧创作情况：由紫禁城与京视传媒共同参与投资的电视剧《高兴遇见你》于 2018 年 9 月登陆腾讯视频，上档一周即取得点击量过亿的好成绩，截至 10 月中旬专辑播放已超过 3 亿次。下一步将继续督促发行公司做好该剧上星及地面频道的发行工作。按照北京市要求以及台领导的部署，围绕北京市疏解整治促提升等工作内容，紫禁城影业公司组织创作的社区工作题材电视剧《朝外头条》数次组织编剧下社区体验生活，走访基层社区，召开社区调研及座谈会，已经完成剧本梗概及分集大纲，进入详细剧本创作。由紫禁城影业与厦门冉冉升起公司合作，公司立项的电视剧《冰球小子》已完成公示，北京台影视剧中心参与指导项目开发创作。北京紫禁城影业有限责任公司与天艺星国际文化交流公司、澳门文化发展促进会、国际文化产业协会（澳门）联合摄制30集电视连续剧《澳门街》，经与电视台及网络平台洽谈沟通，已完成剧本修改，正在进行备案立项工作。

2018年8月北京紫禁城影业有限责任公司进行了董事会成员改选，并确立了新的公司领导班子，任命金川为北京紫禁城影业公司董事长并兼任总经理职务。

北京北视英特维文化传播有限公司工作概况

2018年度公司实现营业收入、利润总额双双大幅超预算，而其中台外业务的贡献尤为突出。2018年营业总收入预算为7985万元，实际完成9141万元，预算完成114%，同比增加20%。2018年营业总成本预算为7860万元，实际完成8881万元，预算完成113%，同比增加18%。2018年利润总额预算为127万元，实际完成281万元，预算完成221%，同比增加63%。公司在立足于台内业务的基础上，正在稳步走向市场，逐步形成“自我造血”机能。

北视英特维凭借多年的专业影视制作经验成立的“北视英特维影视工作室”，多年来完成了台内各栏目一系列整体包装及后期制作项目。2018年承接了中非合作论坛、第八届北京国际电影节、2018年国家发展论坛等重要会议活动的现场直播录制工作。

经北京电视台党委决定由公司运营北京电视台培训中心教育培训资质，承担成人职业教育培训领域的市场开发经营，围绕本台资源优势、品牌优势，深入开发培训产业，拓展市场空间。

为适应公司未来发展，拓展公司业务，充分发挥公司资源及品牌优势，经公司领导办公会议研究决定，2018年增设以下3个业务部门。

成立大型活动部，与贵州省盘州市的文体宣传活动合作全面展开，成功签署第二届金彩盘州杯中国-东盟围棋邀请赛与第二届金彩盘州摄影展。

成立福州项目部，通过走访、调研及实地工作的开展，已与福州大学经济与管理学院签订战略合作协议，并由双方共同组建福州大学文化发展研究院。

成立呼叫中心，将北视BTV热线项目、北京广播电台热线项目、96168栏目热线系统升级项目、京视传媒“养生堂”手机销售热线项目实现统一业务管理。

专项纪事

高举伟大旗帜　彰显发展成就

——北京卫视圆满完成庆祝改革开放40周年系列报道

卫视节目中心

作为首都主流媒体，北京卫视高度重视改革开放40周年的宣传工作，提前策划，统筹布局，推出了一系列包括通俗理论电视片、大型系列纪录片、文化季播节目、电视剧等多种形式在内的电视节目，致敬改革开放，献礼伟大祖国。

一、主旋律报道节目重温光辉岁月

在中宣部、北京市委宣传部策划指导下，北京卫视于2018年12月11日推出大型通俗理论电视节目《改革开放　关键一招》。节目以改革开放40年尤其是党的十八大以来所取得的各方面成就为切入点，立足讲好改革开放的故事，讲好新时代中国特色社会主义的故事，突出反映习近平新时代中国特色社会主义思想是全面深化改革的指导思想，改革开放是决定当代中国命运的关键一招。节目分别从经济、政治、文化、社会、生态、党的建设等"六大建设"以及对外开放的角度，深入阐释改革开放40年特别是党的十八大以来全面深化改革的重大理论和实践成果。节目一经播出，多方热议，传播效果显著：节目播出7天中，收视率连续3天获得晚间同时段栏目全国第一；全网视频点击量突破4000万；"共青团中央""紫光阁""公安部打四黑除四害""中国新闻网""光明日报""光明网""央广网"等百余家中央级微博大号高频次发布节目短视频。

北京卫视还播出了《我是演说家》第四季、《中国故事大会》第二季等一系列节目，展现改革开放以来各行各业劳动者生活的变化。《我是演说家》第四季于2017年12月至2018年3月在北京卫视播出，节目主题从"为时代发声"升级为"为新时代发声"，展现出高度的政治责任感和媒体使命感。天宫二号总设计师、胡麻岭隧道总工程师、辽宁舰士兵等参与国家重大工程建设的关键人物担任演讲嘉宾，让观众全方位感受到祖国的迅猛发展和生活的日新月异，以文化自信点燃大国自豪。《中国故事大会》第二季于2018年3月至6月在北京卫视播出，节目以改革开放40年作为切入点，邀请教育、影视、体育、社会等多个领域的代表性人物，通过讲述一个个平凡的小故事，弘扬中华传统美德，串联时代情怀。

二、大型系列纪录片记录时代变革

为纪念改革开放40周年暨中关村科技园区设立30周年，北京卫视于2018年11月12日推出6集大型系列纪录片《中关村——变革的力量》。本片以"中关村人创新创业史"为主题，通过讲述中关村在改革创新重要节点上代表人物的鲜活故事，生动展现中关村在改革开放的时代大潮中，秉承“发展高科技，实现产业化”的目标，推动科技与经济的结合，充分发挥改革“试验田”作用，辐射引领全国创新发展的丰硕成果。

为深入贯彻落实习近平总书记视察北京系列重要讲话精神，优化首都营商环境，北京卫视于2018年12月20日推出6集大型系列纪录片《京商传奇》，聚焦首都大型国有企业，通过对北京市属国有企业发展历程的回顾，展现改革开放40年中北京商业环境的变迁。

此外，北京卫视还于2018年3月推出了由市委宣传部策划指导的大型历史纪录片《中国1927》，通过对发生在1927年，不同城市、不同人物、不同事件的解剖式呈现，回答了为什么是中国共产党领导中国革命进程，以及中国共产党如何领导中国革命进程的重大主题。

三、献礼剧目致敬改革开放40年

剧场编排方面，北京卫视品质剧场相继推出了《大江大河》《正阳门下小女人》《那些年，我们正年轻》等献礼改革开放40周年的剧目。其中，《大江大河》的原著曾荣获中宣部“五个一工程奖”，“金牌制作人”侯鸿亮与著名导演孔笙在这部剧里再度携手，王凯、杨烁、董子健等一众实力明星倾情加盟，为观众奉献了一出有血有肉的时代风云大戏。《正阳门下小女人》由刘家成执导，从女性视角出发，讲述了改革开放后由蒋雯丽饰演的主人公几经波折追求美好生活的故事。《那些年，我们正年轻》讲述了一群怀有崇高理想的大学生，为实现自我价值，响应党中央的号召，义无反顾地从大城市来到西南偏远地区，投身国防建设，为新中国的航天梦奉献一生的故事。《合伙人》以3个大学生白手起家的创业路为主线，讲述了3人在互联网大潮中，通过一步步打拼成为网络行业领军人物的故事，是新一代互联网创业者的缩影。《归去来》通过关注当代青年的奋斗与成长，深入地探讨了当今社会的诚信公平正义。《美好生活》用大时代中“小人物”的悲欢离合与人生起落，展示出社会主流人群的生活状态。《好久不见》记录了年轻人在面对机遇和诱惑时的不同选择，而这些年轻人的经历也从侧面记录了中国经济腾飞的10年和一代人在逐梦过程中的奋斗与成长。《真爱的谎言之破冰者》以缉毒作为故事线索，在融入当下年轻人的情感与成长经历的基础上，展现了公安干警无私奉献的精神。此外，北京卫视还推出《脱身》《风筝》《面具》《决胜》等主旋律电视剧。这些作品既有大历史的沧桑，又有小人物的生活，在传递主流价值观的同时，也更加贴近观众，与观众产生共鸣。

实景跨年谱写时代乐章　群星云集共创冰雪盛宴

——《BTV2019 环球跨年冰雪盛典》纪事

卫视节目中心

2018 年 12 月 31 日，《BTV2019 环球跨年冰雪盛典》在北京卫视、黑龙江卫视、河北卫视同步播出。汪峰、张惠妹、崔健、韩磊、杨坤、郑钧、周冬雨、张韶涵、关晓彤、潘粤明等演艺明星，携手杨扬、武大靖、韩天宇、刘秋宏等冬奥健儿，为观众奉献了一场充满北方特色和冰雪激情的跨年盛典。

一、BTV 冰雪盛典激情狂欢，创新北方跨年新模式

以“天涯共此时，冰雪新篇章”为主题的《BTV2019 环球跨年冰雪盛典》由国家体育总局和北京市政府共同主办，北京电视台、河北广播电视台和黑龙江广播电视台联合录制。作为北京卫视主导策划的重点跨年文化品牌，“环球跨年冰雪盛典”凸显北京冬奥会主题和北方地域特色，在录制场地和呈现方式上推陈出新。《BTV2019 环球跨年冰雪盛典》首次采用全实景录制，在北京、哈尔滨、崇礼 3 座城市选取了 12 处地标性区域，与当地群众一起跨年。其中包括展现北京“一城三带”特色的古北水镇、八达岭长城、钟鼓楼广场；展现首都新面貌的北京大兴国际机场、京张高铁八达岭隧道；展现北方冰雪特色的崇礼太舞滑雪场、哈尔滨冰雪大世界；展现北京冬奥会元素的首钢园区（北京冬奥组委办公区），以及北京电视台园区、哈尔滨中央大街等地。三城携手，多地联动，尽情展现冰雪特色和城市风情，为全国观众奉献与众不同的跨年盛宴。

本届跨年晚会将传统、时尚、奥运和民生四大元素融为一体，在拉近与观众之间距离的同时，更令北方的独特魅力闪耀于 2019 跨年夜。晚会主要有四大侧重点：一是国家责任，重温祖国改革开放 40 年辉煌历程，增添中华民族跨年祈福的仪式感；二是首都情怀，通过传统、时尚、奥运和民生这四类传统地标，来呈现相应的北京底蕴和北京文化；三是百姓温度，老百姓在新年到来之际发自内心的感情；四是北京时间，用传统北京时间来迎接一次集体跨年狂欢。北京钟楼是元、明、清三代都城用来报时的场所，此次盛典以钟鼓楼的鼓声和钟声来代表北京时间，在跨年这个重要的时刻，敲响新年的钟声，特殊的时间、特殊的地标，是时空之间的对话，是历史与未来的连接。

二、名将跨界献艺助力冬奥，现场讲述奥运背后故事

作为独一无二的“双奥之城”，北京肩负着推广奥运的重大责任。因此《BTV2019 环球跨年冰雪盛典》特意邀请到武大靖、赵伟昌、韩天宇、刘秋宏等体坛名将助力冬奥。其中，国家冰雪运动推广大使许魏洲为祖国献上一曲《荣耀》。

郭峰携手蔡良蝉、韩天宇、刘秋宏等体坛健将，带领2022人于八达岭长城之上为冬奥送上美好的祝愿。更有平昌冬奥会闭幕式中国代表团旗手武大靖倾情献唱，并与赵伟昌师徒两人同台举行国旗交接仪式，共同讲述奥运背后的故事。

1980年中国奥委会首次派出代表团参加冬奥会，连续11次夺得男子全国速度滑冰全能冠军、26次打破全国纪录的赵伟昌光荣地成为了中国体育代表团的首位旗手。时光走过38年，在2018年召开的平昌冬奥会上，男子短道速滑运动员武大靖作为闭幕式中国代表团的旗手，实现了赵伟昌当年未能实现的奥运冠军梦。在此次《BTV2019环球跨年冰雪盛典》的北京首钢分会场上，武大靖从赵伟昌手中接过五星红旗，象征了新老两代中国冬奥运动员的交接，武大靖等冬奥运动员将带着赵伟昌等老一代冬奥人的期许和鼓励，奋勇拼争、为国争光。

哈尔滨作为冰雪运动的冠军之乡，为中国培育了一代又一代的冰雪体育人，也是今年跨年盛典中的一大分会场。此次哈尔滨分会场邀请到中国滑冰协会主席、中国短道速滑队主教练李琰，还有她的弟子们——世界冠军范可新、臧一泽、曲春雨和任子威。

三、人气偶像齐聚冰雪盛典，用歌声传递社会正能量

《BTV2019环球跨年冰雪盛典》集齐了一众流行乐坛实力唱将、摇滚歌手、人气偶像，让不同年龄段的观众都能找到情感上的共鸣。网友纷纷留言表示："北京卫视这次真的诚意十足，让明星和观众的心更加贴近，这才是真正的跨年夜。"

首钢园区里，崔健、郑钧、张韶涵、周笔畅、许魏洲、Oner火力全开。钟鼓楼广场上，张惠妹、周冬雨、关晓彤、潘粤明、张天爱、熊梓淇、于朦胧、鹿先森乐队青春开唱。密云古北水镇，杨坤、张震岳、花泽香菜、冯提莫、阿肆、阿里郎、青蛙乐队热力四射。哈尔滨冰雪大世界内，汪峰、韩磊、腾格尔、金志文、吴莫愁、季马比兰、展展罗罗热情开唱。北京电视台园区里张信哲、迪玛希、肖央、常远、宋祖儿、侯明昊、SNH48欢乐跨年……

北京卫视紧紧围绕冬奥主题和首都功能，发挥守正创新的匠心精神，将"BTV环球跨年冰雪盛典"打造成为北京电视台跨年经典品牌，成为全国独树一帜的跨年文化符号。

电视与新媒体同时发力　新闻报道锐意出新

——北京电视台高水平完成市两会报道

新闻节目中心

2018年1月22日到30日，北京市十五届人大一次会议和市政协十三届一次会议相继举行，作为落实十九大精神的开局之年和北京市两会的换届之年，会议的重要意义不言而喻。北京电视台组成150多人的前方报道组，围绕大会主题和全市工作主线，开拓思路、积极创新，充分运用新设备、新技术、新方式，全方位呈现大会盛况，充分展现新时代背景下市两会呈现的新气象与新作为，多视角、全媒体报道代表委员履职风采，饱满地展现了会内会外共谋发展大计的浓厚氛围，取得了良好的宣传效果。

市两会期间，北京电视台《北京新闻》《北京您早》《特别关注》等先后播出新闻200余条次，累计播出时长超过900分钟。《市民对话一把手——以人民为中心》直播访谈节目共7期，现场直播超过10小时；三场工作报告现场直播总计4小时；《蓝图2018》《两会新观察》《履职行动派》等多个专栏多点开花，采访代表委员超过250人次。BTV新闻频道在各新媒体平台上的两会视频报道，播放量累计达到300万+，成为这次BTV两会报道的新亮点。

一、通力协作、相互配合，圆满完成两会现场直播和重要时政报道

1月22日、1月24日、1月27日三天，北京电视台市两会报道团队圆满完成市政协、市人代会开幕会和市十五届人大一次会议第三次全体会议现场直播工作。为了保障直播安全，直播团队以高度的责任感，提前进行了详细部署，和市领导进行了提前彩排，现场摄像进行了反复演练，并设置了突发情况应急预案，正是因为各项工作都做在了前面，三场直播顺利完成，全面展现了北京市两会盛况。

本次市两会是换届之年，重要时政报道与往届相比更多、更密。在市委宣传部的部署指挥下，在市人大、市政协的指导帮助下，北京电视台市两会报道团队前后方通力配合，无缝衔接，时政记者和摄像提前准备，合理安排报道力量，通过接力的方式第一时间抢发新闻；负责配音的播音员全程在岗，随时完成配音任务；在后方演播室的编辑，及时迅速收录前方新闻，准确无误送审。

今年，北京电视台首次在政协会议会场搭建了工作间，进一步保障了新闻制作和传输。市政协开幕会、闭幕会都在下午召开，特别是闭幕会16：30才召开，结束时已经17：15，时政团队经过前期精心策划部署，多位记者、主持人合力采访、写稿、配音、编辑，最终在18：05全部完成，顺利在《北京新闻》头条播出。人代会期间，市委、市政府主要领导多次下小组听取代表审议，文稿经层层审核经常18：00以后才能反馈到记者手中，广大记者不辞辛苦，提前预置稿件，反复修改，必要时多人协作，多次有惊无险地完成抢发任务。为了完美呈现新一届市人大、市政府、市监委、市两院领导与代表见面并进行宪法宣誓的环节，报道组进行了前期现场彩排，反复开会研究部署，设置机位和镜头布局，最终全面无误地完美呈现，向广大观众展现了新当选领导的精神风貌。

二、精心策划、锐意创新，各项专题报道呈现新时代、新气象

在这次两会报道中，全新的专栏节目《履职行动派》通过周密策划精彩亮相，创新了两会采访报道模式，以“代表采访代表，委员采访委员”的方式呈现，即邀请一位代表或委员，手持小巧便携设备——大疆摄像机，采访自己身边的代表委员，反映代表委员的履职风采。由于代表之间或委员之间，相比记者有着一种天然的亲近感，这种方式就打造了一种“熟人语境”，因此采访氛围更加轻松。在镜头前，代表委员畅所欲言、谈话形式活泼。这一报道模式也在代表委员间引发普遍关注，先后有葛文彤、耿晓冬、吴京、何冰、雷军、王以新、李妮娜、戴彬彬、于军等走入镜头。市人大常委会主任李伟、市政协主席吉林都对这种创新的拍摄模式给予肯定。

《蓝图》是每年解读政府工作报告的专栏报道，今年《蓝图2018》也进行了大胆创新，为了使观众更直观、便捷地理解报告，节目组将录制现场搬到了AR沉浸式仿真演播室，记者置身于一个虚拟空间，通过高科技手段，还原事件现场和环境，再辅之以三维动画包装，形成强烈的代入感。比如，说到拆除违法建设的内容，通过特技和后期制作，记者就已经站在一片违法建设前，讲到拆除时，那些建筑便应声而倒，形象逼真，让人有身临其境之感。

《两会新观察》是一个连接会内会外、连起代表委员与市民的一个专栏节目。节目创新拍摄和呈现形式，以一种以往在新闻中极少采用的“一镜到底”的拍摄方式呈现，即主持人在不同的场景中行进讲解，镜头始终跟随不间断，全程全景展现节目想要展示的内容，信息饱满、一气呵成、生动鲜活。拍摄中，利用小型摄影机结合手持三轴稳定器，最大限度地给主持人留下充分活动空间。这种拍摄方式生动展示了北京市在养老服务、老楼加装电梯等民生工程中取得的新成果。

今年，北京电视台继续在人代会驻地搭建了150平方米的演播室，《市民对话一把手——以人民为中心》大型直播访谈节目就在这个演播室中全新呈现。《市民对话一把手》在今年市两会报道中全面升级。首先，节目首次实现了在市两会现场进行直播，在第一时间、第一现场给观众带来第一手的资讯信息。第二，节目的承载体量全面提升，7天里共有23个委办局的主要负责人走进直播间，与市民就大气污染治理、河湖水系建设、疏解与发展等当下的热点问题进行沟通。访谈节目期数、单期时间、参与领导人数全都创历年之最。第三，节目积极拓展新媒体传播渠道，不仅实现了互联网端和手机端的直播，还首次实现了短视频传播，将一个个新闻点切分成短视频推送给受众，实现了精准传播。

三、新媒体与电视端同频共振，以多种可视化手段，全面提升同步推送能力，BTV新闻新媒体报道展现新作为

新闻节目中心新媒体团队首次派出驻会记者，在前方参与两会报道，同时利用多种可视化手段，前后方联动，对两会内容进行新媒体端的内容发布。

1. 图文策划类：原创一图看懂政府工作报告成10万+爆款。

1月24日人大会开幕之际，团队迅速反应，在政府工作报告出炉之后的3个小时之内，迅速绘制了一图看懂政府工作报告的长图，并汇总各路媒体报道，对重点内容进行分析解读。图文推送后不到一天的时间，就收获了10万+的阅读量和300多个点赞。

图文发布的另一个亮点，是每天北京新闻微信公众号在中午时间段，对《市民对话一把手》《两会新观察》等优质内容，进行精编推送。后方独立策划并与前方联动，对电视端播出内容中的“干货”进行提炼，并进行互联网语态的深度改编。7天固定时段的连续推送，在传播上聚力，阅读量反馈良好，总量达到30万+。其中大量关于民生的焦点话题，由于发布及时、权威，引发了网友在后台的留言讨论，形成良好的互动。

除了原创图文，BTV新闻新媒体团队还搭建了一个全景可视化微专题，以模拟裸眼VR的全景视角观看两会全景演播室，点击图标，即跳转到相应的专题页面进行浏览，从而实现了此次新媒体端报道的规模化呈现。

2. 视频类：挖掘新闻“富矿”移动小屏提供差异化信息流服务。

此次市两会，BTV新闻新媒体团队首次派出两位记者全程驻会采发新媒体报道，以“自采+精选”素材相结合的方式进行报道。一方面，对重点环节自拍自采、精心编辑，按程序发布；另一方面，在电视记者采访拍摄的大量未播素材中，挑选出“干货”内容，制作成短视频后予以发布。

每年两会期间，大量代表、委员的发言，以及新闻发布会的内容，无法通过电视屏幕播发出去。此次新媒体团队正是看中这一新闻“富矿”，把大量因为时长原因，无法完全在电视端展现的视频内容，在移动端实现短视频化的即时发布。BTV新闻在各新媒体平台上的两会视频报道，播放量累计达到300万+，成为这次BTV两会报道的一大亮点。

除此之外，BTV新闻新媒体团队还主动发起网络微话题，引导舆论。与台内总编室及其他中心共同设置微博话题#BTV两会话民生#，快速将代表委员的建言建议、新闻发布会的权威发布呈现在社交媒体上。BTV新闻作为话题发起人发起的网络微话题，得到广泛回应。6天收获150万+的阅读量。在众多微话题中，BTV新闻新媒体团队贡献了20多条原创短视频，成为话题中最活跃的发布者。

3. 移动直播：优质资源的最大化利用。

《市民对话一把手》直播一直以来都是两会的重点项目，能把20多个委办局一把手请进演播室，资源极为难得。BTV新闻新媒体延续以往两会报道经验，利用自有平台，将《市民对话一把手》的电视直播信号通过腾讯新闻、微博平台进行直播，7场直播，观看量超过50万，将优质资源利用率达到了最大化。

此次新闻节目中心两会报道，从内容到形式再到新媒体传播都在谋求创新等方面有所突破，以极大的努力，实现了主流媒体的责任担当，圆满完成了这项重大政治报道任务。新闻节目中心将继续不忘初心，牢记使命，自觉担当，打磨精品，在新时代不断有新作为。

京津冀三台联合启动“壮阔东方潮　筑梦京津冀”大型新闻行动

新闻节目中心

2018 年 10 月 31 日上午，由北京广播电视台、天津广播电视台、河北广播电视台联合推出的庆祝改革开放 40 年——“壮阔东方潮　筑梦京津冀”大型新闻行动，在河北雄安新区启动。

河北省委宣传部部务会成员、副巡视员、雄安新区宣传中心主任边建国，北京电视台副总编辑艾冬云，天津广播电视台电视新闻中心党委书记、副主任李秀英，河北广播电视台（集团）党委副书记、总编辑李社军以及京津冀三台参与此次报道的编辑记者共 60 余人参加启动仪式。北京电视台副总编辑艾冬云在启动仪式上宣读《壮阔东方潮　筑梦京津冀》大型新闻行动倡议书。

京津冀协同发展是习近平总书记亲自决策推动的重大国家战略，是习近平新时代中国特色社会主义思想和实践新发展理念的重要组成部分。京津冀三地媒体共同推出的庆祝改革开放 40 年大型新闻行动“壮阔东方潮　筑梦京津冀”，是以实际行动认真贯彻落实习近平总书记重要指示精神的创新之举。三地媒体都派出精兵强将，北京电视台新闻中心抽调骨干记者，以行进式报道的形式，将京津冀协同发展国家战略实施以来，地区经济社会发展取得的积极成果，全方位、多角度地展现给广大观众。此次行动三台统一策划、统一专栏名称、统一片头、统一播出平台，同步推出，并最大限度共享资源。经三台联合策划，已确定节目选题为6＋N 期，每集时长 4 分钟，抽调骨干记者同时进行采访报道。11 月中旬—12 月中旬，在北京、天津、河北三家电视台主要新闻栏目中播出。

媒体融合报道也是本次采访活动的亮点之一，除传统媒体报道外，还将采访的短视频、重要信息、采访花絮等上传至各家新媒体，以达到线上线下、电视端与移动端同步推进、融合发力的效果。

参与报道的记者纷纷表示，站在新时代、新起点上，将深入贯彻习近平总书记在全国宣传思想工作会议上提出的“不断增强脚力、眼力、脑力、笔力”的要求，用脚步丈量京津冀大地的山山水水，用镜头展现京津冀区域的日新月异，用笔墨记录京津冀不断深化的改革进程。

第八届北京国际电影节开幕式成功举办

青少·海外节目中心

2018年4月15日晚，由北京电视台青少·海外节目中心具体承办的第八届北京国际电影节开幕式在怀柔雁栖湖国际会展中心成功举办。

历经此前7年的品牌累积，进入第八届的北京国际电影节正在实现平台价值与业界影响力的跨越提升。以更高的立意、更宽的视野、更真的情怀打造的开幕式晚会，成功凸显出北京国际电影节“大师、大众、大市场”的独有特征，晚会艺术化阐释了“砥砺·使命”的主题，展现出北京“文化之都”“创意之都”的强大影响力与号召力。

一、新站位，新立意，电影节开幕式深入解读“电影与城市的关系、中国与世界的关系”

作为党的十九大召开之后北京举办的第一个国际性大型文化交流活动，北京国际电影节受到国内外的高度关注。开幕式以弘扬习近平文艺思想所提倡的精神内涵为最高宗旨，以“砥砺·使命”为主题，以展示中国风范、首都情怀、电影魅力为艺术追求，让晚会自身成为本届电影节的第一个亮点。在此前7届基础上，本届晚会实现了晚会精神高度、文化内涵、艺术价值的全面提升。

二、新视野，新格局，开幕式充分表达出“一个电影节，一座城”的精神主旨，实现内在品质与外在形式的和谐共鸣

中外影人共聚、中外文化共融，开幕式以电影为媒介，通过光影艺术的魅力，完美展现出文化无国界、四海皆朋友的宽广视野和宏阔格局。

开幕式上，由中国导演、编剧王家卫担任主席，中国演员段奕宏，波兰作曲家詹恩·凯兹梅利克，美国导演、编剧、制片人乔纳森·莫斯托，罗马尼亚导演卡林·皮特·内策尔，瑞典导演、编剧鲁本·奥斯特伦德，中国演员舒淇担任评委的“天坛奖”评委会集体亮相，5国优秀电影人的登台掀起了当晚的一个高潮。

开幕式由主持人栗坤、蓝羽和资深演员赵立新、张卫健联袂主持。通过开场的大型歌舞《相聚北京》对到场的国内外嘉宾致以谢意和敬意，邀请各界宾朋在北京迎接中国电影已经到来的春天；著名美籍华裔歌手王力宏以京剧大师谭鑫培于1905年主演的中国第一部电影《定军山》为核心创意，将知名歌曲《盖世英雄》与《龙的传人》全新改编，融入京剧元素，与谭门第七代传人、青年京剧演员谭正岩联袂演唱，以跨界合作的形式向中国电影和电影人致敬；著名歌手莫文蔚带来唱与演的完美融合，将三首经典歌曲《如初之光》《一生所爱》《夜空中最亮的星》全新改编，打造成电影主题音乐剧《时光之城》；随后，中国电影史票房冠军《战狼2》主演吴京、票房亚军《红海行动》导演林超贤和主演张涵予、票房季军《唐人街探案2》导演陈思诚联手开启中国电影史上的重要一幕——首次发布中国电影大数据，透过北京电影产业的骄人成绩，彰显中国电影日益提升的世界影响。

三、新创意，新震撼，实现庄重与高雅的统一，完美呈现“节目与仪式的关系”，礼赞光影艺术，致敬银幕经典

精致的舞美设计一直是北京国际电影节开幕式晚会的重要特点，本届晚会则把这个特点做了极致强化，让晚会的视觉呈现达到了一个新的高度。晚会舞美设计从“天人合一，美美与共”的核心价值理念出发，造型根植于“天坛”的元素，通过百变舞台和多维视角，营造丰盈华丽的舞美空间，实现古典与现代的和谐统一。每个节目的舞美设计均根据其内容量身设计，既与晚会的主题高度一致，又与前后的内容、特别是仪式环节彼此呼应、浑然一体，成功地给晚会的仪式环节注入了可视性与艺术性。开幕式将领导及嘉宾致辞、影片推介等仪式，与节目表演高度融合，显示出整体策划力度。

“文化中国·水立方杯”
海外华人中文歌曲大赛及颁奖晚会成功录制

青少·海外节目中心

2018年8月8日，2008年北京奥运会开幕10周年之夜，青少·海外节目中心筹办的“文化中国·水立方杯”中文歌曲大赛颁奖晚会暨唱响“双奥之城”华侨华人大联欢在“水立方”成功录制。中央统战部副部长、国务院侨办主任许又声，北京市委常委、统战部长齐静，北京市人大民宗侨办主任孙杰，北京市人民政府侨务办公室主任刘春锋，北京市政协港澳台侨和外事委主任赵会民，北京市文化局副局长庞薇，北京市政府副秘书长韩耕等领导出席晚会，齐静部长和许又声主任分别致辞。

2018“文化中国·水立方杯”海外华人中文歌曲大赛由北京市政府侨务办公室联合北京冬奥组委新闻宣传部、北京市政府新闻办公室、北京市文化局、北京市国资公司共同主办，大赛以“相聚水立方　唱响中华情　共圆冬奥梦”为主题，吸引了海外25个国家和地区、39个赛区的7000余名选手参赛。经过层层选拔，最终有103名优胜选手来到北京参加总决赛和颁奖晚会。青少·海外节目中心承担了本届大赛北京总决赛和颁奖晚会的策划、录制和播出工作。中心与组委会共同制定了大赛规程，在一周的时间内成功组织并录制了包括青少年组初赛、复赛、半决赛、决赛及成人组初赛、复赛、决赛在内的7场比赛。而且组建高水平的导演及制片保障团队，在“水立方”场馆方面的配合下短时间内完成舞美设计、舞台规划与搭建、音视频制作等一系列工作，高质高效承办了本次颁奖晚会。颁奖晚会上，《在那遥远的地方》《贵妃东渡》《我的梦》《落叶归根》《相亲相爱》……来自世界各地的103位海外华人选手在这个特殊的日子，用歌声表达了“绿叶对根的情意”，抒发出对日益强大的祖国发自肺腑的祝福。

北京电视台2018年国庆宣传唱响家国情怀

总编室

2018年恰逢改革开放40周年，10月1日又是新中国成立69周年，在这个特殊的国庆假日里，北京电视台加强策划，创新编排，通过“我爱你中国”灯光秀活动、系列报道、特别节目、宣传片和假日精编节目等多种形式，挖掘节日资源，浓墨重彩展示发展成就，润物无声抒发家国情怀，同时积极做好节假日资讯服务和文化节目，营造国庆黄金周节日氛围，陪伴百姓度过愉快的假期生活。

一、“我爱你中国”灯光秀活动营造爱国主义氛围，新闻报道展现首都改革开放成就，做好假日资讯服务

9月27日，市委宣传部部署了国庆期间“我爱你中国”灯光秀活动。北京电视台高度重视，全面部署，全面展开对灯光秀的报道。截至10月4日，在《北京新闻》《特别关注》《北京您早》等栏目播出《京城开启“我爱你中国”灯光秀》等新闻50条次；采取特殊编排，每档节目结尾处都安排了不同地点的灯光秀，作为开放式结尾；为央视《东方时空》灯光秀直播提供20分钟精编版素材。在各新媒体平台推送相关图文7篇、视频20条次，总计播放量超过1000万次。

7天时间里，各档新闻节目集中报道“我爱你中国”璀璨灯光秀点燃京城的盛况，同时循环播放1分钟的《我爱你中国》MV，每天达到9次之多。《北京新闻》国庆期间还制作了1分钟的特殊报尾，每天整编两到三个灯光秀燃放点的精彩画面，收到了较好的播出效果。

国庆节期间，北京电视台各档新闻栏目聚焦节日活动和假日生活，展现首都发展成就，褒扬坚守岗位劳动者形象，策划推出《欢度国庆　情满中华》《坚守节日岗位》《我爱你，中国璀璨灯光秀》《说出你的自豪》《京城秋夜行》《新时代新北京》等系列报道。

按照市委宣传部的统一部署，《北京新闻》推出《坚守节日岗位》系列报道，从10月2日开始至10月7日，集中报道北京市交管、城管、环卫、医护、文艺等系统的党员干部响应市委市政府“干部在岗　群众过节”的号召，全员在岗，坚守一线，人在、心在、行动在，为城市保运行、为人民保安全，用他们的辛苦换取群众的欢乐，用自己的言行践行全心全意为人民服务宗旨的事迹。该系列报道《北京新闻》首播，《北京您早》《特别关注》重播。

《北京新闻》推出了一组《新时代、新作为、新篇章》报道，每天一条，有时效性地围绕首都重点工程和市委、市政府核心工作，抓住特点，突出典型，报道成果。报道主题包括：新机场建设、京张高铁建设、疏解整治促提升、世园会建设、城市副中心建设、河长制和治水成效等。

《北京新闻》推出了《欢度国庆　情满中华》系列报道，全景展示北京市举行的隆重热烈、欢乐祥和的节日活动，为观众提供出行、旅游、购物、休闲、游玩等方面的服务资讯，营造了热烈、和谐、喜庆、祥和的节日氛围。

《特别关注》策划并推出了《说出你的自豪》系列报道。分别从国庆升旗、科技文化新生活、军营里的祝福、新北京人实现安家梦等角度，策划推出了《国庆天安门观礼升旗仪式　自豪充盈心中》《忠诚卫士祝福祖国：我为你骄傲，我为你自豪》《高雅艺术融入百姓日常生活》《89岁老人制作10套房模讲述住所变迁》《古巴小伙感受科技北京新生活》《共有产权房实现安家梦》等。

国庆期间，《北京您早》自主策划、采制了两组特别报道《京城秋夜行》和《新时代新北京》，每组报道各4集。其中《京城秋夜行》系列精心选择了北京的夜景照明灯光秀、夜景线路游览车、司马台长城以及北京特色夜市小吃等主题，区别于白天各种盛大的国庆活动，以独具特色的小视角展现国庆期间京城的另一番风景。《新时代新北京》系列播出了《北京轨道交通着力打造智慧交通体系　一站式助力市民绿色出行》《景区优化服务升级　共推北京旅游市场持续繁荣》《文化服务消费成亮点　电影市场成绩喜人》《关注北京环境改善　蓝天白云美如画》等报道，总时长累计约35分钟。《新时代新北京》系列报道以出镜记者的亲身体验为脉络，通过个体感受汇聚成数据分析，以生动的例子讲述新闻故事，以小见大，展现出人民生活发生的点滴变化，以崭新视角带大家看到一个不一样的北京。

二、新媒体推送秉持移动优先，原创产品亮点频现

秉持移动优先的理念，此次灯光秀的融合报道，新媒体平台都比电视端要“抢先一步”，在第一时间推送。从9月28日晚开始，前方记者在各灯光秀点位上通过手机抢先拍摄一组短视频和照片传回后方，由BTV新闻新媒体团队快速制作微信图文通过北京新闻微信号推送，推送不到两小时，阅读量就超过3000次。

10月1日当天，北京新闻微信号、BTV新闻频道官方微博率先推送“我爱你中国”灯光秀MV视频，又通过北京电视台官方微博矩阵和微信矩阵进行转发，在网上形成宣传声势，灯光秀的小视频在秒拍、抖音、腾讯企鹅号等多个视频平台推送发布，通过转发、点赞等交互行为提升传播效果。截至10月4日，灯光秀系列报道在各新媒体平台推送播放量超过1000万次。

此次国庆报道，北京电视台新媒体团队还搭建了专门的国庆报道微专题，并自主策划创作了多个新媒体产品。由BTV新闻新媒体原创的H5《一图看遍长安街花坛》，截至10月3日，共有超过8万人次点击观看。而花坛延时摄影的视频版，在多个平台推送后，也获得了不俗的成绩，总计超过50万次播放。

国庆期间在各短视频平台制作推送大量节日主题的短视频作品。特别是在目前最火的短视频社交平台抖音上，仅10月1日当天，就推送了8条短视频，其中天安门广场升国旗仪式的短视频，一上午就获得了超过100万次的播放量，点赞4.7万次。原创手绘定格动画《我给祖国贴个心》，也获得了6万多次的播放量。而在秒拍平台上，国庆升旗仪式MV，在10月1日上午一经推送，就获得了339万次的播放量，成为一条爆款视频。

北京电视台新媒体团队还特别制作了时长为10秒，可供在手机微信朋友圈内转发的祝福小视频，以视频海报的形式让大家转发。

三、国庆特别节目聚焦改革开放主题，特殊编排丰富群众文化生活

北京卫视频道10月4日21：08，《我是大医生》栏目播出了国庆特别节目《改革开放40年　餐桌看变化》，通过对比改革开放40年来人们餐桌健康理念天翻地覆的变化，纠正了一直以来普遍对某些食物的偏见和误解，传播科学的健康饮食观念。10月1日至10月5日每天16：35，《暖暖的味道》栏目播出了国庆特别节目《新厨挑战赛》，邀请年轻的厨师争夺“人气厨王”宝座。10月1日至10月7日每天17：25，《养生堂》栏目播出了国庆特别节目《问道国医大师》，邀请了4位国医大师分享其养生之道。

文艺频道《文化京津冀》系列专题片于国庆期间特别策划播出了“纪念改革开放40周年”特别节目，从京津冀地区众多优秀文化选题中遴选了10个有代表性的节目，多角度深入挖掘报道京津冀地区改革开放40年来取得的突出文化成就和日新月异的文化风貌。文艺频道国庆期间还以“十一喜乐汇”为主题，《我爱书画》《喜剧合伙人》《影视风云》《星夜故事》等7档节目充分发挥自己的节目特色，每天19：35推出一期特别节目，以访谈、综艺、游戏等表现形式，营造欢乐愉快的假日氛围，向观众传递积极向上的生活态度。10月1日至7日每天17：00播出国庆特别节目《笑动剧场》之《笑动国庆喜乐会》，7场原创相声作品展演，周末相声俱乐部、捧逗汇、大逗相声、嘻哈包袱铺等知名相声团体轮番登场，各方笑匠摩拳擦掌各展其能；今年是《每日文娱播报》创办第16个年头，栏目于10月1日至9日每天18：50推出国庆特别节目“见证十六年”，选择这16年最有代表性的影像资料，让观众看到演员们的变化和成长；《我看行》国庆期间每天18：15推出特别策划，1至3日分别为《揭开神秘的国宴档案》《京味剧中的老北京美食》《盘点影视剧中的美食》，听谭江海朗读美文，吃影视剧里的经典美食，热闹过国庆！《我看行》还从10月1日至7日连续对“2018中国戏曲文化周”的开幕式、戏曲花车巡游、中国戏曲艺术汇、非遗展演等内容进行了报道，从不同侧面为北京百姓全角度解读戏曲文化周，倡导百姓走进戏曲文化周，感受传统艺术的博大精深和无穷魅力。

科教频道《法治进行时》“十一”当天推出特别节目《遇见最美》，讲述最美警察的故事，他们当中有身手敏捷的特警，有机智敬业的刑警，有交通知识“问不倒”的交警，也有亲民爱民的社区民警；《记忆》于10月1日推出特别策划《我和我的祖国》，邀请来自不同领域、不同身份的嘉宾讲述自己与祖国的精彩故事，栏目还推出6期国庆特别节目《欢天喜地迎国庆》，通过回顾改革开放以来那些带有浓郁时代气息的相声小品，讲述创作背后台前幕后的故事，展现那些喜剧和喜剧人带给我们难以忘怀的欢乐；《健康北京》10月1日至6日播出国庆特别节目《金秋动起来》，以“体医融合”为理念；《第三调解室》和妇联合作，挑选并拍摄具有好家风的14个家庭，于国庆期间播出特别节目《好家风故事》，每期展示两个家庭人物故事，弘扬正能量，宣传正确的价值观。

生活频道针对长假消费集中的特点和假期受众心理，《生活这一刻》在国庆假期播出特别节目《消费学院》，盘整栏目内优质节目资源，采用全新、灵动的演播室串联方式，包括院办消费警示、天天315红黑榜、数字看消费、消费实验室、超省事生活等，给观众提供一场省钱、省时、省力、省心的消费盛宴；《美食地图》栏目按主题进行内容编排，连续5天，每天一个主题，从京郊游到美食推荐等为观众出行、就餐提供服务信息参考；《全民健康学院》10月1日至10月4日推出特别节目《健康养生速成班》，精选以往播出节目内容，每期节目以网络调查为基础，以健康养生排行榜的形式进行串联汇编，让观众在短时间内就能掌握健康知识和养生方法；5集系列短剧《我的北京我的家》围绕“新时代、新北京、新生活”主题，突出“说身边事、演身边人”；《选择》节目组迎来8对新人的第九届集体婚礼，节目嘉宾回到《选择》舞台与广大观众一起分享他们的喜悦与幸福，讲述他们追求幸福和经营婚姻的过程，为广大单身人士，尤其是中老年再婚人士提供经验和启发。

新闻频道《这里是北京》推出《十一攻略》《国庆回眸》与《馆长说》三大系列节目，突出节日资讯服务、传统元素、时代元素、家的元素、国的元素。《十一攻略》系列，于9月25日—30日推出，共6集，主打旅游、生态，为大众“十一”小长假出游提供一份旅游指南；10月1日至3日播出的系列专题片《国庆回眸》将通过对1949年国庆大典前后的历史事件，国庆当天的热点揭秘，国宴的菜肴探寻，带观众回忆国庆的众多精彩瞬间。10月4日至7日推出的系列专题片《馆长说》与北京市文物局合作，以“馆长”为主角，请馆长当“导游”，走进西周燕都博物馆、密云博物馆、老舍纪念馆、梅兰芳纪念馆等博物馆，深度解读博物馆的文物和文化，展现“博物馆里过国庆”的文化氛围，通过差异化的节目内容，为观众奉献一个有知识、有内涵、有旅游指导性的“文化假期”。

2018年是《七色光》诞生30年，卡酷少儿频道于10月1日17：00—18：00推出《童声英雄》国庆特别节目，节目中星光璀璨，中国首位女航天员刘洋、抗战老兵方远、《七色光》经典主持人之一的小时姐姐、《七色光之歌》词作者李幼容等多位嘉宾和小朋友一起，共庆祖国母亲生日。

多频道实行“十一”特排，凸显快乐氛围。北京卫视频道10月1日至5日23：00，播出喜剧幽默类节目精编《明星欢乐汇》，时长90分钟；品质剧场将继续播出电视剧《娘道》。

影视频道首都剧场长假期间安排播出谍战剧《爱国者》。

财经频道每天晚间19：00起依次播出《首都经济报道特别节目——永定河》《天下财经特别节目》《理财之十一特别

节目》，重播《美丽乡村好计划（第二季）——乡村振兴　北京画卷》。

体育频道“十一”长假期间安排中超中甲、英超西甲、中网美式台球等若干场赛事，可谓是精彩纷呈。中网正赛在9月29日到10月7日开战（赛期9天），本次比赛世界排名前列的选手悉数参赛，每天下午到晚间体育频道都将进行直播。国庆期间，预计直播赛事20余场约50个小时，陪伴喜欢体育的观众度过一个愉快的假期。

BTV卡酷少儿频道于10月1日至10月7日以“纪念改革开放40周年”为主题，推出“改革开放40周年优秀动画展播”，集结40年来中国原创动画发展精品，主题化二次编辑成动画小短片，并将各个时期的代表动画再现荧屏，在几代人的集体记忆中寻找中国的成长印记和时代精神，展现中国动画40年发展历程。假期里卡酷频道还有《赛尔号第9季：霹雳九重天》《猪迪克之梦想训练营》等口碑新片火热播映，更有《黑猫警长之翡翠》《葫芦兄弟》《大头儿子和小头爸爸》《猪猪侠系列》等7部具有代表性的优秀口碑动画在白天超级大连播剧场播出，晚间合家欢剧场被打造成迪士尼动画电影带，排播《小公主苏菲亚》《冰雪奇缘》《狮子王》等优质动画，让假期热闹非凡。

纪实频道于2018年10月1日至7日进行以“改革开放40年，变化就在我身边”为主题的特殊节目编排，共分“献礼”、“欢庆”、“和谐”、“回顾”及“展望”五大篇章，凸显“欢乐祥和有内涵”的节日氛围。编排有四大亮点：一是《记忆》栏目连续7天（10月1日至7日）推出7集改革开放40年系列节目，让观众身临其境感受身边的变化。二是国庆节期间每晚9点，重播“冬奥”题材纪实节目《双奥之城》，为2022年冬奥会助力。三是继续中非论坛热点，在10月2日至4日每天12：38，推出3集纪录片《握手非洲》，讲述最真挚的中非友谊。四是打造上午3小时国内纪录片通档及下午3小时国外纪录片通档，让观众尽情欣赏中外美食、动物与自然、艺术与人文、美景与旅游等高收视纪录片及纪实节目。

四、公益宣传片弘扬时代正能量，品牌推广体现“全台一盘棋”

国庆前夕，总编室隆重推出公益宣传片《英雄不朽　浩气长存》，以一位老战士回忆追念战争年代牺牲在身边的战友为切入点，以恢弘的基调和细腻的情感，纪念和缅怀为国家、为民族、为人民英勇献身的烈士，在烈士纪念日当天及前一天，每日各频道播出总次数90余次，为国庆氛围增添庄严与厚重。国庆期间，全台重点播出公益宣传片《我爱你中国——主持人篇》，每日各频道播出总次数超过70次，宣传片通过有设计的即问即答，展现BTV主持人热爱生活、热爱祖国的美好情怀。10月1日起，全台各频道还紧急播出灯光秀特别节目宣传片《我爱你中国》，每日各频道播出总次数为80～100次，为节日增添喜庆的色彩。《家国情——儿童篇》《我与高铁共成长》等也在国庆期间公共宣传时段重点播出。

北京电视台中秋节报道弘扬传统文化营造和谐氛围

总编室

2018 年中秋节小长假期间，北京电视台多档新闻、综艺和生活服务类栏目围绕中秋主题推出丰富多彩的系列报道和特别节目，体现出团圆和奉献的内涵。

一、中秋报道内容丰富，服务性强

《北京新闻》《特别关注》《北京您早》等新闻栏目充分报道各种丰富多彩的中秋文化活动和北京及全国各地群众欢度中秋佳节的情景，弘扬中华民族传统文化，展现群众丰富的精神文化生活，营造喜庆和谐的文化氛围，并提供了节日市场、旅游、交通、天气等假期资讯服务。

2018 年 9 月 14 日至 9 月 18 日，《特别关注》《首都经济报道》等栏目及时播出了《2018 年国庆天安门广场花卉布置方案公布》《天安门广场及长安街沿线国庆景观布置全面启动》《老字号依托大数据创网销新模式》等报道，《都市晚高峰》等栏目播出了《迎双节：加强商品货源组织，保障供应满足节日需求》等报道，为中秋、国庆两节营造出喜庆气氛。

9 月 19 日开始，《北京新闻》《特别关注》《北京您早》推出《月圆京城，情系中华“我们的节日·中秋”》专栏。9 月 19 日至 24 日（中秋节当日），专栏先后播出《“诗意中国”第十届中华世纪坛中秋诗会在京举行》《北京市属公园 27 座立体花坛扮靓中秋、国庆》《北京千余项文化活动庆中秋，68 个场馆将上演 99 台剧目》《市属公园开展“中秋悦园”主题游园活动》《北京节日消费市场注重传承中秋文化》《月圆中秋情满邻里，居民自制月饼送给社区困难群体》《不一样的中秋，过传统佳节，向欢乐出发》《赏月圆听戏曲，什刹海畔庆中秋》《迎中秋社区举办百家宴，共话邻里亲情》《“独山夜月”文化体验周延庆开幕》《回龙观天通苑社区居民联欢，喜庆中秋说变化》《北京中秋赏月嘉年华在月坛公园举办》《“祝福祖国”国庆花坛今天凌晨实现完美吊装》等报道，生动展示了本市景观布置和假日消费市场情况，展现了邻里互助交往以及中秋小长假期间市民参加游园、赏月、观看文艺演出等文化活动的情况。为突出中秋节主题，《北京新闻》《特别关注》等栏目还配发了《在继承传统中走向未来》《筑好我们共有的精神家园》《享受传承文化，重拾中秋记忆》《在北京体验不一样的中秋》等短评，同时播出了《安徽铜陵：百合花开逢月圆》《武侯祠博物馆举办“蜀韵中秋游园会”》《中澳两国音乐家联袂举行“天涯共此时”音乐会》《纽约美国华人博物馆庆中秋》《印度尼西亚华人欢度中秋佳节》等报道，展现全国各地与世界华人欢度中秋的情景。

新闻频道《锐观察》9 月 24 日播出特别节目《月圆京城，情系中华》，集中展示了在月坛公园、园博园、永定门南广场、房山南窖村古商道等地举办的多种多样的中秋文化活动情况，普及了传统文化知识。《晚间新闻报道》9月24日集中报道了北京当日在景山、奥林匹克森林公园、古观象台、前门北京坊、北京新机场建设工地等地举办的各种中秋文化活动，展示了市民欢度节日的景象。

《特别关注》等栏目还播出《北京重拳打击非法一日游成效显著》《工商朝阳分局开展中秋节商品销售检查》《中秋国庆出行集中，公安交管部门发布安全预警》《两个假期首尾将出现出行高峰》等报道，为公众提供节日服务信息。

财经频道《首都经济报道》播出了《聚焦月饼市场》《花好月圆去看花，市属公园花坛景观布置亮相》《“赏月”餐位一座难求，两节家宴婚宴预订正火》《卢沟赏月夜游公园，丰台启动金秋旅游季》《欢度中秋小长假，北京公安交管局发布出行提醒》《欢度中秋小长假，公交地铁多项措施保障市民中秋出行》《泛舟赏月秋桂飘香，市属公园25项活动邀请您“中秋悦园”》《天安门广场“祝福祖国”大花篮今起开放参观》《良辰美景赏秋月，市属公园邀请您夜游过中秋》《做月饼猜灯谜，市属公园欢乐度中秋》等服务性报道。9月24日，栏目还推出特别节目《首经陪你过中秋》，播出了《首经拍客：共同走过20年，中秋节观众晒出“我的丰收关键词”》等节目，展现市民欢度中秋和丰收节的场景，让观众说出对节目的期待。

生活频道《生活这一刻》播出《“秋分”撞“中秋”》《老字号月饼销售火爆》《中秋假日首日北京市属公园迎客35.7万人》等报道，介绍了节日服务信息。

上述报道充分地呈现了京城花好月圆的中秋意蕴，表现了“团圆”“丰收”主题，展现了人民群众享受的丰富多彩的文化生活，奏响了普天同乐的盛世华章，很好地弘扬了社会主义核心价值观和中华民族传统文化，营造出欢乐和谐的节日氛围。

此外，《北京新闻》《特别关注》等栏目还在中秋小长假期间播出《公交地铁多项措施保障中秋出行》《新闻特写：一人忙换来万家乐》《舍小家顾大家，首都交警假日坚守岗位确保市民出行顺畅》《节日坚守岗位，北京110民警中秋停休保平安》《工程一线，别样团圆》《海拔760米高山上转播站的中秋值守》《高铁建设者坚守岗位，道德讲堂激发工作热情》《思念：坚守部队家书寄相思》《维和步兵营官兵在岗位度过中秋》等内容，报道军人、民警和各行各业职工节日期间坚守工作岗位的奉献精神。

北京卫视频道在2018年9月24日中秋之夜播出《汉风秋月——2018中秋晚会》。该晚会是北京卫视、东方卫视、陕西卫视和凤凰卫视为纪念改革开放40周年、新中国成立69周年、“一带一路”倡议实施5周年以及庆祝2018中秋佳节举办的，在素有“汉家发祥地”之称的陕西省汉中市兴汉新区“兴汉胜境”汉源湖录制。演出以灯光勾勒的汉宫为背景，变化多端的水幕、绚丽的灯光、行进的龙舟，营造出美轮美奂的意境。晚会邀请李宇春、谭维维、张信哲、韩磊、张杰、佘诗曼、曹芙嘉、平安，以及京剧梅派传人胡文阁、中央电视台朗诵艺术家陈铎等实力派演员，表演了歌舞、京剧、器乐、朗诵等节目，演出内容庄重大气，展现了中秋佳节亲人团圆、彼此思念的内涵，弘扬了传统文化，体现了文化自信。

9 月 24 日，文艺频道《笑动剧场》播出了《文玩知多少》《茶道》《巧对影联》《吃月饼》等相声节目，营造出节日欢乐气氛。《我看行》播出中秋特别节目《中秋佳节别样过，边吃边玩讲究多》。节目中，主持人谭江海讲述了中秋节的习俗和典故，朗诵了《红楼梦》《四世同堂》《北平的秋》《忆儿时》等文学作品中与中秋节相关的片段，普及了传统文化知识。《每日文娱播报》播出中秋特别节目《花好月圆》。节目分为 3 部分："阖家团圆""片场有约""老友重逢"，展现了影视演员对中秋佳节、对亲情和友情的认识和感悟。当晚，我台文艺频道还与深圳、上海、重庆等 7 家电视台联合播出了《欢乐月圆——中秋大联欢》。

二、"首个中国农民丰收节"报道为中秋佳节增加丰富内涵

2018 年 9 月 23 日（农历秋分节气）是首个中国农民丰收节。当日，《北京新闻》推出《中国丰收节：京秋庆丰收，喜悦满京城》专栏，播出了《首届"中国农民丰收节"北京主会场活动开幕》《56 个民族农民代表来京共庆丰收》《密云：生态农业造福一方，农民喜庆金秋丰收》《房山："秋收节"邀市民摘柿采菇赏菊》《平谷：喜迎首届中国农民丰收节》《丰台：逛郭庄子农时荟，寻觅北京农村老风情》《朝阳：金色北京大市集开幕》等报道，展示了北京地区的农业丰收场景，介绍了北京生态环境的改善成果和多彩生活给群众带来的喜悦等情况。

9 月 22 日至 24 日，《特别关注》播出了《延庆：民俗表演扮靓花海，丰收节预热中秋》和《江西萍乡：传统农耕文化唤醒乡村记忆》《掉落人间的调色盘，徽州晒秋美如画》《浙江：文化大戏庆丰收》《河北阜成：农民艺人创作大型剪纸作品庆祝丰收节》《黑龙江绥化：放歌龙江黑土，同庆五谷丰登》《河南新郑：枣农红枣挂枝头，中原唱彻丰收曲》《西藏拉萨：西藏农民礼赞丰收》《福建福清：侨乡农民庆丰收》等报道，全面反映出北京和全国各地农民欢庆首个丰收节的情况。

9 月 23 日，新闻频道《锐观察》播出了《丰收节里说中秋》。节目中，主持人和文化专家一起介绍了设立丰收节的意义，说明将瓜果飘香、五谷丰登的秋分节气设为丰收节，体现了党中央对"三农"的重视。节目展示了北京农村地区的丰收景象，介绍了北京多个地区举办的庆祝中秋节和丰收节活动的情况。

9 月 23 日开始，生活频道《生活这一刻》推出纪念改革开放 40 周年系列专题节目《新国门，新大兴》。首期节目《新国门，新大兴——丰收》配合宣传了首个中国农民丰收节，从农业的丰收、宜居的环境、人民幸福感等方面，形象生动地展示了北京大兴区近年来的发展变化与成就，让观众真切感受到改革开放所取得的丰硕成果。

总体来看，"丰收节"报道拓展了中秋节报道的内涵，有助于引领人们传承文化、寻找归属，感受千年农耕文化生生不息的精神，有助于人们深入了解设立丰收节、将传统文化和现代文明有机融合的意义，增强文化自信心和民族自豪感。

第八届《北京喜剧幽默大赛之欢声笑语40年》特辑创收视佳绩

文艺节目中心

北京电视台文艺节目中心一年一度的《北京喜剧幽默大赛》，自2011年起已连续举办8届，不但成为较有影响力的语言类品牌节目，而且成为北京乃至全国观众期待的一道新年大餐。几年来，大赛团队秉承着推新人、出新作的宗旨，推出了方清平、曹云金、苗阜、王声、嘻哈五虎、李寅飞、李丁等众多青年相声演员，更推出了《满腹经纶》《财从天降》《量子力学》《中国合伙人》《租房租房》等一大批优秀作品。

2018年的第八届《北京喜剧幽默大赛》由北京市文联、北京电视台联手济南广播电视台、石家庄广播电视台联合出品，节目分别在北京电视台文艺频道、济南广播电视台文体频道、石家庄广播电视台娱乐频道播出。

2018年恰逢庆祝改革开放40年，导演组以“欢声笑语40年”为主题，精心策划了改革开放40年来部分优秀相声作品展演，用相声特有的“说、学、逗、唱”方式，来回忆和纪念这个伟大的时代。

本届大赛体量上与往届相同，仍为7场，每场90分钟，但规则上不同以往，不比赛、不打分，按主题录制。

内容上，本届大赛按照时代经典、温故知新、传统新说、新新笑将、八方来客、欢聚一堂等几大主题进行，参演的演员中既有曹云金、何云伟、李菁、李丁、金霏、陈希、李寅飞、刘钊等往届的获奖选手，也有应宁、王玥波、贾旭明、李鸣宇等相声演员，更有刘伟、李伟建、李增瑞、郑健、刘洪沂、刘俊杰、靳佩良等一大批前辈艺术家。他们的加盟使本届大赛群星荟萃，精彩纷呈。

形式上，特别设计了寻笑师和品笑师两大阵营。纪连海、王洁实、王为念、关凌、那威、康大鹏组成的寻笑师队伍，在绞尽脑汁、唇枪舌剑、花样百出地为大家推荐他们所寻找来的节目的同时，也成了节目新的亮点，为观众带来了别样的欢乐。由相声表演艺术家刘伟、李伟建和相声作家赵福玉组成的品笑师团队，在分享40年来曲艺发展、生活变迁、台前幕后故事的同时，每期还带来一份“笑的礼物”，如马季先生的书法作品、侯宝林大师签名的相声书籍等，赠送给当期某组节目的表演者。这些设计给本届大赛锦上添花。

第八届喜幽大赛于2018年11月底在本台1000平方米演播厅完成前期录制，录制期间，北京市文联和合作台济南电视台、石家庄电视台的相关领导也来到现场，观看节目后纷纷给予好评。大赛经过紧张的后期制作，于2018年12月30日至2019年1月5日，每天19：35在文艺频道播出。

经过大家的努力，第八届《北京喜剧幽默大赛之欢声笑语40年》特辑，一经播出便再创收视佳绩，7场平均收视率1.31，最高单期收视率1.87。

《国粹+》荟萃大运河沿岸戏曲精品

文艺节目中心

作为北京宣传文化引导基金资助项目，2018年3月开始，文艺节目中心用5个月时间，先后承担了一堂“大运河与中国戏曲”为主题的实景戏曲公开课、一系列深度展示大运河沿岸重镇11个戏曲院团的专题片和《国粹+》——“水路·戏路”大运河年度戏曲精品大汇的录制播出。

一、北京通州大运河森林公园内的实景戏曲公开课

2018年4月22日，北京市文化发展中心、北京电视台和通州区文委等有关领导和300多位观众现场参加了为时两个半小时的大运河戏曲公开课。公开课深入浅出地为观众讲解了何为大运河“水路即戏路”，特别是国粹艺术京剧的形成发展脉络以及它对其他剧种的强大反哺。其间，项目负责人孔洁和7位来自北京、山东、江苏和安徽的专家学者共同探讨了京杭大运河对中国戏曲文化传播所起到的积极作用，同时来自大运河沿岸浙江、江苏、安徽、山东、河北、天津和北京本地的10个专业院团带来优秀节目，以展示运河沿岸各地的戏曲特色。此次大运河实景戏曲公开课分上下两期，于2018年5月21日和28日在北京电视台文艺频道播出。

二、在全国地方戏演出中心录制的《国粹+》——“水路·戏路”大运河年度戏曲精品大汇公演

2018年5月25日，京杭大运河沿线的11个专业戏曲院团参加盛况空前的大汇演，其中包括北京京剧院、中国评剧院、北方昆曲剧院、天津京剧院、天津评剧院、河北省河北梆子剧院、山东省吕剧院、安徽省徽京剧院、扬州市扬剧研究所、江苏省苏州昆剧院和浙江小百花越剧团。各院团都派出了精兵强将，带着本团最具特色的经典节目前来参加这次以大运河为主题的戏曲大汇，向首都的500多位现场观众以及无数电视观众和网友梳理大运河戏曲文化传承、发展和创新的脉络，分享大运河沿岸的戏曲艺术成果。

此次大运河年度戏曲精品大汇公演分上、中、下三个部分，于2018年8月27日、9月3日、9月10日在北京电视台文艺频道播出。

三、深度展示大运河沿岸重镇11个戏曲院团的专题片

节目组深入走访了北京京剧院、中国评剧院、北方昆曲剧院、天津京剧院、天津评剧院、河北省河北梆子剧院、山东省吕剧院、安徽省徽京剧院、扬州市扬剧研究所、江苏省苏州昆剧院和浙江小百花越剧团，涉及城市包括北京、天津、石家庄、廊坊、济南、临清、聊城、合肥、扬州、苏州、杭州等。节目组采访了大量享誉全国的老艺术家和优秀中青年戏曲工作者，录制了极为宝贵的音视频资料，同时还实地拍摄了故宫、中国昆曲博物馆、聊城山陕会馆、程长庚故居、杭州拱宸桥、苏州昆剧传习所、扬州个园、苏州文昌阁、扬州东关街等古建筑。这些历史文化遗产既是京杭运河文化的象征，也是中国戏曲艺术发展的见证，两者的深度结合为探寻戏曲史提供了有益的研究方向。此系列专题片于2018年6月18日起，连续10周在北京电视台文艺频道播出。

四、社会影响力

《国粹+》——“水路·戏路”大运河年度戏曲精品大汇项目自立项以来就受到媒体和业内外人士的广泛关注，包括人民日报、光明日报、北京日报、北京晚报、北京青年报、北京晨报、法制晚报、中国电视报、北京广播电视报、北京人民广播电台、北京电视台新闻频道、人民网、新华网、凤凰网、搜狐新闻、腾讯新闻、千龙网、凤凰新闻客户端、中国快讯、中国综艺网、新浪看点、天天快报、奇虎360、北京时间在内的20多家媒体全程跟踪报道了项目的进展和成果。

在项目涉及的运河重镇中，当地的媒体资源也给予大力支持。例如浙江省小百花越剧团的院团专题播出时，包括浙江新闻、浙江在线、中国越剧网、搜狐新闻在内的10多家媒体进行了联动宣传。各家院团也充分利用网络自媒体为该项目进行宣传推广，充分显示该项目相当高的媒体认可度。

戏曲电视公开课《校园国粹先锋》搭建美育平台

文艺节目中心

以传承和弘扬优秀传统戏曲文化为主要内容的《校园国粹先锋》由北京市教育委员会主办，北京电视台文艺节目中心承办。通过联合打造一系列以传统戏曲艺术为主要内容的、特色鲜明的美育电视公开课，进一步推动戏曲文化进校园工作的开展，有效搭建社会、学校和家庭互联互动的美育平台，带动更多学生、老师和家长了解、走近和喜爱传统戏曲文化，让中华优秀传统文化基因浸润学生心灵，营造全员美育的良好氛围。

戏曲电视公开课分“戏曲课堂”“戏曲实践”“戏曲舞台”三个部分。2018—2019年首推24期专门为中小学生设计的节目，每期时长为50分钟。每堂课设定一个有趣的主题，以传统戏曲文化为主要内容，结合学校教育内容，结合相关艺术门类，采用讲述、表演和互动相结合的方式，从戏曲故事、脸谱、服装、造型、色彩、形体训练、表演等多种角度设计内容丰富的课堂内容。

各中小学在本区教委的指导下，派出

由教师、学生和学生家长共同组成的联合代表队参加公开课的各个环节。每期节目有4个学校组成4支代表队，每队为5人，其中包括3名学生，老师和家长代表各一人。共有64个学校参加了首批节目的录制。

戏曲实践结合戏曲课堂的内容，组织参加戏曲课堂的人员走进戏曲艺术教育、创作和表演相关场所，近距离地去观察、了解和体验戏曲之美，记录和分享学生、老师和家长的成长心得，从不同的层面促进戏曲文化的传播。

相关学校派出最强阵容争当本年度校园国粹排头兵。"戏曲舞台"是每一季戏曲电视公开课成果的汇报展示，有利于发挥同龄人的榜样力量、展示戏曲艺术魅力，促进学校美育的深入开展。戏曲电视公开课采用录播形式，在北京电视台600平方米演播室集中录制，2019年2月11日起在文艺频道每周播出1期，连续播出24周。

时代在诉说　我们在记录

——大型口述历史纪录片《生于1978》引多方关注

财经节目中心

由财经节目中心拍摄的20集大型口述历史纪录片《生于1978》于2018年12月22日完成第一轮播出，该片分别在北京电视台财经、新闻、纪实高清、文艺和BTV国际频道播放，成为本台在"庆祝改革开放40年"宣传报道中篇幅大、涉及区域广、选题经典、制作周期最长的一部纪录片。

这部用3年时间策划、2年时间创作、18个月拍摄、20万公里采访行程、70万字文稿量，最终形成的口述历史纪录片，能在"庆祝改革开放40年"诸多宣传作品中脱颖而出，有多方面原因。创作团队提前策划、提前布局，在充足的时间里去挖掘、去突破、去尝试。不仅最终形成了"一鱼五吃"的内容生产大格局，也创下了多个"首次与第一"。如：《生于1978》是国内第一部全面展示以创一代和创二代企业家在改革开放40年历程中的创业精神和家族传承为核心诉求的、具有家国情怀的大型口述历史纪录片。

《生于1978》"未播先火"，引起多方关注。该片充分利用北京电视台"融媒体"优势，于播出前两个月在网络上进行矩阵式宣推。首先集中推出40个系列短视频，有效形成"台网联动"的宣传氛围，同时与"北京时间"策划推出18集网络直播节目——《请回答2038——王春元对话"创二代"访谈录》，单集点击量均超过10万+次，其中江苏太平洋集团董事局主席严昊的一期节目，点击量超过50万人次，创下"今日头条"直播节目单集点击量新纪录。《生于1978》开播当天在本台融媒体中心运用网络直播形式举办"《生于1978》开播仪式暨创二代封存时间胶囊"网络现象级引流活动。这是融媒体中心成立以来第一次推出的大型网络热点话题直播活动，当天的直播仪式在北京市网信办大力支持下进行全网推送，数百万观众同步收看直播，传播效果良好。

在播出前两个月，中央《三项教育学习通讯》2018年第109期对即将推出的大型口述历史纪录片《生于1978》做了大篇幅的专题报道。开播前，《北广人物周刊》对该片主创人员进行深度采访，刊载了6个版面的专题报道。开播当天，北京市委宣传部《宣传系统快报》在"特色工作"板块推出大篇幅的节目介绍。播出过程中，2018年第271期《收听收看》刊载了一篇题为《〈生于1978〉开播　制作精良　导向积极》的文章，对该片给予肯定。《生于1978》被列入国家广电总局"记录新时代"百部优秀大片名单。

节目播出后，中央电视台国际电视总公司接洽《生于1978》节目的海外版权采购。中国传媒大学国家口述历史研究中心主任丁俊杰教授确认：该中心将正式收藏由北京电视台摄制的2008年"纪念改革开放30年"15集大型口述历史纪录片《转身——一起走过30年》和2018年"庆祝改革开放40年"20集大型口述历史纪录片《生于1978》，作为这段重要历史时期的历史影像资料进行学术课题研究。与该纪录片同名的长篇纪实文学《生于1978》已由中国青年出版社向全国出版发行，甫一出版2万册即被售罄。该书已被中宣部列入"中国好书"评选计划。

《新国门　新大兴》献礼改革开放40周年

生活节目中心

2018年9月9日至30日，作为北京市传统的农业大区，大兴区以首个"中国农民丰收节"为契机，与位列"传媒中国十大品牌影响力省级地面电视频道"的北京电视台生活频道强强联手，推出"新国门　新大兴"纪念改革开放40周年大型系列活动，借助融媒体之势，线上、线下共同发力，深度挖掘大兴深厚的文化底蕴，集中呈现新时代日益国际化的大兴形象。《新国门　新大兴》活动聚焦北京大兴国际机场、南海子公园、庞各庄、星光影视园等代表性区域，通过丰富多彩的地面活动和全方位、立体化的电视报道及新媒体传播，让北京市民深入了解大兴，向全市乃至全国观众展现出一个高颜值、有内涵、时尚与文化并存的全新大兴。以强信心、暖人心、筑同心的活动和节目，响应习近平总书记在全国宣传思想工作会议提出的举旗帜、聚民心、育新人、兴文化、展形象的使命任务。本次大型系列活动历时3周，分为地面预热周、网络宣传周、电视主题周，分别以线下活动、网络互动、电视呈现为主要形式，全面展现大兴作为京南新坐标的形象与魅力。

一、地面预热周——BTV 生活·京郊游大班车开进大兴

从9月9日起，BTV 生活·京郊游大班车开往大兴，每天一班，为期7天，满载热心观众和特殊游客前往大兴免费参与精彩的线下活动。每辆车上都安排一位由文化名人、演艺名人、北京电视台著名主持人担任的“超级导游”，为游客们进行专业讲解，带领游客深度体验大兴的最美之处、特色之处、文化之处、时尚之处。“BTV 生活·京郊游大班车开进大兴”活动共包括7条路线，7个主题，涵盖了改革开放40周年以来大兴的各项成果。

二、网络宣传周——借助新媒体，发力短视频

此次纪念改革开放40周年大型系列活动期间，恰逢首个“中国农民丰收节”，大兴区借此良机举办一系列具有大兴特色的农耕文化、民俗文化活动，以节为媒，让亿万农民一起晒丰收，社会各界一起话丰收，全民参与一起享丰收，并由BTV 生活频道围绕“东方新国门”和“京南古苑囿”两个主题，精心制作短视频用于融媒体宣传。BTV 生活频道《生活这一刻》等栏目全方位配合网络互动，参与视频、话题转发的网友有机会成为后续电视主题周的节目嘉宾，在演播室讲述自己的“大兴故事”。

三、电视主题周——BTV 主播对话大兴人，讲述“大兴故事”

作为此次纪念改革开放40周年大型系列活动的主体部分，在黄金时段连续7天播出的大兴专题节目中，多位身份不同、工作各异，但同样热爱大兴、建设大兴的“新老大兴人”，走进 BTV 生活频道的演播室，与 BTV 当红主播对话，讲述他们心中的“大兴故事”。无论是领导，还是新机场的建设者、特色小镇的居民，他们都用鲜活的故事讲述大兴的新发展、新变化，体现出百姓的幸福感、获得感。

“百姓小故事，城市大发展”专题节目精心设计7个主题，通过典型人物、典型事件，从生活角度、体验角度全方位反映大兴在经济、文化、旅游、民生等方面的显著变化，展现改革开放40年来，特别是在进入新时代、共圆“中国梦”的进程中所取得的巨大成就。

“七夕·爱在北京”大型交友活动圆满完成

生活节目中心

由北京电视台生活频道联合北京市民政局、北京市总工会共同举办的“七夕·爱在北京”大型交友活动，于8月17日—8月20日在马奈草地圆满完成。其中17、18、19日开放中青年场，20日开放老年场，4天5场活动有3000人次参与，80后及60后占参与者五成以上。本次活动牵手成功百余对，上台发表牵手成功爱情宣言的有10余对有情人。

北京电视台生活频道主持人阿龙、秦天、吴冰、火旺、张楠、毛天宇、品红、王洋、魏薇化身爱情信使，为男女嘉宾牵线搭桥。本次交友活动的互动环节非常丰富，包括主舞台的“镜头寻爱”，摄像机镜头跟随音乐节拍捕捉现场单身嘉宾，被镜头扫到的嘉宾上台展示自己。在宴会厅的“爱情舞动”区，单身男女嘉宾在主持人和舞蹈老师的带领下，学习流行舞步和交谊舞，放下羞涩。在“三分钟换桌”的聊天区，单身男女嘉宾在限定时间内和不同的异性互动提问，加深了解。在“爱情灵药”调酒区，单身男女嘉宾两两组队在调酒师的指引下学习调酒并共饮交杯酒，升华彼此的感情。最受大家欢迎的是“心仪卡”，5场活动参与嘉宾互换心仪卡30000张。

本次活动报名时间为一个月，活动信息在北京电视台生活频道、地铁大屏、社区海报、商超海报、新浪微博、微信等渠道同步宣传。活动采用线上报名实名认证，严格报名流程，营造真实的交友氛围，线上报名通道以《生活这一刻》和《选择》两大栏目的官方公众号为平台，公众号中有关活动的文章阅读量6万次，粉丝增长1万人，公众号平台活跃度是日常5倍，“北京时间”新媒体直播20万+人次点击量。

继“520爱在北京”大型交友活动成功举办后，“七夕·爱在北京”交友活动再次升级，提升内容品质和服务理念，同步开启“七夕·爱在北京”寻缘平台，收纳参与活动人员基本信息，活动结束后一个月内，参与者可以通过手机端登录检索联络其他参与活动嘉宾，平台互动信息量达30000次。

北京电视台生活频道致力于打造北京城市生活融媒体服务平台。作为根植生活、立足服务、贴近百姓、打造全面介入百姓生活的专业电视频道以及百姓最贴心的生活服务平台，生活频道一直秉持公益之心，本着真实真诚真心的原则，致力于促成美好姻缘，《选择》栏目开播10年间已举办8届集体婚礼，通过节目相知相恋登记结婚约300对。本次活动延续公益精神，继续为改善都市民生而努力。

体育节目中心主办青少年滑雪赛事取得成功

体育节目中心

2月24日，“2018BTV杯青少年雪地锦标赛”在崇礼太舞滑雪小镇成功举办，140多名6~15岁的青少年滑雪爱好者参加了两个项目的角逐，这是体育节目中心在举办冰雪赛事方面作出的有益尝试。

随着平昌冬奥会的落幕，冬季奥运会正式进入北京时间。北京冬奥会的举行将带动我国3亿人开展冰雪运动，这将极大促进中国冰雪运动以及冰雪产业的发展。在平昌冬奥会闭幕之际，体育节目中心举办这样的比赛，在力争深度介入和开拓冰雪产业方面迈出了第一步。

举办一项滑雪赛事并非易事，而这项赛事从筹备到举办只有半个月的时间，中间还跨越春节假期。体育节目中心有了初步想法和合作伙伴之后，第一时间找到北京滑雪协会要求联合主办。北京雪协大力支持，而且正好太舞滑雪场正在筹办一个太舞全国青少年邀请赛，在北京雪协的协调下，促成了两赛合一的这项赛事，否则从准备时间和北京的雪期来看，这个时段很难办成。

赛事确定之后，体育节目中心春节前赶制了宣传片在频道播出，通过电视招募和雪场本身的冬令营学员，最终有140多名选手分别参加了6－10岁和11－15岁两个年龄组的比赛，通过一天的角逐，产生了高山滑雪和趣味赛男女共4个组别的名次。据北京滑雪协会领导介绍，获得优异名次的基本都是北京青少年雪圈中的佼佼者，由电视媒体和北京雪协共同主办的这次比赛得到了大家的认可。

数据显示，北京已经成为全国参与滑雪运动的主力，2017年参加滑雪的人数达到170多万。由于北京的整体经济实力和周边雪场多的优势，北京的青少年滑雪水平提升迅速，更多青少年的参与也刺激了冰雪消费的大幅增长，相信在未来4年的北京冬奥会周期里，还会取得长足发展。此次体育节目中心举办的首届赛事由于时间紧、位置远等原因还有很多需要改进和提高的地方，但有了这次办赛的宝贵经验，相信未来会越办越好，争取打造出又一项具有广泛影响力的BTV自主赛事。

体育频道完成国内首次无人机电视转播

体育节目中心

无人机空中竞速，又称空中F1，是一项速度结合技术的竞速类比赛。这项运动从2016年开始进入我国，深受广大无人机爱好者的喜爱。8月25日在崇礼举行的2018世界无人机锦标赛中国队选拔赛，本台体育节目中心承担了转播任务，并在爱奇艺、优酷等10多家网站直播，北京电视台体育频道也安排了录播，这是国内电视媒体第一次无人机电视转播。

无人机运动的实况转播难度非常大。无人机的飞行速度快、机身小、飞行轨迹变化多端，发生意外炸机的概率很高，最高飞行速度可达200千米每小时，这就对摄像师和导播有很高要求，需要摄像师高度集中精神，迅速准确变焦跟焦，导播灵活快速进行切换。在经过认真准备和前几轮适应性转播后，从摄像师到慢动作操作员以及导播，都在最短的时间内熟悉了比赛的节奏，完成了一次高质量的转播。

BTV 体育助力“北京跑”

体育节目中心

4 月 15 日清晨，北京春风和煦，阳光明媚，2 万多名跑者齐聚天安门广场，参加 2018 年北京国际长跑节——北京半程马拉松赛。作为备受喜爱的全民健身传统品牌赛事，2018 年的比赛吸引了 32 个国家和地区的 2 万多名跑者。BTV 体育频道全程直播了本届北京国际长跑节——北京半程马拉松赛。

北京国际长跑节——北京半程马拉松赛是国内历史最长的群众性传统体育活动之一，这项被北京市民亲切称为“北京跑”的赛事是一项拥有 62 年悠久历史的全民健身盛事。从 1956 年举办的“北京市胜利杯环城赛跑”，到“北京春节环城赛跑”，再到“北京春季长跑暨北京国际长跑节”，“北京跑”见证了北京发展的足迹。2016 年，“北京国际长跑节”正式升级为半程马拉松赛，全面升级后的“北京跑”在 2017 年赢得了“2017 中国田径协会金牌赛事”的称号。

2018 年的赛事直播上，在起点天安门广场和终点鸟巢设立转播车和前方注入点，途中 4 台摩托车全程直播，同时与后方演播室联动，并且大胆尝试运用 4G 技术，呈现了 2018 北京国际长跑节——北京半程马拉松赛的盛况。参与转播的人员克服连续作战和特殊场地条件限制，连夜进场搭建，直播当日凌晨 4：00 进场开始准备直播，圆满完成了转播任务。

BTV 体育频道已经连续多年直播北京春季最具影响力的群众性体育活动“北京跑”，用实际行动为践行全民健身国家战略做出贡献。

卡酷少儿原创节目获国家广电总局高度认可

动画节目中心

由国家广播电视总局主办的“2017 年度少儿节目精品发展专项资金扶持项目”评审结果出炉，卡酷少儿频道原创一带一路主题户外探险秀《萌娃看动物》和历史文化互动节目《穿越吧少年之爱上博物馆》两档节目上榜。这两档节目也是分别作为卡酷少儿迎接十九大和献礼改革开放 40 周年的特别节目策划，获得了国家广播电视总局的高度认可。

国家广播电视总局设立该奖项旨在扶

持全国少儿广播电视节目制作播出，鼓励和引导少儿节目精品创作。卡酷少儿频道也始终坚持从自身频道定位出发，用孩子们喜欢的方式来讲述历史、讲述文化，传播正能量。

《萌娃看动物》以萌娃和“一带一路”上代表性的动物为主角，筛选了丝路起点西安、枢纽重地青海、西域文化代表新疆等丝绸之路上面的重点地域，通过萌娃的主题探险，展现一带一路沿线的历史文化、风土人情，表现一带一路对沿途地区经济文化发展产生的影响，也传达了爱护动物、保护大自然的理念。开播首期4—14岁核心受众收视份额在全国35城省级卫视同时段排名第二位。节目还在2017年荣获广电总局“迎接十九大优秀少儿节目”二等奖。

《穿越吧少年之爱上博物馆》，由专家带领博物馆少年团展开博物馆的奇妙探索之旅，从孩子们的视角带来不同的文化体验。以博物馆为起点，在人文、艺术、自然科学的不同维度里尽情穿越；以博物馆为载体，将书本里看到听过的知识，变成鲜活的体验。让文化拥有“触摸感”和“亲近感”，吸引孩子们爱上博物馆。节目获得市委宣传部宣传系统快报点名表扬。

《大运河奇缘》动画创作组赴开封采风

动画节目中心

2018年1月中旬，动画节目中心《大运河奇缘》项目组赴河南开封市采风。国家新闻出版广电总局宣传司司长高长力参与此次调研，河南省新闻出版广电局、开封市政府、市文化广电新闻出版局、市文物局予以大力配合。

动画节目中心项目组坚守精品意识，探访了大运河沿线遗迹，并与当地历史及文物专家进行座谈。河南省大运河、宋史等方面专家出席会议，为《大运河奇缘》的创作提供了丰富的历史细节。《清明草色绿中川》是故事大纲中的两集，主人公机缘巧合穿越到北宋，帮助一艘载满乘客的桥船摆脱险情，而这正是河南开封的《清明上河图》中画出的故事。专家为项目组讲述了《清明上河图》的历史图景，它展示了北宋宣和年间的繁华景象，重点在表现民俗。专家建议在创作上，应集中展现当时的历史风貌；在文化的延伸上，可加入同时期出现的中国四大发明中的三项：火药、印刷术、指南针；在美术设计上，利用当时的建筑、城防、客船、漕船、瓷器、服饰和小吃等元素，充分展现那个时代的文化细节，为少儿观众呈现真实、鲜活的运河图景。

河南开封在大运河上占据重要地位，不仅有运河通济渠、永济渠的河段，还有清明上河园等文化实景主题园区，直观展现了大运河沿线的民俗风情和生态环境。采风过程中，项目组走遍开封段大运河及城摞城顺天门遗址博物馆、清明上河园、相国寺、州桥、延庆观、繁塔、铁塔等。

项目组一一记录外形特征，并由专家讲述其历史故事和古今变革，为剧本撰写和美术设计提供现实参考。寻访期间，河南省遭遇严寒大雪天气，队员们顶着严寒记录走访，更加深刻地感受到大运河修建闸口、开顺河道的不易。

采风活动结束后，国家新闻出版广电总局宣传司高长力司长要求，主创团队要严格把握主题，充分展现历史文化，继续深入了解相关历史和民俗。下一步，主创团队将在全力投入创作的同时，继续组织专家进行阶段性研讨和采风活动，积极推进项目进展，力争打造一部优质动漫作品。

《大运河奇缘》共26集，每集13分钟，是北京电视台大运河文化带宣传报道计划的重要组成部分，是卡酷少儿频道又一原创主题动画作品，已经获得北京市政府200万元和国家广电总局100万元扶持奖励，并且纳入中宣部和广电总局“中国经典民间故事动画创作工程”项目。

加强版权建设　推动内容资源产业发展

——记2018年媒体内容资源管理创新与发展论坛

总编室

2018年4月17日至20日，中广联合会信息资源产业发展工作委员会举办了题为《媒体融合背景下内容资源管理创新适配、价值再造与产业开发》的“2018年媒体内容资源管理创新与发展论坛”。业内知名学者、中国传媒大学理工学部张鹏洲教授、中国人民大学新闻学院周勇教授做主旨发言，学会各会员单位主管媒资内容及版权管理的部门负责人进行了嘉宾讨论，共同探讨在互联网时代媒体融合背景下，媒资面临的挑战和机遇，为新时代信息资源产业发展寻找创新之路。

纵观国际传媒产业，广告收入、收视费和内容资源开发已经成为三大收入支柱，但国内的内容资源产业开发尚未形成核心竞争力，创收占比九牛一毛。大家认为，广播电视行业丰富的视音频内容，既是人类宝贵的视听文化遗产、广播电视行业独特的产业资源，更是国家重要资产。在当今广告收入断崖式下滑的态势下，做大做强媒资事业，对视听资源保值增值有重要意义，是增强广播电视行业抗风险能力的有效手段。

中央电视台和湖南广电集团在内容资源开发方面领先业内同行。中央电视台正以中央三台合并为契机，整合原中央人民广播电台、国际广播电台的视音频资源，打造中国音像馆，推动内容资源产业开发成为中央广播电视总台新的利润增长点。

北京电视台的节目资料版权销售起步较早但规模不大，主要依靠京视传媒和新媒体集团，内容资源的版权确权工作存在短板，严重妨碍了内容资源的市场变现。北京电视台正值三台机构改革的机遇期，在实施融合媒体发展战略的背景下，我们要以先进技术为支撑、内容建设为根本，打造责任主体与管理主体相一致、归口管理与开发利用相统一的管理机制，整合媒资、版权、技术保障等管理要素，合理配置人才资源，利用大数据、人工智能、云计算、数字版权保护等新技术打造智慧媒资，融入未来的全媒体制播体系，进一步扩大资源共享，探索内容资源变现路径，做好内容资源产业链的最后一环。

北京电视台组织开展学习贯彻党的十九大精神暨“三项学习教育”集中培训工作

党委办公室

2018 年 2 月 6 日，北京电视台组织开展学习贯彻党的十九大精神暨“三项学习教育”集中培训。全台近千人参加。北京电视台党委副书记、纪委书记彭司海主持会议。党委副书记、常务副台长韦小玉代表台党委和李春良台长做动员讲话。韦小玉强调，今年全台首要政治任务是把学习宣传贯彻习近平新时代中国特色社会主义思想和党的十九大精神引向深入，这是全台一切工作的政治根本。全台干部职工要集中精力学，联系工作学，严肃纪律学，进一步把党的十九大精神学懂、弄通、做实，做好新时代的宣传报道工作，促进北京电视台改革发展迈上新台阶。

集中培训邀请北京市委《前线》杂志社总编辑李明圣作“十九大精神解读”辅导报告，《光明日报》北京记者站副站长董城作《学习伟大思想　做强主流主场》辅导报告，全体同志观看了蔡奇书记在全市领导干部学习贯彻党的十九大精神专题研讨班上的讲话录像。

为深化对习近平新时代中国特色社会主义思想和十九大精神的理解，进一步抓好“三项学习教育”，不断提升全台干部职工综合素质，台党委研究制定了培训方案，集中培训分两个层次组织：台党委组织全台科级以上党员干部、支部委员、新党员、一线采编播人员的集中培训和专题辅导；各党支部组织本支部全体党员和职工的集中培训，实现集中培训全覆盖。春节前，全台完成十九大精神的集中学习。

北京电视台召开2018年党建工作会暨党支部书记述职评议会

党委办公室

2018年3月30日，本台召开北京电视台2018年党建工作会暨党支部书记述职评议会，部署2018年党建工作，交流支部工作经验。党委书记、台长李春良做工作部署，党委副书记、总编辑王珏主持会议，党委副书记、常务副台长韦小玉作总结讲话，党委副书记、纪委书记彭司海通报2017年度台领导班子民主生活会情况，台领导班子全体成员、全台各党总支、党支部书记、支部委员以及“两代表一委员”共220余人参加会议。

李春良同志对本台2018年党建重点工作进行部署，提出抓好2018年党建工作的五点意见：一是发挥好政治建设引领作用。要把旗帜鲜明讲政治建设摆在首位，把学习贯彻习近平新时代中国特色社会主义思想作为首要政治任务抓紧抓好。二是强化从严治党责任担当。各党支部书记要做到聚精会神抓党建，深入推进从严治党，努力提高管党治党的思想自觉和行动自觉，发挥好支部书记的“头雁作用”。三是树立“党建+业务”工作思路。要牢固树立“围绕中心抓党建，抓好党建促中心”的工作思路，为电视台各项工作的顺利开展和各项任务的贯彻落实，提供坚实的组织保障。四是提升基层党支部组织力。要以党支部规范化建设为抓手，认真抓好组织生活，深入推进支部主题党日制度，用好信息化手段，进一步活跃支部生活，不断提升支部的组织力和战斗力。五是全面加强作风建设。各党支部书记要不断加强和改进作风建设，真抓实干，脚踏实地，以钉钉子精神一锤接着一锤敲，一件接着一件干，确保各项目标任务按时保质保量完成。

会上，研究发展部党支部书记马克燕、生活节目中心党支部书记赵彤、监察审计办公室党支部书记周久兰、信息网络管理部党支部书记周旭辉、老干部党总支书记刘绍芬、纪实频道节目中心党支部书记严崴、新闻节目中心党总支书记张庆、卫视节目中心党支部书记马宏、产业集团党支部书记刘方平9位党支部书记代表作党建工作述职，分管台领导在述职后进行了点评，各党支部书记和“两代表一委员”根据9名党支部书记代表述职情况和支部工作情况填写了考核测评票。

韦小玉同志对支部书记述职做了总点评。近年来基层党建呈现了“三个显著提升”：一是各支部抓基层党建的主体意识显著提升，二是党支部规范化建设显著提升，三是基层党建工作活力显著提升。对今后的工作提出了“落地”“生根”“开花”三个方面的改进意见：一是党建引领全局的工作意识要“落地”，二是党建和业务充分融合的工作思路要“生根”，三是要善于学习，善于借鉴，善于总结，善于创新，全台基层党建工作要全面“开花”结果。

王珏同志最后强调，各党支部会后要结合部门工作实际，一是要认真学习，借鉴优秀党支部的先进经验；二是要分析研究，自觉对照存在的不足和问题进行梳理归纳，研究改进支部工作的措施；三是要抓好整改落实，确保 2018 年党建工作取得实效。

技术管理和新技术应用

2018 年北京电视台新技术应用情况

总工程师办公室

2018 年，在新技术应用推广方面，包括北京电视台重点业务拓展和架构升级两个层面。在业务拓展层面，为媒体融合转型提供技术支撑的同时，努力提升电视节目视觉呈现质量；架构升级层面，深化推进云平台建设，提高资源调配、业务需求敏捷适配能力，为未来数据治理打下基础。新技术应用主要包括：

一、4K/8K 超高清节目制作和 IP 技术

在台内设备相对有限的情况下，积极开展 4K/8K 内容生产尝试，摸索形成完善的 4K/8K 超高清节目生产工艺流程，自行开发 DIT 软件工具，并获得业内广泛认可。独立承揽了 NHK 8K 纪录片《极致中国·川西秘境》、NHK 4K 纪录片《太行寻踪》《三国古道》的前期拍摄和后期制作工作。其中 8K 纪录片《极致中国·川西秘境》已在 NHK 8K 频道播出。

引入 IP 技术，建设台内首套 4K 超高清现场转播系统。参照奥林匹克转播服务公司 C 类转播系统标准，依托制播全面高清化一期项目财政资金支持，建设台内首套 IP 架构 10 讯道现场转播系统，为未来台内超高清节目录制提供技术支撑，积累 IP 架构 4K 超高清系统使用和运维经验，为北京电视台参与 2020 年东京奥运会、2022 年北京冬奥会现场转播任务创造支撑条件。

二、混合云平台以及容器和微服务

依托融媒体生产云一期、融合新闻云系统建设，为建设混合云平台奠定基础。打破竖井式架构局限，解决业务流程固化、迁移拷贝效率等固有痛点，有效提升流程效率，实现资源和能力的动态调配，利用公有云资源提供弹性扩展和补充。未来计划进一步建设同城异址双活业务支撑平台，提高总体可靠性，发挥公有云贴近用户端优势，依托拓展内容分发渠道、提升传播效果。

在融合媒体生产云一期、融合新闻云项目建设过程中，引入微服务和容器技术。重点针对能力支撑层、业务应用层进行容器 + 微服务重构，将数据库、中间件、消息服务、高可用与负载均衡框架、检索引擎、合成转码等支撑平台、媒体处理等组件微服务化。通过容器技术实现基于进程隔离的轻量级虚拟化，利用微服务设计风格实现高内聚、松耦合的应用系统架构，有利于应用工具的持续开发、快速迭代，同时有效提升业务应用的高可用性，为进一步实现丰富、个性化多种工具接入创造技术条件。

三、智能化与数据化

依托融合新闻云、融合媒体生产云项目建设，积极引入智能化技术手段，实现自然语言处理、图像识别、语音识别、人脸识别、智能标签能力，为用户提供智能

拆条、智能检索工具，在提升业务效率的同时，提高台内用户体验。

在融合媒体生产云一期项目中，贯彻“以用带治”思路，开展数据治理尝试。对台内系统数据进行规范化梳理，明确数据含义、来源、字段、用户等，初步形成数据采集、存储、分析和管理能力，通过数据分析结果反映系统状态，通过数据应用优化系统和资源调配。

四、播出监测和自动切换

在制播全面高清化一期项目播出中心高清化整合建设过程中，引入监测和自动切换技术，对播出系统关键节点信号、设备、应用软件、数据库、流程、机房环境进行集中监测，实现故障告警和自动切换，结合安播值班流程优化，有效提升安全播出保障水平。

五、集控、轨道机器人和虚拟/现实增强技术

在融合新闻演播室建设过程中，引入集控、轨道机器人、虚拟/现实增强技术，提高新闻演播室视觉体验。其中集控技术可根据串联单要求，对演播室内切换台、服务器、字幕包装以及摄像机轨道机器人、虚拟植入等主要设备进行集中控制，实现直播流程的全面自动化，极大改善了新闻制播业务模式。通过轨道机器人与集控技术结合，有效丰富演播室镜头语言；轨道机器人与虚拟/现实增强技术结合，由轨道机器人为虚拟设备提供精确三维追踪数据，优化虚拟植入实现效果，为观众呈现绚丽的虚拟前景，有效提升收视体验。

六、2018 年北京 IPTV 播控平台业务用户数突破 200 万

向下游联通、电信两运营商提供 147 个直播频道节目，其中包括北京新媒体集团自有的淘电影、淘剧场、淘 BABY、淘 DOG、淘娱乐、4K 超清共 6 个直播付费频道和大健康免费频道。全年引入大量包括 4K 超清的全新视频内容，共下发工单 404742 条。2 月，北京 IPTV 播控平台向 IPTV 中央总平台提供 50 路上星卫视信号技术服务。5 月，新版用户界面 UIOS 系统上线，推出以语音遥控器、语音智能音箱为代表的 AI 智能操控方式。8 月，完成了与辽宁、天津等播控分平台对接 IPTV 组播信号，实现频道异地共享；年底完成了北京 IPTV 等保定级、安全测评的各项工作。

七、信息网络管理部自主研发了北京电视台灵猫广告自动监播系统，9 月正式交付特雷森公司使用，并完成软件著作权的申请

此外，为了达成提升质量、加快效率、节省人力成本的目的，还自主开发了一套监控运维系统，实现了内容生产服务平台和北京 IPTV 系统的重点监控数据可视化。

2018 年北京电视台新媒体技术发展情况

总工程师办公室

一、融媒体中心技术平台建设规划

融媒体中心挂牌成立后，技术部门立即着手制定融媒体中心技术平台建设规划。

融媒体中心技术系统建设将依托北京电视台、北京广播电台、新媒体集团、郊区县融媒体中心现有技术系统，贯彻以电视台为主的原则，以现有“新闻演播室+融合新闻云+指挥调度系统”为核心，打通并完善与电台、新媒体集团技术系统的接口，实现底层资源（技术、内容）共享、中层业务调度、高层综合管控的目标，通过对内整合、对外连通，最终完成统一技术平台的建设。

2018年，实现以下建设目标：在业务层面，以北京电视台融媒体指挥调度系统为管理中枢，先期实现各业务系统的统一选题策划、任务协同，并对任务状态、业务资源进行集中展示，满足融媒体中心成立初期核心业务的统一编排、统一管理需求。未来将对内容发布系统进行整合重构，为“一次采集、多元生成、多端传播”提供支撑。在技术层面，打通电视台、广播电台、新媒体集团等单位间数据交互通道，并相应部署安全措施，实现融媒体指挥调度系统与主要生产业务系统、发布系统之间的任务分配、资源调度等重要功能以及内容资源、技术资源共享。

二、充实融媒体工具

为适配融媒体内容生产业务特点，结合传统电视新闻节目要求，在融合新闻云、融合媒体生产云、新闻演播室等项目建设过程中，引入手机选题、手机文稿、手机快编、即时通讯等移动化生产工具；除传统非编工具外，进一步丰富、充实多媒体工具、H5工具、两微一端编辑工具；同时提供网站、APP、微信公众号、微博等多渠道发布工具，有效提升新闻报道灵活性、时效性。

2018年度完成并通过验收的总局科技项目简介、完成的广播电视重点工程建设项目简介、获国家专利项目简介

总工程师办公室

一、融合新闻中心系统建设

2018年，北京电视台融合新闻中心系统建设项目上线运行并通过验收。该项目旨在贯彻中央和北京市新闻舆论工作要求，根据新闻出版广电总局“十三五”科技发展规划，为增强新闻报道的针对性和实效性，适应分众化、差异化传播趋势，打造融合新闻生产传播平台，通过舞美灯光改造，提升新闻节目视觉可识别性；引入虚拟植入、演播室集控等新型技术手段，丰富视觉呈现效果，提升感染力，为电视新闻融入全媒体元素；依托云计算技术，充实新闻采集手段，拓展新闻分发渠道，提升生产过程中的智能化水平，打造全媒体、全流程、全渠道、全终端的融合新闻中心。

项目建设主要包括以下内容：一是新闻节目视觉呈现系统建设，对新闻演播室的舞美、灯光、背景等进行统一规划，引入国际领先的节目与频道包装技术和理念，形成具有 BTV 特色的新闻类节目视觉呈现效果。二是新闻演播室系统，引进高技术的拍摄制作设备，建设 600 平方米新闻演播室，在保障节目直播安全的前提下大幅提升演播室新闻节目的技术含量与视觉效果。三是融合新闻云建设，基于云架构，融合传统电视和新媒体节目生产，实现全媒体汇聚、多渠道分发。

二、融合媒体生产云一期项目

2018 年，融合媒体生产云平台一期项目基本建设完成。

融合媒体生产云项目北京电视台云架构升级重点项目，计划通过多期项目在 3 至 5 年内逐步建设完成北京电视台新一代核心业务技术支撑平台，实现全信息汇聚、共平台生产、多渠道发布、大数据运营的总体目标，并最终实现北京电视台整体技术体系的全面升级。

融合媒体生产云平台一期项目侧重完成重要技术的选型与验证，完成融合媒体生产云平台整体框架的建设，着力打牢平台基础，充分考虑平台的稳定性、健壮性、友好性、先进性、可持续性和迭代演进能力，在此基础上实现部分关键媒体能力、应用工具、管理模块的构建，使其能够承载 20% 至 30% 的原制播网传统业务负载，能够支持多信息汇聚、多渠道发布，能够支持部分新媒体及创新业务开展。

三、制播全面高清化一期项目

2018 年，北京电视台制播全面高清化一期项目播出中心高清化改造完成招标采购，顺利进入细化设计和实施阶段，预计将于 2019 年 9 月上线运行。

4KHDR 纪录片《美人谷》生产探索与实践

制作部特技科　郭豪珺

4K 纪录片《美人谷》由北京电视台制作部特技科、新纪实（卫星）传媒有限公司、日本 NEP 共同制作。该片的日本版作为 NHK 放送“迷之民”系列的第二部在 2018 年内与日本观众见面。本片获得第五届索尼“4K HDR 杯”短片类三等奖，这也是制作部特技科首次在纪录片中拍摄并制作 4K HDR 作品。

《美人谷》选题方面选择地处偏远、人烟稀少且具有鲜明地域特征的中国少数民族村落。故事起源于青藏高原东部山区的四川省丹巴县，横断山脉深处加绒藏族聚集的地方，外界称之为“美人谷”。片中选取了村落中两个年轻女孩进行记录拍摄，通过美人的视角发掘并讲述了美人谷中关于美人的传说与历史，记录美人谷内的传统生活与信仰，她们与外界现代社会的冲突与抉择。

一、前期拍摄选型与图像指标制定

首先，本次拍摄要面对的是高海拔问

题。美人谷虽然称之为“谷”，但实际却是平均海拔2500米以上的高山地区。除了县城地区海拔为1800米外，当地原住民的房屋基本建在海拔2500到3000米的半山腰上。地形复杂，部分道路只允许摩托车通过，摄制组前往拍摄地需要负重徒步爬山，氧气消耗很大。崎岖的山路也限制了大型摄影器材与灯光设备的运输和架设。

其次，光照及光比问题。对于野外纪录片的拍摄来说，特别是在中国少数民族地区，如新疆、西藏、青海等地，基本上都存在着室外自然光比大，室内低照弱光的问题。美人谷内的房屋建筑属于藏族风格，房屋外墙刷成白色，主体结构全部以自然开采的石头和泥土搭建而成，窗户开孔小、位置也较高，屋内不安装亮度较高的照明灯具，很多居民屋内甚至不开灯，这对摄影机低照弱光下的性能是一种考验。

第三，纪录片拍摄包含大量的纪实性拍摄需求，在4K分辨率下，每张存储卡的续航能力都十分有限，必须考虑到DIT数据备份与存储卡的使用时间。同时，由于边远山区路途跋涉的交通、食宿等成本限制，本片摄制组规模也相对有限，每次拍摄的摄影师不超过3人，属于小型团队作战。

以上种种客观因素，设备选型时都必须纳入考量。在实际生产中，设备选型的优劣与取舍，会导致最终图像质量的巨大差异。

优秀的影视作品，其核心支撑是优质的内容。但是要实现优质内容，就必须以高质量的图像为承载。正所谓“内容为体，画质为用”。影响图像质量的因素可以归纳为5个：空间分辨率、时间分辨率、动态范围、色域以及量化位深。这5个因素也是在设备选型时需要慎重考虑且做出取舍的。

对于专业级数字摄影机来说，具备超高清拍摄功能就会相应具备宽色域的记录能力，机身体积大小灵活多变，基本上可以满足各类拍摄需求。因此，真正需要做出取舍的是量化位深与时间分辨率（录制帧速率）这两个方面。从25P上升到50P，意味着现场存储卡可记录的时长缩短了一半、后期的数据量增加了一倍、存储空间占用变大了一倍、存储读写带宽需求增加了一倍、后期制作渲染负荷也至少增加了一倍。这么多的“一倍”最终会导致的就是生产成本增加与生产效率降低呈几何级数增长。

量化位深在前期拍摄时主要体现在录制RAW格式或带LogGamma的机内压缩文件这两大类上，RAW数据一般数据量很大且拥有14bit以上的量化位深。大多数机内录制的带LogGamma压缩文件码流相对较小，位深也以10bit为主。这些都是直接与生产成本挂钩的问题，也是设备选型时非常难以取舍的。

综合考虑生产成本、时间及自然条件等客观因素，本片使用的设备及录制格式如下：主机位使用索尼F55搭配安琴16－42/30－80mm轻型变焦镜头组，索尼FS7搭配富士18－55。录制XAVC－I 4∶2∶2 10bit UHD 50P，色域和LogGamma选用S－Gamut3. Cine/S－Log3。辅助机位选用小型的索尼A7S2搭配Canon EF系列镜头组，录制XAVC－S 4∶2∶0 8bit UHD 25P。色域和LogGamma选用S－Gamut3. Cine/S－Log3。移动跟拍机位使用Nebula 5100

Slant 手持稳定器挂载对焦功能出色的索尼 A6300 和 E 卡口 16－50mm 镜头，录制 XAVC－S 4∶2∶0 8bit UHD 25P。色域和 LogGamma 选用 S－Gamut3. Cine/S－Log3。

这种轻型便携化、成组式的机型配置模式非常适合纪录片拍摄，也是制作部特技科长期在各类型项目团队化拍摄工作中，不断总结和探索出的一套成熟方案，具有很高的性价比。

二、HDR 后期制作实践探索

对于 HDR 技术来说，它没有过多改变 SDR 超高清前期的拍摄方式，真正与 SDR 超高清生产流程出现差异的地方，主要体现在后期调色工作中。在 2017 年末，制作部特技科对光比照度可控的晚会类，以及使用单一机型拍摄的专题类 HDR 作品进行调色制作，积累了丰富经验。《美人谷》的 HDR 制作则是在复杂多机型拍摄、现场光照条件不可控的纪录片中的首次尝试，相比之前的以探索性、实验性为主的 HDR 制作来说难度更大。因此，本片 HDR 制作从前期到后期均是以最大限度契合实战需求为首要目的。在本片的 HDR 后期调色中，基于 1000 尼特的显示亮度，BT.2020 色域搭配 S－Log3（HDR）的 EOTF。此过程中遇到的问题主要有以下两点：第一，色彩溢出和还原的问题。在 SDR 调色时遇到整体饱和度较低的画面，会采用单纯将饱和度整体提高的常规手法快速完成调整。但是，这种调整方式对 HDR 会造成画面部分色彩的溢出问题，这在色彩种类丰富的画面上尤为突出。美人谷的姑娘所穿着的民族服饰非常华丽，各种花纹交错复杂、细节丰富，色彩的种类也非常多。对于此类画面，如果采用 SDR 传统的整体提高饱和度的方法，衣服上很多细节花纹和发饰上的南红、蜜蜡等精致配饰的颜色都会出现溢出，这在 HDR 画面的色彩调整中也是很常见的。因此，为了保证画面主体饱和度适宜且避免大面积色彩溢出，调色人员尝试在一级调色时将亮度信号与色度信号同时调整，整体饱和度不宜大幅提升，保证主题部分适宜即可，其余出现溢出的部分放在二级调色中单独进行调整。因为对于 HDR 的色彩容积模型来说，亮度与色度的提升是相对应的，单纯地调整饱和度而忽略亮度信号是不符合 HDR 色彩模型的技术原理的。对于 HDR 调色来说，画面中的红色、蓝色、粉色、黄色这 4 种色系在调整时会比其他颜色更容易溢出，后续也应当通过多级调整进行单独控制。

第二，欠曝画面的噪点控制问题。欠曝对于 HDR 图像的质量影响是致命的。对于纪录片来说，导演无法要求被拍摄对象一定处于光线充足，甚至角度较好的光照条件下。很多时候事件突然发生，摄影师就必须开机记录下来。本片 HDR 调色中遇到了很多室内弱光下拍摄的镜头，由于缺少灯光的辅助，而索尼 F55 和 FS7 在 CINE 拍摄模式下机内 ISO 会恒定在 2000，摄影师只能通过光圈和快门来提升亮度，但是这种调整会降低画面景深导致焦点难以控制，画面亮度的提升也相对有限。对于欠曝出现的噪点，虽然后期可以对整体亮度信号和色度信号进行调整，但是在曝光还原正常的同时，暗部的彩色噪点也会变得更加明显。由于 HDR 拥有丰富的暗部层次与亮部层次，传统的 SDR 调色对暗部进行压黑的方式以及调色软件内原先 SDR 流程使用的降噪插件，在 HDR 模式中效果十分有限。

通过调色测试结果来看，最有效的控制噪点的方式还是要在前期拍摄时解决，对于 HDR 图像的记录，应尽量使用“向右曝光”的方式。即在高光细节不损失的情况下，尽量利用中部至亮部的曝光区间去记录图像，使摄影机传感器性能充分发挥，获得最佳信噪比的图像。

三、HDR 技术总结

HDR 技术最终还是需要以画面来呈现，而观看舒适度是一个最直接、也最容易感受到的重要体验之一。不同环境、不同内容下，人眼观看 HDR 的视觉疲劳度是不同的；同样环境、同样内容下，制作人员在 HDR 调色工作中和观众在 HDR 观影体验中所积累的视觉疲劳度也是不同的。从 2018 年起，我国的 HDR 标准开始逐步制定和完善，然而能否引入人眼视觉疲劳指数作为 HDR 优劣的考量还是未知数。对于观看者来说，观看体验不舒适，观众就会对 HDR 技术产生负面评价。如同早年间大量劣质 3D 影像作品充斥市场，给观众造成了极度不舒适的观影体验。因此，对于未来 HDR 技术的发展来说，观众主观的观影舒适度体验至关重要。

总体来看，HDR 技术是一把双刃剑。它既提升图像的质量，也放大了图像的瑕疵，让好的更好，坏的更坏。HDR 前期拍摄时，应当尽量选用高图像指标记录的机型设备。后期制作时，HDR 提供了更多的后期调整和创作空间，但相应的精细化控制也变得尤为重要。制作精良的 HDR 作品需要时间，但长时间观看 HDR 形成的视觉疲劳，会降低制作人员主观亮度和色彩的感知能力。

5G 与未来电视广播技术应用

播出部　程　宏　王永利　安贵江

即将到来的 5G 技术将渗透到未来社会的各个领域，以用户为中心构建全方位的信息生态系统。为用户提供光纤般的接入速率，“零”时延的使用体验，千亿设备的连接能力，超高流量密度、超高连接数密度和超高移动性等多场景的一致服务，业务及用户感知的智能优化，同时将为网络带来超百倍的能效提升。

如果说 4G 改变了生活，那么 5G 将改变社会。根据中国移动的计算，5G 将导致各行业经济发展再上新台阶。5G 将全面构筑经济社会数字化转型的关键基础设施，从线上到线下，从消费到生产，从平台到生态，推动我国数字经济发展迈上新台阶。

一、5G 技术与其特点

5G（5th－generation）是第五代移动通信技术的简称，但与 4G、3G、2G 不同的是，5G 并不是独立的、全新的无线接入技术，而是对现有无线接入技术（包括 2G、3G、4G 和 WiFi）的技术演进，以及一些新增的补充性无线接入技术集成后解决方案的总称。从某种程度上讲，5G 将是一个真正意义上的融合网络。以融合和统一的标准，提供人与人、人与物以及物与物之间高速、安全和自由的联通。

专业角度讲，除了要满足超高速的传输需求外，5G 还需满足超大带宽、超高容量、超密站点、超可靠性、随时随地可接入性等要求。因此，通信界普遍认为，5G 是一个广带化、泛在化、智能化、融合化、绿色节能的网络。

2G 是短信的时代，3G、4G 是多媒体移动互联网的时代，而 5G 会给万物互联带来很多的机会。5G 有高速率高容量低延时的特点，5G 将会在未来随着传感、大数据、人工智能的发展，有力地推动工业级应用和消费级体验的应用。

与 4G 相比，5G 网络服务具备更贴近用户需求、定制化能力进一步提升、网络与业务深度融合以及服务更友好等特征，其中代表性的网络服务能力包括：网络切片、移动边缘计算等。网络切片是网络功能虚拟化（NFV）应用于 5G 阶段的关键特征。移动边缘计算（MEC）改变 4G 系统中网络与业务分离的状态，将业务平台下沉到网络边缘，为移动用户就近提供业务计算和数据缓存能力，实现网络从接入管道向信息化服务使能平台的关键跨越。

在 5G 上，4K 传输、虚拟现实（VR）等将是很好的应用。VR 被认为是真正的 5G 推手。从长期来看，相对于 4G 的消费级应用，5G 的应用将是工业级应用。5G IOT（物联网）也值得期待，很多 4G、NB－IOT 还方兴未艾。

二、基于 LTE 的 eMBMS

在 4G 时代，终端用户对移动视频业务的需求与日俱增，基于 LTE 的演进型多媒体广播技术规范也在相应继续完善。3GPP 一方面进一步提高 MBMS（媒体广播多播业务）的业务性能，另一方面则需适应新的 SAE/LTE 的系统架构要求。3GPP 在 2010 年开始完成了基于 LTE 的 eMBMS（Evolved Multimedia Broadcast Multicast Service）技术。eMBMS 基于 3GPP R9 协议规定，在逻辑架构、业务模式、传输方式和信道结构等方面进行了重大改进，更加适应移动视频业务在 LTE 网络上的传送和使用。eMBMS 也被称为 LTE 广播，是一种先进的移动数据传输技术，可以使运营商显著降低在 LTE 网络上同一时间向多个用户提供高带宽内容的成本。eMBMS 技术更加成熟，所依托的网络带宽更宽，这意味着能提供更多的频道和视频内容，视频画面可以更加清晰、流畅，从而获得更好的用户体验。

eMBMS 具备大带宽、高品质、低成本等优势。同一段带宽可以服务于多个用户，提升 LTE 的带宽利用率。对于运营商而言，带宽资源非常宝贵，合理利用每一个比特的带宽，使其价值最大化。

在 2011 年国内就出现了基于 eMBMS 的 LTE Video 解决方案，可提供高品质的移动视频广播业务和推送类业务。2014 年 9 月中国电信在青奥会期间实现全球首个 eMBMS 预商用，保障了青奥会期间 LTE 移动终端用户高品质的视频体验。

在 2015 年 CES 展会期间，Qualcomm 使用骁龙 810 处理器演示了全球首次采用 LTE 广播对 4K 内容的传输。通过 LTE 广播可以将 4K 的内容非常有效地传输给移动终端，并且能保证较高的质量。由于采用广播传输模式，在实际应用中帮助运营商降低对频谱占用较大的高需求内容传输的压力。

2017 年 8 月，中国联通启动国内第一个LTE组播平台来提供“高铁影院”服务。联通“高铁影院”就是对于N个正在行驶的高铁上有着相同视频观看需求的乘客，同时、同频向其传输相同的内容。这样，“LTE组播”相对于“LTE单播”就极大节省了频谱资源，提高了热门视频内容的分发效率。

三、5G广播类业务（FeMBMS）

在5G中有很多可以用“广播”方式进行传输的业务，被统称为5G广播类业务、5G广播组播业务（5G BMS）等。比如，4K/8K超高清视频、三维立体视频、多视角视频、VR/AR等高质量多媒体业务，都是可以采取“广播”方式进行分发。

全球移动通信业界开始研究一种新兴的、更为高效的数字广播系统。数字广播系统侧重于采取“广播”方式，同时向若干移动终端及固定终端分发相同的视频内容。“数字广播系统”将适宜于被移动通信基础网络运营商用于有着大的数据流量的宽带信息（如热门多媒体信息）的传输，这对于目前蜂窝移动数据流量快速增长的情况，将具有一定程度缓解网络及系统升级压力的作用。

在2017年的3GPP Release 14中，3GPP对eMBMS作了一些改进/演进（比如扩大OFDM符号的循环前缀长度）。欧洲产业界就已经开始对这种演进型的eMBMS进行现网试验了，而且把它称为“FeMBMS”（Further evolved Multimedia Broadcast Multicast Service）。“5G广播”的发展目标很明确：一是5G网络要能提供新兴的广播/单播混合型业务；二是让经典广播方式具备更强的交互性。

四、4G和5G通讯中的电视广播实践

由于eMBMS技术所依托的LTE网络带宽（按20MHz）是3G（按5MHz）时的4倍，这意味着运营商能提供更多的频道内容和更加清晰和低时延的画面，特别适合很多精彩赛事、大型表演、重大活动的实时转播，因此在现阶段纷纷被运营商和设备厂家关注。

2014年2月初，在纽约超级碗赛事的实况转播中，北美运营商Verizon使用阿尔卡特朗讯提供的LTEeMBMS技术方案，成功实现对超级碗赛事的实况转播，用户通过LTE终端欣赏了西雅图海鹰队完胜丹佛野马队并首度夺冠的精彩场面。同时，Verizon通过该技术方案，提供给用户球队信息查阅、视频回放、比赛实况预告等多种信息服务，提升了用户体验，同时也验证了LTE eMBMS技术实现移动视频广播的有效性。

同样在2014年，德国慕尼黑进行了全球首个大型4G电视广播单频试验网络，目的在于向业界证明4G LTE网络可作为传统/经典地面数字电视广播网络的补充，甚至可于有朝一日替代之。该试验所采取的是UHF频段中进行数字电视广播的“黄金”频段——700MHz频段，即3GPP的Band 28，并采用APT700方案。试验网络覆盖了高达400平方公里的地域。为了获得最大的4G电视广播效率，项目组对该SFN进行了优化，使得各基站严格同步以增强对于单频干扰的抵抗力。试验中，LTE网络设备部署于巴伐利亚广播公司的4个电视发射台，各站点以高速光传输网络进行连接。

此次大地域覆盖试验实现了将传统的线性广播电视节目延伸传输至人们的便携式移动智能终端设备，相关系统具备了融合传输/分发线性电视内容、非线性电视内容、点播电视与交互式电视的能力。项目组还研究了如何通过提高无线频谱资源利用效率来减小需要部署4G电视广播功能的基站数量，从而达到减小将来现网部署所需成本的目的。此外，尤其值得一提的是，试验中还部署了LTE机顶盒设备，从而实现了基于广播/宽带网络融合（以单一频段、单一技术）、可替代传统地面数字电视广播的4G电视广播。试验发现，对于欧洲的某移动通信基础网络运营商，仅在其三分之一的基站中部署4G电视广播功能，即可覆盖与现有DVB－T网络相同覆盖面积（覆盖全国），而提供4G电视广播服务的增量成本可达到与提供DVB－T服务相当的水平。

另外，此次大型试验还实现了对于人们通过智能手机观看电视内容时的体验的重大改进，具备非常丰富的用户体验——用户使用智能手机可以很轻松地切换使用电视服务与点播或Internet服务。传统上通过广播网络与宽带网络结合起来才能提供的联网电视服务或HbbTV（广播/宽带混合型电视）服务，在此次试验中仅通过单一的4G电视广播网络就全部实现了。此外，试验中还实现了将智能手机作为电视机顶盒——智能手机把从4G电视广播网络所接收到的内容“投射”至大屏幕电视机。这使得4G电视广播相比于传统的地面数字电视广播又多了一大优势：对于后者，每制定并发布一个最新版本的技术标准，就需要电视机顶盒或一体化电视机具备很好的后向兼容性，而前者则无需进行相关考虑。智能手机的创新周期要短得多，而且可以更快地为大众所使用。这样，用户就可以不用更换家里的电视机，而通过智能手机进行投屏连接（screencast connection），从而可随时随地作为移动电视机、智能遥控器、电视机顶盒等。

一个5G广播试验场在德国巴伐利亚奥伯兰设立了，是巴伐利亚研究项目“5G Today”的一部分。在著名的广播技术研究所（IRT）的领导下，项目合作伙伴Kathrein公司和罗德与施瓦茨公司在研究5G网络上进一步演进的多媒体广播多播服务（FeMBMS）模式的大规模电视广播。此项目得到关联合作伙伴西班牙电信和德国巴伐利亚广播公司的支持。该项目主要采用5G广播模式FeMBMS。

五、关于下一代地面数字电视广播技术的思考

距离2006年地面数字电视广播国家标准（GB20600—2006）的颁布已12年，国际上以ATSC3.0为代表的新一代无线广播电视传输标准已经开始推广应用，我国广播电视业务融合发展迫切需要新技术体系的有力支撑。

随着移动通信系统的技术与业务从4G向5G的演进，传统广播技术也在不断发展。欧洲DVB－T2提出了一种可提高无线网络频谱利用效率（bps/Hz）的新技术——时间频率切片（TFS），并将其完全应用于面向下一代手持终端的移动视频广播系统（DVB－NGH）之中。美国的ATSC 3.0将采取层分复用（LDM）技术，该技术又被业界称为“云广播”，其把单个物理层信道划分为多个子信道，每个子信道以不同的信道编码与调制、发射功率等承载不同的业务。

我国新一代地面数字电视标准应用层应采用开放、多元的技术，包括：新一代音视频编码技术、高动态HDR技术、全息音频3D Audio技术、HTML5呈现技术、智能操作系统、人工智能语音识别技术以及音视频大数据分析推荐技术等。全球几乎所有的广播者都在考虑广播和互联网的融合问题。未来的广播电视需要反向信道，但是广播电视服务本身的反向需求带宽并不高，主要业务是电子商务、视频点播以及信息反馈，是一种典型的双向非对称业务。

对于全球未来广播电视业务的需求来看，主要有四大重点。

第一是交互性的加强，这个交互性是一个终极形式，但是同时要考虑到地域的问题。具备更强的社交性，支持双向的传输能力和组网能力，具备更强的社交特点。

第二是移动性，现在的技术能力需全面支持与适应移动应用业务。支持泛在性接收，支持各种场景、各种地理环境下的鲁棒接收。

第三是应急能力。应急能力在大网络面前的紧急情况。

第四是可管可控。具备更加安全的可管可控，支持内容保护和用户管理。

六、无线交互广播电视工作组的成立

我国第一代地面数字电视标准 DTMB 颁布业已 12 年，2020 年也将开始地面模拟电视向地面数字电视的过渡。制定我国新一代地面数字电视标准体系，需充分利用广电在内容方面的优势，摒弃“网络仅仅是管道，网络独立于内容”的思想，进一步整合节目服务与传输服务，构建“内容 + 网络”“广播 + 互联”的未来数字电视协同覆盖网络。系统还需具备安全的可管可控，支持内容保护和用户管理。从而保证广大受众能像移动互联网用户一样，随时随地接入未来广电融合网络，享受更加优质的广电服务。

2018 年 6 月 14 日，3GPP 在美国举行全体会议，正式批准冻结第五代移动通信技术标准（5G NR）独立组网（SA）功能，即 Rel – 15 标准的冻结。3GPP TSG RAN 主席、诺基亚资深技术专家巴拉斯·伯尼（Balázs Bertényi）代表 3GPP 宣布，第五代移动通信技术标准（5G NR）独立组网（SA）功能冻结。至此第一阶段全功能完整版 5G 标准正式出台，5G 商用进入全面冲刺阶段。按照 3GPP 规划，5G 标准分为 NSA 和 SA（Stand Alone 独立组网）两种。NSA 组网是一种过渡方案，以提升热点区域带宽为主要目标，没有独立信令面，依托 4G 基站和核心网工作。Rel – 15 标准的冻结只是 5G 发展的第一步，3GPP 今后将继续努力对其进行完善，使其可以更好地满足客户和工业界的需求。中国企业在 5G 首个国际标准中作出了重要贡献，其在大规模天线与波束赋形、新型多址技术、超密集组网、车联网、信道编码新型移动性管理、TDD 动态帧结构、5G 核心网络架构、5G CU/DU 架构设计等 5G 标准化领域处于国际领先水平，多项技术方案进入国际核心标准规范。3GPP 还会陆续完成并发布后续版本的 5G 标准：R16、R17、R18 等。

2018 年 4 月 20 日，国家广播电视总局组织召开了无线交互广播电视工作组成立会议。总局科技司司长许家奇发表了重要的讲话。许司长讲到，中央提出了推进媒体深度融合、移动优先的战略要求，广播电视网与移动通信网的协同、融合是支撑广播电视业务发展的客观要求。无线交互广播电视工作组将秉承开放、包容的原则，充分学习、借鉴国际先进标准组织的成功经验，研究5G背景下的无线广播电视技术。联合各行各界产学研用相关单位，共同推进落实智慧广电战略，打造新一代无线交互广播电视网。工作组制定的相关技术标准和体系需要经得起时间考验、实践考验和用户的考验。杨杰副司长表示，工作组将创新科研管理、项目实施机制，组织技术创新和产业推广，制定行业标准，并积极推进相关技术的国家和国际标准化工作。总局广科院院长邹峰代表工作组秘书处表示，将全力配合总局科技司的统筹安排，支撑服务好工作组的各项相关工作。与会领导、专家畅所欲言，从需求、技术、标准、产业等方面为工作组建言献策，希望共同努力推进无线交互广播电视工作组相关工作。

发展DTMB地面数字电视业务的重要意义

播出部　程　宏

DTMB地面数字电视广播是北京电视台重要的节目与服务传播渠道。经过初步研究与分析，建议加快采用高效的DTMB地面数字电视广播方式来发射本台的6频道和21频道，完成地面电视广播的模拟向数字的转换。建议对DTMB地面数字电视广播的经济与社会效益进行研究与分析，以及组建一个运营本台地面数字电视广播业务的机构，来推进与实施、发展相关的应用与服务。

2017年4月份，北京电视台在关闭原有27模拟地面电视频道（626MHz）的基础上，开播D27数字地面电视频道（DTMB）的BTV卫视高清、BTV科教、BTV财经、BTV青年、BTV卡酷以及D14频道（482MHz）的BTV纪实高清和BTV新闻高清数字频道。同时将地面数字电视编码升级改为效率更高的AVS+编码方式，由原来2套节目提升到7套节目，其中还包括3套高清节目。

一、数字地面电视广播DTMB

数字地面电视广播，英文简称为DTMB，英文全称为Digital Terrestrial Multimedia Broadcast。DTMB是中华人民共和国（含香港特别行政区和澳门特别行政区）、古巴等国家使用的移动终端和固定终端的数字无线电视技术标准。电视观众可以利用数字地面电视广播DTMB来免费、便捷地接收与观看由电视塔发出的数字电视信号与节目。按照国家提出的“公益性、基本性、均等性、便利性”的要求，地面数字电视广播是为全民免费提供的广播电视服务，具有公益性、移动性等特点。在特殊状态下，也可用于应急电视广播。

二、北京城区的数字地面电视广播节目

目前在北京玉渊潭附近的中央广播电视塔上开通5个UHF频道，共播出23套节目、含4套高清（HD）：

14频道：BTV纪实（HD）、BTV新

闻（HD）；

22 频道：北广传媒的公交、城市频道；

27 频道：BTV 卫视(HD)、BTV －3 科教、BTV －5 财经、BTV －8 青年、BTV －10 卡酷少儿；

32 频道：CCTV －1 综合、CCTV －2 财经、CCTV －4 中文国际、CCTV －10 科教、CCTV －12 法治、CCTV －13 新闻、CCTV －14 少儿、CCTV －15 音乐；

33 频道：CCTV －7 军事农业、CCTV －9 纪录、CCTV －11 戏曲、CGTN、CCTV －1 综合（HD)、CETV －3。

三、如何收看 DTMB 电视节目

收看 DTMB 电视节目时，需要有能接收 DTMB 的电视机或者 DTMB 机顶盒与天线。天线有很多样式，根据信号覆盖的强弱，可使用室内（室外）天线。数字地面电视广播 DTMB 的接收机接收了信号需要通过内部的解码器进行解码，还原出高标清的电视节目信号。

现在全国大部分大中城市地区都有 DTMB 信号发送，只是发送频道的多少有差异，想知道自己所在地区的信号发送情况，可以咨询当地广电总局或者查询 dtmb. cnsat. net。如北京地区可以上网查询，在 http：//dtmb. cnsat. net/beijing. htm 上可以看到北京城区可以收到的 DTMB 电视节目频道。在北京地区，我们曾利用接收性能较好的天线，收到了北京周边河北、天津的 DTMB 电视节目。

早在 2013 年 1 月，为贯彻落实《关于鼓励数字电视产业发展若干政策的通知》的总体部署和要求，加快我国地面数字电视产业发展，国家有关部门提出以下措施：

根据地面数字电视覆盖情况，在 3—5 年内普及地面数字电视接收机，实现境内销售的所有电视机都具备地面数字电视接收功能，满足消费者免费正常收看地面数字电视的需求，到 2020 年全面实现地面数字电视接收。

第一阶段：2014 年 1 月 1 日起，境内市场销售的 40 英寸及 40 英寸以上电视机应具备地面数字电视 DTMB 接收功能。

第二阶段：2015 年 1 月 1 日起，境内市场销售的所有尺寸电视机应具备地面数字电视 DTMB 接收功能。

所售产品应符合地面数字电视接收机国家标准。上述截止日期之前生产的不具备地面数字电视 DTMB 接收功能的库存电视机产品在销售时应配送地面数字电视机顶盒。

四、小提示

1. 在北京、上海等大中型城市，电视观众在购买电视机时可优先购买具备 DTMB 和 AVS + 双国家标准的电视机。这样，电视观众可以利用数字地面电视广播 DTMB 来免费、便捷地接收与观看由电视塔发出的数字电视信号与节目（部分电视机已经具备 DTMB 和 AVS + 双国家标准的接收能力，笔者曾测试与验证过型号为 PHILIPS 40DFF650/T3 和 LG 55UF8590 －CB 的液晶电视机）。对于老电视机，可以配置具备 DTMB 和 AVS + 双国家标准的地面数字电视机顶盒。

2. 目前，北京地区 DTMB 覆盖在主要以中央广播电视塔为中心的城区内，DTMB 信号较强电视观众便于接收。五环外地区，需根据当地 DTMB 信号的强弱，预计需架设较专业的天线才可较好地接收 DTMB 的电视节目。随着模拟电视发射的逐步关闭，北京郊区的 DTMB 覆盖也会逐步加强。

五、充分重视 DTMB 地面数字电视广播的传播作用

任何商品、产品或者服务，有形或者无形，都必须要通过一定的途径和方式才能够到达消费者，最终实现交换。作为电视节目生产机构，电视台需充分认识渠道的重要性。我们生产的视音频节目，都必须要通过一定的途径和方式才能够到达观众与受众，最终实现电视台的价值。目前，本台的节目可以经过有线、无线、卫星、手机、互联网络等渠道到达观众。我们需对各类渠道进行全面的分析、评估、检测、协调等管理工作，来比竞争对手更好地满足逐步发生改变的观众需求。

1. DTMB 地面数字电视广播是北京电视台重要的传播渠道。

DTMB 地面数字电视广播是北京电视台重要的节目与服务传播渠道。相对于歌华有线传播方式而言，DTMB 为无线发射方式，可直接达到电视观众，不经过第三方机构，类似于商品销售中的“直销”。

科学地对 DTMB 业务进行定位。以移动接收为主要目标与定位，同时作为本台采用有线传播（歌华有线）的有效补充。采用以免费接收为主与付费（加密）接收为辅的经营策略。技术手段上，采用 CA 加密的基础技术平台，达到可管可控的安全运营状态。

2. 无线地面电视频谱是本台宝贵的频谱资源。

需科学有效地利用起来，开展丰富的节目与服务业态。地面电视频谱是国家所有的、无所不在的、稀缺而宝贵的资源。而且越是人口密集的经济发达地区（如北京、上海和深圳，以及东南沿海经济发达地区和大量的中心城市），其社会效益和经济效益就越高。

目前，本台在播的频道如下：

6 频道：BTV 卫视（模拟）；

21 频道：BTV 文艺（模拟）；

14 频道：BTV 纪实（HD）、BTV 新闻（HD）；

27 频道：BTV 卫视(HD)、BTV－3 科教、BTV－5 财经、BTV－8 青年、BTV－10 卡酷少儿。

地面数字电视广播与有线数字电视网络（混合光纤电缆，HFC）相比的优点是：启动投资较少、建设周期较短、维护费用较低；它还可以充分利用地面模拟电视广播发射系统的现有资源（发射机、发射天线和发射塔等）。

建议加快关闭 6 频道和 21 频道这两个模拟频道，采用高效的 DTMB 方式来数字发射 6 频道和 21 频道，完成地面电视广播的模拟向数字的转换（CCTV 已经将大部分频道节目采用了 DTMB 的发射）。同时，积极争取更多的频道与频谱资源，来开展 4K 超高清等电视服务。科学地规划、建设好 BTV 的地面数字电视广播体系，服务好广大电视观众，满足其收视需求。

3. 地面数字电视广播是国家基本公共文化服务的重要公益载体。

2015 年 1 月，中办、国办印发了《国家基本公共文化服务指导标准》，其中要求，通过地面数字电视方式提供不少于 15 套电视节目（通过地面数字电视提供不少于 15 套电视节目；未完成无线数字化转换的地区，提供不少于 5 套电视节目）。

地面数字电视广播是国家基本公共文化服务的重要载体，将长期为广大人民群众提供公共文化服务。北京电视台作为北京市属重要媒体，可充分发挥地面数字电视广播的社会效益与经济效益。

4. 地面数字电视广播是应急广播的主要手段。

汶川大地震的启示之一，就是有线电视 HFC 网络在遇到天灾人祸时，其业务被迫中断。而地面数字电视广播作为应急系统却发挥了出色的作用。

本台的 DTMB 地面数字电视广播将是北京市应急系统的重要载体。北京电视台作为北京市属重要媒体，实施好 DTMB 地面数字电视广播是本台的社会责任与担当。

5. DTMB 地面数字电视广播可作为媒体融合传播的入口，可拓展出丰富的互联网化数字广播技术与服务。

欧洲的数字电视业界推出了兼容互联网的双模电视业务系统——HbbTV，是一种从“电视”向“互联网（或计算机）”靠拢的方式，就是一种从地面数字电视广播技术发展与演进而来的互联网化的数字广播技术与服务。

HbbTV（Hybrid Broadcast and Broadband Television）定义的是一种双模终端，可以在没有宽带连接时，总是与广播电视网络连接着，以便不间断地接收音视频节目和相关应用，也可以同时支持广播与宽带网络的连接。直播频道是电视的品牌服务，直播流在较长的时间内仍具优势。而 HbbTV 的核心，是在直播视频流里叠加一个互动层，使用户在观看直播频道的同时，能够通过互动层点击观看关联信息、关联视频（VOD 方式），甚至嫁接关联广告及电子商务，实现精准推荐与营销。比如在体育赛事播出时提供信息业务等，微博、短信、天气预报也可以搬到电视屏幕上来。

通过 DTMB 地面数字电视广播的互联网化演进与升级，可探索出电视观众用手机、平板电脑、车载电视等移动端随时随地（即使在没有网络流量的环境下）免费收看数字高标清电视节目的解决技术与业务方案。同时，构建电视机构与广大电视用户之间的双向、闭环通路与交互网络的技术方案，解决传统电视媒体技术单向传输的问题与弊病。开拓构建首都电视媒体的新生态环境与有价值的新产业链。

国际上，欧洲 DVB - T2 和北美ATSC 3.0、日本 NHK 等标准为代表的国际上第二代地面数字电视技术在积极推进中。广电人需充分利用广电在内容方面的优势，摒弃“网络仅仅是管道，网络独立于内容”的思想，进一步整合节目服务与传输服务，构建“内容 + 网络”、“广播 + 互联”的未来数字电视协同覆盖网络。系统具备安全的可管可控，支持内容保护和用户管理。从而保证广大受众能像移动互联网用户一样，随时随地接入未来广电融合网络，享受更加优质的广电服务。

六、建议

1. 建议加快采用高效的 DTMB 方式来数字发射 6 频道和 21 频道，完成地面电视广播的模拟向数字的转换（CCTV 已经将大部分频道节目采用了 DTMB 的发射）。同时，积极争取更多的频道与频谱资源，来开展 4K 超高清等电视服务。

2. 建议台里充分重视 DTMB 地面数字电视广播的传播作用，对 DTMB 地面数字电视广播的经济与社会效益进行研究。以及组建一个运营我台地面数字电视广播业务的机构（节目、技术、广告营销等合作），来推进与实施、发展相关的应用与服务。

典型经验

每一次拼尽全力　才换来向前一步

——北京卫视首档市民与公共领域对话节目《向前一步》创作分享

卫视节目中心

《向前一步》的诞生凝结着蔡奇书记、陈吉宁市长等市委市政府领导的智慧，这个节目是两位领导交给北京电视台的“命题作文”，更肩负着服务北京市“疏解整治促提升”工作的舆论引导任务。因此，它从诞生之初就使命不凡，责任重大。

节目播出后，全国收视多次位列省级卫视同时段第一名，百度搜索量和视频播放量双双破亿。节目刚刚播出两期后，就被国家广电总局邀请在全国广电系统视频会上进行经验介绍，并在广电总局2018年第二季度广播电视创新创优节目评选中被评为全国创新创优节目。

《向前一步》的播出受到了市委市政府领导的高度好评。蔡奇书记7月21日批示：“节目办得好。要坚持一把尺子量到底。”在8月29日的北京市组织工作会议上，蔡书记再次指示：“《向前一步》节目不错，反映了基层干部的工作情怀、韧劲和辛苦。”

陈吉宁市长批示：“向《向前一步》节目组和北京广播电视台的精彩制作、辛勤工作表示感谢。望继续努力，在联系政府与市民、推动社会共治，传递社会正能量中发挥更大作用。”

宣传部部长杜飞进每片必审，亲自为节目导向把关，他在第一次审片时表示：“这是一个好节目，生动体现了精治、共治、法治所蕴含的巨大价值，体现了媒体力量参与社会治理。可以评中国新闻奖。”

宣传部副部长余俊生批示：“《向前一步》播出后收到了预期的效果，产生了非常好的社会反响，为营造疏通整治促提升的良好氛围，对城市文明素质的提升创造了新的宣教形式。给人耳目一新、豁然开朗的感觉，体现了传播力、引导力、影响力、公信力。对北京广播电视台表示感谢。对卫视节目中心及团队的辛勤劳动、敬业精神和制作水平表示感谢和慰问。”

节目在北京市形成广泛的影响力，东城区、西城区、丰台区、石景山区等多个区县的街道、文委、征收办等单位自发组织收看《向前一步》，反响热烈。西城区委要求区委组织部把《向前一步》当做全体干部必须学习的录像教材。节目播出第二期后，西安市委书记看到《向前一步》后，主动联系节目组希望能够深入学习，并要求西安台马上播出类似节目。

《向前一步》的成功背后，是从蔡奇书记、陈吉宁市长等市委市政府领导，到李春良台长、王珏总编辑等台领导，再到北京卫视创作团队，上下一心拼尽全力的成果。

一、向前一步是一种态度

这是全国第一档市民和公共领域对话的节目，节目紧扣时代脉搏和北京城市发展进程，瞄准市民生活中的热点、难点和痛点，由城市规划专家、人民调解员、心理专家、法律专家等组成城市调解团，在公开、透明、理性、平和的沟通中，解读公共政策、构建公共情感、普及公共价值、树立公德意识。

就像在第一期《天坛的心愿》节目中，79 岁的天坛公园总工程师徐志长老人在节目现场动情地说："希望在我有生之年，能看到天坛的 273 公顷仍旧像明清时那样，完整地还给人民、交给世界。"这段话不仅感动了现场和电视前的观众，也推动当事人做出了向前一步的决定。在这档节目里，从小我到大我，从市民到公民的距离，往往就是向前一步。而这个人的一小步，也是社会发展和城市建设的一大步。

二、向前一步是一种勇气

节目播出以后，有不少同行反应："拆迁题材都敢做，你们尺度真不小！"的确，《向前一步》的选题涉及拆迁、棚改、文物腾退、老旧小区改造等话题，毫不回避地呈现出城市发展与社会转型过程中的种种矛盾和难点。节目组要帮助一个弃管了 21 年的老旧小区解决物业难题；要说服一个让 21 户居民在外漂泊 3 年回不了家的人主动接受抗震加固；要去劝说一个 9 年都不肯搬迁的"钉子户"，让他相信自己家的评估价格与其他人的标准绝对一样。

节目创作的背后体现出三种勇气：

一是面对私搭乱建等制约城市发展、影响公众利益全局的事情，北京市委市政府有攻坚克难、一治到底的勇气。

二是面对纷繁复杂的诉求和千头万绪的工作，各级政府部门、所有办事人员，以及《向前一步》栏目组都有"一把尺子量到底"的勇气。

三是面对这样一档模式全新、题材敏感、责任重大的节目，北京卫视的编导团队有舍我其谁的勇气。

而赋予《向前一步》这种勇气的就是节目中经常提到的一句话："一把尺子量到底"，这已经成为节目的标志和口号。"一把尺子量到底"体现的是一座健康发展的城市、一个和谐有序的社会、一个明德守法的公民，对法、理、情的坚守与平衡，三者不能颠倒，缺一不可。《向前一步》通过对"老大难"问题的解决传递出了"有法必依"的原则坚守；也通过政策解读和专家解惑，讲出了法理和道理；更通过坦诚的交流和相互的理解，释放出和谐社会彼此之间的情感。

三、向前一步是一种担当

《向前一步》是蔡奇书记和陈吉宁市长亲自主导策划的节目，交给北京卫视来做，这既是一个命题，也是一个命令。北京卫视把这个光荣且艰巨的任务交给了《生命缘》团队，从策划到录像只有一个月的时间，卫视节目中心副主任邵晶是在因公出国的头一天接到的任务，当即退掉了机票，带领两位制片人和 4 位导演投入到筹备工作中，策划选题、邀请当事人、沟通嘉宾、安排场地，每天工作最少 15 个小时，但即便如此，像这样一档带有沟通调解性质的节目，很多时候不是你付出了时间就能收到等量的回报的。

最艰难的挑战就是请人。《向前一步》每期节目的当事人，每个都具备了丰富的“斗争”经验和“顽强”的心理素质，想让他们面对镜头，难度可想而知。导演杨彦君为一期节目先后9次跑到当事人家里沟通，一聊就是10个小时，深夜12点还在小区门口和当事人谈话，情绪激动多次引起保安的注意；主编高笑冉跑选题的那几天赶上北京频繁下雨，她风雨无阻来往于办公室和当事人家里，生生跑坏了一双凉鞋；主编秦晓明为了取得当事人的信任，自掏腰包请对方喝酒撸串。

编导们即便是跑断腿、磨破嘴，但到节目录制时还是会出现很多让人措手不及的突发情况。录制华康里那期节目的前一晚，当事人突然变卦拒绝录像，制片人李潇和刘书含紧急赶往其家，劝说到晚上11点多才做通工作。此外，与街道办等基层部门的沟通也远比大家想的困难，为了促成某期选题，邵晶副主任打了4个多小时电话，才获得了某区主管领导的同意，结果录制当天，街道工作人员又因为担心责任不清，拒绝配合，制片人李潇和刘姽只得又开始新一轮沟通。

《向前一步》团队，在这短短两个月的时间里，几乎每个编导都有五六个选题在最后时刻被迫放弃。这些付出巨大努力的年轻人，默默承受并积极改变着这一切，因为大家明白，正是因为有很多人不愿意来到《向前一步》的现场，这个节目才有它的价值和意义。他们愿意用千锤百炼的磨砺，来换“向前一步”的成长，因为那份成长属于这座城市和包括我们在内的每一个人。

触动人心的作品是拼出来干出来的

——北京卫视大型通俗理论电视节目《改革开放　关键一招》创作经验

卫视节目中心

2018年12月11日至17日，由中宣部、北京市委宣传部策划，北京电视台卫视节目中心《档案》栏目承制的7集大型系列纪录片《改革开放　关键一招》在北京卫视播出。节目以改革开放40年尤其是党的十八大以来取得的各方面成就为切入点，通俗化解读了进入新时代我国发展所面临的一系列目标任务和重大问题，通过讲好新时代中国特色社会主义的故事，深刻阐述了改革开放是决定当代中国命运的关键一招，也是实现“两个一百年”奋斗目标、实现中华民族伟大复兴的关键一招。节目播出后，连续3天收视位列省级卫视同时段第一，全网视频点击量破4600万，微博话题阅读量超1.2亿，全面引爆青春正能量。

一、“感恩”，是一种力量

从来没有一个项目像《改革开放　关键一招》这样，承载了这么多的信任、关注、支持和厚望。项目伊始，中宣部部长黄坤明、中宣部理论局以及市委宣传部的各位领导就给予《档案》栏目极大的信任、肯定和期望。

市委宣传部部长杜飞进在节目组第一次汇报节目脚本时，就帮导演们认真分析每一集的脚本，深入浅出，融贯中西，让大家豁然开朗，心服口服地推倒重来，重新搭建项目文本结构和内容，一直到节目播出。市委宣传部常务副部长赵卫东更是从节目一开始的选题，到脚本的一次次打磨、论证，再到录像时3次前往现场指导、看望嘉宾，以及后来不下10次的审片、协调视频图片资料、协调央视播出时间，全程给予这个节目专业的指导，在几个重要关键节点都提出了方向性的建议，使这个节目能够顺利地通过各级审稿、审片，最终得以圆满播出。徐滔副总编辑每天深夜的电话内容总是带着焦虑："市委宣传部给北京电视台那么大的支持，市委宣传部的各位领导是咱的亲人，这个活儿是北京市的荣誉，必须干好，不然没法交代，这个工作，我们要做到三个'不'：不留遗憾，不惜代价，不留退路！"她是这个项目不舍昼夜的鞭策者，更是这个项目冲在第一线的将领，召集10余次项目会，亲自带着团队一次次过脚本，督战节目的录制，整合各方资源协调素材，深夜一次次去机房慰问团队、审看节目。还有张淼书记和各位专家所给予的强大理论支持，李春良台长、王珏总编辑给予的指导、信任和鼓励，张际处长、马宏主任、董城、陈睿、唐慧等领导、老师们的并肩战斗……正是带着这样深深的感恩，团队一路攻坚克难，不辱使命！"感恩"，可以从内心深处生发出巨大的力量。

二、"极致"：没有最好，但永远能更好

像《中国故事大会》《我是演说家》这样的演讲类综艺节目，其核心看点是嘉宾的现场演讲。在节目录像前，导演组和演讲嘉宾需要对好文稿，反复沟通内容及表现形式，录制前彩排走台，这3个环节事关节目录制的成败。但在录制《改革开放　关键一招》时，这些原本必不可少的节目制作环节却无法完成，由于节目内容和嘉宾的特殊性，在7集节目中，就有单霁翔、李强、王文、谢春涛4位主讲人无法完成上述3个重点环节，这就意味着：节目组预先不知道嘉宾演讲的具体内容，嘉宾对节目的录制环节也不熟悉，所有的压力都留给了现场录制和后期制作。于是，就有了在录像现场多次沟通单霁翔院长增加故宫以外的内容；有了用提问的方式请他说出更多节目需要的理论点和其他核心内容；有了在后期制作时，完全打破录像素材逻辑，对内容进行再构架。正是这样重新建立起来的逻辑，才有了成片里精彩、精炼又精准贴合节目调性的呈现；于是，在李强院长没有提纲没有稿件也无法来现场走台的情况下，导演组提前一天到清华大学，插空向清华大学社会科学学院的李强院长陈述节目需求，经初步沟通后，次日李院长依然无稿、无提纲地带着无数"悬念"完成了天马行空的录制，然后通过后期制作，导演重新整合逻辑，最终使嘉宾的表现更为丰满合理；同样，王文老师基本是"空降"演播厅，没有人知道他会讲什么，整个演讲行云流水，充满着不可预知，于是就有了张际处长亲自协调，节目组临时从机场接来，挂上领带、剃了胡子就上场救场的高飞教授。与此同时导演们使出浑身解数，到处找素材，一次次调整主讲嘉宾和故事分享嘉宾，终于使这一期节目成为非常耐看、信息量最大的一期，成为庆祝改革开放40周年大会当天播出的一期节目。

像这样不断变不可能为可能，不断追求极致的例子，在《改革开放　关键一招》的创作过程中不胜枚举。补录、重新架构单期结构、调整嘉宾、近乎疯狂地到处寻找素材，内容反复删改……这一切的一切，几乎都是期期会遇到的问题，节目时长也从60分钟到50分钟，再到45分钟、38分钟，这对一个年轻的团队来说，是一次次的推翻再出发，是一次次的忍痛割爱，更是一次次体力、毅力、心理承受力的考验。当然，节目也在一次次打磨中越来越好看，越来越耐看。

三、“年轻”，有眼泪更有战斗力

《改革开放　关键一招》的主创团队平均年龄不到30岁，导演组有一半以上是90后，面对这样一个重大项目，所有人都感到压力巨大。总导演吴志勇不止一次地说：“这个项目是我做过的项目中最难的。”作为一位做过《红军不怕远征难》《中国1927》等多个大项目的总导演，从来没有什么事情能让他觉得困难，但这一次，他觉得太难了，难在用创新的形态做理论节目，也难在因为是创新，所以没有成功的经验可循，评判标准也在不断地调整和完善。刘晓彤是一位身经百战的“老”《档案》人，作为制片人和总导演，《红军不怕远征难》《西藏》这样的项目从来没难住过这位重庆辣妹子，但这一次，几次补录让她几近崩溃，她需要和已经在棚内录制的其他节目见缝插针地“抢棚”；需要在《京商传奇》录制的深山沟里，带着发烧的谭江海完成及时的“穿越”；需要安抚现场观众等待不知何时可以到达现场的嘉宾。主持人谭江海一直是大家眼中的铁人，节目中大段的口播展现出他的业务功底，但《改革开放　关键一招》节目录像的高密度、高强度和反复补录让他高烧不退，几近失声。节目组年轻的导演们用将近半年的时间，跟随理论处和多位专家反复打磨节目文本，在录制和后期制作的两个多月时间里，所有人不眠不休，甚至连饭也顾不上吃。7集节目的8位编导中，有5位是年轻女孩，其中有3位累到两个月没有生理期，另外2位的生理期也被完全打乱；男编导郝霖在节目录制时刚刚当上爸爸，孩子没满月就进了后期，天天扎在机房里做片子，改片子……高强度的工作让他们无暇顾及自己的形象和身体状态，唯有在深夜，才会尽情地痛哭一场。徐滔副总编辑曾说：“没有在深夜里痛哭过的人不足以谈人生。”卫视中心副主任郑蓉因为很少在工作中掉眼泪，被大家戏称为“钢铁直男”，但在《改革开放　关键一招》的播出排期迟迟无法确定的时候，她着急地掉下了眼泪。

《改革开放　关键一招》在成功的同时也带来启迪：如何针对节目样态选取最合适的嘉宾，如何提升与嘉宾的沟通水平，如何让文本创作达成率更高，如何在节目创作伊始和后期制作中搭建更大信息量的叙事维度，如何建立和完善自有资料库，如何完善节目播出的全媒体影响力平台等，这些都需要在今后的工作中继续完善。伟大的梦想是拼出来干出来的，触动人心的作品也是。

让文物活起来　让文化热起来

——北京卫视大型文化季播节目《上新了·故宫》创作经验

卫视节目中心

为大力弘扬古都文化和中轴线文化，纪念2020年故宫建成600周年，北京卫视与故宫博物院联合策划大型文化季播节目《上新了·故宫》，于2018年11月9日至2019年1月11日每周五21：05在北京卫视播出。

2014年3月27日，习近平总书记在联合国教科文组织总部发表演说，提出要“让收藏在博物馆里的文物、陈列在广阔大地上的遗产、书写在古籍里的文字都活起来”。创新是对文化最好的继承和保护，《上新了·故宫》正是希望通过年轻态的表达方式，把故宫600年沉淀下来的历史文化宝藏传递下去，让故宫文化被更多年轻人“带回家”。

节目播出以后，收视多次位列省级卫视周五同时段第一，节目话题多次登顶微博热搜榜，主话题阅读量突破19亿，相关话题阅读总量超30亿，豆瓣评分8.2分。《人民日报》《光明日报》《新闻阅评》等数十家主流媒体给予高度评价，并荣获国家广电总局2018年第四季度创新创优节目，在总局的全国视频会议上向全国同行进行经验分享，赢得观众和业内的好评。

一、推开“三重门”，实现三个“上新”

《上新了·故宫》创意之初有一点非常坚定，用年轻的视角和创新的表达，赋予故宫文化新的审美体验和大众参与，把文化节目做得更生动、更有趣，更加贴合观众尤其是年轻观众的审美习惯，让更多人爱上故宫，爱上中国文化，于是便有了《上新了·故宫》的推开“三重门”，实现“三个上新”。

第一，推开故宫的大门，这是知识的上新。

故宫博物院现存文物总量为186万余件，浩如烟海，而迄今为止向公众展出的比例只有2%，冰山一角。《上新了·故宫》首先就要推开这扇宫门，带观众去到尚未开放的区域，看看那98%的文物瑰宝，让知识获得一次上新。

第二，推开历史的大门，这是文化的上新。

故宫不仅是一座收藏历史文明的博物馆，故宫就是历史文明本身。节目组希望用一种全新的综艺化表达，让“正襟危坐”的故宫文化完成一次形态上的“焕颜”和“上新”。这也是故宫博物院成立以来，第一次让一档大型文化季播节目进入故宫实景拍摄，只有置身历史当中才能更接近历史的真实。

第三，推开文创的大门，这是市场的上新。

故宫博物院院长单霁翔说过一句话："把故宫带回家"，这就要借助文创产品的力量。推开文创这第三扇大门，就是用走入百姓生活的文创产品唤醒沉睡的文物，在大众消费市场获得一次上新。

二、透过"三原色"，描绘故宫的前世今生

有《国家宝藏》珠玉在前，《上新了·故宫》用更富创新的立意和形式，确定了"文化为核心、文创为抓手、主题式推进、沉浸式探索"的节目形态。每期节目单院长都会抛出一道谜题，比如，寻找故宫里的秘密花园、谁是紫禁城里的学霸、最传奇母亲等等，嘉宾带着谜题出发，在实地探寻中接近历史真相。这种沉浸式的文化探索，成为吸引观众步步跟随、层层深入的关键，像一面棱镜折射出了节目内容的"三原色"。

第一，历史的本色。

节目遵循的是对历史的平视和正解。比如，节目选取了康熙、乾隆、崇庆皇太后（也就是甄嬛的原型）、孝庄皇太后等历史人物，尝试解开他们身上的种种谜团。但历史的真相是建立在史料档案基础之上的，所以观众会发现，他们虽然带着问题去看节目，却不是都能够找到准确的答案。比如，节目寻访了乾隆的秘密花园，也首次接近乾隆的神秘人格，但却无法用史料完全证实；走进了寿康宫，却仍然找不到明确的记载，那个被叫作"甄嬛"的钮祜禄氏是如何从一位侍妾用了18年的时间进阶为熹妃，并最终成为崇庆皇太后、乾隆的母亲。但这就是历史的本色和魅力，有的地方清晰可见，有的地方难以辨别。《上新了·故宫》所呈现的探索历史的过程其实比那个答案更有趣和更有意义。

第二，人性的底色。

《上新了·故宫》对历史人物和故事的挖掘没有停留在传奇性的表面上，而是努力探究他们的内心世界，寻找人性共同的底色。比如，第一期节目中，幽暗的密室、逼仄的通道、随处可见的镜子，折射出乾隆皇帝渴望自由、快意人生的另一面。在第5期里，编导通过一间形制奇特的"净房"（也就是故宫里的厕所），讲述了康熙皇帝孝亲的品德。所有这些，都不是帝王的专属，而是人性的底色。

第三，时代的特色。

《上新了·故宫》力求建立一种年轻态的电视语境，编导试图剥去历史深沉高冷的外衣，从人物、道具、主题、视觉元素等方面赋予节目年轻的活力。两位深受年轻观众喜爱的演员邓伦和周一围担任固定嘉宾，曾经出演过清宫剧的演员如蔡少芬、宁静、袁姗姗、王丽坤等参与其中。一个智能机器人和一只拟人化的故宫御猫鲁班，成为节目里"百科全书"式的幽默存在，而每期节目主题的设定也充满了年轻态的表达，既形象又生动，比如：乾隆的秘密花园、紫禁城里的学霸、钮钴禄氏的进阶史、紫禁城里的零零后等。

节目还联合"今日头条"，发布进宫探秘、进宫玩雪、角色穿越等多个H5网络传播物料，在北京国贸地铁站展出总长135米的《故宫冬日雪景长卷图》，让地铁站成为了热门打卡地，用富有创意的趣味宣传为节目造势，这些创新的互动玩法，既契合了年轻人的参与需求，也凸显了新媒体互动的时代特色。

三、通过三重视觉呈现，让故宫文化生动起来

第一，用花字完成文物的知识科普。

故宫大量珍贵文物首次在节目中出现，看得懂，它们就是观众渴望了解故宫的入口；看不懂，就有可能成为观众难以企及的高门槛。所以，恰到好处的精美花字、深入浅出的图解示意、御猫鲁班的独家揭秘等时尚的表达，带领观众走入故宫、深入故宫。

第二，用动画完成历史的动态联想。

故宫博物院藏有大量的珍贵字画，通过什么样的方法才能让这些字画中的人物动起来呢？比如在模拟畅音阁“上天入地”的演出效果时，节目组的后期团队通过动画的形式将组合滑轮构成的“古代威亚”生动清晰地呈现出来，让观众一目了然。而每期结尾的文创产品小动画，更是趣味盎然、萌态十足。

第三，用再现完成人物的主题升华。

《上新了·故宫》运用再现拍摄手法达成了两个方面的创作诉求：一是借由节目嘉宾自己出演，完成从历史探索者向历史人物的穿越。比如，周一围读到康熙皇帝酷爱西学的档案记载，画面就出现了他所扮演的康熙与外国大臣讨论几何学的一段戏，仿佛历史人物从书中走了出来。二是通过剧情和台词设计，完成从写实向写意的过渡。比如第一集中，周一围一人分饰两角，完成了一段两个乾隆关于自由与自私的对话，折射出乾隆内心既无法摆脱责任又极度渴望自由的双面性格。这段戏是通过之前对乾隆花园的探寻而合理生发出来的联想，而所有的场景装扮都是从文物中原样复原，这样亦真亦幻、虚虚实实的再现拍摄，不是在写实，而是在写意，它是戏剧化呈现，却不是戏说。

四、跨越“三道门槛”，迎来故宫文化的新生

由于有故宫这个大 IP 作为依托，很多人认为节目的成功是非常自然和容易的一件事，怎么做都能行，但实际上，节目组经历的远比想象中的要困难和痛苦得多，而在制作之初首先要跨越的，就是节目的“三个门槛”：

一是专业门槛。为了做好这档节目，导演组从 4 月份开始就反复与故宫专家和史学专家沟通，每天翻阅史料十几个小时，潜心研究了上百个选题，经过推敲、打磨、踩点、构思，最终才确定了 9 个具备执行条件的主题，进入正式的节目制作阶段。

二是文保门槛。为了保护文物，节目组所有的拍摄设备在进入故宫前全部经由故宫古建部、宫廷部的严格审核，所有灯具、灯架和摄影机角架全部经过海绵包裹，并严格遵循故宫博物院的拍摄铁律，“只能前进，不能后退”，连转身的幅度和动作的频率也严格控制。同时，为确保文物安全，节目场景复现部分所需的道具、场景全都 1∶1 仿真还原。由于不能用小飞机航拍，节目组绞尽脑汁，最后找来了消防云梯，把摄影师升到半空，拍摄时要克服寒风中镜头的抖动和恐高的心理障碍，堪称“史上最苛刻录像”。

三是摄制门槛。由于是在故宫实地拍摄，故宫能够给予节目组每期的拍摄时间只有一天，还要配合故宫博物院 5 点闭馆的规定，录制时间极其宝贵。所以演员们四五点就得起来化妆，6 点故宫一开门就要到现场准备，早上 7 点准时开拍。为此，导演对每期节目 15 场左右的拍摄单元都得提前准备得严丝合缝，脚本撰写得非常详尽，每场戏的拍摄时间都被严格划分和控制。

综上所述，《上新了·故宫》节目完成了创作初衷、形态内涵和视觉语境的完美结合。希望通过这档节目的热播，让越来越多的年轻人走进故宫、了解故宫、爱上故宫，从而对博大精深的中国文化有切实的领悟和发自内心的热爱，让文物活起来，让文化热起来！

让经典再度流行　让文化传承创新

——北京卫视《传承中国》创作分享

卫视节目中心

《传承中国》是北京卫视全新推出的一档大型原创京剧文化节目，也是北京卫视文化品牌——《传承者》系列的第三季，于2018年3月4日至6月3日在北京卫视播出。

“传承者”品牌自2016年推出以来，始终将目光聚焦在中国优秀传统文化的传承和创新上，第一季《传承者》首次实现了将50余项国家级非物质文化遗产集中呈现在电视舞台上，第二季《传承者之中国意象》更是中国电视首次对传统文化意象的集中呈现和深度赏析。

2018年，“传承者”品牌继续深耕民族传统文化，将创作焦点对准传统戏曲，而最具影响力的戏曲种类就是京剧。要想做一档让普通观众喜闻乐见的京剧文化节目，面临着三个高门槛。

一是欣赏门槛高，京剧艺术内涵深厚，普通大众尤其是年轻观众想看懂不容易；二是参与门槛高，京剧表演的专业性极强，非专业演员参演的难度很大；三是表现门槛高，京剧是舞台程式化表演的经典艺术，一招一式、一板一眼都有章可循，这保证了京剧传承的严谨性，但也给电视呈现限制了条件。

《传承中国》如何在遵循经典的基础上合理创新，让京剧艺术与电视艺术完美结合，既让内行看得津津有味，又让外行看得兴致勃勃，既让观众欣赏到京剧艺术的舞台之美，又能感受到京剧背后的文化内涵，这是《传承中国》创作的核心。基于此，节目做到了三种关系的转化。

一、从程式到模式

京剧有它独有的行业特征、文化符号和表演范式，这些“程式化”的东西恰恰蕴含了京剧的魅力，也是人们走近京剧最重要的入口。《传承中国》在节目模式的原创上，充分尊重并借鉴了传统京剧的班社文化，把京剧艺术的“程式”创新成节目的模式。

京剧的班社，是指在戏曲院校诞生前，京剧演员们集体生活、学戏、演出的私人化组织，班社决定了师承，决定了流派，成为对京剧艺术影响深远的文化基因。像梅兰芳先生挑班的“承华社”，尚小云先生挑班的“荣春社”，马连良先生挑班的“扶风社”，都是著名的京剧班社。

《传承中国》在节目中成立了京剧“传承社”：

一是借鉴了京剧班社的身份设定。由著名京剧演员王佩瑜和谭正岩担任社长，负责给演员讲戏、挑戏、邀请老师、组织公演等管理工作。由明星嘉宾担任每一期的“挑班班主”，负责宣传推广京剧艺术，并且要以主角儿的身份参加一场公演。由著名京剧表演艺术家担任老师，亲自为“挑班班主”开蒙授课。由老一辈的京剧大师们担任特邀嘉宾，点评京剧公演。

二是借鉴了京剧班社的演出流程。节目环节完全按照京剧演出的程式，被分为选戏、讲戏、学戏、响排、化妆、开戏等固定部分，让观众感受原汁原味的梨园文化。

三是借鉴了京剧班社的空间格局。《传承中国》将4000平方米的演播区进行了统一规划，集中开辟出戏台、化妆间、排练厅、茶室、办公室（瑜音阁）等功能性区域，每个区域彼此相连又功能区分，形成一个全方位的“京剧艺术社区”。在布景上，节目还原了传统戏楼的老式海报水牌，通道当中是历代京剧大师的演出照，化妆间里码放的是剧团必备的服装箱，墙上挂着的则是精美绝伦的京剧行头。挑班班主从进驻“传承社”到演出后离开，能够完全沉浸在真实的京剧班社氛围中。

二、从求真到求新

作为一档志在传播京剧文化的电视节目，《传承中国》的定位很明确，节目不是要做京剧的展示，而是要做京剧的解读；节目的目的不是让京剧变得更高级，而是让京剧变得更普及；节目服务的对象既是专业的戏迷票友，更是普通的电视观众。“真实”与“新颖”是节目需要平衡的关系。因此，《传承中国》选择采用“真人秀”的节目形态，并且引入跨界明星以京剧表演者和推广者的身份，展示京剧台前幕后的魅力。

这样的模式设定有三点考虑。

一是系统呈现京剧艺术的综合样貌和丰富内涵。节目贯穿戏里戏外、台前幕后，挖掘京剧的行业文化、类别流派、艺术特征等，这里面蕴含着京剧艺术兴盛的原因和深厚的内涵。

二是沉浸式的体验方式引导观众进入京剧。观众跟随嘉宾的视角，一步步由浅入深了解京剧学习和演出的全部流程，加深观众的参与感。

三是明星效应提升观众对京剧的关注和传播。并不是有娱乐明星的节目就是娱乐节目，“娱乐”还是“文化”，这个尺度掌握在创作者的手里。《传承中国》里的明星嘉宾因节目需求设定，为节目主题服务，对于京剧传播和普及起到了非常积极的作用。

对于喜爱京剧的老百姓来说，看戏就是看角儿，有了层出不穷的角儿，才有长盛不衰的京剧。所以，《传承中国》也在“角儿”的邀约上下足了功夫。这里的“角儿”分为两种，一种是节目里的主角儿，也就是每一期的明星嘉宾；另一种是京剧界的名角儿，是在节目中担任老师、顾问和点评嘉宾的京剧艺术家们。《传承中国》对所有“角儿”的统一要求就是真——真教、真学、真唱、真演。

这个看似简单的标准让很多明星都知

难而退，因为唱戏不是唱歌，就像京剧名家迟小秋先生说的那样：“京剧就是一分功夫一分戏，骗不了人。”而节目限定的学戏时间只有3天，所以，能够参加这档节目的明星嘉宾，都起码是对京剧艺术充满敬畏的人。

这一季，节目组邀请到瞿颖、刘晓庆、曹云金、徐帆、金巧巧、杨钰莹、余少群、白凯南、陈浩民、任贤齐等10位明星担任“挑班班主”，他们带着对京剧艺术的尊重和梦想来到这里，从“外行”到“角儿”的一路蜕变，成为节目的最大看点。

经典剧目《大闹天宫》因为武戏多、难度大，先后被7位明星婉拒，挑班班主白凯南迎难而上，在练功时拉伤大腿又弄伤脚踝，依然咬着牙求老师给他加班教戏；学习荀派经典《红娘》时，京剧零基础的金巧巧为了攻克唱腔难关，深夜拍摄结束后还坚持留在练功房加练；任贤齐在登台表演《定军山》时唱错了戏词，不仅当场向老师和观众鞠躬致歉，更是在录制后发微博表达歉意，充满了对京剧艺术的尊敬。

大家常说京剧演员“台上一分钟，台下十年功”，但作为观众，如果看不到台下十年功的艰辛，也就体会不到台上一分钟的伟大，所以《传承中国》就是要把这“十年功”浓缩为“三天”，最终在60分钟的节目里呈现给你看。看过这些幕后的付出，观众才能理解为什么刘晓庆表演完在后台兴奋得像个孩子；为什么徐帆唱完《白蛇传》会在台上哽咽难言；为什么任贤齐会为他的一句失误如此自责。

在表演求真的基础上，《传承中国》努力做到在表现上求新。

一是放大京剧艺术的细节之美。在镜头语言上，节目利用特写、升格、多角度回放等方式，凸显了京剧表演中的水袖、云步、指法、眼神等“四功五法”，以及京剧的脸谱、服饰、道具的精美绝伦。比如在节目中，谭孝曾先生展示了他演出《定军山》的那把大刀，是其父谭元寿先生传给他的，刀刃上都是缺口，如果不是电视特写，观众不会发现。还有谭家世代珍藏的谭鑫培大师的蟒袍戏服，百年前缂丝的技术在今天看来仍然精湛。这些细节奠定了京剧为人尊崇的艺术地位。

二是普及京剧艺术的专业知识。节目后期适时地插入花字和历史影像，为观众普及相关的京剧术语和专业知识，通过回顾经典的演出片段，让观众能够感受到京剧大师们的风采。

三是创新京剧演出的电视呈现。《传承中国》节目在呈现京剧表演时，既保留了传统精华，像舞台布局、服装道具、乐队场面等都是原汁原味，同时节目组又利用现代舞台技术，对节目做出了合理化的创新。最典型的例子是传统京剧舞台布景背后的那块刺绣帷幔，专业术语叫作“守旧”，它的使用价值最初就是为了隔开台前和幕后，后期“守旧”也起到交代故事环境、渲染气氛的作用。《传承中国》的舞台创新就是从改变这块“守旧”开始的。节目组利用超清LED大屏，把那块静止的“守旧”，变成了动态的背景，营造出水波、流云、扶柳、下雨、狼烟、烛火等景观，让表演者身临其境，当然这种动态是极其细微的，不会干扰到演员的表演和观众的观看。这样的创新不但不会让老一辈京剧表演艺术家们认为背离传统，反而受到他们特别的喜欢，因为这样的创新是为京剧艺术服务的。

三、从传承到传播

北京卫视策划推出《传承中国》，不仅希望传承发扬京剧艺术的文化价值，更是希望传承发扬京剧表演艺术家们的艺术修为。在节目录制的过程中，节目组的导演们深刻地感受到，中国优秀传统文化对从业者精神的塑造，体现在这些德高望重的表演艺术家身上。

《传承中国》从策划到录制，参与其中的京剧表演艺术家近百人，很多都是国宝级的大师，他们年事已高，很少再教徒授课了，这次为了传承京剧艺术接受邀请再度登台，让大家非常的感动和尊敬。

在他们身上，体现出“戏比天大”的艺术信仰。时年 90 岁高龄的谭元寿先生把自己当年用过的面牌亲手交给任贤齐，鼓励他唱好谭派名戏《定军山》；83 岁高龄的荀派名家宋长荣先生，从江苏乘火车来到北京，在语言沟通困难的情况下，亲自示范《红娘》表演，这出戏老先生唱了一千多次；78 岁的孙毓敏先生多次来到现场点评，并将自己多年研究的发声方法倾囊相授。

在他们身上体现出“德艺双馨”的艺术品格。北京京剧院梅兰芳剧团团长李宏图先生是著名的京剧小生表演艺术家，时年 58 岁，本来是点评嘉宾的李老师，临时被主持人邀请上台和年轻演员表演了一段《西厢记》的唱段，整段都是花旦在唱，小生只有动作，但在最后一句落板的时候要求小生腾空而起，跷着脚跌坐在台上，这对演员的功力要求很高。58 岁的李老师穿着西装，依然干净利落而且一丝不苟地做完了全套动作，现场观众自发起立鼓掌。他们用自己的艺术修养证明了什么叫作“没有小角色，只有小演员”。

在他们身上体现出传承创新的艺术情怀。在《白蛇传》公演当天，节目组特意请到三位德高望重的京剧表演艺术家谢锐青先生、李玉芙先生、马玉琪先生，他们都曾经是《白蛇传》家喻户晓的名角儿，3 位老师的年龄加在一起已经 247 岁了。此次录制，不仅 80 岁的李玉芙老师亲自教徒，3 位大师更是在现场重现了这段经典表演，让人动容。在梅葆玖先生逝世两周年纪念日当天，节目组精心组织了一场纪念公演，梅葆玖先生的 6 位弟子和 4 位好友来到现场，共同追忆梅先生。在《传承中国》收官之作《定军山》的演出现场，观众不仅欣赏到了谭家父子联袂上演的大戏，更是看到了 9 位年龄在 6～12 岁的小朋友一起登台演唱选段，他们都是刚刚学戏一两年的孩子。看到这些精神矍铄的大师，看到这些学戏的孩子，看到全情投入的跨界嘉宾，看到鼓掌叫好的年轻观众，大家一定会发自内心地相信京剧的魅力从未淡去，京剧精神将永远传承。

《传承中国》播出以后，在周日晚间竞争力激烈的 920 时段，取得了全国同时段第 4 名的良好成绩，微博阅读量高达 10.1 亿次。为了让更多人关注《传承中国》，节目组还策划了首都机场京剧快闪活动，取得了很好的传播效果。在这一过程中，首都机场给予了极大的支持，经过多次协调，他们把最重要的服务总台区域留给节目做京剧快闪活动。而在快闪进行时，机场旅客纷纷驻足，拿起手机拍照，记录那最震撼最珍贵的瞬间。值得一提的是，本次活动在共青团中央的带领下，一直播、虎牙直播、快手、唱吧、哔哩哔哩、QQ 空间 6 大平台同步直播，在线观看人数超200万人次，覆盖粉丝量超560万。

同时，节目联合梨视频、秒拍、华数、有象视频、播视网5大短视频平台全站推送，使得微博话题#京剧机场快闪#阅读量破亿，登陆热门话题总榜第一位，更引来北京日报、北京晨报、北京晚报等首都媒体争相报道。在中华万年历、激萌、美柚、天涯社区、足记、趣头条、高铁管家、大麦网、快视频、万能钥匙、小红唇等24家合作媒体的联合扩散下，首都机场快闪活动覆盖粉丝量超2788万，成为线上线下联动的现象级热门大事件。

深度融合　立体呈现

——北京广播电视台圆满完成中非合作论坛北京峰会融媒体特别报道

新闻节目中心

2018年9月4日21：05—22：05，北京卫视、BTV新闻频道，北京电台新闻广播以及北京时间网站同时推出融媒体直播特别节目《中非共绘新蓝图》，节目现场丰富、节奏流畅、解读深入、呈现精彩，电台、电视台、北京时间的多位记者在直播中多次同时连线，融合报道，把中非合作论坛北京峰会报道推向一个新的高潮。

此次峰会报道，北京广播电视台高度重视，始终围绕“合作共赢，携手构建更加紧密的中非命运共同体”的主题展开融媒体全方位宣传。电台、电视台、北京时间，统筹资源，协同配合，统一组织，统一策划，统一指挥，共同行动，集广播、电视、网络于一体，多媒体、多终端立体呈现。

峰会前及峰会期间，北京电视台《北京新闻》《北京您早》《特别关注》《都市晚高峰》《晚间新闻报道》分别开专栏《中非共绘新蓝图》，共播出新闻110条次；融媒体现场直播《中非共绘新蓝图》5场，直播连线近20次，并在北京卫视和新闻频道中推出3集系列专题片《握手非洲》，电视台微信公众号《北京新闻》制作推送《一图看懂2018中非合作论坛北京峰会》等新媒体图文21篇；北京电台共采制播发相关录音报道、口播、连线约110条，策划制作专题访谈三大系列，北京广播网更新发稿35篇，推出两款新媒体产品；北京时间共发布各类稿件256篇，总流量达4100多万。

一、融媒体中心成立后首次大规模行动，高度重视，统一组织，精心谋划

9月3日，2018年中非合作论坛北京峰会盛大开幕，这是中国今年最大的主场外交活动，北京广播电视台高度重视，提前谋划，统一组织，统一指挥，共同行动，展开了融媒体中心成立后的第一次大规模报道。

为充分报道这次峰会，北京广播电视台在新闻中心搭建了现场演播室，由北京电视台艾冬云副总编辑带队的北京广播电视台 25 人前方报道团队进驻峰会新闻中心，对峰会展开全面报道。

此前，新闻中心提前两个月就开始了报道筹备工作。为了让记者编辑更准确地理解把握峰会报道，新闻中心多次请专家来台做相关讲座。7 月 27 日下午，外交部非洲司参赞李翀应邀前来，围绕即将开始的中非合作论坛北京峰会进行了专题培训讲座。参与中非合作论坛 2018 北京峰会融媒体报道的北京广播电视台记者、编辑 40 余人聆听了讲座。

二、融合发力，三路记者首次同框报道，广播、电视、网络合而为一，融媒特色凸显

9 月 4 日晚推出的直播特别节目《中非共绘新蓝图》精心策划、巧妙编排，并在各媒体中率先报道了习近平主席在峰会成果发布记者会上对热情好客的北京市民的特别感谢；报道了南非总统拉马福萨对北京和热情的北京市民的盛赞。当晚记者会结束后，离直播开始时间已经非常迫近，直播特别节目根据前方最新消息，迅速调整完善直播结构和内容，由主持人和评论员在直播开始以“中非领导人对热情北京市民点赞”为主题，配合峰会期间北京蓝天白云美景，突出直播特色主题——热情好客迎宾客，蓝天白云相伴，既有极强的新闻时效性，又凸显首都做好服务保障的政治站位。

直播特别节目采访了非洲国家驻华使节、各国政要以及相关智库专家，另外还特别制作了《非洲人在北京》系列报道。直播邀请到了中国国际问题战略研究所副所长苏晓晖，中国人民大学国际关系学院教授王义桅，中国国际问题研究院特邀研究员、前驻外大使华黎明等相关专家，就中非人民的深厚友谊、中非论坛带给双方的福祉、新时代中非合作蓝图等话题进行了深入的讨论。特别节目还邀请中国人民大学重阳金融研究院执行院长王文、国际时事评论员洪琳等对两天的峰会内容进行了全面梳理解读。

融媒体特别直播节目《中非共绘新蓝图》，当晚在北京卫视与 BTV 新闻频道并机播出。

此次中非合作论坛北京峰会报道是北京广播电视台深度融合的重要发力点。广播、电视、网络统一谋划，统筹资源，充分发挥各自特色，同时调动新媒体力量，通过北京电视台《北京新闻》《北京您早》《特别关注》栏目及电视台微信公众号《北京新闻》，北京电台新闻广播、外语广播、交通广播和北京广播网，以及北京时间网站，以大型直播、新闻报道、现场连线、专家访谈、网络呈现、新媒体产品推送等多种形式全面报道此次峰会。

本次峰会报道融媒体特色凸显。9 月 2 日开始，北京广播电视台融媒体特别直播节目“中非合作论坛”北京峰会报道全面启动，在北京卫视的《北京您早》和《特别关注》栏目中开通了融媒体特别报道时段，在每档栏目中播出 30 分钟特别直播节目。

特别是3 日《特别关注》节目中，电台记者李璟、电视台记者商杨、北京时间记者丁聘婷同时在线，为特别节目做直播连线。他们分别在峰会新闻中心、北京二外、四达时代集团，首先完成了各自的采访任务，然后同时为直播连线。来自电台、电视台、北京时间的3位记者，第一次同框出现在北京卫视的电视屏幕上。

北京电视台制作了3集系列专题片《握手非洲》，3日、4日在北京卫视、BTV新闻频道不同时段、不同栏目播出。北京时间在PC端、APP首页、360导航、小助手等平台对纪录片《握手非洲》进行高位推荐。

融媒体报道的宣传片、多条新闻节目、直播报道，也多次在北京时间网站上推送。电视台记者祖冲亚还多次给北京人民广播电台新闻台直播连线，两台一网，深度融合。

三、新闻报道立体丰富，直播连线、演播室评论第一时间传递前方声音，融媒体特别直播节目全面解读峰会

8月31日和9月1日，峰会主办方举办了两场新闻发布会，北京广播电视台记者都在第一时间进行了现场报道。特别是9月1日举办的媒体吹风会，3位历任非洲大使与记者畅谈中非友谊，本台记者商杨获得提问机会，就中非人文合作问题向中国政府非洲事务特别代表许镜湖提问，得到了许大使的详细回答。此外，记者们还围绕峰会服务保障和准备工作等主题，进行了充分报道。新闻中心正式启用、志愿者全力投入、新闻中心北京元素、科技元素彰显等，都成为报道关注的热点，也体现了北京服务大会的周到细致，彰显北京特色。

四、新媒体报道成果丰硕，原创新媒体产品亮点频现，短视频全面开火，融合报道效果显著

为做好此次中非合作论坛北京峰会的报道，北京电视台新闻中心新媒体团队提前策划、多点布局，推出一系列新媒体可视化产品：制作2个可视化H5作品——中非友谊答题闯关小游戏、非洲人在北京人物小传，2个H5产品一经推出就受到网友好评，上线12小时互动量就超过5万人次。

峰会期间，BTV新闻新媒体还推出可视化长图作品《一图看懂2018年中非合作论坛北京峰会》，用生动活泼的形式将本次峰会的四大看点一一呈现。值得一提的是，这条长图在可视化上下足功夫，将富有非洲特点的卡通动物元素和丛林元素贯穿其中，起到了很好的视觉效果。

峰会闭幕后，BTV新闻新媒体也敏锐地抓住了中外领导人对北京的表扬，在9月5日早上推送了《中非领导人盛赞北京市民》和《南非总统：所到之处皆笑容，北京是一座非常好客的城市》两条微信，同时还推送了微信图文《北京市民请查收，这里有一封来自市委市政府的感谢信！》，半天时间阅读量就破万。

截至9月5日，BTV新闻新媒体团队共制作推送新媒体图文24篇，全网阅读量超过43万；原创、编辑、发布《探秘峰会新闻中心》短视频30余条，全网播放量超过1000万，其中仅《中非合作论坛北京峰会四大看点值得期待》全网播放量就超过450万。

BTV新闻新媒体还推出原创动画作品《非洲，原来你是这样的》，通过微信、微博、今日头条、腾讯新闻等多个平台推送，全网播放量超过300万。该条原创动画作品于9月3日《都市晚高峰》《晚间新闻报道》电视新闻栏目中播出，多屏发力、融合报道，起到了非常好的传播效果。

此外，BTV新闻新媒体团队制作了

2018 年中非合作论坛北京峰会手机微专题，汇聚各方精彩报道内容，方便网友随时调阅观看。

五、电台报道全面细致，为中非论坛召开营造良好舆论氛围

北京电台新闻广播《北京新闻》，交通广播《1039 新闻早报》《交通新闻》，外语广播《感受北京》等重点栏目对峰会议程安排、峰会成果、峰会新闻中心特色亮点、中非青年合作项目、交通出行保障等多个方面进行了全面报道，播出了《中非合作论坛北京峰会开幕中外记者热议习近平主旨演讲》等新闻，内容丰富。外语广播开设专栏“我在北京看峰会”，连线非洲嘉宾，通过不同角度体现远在非洲的嘉宾对本次峰会的关注。

峰会期间，北京电台全面参与融合报道，新闻广播、交通广播、外语广播、网络媒体中心与电视台、北京时间的记者共同参与并进行音频、视频、网络融媒体的报道。9 月 3 日，新闻广播记者出镜介绍留学生眼中的峰会及中非合作；新闻广播《主播在线》栏目现场连线了电视台主持人祖冲亚，实时介绍北京路面的情况，以及公交地铁采取的措施；新闻广播《北京新闻》播出的录音报道《中非合作论坛北京峰会开幕中外记者热议习近平主旨演讲》采访电视台主持人李藏宇。9 月 4 日，外语广播记者参与电视台直播连线，采访摩洛哥餐厅老板。外语广播《非洲人在北京》系列访谈在北京时间同步视频直播。

报道宣传峰会，北京电台制作了各具特色的新媒体产品，努力扩大峰会传播效果。电台网络媒体中心制作推出了《中非论坛峰会早知道》H5 产品，全面介绍会议出席国家、主要日程、重大议题等信息；原创动画视频《你好非洲》被本次中非论坛官网在首页及精彩视频频道采用，视频分发到爱奇艺、天天快报、今日头条、新浪视频 4 个平台。

电台官方微博微话题#中非论坛合作共赢#，共发布 20 条，阅读量 8.1 万。官方微信“北京电台 RBC”推送图文稿件 6 条。短视频推送，秒拍 7 条，点击量 16.7 万，抖音 11 条，点击量 23.2 万。移动客户端听听 FM#中非论坛专题#，发布音频报道 21 条，收听量 7000 多次。

六、北京时间形成全方位多角度的报道矩阵

北京时间 PC 端和 APP 端的“中非合作论坛”北京峰会报道专题页 8 月 21 日开始上线，内容不断丰富更新，并充分利用 360 导航、迷你页和开机小助手进行全面推送，取得了显著的效果。截至 9 月 5 日 11：30，北京时间共发布各类稿件 256 篇，总流量达 4100 多万，其中原创稿件 112 篇，总点击量达 2360 万 +。众多不同类型的报道内容互补分布，形成直击峰会系列直播、系列短视频、深度访谈、现场报道构成的全形态矩阵化报道格局。同时，在微博平台，多个短视频获得广泛关注，播放量超过 100 万人次。

在传播推广上，北京时间自有渠道资源全力支持峰会报道，从页面位置、报道数量以及新闻呈现的形式上展开策划，包括“北京时间”PC 端、移动端、北京电视台微信公众号、官方微博等全媒体渠道资源共同推广，形成全方位多角度的报道矩阵。

本次峰会北京时间共策划 11 组系列短视频，从不同侧面呈现中非合作与峰会精神，形成独具特色的新媒体传播风貌，为用户提供了最具效率的新闻获取手段，赢得了很好的传播效果。

北京时间精心策划，形成峰会抖音系列短视频《我的峰会故事》。先后发布18条中非合作论坛原创短视频，观看量达到2300万+，点赞量超过5万，吸引了众多网友互动，形成了良好的传播效果。其中《没有手术室没有X光！中国援非医生仅用一双手接好了粉碎性骨折》获得751万播放量。

纪念改革开放四十周年大型纪录片《中关村——四十年的足迹》播出后反响热烈

新闻节目中心

2018年12月17日—22日，时值纪念改革开放40周年之际，北京电视台与中共海淀区委宣传部联袂推出6集大型纪录片《中关村——四十年的足迹》，于北京卫视8：00首播。

该片以改革开放40年来中关村创业企业的创业历程和相关政府部门（国家、北京市、海淀区等）的政策引领、统筹规划和平台服务作为叙述的主线，以相关科研机构（中科院、各大学）的科技支持作为叙述的辅线，讲述中关村崛起成为世界科技创新中心之一的故事。

本片从策划到播出历时近一年，采访拍摄百余位人物，积累素材两万多分钟，阅读史料达800余万字，经过两个多月的后期制作，为观众献上了一部视听盛宴。

一、节目特色

本片以时间为轴线，在对百余位历史当事人详尽采访的基础上，系统梳理了各个年代具有代表性的人物和故事，对中关村的发展历程做了具象化的描绘。全片分6集，每集覆盖10年左右的历史，从改革开放初期到十九大以来，全面展现了今天的中关村从无到有、从自发到自觉、从离散式创新到集成式创新的发展历程。

本片以人物个体切入的方式，以故事化、细节化的叙事手法，将时代洪流、改革浪潮、产业发展、观念变迁、生活迭代熔于一炉，讲述了一个生动、复杂、丰富、很多人未曾了解的中关村成长故事。

二、播出反馈

截至12月20日，纪录片播出4集，已收获热烈的反响。片中受访人在观看节目之后，第一时间表达了观感。原北京市副市长胡昭广表示：“纪录片叙述脉络非常清晰，中关村在不同历史阶段有不同的使命，是几代人奋斗的结果！创新基因决定了中关村会永不停步地奋进！”原北京民营科技实业家协会秘书长彭树堂这样描述自己的观感：“科学家科技报国的情怀和改革者冲决体制藩篱的意志交织，和着春融冰河的开化声，掀开大潮奔腾急、搏浪踵相踪的中关村改革、创业创新的历史画卷。这幅画卷，都体现在每集30分钟的纪录片当中。”中关村首批创业者纪世瀛将播出的两集片子连看两遍，表示“余兴未尽，影片自然而真实地再现了中关村先行者的足迹，不但有改革开放的高度，还深刻地反映了他们精忠报国的内心世界。只是片子太短！”已故的中关村创业先行者陈春先的妻子毕蔚萱向摄制组表达了感谢：“清晨起来看到纪录片，制作得真好！尤其是尊重历史方面。谨代表家属向摄制组领导和朋友们致敬和致谢！”作家萨苏表示：“在纪念改革开放40年之际，看到这样的节目让人印象深刻、浮想联翩。”北京市新技术产业开发试验区第二任主任王思红说，“感谢摄制组记录了这样一段历史，但愿这段历史对未来的道路有所启示。”原中关村科技园区管委会副主任夏颖奇向摄制组致谢：“珍贵的史料，准确的记录，谢谢节目组！”《中关村笔记》的作者宁肯这样评价纪录片：“不老套，有朝气！节奏明快，但有中心，线索清晰，台词有深度！”

节目播出之后，一些普通观众纷纷通过热线电话、微信和朋友圈表达了对纪录片的喜爱。林女士惊叹于纪录片呈现的视觉效果，“一上来就有大片的范儿”；陆先生在观看节目之后向摄制组表达：“回顾了一段波澜壮阔的历史，感受到了一颗颗炙热的灵魂。”一位从小在中关村长大的观众表示：“纪录片里的中关村，既陌生，又亲切，耐人寻味，还让人落泪。”一位正在创业的90后观众则感到热血沸腾，“仿佛跨越了时光，和前辈创业者们一起感受梦想、挫折、激情、悲伤和喜悦。”

此片得到了众多媒体界同仁的关注。一位媒体同行表示：“纪录片《中关村——四十年的足迹》既展现了历史宏阔的脉络和走向，也显微了时代切片的细腻纹理，更深入了人物的命运和心灵。从技术角度来说，叙述方式、影像呈现，都颇有国际范儿，是一部难能可贵的精品力作。”

大型历史人文纪录片《这里是通州》

——解读北京城市副中心历史内涵

新闻节目中心

2018年11月1日，市委常委会召开扩大会议，传达学习贯彻习近平总书记主持中央政治局常委会会议审议《北京城市副中心控制性详细规划（2016年—2035年）》时的重要讲话精神。

建设北京城市副中心，疏解北京非首都功能，推动京津冀协同发展，是以习近平总书记为核心的党中央谋划、部署、推动的重大国家战略。

由中共北京市委宣传部主办、北京电视台新闻节目中心倾力打造的6集大型历史人文纪录片《这里是通州》于2018年11月19日至24日在北京卫视8：00、BTV新闻22：40同步推出。纪录片《这里是通州》从筹备、拍摄、制作历时3年，主创班底由新闻节目中心品牌栏目——《这里是北京》团队担当。

《这里是通州》共6集，每集30分钟，从《水脉相连》《漕运沧桑》《京师要冲》《文汇天下》《商通南北》《未来之城》，各有侧重地记录了通州的历史变迁、漕运商贸、文脉传承、作为京畿门户的政治军事地位及其未来的发展规划。

一、深度发掘运河文脉，视觉展现蓝绿交织

无冬历夏，四季无休，历经3年，《这里是通州》团队走遍通州906平方公里土地，探访全域10镇1乡，为探寻运河文化历史内涵。团队从北京出发，沿大运河一路南下，先后在天津、河北、山东、河南、安徽、江苏和浙江等8个省及直辖市追根溯源，累计行程数万公里，最终完成了《这里是通州》纪录片的拍摄工作。这是一次与通州——北京城市副中心多维度的深度对话，是对运河文化的深度挖掘，为观众呈现出最原汁原味的通州故事。

本片以全景描绘的方式，通过航拍、延时、水下摄影等多种拍摄手法，展示通州历史文化遗迹和当代城市体系，以恢弘壮阔的视觉语言，诠释了通州作为京畿重镇的重要地位，以唯美的镜头充分展示了“蓝绿交织、水城共融”的文化发展脉络。

二、阅遍通州文史资料，用“历史”讲述历史

《这里是通州》作为一部历史人文纪录片，创作团队以严谨的问学态度，深挖历史古籍资料，翻阅通州、大运河相关书籍百余册，查阅《通惠河志》《通粮厅志》《通州志》《潞城考古录》《燕行录》及各个历史时期的志书、史书30余套、200余册。通州和运河的故事，生发于历史，考究于古籍，为纪录片提供了坚实的历史依据。

例如，面对宏大而具象的历史描述，《这里是通州》并未大规模地选用影视再现或当代绘画等手段，而是利用《北京历史地图集》、志书中的古地图、收藏于国家博物馆的《潞河督运图》，以及收集整理的近百张17世纪—20世纪由外国人绘制或者拍摄的，反映运河人文生活的版画或照片。通过对这些二维影像进行三维包装，以真实的历史形象，展示淹没于时光中的故事。这样严谨的资料选择，避免了对历史的臆想，也用真实而新鲜的视角，展现通州在过去几百年间的人文风貌。

三、专家全程参与创作，学术大家阐述内涵

《这里是通州》自策划以来，多次举行专家座谈会，邀请了北京历史、地理、人文社科、考古学、水利科技、民俗文化、宗教哲学等学科资深专家顾问团队保驾护航。《这里是通州》创作过程专家全程参与，对纪录片的内容、立意进行指导，保证了该片的准确性与史料价值。

同时本片采访了20余位学术专家，如北京水利泰斗段天顺，中国社科院学部委员、考古专家刘庆祝，北京社科院历史所原所长王岗，《北京志》副主编谭烈飞等，均从不同学科领域、不同历史角度，为通州及大运河的历史进行了细致入微的阐述。

四、用现实人物触摸百年历史，用百姓故事讲述运河之情

《这里是通州》不仅仅是一部历史文

献纪录片，更是一部有温度、有真情实感的人文纪录片。6 集纪录片以特写记录的手法，选取二三十位“主人公”，以人文故事讲述通州的历史变迁。通州的历史不止于书本上的繁华，更在今天留存于百姓的舌尖上、记忆中，用鲜活的方式继续流传下来。

例如，通州百年老字号万通酱园，镜头并不是仅仅捕捉呈现酱豆腐的制作，而是策划拍摄万通酱园浙江绍兴溯源求本的全过程，通过一个真实的探寻之旅，展现在几百年间京杭大运河所沟通的南北商贸通途。

再如，通州李辛庄的李氏家族，二十几代人用家谱记录家族的兴衰。据家谱中记录，这个家族来自江南小星洲。创作团队跟随李氏族人到浙江楠溪江的古村落苍坡村寻根问祖，讲述几百年大历史下，小人物的悲欢离合、家族兴衰，以及运河在南北交往中所起的作用。

《这里是通州》作为北京人文历史地理的重要影像，已确定被首都博物馆、首都图书馆、北京方志馆等机构永久收藏。

感念师恩　全城晨读　融合发力

——北京广播电视台推出教师节特别策划

新闻节目中心

2018 年 9 月 10 日是第 34 个教师节，结合《“带本书给家乡的孩子”第六季——阅读“益”起来》的主题，北京电视台新闻节目中心联合北京电台新媒体中心、北京时间推出教师节特别策划——诵读“益”起来，用全城诵读这种具有仪式感的方式，表达对老师的感谢与赞美。北京卫视及新闻频道各档新闻栏目《北京您早》《特别关注》《北京新闻》分别进行了直播及重点报道。北京电视台、北京人民广播电台、BTV 新闻等微信微博公众号还专门制作由主持人们共同录制的音视频新媒体产品，作为今年教师节的特别礼物。

一、5 天的齐心协力，策划全城诵读活动

中非论坛直播报道结束后，教师节的策划也接踵而至，本季“带本书给家乡的孩子”第六季的主题是阅读“益”起来，节目组决定结合这个主题来做教师节的策划，此时离教师节仅仅有 5 天的时间，联系场地、组织活动、协调拍摄、商讨结构、制作宣传片……最终，策划了 5 个重点活动，其中 3 个在教师节当天做直播报道，其余两场活动做新闻报道。

子曰：“三人行，必有我师焉。”在有着 650 年历史极具传统文化气息的府学胡同小学，120 名小学生在孔子像前与北京广播电视台主持人共读《论语》，共行谢师礼，传承尊师尚学之道。

桃李不言，下自成蹊。老师的一言一行、一举一动如春雨无声滋润心灵，首都师范大学附属朝阳实验小学 1300 多名同学与北京广播电视台主持人共诵一首《老师的眼睛》，仿佛山涧的清泉缓缓流过心田，是回赠给老师最美的礼物。

每年教师节，北师大三帆中学朝阳学校里总会有一些学生给老师精心准备的惊喜，今年学生们以一首铿锵的诗文表达自己对“学高为师，德高为范”的崇敬，以诗铭志，少年强则中国强，成为栋梁之材就是感谢师恩最好的方式。

教师节当天的《北京您早》节目中，对这3所学校的诵读活动进行了直播报道，除此之外，活动再次启用了“爱心读诗亭”放置在王府井书店，收集市民对老师的惦念、祝福与怀念，读首诗歌给老师，吸引了很多市民前来用这种特殊的形式来感念师恩。

二、广播、电视、网络合而为一，融媒体参与特别策划

此次诵读“益”起来教师节特别策划是融媒体报道的又一力作，广播、电视、电台合而为一深度融合，在教师节这一天形成全方位立体报道规模，多屏发力、融合报道，营造了非常好的尊师重教的社会氛围。

1. 北京广播电视台主持人作为领读人参与教师节现场诵读。

教师节当天，北京广播电视台的电视、广播以及北京时间3位主持人作为领读人参与到3场诵读直播活动中，电视台主持人李杨薇在府学胡同小学带领孩子们在孔子像前诵读《论语》、行谢师礼；电台主持人于浩在三帆中学朝阳学校和同学们铿锵朗诵《少年中国说》；北京时间主持人维琳带领首都师范大学附属朝阳实验小学的1300名孩子用一首清新的小诗《老师的眼睛》为园丁们献上一份礼物。3台主持人与现场的诵读者、出镜记者完美配合，圆满完成了三段直播报道。

2. 广播、电视、北京时间主持人共同录制音视频作品。

此次诵读“益”起来教师节特别策划还为老师们精心准备了一份特殊的礼物，北京广播电视台的电视、广播以及北京时间主持人共同录制了一首《长大后我就成了你》的诗歌朗诵音视频作品，通过电视屏幕，通过电波也通过微信微博等新媒体渠道进行传播。该音视频在BTV新闻微博、百度APP、抖音、北京电台微博等渠道分发，总播放量超过60万次，点赞人数超1万。

3. 网络直播诵读现场多屏发力、融合报道。

此次诵读“益”起来教师节特别策划多渠道多平台形成报道合力，让传播效果有了大幅度的提升。

北京电视台新闻中心新媒体团队提前策划，除制作推出《长大后我就成了你》的诗朗诵视频之外，还推送了《老师，我想对您说……》《谢谢您，老师》两篇推文。

北京时间在府学胡同小学的诵读现场对整个活动进行了网络直播，播放次数超过6万次。

三、“诵读‘益’起来”把“带本书给家乡的孩子”公益活动推向高潮

温暖9月，数千人全城共读，感谢师恩。“诵读‘益’起来”也把2018年北京广播电视台第六季“带本书给家乡的孩子”大型公益活动推向了高潮，本季活动自主开发推出的公益阅读小程序自上线以来吸引了4.2万余人参与，累计阅读时长

8万小时，共同为贫困地区的孩子募集图书4万册，同时录制播出的节目视频在各大微博微信网络视频平台进行多次传播，形成了良好的传播效果。截至8月底，BTV新闻微博相关节目视频观看次数达121.6万次，北京时间节目视频观看次数94.6万次，百度APP“带本书给家乡的孩子”相关话题阅读量达到6368.6万，热度45.4万。9月中下旬，主办方把这些诵读时间继续兑换成爱心图书，送往北京对口支援的14所贫困地区小学。

2018年北京电视台春晚收视五连冠 “最走心的真情”讲述家国情怀

文艺节目中心

2018年2月16日，农历戊戌狗年大年初一，2018年北京电视台春节联欢晚会为全国电视观众奉献了一道走心、暖心、跨界创新，接地气、聚人气、大气磅礴的精神盛宴。

一、春晚成绩

2018年的春晚连续5年蝉联CSM35城省级卫视同时段收视冠军，第一次同时获得CSM35城、CSM52城与CSM全国网收视省级卫视春晚第一，第一次获得省级卫视春晚的第一名。在春晚的带动下，北京卫视初一、初二在CSM35城、CSM52城全天位列第一。2018年省级卫视春晚移动传播总榜中，北京电视台春晚继在播出后连续4个单日冠军后，最终总榜夺冠。在微博、微信、在线互动、视频播放总量、今日头条超级话题多组数据中，均位居第一。在各卫视春晚成绩普遍下滑的时候，北京电视台春晚逆势飞扬。

电视收视表现方面，据索福瑞数据显示，晚会北京地区北京卫视收视率12.81，市场份额40.56%。索福瑞全国35城数据显示，北京台春晚收视率为2.56，市场份额为9.38%，全国35城省级卫视同时段排名第1位；索福瑞全国52城北京台春晚收视率为2.35，市场份额为8.71%，全国52城省级卫视同时段排名第1位；索福瑞全国网北京台春晚收视率为1.06，市场份额为3.81%，累计6738.71万人（到达率）收看北京台春晚。

泽传媒携手国家新闻出版广电总局发展研究中心新媒体研究所共同发布的“2018年省级卫视春晚移动传播总榜”中，《2018年北京电视台春节联欢晚会》在播出后连续4个单日冠军后最终总榜夺冠。4个网络核心数据均为第一。（榜单由全网收视指数、春晚社交指数、核心微信号传播指数、新时代传播热度指数、网媒关注指数5项二级指标构成）

二、春晚特色

第一，北京春晚赢在“最走心的真情”范儿，最朴实地讲述家国情怀，最能唤起老百姓的真情实感。

第二，赢在舞美、编排有设计、回忆杀、跨界搭，徐帆和黄绮珊的《智斗》表演精彩叫绝，百花奖四大女主角聚首、《跨界歌王》和《喜剧王》嘉宾的出其不意，一重重惊喜就好像年轻人喜欢的游戏，一级级扑面而来。

第三，赢在热播现实剧的春晚场景化聚首，《我的前半生》《情满四合院》《生逢灿烂的日子》组合，一出现收视率直接蹿升。

第四，这次引进的令国外舞美专家都艳羡的直播设备和技术，尤其是一万米长的国际先进360度发光成像珠帘幕，成为本场晚会舞美的核心亮点，在多台晚会的比拼中尤为亮眼，充分展现了首都北京的高科技水平。

本次北京电视台春晚，传统与时尚精彩同台、写实与写意交相呼应、表现手法强调北京气派，自始至终融汇着浓郁的百姓情怀、英雄情怀、爱国情怀和文化情怀，充分彰显首都风范、古都风韵、时代风貌。几乎是一届零差评的春晚。

三、春晚创作理念

2018年北京电视台春晚总导演秦峥对北京电视台有深爱、对春晚有情怀、对内容设计有想法、对人对事有气度，春晚剧组在总导演秦峥的率领下奋力拼搏。

剧组在策划之初明确了“以十九大胜利召开后的第一个新春佳节”作为时间切入点，以“最美新时代、最爱中国年”为主题，立足新时代、新北京，将“留住你幸福的样子”作为情感主线，将晚会整体设置为《致春天》《致城市》《致时光》《致所爱》4个篇章，坚持北京气度，书写首都风范、古都风韵、时代风貌；坚持家国情怀，讲好我与北京、生活与时代、历史与未来的故事；坚持正确导向，出正品、推精品、创新品；坚持终极诉求，打赢春晚大战，追求口碑、收视和商务的三赢。为此，剧组以明星拉升关注，以跨界作为手段，以情感寻求共鸣，以科技呈现精彩，精心设计每一个节目。

四、宣推全覆盖的春晚

春晚宣推团队在吕晶的带领下求新求变，全媒体全渠道全方位多维度，把优质的内容用最有效的渠道推广，让春晚品牌深入人心，有效吸引目标受众和广告客户，用小杠杆撬动大资源。

春晚宣推在移动端创新性合作，包括微信、手机QQ、世纪佳缘等近百个跨行业APP；全市歌华有线、IPTV的用户、火车站、机场航站楼、楼宇大屏、地铁灯箱、千余家店面、数百辆车贴广告，以及京沪、京广、京哈等多条主线，北京局全线高铁上都可以观看到春晚宣传片及海报。

与激萌APP强互动深植入，广告客户集体点赞。第一阶段，以80后、90后、00后人群为目标用户先推出了2018年北京电视台春晚订制动态贴纸，让观众以极具个性的新春祝福传达心意。第二阶段，以家庭为单位，合作推出“新春照相馆”，让时光倒流，与父母重返流金岁月。上线仅5天，就有6500万网友参与，生成怀旧图片超过3亿张，将Faceu激萌的排名从第10位上升到第2位。无论交互数据、市场反馈还是植入体现，Faceu激萌市场部对此次深度合作皆交口称赞。

五、导演组的奋力拼搏

本次春晚创作自7月初开始前期策划，9月全员到位集中工作，仅节目方案前后修改达20余稿。为了最好地呈现效果，剧组成员竭尽全力，务求使命必达。

春晚首次邀请了国外团队，该团队与导演组充分交流并分享了心得与成果，深入参与舞美、灯光、转传、视频设计，并承担了部分节目的包装，对于未来春晚的标准化制作以及探索中外团队合作模式都积累了丰富的经验。

春晚特别需要话题节目作为支撑。为了完成百花奖四大影后聚首的设计，团队分别与四位女嘉宾深度沟通，首先突破的是刘晓庆和陈冲，获得张瑜、斯琴高娃响应，其间个别演员出现反复，但剧组信念坚定，最终实现了这个节目。

语言节目是春晚的重器，自建组之初，团队就开始邀请国内知名的喜剧人才，针对春晚进行专题创作。特别需要提出的是，其中一半的作品是由文艺中心导演自主原创，以10余万字的创作量，完成了如相声《我的新目标》、《一“享”天开》，晚会收视最高点的小品《那一晚的春天》《但愿人长久》结构稿，《情满四合院》完成稿等作品，为春晚做出了巨大贡献。

制片组为春晚做好各方服务及保障工作，克服时间紧、任务重等实际困难，为春晚预算合理使用和支出，对演员及各相关单位，在招标办、法顾委、制作部的指导下，采用公开招标、协商谈判议价等多种方式，控制成本，保证预算使用效率达到最高。在拍摄和后期制作阶段，全天24小时值班，有力地保证了春晚的圆满成功。

导演组典型案例：2018年春晚视频量巨大，除主屏幕外，尚需根据主屏视频基调，搭配副屏、地屏、环屏、珠帘屏等多个视频载体，此项工程由本台制作部与数个外协单位共同创作。春晚视频总监张蕊刚刚做了母亲，孩子尚在哺乳期，她将一对双胞胎托付给家人和保姆，一心投入到春晚的创作中，在各个制作机房奔波。进入排练阶段，她将机房搭建在现场，每天除紧密配合现场合成工作之外，又在结束现场工作后，根据节目现场呈现对已有视频进行调整和升华，不眠不休。春晚顺利录制后，又忙于包装系统的修改和完善。至工作结束时，已经没奶水给孩子哺乳了。

六、全台的支持与合作

在春晚筹备及录制过程中，台办、总编室、研发部、制作部、京视卫星、转传部、保卫部、监审办、招标办、计财部、卫视节目中心、新闻节目中心、科教节目中心、影视剧中心、财经节目中心、体育节目中心、生活节目中心、青少海外节目中心、卡酷传媒、纪实频道等部门，都给予春晚大力支持。台领导班子在春晚汇报过程中，对晚会主题立意、节目设计、内容创新等方面进行了总体把关，甚至亲力亲为帮助晚会协调了4个影视剧组的主要演员，多次与剧组进行业务探讨，逐一梳理节目脉络、包装呈现方式，这些都是本届春晚能够获得好成绩的重要因素。

自建组之日，京视卫星团队便与春晚导演组进行紧密合作，先后为京东、思念、抖音、火山小视频、北京现代等客户定制合作方案。通过共同提案，成功签约火山小视频APP为晚会独家特约客户。此后，京视卫星与导演组以每天一次碰头会的频率，在短时间内将客户权益逐一落实，客户代表们对晚会各项权益实现效果表示充分认可。由于不可抗力，客户在距离播出还剩8天时，在6家卫视同时撤单，京视卫星与导演组为尽量减少损失，迅速寻找新的客户。经多轮艰难谈判，在距离播出仅剩6天时，终于确定今日头条旗下品牌 Faceu 激萌为春晚独家特约客户，并用最短的时间确认新客户权益，短短2天内即完成了包括晚会中、宣传片等所有冠名权益更换，是实现客户权益最好的春晚。

在春晚后期制作中，本台制作部功不可没。当距离播出只有8天时，由于节目的主赞助商更换，晚会相应画面需立即替换。制作部领导亲自动员，特技科全科30多人全员顶了上去。贺文林第一时间尝试了多种替换方式，并最终找到最快速有效的方法，使得效率提高了十几倍；陈鑫家中孩子放假无人照顾，他就带着孩子到台里加班，自己在一帧一帧地修图，孩子就乖乖地在一旁陪伴爸爸工作。主楼的9层、10层、18层和19层，制作部的同志们和导演组加班加点，日夜不停地轮换工作，经过大家努力，最终呈现效果天衣无缝，是BTV精神的真实再现。

七、春晚成功的启示

举全台之力，凝聚人心，是春晚成功的先决条件；整合和充分用好台内资源，尤其是品牌栏目和热播剧，是提升春晚品相的重要因素；抓好语言节目，平衡好语言节目和歌舞节目的比例，是打赢春晚大战的有效武器；找到核心创意和爆款节目，是形成热议话题和良好口碑的关键。

国际视野　中国表达　北京风范

——第八届北京国际电影节闭幕式创作经验

文艺节目中心

第八届北京国际电影节闭幕式于2018年4月22日正式举办。颁奖典礼在舞美呈现、仪式设置、节目设计上紧紧围绕“天人合一，美美与共”这一美学意境，为现场和电视端、网络端的观众朋友呈现出一场具有东方气韵、国际视野的电影盛会，展现了北京作为中国文化之都、东方电影之都的浓郁气质和文化自信，以及北京国际电影节“共享资源、共赢未来”的智慧。

本次闭幕式由爱奇艺网络同步播出，连日霸屏微博热搜排行榜，上榜热搜17个话题，其中关晓彤5个，佟丽娅4个，黄渤3个，霍思燕3个。其中6个话题在不同时段排名第一，顶峰时段前5名中有4个为电影节闭幕式内容。电视端北京地区收视率3.89，省级卫视同时段排名第二，为历届电影节闭幕式最高。

傲人的成绩离不开主创不懈的努力，接到任务后，导演组在总导演李雪萍的带领下，迅速搜集往届的北京国际电影节闭幕式以及国内外众多颁奖典礼和电影活动的视频素材，并组织多次学习会，结合以往经验，导演组最后决定从以下三个方面入手进行本届闭幕式的创作。

1. 形式上简洁大气

作为颁奖典礼，开颁奖环节无疑是整台晚会最重要的组成部分，因此导演组最先考虑的就是开颁奖环节的设计，经过反复的推敲与打磨，总导演李雪萍决定打破惯例，将开颁合一变为开奖颁奖分开，将开奖嘉宾从 2 人精简为 1 个人。这样做的好处是能加快开奖流程，并且避免 2 个人在台上开奖无话可说或者自说自话的尴尬场面。但是形式上的改变也面临着一定的风险，其中最大的两个问题就是如何找到合适的开奖人和如何使开颁奖流程更加简单合理化。因为是一个人的开奖讲述，所以这个人是谁就显得尤为重要，既要有一定的知名度又要在电影方面取得过成绩，还需有极强的表达能力，要想找到 10 位合适的开奖人，是非常有挑战的一件事情。为此导演组每天都与组委会充分沟通，随时调整开奖嘉宾名单。同时台里各级领导给予支持和帮助，文艺节目中心的《每日文娱播报》也利用栏目组多年积攒下来的明星资源帮助导演组联络艺人，经过多方不断努力，许多耳熟能详的演员、艺术家亮相闭幕式，奥斯卡最佳特效导演安东尼·拉莫利纳拉、著名演员陈冲、胡军、赵雅芝、林志玲、黄渤、于和伟、佟丽娅、范伟等，既有东方气韵又不失国际范。开奖嘉宾都发挥出色，使开奖环节充满惊喜。除了开奖嘉宾，开颁奖环节的打磨也是晚会的重中之重，为了避免 10 次开颁奖造成视觉疲劳，导演组特意在开奖嘉宾的背景设计和出场方式上做了调整，其中最大的特点就是开奖者的背景不是一成不变的视频，而是利用舞台装置设计的有纵深有结构的实体背景，但是这样的设计会牵扯到整个开颁奖流程的顺畅与否，大量的舞台装置运用和主持人气口的衔接对直播来说也是莫大的挑战，为此导演组一直商量排练到直播当天的凌晨 6 点钟左右，确保了直播的万无一失。正是因为坚持使用了一位开奖嘉宾的设置生发开来的后续设计，使得 2018 年的典礼在形式上简洁、有序、大气、好看。

2. 风格上突出中国元素

在策划之初，导演组就一直在思考一个问题，作为一个国际电影节，我们应该让国际友人在电影节上看到什么？感受到什么？总导演李雪萍认为还是应该向世界展示中国的文化符号和审美价值，于是就有了“国际视野　中国表达　北京风范”的典礼定位。为了完成整场中国风的包装，视频团队、舞美团队和音乐团队绞尽脑汁，学习研发了各种各样的视觉元素和原创音乐。在经费有限的前提下，舞美团队找遍京城，利用自发光石板模仿最能代表中国的玉石形象托起天坛奖杯。视频团队更是钻研天坛结构，将真实天坛中的各种视觉元素提取出来做成了视觉效果。在舞美设计和技术手段上，导演组特地将“天人合一，美美与共”的核心理念形象化表达，将这种美学意境渗透在整台晚会的方方面面，比如被融入舞美设计的屏风、雕栏、挂屏、宫灯、云纹等这些极富北京浓郁文化色彩的建筑符号。视听技术手段上，为给观众带来一场视觉盛宴，导演组选取了时下最为流行的冰屏，与转台结合使天坛奖杯亮相，增设地屏、天眼，丰富视觉效果。青绿山水、水墨晕染、梅兰竹菊等中国风元素结合在一起构成了一幅大美中国的画卷，一开场就给人极强的东方神韵，打造了“天人合一”的视听奇观。为了呈现出这幅画卷最美的样子，在制作初期各部门就反复打磨修改，光设计稿就完成了几十张图，到了现场后又根据实际效果修改调整了2天2夜，终于完美呈现。秉承匠人精神，导演组不断精益求精，凸显东方美学和中国文化，彰显文化自信。以中国元素为策划原点，向水墨电影致敬，中国音乐家吴彤带来的中国民族器乐合奏，与水墨动画水乳交融，带来了珠联璧合的视听盛宴。中国音乐、中国书画、中国电影、东方美学在闭幕式上熔为一炉，独出心裁地演绎出“天人合一”的东方感悟。

3. 内容上紧贴电影主题

电影节的闭幕式如何紧扣电影主题也是导演组不断思考的问题，经过一段时间的学习研发，我们创作了以表现电影中女性主义题材为主要元素的节目《光影流芳》并邀请了三代女影人的代表关晓彤、霍思燕、赵雅芝演绎了在电影中女性的成长。在讨论中我们认为，电影节应该是热爱电影、尊重电影并且了解电影的。为此我们特意从北京电影学院请来了教授和学生帮助导演组策划讨论撰写稿件，在不断打磨稿件的过程中，有一个主题渐渐浮现在所有人的脑海中，就是“因为电影”。有了这条线索，导演组马上根据这个主题为10位开奖讲述者和进行开场表演的黄渤、王宝强、于和伟和王迅量身打造讲述词，经过两个多月的不断打磨和反复沟通，一直到直播当天才最终定稿，这其中既有陈冲勾起回忆的成长经历，也有法国女影人于佩尔千锤百炼的最美芳华。风格各异但主题突出的开奖讲述营造了典礼端庄大气的整体气氛。此外，开奖嘉宾也积极与台下观众和艺术家充分互动，像黄渤从台中边唱边与观众互动开场，闭幕式一开始便燃爆全场。开奖嘉宾胡军讲述自己眼中最好的榜样李雪健，向电影老前辈的深情致敬，短短的分享令在座观众热泪盈眶。为了让晚会的气氛不断提升，导演组特意安排了专人与15个入围剧组沟通交流，确保他们在领奖时展现出兴奋与惊喜，将电影人的荣誉与相聚做到极致。

本次闭幕式整个创作团队60人左右，其中导演组10余人，平均年龄30岁左右，大家全力以赴，认真观摩学习历届北京电影节闭幕式内容，学习美国奥斯卡电影节、法国戛纳电影节等国际知名电影节，大家群策群力寻找灵感、创意和亮点，如何在新媒体环境下有效传播，挖掘头条和爆点。

在团队协作方面，可谓举全台之力，得到了台里各部门的大力支持。连续一周时间转传团队不断调试，确保录制现场到电视台信号畅通。导播团队几乎住在了直播现场，每天协调到深夜，和总导演一起商量镜头运用，即便到录制前一天凌晨2点多还在设计天眼镜头如何和地屏配合。视频大屏幕团队更是连轴通宵，反复修改每一帧不完美的画面，直到录制当天中午才最后定稿。舞美团队一次次磨合演练各种装置的使用，力求与主持人接口无缝对接，保证直播流畅。此外，安保部门也全力支持，确保嘉宾安全舒适、录制顺利。为了保证场地能继续使用，电影节闭幕后相关工作人员连夜奋战完成收尾工作，以最迅速最安全的方式准时撤场。

所有努力只为最后一刻的完美呈现，开闭幕式相隔一周，又是直播，整个团队夜以继日，抓紧一切时间做最后的冲刺，克服各种困难与时间赛跑。不妥协、不将就，力争精益求精，呈现一场令人印象深刻的北京国际电影节闭幕式。

这是北京送给全世界电影人最好的礼物，也是我们电视人为中国电影做出的一点点贡献。

守望文化的记忆

——电视文艺纪录片《文化记忆》创作简述

文艺节目中心

2018 年《文化记忆》项目完成了 4 位艺术家的拍摄：《我的电影是我世界观的表达——黄建新》《创新　细心　勇敢　是我战胜一切的法宝——孙力力》《给时代留影　为百姓留真——叶用才》《红色　我生命中不可缺少的温暖——史国良》，此次拍摄仍然坚持第一季的节目风格。本季《文化记忆》节目从 2018 年 11 月 25 日开始在 BTV 文艺频道陆续播出，共 4 集，每集 30 分钟。

2017 年，由北京市文联与北京电视台共同推出的大型电视文艺纪录片《文化记忆》历时半年的拍摄，完成了第一季 5 位人物：《守住民俗的根与魂——刘铁梁》《纸砚有戏　妙笔无私——孟繁禧》《让交响乐“流行”起来——谭利华》《向世界直播中国——陈维亚》《戏纵今古　剧透人生——郭启宏》。节目播出后取得了非常好的反响。在 2018 年中国电视艺术家协会举行的“记录新时代——纪念改革开放 40 周年电视节目展评展播活动”中，《文化记忆》荣获“最佳作品奖”，在“人文中国第七季——变迁”电视纪录片、专题片推选活动中，荣获系列好作品奖。

2018 年，在北京市文联和北京电视台领导的关心下，继续推出《文化记忆》第二季。节目拍摄历时半年，摄制组派出 4 路导演团队，采访近百位嘉宾，跟随主嘉宾走访了他们曾经工作、学习、生活的地方，足迹遍布广东、安徽、陕西、海南、湖南等省。

在拍摄技术上，除实地拍摄与亲历者的口述相结合之外，此次《文化记忆》在采访形式上有所突破，设置演播室环形背景大屏幕进行嘉宾采访，根据人物特点设计制作主采访嘉宾背景，制作大屏幕素材，现场在大屏幕上按照采访环节切换场景，与嘉宾采访话题进行匹配，最大限度给观众以视觉冲击，加大采访的信息量。同时拒绝一切非亲身经历者的采访（专家除外），以最大限度呈现艺术家的真实，做到不仅把前辈的故事记录下来，而且让观众看到他们最新的影像。

深入采风不畏难　见证京张心连心

文艺节目中心

“京张心连心”大型文艺演出活动是北京市与张家口市两座城市间自1997年开始，每年一次的深情互动，到2018年已是第22年了。5月17日，许佳多导演接到“京张心连心”的任务，在中心领导带领下来到张家口市万全区。从那天起，年轻的导演团队便开始了演出录制前的筹备工作。从5月17日到8月29日，3个多月的时间里，导演组先后10多次深入基层采风、踩点、采访、拍摄；克服京藏高速暴堵、拍摄日暴雨、录制时刻的暴晒等困难，圆满完成任务。

一、选取演出拍摄地

张家口市把此次演出的拍摄地定在张家口市万全区，导演组第一次来到万全，区里推荐的前两处拍摄地点都不理想，经过沟通，最后选取张家口市万全区右卫古城墙作为此次“京张心连心”的拍摄地点，凸显当地特色。这座城始建于明朝洪武年间，已有600年历史，右卫城在当年算是前线，攻破此地之后将直面居庸关长城，然而就是这座小城，古代历经大小战役百场，均胜，是不败之地、胜利之城。经过跟舞美设计的反复沟通修改，舞台以万全古城墙为背景，城墙前建设立体舞台，后背景以冬奥、滑雪道为元素，舞台与城墙用景片连接，并在城墙上安排演员进行表演，真正做到城墙上下都设置表演区域，使演出“舞台”更加延伸广阔，充分展示这座胜利之城的磅礴气势。

二、深入采访情感点

文艺中心领导与导演组特别强调，情感点一定要深入采访，做到真实感人，并在环节的设置上大胆创新。经过与万全区宣传部沟通，了解到万全区在脱贫攻坚战役上冲锋在前，就教育脱贫这一点，万全区向导演组推荐了上百份的教师资料，经过筛选再筛选，把关注点集中在了一个叫作梁家庄小学的山区学校，这里有老师17人，一年级至六年级的学生加起来共有62人，每一位老师面对的学生不到5名。当导演组到达这所小学的时候，大家被孩子们的笑脸打动了，这里的孩子并没有因为贫困而内向，并没有因为贫困而失去面对生活的勇气，这一切都离不开这所学校老师们的默默坚守，他们都是年轻教师，从大学一毕业就来到这里，身兼数职，除了教授基本的语文、数学、英语，唱歌跳舞体育也都是这些老师教给孩子们，同时还资助家庭特别困难的孩子完成学业。当导演组了解到孩子们最喜欢看书、最喜欢绘本故事的时候，就联系到北京联合出版公司，得到对方的大力支持，出版公司的领导来到梁家庄小学并捐赠了200本精美的绘本故事图书。

三、艰难的小片拍摄

导演组从张家口方面得知，万全区十

年九旱、8 月初通常不会下雨，便计划把外景小片的拍摄时间定在 8 月初。就在摄制组前往张家口拍摄的时候，雨来了，导演组几乎是在暴雨和雷电中完成了梁家庄小学的拍摄，但最终片子的呈现，也有非常出乎意料的效果。在雨中讲述一个关于学校的温暖的故事，别有一番深意。

四、先感动自己，才能感动观众

为了体现张家口的生态建设，导演组找到了洗马林黄花洼的一条植满白桦树的山沟，这条山沟占地 1.5 万亩，是由爷爷阎忠、儿子阎万玉、孙子阎会祖孙三代从 1968 年至 2018 年这 50 多年间带领村民植树完成。当年爷爷阎忠是村党支部书记，就在 2018 年，孙子阎会也当上了村支书，他拿起爷爷曾经用过的铁锹，继续把植树这项事业进行下去。1997 年爷爷阎忠去世之后，在这片野山的半山腰，万全县给爷爷和村民们立了一座碑，碑文这样写道：“阎忠带领村民开赴深山，安营扎寨，植树造林，饮风雪于长城脚下，栽绿树于乱石之中，挥汗荒山，绿化秃岭，贡存于日月山川，业留及后代子孙。”导演组将祖孙三代植树造林的故事在演出中呈现。许佳多导演说，“只有我们先感动了，才有可能设计出真挚感人的情感环节，在祖孙三代植树造林，将荒山变成浩瀚林海的环节中，我想我们做到了。”

录像当日，在万全右卫城没有遮蔽的广场之中，所有的参演嘉宾和幕后人员都没有一声怨言，演出顺利录制结束。制作部、转传部、总编室、新闻节目中心、新媒体等各部门对“京张心连心”全力支持，导演组、制片组、主持人陈竞和青青倾情付出，才有了这场有温度、有内容的演出。

《第三届“诚信北京”315 晚会》赢得良好口碑

财经节目中心

2018 年 3 月 15 日，北京电视台财经频道推出一台主题为“诚信守护美好生活”的精品 315 晚会。晚会立足新北京，辐射京津冀，体现首都北京在推进诚信制度化建设方面取得的新成就、新作为。京津冀三地消协负责人首次在 315 消费者权益日这一天站在同一舞台并发出同一声音，传播诚信北京理念。

九大支撑、四个构成、三大篇章、两个行动、一个报告，创新晚会内容。九大支撑：首都精神文明办、北京市经信委、北京市工商局、北京市质监局、北京市统计局、中关村管委会、北京市消协、中国电子商会、北京企业评价协会等 9 个部门共同协办，为北京电视台 315 晚会提供权威的政府支持、政策指导、消费指引、数据支持等，并悉数到场做权威发布。四个构成：消费调查 + 现场互动 + 明星 TED 演讲 + 楷模表彰。三大篇章：生活之美、诚信足迹；时代之变，诚信同行；世界之大，诚信互联。两个行动：发现诚信坐标、举荐诚信代言人。一个报告：首次发布《首都美好生活诚信大数据报告》。栏目组联合民生智库、沃德气象台两家数据调查公司，在春节期间发放了5000多调查问卷，试图在北京市民2017—2018年度消费习惯、行为方式、诚信质量服务满意度、信用城市等方面做出汇总和结论。据专家反馈，调查结果丰富、翔实、有研究价值，希望以此为开端，延续下去，作为城市诚信创建工作的数据指南。

本届晚会在形式上有更多尝试和创新，采用全系激光开场互动秀、TED明星企业家演讲、4K、5D、斯坦尼康全高清拍摄等高科技和潮流前沿的表现形式，使晚会无论在当晚录制现场的视觉呈现上，还是小片本身都有了质的飞跃，向打造“精品晚会”的目标又迈进了一步。

晚会电视端首播收视率0.16，份额0.64；当晚重播收视0.12，份额1.08。网络端：7家平台共实现239.8万PV（点击收看人次），是2017年的1.6倍。截至3月17日，该项目营收296.6万元，实现盈利100.6万元；营收为2017年的2.7倍，利润为同期的5倍。

晚会播出后，得到了上级部门和传媒界资深专家的一致好评。中宣部新闻局在3月21日的《新闻阅评》中，对北京电视台315晚会做了长达两页的点评与总结：“央视315晚会重在曝光，依着揭露问题，破中有立的逻辑相比，北京电视台的315晚会则侧重从理念角度切入，突出北京在‘传播诚信风尚、引导消费观念、建设诚信体系’方面的进展，新作为，几个板块颇具特色，透出强烈的创新精神，同样赢得良好口碑和收视效果。”

举全频道之力是晚会成功的先决条件，整合用好新媒体资源，是提升晚会影响力的重要因素。在晚会中有一个特殊的环节：由首都文明办和北京电视台联合推出全国首档诚信主题融媒体栏目《诚信北京》，并在晚会现场举行开播盛典，开启了天天315的宣传。作为日常栏目，每周一晚黄金时段在北京电视台财经频道播出，通过权威发布、消费调查、诚信榜样和诚信说吧等板块，将一年一度的315晚会日常化。

以财经视角看四十年巨变

——《开放北京与世界同行》收获热烈反响

财经节目中心

历时一年精心打磨、足迹遍及亚非欧、走访40多家外经贸企业、挖掘百余人尘封记忆——财经频道与北京市商务局联合出品的6集大型人文财经纪录片《开放北京与世界同行——北京外经贸四十年》一经播出获多方赞誉。

一、人文气质：以人物说历史，以故事说变化

本片集纳了几代人的北京记忆，个人命运与时代背景纵横交织，借鉴“口述历史”的方式，在对40多家企业、百余人的深入采访中，通过“有感情的讲述”“有温度的记录”，将北京企业走出去传播中国文化、带去中国标准、助力当地民生，境外企业请进来合资生产经营、丰富百姓生活的动人故事娓娓道来。

受访企业的多个“第一”凸显节目的专业性和极致性：改革开放后全国第一家合资企业——北京航空食品有限公司，第一家中外合资酒店——建国饭店，第一家中外合资零售商城——燕莎友谊商城，第一家在华设立办事机构的跨国公司——美国康明斯，第一家肯德基、麦当劳，第一瓶可口可乐等等，这一系列值得北京人自豪的“第一”，充分彰显了北京在外经贸领域所处的重要地位、所发挥的重大作用以及所实现的历史性跨越。片中受访者或为亲历者，或为研究者、知情者，信源的权威性赋予作品历史的厚重感、真实性和亲近性。运用纪录片的方式，透过鲜活的人物和生动的故事描述，将改革开放这个宏大话题进行生动的具象解读，展现了中国通过改革开放政策走上强国之路的伟大历程，从更接地气的小视角折射出波澜壮阔的大时代。

二、财经视角：以财经视角梳理政策背景，以数字化解读突出阶段性成就，以重量级专家凸显节目权威

对外经济贸易本身包含的内容极为广泛，是财政、资本、金融、技术、制度等多种因素的综合体，每项对外贸易政策的出台和调整都折射出当时社会的经济发展状况。因此，节目强调以财经的视角梳理对外贸易政策背景、解读经济政策内涵，如“一带一路”倡议、外贸经营从审批制到登记制、鼓励外商在开发区投资办法、中医药文化走出去战略等，并将这些宏观经济政策与中观企业和微观个体相关联，让观众在细节中体会政策，在故事中理解政策，更专业、更准确地诠释和呈现40年来外经贸的发展变革。

专业化的诠释离不开通俗化的表达。为了便于观众更好地理解外经贸这个专业领域的工作和成就，节目中涉及的每一个行业、每一个项目都配有数字化解读，如北京市不同类型企业出口占比、四大出口市场占比国家出口总额百分比、北京外商投资企业数量增长变化图等。在6期节目中，数字化解读共出现30余次，充分运用数字化呈现的方式来强化和突出阶段性成就。

此外，在财经领域专家的选择上，该片秉承专业、权威的原则，从策划阶段就与商务部国际贸易经济合作研究院、商务部政策研究室、中国国际贸易促进会研究院、对外经贸大学国际经贸学院展开合作，对纪录片的分集方式、时代背景、经济政策、重要节点事件提供专业权威的分析和点评，确保了节目在专业领域的精准表达。

三、融媒体传播：点击量突破千万

节目首播后取得了良好的传播效果，收视数据显示，6期节目仅财经频道的观众收视规模累计达60万人次以上。同时，节目在今日头条、爱奇艺、腾讯、优酷、秒拍等20多家新媒体平台进行图文以及长视频与短视频宣发推送。共发图文稿396篇次，短视频稿件108篇次，长视频稿件43篇次。据不完全统计，仅在市商务局系统点击量就突破2000万。

自播出当晚开始，多方赞誉便纷至沓来。对外经贸大学卢进勇教授评价：“这部纪录片从不同领域和不同角度切入，以不同的手法展示总结了首都北京40年来改革开放的辉煌历程，说出了改革开放的真谛和目的，改革开放的曲折和艰难，改革开放的伟大意义。这6集纪录片告诉我们北京在40年改革开放中出现了很多中国第一，北京是全国改革开放的领头雁和排头兵，也是高地和试验田。看过这部系列片，我更全面地认识了北京，更加怀念已经走过的峥嵘的改革开放岁月，更加热爱我的家乡北京!”

作为专业领域的纪录片，节目播出后，在全市外经贸系统产生积极反响。很多企业在观看节目后表示，6集节目展示的北京外经贸40年来发生的翻天覆地的变化震撼人心，振奋精神。无论是国有、民营、外资企业，作为北京外经贸企业中的一分子，看到北京所取得的巨大成就都感到非常自豪和荣耀，极大地鼓舞了行业士气。

体育频道圆满完成平昌冬奥会报道

体育节目中心

随着平昌冬奥会的闭幕，正式进入北京冬奥会时间。北京电视台体育频道对平昌冬奥会进行的全面报道，受到广大观众欢迎。

一、新闻报道特点突出

2018年2月6日，体育频道与新闻频道联合报道组一行7人赶赴韩国平昌，开启冬奥会报道之旅。20天时间里，回传新闻、专题总计40多个，时长近300分钟。在《天天体育》《体坛资讯》等节目中直播连线20多次。

前方报道亮点突出。前方报道组只有7个人，且有资格（具有持权转播商证件）在赛事运行区内进行视频采访、拍摄的只有2人。团队认真研究赛程，中国队重点冲金项目几乎全部覆盖，武大靖破世界纪录的男子500米短道速滑金牌、刘佳宇单板滑雪U型场地银牌、“北京8分钟”等，这些中国冬奥代表团的高光时刻均有来自BTV的记录者。同时，前方小组还将摄像机镜头对准赛事服务、当地风土人情等，在报道权受限的不利局面下尽量丰富报道内容。

后方报道接地气。在前方采访资源严重受限的情况下，体育频道积极与北京市体育局沟通，关注北京市关于冬奥会筹备的各种动向。平昌冬奥会闭幕的那一刻意味着北京冬奥会的正式起航，闭幕式当晚，北京市体育局组织了平昌冬奥会闭幕会旗交接庆典，体育频道派出报道团队，使用4G网络直播设备，第一时间采访北京市体育局局长孙学才以及庆典现场的各界代表，并在《天天体育》中播出，及时报道了首都各界群众喜迎冬奥会正式进入“北京时间”的重要时刻。

着眼未来，锻炼新人。这次前方报道小组，体育频道派出以年轻人为主的阵容，其中不乏90后面孔，近距离参与国际顶级赛事的采访报道并参与前后方直播连线让他们受益匪浅，既增长了见识，又积累了经验，为4年后家门口的冬奥会宣传报道打下一定基础。

不惧困难，完成任务。这次前方报道组面临的困难非常大，比如每天晚上的对播环节，对报道组就是一个非常大的考验。对播点距离驻地40公里，对播一次往返80公里；对播时当地气温接近零下20摄氏度，且经常刮8级风，对播时候要有两三个人蹲在地下扶着对播记者，困难可想而知。

二、赛事转播全面覆盖

体育中心赛事转播科的同志们，刚忙完澳网还没有休息，就又投入到平昌冬奥会的直播中。从2月10日到2月25日（腊月二十五到正月初十），16天直播横跨春节假期，每天多档直播。导播们多次精心研究赛程，把8日到25日央视5套和5+要直播的内容和中国队要参加的比赛反复确认，把每天最精彩的内容在直播时间段内展现出来。导播们认真负责，保证了本台体育频道春节期间的播出安全。除赛事期间直播近百小时的冬奥会比赛外，编辑们还选择最具观赏性、影响力的比赛，制作了12期共100分钟的《赛事精选》。

体育节目中心成功完成俄罗斯世界杯报道

体育节目中心

随着法国足球队最终捧起大力神杯，2018年俄罗斯世界杯圆满结束。在一个月的时间里，世界杯比赛在俄罗斯境内的11个城市的12座体育场进行。北京电视台体育频道进行了全面报道，全程转播了64场比赛，并配以新闻和特别节目，全景呈现世界杯精彩盛况。整个节目特色鲜明、内容独特，不仅在北京地区获得了较高收视率，还通过中国移动咪咕在全国有近5000万的点击收看。

一、提前谋划、认真准备

首先是提前进行演播室改造。我们把体育中心300平方米演播室改用多景区分布的方式，利用多屏幕系统，构建不同的节目演播场景。体育频道世界杯报道的所有节目，从观众熟知的《体坛资讯》《天天体育》《BTV赛场》到特别节目《杂拌儿世界杯》，均在该演播室直播。

第二是和新闻中心一起组建了13人的前方报道小组，新闻资源全台共享。

第三是确保购买到赛事版权。近年来央视对世界杯版权进行了严格控制，基本不分销。我们经过一年的艰苦努力，终于在赛前购买到了全部赛事版权。

第四是制定节目规划。我们制定了科学的节目规划，推出世界杯特别节目《杂拌儿世界杯》，辅以两档新闻和64场赛事直播，构成了世界杯报道的主框架。

第五是节目营销和节目策划同步进行，节目根据市场需要进行设计。

二、世界杯节目贴近观众，受到好评

赛事转播共进行55场直播和9场延播，截至7月11日，平均收视率0.92，占有率7.61；最高一场比赛收视率达2.8。

前方报道特色鲜明。前方报道组主推的两个栏目都广受好评。《北京人在俄罗斯》栏目以世界杯为载体，与其他媒体平台差异化竞争，剑走偏锋独辟蹊径，着重介绍中俄文化的交流和碰撞，突出展现俄罗斯文化艺术和历史，播出后取得了良好的口碑和收视，特别受到中老年观众的喜爱和认可。《老斯基带带我》则是一个全新尝试的节目形态（司机正是和经典的苏联人名“×××斯基”相吻合），这个板块偏重于足球赛事的评论，本台著名足球评论员魏翊东区别于以往的在演播室正襟危坐高谈阔论，而是以汽车为载体，在车内以司机的身份对嘉宾进行轻松的访谈。

除以上两个专栏之外，摄制组还走访了莫斯科、圣彼得堡、索契等6个赛区，行程16000公里，拍摄了大量新闻，除在体育频道播出以外，还在本台多档新闻节目中播出。

世界杯期间《北京新闻》共播发相关新闻13条，其重点不仅在于赛况结果而在于突出报道BTV记者“在现场”的状态，以及BTV新闻大事不缺位的态度。

世界杯特别节目《杂拌儿世界杯》引业界关注。《杂拌儿世界杯》定位为一档混搭融合型的节目。节目融合了时下最流行的吐槽、抬杠、答题的节目样态，将节目分成4个板块，每个板块都有突出的主题和面对的受众。“一吐为快”针对世界杯赛场内外的热点进行吐槽，展现不一样的世界杯。“愈杠愈勇”将抬杠的语言文化进行到底，实际上就是一档转化的脱口秀节目。“点彩成金”邀请体彩专家为球迷购彩提供专业的分析，指点球迷如何购买彩票。“一球成谜”推出球迷参与的答题环节。整个节目采用融合手段，台网互动，观众可以在收看电视直播的同时在线与选手同步答题闯关。

融媒体报道也是这次世界杯报道的亮点。我们不仅充分利用BTV体育公众微信号，全面发力，立体化、全方位报道好世界杯足球赛。同时和电台体育广播进行深度合作，前方共同采访、资源信息共享，后方互派主持人参加对方节目。

三、收视喜人，经营上取得突破

世界杯期间（6月14日—7月11日），体育频道全天收视率0.35，晚间市场份额3.97%。比上届世界杯分别增长45.83%和203.05%。世界杯期间，体育频道整体收视和晚间市场份额都名列全台第三名，为本台收视保卫战发挥了重要作用。

京视体育通过积极营销，充分利用本台技术和节目制作等方面的优势，承接了咪咕视讯全部64场共131路信号（每场比赛制作1～3路信号）的制作任务，频道也获得较大收益。同时积极开发软硬广告，填补了世界杯报道在版权和节目制作上的投入。

四、发挥年轻人主观能动性，涌现出一批人才

世界杯报道的成功，离不开体育中心和京视体育全体员工的不懈努力。无论是前方报道团队，还是演播室改造、赛事直播，都活跃着体育节目中心年轻人的身影。特别是《杂拌儿世界杯》主创团队，积极响应中心选拔号召主动请战，由平均30岁以下的年轻人组成，他们的创新意识和大胆设想，都在节目中得以体现。他们吃苦耐劳善打硬仗，连续直播了 31 期节目。可以说，这次世界杯报道最大的收获就是涌现出一批年轻人才。

《杂拌儿世界杯》融合出新

体育节目中心

四年一度的世界杯对球迷来说是一场足球盛宴，在 2018 年俄罗斯世界杯期间，BTV 体育推出的特别节目《杂拌儿世界杯》尽可能采用多种形式，体现娱乐性、互动性和参与性，让不同层次球迷和观众在节目中找到适合自己的节目形式和内容，力求为广大球迷奉献上一顿饕餮美食。

节目总体呈现出三大特色。

一、融合式的节目形态。《杂拌儿世界杯》融合了时下最流行的节目样态，吐槽、抬杠、答题，多种节目形态在节目中出现。

吐槽关注点主要在时效性的世界杯内容，包含赛场内外的各路信息，突出趣味性，希望大家通过对热点、焦点的吐槽感知不一样的世界杯。

抬杠是新晋的一种亚文化现象和语言艺术。抬杠节目实际上就是一档脱口秀节目，通过节目让观众体会主持人嘉宾的语言艺术，有不同的“金句”出现在节目中，吸引观众关注，体现体育话题的娱乐性。

答题节目主要是突出参与性与互动性。参赛选手通过海选参与直播，同时通过台网联动，用户可以通过咪咕参与节目的答题环节。

二、丰富的内容呈现，满足不同受众需求。节目 4 个板块实际是为了满足不同受众需求。吐槽是提供世界杯焦点、热点话题的讨论，体现时效性和娱乐性，面对的受众是每逢大赛关注足球的球迷，特别是女球迷。抬杠则是突出专业性，抬杠话题和内容全部是根据世界杯的内容进行设置，这部分面对的受众是专业球迷。彩票版块体现的是特质性，面对受众主要是广大彩民。答题板块体现参与性，为各种数据控、答题达人量身制作。

三、融合式的节目传播方式。《杂拌儿世界杯》在 BTV 体育直播的同时通过咪咕视频实时直播。第一天的节目在咪咕视频的实时播放量为 320 多万次。同时答题板块在世界杯淘汰赛阶段采取台网互动的方式同步直播。观众可以在观看节目视频的同时线下同步答题。彩票板块通过 BTV 体育官方微博和 BTV 体育公众号实时互动。在节目中通过扫描 BTV 体育公众号二维码进入平台，参与足彩专家的实时互动和竞彩。节目还在北京时间 PC 端和手机端设置《杂拌儿世界杯》专题页面，将节目大板块变成短视频，将节目精华浓缩，达到更好的传播效果。节目第一期播出之后亮点笑点突出，北京时间在 360 全站世界杯大专题中又为《杂拌儿世界杯》开辟了专门板块。

节目将传统的传播方式和新媒体传播方式相结合。电视端、互联网 PC 端、移动手机端等传播渠道有效结合，通过不同平台传播给广大观众。

BTV 公用信号团队首次涉足冰雪项目赛事转播感想

体育节目中心　宋健生

随着最后一名运动员滑过终点线，由北京电视台公用信号制作团队首次承担的冰雪项目赛事圆满完成。此次，北京电视台与国家体育总局冬季运动管理中心合作，承接了自由式滑雪雪上技巧世界杯、自由式滑雪及单板滑雪 U 型场地世界杯及单板滑雪坡面障碍技巧世界杯 3 个项目的公用信号制作。从 12 月 15 日开始到 22 日结束，共 5 个比赛日，算上搭建和演练时间，制作团队 13 日出发，22 日返回，工作时长 10 天。总制作公用信号时长 12 小时。北京电视台体育频道也对这 3 个项目的比赛进行了现场直播。

这次的公用信号制作得到了国际雪联的高度认可。国际雪联世界杯单板竞赛部主任罗伯特先生对我方团队的工作极为满意。他的评价是：amazing great job（非常完美的工作）。

北京电视台体育节目中心制作团队拥有丰富的经验。2008 年奥运会上承担了足球和排球两个项目的制作，在里约奥运会上负责了乒乓球项目的制作。虽然这次是我们第一次承担雪上项目的公用信号制作，但以往的经验保证了我们这次能够顺利完成任务。总结起来，有以下几点感触颇深。

一、职业的态度、专业的素养

这次和冬运中心的合作，从谈判开始到任务执行总共不足两个月。如果从签订合同启动项目算起也就 20 来天的时间。领受任务后，体育节目中心转播科立即成立了项目组，指定负责导播，组建转播团队。这次的导播穆鑫同志今年 40 岁，论年龄也不算小了。来到体育节目中心，从摄像干起。近年来调到转播科后，对公用信号业务潜心研究，特别是里约奥运会乒乓球项目，他负责超高速摄像机，在决赛中他捕捉到的刘国梁和弟子庆祝夺冠的场景被众多版权持权商反复使用，堪称经典画面。这些难得的经历对他这次完成任务帮助很大。这次组建项目组后，穆鑫带领大家反复研究项目特点、学习制定转播规范，多次观看相关视频，到比赛场地实地考察，在此基础上制定了既符合国际雪联要求又有自己特点的转播规划。这次的公用信号制作有如下几个特点：

制作规范符合国际雪联要求，国际雪联对此次公用信号制作给予了高度评价。

在满足国际雪联要求的机位外，增加了无人机机位，外方对此评价很高。特别是在自由式滑雪雪上技巧这个项目上，无人机的多角度高空俯怕，将运动员高速移动的特点表现得淋漓尽致，画面具有很强的视觉冲击力。

在U型场地的项目中，以往的制作机构包括去年中央台转播时，在U型场地顶端两边的机位都设置在挡板外，因为这样安全性大。这次转播，在观看了平昌冬奥会这个项目的视频后，决定将这些机位设置在挡板外的场地上。这样做的好处是，离运动员近，他们在做飞翔动作时，在这个位置捕捉到的镜头很震撼。但反过来却很危险。顶端的赛道仅宽30－40厘米，还有一点坡度。虽然鞋上有冰爪，但仍然很危险。稍有不慎，就有摔下赛道的危险。从这次的实践中，不论是实时切换还是慢动作回放，这几个机位捕捉到的镜头给此次转播增色不少。

在坡面障碍赛中，我们这次制作在慢动作回放中加入了解释运动员技术动作的字幕。这样做对切换和字幕的配合要求很高。在其他站的世界杯信号制作中一般都没有这个环节。而我们的团队虽然是第一次做，但就加入了这样的字幕，外方制作经理对此表示钦佩。

坡面障碍赛对制作团队要求很高。通俗地说，运动员从出发到终点，每一个动作从起跳到落地镜头都必须要交代清楚，因为裁判员打分要靠这些画面。如果有一个动作镜头没有跟上，后果就是运动员要重新做这个动作。这一点我们的团队做得十分完美。对此他们连连称赞说，一个第一次做这个项目的团队能有如此专业的表现令人难以置信。

二、我们的团队是一个能吃苦、打硬仗的集体

雪上比赛项目在户外进行，由于赛道一般都位于山上，因此海拔高、气温低是普遍的特点。

对于一支公用信号制作团队来说，没有经历过雪上项目的历练，是没有资格谈艰苦的。这次我们的制作团队由体育节目中心和转传部联合组成。可以说，整个团队没有一个人掉链子、没有一个人退缩、没有一个人叫苦的！导播穆鑫与摄像张海麟比大部队提前3天出发。他们与设备供应商和平台搭建公司密切配合，前期做了大量细致有效的工作。这次的赛道最高海拔2300米，坡度超过30度。上下落差最大有500多米。搭建那天场地的气温低至零下25摄氏度。他们就是在这样的外部条件下，完成了线缆铺设、摄像平台搭建等大量工作。导播穆鑫从准备到最后撤场近2周的时间，每天第一拨出发，最后一拨返回，在总共12个小时的公用信号制作中他都要始终聚精会神地给切像师发出切换口令。这半个月下来，前期着凉发烧、工作中的紧张劳累致使他口腔起泡。这一次工作下来体重下降了七八斤。他在崇礼工作的时候正是他入党转正的日期。可以说穆鑫这次的表现够得上一名党员的称号，起到了一名党员的模范带头作用，得到了大家的一致好评。转播科的制片人薛涛在这次任务中也是身先士卒，统筹整个工作，始终奔波在第一线，和导播密切配合，与国际雪联积极沟通，带领团队保证了这次任务的顺利完成。

这次公用信号制作能够顺利完成，摄像群体功不可没。他们的专业水准业内一流，除此之外，吃苦耐劳的职业拼搏精神也令人十分感动。这次工作单位时间长，由于项目赛事安排紧凑，往往这个工作时段刚结束，下一个赛事马上就要开始了。

为此大家上岗前都不敢多喝水，很多同志甚至穿上了纸尿裤坚守在岗位上。户外气温低，为了防寒大家穿的都很多，但有的时候为了上机位，要爬雪坡，等到了机位上还没开始工作汗就把衣服湿透了，在终点处的摄像由于始终是肩扛摄像机也是这种情况。过一会儿风一吹里外又透心凉。一天几次这样下来，一些同志就患了肠炎感冒，上吐下泻。即使这样，这些同志去医院拿点药吃，仍然坚持在工作岗位上，没有出现因病减员的状况。这次的摄像平台最高的超过 9 米，在分配机位时，像张双喜同志 56 岁的年龄还主动要求上这个高平台，为年轻同志做出了表率。终点的机位由于赛道有坡度，为了跟住运动员，我们的摄像就要前挺后撅的，一会儿抬头、一会儿低头撅屁股，两个多小时一直反复做这样的动作，工作结束时累得连话都不想说。在出发区和 U 型场地顶端的摄像同志，为了追求镜头的优美，总是把摄像机尽量往前放，可如果稍有不慎就有摔下赛道的危险。在 5 - 9 米高的平台上，风一吹平台就晃，风吹到脸上就像刀割一样疼。但工作在这个岗位的摄像一站就是近两个小时，个中的艰苦不是在这个平台上工作过的人是无法体会的。如果你要问他们是谁？叫什么名字？大家都会异口同声地说：我们是 BTV 人，是 BTV 的公用信号制作团队！他们就是这样一群人，是一个群体，平时不显山、不露水，但是在关键的时候能够冲得上去，是一支能打硬仗的队伍！

在电视公用信号制作的队伍中，鲜有女同志的身影。但在我们的团队中，她们和男同志一样优秀。章玫从 2008 年开始就参与奥运会公用信号的制作工作，当时她在排球团队。丰富的经验和流利的英语，使她在工作中游刃有余。这次任务她负责与盈方公司和国际雪联联系，从制作规范到卫星线路预订，从制作流程到现场协调沟通，这些工作虽然在转播中看不到，但对任务的完成不可或缺。特别是在工作期间，她的母亲视网膜脱落，住院手术，但她仍然工作在一线，直到第一阶段制作完成才返回北京照顾母亲。团队中的另一位协调牛皓，在第二阶段参与工作，能说英语和德语的她，和其他男同志一道工作在终点区，一干就是两个多小时。最后工作完成后，由于体力透支连晚餐都没力气吃。她们是团队中的一抹亮色，她们用自己的出色表现证明了：谁说女子不如男？

体育赛事的制作转播离不开技术团队的支持，这次团队中有 5 名来自转传部的同志。切像师杜波全程下来十分辛苦。除了在准备中要同导播密切沟通，了解导播思路和制作规范外，在转播中注意力要十分集中。在前后总共 12 个小时的工作中，眼睛要盯住画面，耳朵要听导播的指令，手要始终放在按键上，口中还要不断地重复导播的指令。可以说他是整个团队需要注意力最集中的人。慢动作回放是雪上项目制作重要的环节之一。这次的慢动作 EVS 操作由李颖等 4 名同志负责。运动员的动作一完成，慢动作回放需在 2 秒中之内操作完成，难度可想而知。虽然他们不像摄像同志们在低温的户外工作，但他们在两个多小时的时间内精力必须高度集中，所以工作完成后他们也都筋疲力尽。

三、台领导和相关部门的大力支持保证了此次任务的顺利完成

由于这次工作在室外进行，温度低、

时间长，为了工作的顺利完成，需要为团队工作人员配备价值3000元左右的防寒服装和相关设备。从申请开始到完成审批，无论是台领导还是财务部都一路绿灯。由于时间紧，特事特办，在几天时间内就完成了相关手续，从后勤上保障了工作的顺利开展。

我们相信：有了这次成功的尝试，未来的3年中我们还会有机会参与到冰雪项目的公用信号制作中。我们这支能打硬仗的团队，也有信心届时能够代表中国的体育电视人，出现在2022年的北京冬奥会的公用信号制作队伍中。

《生活这一刻》“消费维权月”系列报道反响热烈

生活节目中心

2018年3月22日到3月31日，《生活这一刻》栏目推出“天天315消费维权在行动”系列报道，倡导在法治的阳光下，消费者更有尊严地维护自己的合法权益，经营者更诚实守信地参与竞争。该系列报道播出后，反响热烈。

一、深度调查，凸显主流媒体舆论引导力

此次报道，由《生活这一刻》栏目组多位深度调查记者历时数月完成。其中《记者卧底调查　独家揭秘美容院内幕》由记者在多家美容院卧底、暗访，揭秘了美容院“没病找病”、诱导消费者办卡消费的内幕。毫无相关工作和学习经验的“按摩师”，在学徒一两个月甚至更短时间内，就上岗工作。为了诱导消费者办卡，凭空捏造各种“医学术语”，甚至给顾客“没病找病”。美容院老板更是直言自己的员工按摩“技术烂的跟骗子一样，店居然还没倒”。这对许多花费重金、期望获得健康的消费者来说，无疑是一种欺骗。记者的卧底调查，让部分只追求经济利益、毫无诚信可言的商家，暴露于众。该片被人民日报官微、人民网、央视、中国新闻网等多家媒体转发。同样关注美容题材的《记者暗访　美容机构祛痘隐患多》，通过记者暗访体验，揭露了某祛痘机构非法行医的事实。节目播出后，卫生监管部门对其进行了依法处罚，该机构总部也发函表示对涉事门店停业整顿。《网购插线板　偷工减料藏隐患》，通过记者调查和实验，揭露了某购物网站出售伪劣插线板的事实。节目播出后，该网站发布公告表示已经对涉事产品进行下架处理。

二、借力大数据，让新闻报道更有传播力

此次报道的选题，在策划时联手专业互联网搜索公司，进行了基于4亿网友搜索行为的大数据分析，最终确定了最受消费者关注的十大消费维权领域——食品安全、预付费卡、网络购物、整形美容、旅游、老年人消费、汽车、生活社会服务、装修、婚恋作为选题方向。同时，每个方向还细分了20个关键词，来试图准确定位舆论关注的焦点。这样的前期策划，使得节目在播出时，更具有传播力。

三、深入采访，体现主流媒体人文关怀

《卧底调查　快递乱象大起底》的背景，是多位观众反映快递丢件、坏件得不到合理赔偿的问题。因此记者历时半个月，卧底数家快递公司的分拣站，拍摄到了快递员暴力分拣的惊人内幕。而节目并没有止步于曝光令人震惊的内幕，而是调查了造成这种现象更深层的原因：快递公司管理层只顾经济利益，钻法律法规的空子，缺少对从业人员最基本的业务培训，都是造成暴力分拣的深层原因。而卧底记者通过亲身体验，感受到一线快递员工作的辛苦。在节目后半段的“卧底记者采访手记”中，揭示了快递员劳动强度大、缺乏基本劳动保障等问题，没有把暴力分拣的板子打在普通劳动者——快递员身上，而是从规范公司制度、企业发展理念等诸多层面，探讨了快递业如何健康发展的问题。

四、整合全网资源，同步分发取得热烈反响

《生活这一刻》315 系列节目播出期间，栏目组与频道融媒产品工作室携手，与北京时间、新浪微博、今日头条、一点资讯、腾讯企鹅平台、阿里大鱼平台等主流资讯平台深度合作，对每天生产出的短视频内容在全网进行第一时间同步分发，各平台均给予百万级别的推荐。

尤其是与北京时间的合作：借助其直播矩阵，在北京时间、一直播、今日头条和爱奇艺共开设 7 场《生活这一刻》节目的直播，也是北京时间等账号首次直播生活服务节目。7 场直播在四大直播平台的总观看人数超过 67.4 万次，首期节目在“一直播”的观看人数达 15.3 万次；同时，短视频内容通过北京时间视频矩阵同步发出，多条内容均取得百万点击的好成绩。

《生活 +》家博会再誉京城　打造家装联盟影响力

生活节目中心

延续第七届的火爆，2018 年 4 月 21 日、22 日，第八届《生活 +》家博会在城外诚家居广场再次亮相。

本届家博会，共有 16 家家装企业驻场，30 个品牌亮相。相较于上一届，数字有所增加，而消费者最为关注的优惠幅度则依然不减。除此之外，本届家博会更大的亮点在于观众对《生活 +》施工联盟的高度认可。展会现场，很多观众慕名而来，并专注于施工联盟的入盟家装企业，只为得到更为可靠的施工质量保证。

《生活 +》施工联盟推出一年来，在观众中逐渐赢得口碑，选定联盟企业并签订有北京电视台《生活 +》栏目参与的第三方协议，即可得到全程的质量保证以及完善的售后服务，这一承诺，深受广大装修业主的欢迎。栏目组在规范管理联盟的过程中，本着服务至上、客户第一的宗旨，不断提高联盟企业的品牌意识，使得联盟从一开始即步入高速发展的轨道。

在此基础上，栏目组又适时推出《生活＋》家装联盟微信公号，借助这一平台，外延服务内容，拓展服务渠道。观众既可以便捷地挑选主材，又可以精心物色装修企业。而平台的最大亮点还在于观众可以实时了解《生活＋》施工联盟企业在施工地的基本情况，一旦出现问题，即会曝光给所有业主，真正做到阳光工程，透明管理。此举也有力督促施工企业规范施工，更让广大潜在装修业主做到心中有数。同时，《生活＋》家装联盟微信公号的推出，也意味着《生活＋》栏目产业化运营又取得了实质性进展。

第八届《生活＋》家博会经过频道的整体规划宣传，现场对 BTV 生活频道各栏目精华内容做了展示，通过与到场人员互动，征集了对“BTV 乐房购”以及“跟着 BTV 去旅行”等精彩活动感兴趣的热心观众，同时“BTV i 生活商城”也举办精彩的线上送钱、线下送米的招商吸粉互动活动，打造出 BTV 生活和 BTV i 生活双品牌概念。

在中国传媒协会举办的中国媒体创新论坛上，《生活＋》在全国 98 家机构、400 多件作品中脱颖而出，荣获“影响中国传媒推介调查年度市场推动力节目”的殊荣。

“童声”传唱英雄故事　卡酷少儿讲好中国故事

动画节目中心

北京电视台卡酷少儿频道《七色光》栏目在成立 30 周年之际推出一档全新节目——《童声英雄》，于 7 月 1 日正式开播。节目邀请 16 位国内外“小小经典传唱人”，以孩子的视角重新演绎爱国歌曲，以“让爱国歌曲再次流行起来”为口号，献礼改革开放 40 周年。

一、爱国歌曲的“新唱法”

陪伴几代人成长的爱国歌曲，不仅承载着过往记忆，也寄托着大众的爱国情怀。随着岁月变迁，大众对音乐的审美发生了变化，如何让爱国歌曲在新时代有“新唱法”，卡酷《童声英雄》尝试了新的表达。

节目首先从音乐的专业性出发，尝试对爱国歌曲进行不同风格的改编，让爱国歌曲展现“新样貌”。节目组与专业音乐团队达成合作，与歌曲原创者沟通，最终敲定改编形式。改编后的爱国歌曲保留了原本的核心要义，兼有更多元的表达，曲风涵盖摇滚、R&B、民谣等风格。仅曲目就进行了长达半年的准备和策划，最终从 100 多首爱国歌曲中选定符合节目主旨的 16 首，根据这些歌曲的特性拓展改编的方向。

“主题设置”也是重新演绎爱国歌曲的关键。节目为每一期设定特别的主题，在不同的主题之下会有相应的歌曲演绎。

比如，有一期节目主题是“少年英雄”，主创团队选择《放牛郎》和《红星歌》两首歌分别讲述了潘东子和王二小两个小英雄的故事。不论是《放牛郎》还是《红星歌》，歌颂的都是少年英雄，既是为了缅怀故去的少年英雄，也是引导孩子们学习正能量。

节目每一期的主题都有自己的特色，主题之下的思考是“勿忘历史，勿忘初心，展望未来”。节目组认为，传唱爱国歌曲是一件应该被重视的事情，选择专业的传唱人是对传唱品质的保证。在传唱人的选拔上，节目组采用了“双轨并行”的策略。其一是从国内外邀请具有专业音乐素养的少儿选手；其二则是从校园、各种比赛中发现适合节目的少儿选手。此外，节目根据选手们自身的风格，为他们“量身定制”演唱歌曲。在《童声英雄》里，观众不仅能见到许多音乐节目的“常客”，还能见到来自海外的小选手，海外小朋友的演绎提供了国际视角，不仅加深海外对中国历史的了解，也让中国观众感受到不一样的风格。

二、从传唱到传承

尹子璐，一位来自广州的10岁小姑娘，《童声英雄》第一期的传唱人，她带来的演唱曲目是一首带有摇滚元素的新版《在希望的田野上》。在节目组看来，节目的立意是让经典得到更好的传承。爱国歌曲是一个窗口，要通过传唱让大众了解历史，记住历史，从而珍惜当下的美好生活。

传唱经典也是经典传承的过程。为了更好地传承，《童声英雄》对歌曲进行了深度挖掘并对故事和历史进行了深刻演绎。当那些带有时代印记的人在舞台上讲述自己的故事，歌曲不再流于表演形式、唱功技法，内在的精神内涵成为关注焦点。例如，在“航天英雄”一期中，节目组请到了中国首位女航天员刘洋与观众分享探索外太空的故事；在“少年英雄”一期中，90多岁的高龄老人讲述自己还是小红军时的经历。与歌曲息息相关的或许是一个人，或许是一群人，但无论哪首歌、哪种风格，歌曲传递的精神才是真正感染人、鼓舞人的力量。

节目对于歌曲的改编不是在颠覆经典，而是在为经典增添不一样的色彩，进而促进它的传播。改编爱国歌曲既是赋予其新的时代内涵，也是更恰当地将经典融入现实。

三、“让全家人看的少儿节目”

娱乐和童趣不是少儿节目唯一的定义，少儿节目也可以讲情怀、有深度。卡酷《七色光》成立已有30年，“三十而立”的《七色光》能够做更多有意义的事情，为观众留下有思考价值的节目。在某种意义上，《童声英雄》是一档“全家人看的少儿节目”。

如何扩大影响力？关键在于制作思路。“打开思路要将家庭放进整个制作考量之中。”节目组认为如果节目既能让大人看到价值，又能让孩子学到东西，那么这个节目的受众就能容纳一整个家庭。因而，卡酷做出了既有传统经典又有流行元素的创新，以此聚焦更多年龄层的关注。

创新之下传承经典，《童声英雄》尝试的是展现更多元、更具现实意义的节目内涵。低龄化不是少儿节目的标签，赋予看似简单的节目深刻的含义，少儿节目也有拓展空间。

少儿版“国家宝藏”让孩子《爱上博物馆》

动画节目中心

由《穿越吧少年》栏目组历时半年打造的少儿文化探索类季播节目《爱上博物馆》，每周五17：30在卡酷少儿频道播出。该节目以博物馆文化为主题，让小朋友们在了解博物馆的同时，对博物馆产生兴趣，引导家长和孩子主动走进博物馆、爱上博物馆。《爱上博物馆》借助电视这一传播载体，寓教于乐，做到轻松学习，“让文物活起来”。

博物馆是保护和传承人类文明的重要殿堂，是连接过去、现在、未来的桥梁。我国文博资源丰富，可是在生活中，亲子一起逛博物馆并没有普及。即便家长和孩子去博物馆了，也会出现各种各样的问题，比如：博物馆的展陈方式和讲解很难让小朋友对博物馆产生兴趣，家长很难从孩子的视角为他们讲述博物馆的展品。如何突破博物馆展品晦涩难懂的固有印象，用轻松的方式为小朋友们传递文化知识，是对少儿媒体的一大挑战。《爱上博物馆》正是借助电视这一大众化的传播载体，进行探索和尝试。

《爱上博物馆》依托卡酷少儿卫视媒体平台，有北京天文博物馆、中国园林博物馆、中国民航博物馆、中国印刷博物馆、大钟寺博物馆、西安博物院、大唐西市博物馆等著名博物馆（院）鼎力加盟，在文博教育领域展开合作。节目形态定义为“少儿博物馆文化探索类节目”，从生活中的小事情切入，在博物馆中进行学习探索。它以文化的内核、少儿的气质，创造一种全新的表达。《爱上博物馆》试图通过一系列的电视制作手法，打破文物的“静”，带来生动、流动和撼动。

博物馆是一所大学校，里面的文物件件都凝结着中华民族的传统文化。中华文明上下五千年，丰富的文化宝藏是内容创作取之不尽的源泉，《爱上博物馆》希望从传统的文化传承方式中跳脱出来，展现给大众不同印象的博物馆。

节目通过室内情景剧的形式，发现历史文化知识，完成故事的展现。节目选取博物馆中展品背后的故事，将时代特征和文化背景活灵活现展现到大众面前，将历史故事和科学知识通过戏剧的手法变成孩子们喜爱的节目亮点。基于对大量史料的整合，展现不同时代不同文化背景下的故事，让观者既能够感受到生动活泼的文化，也可以触摸展品所蕴含的历史温度。节目邀请不同专业的专家学者以文化讲述人的身份，一改传统的课堂模式，在博物馆中将历史知识娓娓道来。在保证讲述严谨性的同时，增加代入感，这样更容易被小朋友们接受。

“少年强则国强”，青少年作为传承文化血脉、延续文明之根的希望所在，应该成为文化自信的重点教育对象。文物不是尘封的古董，要让文物活起来。

《爱上博物馆》将博物馆生动趣味地展现在少年儿童的面前，真正地做到让小朋友们对博物馆感兴趣，爱上博物馆、走进博物馆。

《起跑线》，记录当下最真实的家庭教育故事

动画节目中心

由北京电视台卡酷少儿频道历时近两年摄制完成的大型电视纪录片《起跑线》，真实记录了近30个00后儿童及其家庭的成长故事，展示了改革开放后出生的80后父母群体，在中国社会变革的大背景下，在为孩子铺就起跑线时的所思、所惑、所为，从而引发全社会对教育现状的思考。该片于2018年11月4日起每周日20：25在卡酷少儿频道首播。

《起跑线》共设《百花》《风向》《启蒙》《角逐》《同行》《重洋》《鼎新》7集，单集时长45分钟。节目每集以一个具有代表性的教育方式为主题，以平视的视角近距离记录家庭、孩子、父母、学校的故事，用细节和真实情感推动情节，通过挖掘生活中的平凡点滴引起观众的情感共鸣。

一、创作初衷：展现孩子成长中的多种可能

《2018年中国家长教育焦虑指数调查报告》中显示，中国家长教育焦虑指数为67点，整体处于比较焦虑的状态。对于80后一代的家长和他们的孩子来说，这是一个最具挑战的时代，基于挑战和压力所产生的焦虑弥漫在许多家庭和教育之中。

这部纪录片里涉及了当下关于教育的最热点话题，比如小留学生、国学私塾班、艺考生、兴趣班、团队协作、竞选学校电视台小台长社会实践活动等，这几乎是当下每个有孩子的家庭都会触及甚至焦虑的话题。但是这部关于教育的纪录片，却坚持不讨论教育体制，不抨击教育问题，不评价教育理念，不指责因人而异的教育行为，也不会给“究竟应该给孩子什么样的成长环境和教育理念”做出结论性的回答。

《起跑线》打破单一唯“分数、高考”论的价值诉求，定位在当下中国，展现孩子们接受教育的多样性和可能性，家长们的价值标准、视野格局的多元化，唤起人们对于焦虑阴影下的儿童教育做出更深的思考。

二、创作手法：记录孩子成长中的真实故事

在大型电视纪录片《起跑线》中，能看到我们身边熟悉的场景，比如《风向》中陪着孩子马不停蹄赶场课外班的家长，《百花》中日夜陪着孩子苦练钢琴期盼梦圆的妈妈，《鼎新》中无奈却又孜孜以求孩子考试分数的父母。纪录片用细腻的镜头语言，直指内心的访谈，平淡的讲述，充分尊重生活真实，态度力求保持客观，真实记录了每个家庭都可能会出现的

关于教育的故事，让观者对每一个家庭所面临的喜乐哀愁感同身受。

《起跑线》的故事是从近百个家庭里筛选出来的，最终呈现了22个家庭近30个极具代表性的孩子。摄制组对这些孩子和家庭全程跟拍数月，用旁观者的视角记录下每个家庭、每个孩子生活中的努力、纠结、失落、喜悦和成长的印记，总累计近500小时的拍摄素材，最终成片片比达到1∶80。这个纪录片就是在讲故事，用30个孩子在不同的起跑线上的故事，完成了一部“80后家庭教育全景实录”。

三、创作态度：给予孩子成长中的真挚关爱

“低垂的花苞/紧紧抱住自己/要遇上春风/要沐过春雨/盛开的时候/人们才知道/那有千层瓣的花/原来就是你”，这是由歌手李承夕演唱的《起跑线》主题曲《千瓣花》的一段歌词。

这是一部关于教育的纪录片，更是一部关于父母陪伴孩子一起成长的纪录片。“教育”两个字是严肃、深刻、沉重的，父母充满爱又时时焦虑，而“孩子们”天真可爱、充满朝气。《起跑线》在整个创作过程中都没有用冰冷的语气点评对教育的思考，而是怀揣着对孩子成长最真挚的关爱和尊重、对父母的充分理解和包容，记录一条面向未来的温暖之路。

纪录片团队中的有些成员甚至通过近两年的拍摄历程，改变了自己对于孩子的教育方式，从一味追求成绩的强制，变得尊重孩子选择的沟通。一部纪录片拍完，团队成员不仅收获了一部作品，而且促使家庭教育氛围得到改善。对孩子和家庭产生正向的影响作用，这也是《起跑线》最大的诉求。

苏联教育学家霍姆林斯基说：“教育的全部奥秘就在于如何去热爱儿童。”《起跑线》想要通过片子努力表达，家庭教育不仅是为了培养成功的孩子，而是培养幸福的孩子；学校教育不是样板化的知识灌输，而是对个性的尊重，对人格的养成；社会教育要让孩子去感知生活、承担责任，这样的儿童教育，才能收获生动和高贵的灵魂。

北京电视台新媒体宣传亮点频出

总编室

2018年北京电视台12个节目中心日常运营的各类新媒体账号179个（不包括随机发布账号27个，停更账号10个）。其中微信公众号73个，微博账号42个，头条号20个，大鱼号5个，企鹅号4个，百家号4个，抖音号9个，其他账号22个。各类账号中，北京卫视30个，BTV文艺28个，BTV科教20个，BTV影视4个，BTV财经18个，BTV体育8个，BTV生活52个，BTV青海5个，BTV新闻21个，卡酷少儿10个，BTV纪实6个，影运中心11个，北京电视台3个。

在总编室统筹下，截至2018年底，北京电视台新媒体账号矩阵宣传推广本台及各中心的重大节目、活动、项目及上级任务40多个，重点包括春晚、卫视季播节目、重点电视剧、大型纪录片、第八届北京国际电影节、俄罗斯世界杯足球赛，以及北京市两会、京交会、国庆灯光秀、改革开放40年主题宣传等。同时积极对外开拓，主动与北京电台新媒体融合，与市政府官博@北京发布建立合作，探索利用互联网平台扩大BTV品牌影响力。

大胆尝试，在北京市两会召开期间，开创了在社交媒体上利用移动短视频手段，统一设置网络话题，主动引导舆论先河。两会期间，在“以新闻中心为龙头，生活和财经中心为两翼，其他中心特色跟进”的新媒体两会报道整体策划框架下，设置微博#BTV两会话民生#话题，主动引导舆论，利用短视频进行移动端集中宣推。两会期间发布短视频近60条，移动端播放量300万+。

在移动短视频风潮中，以原创内容宣传BTV品牌，实现BTV“在现场、不缺位、不失语、有声量”。2018年的新媒体宣推着力于推动各中心短视频发展，如世界杯的宣传中，与体育和新闻两个中心新媒体团队沟通，制定了统合资源，以原创短视频发力世界杯的思路，以#BTV世界杯#话题共发布原创内容近70个，短视频总播放量超过300万次+。

立足自身、借势而为，以品牌为突破，在改革开放40周年新媒体宣传洪流中，展现了BTV的媒体品质和品牌影响力。自10月以来，BTV新媒体双微矩阵对卫视、新闻、财经、生活、动画等8个系列专题及5个公益宣传片和1部大剧进行联动发布，其中@北京电视台官方微博发布图文及视频共计86条，微信稿件100多篇，累计阅读量500万次+。为了扩大品牌影响力和曝光度，主动联络市政府官方微博@北京发布，将本台“改革开放40年”内容纳入#改革开放40周年北京相册#话题，成为话题的主贡献账号，同时配合新闻中心发起#北京有你更精彩#话题，借力明星大V增加品牌曝光度，此话题现有的阅读量达到4亿次。

在庆祝改革开放40周年宣传的高潮期，从12月15日开始，以北京电视台精心制作的4个公益宣传片为主打内容，以“BTV庆祝改革开放四十周年系列视频”统一命名，展开全网攻势。一方面，在腾讯、爱奇艺、优酷、网易、新浪、凤凰、酷6、北京时间等主要网站的重要位置和今日头条、一点资讯、梨视频、快手等移动新媒体平台同时发布，一时间“BTV”登上了各大互联网平台北京频道的头条，凤凰视频还在“焦点新闻”中进行特别推荐。另一方面，在由@北京电视台首发，11个节目中心及北京电台的官博联动转发的微博矩阵中，连续4天对4个宣传片进行梯次高密度发布，聚焦了年轻粉丝的目光，4条视频平均阅读量取得了10万+的好成绩，这一没有明星大V，没有商业营销，完全依托“自来水”聚集的流量，来之不易。4天中4个宣传片在北京时间和新浪微博的流量近300万。在这次重大主题宣传中，卫视、新闻、财经的新媒体在矩阵中发挥了带头作用。总编室和各中心的新媒体团队群策群力、紧密配合、勇于奉献，体现了BTV新媒体人应有的作为。

新时代背景下内容资产管理的探索与实践

总编室

2018 年，北京电视台媒资系统新接收 6.2 万小时的节目资料，库存保有量达到 82.7 万小时（不含双写备份量），为全台节目制作和节目资料销售提供视频内容同比增长 10.8%，创 3.7 万小时的历史最高纪录。顺利完成播出保障、节目资料归档管理和资料服务三大核心工作，继续推动媒资业务与技术的融合发展。

一、节目资料应用已成为北京电视台节目生产不可或缺的关键因素

电视台最核心的资源就是节目内容资源，有效保存、收集、存储、利用，特别是开发利用内容资产的广度和深度决定着未来内容产品质量和竞争力，体现了电视台的创新能力，因此媒体资产内容管理具有长期性和基础性特点。

伴随着媒资内容的不断丰富，编导对媒资内容的依赖度逐年增强。至 2018 年底，媒资内容使用量连续 7 年实现 2.5 万小时以上，累计为节目生产提供资料达 21.7 万多小时。我们通过推送主题资料库和一对一的资料服务，满足编导不同层次的资料应用需求，实现媒资系统台内高效运作。

2018 年是中国改革开放 40 周年，媒资库存资料价值再次深度挖掘。我们组织力量，建立“改革开放 40 周年”主题资料集，设置 30 个板块，筛选整理出有关社会、经济、科技、城市等发展变化的资料达到 610 多条约 193 小时。向纪实节目中心、新闻节目中心提供专项资料服务，为其策划改革开放 40 年节目选题提供专项资料服务。同时向卫视、新闻、生活、纪实、财经等中心输出了大量的历史资料。仅向卫视中心提供资料就累计达到 450 多条约 157 小时。

二、总编室和技术部门深度融合，10 年探索，为本台建立了科学化的节目资料管理应用体系，得到业内同行认可

早在 10 多年前，北京电视台逐渐把媒体资产管理设定为节目资料管理的发展战略，将其融入到新台址制播网络技术体系中，为内容资源重新利用和服务增值提供支持。2009 年，借助新台址数字化全台网络建设的契机，建成了全台统一的媒体资产管理系统，一举实现了节目数字化存储和网络化播出，完成了全台节目资料管理从传统磁带转向数字化媒资的顺利过渡，实现了从介质管理到节目资料内容管理的一次跨越式发展。2011 年，随着本台实现高清节目的制作播出，媒资系统实现了高清、标清媒资的互联互通，真正实现了媒资系统全介质的兼容。2012 年，媒资系统实现了台内办公网络的查询与内容调用功能，突破了原来媒资系统只能在新台制播网内部使用的局限性。同年，与体育中心合作完成了伦敦奥运会资料保障工作，以后又陆续应用新系统完成了沈阳全运会、巴西世界杯、建台35周年、建国65周年、里约奥运会等大型报道工作的资料保障。2013年，媒资系统与老台标清综合制作网联通，为进一步发挥节目资料的价值，实现节目资料全台共享创造了条件。2014年媒资系统实现了与新媒体技术系统的互联互通，实现了网、台资源共享，对新媒体进行有效支持，也是不断适应电视事业发展，拓展媒资应用的新途径。2016年、2017年在与卫视频道大型纪录片《长征》《解放》剧组的合作中发挥了作用，服务转型探索我们一直在路上。

三、业务团队重视专业化建设，加强横向研究与交流，着力内容管理创新

正是由于总编室、网管部媒资内容管理服务团队高效的工作状态和科学化的外协管理控制方案，2015年北京电视台获得中国广播电视协会信息资料工作委员会信息资料管理工作先进集体。近10年来，媒资团队的多篇媒资专业论文获得中广联合会信息资料委员会论文评选一二三等奖。总编室媒资管理团队积极参与中广联合会信息资源产业发展工作委员会的专业活动，加强媒资专业化研究和横向合作，配合委员会组织了5届全国性业务培训活动。2018年丹东媒资专业培训取得圆满成功，参加“媒体内容资源管理创新与发展论坛”专业化研讨，提升了北京电视台媒资专业化队伍的影响力和行业内的积极作用。

2018年，基于近几年与业界同行的学习交流，着眼于本台媒资管理系统现实情况，结合未来内容资源开发和内容管理的客观需求，我们向台技术部门提出了改进和完善媒资管理系统，打造智慧媒资的建议。总工办、网管部、总编室达成共识，共同开展规划研究，确认业务需求及功能实现，并在后续媒资系统改造项目中落实，提升媒资系统的智能化水平。与网管部探讨4K等新兴媒体格式资料，在现有媒资系统之外的保存方式，尝试资料收集、保存、管理的新模式。

四、加强广播媒资管理研究，探讨网络新媒体资料应用实践，迎接广电机构改革的新挑战，踏上专业内容资产管理新征程

伴随技术化、产业化升级，也对从业者的管理水平和业务能力提出了更高要求。我们从早期的以看管磁带、从事简单操作的库房保管员，发展成为熟练掌握数字化、信息化管理的专业媒体资产管理人员，并尝试介入到一线生产流程中，将媒体资产管理的价值渗入到制播全流程。在管理理念上，实现服务前置，通过媒体资产全域式管理，真正体现媒体内容资产的价值，把节目资源优势转化为产业发展优势。2018年，我们更与北京广播电台和新媒体集团资料管理团队加强了沟通，探讨视频、音频、网络多媒体介质的保存和融合应用前景。

传播中华优秀文化　助力文化中心建设

——北京电视台积极开展全国文化中心建设宣传报道

总编室　王　哲

2018年，北京电视台积极开展全国文化中心建设相关工作，策划推出了一批弘扬社会主义核心价值观、传播中华优秀传统文化的节目，体现了北京电视台作为首都主流媒体的责任担当。

一、新闻报道聚焦文化建设成果

2018年，新闻节目中心在《北京新闻》《北京您早》《特别关注》《都市晚高峰》《晚间新闻报道》等栏目累计播发文化类新闻2000余条，从不同侧面反映北京市文化中心建设成果。其中包括：《新时代　新气象　新作为》走基层报道，通过文化系列的新闻报道，诠释北京近年来在文化中心建设方面的成就；在改革开放40年的重大选题策划中，进行了公共文化服务等方面的报道，展现了公共文化服务内容提升，人民群众日益增长的美好生活需求得到满足；在《北京新闻》开设《建设全国文化中心》专栏，报道关于老旧厂房改造以及公共文化服务的相关内容；加大力度进行戏曲文化方面宣传工作，密切跟进戏曲传承人消息及戏曲传承情况，重大纪念活动持续跟进，并报道京剧后备力量情况，全年累计播放戏曲文化类新闻百余条；日常新闻报道工作中加强对文化类新闻报道，从不同侧面展现北京源远流长的古都文化、丰富厚重的红色文化、特色鲜明的京味文化和蓬勃兴起的创新文化，播发“过个文化年”、文化遗产日、故宫创新产品、电影产业发展、北京市文化创意创新创业大赛、惠民文化消费季、文博会、中国原创话剧邀请展、打开艺术之门暑期艺术节、中国儿童戏剧节等系列新闻节目。

在融媒体报道展示改革开放40年发展变化，在电视和网络推出系列微视频《我爱北京》，以普通群众作为主角，小切口反映大主题，反映北京城的变化；策划推出系列融合报道《我家的40年》，12月17日至20日在《都市晚高峰》栏目中播出，以双屏互动为主要表现形式，由“微纪录片＋人物口述小片＋多媒体互动话题”构成，展示改革开放40年北京家庭的变化。

二、品牌节目、季播节目多角度宣扬文化建设成就

评书是中国优秀传统曲艺和国家级非物质文化遗产，为弘扬中华优秀传统文化，突出京味文化特色，卫视节目中心于2017年11月推出大型评书栏目《北京评书大会》，通过还原传统京味书馆的真实风貌，在忠实记录评书表演的基础上，大胆融入书画、音乐和纪实真人秀等视觉元素，让观众感受到原汁原味的评书艺术魅

力和老北京的文化底蕴。该节目每周一至周五9：00在北京卫视持续播出。

《我是演说家》第四季紧扣时代脉搏，节目主题从“为时代发声”升级为“为新时代发声”，展现出高度的政治责任感和媒体使命感。天宫二号总设计师、胡麻岭隧道总工程师、辽宁舰士兵等参与国家重大工程建设的关键人物担任演讲嘉宾，让观众全方位感受到祖国的迅猛发展和生活的日新月异，以文化自信点燃大国自豪。该节目于2017年12月到2018年3月在北京卫视播出。

原创匠心文化体验类节目《非凡匠心》第二季延续“匠人、匠心、匠魂”的主题，对传统工艺进行“抢救性”发掘，打造“一部行走的传统工艺教科书”，第二季节目中汇集了龙泉宝剑、安徽宣纸、吉州窑木叶盏、陕西皮影等13项中国非物质文化遗产项目。该节目于2018年2月至4月在北京卫视播出。

北京卫视“传承者”品牌系列第三季——原创京剧文化体验节目《传承者之传承中国》，充分尊重并借鉴了传统京剧的班社文化，创造性地成立京剧“传承社”，邀请京剧名家亲临授课，邀请明星艺人跨界出任“挑班班主”，将京剧程式转化成为节目模式，创造了京剧名家真教、明星班主真学的沉浸式体验感，带领观众感受原汁原味的国粹艺术。该节目于2018年3月至6月在北京卫视播出，并受国家广播电视总局的邀请，向全国电视同行介绍创作经验。

《中国故事大会》第二季以改革开放40年作为切入点，邀请教育、影视、体育、社会等多个领域的代表性人物，通过讲述一个个平凡的小故事，弘扬中华传统美德，串联时代情怀。该节目于2018年3月至6月在北京卫视播出。

为服务全国文化中心和科技创新中心的首都核心功能建设，北京卫视推出了国内首档创意创投类文化节目《创意中国》，通过文化创业者与产业投资人的双向对接，为全国优秀的文创项目搭建展示和交流的平台，在帮助创业者实现梦想的同时，也为文化的创新和传播开辟道路。该节目于2018年8月至11月在北京卫视播出。

在全国文化中心建设中，为大力弘扬古都文化和中轴线文化，纪念2020年故宫建成600周年，北京卫视联合故宫博物院推出大型文化季播节目《上新了·故宫》。节目融合了北京作为全国文化中心和科技创新中心的功能定位，邀请明星嘉宾担任故宫文创“新品开发官”，探访故宫尚未向公众开放的隐秘区域，并与国际知名设计师合作设计推出故宫文创新品。该节目于2018年11月9日在北京卫视播出。

北京卫视《文化北京》节目对京城的文化消费、文化项目、公共文化服务进行全方位及时有效的跟踪报道，扩大我市公共文化服务体系的影响力，全面展示我市文化部门在“文化惠民”和“双轮驱动”等一系列文化推广和普及工作中起到的积极作用。

《我是演说家》是北京卫视原创推出的大型演讲类季播节目，曾荣获广电总局评选的2015年年度全国创新创优节目，是北京卫视“讲好中国故事”的品牌节目。节目旨在弘扬中国共产党自创建之初即树立的“为中国人民谋幸福，为中华民族谋复兴”的初心和使命，为实现中华民族伟大复兴的中国梦注入强大内在动力。《我是演说家》第五季于 2018 年 12 月份播出。

财经节目中心的文化传承节目带由《说画》《拍宝》《大家收藏》《总裁读书会》组成。其中，《说画》《拍宝》《大家收藏》三档节目涵盖了传统收藏领域的书画、瓷器、杂项等主要门类以及符合当代收藏者审美追求的另类收藏。《总裁读书会》在社会发展最具活力、行动力和创新力的企业家群体中挖掘一大批知行合一的读书人，讲述各自因一本书而改变人生或事业轨迹的经历，完成从读书到商业实战的转化，从而传递文化与智慧。文化传承节目挖掘权威机构、藏家、鉴赏家、研究者当中的极致人物、精彩故事，推出超级 IP，提升节目的权威性；坚持正面报道，敢于营造舆论热点，善于引导话题方向；围绕文化主管部门中心工作，主动配合、有所作为，把握角度宣传文化中心建设成就。

三、纪录片、专题片营造推进文化建设良好舆论氛围

为纪念改革开放 40 周年暨中关村园区设立 30 周年，我台推出《中关村——变革的力量》。本片以“中关村人创新创业史”为主题，通过讲述中关村在改革创新重要节点上代表人物的鲜活故事，生动展现中关村在改革开放的时代大潮中，秉承“发展高科技，实现产业化”的目标，推动科技与经济的结合，充分发挥改革“试验田”作用，辐射引领全国创新发展的丰硕成果。

8 集大型人文地理纪录片《永定河》，深入挖掘永定河文化，追寻北京千年生命之水的源头，以科学的、生态的视角，引导公众认知、保护永定河。

6 集大型人文历史纪录片《这里是通州》，深度挖掘大运河文化带的文化属性和内涵，纵向上梳理通州 2000 余年历史脉络，展现通州从交通要塞到天下通途的身份转变，另一方面横向上展示通州的绿色、科技、创新发展。2018 年 11 月在北京卫视、BTV 新闻频道播出。

制作播出大型纪录片《中关村——四十年的足迹》，记录中关村的发展历程，追忆改革开放的足迹。

由北京市委宣传部策划，北京电视台《档案》栏目承制的大型纪录片《中国 1927》于 3 月在北京卫视播出。1927 年，对于世界来说，歌舞升平，水波不兴。1927 年，对于中国来说，腥风血雨，风云激荡。这一年的中国，内忧外患，军阀混战，民不聊生，革命浪潮风起云涌，无数国人都在黑暗中摸索与奋斗。该片用全新的表达方式，讲述最复杂的历史，解读不为人熟知的“那一年”。

文化类专栏《这里是北京》制作多个系列专题片，宣传报道北京全国文化中心建设。包含庆祝改革开放 40 年，与东城区委宣传部合作，制作 10 集系列专题片《40 年，我和我的东城》，讲述王府井、簋街、南锣鼓巷、前门、红桥、东四、史家胡同、中轴线、胡同里的创意工厂、百街千巷这 10 大主题，在 40 年中的经济发展、社会变迁、百姓获得感的增强，展示改革开放 40 年成果；深入挖掘古都文化，先后推出《古都寻踪》《“园”来如此》《“庙”不可言》《寻幽访胜》《解密北京城》《北京冷知识》《胡同说》系列片，共计 47 集，每集 20 分钟；擦亮古都“金名片”，对文物古迹深度报道，在《这里是北京》栏目先后推出《国家宝藏》《如果故居会说话》《文物有话说》《北京寻遗》《馆长说》系列节目，共40集，每集20分钟；弘扬传统节日文化内涵，推出《七夕寻踪北京城》《月圆京城 情系京华》之兔儿爷篇、丰收篇、文物篇多个系列专题片；根据不同的主题纪念日，推出国际读书日《爱“阅”之城》，博物馆日《博物馆之约》，文化遗产日《文物与科技》特别节目，共计16集，每集20分钟；围绕首都功能定位，选取在北京工作和生活的外国人，完成4集系列报道《老外看北京》，在《北京您早》等新闻栏目中播出，讲述他们眼中“新时代的北京”，亲身感受到的“北京之美”和“北京之变”。

为感受非物质文化遗产深厚的文化底蕴与历史传承，展现非物质文化遗产对如今社会发展和百姓生活的影响，策划拍摄6集电视纪录片《遗脉相承》。该片根据西城区文化带，将现有门类的非遗项目重新梳理，基于西城区独特的文化土壤，展现其完整的文化传承格局。《遗脉相承》首次以纪录片的形式，对西城区非遗文化进行全面整体梳理、纪录、留存、传播。以历史照进现实的穿透力和鲜活感，展现非遗文化与城市演进、历史演进之间的源流关系，以具有典型性的真人真事作为切入故事和记录展现的内核，旨在理清非遗传承在北京城市核心区的独特路径，以及其中北京城市人文演进的脉络。

专题片《文化京津冀》以京津冀地区的文化大发展大繁荣为大背景，重点梳理京津冀地区的非物质文化遗产、舞台艺术精品、文创人物、文化名家、群众及公共文化服务等诸多方面的文化选题，挖掘与老百姓紧密相关的重要文化资源，展现京津冀地区的整体文化氛围，通过鲜活的文化人物，展现多样的文化现象。

系列专题片《文化之约》栏目与北京市文学艺术界联合会联合策划制作的《文化记忆》项目，集中采访了一批文化艺术界的大家，以人物身上蕴含的文化情怀为独特切入点，通过展现他们内心蕴藏的文化热情、文化痴情，以及为改革开放、文化发展所作的突出贡献，来折射整个国家不断变革、不断进步的伟大成就。

为纪念改革开放40周年，20集大型口述历史特别节目《生于1978——一起走过40年》于2018年12月完成播出。该片拍摄历经18个月，行程20多万千米，采访40位行业精英，真实记录了改革开放40年中的商界代表人物。这部纪录片突破传统、大胆创新、敢于挑战，采用口述历史的形式，聚焦1978年前后涌现出的优秀企业家及其子女，生动细致地展现中国经济40年的风云变幻和巨大成就。

以市总工会“北京大工匠”大型主题活动为基础，结合北京重点制造企业的文化脉络，追寻独特的大城工匠文化、追溯北京制造业的今昔故事，策划制作6集纪录片《北京大工匠》，并于“七一”期间播出，讴歌和传播当代劳动精神内涵，展望新时代的北京风貌。

全国首部大型医学人文纪录片《医者》，由北京市卫生和计划生育委员会指导，BTV生活出品，演员刘涛首次诚意献声。《医者》将镜头对准数位来自于不同家庭，成长在不同地方，却扛着相同的责任，奋斗在一线，桥接生命的医者。每集连续拍摄240小时，用真实的记录，换位的思考，平实的表达，还原新闻背后的医者群像，并在感性与理性的交替中，探索生命意义，思考医学本源。《医者》还充分发挥两微平台影响力，在微信端收集、传播“医者故事”，微博端与卫计委联合发起“为医者点赞”大型公益活动。结合正能量一线明星、大V、各三甲医院、媒体进行集中造势，2018年6月播出后，收获1.4亿关注度，30万讨论量。

百集系列微纪录片《百艺北京》，旨在守护、传承古都北京丰富的文化遗产与匠心文脉，拟对北京市各区传统手工艺者及非遗传承人进行人物专访。从百位手工艺大师、匠人的生活反映中国传统技艺的生机与危机。通过具有时代感的故事、特殊的艺术表达形式，来展现传统文化的魅力及各区在保护挽救传统文化和技艺方面所做的工作。该片于12月18日播出。

专题片《亦春秋》以北京经济技术开发区的发展历程为绝对主角，以能够衬托反映时代社会背景的事件进行辅助说明。本片将以时间为轴，从多维度对北京经济技术开发区发展史进行全面的回顾，及对未来的展望。

《北京味道》第二季从饮食文化这个小角度切入到“两个一百年”奋斗目标的提出以及建国70周年的大背景中，捕捉在饮食行业中辛勤耕耘的小人物故事，将其置于北京“一核一城三带两区”、城市副中心、雄安新区建设这样的大时代之中，用发生在我们身边的小故事，去讲述北京的发展成就。该片已于12月22日播出。

纪录片《北京体魄》是一档大众体育生活纪录片，记录了改革开放40年来，北京大众体育变迁的方方面面。运动项目、竞技水平、体育场馆和参与人群由少变多、从无到有。40年来，中国如何从体育大国变成了体育强国。节目的核心在于改革开放40年以来，体育运动如何影响和改变北京的大众生活方式和生活态度。本片以影像镜头语言叙事建构体育人物形象，传递体育文化和价值观。该片于12月27日播出。

大型电视纪录片《起跑线》记录了近30个儿童及其家庭的成长故事，讲述了改革开放40年中国人在教育理念、育儿观念上发生的巨大变化。播出后全国省级卫视同时段核心收视排名保持前三位，短视频新媒体点击次数超百万次。该片于11月起在卡酷少儿频道播出。

历史文化体验类节目《爱上博物馆》打造“大博物馆”概念，通过博物馆和文化场所近40年的变迁以及博物馆中所蕴含的文化故事，让文化拥有“触摸感”和“亲近感”，完成文化教育推广功能。荣获广电总局“庆祝改革开放40周年”优秀少儿节目一等奖。

另外，我台纪实频道一直致力于打造品质纪录片，包括中国首部医学人工智能纪录片《AI脑力觉醒》，与东盟中心合作的我台首部4K海外拍摄东盟全景纪录片《嗨！东盟——一带一路之东盟行》，北京奥运10周年之际推出5集系列片《双奥之城》，市委宣传部精品办工程、系列微记录《我们的传承》将在年底正式播出。全程记录亚洲第一机场——北京新机场建设过程的纪录片《腾飞的翅膀》正在加紧制作，预计国庆70周年之际推出。朝阳区建区60周年纪录片《筑梦朝阳》、与北京市商委合作的改革开放40年系列纪录片《为民而商》，也已在12月完成播出。

四、影视剧、动画片主旋律佳作频出

2018年，在“纪念改革开放40周年”的重点宣传主题下，我们秉承“温暖现实主义”的主旨，立足首都台定位，选择多部精品电视剧。在宣传预热期，《美好生活》《好久不见》为2018年开年奠定温暖现实主义的风格。在宣传升温期，继续高扬“温暖现实主义”的风帆，播出了《破冰者》《归去来》《脱身》《面具》《合伙人》《那些年，我们正年轻》《娘道》等多部制作精良、品质突出的优秀剧集，在收视和口碑上均取得了喜人成绩，其中《面具》《娘道》更是接连强势突围，呈现出“现象级”大剧品相。在宣传高潮期，随着“庆祝改革开放40周年”重要宣传节点的临近，我们排播了《正阳门下小女人》《大江大河》两部表现改革开放以来时代精神面貌及百姓美好生活的作品。这两部剧扎根生活，立足现实，饱含激情，不仅是对改革开放40年恢弘历史的观照、回望，更是对当下美好生活的讴歌与礼赞。

我台动画片集结中国原创动画，努力发展精品，佳片频出。

12集改革开放40周年动画短片《动画时光机》，集结中国原创动画发展精品，通过几代人成长印记中的经典形象、故事情节折射40年一脉相承的爱国情怀、高尚品质和时代精神。获得总局2018年重点动画项目扶持资金。

26集三维定格偶动画《冰雪冬奥村》以2022年北京冬奥会为契机，通过定格偶动画形式讲述冬奥故事、传达奥运精神，于2018年年底播出。以动画主角为原形设计的动画形象还参与了冬奥会、冬残奥会吉祥物征集。

26集大运河文化主题动画片《大运河奇缘》确定了角色设定、剧情设计，已经进入中期制作阶段，预计于2019年推出。项目已经纳入中宣部和广电总局“中国经典民间故事动画创作工程”项目。

五、晚会及大型活动弘扬优秀传统文化

我台利用大型晚会的影响力和传播力，推动中华优秀传统文化创造性转化、创新性发展，把中华文明的影响力、凝聚力、感召力更加充分地展示出来。

《2018年北京电视台春节联欢晚会》在北京卫视、BTV文艺频道并机播出，合计收视率17.01，市场份额53.86%，连续5年蝉联省级卫视同时段收视、微博、微信3项核心数据第一，此外在今日头条超级话题、在线视频总播放量也取得第一名，拿下5个核心数据第一。泽传媒携手国家新闻出版广电总局发展研究中心新媒体研究所共同发布的“2018省级卫视春晚移动传播总榜”中，《2018年北京电视台春节联欢晚会》在连续收获4个单日冠军后，最终总榜夺冠。

《2018年北京电视台元宵联欢晚会》是在春节联欢晚会的基础上拍摄制作，体现元宵节的永恒主题“团团圆圆过大年”，以有趣生动的语言节目和精彩的歌舞表演撑起整个晚会。晚会收视率0.53，市场份额3.37%。

第八届北京国际电影节于2018年4月15日至22日举办，第八届北京国际电影节举办了主竞赛单元“天坛奖”评奖、开幕式、北京展映、北京策划·主题论坛、电影市场、电影嘉年华、闭幕式暨颁奖典礼七大主题活动，以及“注目未来”单元、纪录单元、科技单元、电影音乐会、电影沙龙及行业对话、新片发布等相关活动，活动总数超过 300 项。按照中宣部批复，第八届北京国际电影节主竞赛单元“天坛奖”评奖活动由中央广播电视总台主办。

第八届北京国际电影节实现了五大升级，包括各级领导高度重视、内容升级、规模、品质、融合报道、成绩等方面均比以往有了提升，取得了良好的社会效益，引起了广泛关注，充分显示了北京国际电影节广泛的业内认知度和不断壮大的国际影响力，扩大了品牌影响力。

为助力北京冬奥会，普及冰雪运动，卫视节目中心从 2017 年起将以连续 5 年时间打造冬奥主题宣传矩阵，连续第 3 年以环球跨年冰雪盛典的形式助力 2022 年北京冬奥会，成为北京点燃冬奥热情，推动文化跨年的标志性活动。《2019 环球跨年冰雪盛典》围绕京张冬奥文化体育旅游产业带，在北京、崇礼、哈尔滨三地录制、三台同播，为观众打造跨越国家、跨越地区、跨越文体的年度冰雪盛会。晚会于 2018 年 12 月 31 日在北京卫视播出。

《2018 年卡酷动画春晚》将西山文化带、长城文化带、运河文化带动画化，用动画手段展示了改革开放 40 年来人民生活日新月异的变化，诠释京味儿文化、传统春节，将春节的历史渊源、传统情思蕴于其中。

第七届《北京喜剧幽默大赛》在我台文艺频道于 2017 年 12 月 30 日至 2018 年 1 月 5 日播出。第七届《北京喜剧幽默大赛》取得了地面频道播出最高单期收视率 1.37、最高单期收视峰值 2.65%、本届平均收视率 1.17 的好成绩。大赛的多个获奖作品和选手还登上了我台以及央视和许多兄弟台春晚与元宵晚会的舞台，向观众交出了一份圆满的答卷。

《歌唱北京》歌曲征集活动旨在向全社会征集一批有筋骨、有道德、有温度，弘扬中国精神、凝聚中国力量的优秀作品。通过新歌征集、作品评选、歌曲展播、唱片出版等丰富多彩的形式，把征歌活动的影响推广到全社会。让广大人民群众通过这些歌曲，了解北京的新风貌、新变化，感受伟大的新时代所赋予我们的新机遇、新生活。

“水路·戏路”大运河戏曲年度系列活动项目由宣传文化引导基金资助，梳理了以大运河为象征的中国传统戏曲文化的传播、发展和繁荣的脉络，擦亮国粹艺术京剧这张当之无愧的北京历史文化名片，为当代戏曲艺术的传承、发展和创新寻找历史依托。活动本着对中国优秀传统文化传播和大运河文化带建设高度的历史使命感，深入挖掘大运河文化带的丰富内涵，以推进大运河文化带的保护、传承和利用。

2018 年是改革开放 40 周年、京津冀协同发展不断推进、京张携手办冬奥的重大历史时期，《第二十二届京张心连心大型文艺演出》继续传承京张精神，重点展现了全国文化中心建设的成绩，传递两地情谊，展现两地风采。

爱国歌曲改编新唱竞演节目《童声英雄》献礼改革开放 40 周年并纪念《七色光》栏目开播 30 周年，用年轻化、时尚化的表现形式改编演唱经典爱国和主旋律歌曲，由小朋友重新演绎，唤起数代人共同的记忆。节目获得国家广播电视总局专题表扬。

2018 年 3 月 15 日，《诚信北京》主创团队为电视观众精心打造了贴近民心、紧扣消费热点、弘扬正能量的《第三届诚信北京315晚会》。该届以打造一台“不一样”的315晚会为宗旨，传递正能量，改“打黑”为“扬善”，将诚信上升为消费者日的主题词，更好地阐释社会主义核心价值观。该届主题为“诚信守护美好生活”，立足新北京，辐射京津冀，主要体现北京落实十九大精神后的第一年，在诚信创建工作和信用体系建设、推进诚信制度化建设方面取得的新成就、新进展、新作为。

展现改革辉煌成就　书写开放创新篇章

——北京电视台庆祝改革开放40周年宣传报道总结

总编室　任为民

按照市委宣传部统一部署，北京电视台举全台之力，持续推出关于庆祝改革开放40周年的宣传报道，并不断加大力度，在2018年12月18日前后形成高潮。整体宣传报道通过专题专栏、系列报道、特别节目、纪录片、专题片、影视剧、宣传片、融媒产品等多种形式呈现，综合展现出北京市在多领域持续推进全面深化改革、扩大开放的生动实践，全方位、立体式、多样化地宣传了改革发展的伟大成就，圆满完成报道任务。

一、推出多个新闻专栏和系列报道，全方位展现改革发展成果亮点

围绕北京40年来改革开放的生动实践和伟大成就，《北京新闻》《北京您早》《特别关注》栏目推出《在习近平新时代中国特色社会主义思想指引下——新时代新作为新篇章深化改革在行动》专栏和《壮阔东方潮　奋进新时代——庆祝改革开放40年》系列报道，并推出《疏解整治促提升》《街乡吹哨　部门报到》《优化营商环境　北京在行动》等3个子专栏和《家国40年　对话中关村》《家国40年　百姓话改革》等4个子系列。

《在习近平新时代中国特色社会主义思想指引下——新时代新作为新篇章深化改革在行动》专栏从新近发生的具体事例入手，着重报道北京在优化营商环境、医疗卫生体系改革、科技创新驱动、历史文化名城保护、城市精细化管理等领域的改革创新。《壮阔东方潮　奋进新时代——庆祝改革开放40年》系列报道综合展示40年来，特别是党的十八大以来北京在经济建设、政治建设、文化建设、社会建设、生态文明建设方面所取得的辉煌成就，浓墨重彩地书写我国改革开放辉煌成就的北京篇章。

为充分展现市委市政府疏解整治促提升中心工作所取得的巨大成果，《北京新闻》《特别关注》《北京您早》栏目推出系列微视频《我爱北京》，从老百姓的视角讲述身边发生的可喜变化，记述自己的幸福生活。为加大传播力度,《我爱北京》系列微视频采用了融媒体传播方式,首期节目在推出当天,在北京新闻等微信公众号和北京时间客户端,图文全网阅读量达 40 万次,视频播放量超过 45 万次。

按照国家广电总局统一部署,北京卫视频道于 2018 年 12 月 18 日上午与央视综合频道并机直播了“庆祝改革开放 40 周年大会”盛况。当日,《北京新闻》播出了 25 分钟相关报道,其中转发了央视《庆祝改革开放 40 周年大会在京隆重举行》等新闻报道,制作播出了《创造更大的奇迹,奋力开创首都发展更加美好的明天》等新闻,介绍了首都各界踊跃收听收看庆祝改革开放 40 周年大会实况的情况。财经频道《首都经济报道》也转发了央视《数说改革开放 40 年》《40 年 GDP 翻五番,综合国力快速提升》《人民生活极大改善》等相关报道。12 月 19 日,《北京您早》和《特别关注》栏目各播出了 10 多分钟相关新闻,详细报道了首都各界踊跃收听收看庆祝改革开放 40 周年大会实况的情况,并转发了《人民日报》相关评论。为宣传好庆祝改革开放 40 周年大会和习近平总书记在会上所作的重要讲话精神,台领导提前部署,在导播一线靠前指挥,总编室统筹协调全台各节目中心和技术部门,对大会前后播出的节目及编排加强审核和技术把关,确保营造出良好的舆论氛围。

二、推出多个特别节目,浓墨重彩宣传改革成就

北京卫视《档案》承制的 7 集通俗理论电视节目《改革开放　关键一招》于 2018 年 12 月 10 日 22:30 在中央电视台新闻频道首播,并于 12 月 11 日 21:15 在北京卫视播出。该节目从经济、政治、文化、社会、生态文明建设以及外交、党的建设等不同维度,深刻回答改革开放是决定当代中国命运的关键一招,也是决定实现“两个一百年”奋斗目标、实现中华民族伟大复兴的关键一招,给人带来启迪。该节目北京卫视首播收视率排名晚间栏目全国第一,全网视频点击量 1000 万,总话题阅读量破千万,新浪微博话题榜综艺榜第一,在微博、今日头条、抖音三个平台的日触达用户超过 5.1 亿。

为配合推进城市精细化治理工作,北京卫视频道于 2018 年 6 月 29 日起推出国内第一档促进市民与公共领域沟通的公德节目《向前一步》。节目真实记录下“疏解整治促提升”过程中的实际工作情况,内容涉及文物征收腾退、棚户区和老旧小区改造以及胡同、街道、城市拆违等,取得了良好的收视效果和社会反响,并得到国家广电总局、市委宣传部的肯定和表扬。

此外,北京卫视《养生堂》、科教频道《健康北京》也围绕北京市公共卫生事业发展概况、健康北京人——全民健康促进 10 年行动规划、疫病预防医疗救治水平提高、医药改革及分级诊疗等主题推出多期特别节目。

为宣传北京在城市精细化管理、历史文化名城保护、生态环境建设、科技创新驱动方面的成就,财经频道《京津冀大格局》栏目推出系列访谈节目《新北京新变化》,《数说北京》栏目推出系列节目《数说北京 40 年》。

三、推出多部大型纪录片和专题片,全景展现北京改革发展恢弘画卷

为宣传科技创新驱动成果,介绍中关

村改革开放40年的重大事件、杰出人物、巨大变化和丰硕成果，我台在北京卫视、新闻、财经和纪实频道播出了《中关村——变革的力量》《中关村——四十年的足迹》等系列纪录片，还策划制作了《中关村创新之夜晚会》。

为宣传北京国企改革和优化营商环境等成就，我台在北京卫视、财经和纪实频道推出《京商传奇》《为民而商》《生于1978——一起走过40年》《开放北京与世界同行——北京外经贸四十年》等大型纪录片和专题片。为宣传北京在历史文化名城保护、城市副中心建设等方面的成就，我台在北京卫视和新闻频道推出《这里是通州》和《40年，我和我的东城》等系列纪录片。为宣传北京在历史文化名城保护和科技创新驱动等方面的成果，生活频道播出了纪录片《亦春秋》（反映北京经济技术开发区——亦庄的发展历程），并策划制作了纪录片《遗脉相承》（反映西城区非遗传承成果）和《我的世界因你而改变》（反映北京经济技术开发区——亦庄的科技创新成就）。

此外，按照国家广电总局统一部署，我台北京卫视频道于2018年12月7日至15日和17日至24日期间，分别跟播了中央电视台播出的18集纪录片《我们一起走过——致敬改革开放40周年》和8集纪录片《必由之路》。

四、充分运用影视剧、宣传片和融媒体产品，加大宣传力度

为营造庆祝改革开放40周年良好氛围，我台北京卫视频道排播了《正阳门下小女人》《大江大河》两部精品电视剧。两部剧扎根生活，立足现实，饱含激情，不仅是对改革开放40年恢弘历史的观照、回望，更是对当下美好生活的讴歌与礼赞。《大江大河》播出后引发强烈反响，收视率位列全国省级卫视黄金剧场电视剧第一名。

我台总编室策划制作了4部庆祝改革开放40周年主题系列宣传片，从通讯、服装等百姓生活的改变，折射出40年来中国经济社会发生的全方位、历史性巨变。此外，总编室还利用各频道公共宣传时段排播大量宣传片，推介我台庆祝改革开放40周年的重点节目。以上宣传片每天在全台各频道播出超过100次，累计播出超过6000次，并通过微博、微信公众号等新媒体平台大力推送，被网易、凤凰、新浪、腾讯新闻等重要网站转载，获得良好宣传效果。北京卫视频道推出的26集系列公益宣传片《牛爷串胡同》，展现了疏解整治促提升和历史文化名城保护工作的成就，获得市委宣传部《新闻阅评》表扬。

在庆祝改革开放40周年主题宣传中，我台新媒体团队扬长避短、抱团聚力、立足自身、借势而为，在传统媒体、新媒体、自媒体构成的内容洪流中，持续发力，在新媒体端展现了BTV的媒体品质和品牌影响力。

自2018年10月起，BTV新媒体双微矩阵对卫视、新闻、财经、生活、动画等8个系列专题及5个公益宣传片进行联动发布，其中@北京电视台官方微博发布图文及视频共计86条，微信稿件100多篇，累计阅读量500万次+。为了扩大品牌影响力和曝光度，新媒体团队还主动联络市政府官博@北京发布，将我台“庆祝改革开放40年”内容纳入#改革开放40周年北京相册#话题，成为话题的主贡献账号，同时发起#北京有你更精彩#话题，借力明星大V增加品牌曝光度，此话题阅读量达到4亿次。我台同步开展了全媒体“我与改革开放”互动征集活动，收集整理线索上千条。根据征集的线索、整理的资料，在BTV新闻、北京新闻微信公众号、秒拍视频、微博、今日头条号等平台上推出20余条系列原创多媒体报道。其中，《飞越40年——1978年，坐一次飞机有多难》推出后广受好评，图文在BTV新闻微信公众号上阅读超过3万，视频在秒拍、微博、今日头条号上均获得10万+的播放量，总播放量超过200万。

2018年12月15日开始，新媒体团队以我台精心制作的4个公益宣传片为主打内容，以“BTV庆祝改革开放四十周年系列视频”统一命名，展开全网攻势。一方面，在腾讯、爱奇艺、优酷、网易、新浪、凤凰、酷6、北京时间等主要网站的重要位置和今日头条、一点资讯、梨视频、快手等移动新媒体平台同时发布，一时间“BTV”登上了各大互联网平台北京频道的头条，凤凰视频还在“焦点新闻”中进行特别推荐。另一方面，在由@北京电视台首发、11个节目中心及北京电台的官博联动转发的微博矩阵中，连续4天梯次高密度发布我台4个宣传片，聚焦了粉丝的目光，4条视频平均阅读量取得了10万+好成绩，这一没有明星大V，没有商业营销，完全依托“自来水”聚集的流量，来之不易。上线仅4天，4个宣传片就在北京时间和新浪微博获得近300万的流量。

为宣传好庆祝改革开放40周年大会和习近平总书记在会上所作的重要讲话精神，我台第一时间通过“BTV新闻”“北京新闻”公众号推送了大会新闻和习近平总书记重要讲话，同时积极报道了首都各界观看大会的感受，制作了短视频和图文，在微博、秒拍、抖音等短视频平台全面推送。由新媒体团队制作的《听完习总书记在庆祝改革开放40周年大会上的讲话，来自首都的他们这样说……》阅读量总计达到6万+，相关视频播放量总计超过30万。

北京电视台2018年精神文明创建工作报告

中共北京电视台委员会

2018年北京电视台坚持以习近平新时代中国特色社会主义思想为指导，深入贯彻党的十九大和十九届二中、三中全会精神，深入学习贯彻习近平总书记关于宣传思想工作重要精神，增强“四个意识”，坚定“四个自信”，做到“两个维护”，深入组织开展群众性精神文明创建活动，积极发挥新时代主流媒体的责任担当，自觉承担起“举旗帜、聚民心、育新人、兴文化、展形象”使命任务，把握政治方向，加强舆论引导，不断加大全市精神文明创建工作宣传力度，唱响主旋律，打好主动仗，弘扬正能量，为推动全国文化中心建设、首都经济社会发展和城市精神文明建设提供强大的价值引导力、文化凝聚力和精神推动力。

一、积极发挥首都主流媒体作用，不断加大精神文明建设宣传力度

坚持守正创新，壮大主流舆论。一是聚焦改革开放，展现伟大成就。推出大型通俗理论电视节目《改革开放　关键一招》，系列报道《壮阔东方潮　奋进新时代》，纪录片《中关村——变革的力量》《中关村——四十年的足迹》《这里是通州》《生于1978——一起走过40年》等，全方位、多角度展现改革开放40年来的生动实践和伟大成就；加强评论报道，推出“新时代大家谈”大型谈话节目，深入解读习近平新时代中国特色社会主义思想，将学习宣传贯彻习近平新时代中国特色社会主义思想热潮引向深入。二是围绕主题主线，宣传持续发力。圆满完成博鳌亚洲论坛、上合组织青岛峰会、中非合作论坛北京峰会等重大主场外交活动的宣传报道，开展第三季“‘天涯共此时’——‘一带一路’”大型新闻行动，体现了首都媒体的高站位、大视野，多举措打造精品报道；围绕疏解整治促提升、城市副中心建设、京津冀协同发展等重点工作，密集推出《疏解整治促提升》《街乡吹哨　部门报到》《新时代奋斗者的故事》，多维度传递时代强音，为社会和谐发展营造了良好的舆论氛围。三是坚持新闻立台，创新融合报道。北京电视台坚持打造好首都新闻宣传阵地，着力办好《北京新闻》《特别关注》《北京您早》《首都晚间报道》等重点新闻栏目，以北京广播电视台融媒体中心成立为契机，建立重大报道联动机制，全力打造以广播电视移动端音视频为载体的新型主流媒体，更好地传播主流声音，引导社会舆论；持续深入宣传习近平新时代中国特色社会主义思想和十九大精神，及时准确播发习近平总书记系列重要讲话精神，宣传中央和北京市委市政府重要会议精神，先后推出《在习近平新时代中国特色社会主义思想指引下——新时代　新作为　新篇章》《新时代　新气象　新作为——践行十九大精神基层行》等多个大型主题系列报道；积极参与全国两会、北京市两会报道，推出《市民对话一把手》《蓝图》《两会新观察》等大型直播访谈节目，打造融媒体协商议政新平台；密切联系相关委办局和全市16区做好宣传工作，进行思想政治引领，广泛传播主旋律、正能量，做党和人民坚实可靠的新闻舆论阵地。

坚持首善标准，传播主流价值。一是“现象级”综艺节目坚持经济效益与社会效益相统一。北京电视台始终坚持“首善标准　大美品质”的价值理念，努力打造首都文化“金名片”，强势推出《跨界歌王》《跨界喜剧王》《中国故事大会》《我是大医生》《生命缘》等一系列富有时代气息和健康情趣的大题材、大阵容、大制作的综艺节目，展现真善美，注重精神引领，传递向上向善的价值观，引领社会道德判断力和荣誉感。二是大型晚会活动彰显社会主流价值。近年来，北京电视台在着力办好大型晚会活动上狠下功夫，2018、2019年北京电视台春节联欢晚会，第五次、第六次蝉联省级卫视同时段冠军，收视和口碑双丰收；《2019年BTV环球跨年冰雪盛典》《第八届北京国际电影节》《第八届喜剧幽默大赛》等品牌活动影响力持续提升；《“一路清风”——第七届廉洁颂主题纪律教育活动》《诚信北京315晚会》聚焦反腐和社会诚信，反映全面从严治党和诚信建设给百姓带来的获得感。三是现实主义题材剧作温暖人心。电视剧《大江大河》《那些年我们正年轻》《正阳门下小女人》《芝麻胡同》等多部电视剧扎根生活，立足现实，弘扬主旋律，引发观众情感共鸣。

坚定文化自信，弘扬主流文化。一是以中华民族优秀传统文化为根基，深挖历史内涵。在春节、元宵、清明、端午、七夕、中秋等传统佳节进行特别策划和特色编排，推出《月圆京城　情系中华》《重阳节》《中国团年饭》等节目，通过历史、典故、民俗，让更多观众了解传统节日的文化内涵，挖掘新内涵，弘扬新风尚。二是以大型文化创意类节目为平台，发掘文化魅力。《上新了·故宫》《创意中国》《传承中国》《国粹+》等节目以历史和现实两个轴线，将中国传统意向与现代社会精神价值相融合，打造中华文化“传承社”，让观众感受中华文化之美，吸引更多年轻人驻足传统，保护、传承、弘扬中华民族传统文化，树立文化自信。三是以社会主义核心价值观为准则，书写家国情怀。青少频道《青年探秘者》推出“青年服务国家　奋斗就是幸福”特别节目；新闻频道播发了《革命老区门头沟英雄辈出的红色热土》《不忘先烈抛忠骨　红色基因永传承》等缅怀先烈的重点报道，深入开掘内容资源，介绍英烈事迹、弘扬爱国精神；老牌节目《档案》扎根历史讲述，以故事的长度、思想的深度、情节和细节的密度见长，成就了“重大题材看《档案》”的优秀口碑。

二、忠实践行首都主流媒体责任，积极参与精神文明建设各项活动

关注百姓生活，传递社会关切。多年来，北京电视台一线记者编辑关注民生，深入基层、深入群众、听取意见、反映民生、用心深挖、走心报道，制作了一系列“有温度”“有深度”“有力度”的报道和精品栏目，《向前一步》《街乡吹哨　部门报到》《市民对话一把手》《税收天地》《听民意　解民忧》《红墙意识》等节目聚焦城市发展中亟待解决的热点、难点问题，搭建人和公共领域、城市公民与公共政策之间沟通的桥梁；《养生堂》《暖暖的新家》《暖暖的味道》《我是大医生》等健康类品牌栏目倡导绿色、健康的生活理念，引领积极向上的乐观生活方式，蕴含的对老年人、对妇女的尊重，对医者仁心的爱护，对科学的敬畏，对传统文化的发扬，对健康生活方式向往的品质，获得观众一致赞誉。

热心社会公益，开展帮扶慰问。北京电视台注重把节目创作与社会公益活动充分融合，继续开展“牵手蓝天行动”“文明礼让斑马线”“小手拉大手　我是你的平安宝贝”等活动，倡导健康绿色出行，传递文明礼让理念；“带本书给家乡的孩子”大型公益活动已经成功举办6季，几十万册爱心图书被送往全国21个省市自治区的300多所贫困小学，爱心图书室在全国各地纷纷建立；同时北京电视台积极号召全社会参与扶贫攻坚工作，共同助力爱心公益，汇聚社会微力量，共建社会大文明。

讴歌时代楷模，弘扬榜样精神。举办“2018北京榜样”“最美退役军人”等大型颁奖晚会，展现榜样人物热爱祖国、热爱首都的深厚情怀，积善成德、善满京城的道德追求和开拓进取、拼搏为美的奋斗品质；联合市委宣传部制作《新时代　新担当　新作为》《为你而歌》电视专题纪录片，生动展现了基层党员干部对信仰的执着追求和对党的无限忠诚、信念坚定、许党报国、为民造福的崇高理想，进一步激励和鼓舞广大党员干部扎根基层、敢于担当、甘于奉献、服务群众。

三、精心组织群众性创建活动，提升全台干部职工精神文明素养

有组织，有策划，扎实开展基层文明创建活动。本台群众性精神文明创建工作由台党委统一领导，党委办公室牵头，工会、团委以及相关部门具体负责创建工作的组织落实，形成了党、政、工、团共同参与、齐抓共管，各部门、各支部广泛参与的创建工作机制，建立了有组织、有计划、有落实、有总结的创建工作体系，形成了与改革发展相联动、与日常工作相融合的创建工作格局。

在台党委统一领导下，先后组织开展“不忘初心　牢记使命——重温入党誓词”主题教育、“新时代新担当新作为”“伟大的变革——庆祝改革开放40周年”主题党日活动；贯彻落实市委有关党员“双报到”的工作要求，完成基层党组织和全体在职党员回社区报到工作，全台党员积极参与社区服务活动2300人次；策划组织了“为爱捐书——为门头沟的孩子带本书”公益行动，积极发动全台职工为山区孩子捐赠图书2328本；全台上下开展不同层面的群众性文体活动，乒乓球、羽毛球、篮球、工间操、瑜伽等各种文体活动大大丰富了员工的业余生活；先后组织开展业务知识竞赛、法律知识竞赛、技术能手实操比赛等评比活动，提升广大职工理论业务素养，形成了浓厚的学习争先氛围；老干部办公室组建退休职工合唱团、书法班、摄影班、舞蹈班、志愿团等开展健康向上的文化活动，组织三八节、庆重阳、扶贫捐赠等大型活动，更广泛地调动老同志参与《金色岁月》刊物的编辑出版工作，充分展现老同志精神风貌。

立标杆，树典型，积极发挥先锋模范带动作用。本台积极做好“北京青年五四奖章”、“北京榜样”、“首都市民学习之星”、“首都精神文明建设奖”、“首都民族团结先进个人”、“首都绿化美化奖”、学雷锋志愿服务“四个100”先进典型等推选工作，发挥典型人物、典型事迹的引领作用，2018年共有8个集体、8个个人获得荣誉表彰，为全台党员干部职工树立了良好的榜样，为北京电视台树立了良好的社会形象，也为践行社会精神文明建设营造了良好氛围；三八节前夕，工会开展女职工“争先进　创佳绩”评选活动，积极展现我台女职工精神风貌，最终评选出2017年度的优秀女职工76名、优秀集体10个，并对获奖集体和个人通过大会、内网、板报宣传栏的形式进行了大力表彰。

创形式，创载体，建好用好各类学习教育平台。推动党建创新，增强党建工作的吸引力和感染力，是近年来北京电视台党建工作和精神文明建设的重点任务之一。继续管好用好台内网、党委宣传栏、“智慧党建”APP等宣传教育平台，特别是利用“智慧党建”这个自主设计的移动学习平台，把党员连在线上，把支部建在网上，实现学习教育信息化、党员服务便捷化和党员教育常态化。重点策划推出

"习近平新时代中国特色社会主义思想""第十三届全国两会""学习新宪法"等重大主题宣传，在"智慧党建"上发布《2018年政府工作报告》《中国共产党纪律处分条例》等60余篇学习资料，积极开展在线学习、晒文互动、检查评比等线上活动。全年"智慧党建"平台访问量突破51万次，日均访问量1503次，形成良好的学习交流氛围；积极推动"学习强国"学习平台注册使用，搭建党委、总支和支部三级组织架构，确保全台在职党员全覆盖。强化平台管理，每个支部确定一名学习管理员负责支部日常交流学习组织工作，形成"比学赶超"氛围，激发学习氛围。与"两学一做"学习教育常态化制度化相结合，与增强"四力"教育实践活动相融合，推动教育实践工作不断深入。

组织机构

组织机构

中共北京电视台委员会

书　记：李春良

副书记：王　珏　韦小玉　彭司海

委　员：田　方(2018 年 7 月 12 日退休)

北京电视台领导班子成员

（2018 年 1 月 1 日—12 月 31 日，含变动情况）

李春良　北京广播电视台党委书记、台长，北京电视台党委书记、台长（兼）

王　珏　北京电视台党委副书记、总编辑

韦小玉　北京电视台党委副书记、常务副台长

彭司海　北京电视台党委副书记、纪委书记

田　方　北京电视台党委委员、总工程师(2018 年 7 月免职退休)

王　澎　北京电视台副台长

李岭涛　北京电视台副总编辑（2018 年 11 月免职调离）

艾冬云　北京电视台副总编辑

徐　滔　北京电视台副总编辑

秦　华　北京电视台副台长

共青团北京电视台委员会

书　记：洪　聿

副书记：王　寅

委　员：张恺轩　吴秋辰

机构设置

内设机构：

党委办公室、办公室、总编室、总工程师办公室、研究发展部、监察审计办公室、工会办公室、计划财务部、人事部、广告部、行政部、保卫部、经营管理部、基建办公室、离退休干部办公室、新闻节目中心、卫视节目中心、影视剧中心、文艺节目中心、体育节目中心、科教节目中心、青少年节目中心、纪实频道节目中心、海外节目中心、财经节目中心、生活节目中心、动画节目中心、新媒体发展中心、北京国际电影节运行中心、播出部、制作部、转播传送部、信息网络管理部、技术设备管理部、动力部

内部机构：

办公室—史志办、监察审计办公室—招投标办公室

注：青少年节目中心、海外节目中心，在台内合并为青少·海外节目中心

北京电视台在职中层干部

截至 2018 年 12 月 31 日

类别	序号	姓　名	部门及职务
中层干部	1	毕　江	北京电视台副总工程师
	2	郝　洪	党委办公室主任
	3	孙书明	党委办公室副主任
	4	王　昕	办公室副主任
	5	李　晗	办公室副主任
	6	史椰森	总编室主任
	7	高　譪	总编室副主任
	8	刘　虎	总编室副主任
	9	郑　星	总工程师办公室主任
	10	王立冬	总工程师办公室副主任
	11	徐志军	总工程师办公室副主任
	12	王　方	统筹协调移动云架构多通道录制系统项目工作
	13	秦新春	研究发展部主任
	14	马克燕	研究发展部党支部专职书记
	15	刘晓隽	研究发展部副主任
	16	周久兰	监察审计办公室主任
	17	周志豪	监察审计办公室副主任
	18	宗　昊	工会办公室主任
	19	陈　冬	工会办公室副主任
	20	杨建忠	人事部主任
	21	高　扬	人事部副主任
	22	余维杰	计划财务部主任
	23	汪　红	计划财务部副主任
	24	王京梅	计划财务部副主任
	25	王　晶	行政部主任
	26	纪　勇	行政部副主任
	27	卢英锁	行政部副主任
	28	钟　强	保卫部主任
	29	马世飞	保卫部副主任

续表

类别	序号	姓　名	部门及职务
中层干部	30	姚大禹	广告部副主任（主持工作）
	31	张宇青	基建办公室党支部专职书记
	32	朱晓宇	基建办公室副主任兼招投标管理工作领导小组办公室主任（副处级）
	33	刘方平	经营管理部副主任
	34	买剑平	经营管理部副主任
	35	马　宏	卫视节目中心主任
	36	牛振青	卫视节目中心副主任
	37	程　军	卫视节目中心副主任
	38	邵　晶	卫视节目中心副主任
	39	郑　蓉	卫视节目中心副主任
	40	张　庆	新闻节目中心主任
	41	丁晓阳	新闻节目中心副主任兼新闻编辑部主任
	42	王　毅	新闻节目中心新闻编辑部副主任
	43	徐京玲	新闻节目中心副主任兼要闻采访部主任
	44	张晓鲁	新闻节目中心要闻采访部副主任
	45	袁　朴	新闻节目中心社会新闻采访部副主任
	46	刘　民	新闻节目中心副主任兼新闻评论部主任
	47	黄　瑨	新闻节目中心副主任兼新闻专栏部主任
	48	李大功	新闻节目中心综合管理部主任
	49	张　苏	青少年节目中心副主任
	50	陈　晔	青少年节目中心副主任
	51	潘全心	文艺节目中心主任
	52	李　兰	文艺节目中心党总支书记
	53	齐建彤	文艺节目中心副主任
	54	庄小红	文艺节目中心副主任
	55	杜　研	科教节目中心主任
	56	岳　民	科教节目中心副主任
	57	张　宾	科教节目中心副主任
	58	王　勇	科教节目中心副主任
	59	严　澍	影视剧中心副主任
	60	朱礼庆	影视剧中心副主任

续表

类别	序号	姓　名	部门及职务
中层干部	61	宗燕红	财经节目中心主任
	62	李迎军	财经节目中心副主任
	63	赵　波	财经节目中心副主任
	64	白　平	财经节目中心副主任
	65	焦少波	体育节目中心主任
	66	邱大卫	体育节目中心副主任
	67	宋健生	体育节目中心副主任
	68	王少华	体育节目中心副主任
	69	赵　彤	生活节目中心主任
	70	任友红	生活节目中心副主任
	71	白艳军	生活节目中心副主任
	72	齐学耕	生活节目中心副主任
	73	赵峥铮	生活节目中心副主任
	74	张　帆	动画节目中心主任
	75	史月光	动画节目中心副主任
	76	周　方	动画节目中心副主任
	77	严　崴	纪实频道节目中心主任
	78	崔　岩	北京国际电影节运行中心副主任（主持工作）
	79	刘宏亚	播出部副主任
	80	金　强	播出部副主任
	81	林　平	制作部主任
	82	王　浩	制作部副主任
	83	孙海峰	制作部副主任
	84	陈嘉超	制作部副主任（试用）
	85	朱雨稼	转播传送部主任
	86	韩士聪	转播传送部副主任
	87	叶志云	转播传送部副主任（试用）
	88	王晓龙	动力部主任
	89	刘　颖	动力部副主任
	90	侯宏炜	动力部副主任
	91	刘晓光	技术设备管理部主任

续表

类别	序号	姓　名	部门及职务
中层干部	92	周旭辉	信息网络管理部主任
	93	李　湧	信息网络管理部副主任
	94	李　程	信息网络管理部副主任
	95	刘绍芬	老干部工作办公室主任
	96	孟传妍	老干部工作办公室副主任
	97	李雅涛	行政部主任助理
	98	翟　涛	副处级干部（援疆）
	99	马国颖	副处级干部（借调世园局）
	100	田　丰	副处级干部（选调北京冬奥组委）

北京电视台科级干部

截至 2018 年 12 月 31 日

序号	部门	姓名	职工编号	性别	职务名称	职务级别
1	办公室	李晓亭	0777	女	科长	正科级
2	办公室	曹　勇	0633	男	科长	正科级
3	办公室	秦　爽	1367	女	科长	正科级
4	办公室	刘海述	1910	男	科长	正科级
5	办公室	王宇哲	1937	女	科长	正科级
6	办公室	邢亚平	0731	女	副科长	副科级
7	办公室	贾　岩	0828	女	副科长	副科级
8	办公室	徐春梅	0547	女	副科长	副科级
9	办公室	刘　妍	0978	女	副科长	副科级
10	办公室	李　宇	1135	男	副科长	副科级
11	办公室	兰　巧	WPY2076	男	副科长	副科级
12	保卫部	张　毅	0630	男	科长	正科级
13	保卫部	李　锐	0837	男	科长	正科级
14	保卫部	张建宁	0843	男	科长	正科级
15	保卫部	毕小兵	1009	男	科长	正科级
16	保卫部	戴晋军	0574	男	副科长	副科级
17	北京国际电影节运行中心	姜　宣	1963	女	科长	正科级
18	北京国际电影节运行中心	张　丽	1968	女	科长	正科级
19	北京国际电影节运行中心	郝　洁	1970	女	科长	正科级
20	北京国际电影节运行中心	原　婧	1972	女	科长	正科级
21	北京国际电影节运行中心	李晓杭	1975	男	科长	正科级
22	播出部	张　皓	0393	男	科长	正科级
23	播出部	王　进	0161	男	科长	正科级
24	播出部	刘　威	0938	男	科长	正科级
25	播出部	董秀琴	1161	女	科长	正科级
26	播出部	张宏斌	1598	男	科长	正科级
27	播出部	刘新同	1597	男	科长	正科级

续表

序号	部门	姓名	职工编号	性别	职务名称	职务级别
28	播出部	梁建华	1596	男	科长	正科级
29	播出部	武　岳	1595	男	科长	正科级
30	播出部	安贵江	1594	男	科长	正科级
31	播出部	王志华	1585	男	科长	正科级
32	播出部	张　勃	0655	男	副科长	副科级
33	播出部	杨建英	0212	女	副科长	副科级
34	播出部	程　宏	0658	男	副科长	副科级
35	播出部	于先靖	1134	男	副科长	副科级
36	播出部	肖春艳	1262	女	副科长	副科级
37	播出部	王　辉	1602	男	副科长	副科级
38	播出部	易　钢	1601	男	副科长	副科级
39	播出部	褚　存	1587	男	副科长	副科级
40	播出部	王　麒	1912	男	副科长	副科级
41	财经节目中心	李铁军	0156	男	科长	正科级
42	财经节目中心	宋北光	1191	女	科长	正科级
43	财经节目中心	陈　栩	1268	女	科长	正科级
44	财经节目中心	杨　健	1663	男	科长	正科级
45	财经节目中心	鲍　文	1651	女	科长	正科级
46	财经节目中心	王春元	1678	男	科长	正科级
47	财经节目中心	李　玲	0911	女	副科长	副科级
48	财经节目中心	谢燕秋	0934	女	副科长	副科级
49	财经节目中心	范红军	1129	男	副科长	副科级
50	财经节目中心	郑长红	1277	女	副科长	副科级
51	财经节目中心	司　健	1479	女	副科长	副科级
52	财经节目中心	马　旭	1701	男	副科长	副科级
53	财经节目中心	马　昊	1667	男	副科长	副科级
54	财经节目中心	关　月	1843	女	副科长	副科级
55	财经节目中心	赵文涓	1867	女	副科长	副科级
56	财经节目中心	常海龙	WPY0061	男	副科长	副科级

续表

序号	部门	姓名	职工编号	性别	职务名称	职务级别
57	财经节目中心	韦　嘉	WPT0180	女	副科长	副科级
58	党委办公室	高艺溦	1408	女	科长	正科级
59	党委办公室	蒋奕雯	1497	女	科长	正科级
60	党委办公室	李　卓	1806	女	副科长	副科级
61	党委办公室	洪　聿	WPY2742	女	科长(兼团委书记)	正科级
62	动画节目中心	曾　艺	533	女		副科级
63	动力部	方亦军	0307	男	科长	正科级
64	动力部	程　毅	0677	男	科长	正科级
65	动力部	杜　伟	0678	男	科长	正科级
66	动力部	赵　阔	0691	男	科长	正科级
67	动力部	张　焱	1559	男	科长	正科级
68	动力部	黄晓峰	0676	男	副科长	副科级
69	动力部	殷　鹏	0679	男	副科长	副科级
70	动力部	张　勇	0688	男	副科长	副科级
71	动力部	张　岩	0693	男	副科长	副科级
72	动力部	宋明防	0753	男	副科长	副科级
73	动力部	苑宏伟	1563	男	副科长	副科级
74	工会办公室	陈　静	WPT0151	女	副科长	副科级
75	广告部	朱义婕	0811	女	科长	正科级
76	广告部	孙元元	1772	女	科长	正科级
77	广告部	王文献	1822	男	科长	正科级
78	广告部	苏　勇	1820	男	科长	正科级
79	广告部	张　弢	0952	男	副科长	副科级
80	广告部	金丽萍	0970	女	副科长	副科级
81	广告部	刘　琪	1380	女	副科长	副科级
82	广告部	潘海云	1826	女	副科长	副科级
83	广告部	王　凯	WPT0165	男	副科长	副科级
84	行政部	侯国强	0705	男	科长	正科级
85	行政部	姜　涛	0627	男	科长	正科级

续表

序号	部门	姓名	职工编号	性别	职务名称	职务级别
86	行政部	李金明	1541	男	科长	正科级
87	行政部	崔子强	1870	男	科长	正科级
88	行政部	崔国飞	1906	男	科长	正科级
89	行政部	马晓冬	1198	男	副科长	副科级
90	行政部	朱　洪	1553	男	副科长	副科级
91	行政部	曹京立	1543	男	副科长	副科级
92	行政部	马树军	1897	男	副科长	副科级
93	行政部	孙建华	WPY2401	男	副科长	副科级
94	基建办公室	李学红	1437	女	科长	正科级
95	基建办公室	张向华	1769	男	科长	正科级
96	基建办公室	周　疆	1887	男	科长	正科级
97	计划财务部	赵亚波	0598	男	科长	正科级
98	计划财务部	李培云	0718	女	科长	正科级
99	计划财务部	冯　妍	1386	女	科长	正科级
100	计划财务部	李天莉	1448	女	科长	正科级
101	计划财务部	陈　方	1469	女	科长	正科级
102	计划财务部	史楠楠	1525	女	科长	正科级
103	计划财务部	赵景瑞	1519	男	科长	正科级
104	计划财务部	郭勇华	1523	女	副科长	副科级
105	纪实频道节目中心	钱丹丹	0435	女	科长	正科级
106	纪实频道节目中心	张　洁	0936	女	科长	正科级
107	纪实频道节目中心	俞　恺	1162	男	科长	正科级
108	纪实频道节目中心	秦　蕾	1445	女	科长	正科级
109	纪实频道节目中心	高国华	1461	男	科长	正科级
110	纪实频道节目中心	赵　怡	1249	女	副科长	副科级
111	纪实频道节目中心	潘　旭	1409	男	副科长	副科级
112	技术设备管理部	张保军	0656	男	科长	正科级
113	技术设备管理部	贾玉升	0405	男	科长	正科级
114	技术设备管理部	李　玲	0849	女	科长	正科级

续表

序号	部门	姓名	职工编号	性别	职务名称	职务级别
115	技术设备管理部	王　克	1569	男	科长	正科级
116	技术设备管理部	王　嘉	1576	男	科长	正科级
117	技术设备管理部	邹　庆	0344	男	副科长	副科级
118	技术设备管理部	刘顺平	1580	男	副科长	副科级
119	技术设备管理部	赵江怀	WPY0033	男	副科长	副科级
120	监察审计办公室	石　慧	1518	女	科长	正科级
121	监察审计办公室	唐晓燕	0879	女	副科长	副科级
122	监察审计办公室	郑　欣	1796	男	副科长	副科级
123	监察审计办公室	陈　晨	WPT0006	男	副科长	副科级
124	监察审计办公室	吕　沁	WPT0068	女	副科长	副科级
125	经营管理部	杨　播	1676	男	科长	正科级
126	经营管理部	吴　峰	1788	男	副科长	副科级
127	经营管理部	齐　斌	1797	男	副科长	副科级
128	科教节目中心	陶继忠	1886	男	科长	正科级
129	科教节目中心	杨子云	0534	女	科长	正科级
130	科教节目中心	董炬光	0614	男	科长	正科级
131	科教节目中心	许　越	0559	男	科长	正科级
132	科教节目中心	穆　彤	1032	女	科长	正科级
133	科教节目中心	杨韵仟	1033	女	科长	正科级
134	科教节目中心	王丹英	1071	女	科长	正科级
135	科教节目中心	王壮壮	1419	男	科长	正科级
136	科教节目中心	郑　兵	0616	男	副科长	副科级
137	科教节目中心	王进平	0430	男	副科长	副科级
138	科教节目中心	白红洁	0931	女	副科长	副科级
139	科教节目中心	冯　旭	1406	男	副科长	副科级
140	科教节目中心	刘　佳	1858	女	副科长	副科级
141	科教节目中心	李玉国	WPT0111	男	科长	正科级
142	科教节目中心	王　丹	WPT0146	男	副科长	副科级
143	科教节目中心	王未央	WPY0126	女	副科长	副科级

续表

序号	部门	姓名	职工编号	性别	职务名称	职务级别
144	科教节目中心	王　晓	WPY0563	女	副科长	副科级
145	科教节目中心	周　波	WPT0071	男	科长	正科级
146	离退休干部办公室	梁　爽	0780	女	科长	正科级
147	离退休干部办公室	文　平	1146	女	科长	正科级
148	青少·海外节目中心	宋　民	0761	男	科长	正科级
149	青少·海外节目中心	姜　华	0478	女	科长	正科级
150	青少·海外节目中心	张　弘	0647	男	科长	正科级
151	青少·海外节目中心	马　嘉	0807	女	科长	正科级
152	青少·海外节目中心	李晓军	0925	女	科长	正科级
153	青少·海外节目中心	徐　剑	1067	女	科长	正科级
154	青少·海外节目中心	吴　玮	1446	女	科长	正科级
155	青少·海外节目中心	刘　岩	0926	男	副科长	正科级
156	青少·海外节目中心	王　赤	1915	女	科长	正科级
157	青少·海外节目中心	崔笑田	0846	男	副科长	副科级
158	青少·海外节目中心	吴　筠	1245	女	副科长	副科级
159	青少·海外节目中心	张晓彦	1269	女	副科长	副科级
160	青少·海外节目中心	刘健辉	1653	女	副科长	副科级
161	青少·海外节目中心	章向东	1794	男	副科长	副科级
162	人事部	唐乐平	1508	男	科长	正科级
163	人事部	张兰岚	1795	女	科长	正科级
164	人事部	江明慧	1876	男	科长	正科级
165	生活节目中心	刘继东	0588	男	科长	正科级
166	生活节目中心	霍　雯	0572	女	科长	正科级
167	生活节目中心	王　宏	0868	女	科长	正科级
168	生活节目中心	倪小康	1102	男	科长	正科级
169	生活节目中心	凌　英	1088	女	科长	正科级
170	生活节目中心	许　亮	1118	男	科长	正科级
171	生活节目中心	王　昆	1228	男	科长	正科级
172	生活节目中心	刘春艳	1233	女	科长	正科级

续表

序号	部门	姓名	职工编号	性别	职务名称	职务级别
173	生活节目中心	王蔚然	1379	女	科长	正科级
174	生活节目中心	李　璐	1389	女	科长	正科级
175	生活节目中心	高　燕	1662	女	科长	正科级
176	生活节目中心	宋虹君	1731	女	科长	正科级
177	生活节目中心	敖　娜	1811	女	科长	正科级
178	生活节目中心	王　倩	1900	女	科长	正科级
179	生活节目中心	李　翔	1658	男	副科长	副科级
180	生活节目中心	黄殿琴	1730	女	副科长	副科级
181	生活节目中心	吕　丹	1901	女	副科长	副科级
182	生活节目中心	刘　星	WPT0098	女	副科长	副科级
183	生活节目中心	王昱斌	WPY2160	男	副科长	副科级
184	生活节目中心	于　莉	WPY0097	女	副科长	副科级
185	史志办	胡　泊	0377	女	新媒体划转回台，保留待遇	正科级
186	体育节目中心	周　欣	0643	男	科长	正科级
187	体育节目中心	胡宁扬	1037	女	科长	正科级
188	体育节目中心	赵　华	1093	女	科长	正科级
189	体育节目中心	孙　松	1148	男	科长	正科级
190	体育节目中心	田　丰	1483	男	科长	正科级
191	体育节目中心	章　玫	1750	女	科长	正科级
192	体育节目中心	曹晓磊	1741	男	科长	正科级
193	体育节目中心	司　虹	1145	女	副科长	副科级
194	体育节目中心	张　洪	1457	男	副科长	副科级
195	体育节目中心	金　巍	1739	男	副科长	副科级
196	体育节目中心	王　速	1791	男	副科长	副科级
197	体育节目中心	唐骏飞	WPT0120	男	副科长	副科级
198	卫视节目中心	李志兵	1019	男	科长	正科级
199	卫视节目中心	景　林	1431	男	科长	正科级
200	卫视节目中心	吕　军	1417	男	科长	正科级
201	卫视节目中心	田　天	1473	女	科长	正科级

续表

序号	部门	姓名	职工编号	性别	职务名称	职务级别
202	卫视节目中心	郭　巍	1838	男	科长	正科级
203	卫视节目中心	李　彬	0368	男	副科长	副科级
204	卫视节目中心	邢志国	0791	男	副科长	副科级
205	卫视节目中心	林　斐	1192	女	副科长	副科级
206	卫视节目中心	黄　炜	1206	男	副科长	副科级
207	卫视节目中心	华剑雄	1690	男	副科长	副科级
208	卫视节目中心	王　泓	1668	男	副科长	副科级
209	卫视节目中心	李　潇	WPY0963	女	副科长	副科级
210	卫视节目中心	王　寅	WPY2482	男	团委副书记	副科级
211	卫视节目中心	王　璐	WPY0633	女	副科长	副科级
212	文艺节目中心	田　歌	0141	女	科长	正科级
213	文艺节目中心	孔　洁	0646	男	科长	正科级
214	文艺节目中心	段　嵘	0567	女	科长	正科级
215	文艺节目中心	于　瀛	0813	女	科长	正科级
216	文艺节目中心	张文华	1111	男	科长	正科级
217	文艺节目中心	赵　楠	1239	女	科长	正科级
218	文艺节目中心	顾　杨	1284	女	科长	正科级
219	文艺节目中心	郭　悦	1444	男	科长	正科级
220	文艺节目中心	裴晓林	1707	男	科长	正科级
221	文艺节目中心	王炳川	0292	男	副科长	副科级
222	文艺节目中心	孙　勤	1467	男	副科长	副科级
223	文艺节目中心	李雪萍	1759	女	副科长	副科级
224	文艺节目中心	吕　晶	1809	女	副科长	副科级
225	文艺节目中心	刘朝晖	WPY1415	女	副科长	副科级
226	文艺节目中心	于东玉	WPY0470	女	副科长	副科级
227	文艺节目中心	杨舒文	WPY0473	女	科长	正科级
228	文艺节目中心	焦　峰	WPY0472	女	副科长	副科级
229	文艺节目中心	许佳多	WPY2427	男	副科长	副科级
230	文艺节目中心	褚　旭	WPT0008	男	副科长	副科级

续表

序号	部门	姓名	职工编号	性别	职务名称	职务级别
231	新闻节目中心	马　莉	0493	女	科长	正科级
232	新闻节目中心	董二兵	0178	男	科长	正科级
233	新闻节目中心	史　慎	0200	男	科长	正科级
234	新闻节目中心	张　耀	0702	男	科长	正科级
235	新闻节目中心	伊国庆	0262	男	副科长	正科级
236	新闻节目中心	陈　楠	0571	女	科长	正科级
237	新闻节目中心	李　斌	0722	女	科长	正科级
238	新闻节目中心	李　欣	0741	男	科长	正科级
239	新闻节目中心	颜　匀	0806	女	科长	正科级
240	新闻节目中心	张文天	0853	男	科长	正科级
241	新闻节目中心	宋　扬	0916	女	科长	正科级
242	新闻节目中心	柏广群	0956	男	科长	正科级
243	新闻节目中心	樊　煜	1064	女	科长	正科级
244	新闻节目中心	吴　群	1094	男	科长	正科级
245	新闻节目中心	王　晔	1212	男	科长	正科级
246	新闻节目中心	刘　效	1252	女	科长	正科级
247	新闻节目中心	朱晓梅	1254	女	科长	正科级
248	新闻节目中心	梁雪松	1280	女	科长	正科级
249	新闻节目中心	赵　欣	1412	女	科长	正科级
250	新闻节目中心	代　晓	1660	女	科长	正科级
251	新闻节目中心	林　力	1649	女	科长	正科级
252	新闻节目中心	肖艳萍	1670	女	科长	正科级
253	新闻节目中心	楚　钊	1792	男	科长	正科级
254	新闻节目中心	杨晓飞	1835	男	科长	正科级
255	新闻节目中心	田　刚	1847	男	科长	正科级
256	新闻节目中心	张若南	0165	男	副科长	副科级
257	新闻节目中心	张　民	0802	男	副科长	副科级
258	新闻节目中心	徐志贤	0626	女	副科长	副科级
259	新闻节目中心	卢晓南	0566	男	副科长	副科级

续表

序号	部门	姓名	职工编号	性别	职务名称	职务级别
260	新闻节目中心	张　炜	0815	女	副科长	副科级
261	新闻节目中心	尹　航	1040	男	副科长	副科级
262	新闻节目中心	刘非非	1195	男	副科长	副科级
263	新闻节目中心	刘　婧	1486	女	副科长	副科级
264	新闻节目中心	李　颖	1657	女	副科长	副科级
265	新闻节目中心	段忠俊	1702	男	副科长	副科级
266	新闻节目中心	杨　洋	1782	女	副科长	副科级
267	新闻节目中心	李光军	1802	男	副科长	副科级
268	新闻节目中心	陈　岳	1844	男	副科长	副科级
269	新闻节目中心	朱　岩	WPY0474	女	副科长	副科级
270	新闻节目中心	马　迟	WPT0174	男	科长	正科级
271	新闻节目中心	黄　广	WPY0541	男	副科长	副科级
272	新闻节目中心	尹　磊	WPT0056	男	副科长	副科级
273	新闻节目中心	胡　阳	1799	男		保留正科级待遇
274	信息网络管理部	冯新春	0827	女	科长	正科级
275	信息网络管理部	许之明	0842	男	科长	正科级
276	信息网络管理部	孙　波	0918	男	科长	正科级
277	信息网络管理部	陈　宇	1194	男	科长	正科级
278	信息网络管理部	韩益亚	1217	男	科长	正科级
279	信息网络管理部	王学奎	1813	男	科长	正科级
280	信息网络管理部	芮　浩	1854	男	科长	正科级
281	信息网络管理部	郑　岩	1199	男	副科长	副科级
282	信息网络管理部	陈广鑫	1230	男	副科长	副科级
283	信息网络管理部	季　民	1285	男	副科长	副科级
284	信息网络管理部	丁　辰	1404	男	副科长	副科级
285	信息网络管理部	栾　花	1928	女	副科长	副科级
286	信息网络管理部	赵　涛	WPY1579	男	副科长	副科级
287	信息网络管理部	柴　焱	WPT0115	男	副科长	副科级
288	信息网络管理部	宋　琳	WPY0156	男	副科长	副科级

续表

序号	部门	姓名	职工编号	性别	职务名称	职务级别
289	研究发展部	史　兵	0433	男	科长	正科级
290	研究发展部	刘　锐	1436	女	科长	正科级
291	研究发展部	马英男	1452	男	科长	正科级
292	研究发展部	李　玲	1635	女	副科长	副科级
293	研究发展部	高　菲	WPT0046	女	副科长	副科级
294	研究发展部	黄新荣	0137	男	副科长	副科级
295	影视剧中心	刘越峰	0935	男	科长	正科级
296	影视剧中心	张立新	1629	女	科长	正科级
297	影视剧中心	杨凌一	1729	女	科长	正科级
298	影视剧中心	李　燕	1728	女	科长	正科级
299	影视剧中心	贾晋平	1718	男	科长	正科级
300	影视剧中心	贾建华	1846	女	科长	正科级
301	影视剧中心	李江江	1164	男	副科长	副科级
302	影视剧中心	张　蕾	1441	女	副科长	副科级
303	招投标管理工作办公室	白希军	1292	男	科级干部	正科级
304	制作部	陈立强	0189	男	科长	正科级
305	制作部	韩　烜	0247	女	科长	正科级
306	制作部	余一华	0193	男	科长	正科级
307	制作部	何　旭	0471	男	科长	正科级
308	制作部	匡　葵	0397	男	科长	正科级
309	制作部	王　江	0945	男	科长	正科级
310	制作部	赵新生	0979	男	科长	正科级
311	制作部	姚银壮	1038	男	科长	正科级
312	制作部	章文博	1034	男	科长	正科级
313	制作部	殷　亮	1061	男	科长	正科级
314	制作部	刘伟立	1063	男	科长	正科级
315	制作部	张　硕	1069	男	科长	正科级
316	制作部	覃　刚	1219	男	科长	正科级
317	制作部	李文军	1606	男	科长	正科级

续表

序号	部门	姓名	职工编号	性别	职务名称	职务级别
318	制作部	周东红	1605	男	科长	正科级
319	制作部	左　晶	1632	女	科长	正科级
320	制作部	王建业	1425	男	科长	正科级
321	制作部	梁　爽	1829	女	科长	正科级
322	制作部	周海峰	0551	男	副科长	副科级
323	制作部	冯耀华	0552	男	副科长	副科级
324	制作部	邵京娜	0766	女	副科长	副科级
325	制作部	石　巍	0877	男	副科长	副科级
326	制作部	郭振渊	0949	男	副科长	副科级
327	制作部	孙大庆	0981	男	副科长	副科级
328	制作部	刘光辉	1056	男	副科长	副科级
329	制作部	黄之为	1057	男	副科长	副科级
330	制作部	李　勇	1218	男	副科长	副科级
331	制作部	俞　滨	1286	男	副科长	副科级
332	制作部	王　冰	1371	女	副科长	副科级
333	制作部	王　祎	1390	男	副科长	副科级
334	制作部	陈志明	1577	男	副科长	副科级
335	制作部	王　倩	1618	女	副科长	副科级
336	制作部	陆　军	1610	男	副科长	副科级
337	制作部	韩正雷	1609	男	副科长	副科级
338	制作部	陈中颖	WPY0742	女	副科长	副科级
339	转播传送部	杨梓江	0242	男	科长	正科级
340	转播传送部	姜世杰	0174	男	科长	正科级
341	转播传送部	谢苏文	0432	男	副科长	副科级
342	转播传送部	刘燕伟	0170	男	副科长	副科级
343	转播传送部	康金平	0171	男	副科长	副科级
344	转播传送部	谢　原	0251	男	副科长	副科级
345	转播传送部	马　捷	0833	男	副科长	副科级
346	转播传送部	郝　纪	1622	男	副科长	副科级

续表

序号	部门	姓名	职工编号	性别	职务名称	职务级别
347	总编室	罗丽红	0535	女	科长	正科级
348	总编室	李　昕	0634	男	科长	正科级
349	总编室	黄　晋	0940	男	科长	正科级
350	总编室	连燕青	1079	女	科长	正科级
351	总编室	李　鹏	1227	男	科长	正科级
352	总编室	孙湘源	1276	男	科长	正科级
353	总编室	周　红	1631	女	科长	正科级
354	总编室	田爱民	1627	女	科长	正科级
355	总编室	王　华	1742	女	科长	正科级
356	总编室	丁　军	0576	女	副科长	副科级
357	总编室	张桂花	1017	女	副科长	副科级
358	总编室	苏小兵	1142	女	副科长	副科级
359	总编室	于　煊	1166	女	新媒体划转回台，保留待遇	副科级
360	总编室	刘五洋	1468	女	副科长	副科级
361	总编室	高　爽	WPT0043	女	副科长	副科级
362	总工程师办公室	赵宏伟	0649	男	科长	正科级
363	总工程师办公室	周　宏	1051	男	科长	正科级
364	总工程师办公室	叶晋卿	1076	女	科长	正科级
365	总工程师办公室	尹　言	1196	男	副科长	副科级

北京电视台人员情况

全台在职职工总数3102人。其中：在编职工1146人，派遣职工1956人（特殊派遣职工119人，一般派遣职工1837人）。

在编职工政治面貌及其他情况

项目/人员	合计	政治面貌			年龄情况					学历						
		中共党员	共青团员	其他	≤30	31～40	41～50	51～60	≥61	博士	硕士	大本	大专	中专	高中	初中及以下
在编人员	1146	700			2	81	668	395		2	116	940	75	3	9	1

职工技术职称级别

专业技术系列 \ 技术职称级别	初级（4）	初级（5）	中级	副高	正高	未评聘	总计
播音	15	1	17	5	5		43
工程	23	3	87	89	9		211
会计	9		4	12			25
经济			27	9			36
审计			3				3
统计	1			1			2
图书资料	3		2	1			6
新闻	72		248	134	32		486
艺术	13		59	35	7		114
政工	14		8	8			30
广告师			2				2
翻译			1				1
未评聘						179	179
总计	150	4	458	294	53	179	1138

频道 栏目

2018 年北京电视台频道一览表

总编室

频道名称	开办时间	播出时间	主要节目 栏目设置	2018 年新增 节目栏目
BTV 北京卫视	1979 年 5 月 16 日北京电视台开播。2012 年 1 月 1 日起综合频道标识由“BTV 北京”变更为“BTV 北京卫视”	06：00—次日 06：00	《北京评书大会》《光阴》《暖暖的味道》《养生堂》《档案》《大戏看北京》《暖暖的新家》《生命的礼物》《念念不忘》《生命缘》《创意中国》《我是大医生》《中国故事大会》《我是演说家》《非凡匠心》《跨界歌王》《跨界喜剧王》《传承中国》《但愿人长久》《爱幼星球》《舞力觉醒》《向前一步》《上新了·故宫》《时光的味道》《我们结婚吧》《向往的空间》《暖暖的新家·这样装齐了》	《爱幼星球》《舞力觉醒》《向前一步》《上新了·故宫》《时光的味道》《我们结婚吧》《向往的空间》《暖暖的新家·这样装齐了》
BTV 文艺	1988 年 12 月 30 日开播	06：00—次日 02：00 左右	《笑动剧场》《我看行》《每日文娱播报》《我爱书画》《影视风云》《星夜故事》《加油吧孩子》《春妮的周末时光》《周末喜乐汇》《文化之约》《欢天戏地》《文化京津冀》《笑动欢乐秀》《喜剧合伙人》（2019 年改版为《全能爸妈》)、《解码中华地标》（2019 年变更为季播节目)、《2018 年北京电视台春节联欢晚会》《2018 年北京电视台元宵晚会》《2018 中国城市春晚》《第八届北京国际电影节闭幕式》《第二十二届京张心连心大型文艺演出》《2018 最美科技工作者发布仪式》《希腊、爱尔兰“北京之夜”文艺演出》《最美警察》主题活动、《国粹 + 》——“水路·戏路”大运河年度戏曲精品大汇项目	无

续表

频道名称	开办时间	播出时间	主要节目栏目设置	2018 年新增节目栏目
BTV 科教	1999 年 12 月 27 日开播，其前身为 1993 年 11 月 1 日开播的以教学节目为主的 27 频道	06：00—次日 02：00 左右	《现场说法》《法治进行时》《第三调解室》《法治中国 60′》《健康北京》《记忆》《警法目录》《庭审纪实》《最北京》《创新北京》《非常向上》《留学生》《律师帮帮忙》《翩翩少年》《护航 2018》《奇趣大自然》	《律师帮帮忙》《翩翩少年》《护航 2018》《奇趣大自然》
BTV 影视	1992 年 5 月 4 日开播	06：00—次日 06：00	《电影时间》《电影时间先导篇》《气象星播报》	无
BTV 财经	2001 年 7 月 1 日开播	06：00—次日 02：00 左右	《财富大魔方》《品味消费在北京》《大牌价到》《问鼎世界》《首都经济报道》《数说北京》《京津冀大格局》《税收天地》《总裁读书会》《财富剧场》《财经商圈》《财富故事》《对话大咖》《影响者》《说画》《拍宝》《天下财经》《理财》《理财周末版》	《财富大魔方》《京津冀大格局》《对话大咖》《说画》
BTV 体育	1986 年 12 月 30 日开播	06：00—次日 06：00	《欢乐二打一》《天天体育》《体坛资讯》《健身圈》《足球 100 分》《想瘦联盟》、BTV 赛场、特别节目《海洋沙滩狂欢节》	《想瘦联盟》
BTV 生活	1996 年 11 月 8 日开播	06：00—次日 02：00 左右	《生活这一刻》《美食地图》《食全食美》《生活 + 全能改造》《生活 + 家装攻略》《生活 + 周末开聊》《四海漫游》《我爱我车》《生活 + 第一房产》《迷尚北京》《医者》《成长加油站》《生活供》《选择》《生活广角》《快乐生活一点通》《我们退休啦》《我就是拳王》《生活面对面》（5 月 18 日起更名为《全民健康学院》）	《成长加油站》《医者》《我就是拳王》《我们退休啦》《迷尚北京》《亦春秋》《我的世界因你而改变》《北京大工匠》《遗脉相承》《北京味道第二季》《北京体魄》《生活这一刻特别节目——新国门新大兴》《生活这一刻特别节目：我的北京我的家》

续表

频道名称	开办时间	播出时间	主要节目栏目设置	2018 年新增节目栏目
BTV 青年	前身为 2002 年 1 月 1 日开播的 BTV 青少频道。2012 年 1 月 1 日起调整为青年频道，频道标识变更为“BTV 青年”	06：00—次日 02：00 左右	《国际双行线之天才父母》《国际双行线之时尚生活》《国际双行线之厉害了我的课》《国际双行线之游学致造》《成长大会》《国际双行线之完美行动》《国际双行线之新歌来啦》《评书大会》《青春快乐季》《青年探秘者》《戏里戏外》《谁在说》《书香北京》《青年下午茶》	《小童大艺》《解码区块链》《报告！我来了》
BTV 新闻	前身为 2003 年 1 月 1 日开播的 BTV 公共频道。于 2011 年 1 月 1 日推出 BTV 公共·新闻频道。2012 年 1 月 1 日起调整为新闻频道，频道标识变更为“BTV 新闻”	06：00—次日 02：00 左右	《北京您早》《北京新闻》《特别关注》《红绿灯》《红绿灯——平安行》《都市晚高峰》《首都晚间报道》《美丽乡村》《都市阳光》《北京议事厅》《新闻手语》《新时代新担当新作为》《这里是北京》	无
BTV 卡酷少儿	2004 年 9 月 10 日开播动画频道。2007 年 1 月 1 日更名为卡酷动画卫视。2012 年 1 月 1 日调整为卡酷少儿频道，频道标识变更为“BTV 卡酷少儿”	06：00—次日 06：00	《卡酷幼儿园》《大玩家》《剧星派》《穿越吧！少年》《妈妈育上娃》《卡酷动物园》《闪天下》《七色光》《维他命家族》	《维他命家族》
纪实频道	前身为 2008 年 7 月 30 日正式播出的奥运高清频道。2011 年 7 月 1 日全新推出纪实高清频道。2013 年 7 月，正式更名为“北京电视台纪实频道”。2014 年 6 月 8 日，正式上星播出，首播节目从开播时每天 3.5 小时调整为现在的每天 5.5 小时，全天播出时间也从开播时的 14 个小时调整为 20 个小时	06：00—次日 02：00	《纪实天下》《奇妙之旅》《时尚印象》《昨天的故事》《影事》《纪录中国》《寰宇客》《中国故事》《探索》《奇趣自然》《这里是北京（晚间纪实版）》《档案（纪实版）》《纪录时间》《丝路时间》《奇趣自然》（2018 年 6 月 6 日停播）	《纪录时间》《丝路时间》

续表

频道名称	开办时间	播出时间	主要节目 栏目设置	2018 年新增 节目栏目
长城平台北京电视台频道（国际频道）	2004 年 10 月 1 日开播	每天首播 7.22 小时、24 小时滚动播出	每天首播 7.5 小时、24 小时滚动播出	该频道以人文节目为主打，荟萃了 BTV10 个频道的精选内容，在长城平台上坚持“无电视剧纯自制栏目”播出

其他：

1.《电视先锋榜》，各频道播出。 2.《BTV 电视购物》，BTV 财经播出。

2018 年北京电视台名牌栏目一览表

总编室

节目中心	栏目名称	播出时间	播出频道
卫视节目中心	《向前一步》	2018 年 6 月 29 日首播	北京卫视
卫视节目中心	《上新了·故宫》	2018 年 11 月 9 日首播	北京卫视
新闻节目中心	《北京新闻》	周一至周日 18：30	北京卫视、新闻频道
新闻节目中心	《北京您早》	周一至周日 7：00	北京卫视、新闻频道
文艺节目中心	《每日文娱播报》	周一至周日 18：50—19：30	文艺频道
科教节目中心	《法治进行时》	周一至周五、周日 12：00—12：40 周六 12：00—12：20	科教频道
财经节目中心	《诚信北京》	周一 19：30	财经频道
生活节目中心	《生活这一刻》	周一至周日 18：29	生活频道
动画节目中心	《卡酷动物园》	周六 17：00	卡酷少儿频道
纪实频道节目中心	《奇妙之旅》	周二 21：00	纪实频道

2018年全台优秀节目（栏目）

总编室

卫视节目中心（5个）

1.《向前一步》

节目（栏目）类别：专题服务类

播出频道：BTV卫视频道

播出时间及节目时长（集数）：2018年6月29日起每周五21：05播出，每期60分钟，周播节目。

节目内容及特色：全国首档市民与公共领域对话节目，节目选取北京城市治理过程中的热点、难点和痛点问题，直面市民与公共领域的分歧和冲突，通过当事人与政府工作人员以及“城市调解团”的沟通对话，起到解读公共政策、普及公共价值、构建公共情感、建立公德意识的作用，推动首都疏解整治促提升专项行动的开展。

受欢迎程度及影响：全国收视多次位列省级卫视同时段第一名，百度搜索量和视频播放量双双破亿。节目获市委市政府领导多次批示表扬，成为探讨大城市公共治理和基层政府工作的“样板”，被多地政府工作人员学习观看。节目刚刚播出两期后，就被国家广电总局邀请在全国广电系统视频会上进行经验介绍，并被评为第二季度的全国创新创优节目。

主创人员：邵晶、李潇、刘滤、秦晓明、杨彦君、刘书含、高笑冉、王任飞、张轶昳、刘径驰、王晓晖、赖永义、刘影慧、尤鑫、周欣征、刘微、苏抒、朱彬、李东巍、耿珅、孔令淼、李嘉博、解非、张育文。

2.《上新了·故宫》

节目（栏目）类别：文化季播类

播出频道：BTV卫视频道

播出时间及节目时长（集数）：2018年11月9日起每周五21：05播出，每期80分钟，共10期。

节目内容及特色：大型文化季播节目，节目融合了北京作为全国文化中心和科技创新中心的功能定位，邀请明星嘉宾担任故宫文创“新品开发官”，探访故宫尚未向公众开放的隐秘区域，并与国际知名设计师合作设计推出故宫文创新品，让古老的故宫文物焕发出新的生机。

受欢迎程度及影响：收视多次位列周五同时段第一，节目话题多次登顶微博热搜榜，主话题阅读量突破19亿次，相关话题阅读总量超30亿次，豆瓣评分8.2分。《人民日报》、《光明日报》、中宣部《新闻阅评》等数十家主流媒体给予高度评价，并荣获国家广电总局2018年第四季度创新创优节目，在总局的全国视频会议上向全国同行进行经验分享。

主创人员：马宏、程军、刘兵、毛嘉、祝勇、林斐、张玲。

3.《改革开放　关键一招》

节目（栏目）类别：通俗理论类

播出频道：BTV卫视频道

播出时间及节目时长（集数）：2018年12月11日起每日21：15播出，每期38分钟，共7期。

节目内容及特色：大型通俗理论电视节目，节目通俗化解读了新时代以来我国发展所面临的一系列目标任务和重大问题，通过讲好新时代中国特色社会主义的故事，深刻阐述了改革开放是决定当代中国命运的关键一招，也是实现“两个一百年”奋斗目标、实现中华民族伟大复兴的关键一招。

受欢迎程度及影响：节目播出后，连续3天收视位列省级卫视同时段第一，全网视频点击量破4600万，微博话题阅读量超1.2亿次。

主创人员：郑蓉、吴志勇、刘晓彤、黄炜、孙闽一、郝霖、王月玖、胡乐、肖远洁、张聪、陶丽洁、刘辰雨、俞歆、夏雪、倪扬、柏晨波、吕昱璋、成诚。

4.《传承中国》

节目（栏目）类别：文化季播类

播出频道：BTV卫视频道

播出时间及节目时长（集数）：2018年3月4日起每周日21：05播出，每期75分钟，共10期。

节目内容及特色：原创京剧文化体验节目，节目充分尊重并借鉴传统京剧的班社文化，创造性地成立京剧“传承社”，邀请京剧名家亲临授课，邀请明星艺人跨界出任“挑班班主”，将京剧程式转化成为节目模式，创造了京剧名家真教、明星班主真学的沉浸式体验感，带领观众感受原汁原味的国粹艺术。

受欢迎程度及影响：节目平均收视位列全国省级卫视同时段第四名，微博阅读量高达10.1亿次，微博电视指数和综艺话题榜排名多次跻身前三。节目应国家广播电视总局的邀请，向全国电视同行介绍创作经验。

主创人员：马宏、程军、田川、张玲、彭婉笛、刘天京、许璐、孔洁、林斐、翟娜、岳月、冯胜男、刘蜜、王轩。

5.《创意中国》

节目（栏目）类别：文化季播类

播出频道：BTV卫视频道

播出时间及节目时长（集数）：2017年11月19日起每周日21：18播出，每期80分钟，共12期；2018年10月27日起每周三21：18播出，每期80分钟，共10期。

节目内容及特色：国内首档创意创投类文化节目，通过文化创业者与产业投资人的双向对接，为全国优秀的文创项目搭建展示和交流的平台，在帮助创业者实现梦想的同时，也为文化的创新和传播开辟道路。

受欢迎程度及影响：《创意中国》第二季节目收视率连续4周登顶全国卫视晚间同时段栏目首位，视频点击量达3.32

亿次、微博主话题阅读量累计达3亿次。同时，节目获得广电总局多次表扬，《人民日报》《光明日报》、人民网、新华网、今日头条等多家权威媒体高度评价。节目不仅荣获2017年国家广电总局创新创优节目奖，更得到中宣部新闻阅评以“北京卫视《创意中国》探索荧屏创投新模式”为题对节目给予的充分肯定。

主创人员：

第一季：邵晶、郝竞波、马婷、刘萌萌、王凯、张於、李丹、王迪、刘书含、杨威、穆同、王美、裴尧、刘韵、汲宣、张馨雨、吴奕萱、常达、李静、张明娇、崔幸、杨李逸奕、李战威、乔丹丹。

第二季：郑蓉、郝竞波、赵楠、王凯、杨李逸奕、李依桐、张萃研、李木子、裴尧、王美、刘韵、张颖勉、廉鸣洋、那倩、李佳、马霄霄。

新闻节目中心（3个）

1.《这里是通州》

节目类别：纪录片

播出频道：北京卫视、北京新闻频道、北京纪实频道

播出时间及时长（集数）：2018年11月19日—24日首播，6集，每集30分钟。

节目内容及特色：建设北京城市副中心，疏解北京非首都功能，推动京津冀协同发展，是以习近平总书记为核心的党中央谋划、部署、推动的重大国家战略。《这里是通州》展现通州两千年来在政治、军事、商业、文化等多领域的历史渊源，并呈现未来之城的愿景。这是一次与通州、北京城市副中心多维度的深度对话，是对运河文化的深度挖掘，为观众呈现出最原汁原味的通州故事。

《这里是通州》以全景描绘的方式，通过航拍、延时、水下摄影等多种拍摄手法，展示通州历史文化遗迹和当代城市体系，以恢弘壮阔的视觉语言，诠释了通州作为京畿重镇的重要地位，以唯美的镜头充分展示了“蓝绿交织、水城共融”的文化发展脉络。同时创作团队以严谨的问学态度，深挖历史古籍资料，汇聚多领域专家学者智囊。通州和运河的故事，生发于历史，考究于古籍，为纪录片提供了坚实的历史依据。

受欢迎程度及影响：《这里是通州》在卫视频道8：00—8：30时段北京地区平均收视率为1.63，市场份额28.09%，北京地区同时段收视第一名。在播出期间进行融媒体传播，话题量400余万次，形成长视频与短视频的矩阵传播，全网播放量500万次。纪录片得到了史学界专家与传播学者的赞誉，入选国家广电总局第四季度优秀纪录片。

主创人员：李欣、张晓达、宋敏怡、唐远、牛俊恒、朱嘉。

2.《中关村——四十年的足迹》

节目类别：纪录片

播出频道：北京卫视、北京新闻频道、北京纪实频道

播出时间及时长（集数）：2018年12月17日—22日首播，每集30分钟，共6集。

节目内容及特色：本片以时间为轴

线，在对百余位历史当事人详尽采访的基础上，系统梳理了各个年代具有代表性的人物和故事，对中关村的发展历程做了具象化的描绘。全片分 6 集，每集覆盖 10 年左右的历史，从改革开放初期到十九大以来，全面展现了今天的中关村从无到有、从自发到自觉、从离散式创新到集成式创新的发展历程。

本片以人物个体切入的方式，以故事化、细节化的叙事手法，将时代洪流、改革浪潮、产业发展、观念变迁、生活迭代熔于一炉，讲述了一个生动、复杂、丰富、很多人未曾了解的中关村成长故事。

受欢迎程度及影响：纪录片播出后收获了热烈的反响。片中受访人在观看节目之后，第一时间表达了观感。原北京市副市长胡昭广表示："纪录片叙述脉络非常清晰，中关村在不同历史阶段有不同的使命，是几代人奋斗的结果！创新基因决定了中关村会永不停步地奋进！"原北京民营科技实业家协会秘书长彭树堂这样描述自己的观感："科学家科技报国的情怀和改革者冲决体制藩篱的意志交织，和着春融冰河的开化声，掀开大潮奔腾急、搏浪踵相踪的中关村改革、创业创新的历史画卷。这幅画卷，都体现在每集 30 分钟的纪录片当中。"中关村首批创业者纪世瀛将播出的两集片子连看两遍，表示："余兴未尽，影片自然而真实地再现了中关村先行者的足迹，不但有改革开放的高度，还深刻地反映了他们精忠报国的内心世界。只是片子太短！"已故的中关村创业先行者陈春先的妻子毕蔚萱向摄制组表达了感谢："清晨起来看到纪录片，制作得真好！尤其是尊重历史方面。谨代表家属向摄制组领导和朋友们致敬和致谢！"作家萨苏表示："在纪念改革开放之际，看到这样的节目让人印象深刻、浮想联翩。"北京市新技术产业开发试验区第二任主任王思红表示："感谢摄制组记录了这样一段历史，但愿这段历史对未来的道路有所启示。"原中关村科技园区管委会副主任夏颖奇向摄制组致谢："珍贵的史料，准确的记录，谢谢节目组的辛苦！"《中关村笔记》的作者宁肯这样评价纪录片："不老套，有朝气！节奏明快，但有中心，线索清晰，台词有深度！"

此片得到了众多媒体界同仁的关注。一位媒体同行表示："纪录片《中关村——四十年的足迹》既展现了历史宏阔的脉络和走向，也显微了时代切片的细腻纹理，更深入了人物的命运和心灵。从技术角度来说，叙述方式、影像呈现，都颇有国际范儿，是一部难能可贵的精品力作。"

主创人员：吴群、陈岳、王宇、朱嘉、林天趣、尹谦、张亚珩、苏畅。

3. 《新时代新担当新作为》

节目（栏目）类别：新闻专题类

播出频道：北京电视台新闻频道

播出时间及节目时长（集数）：每周四晚 8：47 播出，时长 20 分钟，共 17 期。

节目内容及特色：为贯彻党的十九大精神，激发广大基层干部新时代新担当新作为，北京市委组织部会同市委宣传部、北京电视台联合制作推出电视访谈系列专题节目《新时代新担当新作为》，重点介绍首都基层党组织和基层党员干部在为民服务、创建美好城市过程中勤恳努力、攻坚克难，为首都建设添砖加瓦的点滴努力，以及普通百姓对基层党员干部工作精神和工作成效的认可与褒扬。

受欢迎程度及影响：节目播出后，受到北京市委书记蔡奇的重视和表扬，同时也得到基层党员干部和群众的欢迎。还被许多基层党组织作为党员教育的重要教材。

主创人员：张民、吕雅堃、陈婧嘉、高存、郭亚丽、林丹、孙燕明、马迟、李杨薇。

文艺节目中心（2 个）

1.《2018 年北京电视台春节联欢晚会》

节目类别：文艺晚会

播出频道：北京卫视、BTV 文艺频道

播出时间及节目时长：2018 年 2 月 16 日 19：35，时长 200 分钟。

节目内容及特色：《2018 年北京电视台春节联欢晚会》以“最美新时代、最爱中国年”为题，立足新时代、新北京，把握时代发展之脉和生活幸福之情，将“留住你幸福的样子”作为情感主线，将晚会整体设置为致春天、致城市、致时光、致所爱 4 个篇章，这其中既有对春天与生命的美好期待，也有对亲情友情爱情、对家的守望和温情；有在北京、爱北京、建设北京的热爱与情怀，更有与奋进新时代、踏上新征程，与祖国发展同步，与时代同行的深深情怀与蓬勃豪情。

特色一是北京春晚赢在最走心的真情范儿，最朴实地讲述家国情怀，最能唤起老百姓的真情实感；

特色二是赢在舞美、编排有设计，回忆杀，跨界搭，徐帆和黄绮珊的《智斗》表演精彩叫绝，四大百花女主角聚首，《跨界歌王》和《跨界喜剧王》嘉宾出其不意，在春晚舞台上观众能看到新生代与老戏骨的完美混搭，一重重惊喜就好像年轻人喜欢的游戏，一级级扑面而来。

特色三是赢在热播现实剧的春晚场景化聚首，《我的前半生》《情满四合院》《生逢灿烂的日子》组合，一出现收视直接蹿升。

特色四是晚会使用先进的直播设备和技术，其中一万米长的国际先进 360 度发光成像珠帘幕，成为本场晚会舞美的核心亮点，在多台晚会的比拼中尤为亮眼，充分展现了首都北京的科技范儿。

受欢迎程度及影响：2018 年北京电视台春晚为全国省级卫视春晚第一；连续 5 年蝉联 CSM35 城省级卫视同时段收视冠军；收视率大满贯：CSM35 城收视省级卫视春晚第一，CSM52 城收视省级卫视春晚第一，CSM 全国网收视省级卫视春晚第一，全国 35 城北京卫视初一全天排名第一；收获网络影响力大满贯，4 个网络核心数据均为第一。

电视收视表现方面，据索福瑞数据显示，晚会北京地区北京卫视收视率 12.81，市场份额 40.56%。索福瑞全国 35 测量仪城市数据显示，北京电视台春晚收视率为 2.56，市场份额为 9.38%，全国 35 城市省级卫视同时段排名第一位；索福瑞全国 52 测量仪城市北京电视台春晚收视率为 2.35，市场份额为 8.71%，全国 52 城市省级卫视同时段排名第一位；索福瑞全国网北京电视台春晚收视率为

1.06，市场份额为3.81%，累计6738.71万人（到达率）收看北京电视台春晚。

许多专家和观众观看后认为，在本次北京电视台春晚中，传统与时尚精彩同台、写实与写意交相呼应、表现手法强调北京气派。既有知名演员的争奇斗妍，又有平民生活的情趣心愿；既有行业精英的聚首交流，又有历史英雄的精彩告白，自始至终融汇着浓郁的百姓情怀、英雄情怀、爱国情怀和文化情怀，充分彰显首都风范、古都风韵、时代风貌。节目代表了老百姓的心愿，代表了中国演艺圈的水平，代表了春节应该有的氛围，温厚、丰富、催生回忆、极富共鸣，几乎是一届零差评的春晚。

主创人员：总策划：李春良、王珏；

策划：徐滔、潘全心、庄小红；

总导演：秦峥；

执行总导演：辛宁、斯蕾；

技术保障：总工办、制作部、转传部、网管部、播出部；

主持人：春妮、悦悦、曹扬、栗坤、小强、吴大维。

2.《2018北京榜样颁奖典礼》

节目（栏目）类别：文艺晚会

播出频道：北京卫视、BTV文艺频道

播出时间及节目时长：北京卫视：2019年1月7日21：09，76分钟。文艺频道：2019年1月7日23：03，76分钟。

节目内容及特色：“北京榜样”是北京这座城市培育和践行社会主义核心价值观的生动见证，也是这座城市弘扬和深化社会主义核心价值观的有力推动和生动实践。颁奖典礼深入挖掘“北京榜样”的精神内涵，通过动人的故事编织出一台有震撼、有惊喜、有泪水、情感丰富、情绪饱满的盛典。著名艺术大师韩美林，国家一级演员、军旅歌唱家蔡国庆，著名小提琴演奏家吕思清，著名演员谢芳、张目夫妇，吴京，雷恪生，吕中，朱时茂，张凯丽，田径世界冠军郑凤荣和奥运冠军陈一冰等出席典礼并为榜样人物颁奖。国家一级演员、军旅歌唱家雷佳，美声歌唱家张英席，青年女高音歌唱家王莉，著名歌手降央卓玛等纷纷为榜样献唱，用真情美妙的歌曲歌颂榜样精神。

典礼秉承“北京榜样——平凡中的力量”理念，分三个篇章展示榜样风采。情怀篇，展现榜样人物热爱祖国、热爱首都的深厚情怀；道德篇，展现榜样人物积善成德、善满京城的道德追求；梦想篇，展现榜样人物开拓进取、拼搏为美的奋斗品质。

受欢迎程度及影响：颁奖典礼通过人物短片、榜样宣言、颁授奖杯、致敬礼赞等方式，深刻阐发了年榜人物震撼人心的道德之美，生动诠释了“北京榜样”的精神价值。观众纷纷表示，要向身边这些平凡而伟大的道德模范们学习，从身边做起，从爱国、敬业、诚信、友善等基本道德规范做起，把良好道德行为落实到日常生活和工作之中，推动形成知荣辱、讲正气、作奉献、促和谐的社会风尚。

主创人员：

出品人：李春良；

总监制：王珏、徐滔；

监制：潘全心、齐建彤；

总导演：李雪萍；

执行导演：刘昕冉；

主持人：李杨薇、汪洋。

科教节目中心（1个）

《最北京》

节目（栏目）类别：专题服务类

播出频道：BTV科教频道

播出时间及节目时长：每周日20：08播出，时长60分钟。

节目内容及特色：《最北京》节目定位为“行走中的相声，北京人的乡愁”。是一档为北京人、北京城量身定制的节目，以老字号、老街区、老物件等为道具和场景，以现场隐蔽拍摄采访为手段，以演播室三人行的谈话为主要形式，展示北京这座城市在城市生活方方面面的变迁，用京味语言的特点展现地域风情与文化。

受欢迎程度及影响：节目于2015年元旦开播，到2018年是节目播出的第4个年头，也是节目走向成熟，同时致力于品牌建设的一年。全年共播出节目50期，平均收视率1.02，收视率比上年同期增长12%。可以说节目收视稳定，全年表现优异，已经培养出了一批铁杆观众，形成了良好的口碑和社会影响力，成为BTV科教频道周末晚间节目的一抹亮色。

主创人员：

制片人：周波；

副制片人：孙一歌；

主编：程文；

编导：张爽、马枥鑫、刘峥、佘小君、李爽；

主持人：夏婷。

财经节目中心（2个）

1.《生于1978——一起走过40年》

节目（栏目）类别：纪录片

播出频道：财经频道首播

播出时间及节目时长：2018年11月26日。每周一至周五21：35播出，每集时长30分钟，共20集。

节目内容及特色：献礼改革开放40年大型口述历史纪录片《生于1978》是一部历经3年策划、2年创作、18个月拍摄周期、20万公里采访行程、采访40位经济领域的风云人物、70万字的文稿量，最终形成这样一部意义深刻的纪录片。

受欢迎程度及影响：这是一部融媒体时代下的超级大IP。在所有传播平台上全面开花。

成果一：形成了20集的大型口述历史纪录片，在北京电视台财经、新闻、高清纪实三台播出，成为北京电视台篇幅最长的一部纪念改革开放40年的大型纪录片；

成果二：形成了19集的新媒体网络直播节目《请回答2038——王春元对话创二代访谈录》，充分利用采访素材，结合“北京时间”新媒体平台开创一档具有话题流量的大型访谈录；

成果三：全网推出40个短视频，已在全台、全网轮番播出，各大平台的转发量节节攀升。《生于1978》提前布局，起到了未播先火的宣传效果；

成果四：形成了融媒体中心成立以来

的第一个现象级网络热点直播活动——“《生于1978》开播仪式——北京时间封存时间胶囊”，20位“创二代”的时空寄语将被封存，他们到底写了什么？期待20年后的开启。这样富有网络传播效应的现象级活动将在开播当天为纪录片的播出引流；

成果五：与中国青年出版社合作出版了30万字的畅销书《生于1978》，该书当年被出版社推选参评中宣部组织的“中国好书”评选活动。

主创人员：王春元、张燕、赵曼、毕艳玲、王超、曹星南、赵武。

2.《开放北京与世界同行——北京外经贸四十年》

节目（栏目）类别：纪录片

播出频道：BTV财经、BTV纪实等

播出时间及节目时长（集数）

2018年12月13日—18日19：30播出，时长30分钟，共6集。

节目内容及特色：《开放北京与世界同行》是庆祝改革开放40周年，首部全面讲述北京对外经济贸易领域改革发展历程的电视片。

本片以时间为轴，根据北京对外经贸不同发展阶段的时代特点，分为6集：第一集《敞开怀抱》，记述了1978年到90年代初期，对外开放启动阶段，北京众多“第一”的故事。第二集《活力涌动》，讲述了1992年至新千年，市场经济确立后激情澎湃的商界传奇。第三集《融入世界》，记述了中国加入世贸组织后，在新的机遇和挑战下，北京的企业和这座城市的成长故事。第四集《国门之外》，摄制组足迹遍及欧亚非多国，真实记录了走出国门的北京企业，在“一带一路”沿线国家，传播中国文化、带去中国标准、助力当地民生的动人故事。第五集《创新有道》，讲述了新时代的北京，作为全球创新链条上的重要枢纽，绽放出的新魅力。第六集《拥抱未来》，描画了进入改革开放新阶段，北京对外开放的新格局、新期许。

本片集纳了几代人的北京记忆，个人命运与时代背景纵横交织，借鉴“口述历史”的方式，采访了40多家企业的百余人，通过有感情的讲述，有温度的记录，再现40年北京对外开放历程。片中受访者或为亲历者，或为研究者、知情者，信源的权威性赋予了作品历史的厚重感、真实性和亲近性。透过鲜活的人物和生动的故事描述，将改革开放这个宏大话题进行生动的具象解读，展现了中国通过改革开放政策走上强国之路的伟大历程，从更接地气的小视角折射出了波澜壮阔的大时代。

受欢迎程度及影响：2018年12月13日起至年底，6集纪录片在BTV财经、纪实、新闻、卫视完成多轮播出，取得良好的传播效果，累计观众收视规模达到300万人次以上。新浪微博搜索“开放北京与世界同行”关键字，相关阅读量、讨论量达127万次。“看北京72变”专题，总阅读量约2100万次。

2019年1月22日，项目总结研讨会召开，纪录片领域、经济领域的专家学者、企业代表、市民代表30人齐聚一堂。大家一致认为：该片立意恢宏大气，故事讲述细腻真实，不仅记录了40年来的历史发展，更激发了民众的自豪感和幸福感。

该片在2018年北京电视台优秀节目评选中获得电视新闻类二等奖。

主创人员：赵波、宋北光、乔卫、韩维如、王梓琪、王瑜、蔡继达、朱丹桐、刘道然、齐武军、信薇娜。

生活节目中心（2个）

1.《生活这一刻》

节目（栏目）类别：新闻资讯类

播出频道：BTV生活频道

播出时间及节目时长：每天18：40—19：40播出，时长60分钟。

节目内容及特色：民生新闻为主体、恪守民生取向，秉承平民视角，关注民生百态。立足这一刻，直击生活新闻，探讨生活话题，捕捉社会动势，关注公众热议，强调独家性，第一时间进行具有广泛传播价值的生活解读，传播主流价值观。节目形态杂糅播报、讲述、访谈、演示、评论、实验等多种表现形式，通过生活态区域化演播室设计和大型道具全媒体新技术综合运用，用生动有趣的形式传递新闻资讯与服务信息，热点多、服务实、节奏快、互动强。

受欢迎程度及影响：首播重播整体频道收视贡献率30%。北京地区（含中央台及各大卫视）收视排名前10位。

系列节目及影响：

①315特别报道，彰显媒体责任和公信力。系列重点调查在微博、头条号、企鹅号等多个新媒体端反响强烈，《人民日报》、人民网、中国之声、《中国新闻周刊》等诸多微博大V纷纷转发，微博上观看量均突破了百万次；同时，报道引发的话题也是多次上榜微博热搜，《卧底网红饮品店》这期节目播出后，陈吉宁市长专门为此做出批示，并推动了全市范围的饮品店安全卫生大检查。

②新闻行动“赶走小广告 城市洁面 全民行动”，媒体干预生活，提升节目影响力。

③大型公益活动“生活微行动”继续发力，团队被评为北京市学雷锋示范站。

主创人员：刘春艳、杨苗、李晥、郭笑梅、张楠、张劲松、高燕、阿龙、吴冰、汪洋、秦天、李向显。

2.《医者》

节目（栏目）类别：专题服务类

播出频道：BTV生活

播出时间及节目时长：每周六20：40播出，时长30分钟。

节目内容及特色：《医者》为全国首部大型医学人文纪录片，由BTV生活倾力打造，北京市卫生健康委员会权威指导，演员刘涛大力支持。《医者》有深度，有角度，有温度，有关怀，有情怀，有胸怀，力求用客观的记录还原新闻背后的医者群像，从而凸显医者仁心的平凡伟大，促进医患理解，传递生命信仰，树立榜样精神。明确聚焦医生，以真实记录的风格、故事化的讲述，饱满的情感表达，使观众深入了解医生的职业特性，以及那些生命与医学的故事。

受欢迎程度及影响：《医者》纪录片全网点击率破亿次。

独家策划大型公益活动#为医者点赞#，首个中国医师节霸屏今日头条等主流新媒体平台开屏页 24 小时，前后累计触达 8 亿人次。策划大型公益活动“为爱倾听”，20 余位明星自主参与传播，12 小时内登公益话题榜首位。

主创人员：于菲、魏齐、陈坤、罗中苑、李妍、王怡雯、杨盛、欧茁。

青少·海外节目中心（1 个）

《第八届北京国际电影节开幕式》

节目（栏目）类别：综艺类

播出频道：BTV 卫视、BTV 青年

播出时间及节目时长（集数）：

首播时间：19：30—22：02，节目时长 2 小时 32 分。

重播时间：22：48—24：35，节目时长 1 小时 47 分。

节目内容及特色：

2018 年是改革开放 40 周年，也是中国电影奋力发展的 40 年。第八届北京国际电影节以“砥砺·使命”为主题，继续助力中国电影发展。4 月 13 日，中宣部主持召开电影创作调研座谈会，在中宣部（国家电影局）指导下，第八届北京国际电影节于 4 月 15 日盛大开幕。

北京国际电影节秉持“共享资源、共赢未来”的主旨，邀请全球著名电影人齐聚北京，见证世界电影发展的最新成果，感受中国电影人和观众的热情，展现开放、包容、多元的新时代中国特色社会主义文化。

受欢迎程度及影响：第八届北京国际电影节开幕式的成功举办，标志着第八届北京国际电影节的全面启动，随之而来的各项活动也将蓬勃展开。电影节将持续到 4 月 22 日结束，主要包括主竞赛单元“天坛奖”评奖、开幕式、北京展映、北京策划主题论坛、电影市场、电影嘉年华、闭幕式暨颁奖典礼七大主题活动，以及注目未来单元、纪录单元、电影科技单元、电影音乐会、电影沙龙、新片发布等 300 余项活动。

北京国际电影节伴随着中国电影产业的迅猛发展，进一步提升举办水平，成为北京市每年举办的最具国际影响力的大型文化活动之一。随着“天坛奖”入围和获奖影片质量不断提高，展映影片数量和票房逐年突破，电影市场签约额屡创新高，国内外业界关注度和评价不断提升，北京国际电影节逐渐成为国际性、专业性、创新性和高端化、市场化的电影盛会之一，为促进中外电影发展搭建交流、交易平台。

主创人员：张苏、郝洁、段嵘、崔笑田、石涛、赵冰、邹僧、李蓓、张凌云、张亿、栗坤、蓝羽、张卫健、李蓓、单岩柏、邓斌、李焕侯、仓海波、丁杨、赵璇、高博精、韦朝阳、赵秋凯、王建佳、乔宇峰、张阳、郝美婷、徐士悦、张媛、夏天天、关歌、高淳溪、白岚等。

动画节目中心（2 个）

1.《童声英雄》

节目（栏目）类别：综艺

播出频道：卡酷少儿

播出时间及节目时长：2018 年 7 月 1 日起每周日 20：50 播出，季播。

节目内容及特色：节目以“让爱国歌曲再次流行起来”为口号，献礼改革开放 40 周年，首创爱国歌曲改编新唱少儿竞演节目类型，挑选了 16 位唱功了得的“小小经典传唱人”，精选了 24 首经典爱国歌曲，加入了全新现代的音乐元素，让这些经典爱国歌曲以崭新的音乐形式被少年儿童再次唱响。

受欢迎程度及影响：北京地区 4 ~ 14 岁核心收视率稳占同时段收视排名首位。全国 35 城 4 ~ 14 岁核心收视同时段卫视排名最高达到第二位。《中国日报》海外版、《中国电视报》、红通社、《北京新闻》、搜狐网等对节目发布专题报道。

主创人员：蒲文苑、马子俊、刘若玉、林桐、王媛、路漠、王巍巍、王珏。

2.《卡酷少儿动画春晚》

节目（栏目）类别：动画 + 综艺

播出频道：卡酷少儿

播出时间及节目时长：2018 年 2 月 14 日 18：00。

节目内容及特色：由北京卡酷少儿卫视原创打造的贺岁动画剧《2018 卡酷少儿动画春晚》，首次将“一城三带”的西山文化带、长城文化带、运河文化带动画化，小主人公聪聪和伙伴金狗遍寻北京的文化、自然美景，将传统春节的对联、年画、鞭炮等元素带回家，度过红红火火的传统中国年。片中不仅展示了改革开放 40 年来，人民生活日新月异的变化，也以动画手段诠释京味儿文化、传统春节，将春节的历史渊源、美妙传说、传统情思蕴于其中。

受欢迎程度及影响：开播核心收视份额北京地区稳占首位，全国 35 城跻身省级卫视前列，微博阅读量冲上话题榜第一位。

主创人员：李严、杨瑒、郭衍超、袁媛、李菲菲、王淳、王佳卉、蒿业媛、李玲、王帅霖、帅领、任佳宇、王沛珊、杨钊、朱业、张京、王思岚。

纪实频道节目中心（2 个）

1.《嗨！东盟》

节目（栏目）类别：纪录片

播出频道：北京电视台纪实频道

播出时间及节目时长：2018 年 8 月 28 日—9 月 2 日，每天播出 1 集，每集 42 分钟，6 集。

节目内容：

《嗨！东盟》是中国首部东盟十国旅游文化 4K 全景纪录片，由纪实频道、制作部、总编室联合承制。摄制组走遍东盟十国，通过《衣·装之美》《食·味之魅》《筑·匠之粹》《行·达之道》《购·易之品》《生态·自然之韵》6 个主题，溯源“一带一路”上中国与东盟国家间的文化渊源。本片通过一个个生动的“围观故事”，深度探秘不同民族、文化、宗教、习俗的融合与差异，真实全面展示东盟十国的自然与人文风情。

节目特色：在内容呈现上，创作团队从细节入手，试图发现更多“熟悉中的不熟悉”故事，记录下“原生态”的社会生活，让观众品味到原汁原味的“东盟人的活法儿”，带领观众浸入式地走进东盟人民的生活，以文化交流促进“一带一路”沿线国家民心相通。

本片采用“围观故事”式的叙事手段，拍摄过程中，摄影机如“旁观者”般，以一种“围观”的态度和平实的视角，真诚描绘东盟十国的自然与人文风情。充分发挥4K设备的各种潜能，应用水下摄影、遥控航拍、纪实跟拍等多种拍摄手法，还尝试采用了8K延时摄影技术，全景呈现了东盟国家的风貌。

《嗨！东盟》画面唯美，富有质感，在技术与内容表达上大胆创新，全片节奏流畅，可视性强。

受欢迎程度及影响：该片为台网同播。从2018年8月28日起，连续6天，每天20：50在北京电视台纪实频道播出，同时在爱奇艺和B站播出，之后在北京卫视重播。该片首播时，在纪实频道反响良好，爱奇艺、B站点击量超过100万次，该片进入B站纪录片排行榜前十，第一集B站弹幕评价6000余条。

中国－东盟中心认为这是中国与东盟国家文化交流的一次成功尝试。在由中国现代国际关系研究院发布的《国际战略与安全形势评估2018/2019》一书中，将《嗨！东盟》作为人文交流不断加强的典型案例予以介绍。

主创人员：王珏、杨秀萍、李岭涛、严崴、Kong Roatlomang（柬埔寨）、郑星、林平、史椰森、周永萍、王浩、孙海峰、陈嘉超、高譪、刘虎、秦蕾、余海玉、慧玲、王宇、邵彤彤、张海舰、张天阳、赵新生、何晓琳、刘晓光、张鹏、武经纬、庞宇、吴杰伟、骆永。

2.《双奥之城》

节目（栏目）类别：系列纪录片

播出频道：纪实频道

播出时间及节目时长：2018年8月6日—8月10日，每天播出1集，每集30分钟，5集。

节目内容及特色：2018年是北京奥运会成功举办的第10个年头，《双奥之城》系列片以“记忆”“探索”“人文”“生机”“冬奥（未来）”为5集内容主题，从北京奥运结束后，对奥运场馆的再利用，从奥运核心区到整个城市的升级改造，以及奥运会对北京市民生活方式、交通方式、休闲文化活动方式的改变，寻找体育界、文化界、企业界的典型人物和典型事件，以小切口反映大时代的变化，并引发对北京未来发展的思考。以奥运会绿色、环保的发展理念，讲述从2008年北京夏季奥运会到2022年北京冬奥会的可持续发展故事，更好地诠释北京这座世界上唯一的双奥城市的“北京方案”。

系列纪录片《双奥之城》营造良好冬奥氛围。一是紧扣时间节点，做好成就报道。二是讲好冬奥故事，传播中国声音。三是服务冬奥筹办，营造良好氛围。

受欢迎程度及影响：节目播出后取得了不错的收视表现和良好的社会反响，并得到中宣部阅评员的撰文表扬。获2018年国家新闻出版广电总局评选的第三季度推优作品。

主创人员：张洁、潘旭、钱丹丹、俞恺、赵怡、陈玉、汪琳、李欣、陈正、孙志远、李多莉莎。

2018年各频道优秀节目（栏目）

总编室

卫视节目中心（5个）

《向前一步》《上新了·故宫》《改革开放　关键一招》《传承中国》《创意中国》

新闻节目中心（5个）

《北京新闻》《特别关注》《北京您早》《红绿灯》《这里是北京》

文艺节目中心（6个）

《笑动剧场》《每日文娱播报》《我看行》《春妮的周末时光》《我爱书画》《文化之约》

科教节目中心（4个）

《庭审纪实》《记忆》《非常向上》《创新北京》

影视剧中心（1个）

《品质剧场》

财经节目中心（3个）

《京津冀大格局》《诚信北京》《税收天地》

体育节目中心（5个）

《体坛资讯》《天天体育》《足球100分》《欢乐二打一》《健身圈》

生活节目中心（5个）

《生活这一刻》《医者》《美食地图》《生活+》《选择》

青少海外节目中心（1个）

《戏里戏外》

动画节目中心（5个）

《卡酷动物园》《穿越吧少年》《闪天下之卡酷偶剧院》《妈妈育上娃》《大玩家》

纪实频道节目中心（3个）

《奇妙之旅》《时尚印象》《昨天的故事》

调研报告
收视调查

北京市宣传思想文化战线大调研课题
北京广播电视台2018年重点调研课题

北京广电融合转型战略路径研究

课题负责人：李春良

自2014年中央全面深化改革领导小组审议通过了《关于推动传统媒体和新兴媒体融合发展的指导意见》以来，媒体融合作为国家战略在各个层面都取得了不同程度的突破和进展。广电媒体的融合转型之路，事实上也是伴随着新兴媒体的技术迭代和产业进化不断发展起来的，从早期的创建电视台门户网站，再到建设网络电视台、发展IPTV、OTT TV业务，及至当下的客厅战略、移动战略，广电媒体的融合程度不断加深。就转型思路与整体规划而言，客观来讲，有很多广电媒体机构推进媒体融合工作的主要动力来自于落实政策的需要，但也有相当一部分领先机构具备较为清晰的转型发展思路，在深化媒体融合道路上不断探索，积累经验；就运营模式与组织机制改革而言，推进融媒体平台（“中央厨房”）建设、践行“移动优先”等做法已成为“标配”，但更为深层次的业务流程和机制再造问题得到很好解决的并不多；就内容创新与产品创新来说，“三微一端”（微博、微信、微视频、APP）成为各级广电媒体融合的主要产品，但从传播效果来看，真正形成广泛影响力的仍是凤毛麟角。

北京广电是较早进行媒体融合发展规划的广电机构之一。从开办BTV网站到北京网络广播电视台（BRTN）上线，再到组建北京新媒体集团，我们在融合转型的道路上进行诸多探索，“北京时间”融合型新闻传播体系建设取得一定进展，凭借专业性原创新闻直播和短视频等应用在互联网资讯传播领域谋得一席之地。但与此同时，融合转型过程中的矛盾与问题也日渐显现，突出表现在北京电视台与北京新媒体集团“两张皮”、机制改革落后于平台建设、过分倚重于商业化平台、员工转型困难、资金力量严重不足等方面。本调研报告详细梳理了国内外代表性广电媒体转型的主要做法和经验，深刻剖析了当前北京广播电视台融合转型面临的突出问题和矛盾，在此基础上，提出了融合转型的基本思路和具体推进路径，以期为北京广电进一步深化改革、加快融合发展提供思路和参考。

一、国内外广电媒体转型的现实路径与经验

（一）国外代表性广电机构的转型路径与经验启示。

1. 美国康卡斯特

康卡斯特（Comcast）公司是目前美国最大的有线电视公司，也是仅次于AT&T之后的美国第二大互联网服务供应

商，其涉足领域涵盖有线通讯、有线网络、电视媒体、影片娱乐、主题公园等等。分析康卡斯特的成长史可以发现，资本运作在其壮大过程中起着关键作用，通过资本并购，康卡斯特将媒介的触角从电视延伸到互联网。无论是内容资源、技术革新还是产品创新方面，康卡斯特一直保持着领先者的姿态。

（1）以投资、并购等方式筑牢内容基础。在融合发展的过程中，康卡斯特一直坚持将内容建设作为发展的根本，通过投资、并购、合作等方式不断丰富内容资源，夯实内容基础，实现视频用户规模的相对稳定以及视频业务收入的增长。

（2）时刻保持对先进技术的敏感性。早在 1996 年，康卡斯特就开始布局提供宽带网络服务，2005 年，推出数字语音通讯服务后，进入电信领域，在有线电视服务、互联网业务以及网络语音通讯业务等方面确立了强有力的竞争地位。2012 年以来，康卡斯特积极布局移动互联网，加快无线网络建设，2014 年底已经建成美国最大的无线网络。2017 年，康卡斯特开始在全美正式推出千兆宽带服务，1GB 的网速可以让用户仅需 40 秒就能下载完成一部高清电影。

（3）以融合产品为抓手升级视听服务。2011 年，康卡斯特推出融合性产品 Xfinity，成为康卡斯特实现融合发展的重要抓手和突破口。Xfinity 实际上是一个服务整合品牌，即将旗下的数字宽带、高速网络和数字语音服务等品牌进行整合，旨在允许用户直接在线观看有线电视节目，可以说是美国有线电视产业中最大规模的网络电视整合计划。以 Xfinity 为平台，康卡斯特陆续推出众多产品，比如移动应用程序 Xfinity TV Go、智能机顶盒 Xfinity X1 等。2016 年 11 月，康卡斯特开始在 X1 设备中接入 Netflix 的视频服务，2017 年 11 月，开始提供来自 Netflix 的 4K 内容，双方在产品层面达成了深度融合。

2. 英国 BBC

作为英国最大的广播机构，BBC 不仅拥有众多电视台、电台，还提供包括书籍出版、报刊、英语教学、交响乐团以及互联网新闻服务等在内的其他各种服务。目前，在数字广播和数字电视这两个领域，BBC 占据着全球最新传播科技的制高点；在新媒体业务和融合发展方面，BBC 在 1996 年就已经开始探索台网融合发展，经历了数次阶段性战略演进和升级，推出很多创新之举，成为全球非商业性广电机构转型发展争相借鉴的典范。

（1）推出“创意未来”计划，明确转型战略布局。正所谓“明者因时而变，知者随事而制”，在 BBC 的战略转型过程中，清晰的顶层设计起到了至关重要的作用，并且随着竞争态势的变化，因时而动调整战略发展方向。2006 年 4 月，BBC 推出“创意未来”（Creative Future）计划，提出要超越传统“广播电视机构”的定位，使受众可以在任何时间、任何地点、通过任何可上网设备获取内容，确定了从传统单一媒体向全媒体战略转型的发展蓝图；2011 年 1 月，BBC 宣布开始新的媒体融合转型调整，提出了“1 + 10 + 4”为口号的新媒体转型战略布局。“1”是只允许存在 BBC 这一核心品牌，电视、网站、移动端等所有内容和服务都统一于 BBC 品牌；“10”是包括新闻、体育、天气、儿童节目等在内的 10 个核心产品；

“4”是电视、PC、平板电脑、智能手机4个终端。面对移动互联网浪潮，2015年9月，BBC提出移动优先战略，在不同平台展示内容时首先考虑移动平台的需要。

（2）推进组织机构融合，强调人员转型的重要性。2013年4月，北京广播电视台曾经邀请BBC新媒体业务及发展战略研究部门的负责人来台进行沟通交流，其中提到，BBC用了10年左右的时间来探索台网融合，最终却发现台网仍是“两张皮”难以融合到一起。2007年开始，BBC开始进行业务流程的彻底改造，重组编辑部，将电台、电视台和网络三大部门整合成两大“超级编辑部”——多媒体新闻编辑部和多媒体节目部。更为重要的是，BBC始终强调人员转型是融合过程中最重要的因素。一方面，BBC下设了一个专门的传媒学院，负责对全体员工进行岗位技能、管理方法等方面的培训，比如制作短视频、制作数据新闻等；另一方面，鼓励员工轮岗，允许试错，甚至允许10年以上的老员工停薪留职一年去进修、学习、创业。

（3）加大版权经营和维护力度，做大做强产业链。内容永远是视频行业竞争的核心立足点，版权就是现代传媒集团生存的基石和核心资产。“一切皆IP化”是这个时代的重要特征，对于广电机构而言，如果版权能够得到切实维护和充分经营，用户付费、内容变现、衍生品开发等都大有可为的空间。近年来，BBC十分注重加大版权的经营和维护力度，加大品牌开发力度，不断拓展新的赢利点。早在2014年，BBC大中华区副总裁张国礼就曾经表示，版权合作是BBC利润主要的一大块，其中纪录片能占到50%以上，英剧和儿童片也有比较快速的增长。近年来，旗下全资公司BBC环球在内容版权输出方面加快了步伐，同时积极参与消费衍生品、电子商务及线下活动运营等领域，不断挖掘新的增值赢利点。

（二）国内代表性广电机构融合发展的突出特点与经验。

1. 央视：以媒体融合工程为抓手打造“智慧融媒体”。

中央电视台作为中国电视台的标杆，在政策推动、市场竞争和技术发展的驱动下，明确提出了“融合创新”的目标和路径。具体来说，是以建设新型主流媒体和新型媒体集团为总目标，以视频为重点，以新闻为龙头，以用户为中心，以一批媒体融合工程为抓手，探索“电视+”与“互联网+”的契合点，从覆盖优势向用户优势转变，从数字化成果优势向传播力优势转变，从媒体优势向平台优势转变，从内容安全管理优势向全媒体融合管理优势转变，融合创新、一体发展、转型升级，打造“智慧融媒体”。为实现融合发展目标，中央电视台着力从四个方面推动转变：一是生产理念之变，面向全媒体做节目；二是表达方式之变，着力推进“四个转变”；三是传播方式之变，电视与受众双向互动；四是传播平台之变，努力实现“央视无处不在”。

从中央电视台媒体融合技术规划来看，主要包括4个方面：一体化协同制作，多渠道协同分发，多终端互动呈现，全媒体精准传播。具体来说，媒体融合技术体系包括：（1）电视和新媒体一体化制作、播出和分发平台，以央视媒体云IT基础资源支撑平台、新闻一体化云制作平台、综合节目一体化云制作平台和集成发布平台4个技术平台为支撑；(2) 运用互联网技术建立与受众直接交互的服务平台，包括两个服务平台：有线互动电视平台“央视专区”、中央电视台统一的移动客户端；(3) 央视用户大数据平台，针对有线电视央视频道、有线电视网“央视专区”和央视 APP 建设用户大数据试验平台，现已完成验收，用以支撑精细化节目制作和个性化用户服务。

2018 年 3 月，根据中共中央《深化党和国家机构改革方案》，整合撤销中央电视台（中国国际电视台）、中央人民广播电台、中国国际广播电台，提出组建中央广播电视总台。新的中央广播电视总台组建后，充分整合三台力量，实现资源共享、同步发声。首先，新闻节目以双向配音为起点，迈开三台融合第一步。3 月 29 日，央广播音员首次献声《新闻联播》，并为“央视新闻”新媒体栏目《夜读》配音；其次，文艺节目打造融合传播新模式。文艺部门将从节庆晚会、文艺赛事等重点节目做起，实现“六个一体”——一体策划、一体采访、一体主持、一体参演、一体录制、一体传播，逐步延伸到品牌栏目，继而再新创办融合传播栏目，最后覆盖全频道。再次是扩大多语种对外传播实效。中国国际广播电台与中国国际电视台密切融合合作，建立对接机制，开展内容、新媒体、人员等各方面深度合作，在博鳌亚洲论坛等重大报道实现全方位融合、整合传播。

2. 湖南：基于内容优势实施“双平台”带动战略。

总结湖南广电融合转型的发展历程，芒果 TV 以独播战略为驱动，实现从独播到独特的战略转变，依靠内容优势弯道超车，是其发展模式的最大特色。2014 年，芒果 TV 开启独播策略，依托于湖南卫视强势的内容生产能力和粉丝聚合效益，芒果 TV 在短时间内迅速实现了用户积累。此后，芒果 TV 逐步开始从“独播”到“独特”的战略转型，“独播”是一种策略，“独特”则是一种价值观，是核心竞争力所在。今天，芒果 TV 已经发展成为视频网站中仅次于 BAT 三巨头的第二梯队。从大的生态来看，湖南广电一直坚持湖南卫视和芒果 TV 双中心、双引擎的战略定位，二者从最初的台网联动走向台网融合。从某种意义上来说，湖南卫视是唯一有着真正视频网站的电视台，而芒果 TV 则是唯一真正有着电视台全力支持的视频网站，共同推动湖南广电的融合发展。

在内容创新之外，湖南广电也在进行积极的资本化运作，包括引资改制、战略投资、基金运作等。2015 年 4 月，湖南广播电视台宣布正式完成转企改制，与芒果传媒资源整合成立湖南广播影视集团。2015 年 5 月，湖南省文化体制改革专项小组召开专题会议，审议并原则通过了湖南广播电视台与湖南广播影视集团公司一体化运作方案。目前，湖南广电采取的是一套人马两块牌子的运行机制，正是这种一体化的运作方案使得处于产业发展平台上的快乐阳光新媒体得到了传统电视播出平台最大的资源支持。2017 年 10 月，包括芒果 TV 在内的 5 家“芒果系”公司 115.5 亿元打包注入上市公司快乐购，其中快乐阳光即视频网站芒果 TV 的运营主体，其交易价格为 95.3 亿元，为本次重大资产重组的核心。不仅如此，芒果 TV 还成为首家盈利的视频网站，2017 年实现净利润4.89亿元。2018年6月21日，快乐购发布公告称，上市公司快乐购股份将通过发行股份反向收购的方式，将作价115亿元的湖南快乐阳光互动娱乐传媒有限公司100%股权、上海芒果互娱科技有限公司100%股权、上海天娱传媒有限公司100%股权、芒果影视文化有限公司100%股权、湖南芒果娱乐有限公司100%股权注入上市公司本体，芒果TV完成借壳上市。

严控内容成本，是芒果TV相比其他视频网站最为突出的特点及优势所在，坐拥湖南卫视的王牌综艺和剧集版权，大幅度缩减了芒果TV在内容成本上的开支。凡事皆有两面性，尽管占据湖南卫视的头部内容资源，但过于紧密的捆绑也使得芒果TV的内容构成不够多元，对于母体有着高度的依赖性。此外，从数据来看，芒果TV在营业收入、网络视频业务收入、会员收入等重要指标上与BAT仍是相差悬殊，相较于BAT以大投入、大产出换取可持续发展空间的战略布局，“芒果路线”是否倾向于“保守”，也是值得思考的问题。

芒果TV（快乐阳光）报告期业绩情况（单位：万元）

项　目	2017年度	2016年度	2015年度
营业收入	338482.70	181706.67	96141.23
营业成本	231997.82	168821.62	156480.84
营业利润	48931.02	-70666.95	-95616.79
利润总额	48921.40	-69436.12	-94008.96
净利润	48921.40	-69436.12	-94008.96
毛利率	31.46%	7.09%	-62.76%
净利率	14.45%	-38.21%	-97.78%

数据来源：快乐购《关于湖南快乐阳光互动娱乐传媒有限公司业绩真实性专项核查报告》

3. 上海：以产业化、市场化、资本化撬动融合发展。

SMG是国内广电系统中探索融合转型发展较早的一家，也是目前广电系统中市场化规模最大、产业链最完整、资本化程度最高的省级广电机构之一。多年来，SMG坚持产业化和市场化转型，从治理结构、业务形态、商业模式、管理体制等多方面探索，将可经营的业务和资产全部实现了企业化运营，成为真正的市场主体。与此同时，通过对接资本市场和重组来实现可经营业务资产价值的提升，为推进媒体融合提供强大的资本实力。

（1）一个平台，三个产品：目前，上海广电已经形成了“1+3”的新媒体布局，即一个平台（BesTV）、三个重点产品（看看新闻、阿基米德和第一财经）。BesTV（百视通公司）作为SMG最重要的互联网视频平台，被视为SMG战略转型过程中的重中之重，是SMG内容分发和价值增值的最重要渠道。2015年6月19日，重组后的百视通变更为上海东方明珠新媒体股份有限公司。东方明珠成为我国 A 股首家市值超过千亿元的文化传媒上市公司。现旗下拥有百事通、东方购物、东方明珠房地产、广电制作、文广互动、文广科技等近 20 家子公司，涉及内容制作、渠道分发、科技、旅游、地产等众多行业。看看新闻 Knews 是2016 年6 月上海广电在推动第四轮电视新闻事业改革中对新闻业务板块进行重组的一项重要举措，具体将在下文融媒体中心建设详细阐述；阿基米德是一款主打互联网音频社区的 APP，是 SMG 广播板块融合转型的主要平台；第一财经主打互联网财经应用，现已形成涵盖资讯、视频、数据等的新媒体产品矩阵。

（2）融媒体中心建设：2016 年 6 月 7 日，上海广播电视台通过整合原电视新闻中心、曾作为 SMG 独立子公司的看看新闻网和上海电视台外语频道，成立融媒体中心。融媒体中心的内容首先覆盖传统电视媒体渠道（上海电视台新闻综合频道和东方卫视的多档新闻节目），同时以新上线的看看新闻客户端作为新媒体内容产品主要发布平台，并为百视通 BesTV 互联网电视平台（OTT）提供包括一条 24 小时视频直播流在内的新闻内容。在融媒体中心内部结构中，上海广播电视台新闻中心、Knews 新闻中心、综合节目中心、外语节目中心是四大主体板块。就新闻生产而言，本地新闻资源主要在上视新闻中心，而国内新闻、国际新闻和深度报道资源则主要在 Knews 新闻中心。这种组织结构的设立，体现出电视端和新媒体端内容生产的分化：电视端对于本地新闻的关注仍是重点，而新媒体端则需要面向更为广阔的全国市场。从生产流程上来说，记者使用统一平台上传包括各类素材，还可以通过移动客户端，在采访现场即时发回多媒体素材。与此同时，电视编辑和新媒体编辑可以同时获得这些素材，同步生产，实现“一次采集，多端口共享”模式。据调研，看看新闻网在软硬件、技术、内容等方面投入了大量资金，虽然一直在积极拓展经营手段，但远不足以支撑平台运营，更多是依靠母体输血和政府支持，运营几年来尚未盈利且存在较大亏损。

融媒体中心基本架构

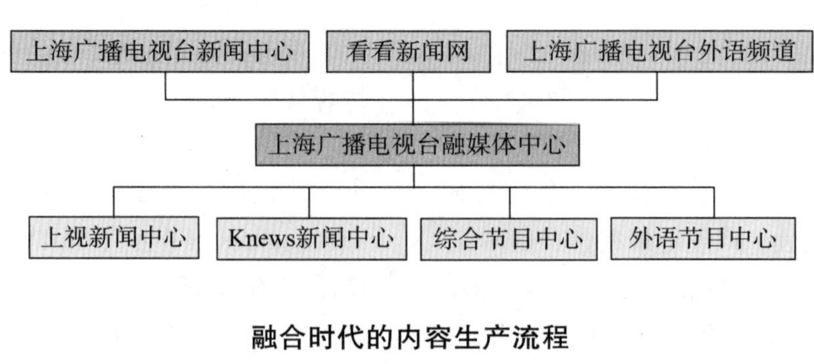

融合时代的内容生产流程

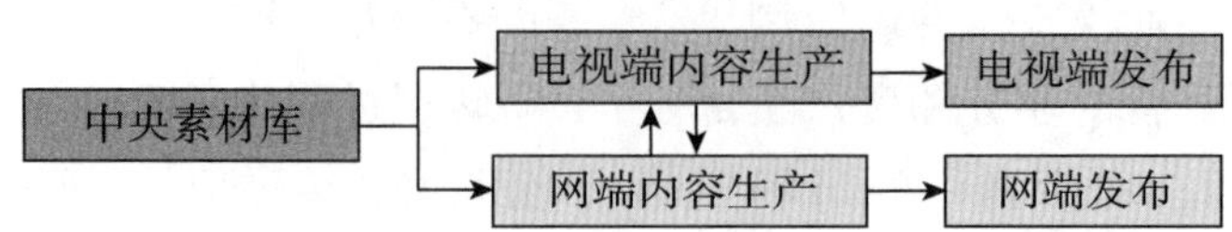

（3）以融合转型指导内容生产：以内容 IP 为中心，SMG 不断拓展产业链，提出要“打造具有持续 IP 培育与开发价值的内容产品”，同时“要适应移动化、可视化、社交化、定制化的发展趋势，考虑内容产品到达用户的交付多样性与支付灵活性”。比如，2015 年 6 月，SMG 成立互联网节目中心，取名“好有文化”，成为专门从事互联网内容生产和运营的国有广电媒体机构。该中心作为 SMG 致力于互联网及移动端内容创造及传播的一支排头兵，已经推出《国民美少女》《小哥喂喂》《WOW 新家》《就匠变新家》《卡拉偶客》等专注于垂直领域深耕的节目。虽然是体制内的内容生产运营机构，但好有文化是一家完全按照市场化互联网公司形态运营的创业型公司，力求在网络综艺这片“红海”中赢得一席之地。

4. 浙江：以融媒体新闻中心建设为突破口探索转型。

2013 年以来，浙江广电相继制定实施集团《全媒体传播格局建设方案》《新媒体融合发展实施方案》，谋划确定“一云、两网、三集群、四平台、五化”① 的总体目标任务和“合力打造新蓝网”等系列战略举措，探索融合转型发展之路。目前，浙江广电已经形成“2 + 3”产品矩阵格局，即 2 大 PC 平台——新蓝网和中国蓝 TV 网站，3 个移动客户端——中国蓝 TV、中国蓝新闻和喜欢听移动客户端产品。截至目前，集团所属各媒体拥有手机客户端、微信公众号、媒体法人微博等各类新媒体产品 126 个，粉丝总量为 7200 万。

综观浙江广电的融合转型历程，其中最具有借鉴意义的就是融媒体新闻中心建设。融媒体新闻中心是建立在中国蓝云项目建设的基础上，以中国蓝云为依托，逐步形成全业务融合解决方案，搭建起融合媒体中心框架，以此为基础上线运行卫视新闻中心、新蓝网、新媒体公司、好易购等相关业务。在中国蓝云平台建设的第一阶段中，构建“融合内容中心”，全面实现各渠道的数据采集、内容生产和融合管理；打造“融合生产发布平台”，实现集团不同媒体“共平台生产、多渠道发布、融合优势互补”；构建“大数据平台”，实现内容产品用户体验的提升。2017 年开始的第二阶段即是以中国蓝云为依托，建设融媒体新闻中心“中央厨房”。2017 年 4 月，融媒体新闻中心开始规划设计，2017 年 6 月正式开始建设，2017 年 9 月顺利建成，并于 11 月 13 日正式投入试运行。集团“三中心两频道”，即浙江卫视新闻中心、浙江之声新闻中心、新蓝网新闻事业中心和浙江新闻广播、电视公共新闻频道，以及集团总编室、融媒技术中心、资源研究开发中心等单位和部门相关人员入驻融媒体中心，每天召开“融媒早会”，加强一体策划、融媒采集、融合传播，实行全天候、常态化办公。目前，平台服务于中国蓝融媒体中心的新闻业务，满足“中央厨房”和未来新增业务的需要。

① “一云”是指“云媒资库”，“两网”是指“新蓝网”和“中国蓝 TV”，“三集群”是指培育新兴媒体集群、电视媒体集群和广播媒体集群，“四平台”是指打造 4G 等新型信源平台、市县云媒体联动平台、跨媒体宣传协作平台、IPTV 及 OTT 传播平台，“五化”是指内容集成数据化、平台发布多元化、渠道传输快捷化、终端服务优质化和组织结构全媒化。

对比湘浙沪三家领先省级广电机构的融合转型之路，浙江广电以建立完善融媒体中心运行机制为突破口，合力打造新媒体传播矩阵，同时积极推动广电产业链延伸和拓展，这样的探索之路对于我们更具对标意义和参考价值。以融媒体新闻中心为依托，浙江广电先后推出《大地的回响》《中国共产党为什么能》《红船缘》等大型融媒体主题报道，尤其是在2018年全国两会报道上，充分发挥传统广电技术与互联网新媒体技术深度融合的优势，推出音视频、VR、全景图片、H5作品、图解等多种内容产品，以深融合、强交互、重体验打开融媒传播的新局面。

5. 湖北：打造“新闻+政务+服务”多功能移动平台。

2015年，湖北广播电视台探索利用云计算、大数据等技术，搭建媒体云平台。2016年2月，湖北省委决定，以湖北广播电视台长江云新媒体平台为基础，建设覆盖全省、互联互通的湖北广电长江云移动政务新媒体平台。由此长江云平台从新闻媒体上升成为“新闻+政务+服务”的多功能移动平台，其中，政务是主体，服务是中心，新闻是引导。

首先，长江云是媒体融合与舆论引导平台。长江云除了集合湖北广播电视资源内容，还结合湖北境内的报纸、PC网站、手机网站、微博、微信客户端等内容供应源，纵向贯通省、市、县，横向汇聚媒体和党政部门，成为区域性智能化媒体融合平台。其次，长江云是政务信息公开与移动政务平台。在APP中，长江云建立了政务大板块，开通了在线发布和政务直播平台，及时发布党务政务信息。再次，长江云是网上群众路线与民生服务平台。长江云平台对构建“智慧湖北”提供了支持，在服务板块，长江云设立了超过150项政务及民生服务入口，涉及生活场景的方方面面，用户可通过这些查询相关信息，实现线上办事，同时还提供医疗、教育信息化服务。对内，长江云也是“中央厨房”，在全省创建统一共享的云稿库，实现省市县三级参与，媒体可以根据需要生产不同的产品，实现整体规划、集合、多种生成和多种传播。

二、北京广电融合转型的突出问题与矛盾

（一）北京电视台与北京新媒体集团的关系。

传统媒体的融合转型之路离不开两大要素——资本和资源。从新媒体自身的运行发展规律来看，电视台的自有资本和资源都不足以支撑耗资巨大、内容量吞吐巨大的新媒体业务，特别是视频业务。因此，走出现行体制，与市场对接是传统媒体打造新型主流媒体的必由之路。北京广电在融合转型的过程中，做出了诸多努力和探索，通过新媒体集团与奇虎360的深度合作，加之北京电视台的办公场所、硬件设备投入和内容资源的强大支持，“北京时间”获得了一定的发展优势。借由这些优势，“北京时间”在成立后不久，就凭借视频直播和短视频等应用在新闻资讯短视频领域赢得一席之地。客观来说，“北京时间”在短短两年时间取得了一定的影响力，在众多传统媒体所建设的新媒体平台中具有较为鲜明的特点，但考虑成本投入、历史积淀等因素，距离打造新型主流媒体仍有较长的路要走。

在此仅以北京电视台新闻节目中心的新媒体团队作为对比，该团队目前负责运营“BTV 新闻”公众号、“北京新闻”2个公众号，“BTV 新闻频道”“京视频”等4个微博，以及“BTV 新闻”今日头条号、腾讯企鹅号、搜狐订阅号、网易订阅号、大鱼号、百家号、秒拍号等10多个新媒体账号。2017年，阅读量过百万级的原创图文、视频超过30条，10万+阅读/播放量的图文视频超过200条。2018年3月，在新浪微博发布的“微博媒体视频机构榜单”上排名第7位，时间视频排名第3位。目前，新闻节目中心的新媒体团队正式员工有7人，人力、资金投入都较为有限，但也收获了不错的传播力和影响力。

更为重要的是，在实际运营中，北京电视台与新媒体集团“两张皮”的问题亟待解决。一方面，北京电视台作为“北京时间”的品牌背书，为“北京时间”的发展提供了丰富的资源；另一方面，“北京时间”的“去 BTV 化”明显，且二者在反哺机制、共振机制等方面缺少联系。比如在网（BRTN）为我所有时，北京电视台成功进行了《通向2022》《永远的丰碑——中国人民抗日战争暨世界反法西斯战争胜利70周年》等体现融合传播力的大直播尝试。分离后，由于运营管理权限等问题，近两年融合传播的探索未能有效进行。具体来说：

其一，“北京时间”是北京电视台新媒体的唯一出口，但是，北京电视台并不是“北京时间”的控股方，那么，北京电视台在新媒体运营上如何发挥主动权，对内容运营进行有效管理，拓展主流媒体传播阵地？

其二，“北京时间”和北京电视台两个品牌如何实现最紧密连接，形成社会对两个品牌的统一认知？如何避免传统业务和新媒体业务“两张皮”的现象，进而达到提升北京电视台融合传播力的目标？

其三，北京电视台的内容团队与“北京时间”的内容团队如何发挥协同作用，建立更加紧密的合作运行机制？如何统一打造全媒体记者队伍？

其四，“北京时间”既担负着扩大主流媒体舆论阵地的目标，也担负着积极开拓市场的目标，如何实现两个目标的高度统一和股权双方利益的高度统一？

根据《北京广播电视台深化改革总体方案》的要求，未来北京广播电视台要“做强用好北京新媒体集团平台，加快实施移动优先战略，努力形成移动传播新优势。”在此次三台合并的改革大幕下，如何通过理顺管理架构、资本结构有效打通电视台与新媒体集团，使二者能够协同作战、利益统一，是我们面临的一项重大课题。

（二）机制改革与平台建设的关系。

当前，北京电视台正在深入推进“融合新闻业务系统建设项目”，以建设融媒体新闻中心为抓手，将新媒体发展纳入改革发展的总体布局，推动传统媒体和新兴媒体融合发展。关于融媒体中心（“中央厨房”）建设，国内外众多传统媒体的实践给我们提供了很多的经验和启示。

在西方，“中央厨房”的建立与媒体的商业化运作紧密地联系在一起，它的主要功能基本与这种业务流程的商业价值有关。“中央厨房”的首要功能是节约成本，其次是调和不同类型媒体之间巨大的文化差异。事实上，在西方传媒集团的发展史中，经营多种媒体和尝试资源共享早有先例。以美国为例，美国许多传媒机构从建立之初就表现出高度的融合性，报社拥有自己的电视台、电台，电视台又拥有自己的纸媒，天然形成“你中有我、我中有你”的媒体格局，所以美国的传媒集团在新媒体出现以前就具有培养全媒体记者的条件，并具有运作“中央厨房”的能力。因此，当新媒体呈现快速发展之时，“中央厨房”的理念很快就在媒体中被确立下来。早在 2000 年，美国就有传媒集团在佛罗里达州建立了集纸媒、电台、电视台、网站于一体的新闻大厦，这种聚合不仅表现在地理区域上，更多地体现在实际运营层面，新闻大厦里的所有编辑记者会根据当天媒体平台总负责人发布的新闻线索，进行独立或者联合采访，所有的采访内容新闻大厦共享。不难看出，西方国家的“中央厨房”与其商业化运营的逻辑紧密联系在一起。即便如此，许多西方国家的“中央厨房”实践也并不十分顺利，在推动新旧媒体融合方面的成效有限。

在国内，以人民日报等主流媒体打造的“中央厨房”模式已经成为当前传统媒体推动融合发展的有力抓手，经过几年的探索和实践，“中央厨房”建设也正在从经验摸索走向阶段性总结和面向全国的理念推广、经验传播。毋庸置疑，“中央厨房”模式改变了媒介组织的传统运行方式，开创了新闻内容生产的新模式，有力推动了媒体业务的供给侧结构性改革。首先，“中央厨房”再造了新闻生产流程，实现新闻资源的高效采集、编发；其次，有利于传媒组织结构调整，推动体制机制变革；再次，加强与用户的连接，以新技术手段和传播机制强化新闻受众资源的开发。“中央厨房”式的融合生产模式要求新闻生产必须以开放的姿态和包容的格局，以机制创新为内核，推动新闻生产流程的再造和优化。

从调研来看，越来越多的传统媒体开始加入“中央厨房”建设的探索行列，所面临的问题也存在一定的共性。其中最为突出的一个问题在于，很多媒体颠倒了“中央厨房”建设的本质与载体，以为将物理平台搭建起来、引进了先进的技术，就能够实现融合生产、协同作战，忽略了更为本质的机制变革、人员融合问题，甚至于很多地方的“中央厨房”沦为了“节庆厨房”，在一定程度上成为了“面子工程”，对于日常新闻生产的支撑作用有限。因此，正确处理好机制改革与平台建设的关系，确保二者协同发展，这一点也是北京广电在推动融媒体中心建设过程中需要重视之处。具体来说，建设“中央厨房”，核心在于建立起总编调度中心、采编联动平台这样的协作、指挥机制，这部分建设事实上也正是涉及内部机制改革和流程再造的问题。技术平台和空间平台是底层支撑平台，但并不是核心内容。通过调研我们了解到，人民日报的“中央厨房”建设最为重视的就是机制和流程的运行，大约花了两年半的时间进行融合生产的模拟运行，即抽调各部门的人在虚拟状态下模拟运行，之后用了半年时间建成了全媒体新闻大厅。相较于机制建设，空间平台的建设是相对容易实现的。融合生产的关键问题在于：一是内部机制如何调整适应；二是内容产品如何转型，即从传统的报纸、广播、电视怎样转变成为互联网语态，打造过硬的互联网产品。

（三）借船出海与扬帆出海的关系。

当前，以 BAT 为代表的互联网巨头已经渗透于经济社会发展的方方面面。在大视频传播生态中，除了传统的广播电视外，基于互联网的网络视频、通过电信专网传输的IPTV以及由虚拟运营商主导的OTT互联网电视等纷纷加入视频媒体的行列。在家庭大屏市场，基本形成了DTV、IPTV、OTT TV三足鼎立的市场格局，而在网络视频领域，更是由BAT直接主导。在互联网硬件的两大入口中，PC端和移动端的大格局已定，广电系想要从这两大入口向互联网拓展并掌握话语权的难度毋庸赘言。而广电赖以生存的家庭电视大屏正在被视为是“第三大互联网终端入口”，成为各方争涌而上的新风口，从目前的OTT TV用户数据以及发展态势来看，广电并没有因为掌控牌照而取得在该领域的优势，其对产业链的控制力由强渐趋转弱，甚至在有的合作模式中仅仅是沦为牌照“租借方”。因此，在推进融媒体中心建设的过程中，我们需要正确把握好“借船出海”（借助商业化平台）与“扬帆出海”（自建渠道）的关系，一方面，需要有效借力互联网公司强大的渠道实现主流媒体内容与价值的传播；另一方面，借助各项政策红利，积极应用新技术、新手段重构内容流程和生产模式，是实现转型发展的必然要求。

2014—2017年我国OTT TV用户发展情况（万户）

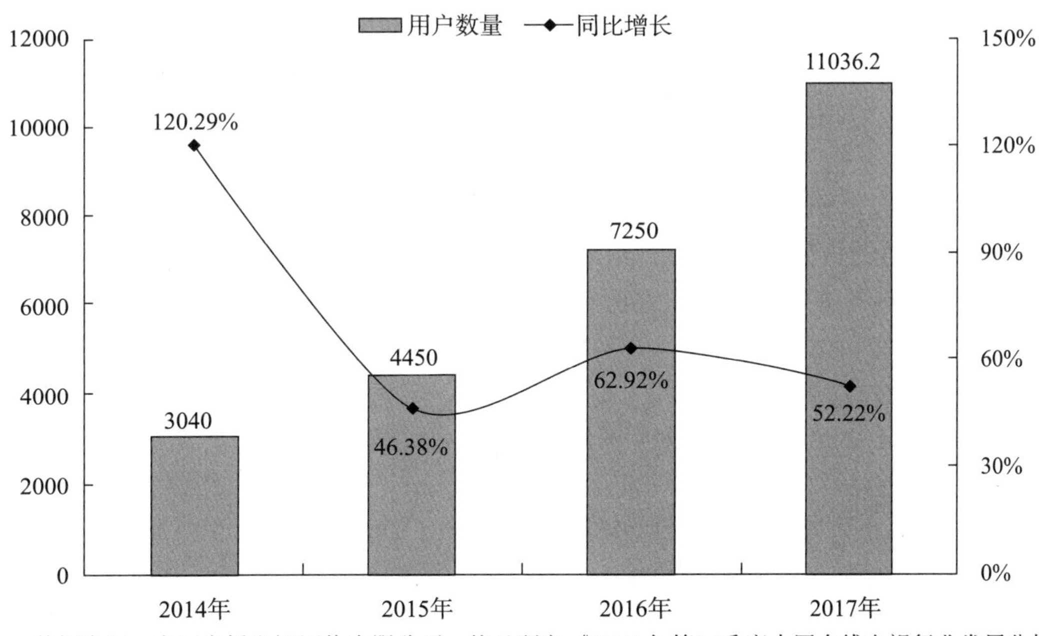

数据来源：中国广播电视网络有限公司、格兰研究《2017年第四季度中国有线电视行业发展公报》

自20世纪90年代中国正式接入国际互联网以来，广电媒体就开始了与新媒体的融合探索之路，从最初创办自己的门户网站，到创办网络电视台，再到移动传播时代布局“两微一端”，“台+网+微+端”几乎已经成为广电媒体运营新媒体、推动融合转型的标配。尤其是近年来，各级广电媒体纷纷推出“两微一端”，但在表象繁荣的背后仍有很多问题值得思考。

第一，传统媒体“两微一端”的运行效能值得考量。仅以新闻客户端为例，很多传统媒体都开办了自己的客户端，但真正做得好的凤毛麟角，很多媒体客户端的下载量和日活情况十分惨淡；第二，“两微一端”的运营多为转发信息，既涉及版权问题，也难以吸引关注；第三，缺乏清晰的定位和盈利模式，很多广电机构开办“两微一端”，仅仅是为了能够占有一席之地，但对于持续发展缺乏规划和运营。这一点，BBC 在融合发展过程中也遇到了同样的问题。有业内人士调研表示，BBC 最初也是尝试自建社交媒体，但受众并不买账，目前他们对 APP 基本处于半放弃状态，而将重点放在与商业化社交平台开展合作上。具体到北京广电，我们也先后推出“BTV 大媒体”新闻客户端、北京时间新闻客户端，但实际运行效率和传播效果也较为有限。但是，倘若一味依赖商业化平台，话语权也自然不在自己手中，推送什么、引导什么，都可能受制于人。从调研情况来看，主流媒体拥有自己的客户端，既是客观需要也是现实之举，关键在于如何通过特色化的内容运营和服务，努力提升客户端的下载量、活跃度，真正将客户端做活做优，这也是融合转型面临的一大挑战之处。

（四）人员转型与人员融合的问题。

媒体融合的保障在于如何进行契合于新生产样态的组织结构变革和管理方式变革。在推进融媒体中心建设的探索中，对于内容、渠道、平台、经营等方面的实践已经十分丰富和大胆，而更为深层次并起到决定性作用的组织机构、管理方式、体制机制等改革仍然是任重而道远，这其中如何解决“人”的问题，推动人员转型、人员融合，也是一大突出问题。

首先，引进人才与现有人员的转型问题。就目前而言，我国广电媒体的绝大多数从业人员都是脱胎于传统媒体，其知识储备、技能掌握、思维方式以及从业经验都是深深植根于传统媒体，具有相对系统、封闭、逻辑线性等共性特征。而正在成长的互联网一代，他们是网络的“原住民”，具有很强的开放性、互动性特征，他们所需要的媒介内容也是具有上述两个特征。传播者与受众之间的矛盾显而易见，更重要的是，现有从业人员根深蒂固的思维惯性、工作流程惯性也是制约转型的桎梏所在。尤其是在当前组织内部考核方式、薪酬激励等机制欠缺或错位的情况下，人员转型困难重重。但是，在调研中，很多机构都明确表示，引进人才是必要的，尤其是领导层面和核心技术层面的人才引进尤其重要，但是每一个传统媒体都不可能大规模招人，所依赖的一定是现有队伍。

再次，关于“老人”与“新人”的融合问题。一方面，传统媒体的“老兵”们拥有丰富的实践经验；但另一方面，已经习惯了传统采编流程、工作惯性的“老兵”们在转型过程中自然要克服更多困难，需要拿出更多的勇气和毅力。对于年轻人而言，他们有着更加发散、广阔的思维，对于新技术、新手段的接受和适应过程也更快，但在面对重大主题报道、突发事件发声时，也可能存在经验不足等问题。因此，以机制创新、培训提升等方式推进现有人才队伍的转型，是传统媒体推进融合发展的当务之急。

（五）资金支持及资本运作的问题。

新媒体业务的运营，尤其是视频业务对内容吞吐量要求极大，耗资巨大。以商业性视频网站为例，10 多年的野蛮生长至今也未发出实现盈利的声音。根据互联网发展规律，用户和市场规模才是最终决定视频网站能走多远的关键因素，因此，以BAT为代表的头部视频网站均是采取大投入、大产出的运作模式。以爱奇艺为例，其招股书显示，2017年内容成本达到126.16亿元，较2016年的75.41亿元增长了67.3%。不仅如此，根据媒体报道，为了抢占内容市场，优酷和腾讯视频2018年均作出亏损80亿元的预算，已经上市的爱奇艺亏损预算也在30亿元左右。上述数据表明，持续的内容投入以及购买成本的不断增加，要求视频行业必须有强大的资本支撑。在民营视频网站领域，绝大多数大型网站都有强大的融资渠道，BAT自不必说，以当前热门的短视频领域为例，原澎湃新闻CEO邱兵创立的“梨视频”2016年11月上线，短短一年半时间以来，已经完成三轮融资，在华人文化产业投资基金数亿元的天使轮和人民网1.67亿元Pre－A轮的融资之后，2018年4月，梨视频宣布完成腾讯领投、百度等跟投的6.17亿元人民币A轮融资。因此，走出体制，寻求与市场对接、与资本对接，是传统媒体打造新型主流媒体的必由之路。

从产业实践来看，支撑网络视听新媒体发展的资金，不可能来自银行。一方面是银行贷款额度有限，另一方面是过多的银行贷款必然会显著增加融资成本。因此，民营视频网站纷纷走向资本市场，或融资，或上市。对于传统广电媒体而言，受制于媒体属性，在融合发展的资本运作层面没有民营视频网站灵活，更加需要特殊的资金支持。目前来看，许多地方都成立了文化产业投资基金力求来满足融合转型发展对资金的需要。比如，上海市制定了《上海市主流媒体发展新媒体专项资金实施办法》，在上海市宣传文化专项资金预算中，安排专项资金通过无偿资助、贷款贴息和政府购买等方式支持上海市主流媒体发展新媒体业务。① 广东省先后成立了广东南方媒体融合发展投资基金和广东省新媒体产业基金。前者总规模100亿元，首期规模为10.6亿元，重点支持广东传媒出版企业转型升级和媒体融合重大项目，如南方报业传媒集团的“南方+”应用，广东广播电视台“触电频道”应用等；后者资金规模与此相当，重点支持广东国有媒体企业新媒体发展项目、媒体融合发展重点基础性项目、传统媒体产业转型升级重点项目、国有文化企业的重组改制等。此外，广东省委宣传部与浦发银行签订协议，浦发银行在“十三五”期间将提供不低于500亿元的投融资额度，用于支持广东文化产业转型发展。

不过，相对于直接上市融资，产业基金投资的方式规模稍小。对于谋求融合发展的各方主体而言，获得产业基金的投资只是第一步，上市融资才是获得长期稳定资金来源的方式。虽然上市本身就是融资手段，但是为了达到上市的目的，拟上市企业在上市前依然需要广义的资金支持，比如资产注入。2017年，芒果传媒集团子公司快乐购（上市公司）收购与其受同一实际控制人湖南广电集团控制的5家公司的全部或控股股权，本次收购的总交

① 光明日报媒体融合发展专题调研组：《打造有强大竞争力的新型主流媒体——媒体融合发展系列调研报告之一》，新华网，http：//www. xinhuanet. com/zgjx/2015－07/06/c_ 134385133. htm。

易金额为人民币115.5亿元，其中快乐阳光作为芒果TV的运营主体作价95.3亿元，占总交易金额的82.5%。通过此次交易，芒果TV实现了“借壳上市”。这一系列的资本运作，也是一种资金支持。

具体到北京市来看，《北京市“十三五”时期加强全国文化中心建设规划》中明确强调，“推动传统媒体和新媒体融合发展”“培育新型媒体集团”。其中在保障措施中，明确提出了要“完善资金投入方式”。“在文化产业方面，发挥财政资金的引导和撬动作用，更多采用股权投资、基金、担保、贴息等间接方式，支持国家和本市重大文化创意产业项目建设，同时积极引入市场化运作模式，推动文化金融深度融合发展。”① 2017年3月，京报集团全资子公司京报长安资产投资管理有限公司与3家银行共同设立规模50亿元的产业基金，用于京报集团媒体融合及多元化发展。在2017年10月举办的北京市促进文化与科技融合发展现场推进会上，相关负责人表示，北京拟出台《北京市促进文化科技融合发展的若干意见》，将设立文化科技融合发展创投引导基金。② 无论是来自于政府主导层面的资金支持，还是来自市场主体层面的努力，都是一种对融合发展基于资金支持的尝试，也是以资本为纽带构建传媒产业链的具体举措。

三、北京广电融合转型的基本思路

（一）实行“一把手”工程，统筹做好顶层设计。

融合转型并不是简单的修修补补，而是一场涉及思维、内容、组织和经营等方面的系统性创新革命。从2014年中央提出打造新型主流媒体的目标至今，历经3年多的发展，全国各级媒体机构探索建设新型主流媒体的步伐已经从局部实践上升为顶层设计。从实践来看，以央视、人民日报、湖南广电等为代表的主流媒体在推进融合转型过程中也无一不是以做好顶层设计为前提的。

中央电视台于2014年成立了台网融合顶层设计领导小组，把台网融合工作作为“台长工程”“一把手”工程来抓，制定了《中央电视台新媒体顶层设计实施方案》，内容涉及体制机制、版权管理、台网融合、节目创新、产业发展、技术创新等战略性问题。与此同时，在全台范围内开展“央视发展战略”大讨论，召开新媒体工作会，制定《中央电视台新媒体发展规划及实施办法》，具体指导全台新媒体发展的各项工作，狠抓重点项目，打造出“央视新闻” “央视影音”等核心产品。

人民日报建立了传统媒体与新兴媒体融合发展办公会制度，由编委会领导，社长牵头负责，制定了加快传统媒体与新兴媒体融合发展的工作方案。同时，以全媒体新闻平台、人民日报社数据中心、人民日报客户端为重点项目抓手，推进新型主流媒体建设工作。

湖南广电为系统阐述融合发展战略，统一全台思想，于2015年初推出纲领性

① 《北京市“十三五”时期加强全国文化中心建设规划》，首都之窗，http://zhengwu.beijing.gov.cn/gh/dt/t1438135.htm。

② 《北京拟出台促进文化科技融合发展若干意见》，人民网，http://bj.people.com.cn/n2/2017/1015/c82846-30830776.html。

文件《湖南广播电视台建设新型主流媒体若干意见》，全台100多位中层以上干部连续召开了4天的会议，推出23条若干意见，其中给湖南台赋予了新的定义，即：所有媒体及内容公司组成巨大的“内容云”团队，做强知识产权优势，实现多屏分发，形成湖南卫视、芒果TV“双平台”带动、全媒体发展的新格局，做到舆论引领者、知识产权创造者、平台竞争者、渠道建设者和价值实现者的“五位一体”。

湖北广播电视台将原有的IPTV、湖北网台、手机电视等单位进行重组，于2014年7月成立湖北广电长江新媒体集团。之后，成立台（集团）媒体融合发展委员会，由台长任主任、班子成员任副主任，作为媒体融合的领导机构，并出台《推动媒体融合发展实施意见》。在此基础上，湖北广播电视台培育了一批按市场机制组建和运营的企业，典型如北京长江传媒公司，该公司是湖北广播电视台推行制播分离制度后成立的企业，短短几年时间，整合了一批新闻制作、节目创意、广告、内容咨询评估团队，完全以市场化公司进行运作。

北京广播电视台推进融合发展，首先要从加强顶层设计，切实推动体制机制转型入手。目前，我们已经成立专项领导小组，正在深入研究制定《北京广播电视台融媒体新闻中心建设实施方案》等顶层设计，统筹新型主流媒体建设的重点项目。媒介融合的底层基础是技术，中观层面需要解决产品和用户的问题，而最重要的是要有清晰、明确的顶层设计。一方面，对于包括北京广播电视台在内的传统广电媒体而言，机制体制是转型的最大困难，也是转型的根本前提所在。客观来看，湖南、上海、浙江、江苏等省级台在前些年通过自上而下的改革，逐步走上了良性发展的轨道，相比之下，北京广播电视台在体制机制方面已经滞后，改革的任务非常艰巨，既要弥补历史欠账，也要破解制约发展的难题；另一方面，思维理念上的融合是一项更为根本的任务，广电媒体要从长期的电视思维转变为新媒体、融媒体思维，同样需要来自全局性的、战略性的布局。目前很多地方广电上马的“中央厨房”“两微一端”多数仅停留在新闻业务、技术业务层面，缺乏产业的融合和清晰的盈利模式。只有真正实行媒体融合的“一把手”负责工程，让“一把手”来统筹新闻生产、产业经营、人事改革、技术管理等业务，才有可能真正推进融合转型落地。

（二）以融媒体中心建设为抓手，打造核心竞争力。

随着融合转型在全国各级广电机构的全面展开和深入推进，从中央到地方已经涌现出大量因地制宜、积极发力的新媒体，推动广电媒体与新兴媒体融合发展的探索性案例。北京广播电视台将以此次深化三台整合改革为契机，以机构合并带动体制机制创新，努力使物理整合产生化学反应，推动北京广电补齐融合发展短板。

目前，北京广播电视台已经制定出台《北京广播电视台融媒体中心建设方案》，以融媒体中心为基础，坚持“新闻立台”的办台宗旨，坚持一体化发展理念，整合电视台、电台和北京新媒体集团的内容资源、生产要素，紧跟最新技术成果、运用多种传播手段，建设自我主导、可管可控的融媒体传播平台。作为首都大台，北京广播电视台拥有得天独厚的政治优势、文化优势、资源优势，我们要以融媒体中心建设为抓手，将突破新闻采编发流程再造作为媒体融合的关键环节，在现阶段集中资金和力量塑造核心竞争力，重塑主流媒体的舆论引导力、公信力。具体来说，一是整合总台框架下的三方资源，实现一体化运行。要集中电视台、电台和新媒体集团三方优势，整合新闻类节目资源，实现集中指挥、统筹调度、资源共享、协同生产、多维传播；二是联通16区、各委办局、市属主要媒体（《北京日报》《新京报》《北京青年报》等）的新闻资源，扩展北京政务资源、城市服务资源等，通过“互联网+政务+民生”的技术手段，搭建数据智能分析平台，建立北京地区大数据共享模式，实现对政务、党建、民生等领域信息化服务的支持；三是联通京津冀资源，构建京津冀协同发展融媒体资源共享平台，成为媒体融合的试验平台、传媒科技创新的示范中心和应用中心。

（三）整合重组现有新媒体资源，发挥协同效应。

对比湖南、上海乃至广东、浙江电视台，北京广播电视台在融媒体发展上已然落后。虽然北京电视台的官方微博、微信等业务的推出并不算落后，但是在融合新闻生产、新媒体业务的资产剥离、公司化运作、传媒产业链的整合、与资本市场的对接方面，差距仍比较明显。在大的层面，要实现北京电视台、北京人民广播电台、北京时间三台系统的互联互通，整合现有业务；理顺北京广播电视台与北京时间的关系，把北京时间整合到北京广播电视台统一管理下运营，做好内容的协同发布以及用户的统一管理与运营。具体到业务层面，也需要整合重组现有新媒体资源，解决弱散小、内容定位不清等问题，发挥协同效应。

其一，目前仅北京电视台就拥有154个新媒体账号，且存在归属和运营混乱等问题。鉴于“两微一端”对频道和节目的宣传推广作用，以及可以很好地与受众进行互动，从台到频道，再到具体栏目、主持人等，均会开设微博账号、微信公众号、短视频账号，目前也都是由所在的频道或节目组人员兼职进行维护和运营。还有一些短视频账号由于节目版权售卖问题则是由社会公司运营，普遍来说存在着弱散小的问题，难以形成合力。另一方面，除了新闻中心下设有专门的新媒体科室之外，多数新媒体账号都是兼职维护，运营能力、技巧、手段、时间、精力都存在不足的问题。

其二，厘清内容定位问题。广电媒体布局“两微一端”，并希望以此搭上移动互联网的高速列车，来达到融合转型的目的，我们需要搞清楚“两微一端”的定位是什么，优势在哪里，有什么样独特的资源可以利用，劣势和掣肘在哪里，如何突破解决，等等。比如有的栏目公众号仅仅是作为节目预告的宣传推广平台，那么其运营在很大程度上会存在问题，如同鸡肋般存在，没有关注度。再比如APP的定位问题，前几年，国内的广电机构纷纷推出自己的APP新闻客户端，绝大多数APP都是一个无所不包的“大杂烩”，涵盖新闻、娱乐、财经、旅游、餐饮以及政务服务等，定位不清、特色不强、人气不高，再加之技术更新慢，久而久之就成为“僵尸号”，形同虚设。

其三，新媒体大屏资源的运营问题。

目前我们的工作重点主要是集中在移动端，IPTV、OTT TV 这一大屏市场同样需要引起重视。移动之后，万物互联已是行业趋势，而以智能大屏电视为核心的“客厅经济”撬动产业链条的天花板，其承载的内容、应用和增值服务拥有巨大增长空间，“客厅经济”也被看作是近年来行业发展的新风口。一方面，歌华有线与北京广播电视台的产业关系有待进一步理顺，目前，歌华有线在向上游的电视内容生产和播出延伸，与电视台争夺观众，同时歌华所开展的开机广告、回看插播广告等业务与电视台存在一定的利益冲突；另一方面，从 2012 年起，北京电视台与北京联通合作打造北京电视台 IPTV + 项目，北京 IPTV 集成播控分平台由中国网络电视台和北京电视台联合建设。全部内容由两级播控平台集成后，经北京 IPTV 集成播控平台接入到北京联通的 IPTV 传输网络送达千家万户，这与歌华有线的业务形成了一定的竞争关系，双方在内容和渠道上均存在同城竞争、同业竞争关系。而在更具想象空间的 OTT TV 领域，由于我们缺失互联网电视的集成服务牌照，我们在这方面基本上未有作为，且与湖南、上海的差距越来越大。

（四）探索营销变现渠道，解决盈利模式问题。

目前国内外新旧媒体融合的最大难题在于，在成本核算的前提下如何在融合中找到可持续的盈利模式，真正实现“1 + 1 > 2”。比如有学者指出，“中央厨房的致命短板是难以解决新商业模式难题，原因在于中央厨房解决的依然是采编业务问题，而根本没有涉及新的商业模式和盈利模式难题。传统媒体出现困境的根源是用户连接失效，而要从根本上解决传统媒体难题就必须重建用户连接，中央厨房是根本不可能重建用户连接的，更谈不上重建商业模式和盈利模式”，也有专家在市委宣传部组织的区级融媒体中心建设培训班上明确指出，“媒体融合本质上是盈利模式问题”。

国内传统媒体推进融合发展大多尚未形成明确的盈利模式，新旧媒体的融合、良性循环发展缺乏经济支撑和市场力量的推动。目前新媒体的主要盈利模式有：（1）免费 + 网络广告模式；（2）电子商务模式；（3）内容付费模式；（4）互联网信息服务和移动增值。美国是全球最早进行媒体融合的国家之一，它的融合是在市场的驱动下自发进行的，一切资源围绕市场状况、市场预期以及资本流动来进行协调聚合，以盈利为最终目的，以效率为最高准则。然而传统媒体在融合的过程中依然面临着盈利模式的问题，无论是“台网融合”还是“视频网站”建设，盈利模式的探索仍在进行之中。

国内一些广电媒体也在不断尝试探索媒体融合的营销变现渠道，来解决盈利模式问题。湖南和上海自不必多说，前者的芒果 TV 借壳上市率先实现盈利，后者的东方明珠已经实现媒体与资本的深度联姻。而在更多的主体层面，盈利模式仍是一个亟待破解却又似乎没有头绪的“老大难”问题。2014 年底的中央电视台年度广告招标会首次将新媒体资源纳入其中，随后很多广电媒体也尝试将单纯的传统广电广告经营，转变为全媒体资源营销推广，比如 2016 年 11 月，广东广播电视台第一次将传统媒体与新媒体资源一起面向广告客户进行营销推广，现场签约项目

14 个，签约金额超过 20 亿元。总的来说，这方面的尝试仍是局部的、单一的，且在现阶段来看，传统广电的新媒体运营并未获得广告客户的广泛认可，而是通过将电视和新媒体广告进行捆绑销售，试图寻找新媒体盈利模式的突破。据了解，2017 年，湖南台、快乐阳光在软广业务上进行联合招商，19 档节目中可分配软广总金额为 10.69 亿元，而芒果 TV 取得软广联合招商分成收入为 3.3 亿元，占全部广告收入比例近三成。

四、北京广电融合转型的推进路径

（一）推进融合传播的基础性技术改造。

探究中国广电的融合发展，技术革新总是绕不过去的一环。然而，互联网领域新的技术名词层出不穷——社交媒体，大数据，社会计算，网络直播，VR，二维码，小程序……不可否认的事实是，新技术总是由商业互联网公司所引领，而传统媒体总是追随者；并且，某一项技术还未追上，一项新的技术又诞生了，传统媒体处于不停在追但一直追不上的状态。究其深层次原因在于，传统广电媒体缺少新技术名词诞生的环境，即缺少基础性的技术。所谓基础性的技术，内容上是指高清技术，传播上是指开放的可编程语言与互联互通的网络传输协议，反馈上是指基于跨平台的用户大数据分析。

首先，是以提升体验为目标的制作技术改造。现代住宅中电视屏幕的面积将越来越大，对电视信号分辨率的要求也将越来越高。因此，高清电视节目是能够提高家庭观看体验的重要技术。目前，北京电视台尚未实现全面高清化，我们要加快高清化改造进度，从制、播、存等方面入手，全面提升高清节目生产能力；同时要密切关注 4K 等超高清技术，及时把新技术应用到节目的制播中，提高我们节目的观感体验。

其次，以加强融合为目标的传播技术改造。基于互联网传播的新媒体之所以具有传统广电媒体不可企及的互动性、开放性，是因为建立在开放的可编程语言和互联互通的传输协议这两种技术条件之上。目前电视台内部的节目传输大多采用 SDI 协议，存在线缆多维护困难、传输距离短、可开发程度低等问题，也是未来实现融合传播需要突破的地方。调研访谈中我们了解到，新华社音视频部目前已经全部实现 IP 化改造，节目生产、传输全部基于互联网。

再次，加强大数据分析应用能力。目前来看，我们尚不具备真正意义上的用户互动数据，无论是传统的收视率调查，还是局部探索的跨媒体数据反馈，都距离真正的大数据挖掘和分析有较大差距。但是，在可作为的范围内，比如加强新媒体集团现有数据的分析利用，加强全台新媒体账号的用户数据分析，提高数据的指导与反馈作用，提高互动性，为受众提供更加优质的内容产品和服务体验。

除了上述基础性技术改造之外，当前北京广播电视台正在推进融媒体中心建设，我们要以此为抓手，推进现有生产技术、传输技术、传播技术、反馈技术的改造升级。相较于上海、浙江、山东等地，北京广电的融媒体中心建设起步已经落后，因此更需要我们确保高标准、高质量，要在可以预期的时间内保持领先，跟上新技术发展步伐，发挥后发优势，实现进位赶超。

（二）深化内部体制机制变革。

1. 制播体系的内部市场化改革。

制播分离是电视产业化改革的重要内容，与媒体融合有千丝万缕的联系。一方面，传统电视媒体通过体制变革推进新媒体建设，为制播分离改革提供了可借鉴的市场化经验；另一方面，积极推进台内的制播分离改革可以进一步提升内容制作能力，有助于推进媒体融合。而共同的市场主体身份将会更有利于建立起内容合作机制和内部的市场交易机制，有利于内容产品的市场推广和营销，实现利益捆绑，成果共享。当前，电视台不仅面临着视频网站强大的内容版权竞争，自身人才外流使得内部出现了严重的“空心化”问题。事实上，国内一些大台强台普遍把节目制作力量掌握在自己手里，同时通过一定的内部市场化改革措施予以必要的激励，比如湖南、上海通过推行独立制片人制，有效激发了内部生产活力。北京广播电视台下一步也要下大力气推动内部市场化改革，带动节目制作力量回归电视台，将节目生产力牢牢掌握在自己手里，重塑广电媒体的核心竞争力。

2. 业务流程和生产机制再造。

长期以来，机制问题都是媒体改革推进过程中需要攻克的一座大山。传统电视台的管理机制和运营模式具有浓厚的机关化、行政化色彩，结构层级化、程序繁琐、人员冗杂、流动固化等问题极大地禁锢着媒体融合在内容生产和传播体系方面的变革和创新。比如，人民日报建设“中央厨房”过程中最重要的一条经验，就是反复强调机制改革与流程再造的重要性，较之融媒体物理空间的建成，更重要的是运营模式、业务流程和生产机制的再造与提高。

宏观上，从媒介融合的需要出发，构建扁平化组织结构，减少管理层次，增大管理幅度，将传统的金字塔状管理组织形式“压缩”为扁平状的形式，按照“中央厨房”的运作要求，从传播内容与方式、传播效果与影响力、与受众和用户互动情况等方面分别制定详尽的评价指标，规范化管理，形成低成本、高效率、高产出的优势。

微观上，在组织架构方面，要改变新媒体部门/科室从属于传统媒体部门的弱势状况，确立新媒体在整个媒体机构中的主力军而非编外者或机动队的地位；在业务流程上，新媒体业务部门要与传统业务部门进行有效对接，整合传统媒体的优势资源，逐渐打造以新媒体平台为龙头的布局，对整个内容生产和传播流程进行再造，形成“中央厨房”式制播模式。同时，融媒体决策团队和决策过程应吸纳从事或熟悉新媒体工作的人员参与，以真正发挥新媒体力量在融合中的主力地位和重要作用。媒体内部要建立健全协作、共享、用户相互导流等机制，为融媒体平台的建设积累经验并奠定物质基础、技术基础和认同基础。

3. 转变绩效考评方式。

评估是反馈，更是激励和导向。自20世纪80年代中期视听率调查引入中国市场以来，国内广电机构的考核评价在相当长的一段时间内都是以视听率为主导。随着融合传播、跨屏收视行为的日益普及，建立融合传播评估体系，既是客观之需，也是电视台内部推进融合转型的有力抓手之一。根据原国家广电总局2012年下发的《关于建立广播电视节目综合评价体系指导意见（试行）》的要求，融合力指标作为6项一级指标之一，与思想性、创新性、专业性、满意度、竞争力共同构建起品质评价指标。所谓“融合力”，指的是节（栏）目和频率、频道与互联网终端、手机等新媒体的融合程度，以及在新媒体上二次传播和口碑影响情况。

从央视和主要省级卫视的实践来看，各台也均将新媒体端的传播情况纳入评价指标体系中去，比如央视以春晚、世界杯等大型活动和赛事为案例进行了跨屏收视效果的横向比较和换算加总；上海电视台为节目部门建立跨媒体效果评估的可视化平台，希望通过这个平台更加精准地描绘受众轮廓，推动收视率向消费行为的转化；北京电视台也以大型活动为契机，探索多维度的跨媒体传播效果分析。但总的来看，虽然各电视台对多屏效果评估有着强烈的实践需求，与新媒体的融合力成为很多电视台节目评估的一个重要指标，但目前还是以局部的应用案例为主，缺乏系统化、标准化、常态化的解决方案。考评机制的滞后，在一定程度上就难以调动起节目一线探索融合生产、融合传播的积极性，由此进入一种不良的循环状态。

电视台整体的绩效考评方式有待调整，而具体到融合新闻生产，这种需求就更为迫切。北京电视台新闻节目中心成立了专门的新媒体科室，负责微博、微信、今日头条、秒拍等聚合类平台上内容发布，尽管该科室可以调用新闻中心记者、编辑采编的各类素材，但毕竟人力有限，新媒体端的内容运营仍是作为一种从属状态而存在。如何调动所有的记者、编辑来向新媒体平台踊跃提供内容，是当前进行生产流程再造和机制变革的一大重要问题。一些广电机构新开办的信息平台总是寄希望于发文件和号召的方式来鼓励其他平台的员工“投稿”，但这种缺乏激励、缺乏机制保障的做法自然难以取得理想效果。换言之，必须建立起适应融合生产、融合传播的绩效考核机制，这样才能从根本上保障新媒体端的内容生产。

在这里，以纸媒考核方案的改革为例。相较于广电，纸媒的融合转型更为迫切，且成效也更为显著。2015年7月，新华报业传媒集团成立媒体融合创新实验区，着力打造交汇点新闻客户端、视觉江苏网等一系列新媒体产品。为调动记者编辑在新媒体端发稿的积极性，出台了全新的全媒体考核办法，其中规定：“集团内各媒体记者、编辑均有义务第一时间向交汇点客户端发稿，并参与考核。而在重大（突发）事件报道中，也鼓励集团非采编部门工作人员向客户端发稿。”并有专门的奖励机制，规定：“在交汇点客户端首发的原创稿件，考核产生的稿酬及奖励费用，由集团单独列支。”目前，“交汇点”的单篇内部稿酬从50元到400元不等，获评融合好稿后还有额外奖励，总收益超过集团一些纸媒的稿酬。此外，新华日报传媒集团还定期排序公布采编团队的发稿条数、稿件点击数、分享阅读数、评论数等后台数据，以此作为采编考核的重要参数。一方面，对于新媒体端各类稿件和节目的考核，可以充分参考用户的意见，以点击量、评论量、转发量等作为硬性指标；但另一方面也必须明确，新媒体的传播量不是考评的唯一标准，比如时政新闻与社会新闻在传播量上必然不具有可比性，考核体系的设计需要经过严谨细致的论证，且要在实践中不断调整完善。

4. 人才激励机制与培训机制。

人才队伍是传媒竞争的核心要素，也是媒体转型发展的第一要义。媒体融合，归根结底可以说是人才的融合，是人才思维、观念、技术的融合。一方面，当前传统广电媒体面临着大量人才流失的尴尬现状；另一方面，现有员工如何转型，适应融合时代的传播变化，直接决定着媒体转型的成功与否。

从人事管理的层面来说，经过多轮的产业化改革，广电内部的人员身份已经变得十分复杂。从大的面上可以分为事业编与合同制，从小的面上又可以继续分为台聘、频道聘和栏目聘。尽管在同工同酬方面的改革已经推进了许多年，但仍然存在有待解决的问题。此外，随着民营视频网站在资本市场上频获青睐，它们对电视人才往往开出高价以吸引加盟。这对于电视台来说改进人事管理迫在眉睫，关键的问题是从如何实现同工同酬，到如何提供与民营视频网站相比具有竞争力的薪酬。上海广播电视台通过旗下的上市公司东方明珠实现了股权激励，这是电视台与民营视频网站竞争薪酬的有益尝试。不过，尽管各界一直看好上海广播电视台的这一举措，但目前也仅有上海付诸实践，其他电视台仍然难以实现。这既有思维或制度层面的原因，又有资源层面的因素，毕竟不是每家电视台都有上市公司可以实行股权激励。在不剥离电视台资产的情况下，独立制片人制在内部实现了不同制片团队之间的竞争，并以配套的人事和财务制度作为激励保障。这一模式的正常运行需要电视台调整人事制度，以适应独立制片人选拔、考核以及节目组人员选拔和考核的需要。

从当前传统媒体转型过程中实行的人才改革实践来看，创造宽松的环境，鼓励人才内部创业，也是人才建设机制创新的一条重要路径。2016 年 10 月，人民日报社融媒体工作室计划正式启动，旨在盘活人民日报社和社属子报刊的资源，进一步提升报纸和新媒体的报道质量。从报社内部来说，人员组织打破了现有部门设置，实现“跨部门”的组织方式，由全报社范围内采编业务人员在不影响原部门、单位工作前提下，根据个人兴趣、业务专长、资源等自由结合成内容主创团队。在人民日报社内部，融媒体工作室采取主动申报的形式，每个团队 3 ~ 5 人，由 1 ~ 2 名媒体人牵头，招募其他有兴趣的同事自愿参加，如“新地平线工作室”以评论部业务骨干牵头，成员分别来自评论部、总编室、新媒体中心、《环球人物》杂志等单位。目前，这一计划已经孵化出侠客岛、麻辣财经、学习大国、新地平线、半亩方塘、一本政经、智理行间、国策对话场等 46 个融媒体工作室，实现了跨部门、跨媒体、跨地域、跨专业的人员大融合。

湖北广播电视台近年来不断推进台与集团管理体制、独立制片人制、人力资源管理、股权与分红权激励试点等改革，在考评体系、奖励制度、人才管理与培养等方面推出一系列举措，为所有岗位设置全媒体背景下的操作标准，加快全员向融媒体生产人员转变。比如长江新媒体集团充分借鉴创业型互联网企业管理机制，通过“赛马制”考核鼓励管理岗位员工创新探索，将部门经理作为核算单位充分授权，按业务规模和盈利能力实行动态管理，优胜劣汰；对于非管理岗位员工，试行星级员工计划，将员工按积分多少划分为10个级别，积分项目由员工绩效成绩、合理化建议、获得奖项等组成，采用终身积分制并动态管理，每年评定一次，评定结果与员工基本工资挂钩。

北京广播电视台推进融合转型，所依赖的一定是现有人才，现有队伍的转型提升成为当务之急，加强员工培训，包括新闻职业道德、新媒体从业技能等方面的培训都是必不可少的。从全台层面来讲，应制定详细的员工培训规划，鼓励各部门结合业务实际为员工创造学习机会、学习环境。与此同时，更要鼓励采编人员主动适应新媒体，开展自我学习、自主转型。

（三）以“四力”为导向重塑内容生产力。

新的技术变革正在创造新的市场，如今的我们，身处一个无处不视频的大视频时代，传媒格局发生深刻变化，多屏共存成为新的视频生态景观，人们正在经历从“看电视”到“看视频”的转变。在这一时代性的转变过程中，电视媒体确实面临着严峻的受众流失和经营分流，但在遭遇分流蚕食的同时，优质电视节目内容所蕴含的巨大传播能量和影响价值也在媒体融合时代拥有了新的增量空间，电视台所掌握的内容资源依然是跨平台、多终端视频传播格局中重要的支柱性力量。在今天，内容为王，依然是传媒竞争的不二法则。无论传媒风云如何变幻，内容生产一定是最关键、最核心、最根本的要素，失去优质内容，平台价值必然一落千丈。因此，推动融合转型，我们要紧紧抓住内容生产这一根本，树立强烈的内容意识，在任何时候任何情况下，都必须把内容牢牢抓在自己手上。

客观来说，内容曾经是电视的优势，但随着制作市场化和人才流失，以及电视台节目购买能力弱化等原因，内容优势正在向商业化视频网站转移。近年来，视频网站推出的大量自制综艺，加之它们强大的影视剧购买实力，网络视频行业在内容布局上出现一些新的发展趋势：首先体现在由“海量内容”到“优质内容”的转变；其次体现在对热门IP的争抢和布局；再次体现在视频网站开始以生产者的姿态进入到内容生产行业。激烈竞争之下，要求电视台必须正视内容生产面临的危机，重建内容优势。

长期以来，北京广播电视台始终坚持“新闻立台”不动摇，无论是在重大事件报道，还是民生新闻领域，都是以“领头雁”姿态出现在电视媒体阵营。围绕“新闻立台”，着力于构建新闻信息的权威发布平台、社会热点的深度解读平台、现实矛盾的有效化解平台、社会舆论的正确引导平台。北京广电植根首都，已经打造出“北京春晚”、“跨界系列”、《养生堂》、《档案》、《生命缘》等众多有筋骨、深内涵的品牌IP。

下一步，北京广播电视台要认真研究自身的资源禀赋，包括人才资源、内容资源优势是什么、劣势是什么，把优势汇聚起来，聚集创新能量，聚焦创新突破；也要研究利用好外部创新资源，把原创能力与外部力量更好结合，拓展内容生产发展空间。当然，利用社会力量，并不是简单地引进和买入节目，而是重在引进节目本身所搭载的创新理念、管理经验和市场机会，将自身的原创力、品牌力嵌入到内容市场的产业链、价值链和创新链中去。同时，更要大力做好与培育创新驱动相关的制度保障和人财物的支持。目前，北京电视台正在研究探索《节目创研工作实施方案》，明确创新领导组织机构，设立创新基金，制定基金使用办法，创新研发奖励制度，加快形成约束和激励相结合、自上而下和自下而上相结合的创新运行机制，在体制机制上为创新提供最优环境，力求以创新机制建设为抓手，全力打造 BTV 内容创新平台、节目孵化平台、市场营销平台、创新创业平台。

（四）推进以资本为纽带的资源和产业整合。

与资本市场对接，是传统广电实现规范化、规模化、跨越化发展的必由之路。借助资本市场的力量，广电可以获得一个长期的低成本融资渠道，并降低负债比例，增强抵御风险的能力，极大地增强资本实力；更重要的是，上市还能规范内部管理，优化内部产业结构，增强发展动力。需要指出的是，由于广播电视机构作为事业单位不能进行股份制改造，无法上市，因此所谓的广电机构上市通常是广电控股的公司上市，广电的广告业务、节目制作业务（新闻采编除外）、有线电视业务和其他经营性业务作为资产注入该公司。该公司的经营业绩部分反映广电机构的经营情况，该公司在资本市场上融得的资金也可以流入广电内部，支撑相关业务的发展。

广电产业需要上市，这是毫无疑问的。从世界主要电视强国以及国内领先的广电集团的发展经验来看，内容生产与传输网建设都离不开强大资金的支持，多数电视台和电视网都是上市公司。但是，中国电视上市的问题是电视台不是完全的市场主体，在一些规则上“红线”较多，在一些思路上制约较多，在一些决策上顾忌较多，不能有效利用资本市场的有利资源进行产业布局。这是中国电视的特殊性，难以改变也不能改变。但是，媒体的商业模式在发生变化：数字时代下媒体发展规律已经从“注意力机制”进化为“影响力机制”，“信息入口”价值对于媒体商业模式而言越来越重要。这就意味着“媒体+服务”正升级为一种长远发展趋势。广电机构必须完成跨产业的布局，不说形成如阿里巴巴或者腾讯一样的大型跨领域公司，至少能够掌握与电视相关的产业领域（如影视制作、电子商务、移动支付等），才有可能在媒介大融合时代赢得一席之地。

相较于领先的省级台以及一些走在媒体融合前列的报业集团，北京广电进行资本运作的尝试仍然不够，在经验、人才、资源等方面还有较大差距。首先，要加快完成产业化和市场化转型，成为真正的市场主体。只有真正完成转型，形成市场所认同的评价标准和体系，才能建立起与资本市场对接的基础条件；其次，要进一步明确自身的战略定位和市场地位，努力成为真正的市场追捧目标。传媒向来都是市场和资本追逐的热点，要想让自己拥有运用资本杠杆撬动产业发展的能力，就必须形成独特的战略定位和有效的资源配置，只有让资本市场和投资者看到未来发展空间和前景，才会有成为投资热点的可能；再次，要围绕产业发展，从自身实际出发，充分运用各种资本运作方式，推动长远发展。资本运作并非简单的资产买卖，而是通过并购、转让等手段来实现自身资源、业务和运作体系的产业整合，通过资本关系来对接业务关系和相应的资源、渠道，进而为产业发展创造良好的生态环境，形成产业链，推动融合发展和市场竞争力的提升。

结 语

北京广播电视台实施融合转型战略，是深化改革、实现转型升级的现实要求，是顺应当前媒体融合发展方向、占领舆论制高点的必然选择，是服务首都“四个中心”功能定位、全面推进北京全国文化中心建设的战略需要。

从国内外经验来看，不同的广电机构在推动融合转型过程中所能依赖的资源不同、平台有异，因此也就需要选择不同的转型路径，比如湖南独一无二的内容优势、上海棋先一步的资本布局优势、浙江布局超前的融媒体新闻中心建设、湖北的政务支撑优势等。总的来看，对于现阶段广电媒体推动融合转型而言，内容优势与资金支持是两大不可缺少的基础性要素。首先，我们既需要建立起具有亮点和特色的核心内容，比如现象级节目、品牌栏目、有影响力的APP，也需要加快推动内容格局的转变，搭建起能够支撑融合发展需要的内容生产体系，比如面向新媒体的应用内容、线上线下互动内容的生产运作等。其次，充足的资金保障是帮助传统广电实现转型、跨越发展的另一支撑性要素。从实际情况来看，北京广播电视台在产业发展、资本运作方面欠缺基础，且追赶之路漫长，一定程度的财政资金支持是推动转型发展的现实需要，尤其是在当前加快建设融媒体新闻中心的关键节点上，无论是技术改造、空间建设，还是人才引进和培训，都需要充足的资金支持。

互联网发展已经进入下半场，中国的媒体融合依然在路上，对于传统广电机构来说，推动融合转型，并不必要求广电媒体在当前与商业性视频网站的内容生产与传播竞争中一定胜出，而是说，我们要抓住机遇，充分利用现有的政策优势、政治资源、数据资源、品牌积累等，主动融入媒体深度融合的生态中，突破内容生产与传播的思维定势、传统逻辑，在全新的媒介生态环境下，通过体制机制改革、业务流程再造、资金资本运作等方式，建构起以多业务、多形态融合产品为基础，面向多渠道、多终端的现代传播体系。立足于北京广播电视台实际，我们要以融媒体中心建设为抓手和突破口，坚定信心、乘势而上，整合广播、电视内容资源和新媒体渠道资源，打通电台、电视台、新媒体集团等技术平台的互通，构建一体化运作的内容生产与分发体系，力争用3至5年的时间将北京广播电视台打造成为具有强大传播力、引导力、影响力、公信力的新型媒体集团。

北京市宣传思想文化战线大调研课题
北京广播电视台2018年重点调研课题

电视节目融合传播效果评估体系研究

研究发展部
课题负责人：秦新春 参与人：徐 展

一、推进融合传播效果评估的迫切性

（一）考量节目传播价值的应有之义。

加快推进融合传播效果评估，是为电视做加法，科学全面考量电视节目传播价值的应有之义。对于节目内容而言，所有大中小屏的传播都是有效收视，只不过在新媒体冲击并不显著的时候，这些传播更多的是作为扩大影响力的渠道。而在今天，传统电视媒体在遭受新媒体分流蚕食的同时，优质节目内容所蕴含的巨大价值在融合传播时代也拥有了新的增量空间，这种价值需要有更加科学完备的数据挖掘和指标评价来体现。《2017年腾讯娱乐白皮书》数据显示，2017年，省级卫视仅是周末晚间档季播综艺节目就有105档，其中有7档节目网络播放量突破20亿，电视媒体所掌握的内容资源依然是跨平台、多终端融合传播格局中的重要力量。

（二）重塑内容生产流程的有力抓手。

评估是反馈，更是激励和导向。自20世纪80年代中期视听率调查引入中国市场以来，国内电视台的考核评价在相当长的一段时间内都是以收视率为主导。随着融合传播、跨屏收视行为的日益普及，传播效果评估成为电视台推进融合转型的切入口之一，以此来倒逼节目一线加大在新媒体端的传播探索。从实践来看，虽然电视媒体对融合传播效果评估有着强烈的实践需求，与新媒体的融合力成为很多节目评估的重要参考维度，但目前还是以局部的应用案例为主，缺乏系统化、标准化、常态化的解决方案。以传播效果为重要指征的考评机制的滞后，在一定程度上就会影响到节目一线探索融合生产、融合传播的积极性。举例来说，目前很多电视节目在微博、微信、今日头条等新媒体平台都开设了官方账号，但大部分新媒体端的运营仍是作为一种从属状态而存在，缺乏专门的人财物支持。因此，必须建立起适应融合生产、融合传播的绩效考评机制，这样才能从根本上保障新媒体端的内容生产，推动生产流程再造和机制变革。

（三）开展跨屏整合营销的客观需要。

随着受众获取信息渠道的日益多元化，广告主投放广告的策略也在随之发生变化。以跨屏互动、整合营销、大数据驱动为核心的广告投放策略日益受到广告主的认可。不仅如此，在数字营销手段多样化的今天，单纯的广告到达已经不是广告的终点，实现用户的互动与转化，基于跨屏技术实现直接的用户交流甚至购买，才是广告的最终目的。在本课题的调研中，我们了解到，诸如《养生堂》等品牌节目在与广告客户的招商洽谈中，很多客户都希望栏目组能够提供多终端、多渠道的整合营销方案——既有节目的投放方案，也涵盖在微博、微信、抖音等社交媒体平台上的营销方案。如此，节目组对数据的反馈和评估就格外迫切，既需要通过数据了解传播效果，更需要以数据为支撑来吸引客户。

二、现阶段融合传播效果评估的业内探索及问题

（一）国内融合传播效果评估的主要探索。

与传统视听率调查时期的垄断性格局不同，融合传播时代，越来越多的机构都试图或者开始进入这一领域。从参与主体来看，国内目前从事跨屏数据监测的机构数量繁多，背景不一，概括而言，大致可以分为三大类：一是第三方媒介调查或咨询公司，比如从事视听率调查的中国广视索福瑞媒介研究（CSM）、尼尔森网联，从事互联网数据调查的艾瑞咨询，从事互联网广告监测的秒针系统等；二是自身拥有数据的运营商或服务商，各大视频网站、网络运营商、机顶盒运营商等都拥有自己的后台数据，比如拥有智能电视大数据的酷云互动和欢网科技等；还有一类是依托高校或科研单位发布的产品或服务，比如人民网研究院推出的“媒体融合传播指数报告”、南京大学中国传媒数据中心推出的“媒体融合传播效果指数”（MCI指数）、依托清华大学相关科研力量成立的清博大数据平台等。

上述机构在测量技术、指标设计、数据来源等方面都不尽相同，各有特点，以下将重点从评估维度和实践应用的角度来分析比较，就各种评估方式的优势和不足进行探讨。

1. 涵盖传统媒体端和新媒体端的综合性评估。

总的来说，此类评估难度最大，探索性的产品和服务并不多，是融合传播效果评估的最终目标。很长一段时间以来，电视媒体都希望建立起覆盖大中小屏的综合性评估体系，央视以及部分省级台都开始将网络传播力和影响力作为一项重要指标，以循序渐进的方式来不断完善融合传播效果评估体系。除了电视台的探索实践，众多调查公司也尝试推出融合传播效果评估产品。比如，CSM 于 2015 年底开始与互联网调查公司 comScore 合作开展跨媒体受众测量（Cross - Media Audience Measurement），对受众在传统电视和互联网平台间的跨屏收视行为进行整合分析。① 人民网研究院自 2016 年起发布媒体融合传播指数报告，对我国报纸、广播、电视等媒体在传统传播渠道和新媒体传播渠道的内容数量、用户数量以及影响力等因素进行综合考量，设立了传统终端、网站、微博、微信、客户端 5 个维度的一级指标进行评估。② 综合来看，上述评估体系综合考虑了广电媒体在传统渠道和新媒体渠道上的传播效果，将新旧体系融合在一起，具有一定的整合优势；但目前的产品仍是粗颗粒评估，前者提供的是

---

① 双方此项服务因 comScore2018 年停止中国市场业务已暂停。

② 人民网研究院推出《2016 中国媒体融合传播指数报告》，http：//media. people. com. cn/n1/2016/1220/c192370 -28964256. html。

热点电视剧和综艺节目在电视端与PC端的观众规模、观众构成等数据，后者则更为宏观，主要以榜单形式发布，对具体节目的指导和评估作用有限。

人民网电视媒体融合传播指标体系构成

一级指标	权重	二级指标	权重
电视台	40%	收视人口	40.00%
网站	25%	新闻报道数量	12.50%
		被转载新闻报道数量	12.50%
微博	7%	粉丝数量	1.00%
		发布微博总量	0.75%
		原创微博数量	0.75%
		微博被转发量	2.00%
		微博被评论量	1.50%
		微博被点赞量	1.00%
微信	12%	WMI 指数	12.00%
入驻聚合新闻客户端	2%	入驻聚合新闻客户端数量	0.125%
		推送数量	0.25%
		用户订阅数量	0.50%
		阅读总量	0.75%
		评论总量	0.125%
		点赞总量	0.125%
		分享总量	0.125%
入驻视频客户端	7%	入驻聚合视频客户端数量	1.00%
		总播放量	4.00%
		点赞总量	2.00%
媒体自有 APP	7%	入驻 APP 商店数量（安卓）	0.50%
		APP 下载量（安卓）	1.50%
		APP 评论量（安卓）	0.50%
		APP 评分（安卓）	0.50%
		APP 下载排名（苹果）	1.25%
		APP Store 搜索量（苹果）	0.75%
		APP 评论量（苹果）	0.50%
		APP 评分（苹果）	0.50%
		媒体曝光量	0.50%
		网民提及量	0.50%

来源：人民网

2. 侧重考量新媒体端传播效果的评估体系。

这一思路的出发点在于传统媒体融合转型的方向即是加强新媒体传播能力，因此将评估重点放在考量新媒体端传播效果。比如，泽传媒于2015年8月开始推出“省级卫视全网传播融合力榜单”，指标具体设置如下：全网收视指数占比50%、栏目社交指数占比25%、频道社交指数占比15%、栏目搜索指数占比5%、频道搜索指数占比5%。① 2016年11月，美兰德媒体咨询公司推出蓝鹰视频大数据平台，该平台是一款针对视频内容传播效果监测的产品，提供从频道到节目到影视公众人物的视频点击量、网媒关注度、微博提及量、微信公号刊发量等监测指标。类似的视频传播效果监测平台还有数太奇的视频全网传播监测平台、卡思数据的卡思指数等，均是侧重于新媒体端传播效果的评估。还有一些调查机构采取的是分阶段、分类别、逐步推进的策略，比如央视市场研究股份有限公司（CTR）2018年6月发布了“媒体融合效果评估体系”，包含了网络传播力、网络影响力、引导力和品牌力4个维度。首期发布了10家央媒和38家电视台的网络传播力指标体系及评估结果，评估体系由官微传播力、官方公众号传播力、自有APP传播力、官网传播力以及第三方平台传播力5个一级指标构成，并计划逐步扩大到广电机构、频率、栏目，推出针对全媒体生态的评估体系。② 总体而言，随着传播实践的发展，这类基于数据抓取方式来考量电视节目在新媒体端传播效果的测量产品、评估体系也日趋丰富，在贴近业界应用、满足实践需求方面不断完善，未来应进一步推动与电视台现有的效果评估体系进行有机整合，逐步形成科学化、系统化的融合传播效果评估方案。

CTR 网络传播力指标体系

一级指标及权重	二级指标	指标说明
官微传播力 18%	粉丝规模	最大账号粉丝数
	活跃粉丝总量	账号总粉丝数
官方公众号传播力 25%	关注规模	大公众号阅读量
	总阅读量	公众号总阅读量
自有 APP 传播力 22%	下载量	最大 APP 下载量
	用户总数	活跃用户总数
官网传播力 15%	访客规模	最大网站独立访客数
	总访客数	独立访客总数
第三方平台传播力 20%	订阅量	第三方账号最大粉丝数
	活跃粉丝总量	第三方账号总粉丝数

来源：CTR

① 《省级卫视全网传播半年榜出炉 浙湘沪苏京抢占五强》，http：//www. sohu. com/a/107775076_ 364064。

② 《CTR 发布媒体融合效果评估体系》，http：//www. xinhuanet. com/newmedia/2018 -06/12/c_ 137248009. htm。

3. 专注于某类具体新媒体形态的效果评估。

这一类评估实践在大屏和中小屏端都有众多案例。以大屏测量为例，2016年6月，CSM公司与欢网科技合作推出“CSM－huan智能电视实时收视平台”，依托欢网智能电视海量终端的实时数据和CSM覆盖全国的抽样调查收视历史数据，实现收视数据的实时化、个人化。类似的测量评估还有尼尔森网联的实时收视率产品Argo、酷云互动基于智能电视机和机顶盒推出的家庭大数据平台等。在中小屏的测量上，有专门针对社交媒体传播效果评估的清博指数、新榜指数，针对移动APP传播效果评估的Quest Mobile数据等。

（二）融合传播效果评估面临的主要问题。

任何科学的效果评估体系的建构都不可能一蹴而就，是一个在实践中不断修正完善的过程。概括来讲，当前电视节目融合传播效果评估面临的主要困境在于数据融合难度较大、数据质量参差不齐、行业应用动力不足等方面。

1. 数据融合难度较大。

大小数据的融合问题是当前一个非常前沿的课题，首要问题即是同源数据和多源数据的问题。传播效果测量中的同源数据，是指对同一样本组在不同媒介上的使用行为进行测量得到的数据；多源数据则来自于不同的样本组，比如收视率是一套调查样本和测量体系，互联网传播效果的测量则是另外一套样本和体系，然后再进行数据的融合。对于电视节目融合传播效果评估而言，同源数据自然是理想状态，但实际操作的难度大、成本高。多源数据则是当前面临的现实，如何有效对接大小数据，将多类型、多层级的数据进行科学合理的融合分析，是学界和业界共同面临的一大难点。

大小数据的融合问题

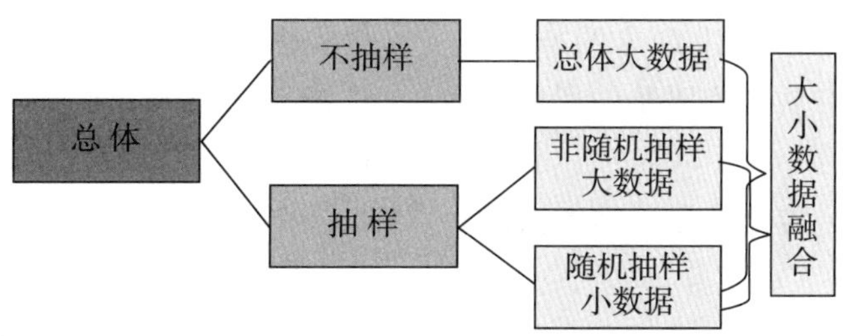

2. 数据质量参差不齐。

相较于传统视听率的抽样调查，新媒体平台的传播效果测量在理论上可以实现全样本、全覆盖，但受限于商业利益、市场竞争等诸多因素，真正意义上的总体大数据几乎不可能获得，多数都是非随机抽样的大数据，比如各视频网站仅是拥有自己后台的数据，对于全网的数据情况并不掌握；提供智能电视大数据的各家企业也仅是基于合作厂商、合作品牌提供的数据。不仅如此，网络数据的冗杂性更使得数据使用者对数据质量表示担忧。一者，部分互联网企业出于利益考虑，对外公布的访问量、点击量数据存在夸大成分；二者，网络水军的存在也令互联网数据的真实性大打折扣。

3. 行业应用动力不足。

总的来看，作为数据需求方，电视台对融合传播效果评估有着强烈的实践需要，与新媒体的融合力成为很多电视节目评估的重要指标。比如中央广播电视总台以春晚、世界杯等大型活动和赛事为案例进行了跨屏传播效果的横向比较和换算加总；上海广播电视台为节目部门建立跨媒体效果评估的可视化平台，力求更加精准地描绘受众轮廓，推动视听率向消费行为的转化；我台也以大型活动为契机，探索多维度的融合传播效果评估。但目前这些成果还是以案例性探索为主，能够称之为“标准”的解决方案仍然任重道远。此外，从媒介调查行业发展的角度来说，收视率调查是在广告商和电视台的双重推动下发展壮大，广告商需要收视率数据作为广告交易的度量衡，电视台需要收视率数据来对节目质量和受关注程度及时作出评估。对于新媒体而言，广告和节目发生分离，互联网广告可以实现单独加码，无需再测量节目，这导致广告主对节目测量的动机不强，必须依靠节目生产方的推动，而单纯靠内容方来推动监测体系的形成和搭建，难度很大。①

三、国际上融合传播效果评估的实践及启示

从全球范围来看，加快推动融合传播效果测量的规范化、体系化已经成为共识，多屏测量的探索性产品越来越丰富和完善。在一些市场容量相对较小的国家和地区，跨平台的传播效果测量产品已经成为本土市场的统一标准，比如新加坡媒体发展管理局（MDA，Media Development Authority of Singapore）在 2015 年 5 月与国际市场研究公司 GfK 签订合约，由后者为新加坡市场提供涵盖传统电视端和新媒体端的视听受众测量服务，并且这一服务是基于 1000 多户的同源样本测量。② 另外，在挪威和我国香港地区，也开始实行针对跨屏受众的效果测量。

（一）美国尼尔森跨屏测量的最新进展。

尼尔森（Nielsen）作为美国本土收视测量服务的提供商，其在跨屏受众测量领域的探索，始于 2006 年发布的随时随地媒介测量计划（Anytime Anywhere Media Measurement，A2/M2），至今，它开展跨屏测量实践已有 10 多年时间。2013 年，尼尔森推出全受众测量计划（Total Audience Measurement，简称 TAM），为形成商用性的跨屏收视测量产品打下了良好基础。近年来，尼尔森加快探索跨屏收视行为测量，陆续发布数字广告收视率（Digital Ad Ratings）、总体广告收视率（Total Ad Ratings）、数字内容收视率（Digital Content Ratings）、总体内容收视率（Total Content Ratings）等跨屏受众测量产品。

1. 总体内容收视率（Total Content Ratings）。

总体内容收视率可以帮助内容生产者、广告商和代理机构更加深入地了解消费者观看和参与内容的方式。这一测量可

① 徐立军：《从 TAM 到 VAM 再到 PUM——媒介融合背景下的受众测量》，引自刘燕南主编：《跨屏时代的受众测量与大数据应用》，中国传媒大学出版社 2016 年版，第 56 页。

② GfK：awarded cross - platform TV Audience Measurement in Singapore，http：//www. 4 - traders. com/GFK - AG - 436125/news/GfK - awarded - cross - platform - TV - Audience - Measurement - in - Singapore - 20455953/

以为视频内容提供所有终端的收视情况，并确定在电视直播之外其他平台的收视增量情况。例如，针对一段节目视频，尼尔森可以计算出总体的观众收看情况，包括通过电视直播、时移观看、视频点播、PC、手机以及平板电脑等各个终端的收视情况。尼尔森通过将样本户与数据提供商的注册用户相连接，创建了电视和数字设备的同源数据集，以此提供精准的用户画像。

这一跨平台测量提供的是同源、不重复的受众测量——观看节目的总观众数量，即在所有平台上观看节目内容的受众。目前总体内容收视率可以提供包括电视直播、35 天 DVR 回看、视频点播（VOD）、可连接设备、手机和平板电脑，可以对跨平台受众进行一对一的比较。

2. 基于受众的线性电视预测解决方案。

2018 年 3 月 6 日，尼尔森宣布推出高级受众预测工具，该工具将为客户提供由高级观众细分定义的电视观众预测。通过尼尔森的高级观众群定义，用户可以基于任何受众属性来细分受众群，包括店内和在线信用/借记交易（如大型商场购物者）、心理特征（如宠物主人）以及快消品会员卡数据（如洗衣粉买家）等等。这一新工具将通过提高一致性和透明度，加速行业向基于受众的电视购买演变。除了支持客户自定义细分受众群外，该系统还包括了由高级定位标准组织（Advanced Targeting Standards Group）依据重要广告垂直行业（如快消品、汽车、金融、电信等）建立的 80 多个预设的细分受众群，为客户提供更加精准的分析服务。

（二）英国 BBC 的跨媒体传播效果评估。

英国是实行公共广播体制的国家，英国广播公司（BBC）是世界公共广播的一面旗帜。早在第二次世界大战时期，BBC 就曾经对广播节目听众进行调查，以了解人们对节目的喜好，到 20 世纪 80 年代，广播节目听众调查逐渐发展成为比较成熟的电视节目欣赏指数调查。新媒体时代，BBC 开始实施全媒体战略，并以“公共价值”为主旨推出了新的评估体系，并专门将“新平台到达情况”作为一个新指标列入触达率之中。

在跨媒体传播效果评估上，BBC 与 Gfk 集团、Kantar Media 等市场研究公司合作开展。每个季度，BBC 会发布一次受众信息数据表，以评估 BBC 的品牌价值、服务质量以及在 BBC 主要平台上的受众到达率。在 BBC 的调查中，尤为关注以下问题：如受众到底有多喜欢和认可 BBC 的节目，有多少人使用 BBC 的渠道获得信息，能在 BBC 的各种媒体平台上花费多长时间。具体来说，BBC 跨媒体传播效果评估分为 4 个维度：泛 BBC 媒体传播效果、BBC 电视传播效果、BBC 广播传播效果、BBC 数字媒体服务调查。

（三）挪威的“电视＋网络视频”混合测量模式①。

挪威电视受众测量委员会委托 Kantar Media 于 2018 年起为挪威市场提供跨屏收视测量服务，该服务采用“电视＋网络视频”的混合模式进行测量，合约期限为 5

① Kantar Media：《综合收视率调查：跨屏测量成主趋势》，http：//www. sohu. com/a/114221136_ 465245。

年。自2018年起，挪威的收视率调查包括电视和视频所有的消费途径，这也是目前电视和视频收视率测量统计较为先进的混合模式。Kantar调查公司采用了融合电视和网络视频的混合模式进行测量，测量分为两个小组进行。

BBC跨媒体传播效果评估体系

一级指标	二级指标	指标说明	调查机构	调查方式
泛BBC媒体传播效果	泛BBC媒体到达率	主要评估的是受众观看BBC各个电视频道，收听BBC广播服务，浏览BBC门户网站，通过BBC的视频播放软件Iplayer收看节目，利用BBC red button数字互动电视服务以及在移动终端接收BBC内容的情况	Gfk	问卷调查
	泛BBC传播质量测评	主要调查对BBC的总体印象，“BBC是否具有高品质的质量和服务”“BBC保持高质量标准”“BBC善于提出新观点”“对BBC的信任程度”等方面	Kantar Media	问卷调查
BBC电视传播效果	到达率	英国本土每位观众平均每周收看BBC电视节目以及每位观众收看BBC电视节目的时长	电视收视率调查委员会	收视率
	质量评估	评估指标主要分为两类：对BBC的欣赏指数、BBC电视频道的辨识度	Gfk	问卷调查
BBC广播传播效果	收听率	英国本土每位观众平均每周收听BBC广播节目以及每位观众收听BBC广播节目的时长	电台联合受众研究机构(audio Joint Audience Research)	收听率
	质量评估	评估指标主要分为两类：对BBC的认可度、BBC各广播频率的辨识度	Gfk	问卷调查
BBC数字媒体服务调查	到达率	全英国人口中的BBC网络到达率、全英国网民中的BBC网络到达率、BBC red button数字互动电视服务的到达率以及Iplayer视频播放软件的使用情况	Gfk	问卷调查
	服务质量与辨识度	主要针对BBC网络服务、BBC移动终端服务和BBC red button数字互动电视服务进行评价	Gfk	问卷调查

来源：何欣蕾《BBC新媒体策略与效果评估》，《声屏世界》2014年第5期

第一个测量小组将测量电视机端的收视情况，包括直播电视、时移电视以及点播电视等业务形式。这一小组由3000人组成，年龄分布在10－79岁，外加300位年

龄分布在2－9岁的儿童。该调查将使用个人收视记录器，融合Kantar的水印技术与声音匹配技术，加强对150个频道的内容监测。不管是平板电脑、智能手机还是台式电脑和电视的连接设备，只要是电视内容和网络视频能够传播的渠道，Kantar都会对其进行监测，Kantar将根据对节目和广告的网络统计数据对样本数据进行调整，以期提供最高质量的受众数据。

第二个测量小组主要测量非家庭内的电视和视频消费。这一小组由1500人组成，年龄均大于10岁。他们将携带可探测观看内容的设备，监测方可以通过该设备测量个人不在家庭内的电视观看状况。自2014年7月以来，Kantar就在挪威监测非家庭内的电视收视情况，现在伴随着对新平台监测手段的健全，测量准确度不断提升。

（四）我国香港地区的全视频监测评估。

自2018年起，CSM为我国香港地区提供基于同源数据的全视频受众测量服务，合约时间为5年。事实上，为了应对观众收看电视内容模式的转变，香港无线电视台（TVB）于2013年6月起，就基于自身的平台数据推出7天跨平台总收视率，即把APP、OTT和电脑上的7天收视率拼在一起（电视直播收视率＋在线直播收视率＋在线追看收视率）；2017年8月起，推出24小时跨平台总收视率。

从2016年开始，香港3个主要的免费电视台——TVB、奇妙电视、VIUTV与4A广告代理机构一起进行了招标评估，最终选定由CSM作为2018年到2023年香港地区跨平台媒介消费调查和服务机构。香港地区全视频测量服务的主要特点体现在三方面：一是跨平台不重叠的接触率；二是包括不同的收视平台，即电视＋电脑＋手机APP；三是包含户内、户外通过APP的收视。所有的数据是通过同源样组来获得，同一样组测量电视和网络收视，在香港选取1000个家庭，大约2700人，样组内约2000人同时参加网络测量，在同源的样本中，通过统计模型可以把重叠的部分计算出来。同源的优势在于可以很清楚地看到一个人在不同的地方收看不同的内容，在什么平台上看，此外还可以看到同一观众通过哪些不同的平台看同一个节目。

四、北京电视台融合传播效果评估体系建构

（一）案例性探索。

近年来，我台以《通向2022》《永远的丰碑》等大型直播报道，《跨界歌王》《音乐大师课》《钢铁记忆》等大型节目以及BTV春晚，BTV跨年冰雪晚会，北京国际电影节等重大活动为契机，探索建立包含电视收视、网络传播、社交媒体传播、口碑评价等维度在内的多屏传播效果评价体系。总的来说，目前的尝试仍是以单个具体案例为依托，缺少整体性的评估方案；数据评估维度虽然综合考虑了多个平台，但指标体系仍然各自为政，缺乏统一尺度；数据来源有待统一，在可靠性上仍需进一步论证。

（二）评估体系建构。

电视融合传播效果评估体系的建构是一项前沿性课题，目前还面临诸多挑战。在现有条件下，如何坚持社会效益与经济效益双赢，将管理部门的导向意图与传媒市场发展的客观规律相结合；如何解决不同平台传播效果指标与测量技术的匹配，效果测量如何从收视行为向收视心理乃至参与行为和参与心理方面拓展；如何打破数据壁垒，有效解决数据来源问题，以及不同源测量数据的融合问题；如何分配不同指标的权重，全面、系统、科学地构建评估体系；等等，都需要认真探讨、多方论证。

1. 建构原则。

从根本上说，电视节目评价体系是一个集效果评价、竞争激励、目标导向等多种意图于一体的管理机制。一方面主观意图要与实际相结合，另一方面要遵循客观规律，如此，评价体系才有可能真正发挥实效。因而在建立融合传播评估体系时，需遵循以下五个原则：

第一，科学性，即评估体系采用的调查方法、流程及指标体系设计具有理论与实践基础。评估体系的设计需要兼顾节目社会效益、市场效益、专业品质以及互动效果等多方面因素，综合的评估体系一方面在调查方法、流程上要保持客观性和准确性；另一方面在传播学、经济学、营销学、统计学的理论指导下进行体系建构，要力求评估体系具有较强的解释力。

第二，全面性，即评估体系涵盖跨屏各屏端共性及个性化的传播与评估要素。评估体系既要能够覆盖“多屏”共性，形成统一的考核标准；也要能够体现跨屏各平台的个性，以确保不同“屏端”之间的可比性。要全面评估“跨屏”电视节目的经济价值与社会价值，既要切实考虑到原有评估体系的现状特征，也要考虑到新媒体终端、平台、业务等的复杂影响，将这些影响量化融合至评估体系中。

第三，客观性，即评估视角要客观，要能够真实客观地反映电视节目跨平台传播的市场格局与实际状况。这要求评估体系所设定的各项评估要素、指标体系等必须概念准确、含义清晰、考量方法明确，既能客观反映评估对象的真实情状，又能反映其核心影响要素与运行机制。

第四，可操作性，即数据来源的可靠性与可得性、指标的有效性、测量的合理性、数据测量与考核周期的匹配性。评估体系应该在评估的各个环节上做到简便易行，明确界定评估体系中各指标的内涵和外延，说明数据来源和考核维度。由于多屏测量仍然是对受众收看视频行为的测量，反映的是视频内容的收看效果，因此无论是否跨屏，那些原本基于电视媒体的收视指标仍然适用。对于电视端的时移（即回看和点播）收看，对于 PC 或移动端的视频收看等，则需要与之相适应的新的测量方法。

第五，开放性，即评估体系在具有相对稳定框架与相对完整要素构成的前提下，针对跨屏传播的发展变化预留开放式接口。步入多屏时代后，更多开放平台可以成为电视节目评价的合作对象，更多开放数据源可以成为电视节目评价的数据来源，电视节目评价的行业开放度有所提升。因此，适应开放潮流是电视节目融合传播评估体系建构的重点之一。

2. 基本思路。

关于电视与互联网的综合性传播效果评估，时下主要有三种方式：一是新旧结合，旧为主导，在传统的电视综合评估体系内纳入互联网传播效果指标；二是新旧有别，各自为政，传统的电视评估体系依旧，另在互联网上设立一套综合性评价体系；三是干脆新旧分立，互为参照，但是化繁为简，只考察行为指标，不追求综合评估。总体来看，第二种、第三种方式属于非新旧综合性的，与传统的电视评价思路的交集甚少。而第一种方式，由于基本上是对既有评价体系的一种微调式改造，既保持了原有体系的相对稳定性，又引入了互联网传播指标的“新质”，就目前而言，这种改革式而非颠覆式的改进，符合媒体的发展规律，也比较符合电视台的现状和需求。

在课题调研中我们发现，业内人士一般都倾向于融合传播评估体系的建构应该在现有的基础上作修正。新的评估体系应该是在现有模式上不断完善，改良是一种方向。以 CTR 为例，其提供的评估服务也是遵循这一思路，由最开始只做电视屏的影响力评估到现在把互联网的因素加入评估体系，是以加补丁的方式推进。本课题的融合传播效果评估体系主要参照第一种方式进行探索。从传统电视评估出发，将互联网平台的传播情况纳入评价体系，进行总体性、整合性考量。这种方式扩大了“综合”的范围和种类，旨在得出统一的结论，标准明确，便于操作，符合电视台作为内容传播主体对于评价体系的要求，即在管理、激励和导向等方面释放正能量。

3. 评估体系框架。

结合我台实际情况，同时考虑数据的可获取性，拟建构电视节目融合传播效果评估体系如下页表所示，一级指标包括电视收视、自有平台传播力、视频网站传播力、社交媒体传播力 4 个维度。其中，电视端收视包括直播收视和时移收视；自有平台传播力主要是针对北京时间官网和北京时间 APP 的传播效果，因为是自有平台，数据储备更加完备，因此分别设立了 UV（独立访客数）、VV（视频播放量）、人均播放时长、完播率 4 项指标，既考量节目内容的传播广度（UV、VV），也考量用户观看的忠诚度情况（人均播放时长、完播率）；视频网站传播力主要是针对节目内容在视频网站上的传播效果，以爱奇艺、优酷、腾讯视频 3 家主要的视频网站为主；社交媒体是节目相关信息传播的重要渠道，也是营销推广的重要手段，目前重点考虑在“两微一抖”上的传播效果，每个平台依据实际情况设有粉丝量、播放量、点赞量等不同的指标。对于各项指标权重的设置，需要在后续的研究中，通过层次分析法、德尔菲法等主客观方法来进一步确定。

五、结语

概括来说，电视节目的融合传播指的是节目在电视大屏、电脑中屏和移动端小屏的各种播放，以及在网络新闻、网络社区、微博、微信等公共媒体和社交媒体空间中，以之为主题的各种传播与信息交换。因此，对节目融合传播效果评估的维度也应涵盖上述两个方面：一方面是对电视节目在各个终端收视效果的测量，即跨屏收视测量，包括电视端的视听率、网络端的播放量；另一方面是对节目在网络媒体、社交媒体上的传播情况进行评估。任何综合性评价体系的建构都不可能一蹴而就，都需要在客观性、全面性和可操作性之间不断试错，寻求最佳平衡，并在此基础上根据各方主体的具体要求，不断优化调整评估体系，不断适应新要求。在电视媒体加快转型的今天，我们要充分挖掘数据资源“富矿”，以融合传播效果评估推动内容生产的创新与变革，努力打造具有强大传播力、引导力、影响力、公信力的新型媒体集团。

电视节目融合传播效果评估体系

一级指标	二级指标	三级指标	指标说明
电视收视	电视直播收视	首播收视率	节目首播收视率
	电视时移收视	时移收视率	7 天时移收视率
自有平台	北京时间网站	UV（独立访客数）	节目视频的独立访问用户量
		VV（视频播放量）	播放时长在 5 秒钟以上的视频播放量
		人均播放时长	平均每个用户的观看时长
		完播率	视频节目的播放完成情况
	北京时间 APP	UV（独立访客数）	节目视频的独立访问用户量
		VV（视频播放量）	播放时长在 5 秒钟以上的视频播放量
		人均播放时长	平均每个用户的观看时长
		完播率	视频节目的播放完成情况
视频网站	爱奇艺	内容热度	节目视频在爱奇艺上的内容热度值
	优酷	播放量	节目视频在优酷上的播放量
	腾讯视频	播放量	节目视频在腾讯上的播放量
	其他视频网站	播放量	节目视频在其他视频网站上的播放量
社交媒体	微博	粉丝量	账号粉丝数
		节目话题传播量	节目相关话题阅读数量
	微信	粉丝规模	公众号关注人数
		阅读量	微信图文阅读量
	抖音	粉丝量	抖音号关注人数
		播放量	视频播放量
		点赞量	视频点赞量
	其他社交平台	粉丝量	关注人数
		播放量	视频播放量

北京市宣传思想文化战线大调研课题
北京广播电视台2018年重点调研课题

广电视角下电视剧市场发展研究

研究发展部
课题负责人：秦新春　刘晓隽
参与人：韩　风　张秋月　徐　展

一、2018年上半年电视剧市场总体特点

（一）制作和产量双下滑，题材依然高度集中化。

2018年的暑期悄然来临，全国的电视剧市场却透露出阵阵“寒气”。这股“寒气”主要体现在2018年上半年电视剧产量下跌和剧目题材固化两个方面。

根据总局发布的最新信息显示，2018年1—3月，全国各类电视剧制作机构共计生产完成并获准发行国产电视剧54部2230集。与前一季度的127部相比，本季度生产完成并获准发行的国产电视剧数量大幅减少。而此前发布的《2018中国电视剧产业发展报告》也显示，2017年生产完成并获准发行的国产电视剧数量为313部，共计13475集，创下了2011年以来的新低。国产电视剧制作和产量逐年减少的现象，在2018年上半年展现得淋漓尽致。然而，在经历了前几年的投资狂潮之后，产量逐年紧缩，审批率逐年降低，却并没有带来国产电视剧制作回归理性。

在内容制作上，问题最为严重的莫过于电视剧题材的同质化。根据总局以及各省电视剧管理部门的月报备案统计，题材比例情况如下：现实题材剧目共计31部1259集，分别占总比例的57.41%、56.46%；历史题材剧目共计23部971集，分别占总比例的42.59%、43.54%。由此可以看出，现实题材占到了半数以上，而现当代题材又成为固化题材中的高度集中点。因而，即使制作和产量减少，也无法摆脱高度集中化题材的桎梏。

2018年上半年，卫视上星剧约60部，但是全国35城收视率破2的剧却一部也没有。上半年电视剧集体“哑火”，作为主力的现实题材成为“众矢之的”。上半年的谍战剧虽然有一众偶像明星、电影大咖的加入，为这一类型剧吸引了更多圈层的新观众，朝着年轻化、多元化、生活化的表现方式转型，但是依然有很多被称为“伪现实题材”，《人民日报》曾刊文批评这些伪现实题材充斥着“被柔光镜过滤后的生活”。

（二）剧场平台竞争激化，强势频道掌控优质资源。

在电视剧产量连年下降的趋势之下，有新剧可播已成为一种优势，因而，优质剧目资源集中度急剧提升，头部省级卫视主导了新剧竞争市场。2018年上半年，

省级卫视对电视剧资源的竞争愈发地趋于两极分化。省级卫视剧场平台中，仅两成的卫视资本雄厚，购买力强势，占据最优质的首播剧资源，剩余八成的卫视囊中羞涩，无奈放弃首播剧，仅能播二轮剧、三轮剧，新剧大热剧更多集中于强势卫视，呈现出“二八定律”。

在强势卫视竞争中，2018 年上半年，电视剧又呈现出湖南卫视明显下滑、东方卫视稳步上升的特点。2005 年起，湖南卫视始终是收视王牌，甚至有“铁打的芒果，流水的老二”的说法。但 2018 年上半年，在全国 35 城收视中，湖南卫视已排在省级卫视第二，微弱领先的正是从“三足鼎立”转向“湘沪争霸”的东方卫视。导致湖南卫视黄金时段相比去年下滑的主要原因就在于剧场。虽然上半年各卫视播出电视剧收视都在下滑，但从排名来说，去年上半年全国电视剧收视率排行榜前 5 部中有 3 部来自湖南卫视，今年只有 1 部。湖南卫视在最具广告价值和影响力的黄金时段被微弱领先，不能不算是个提醒：在固有品类和观众群体上守成，结果往往是守不住的，有创新才有新开拓。反观东方卫视，虽然依然走拼播路线，但剧场平台定位明确，剧目选择得当，周播剧也开启独播模式，平台与剧目相得益彰，烘托出平台的整体气质。

（三）政策调控“紧箍咒”越收越紧。

2018 年上半年，从大 IP、大制作、大投入、大流量明星的天价大剧，到周迅、范冰冰、章子怡、汤唯等电影咖们都纷纷加入古装剧竞争，甚至引发崔永元揭露演员逃税问题，电视剧产业引人关注。今年在往年“限广令”“限价令”等的限制基础上，政策调控更加广泛而有力。

国家广电总局发布《关于把电视上星综合频道办成讲导向、有文化的传播平台的通知》要求，强化重点时期黄金时段电视剧播出管理调控，提前审查、重播重审，原则上不得编排娱乐性较强、题材内容较敏感的电视剧。在政策及市场的风向下，电视剧制作从剧本、演员、题材到播出平台的选择和编播，都充满着层层关卡。从内容题材这个重点来说，无论是当代剧、都市剧、校园剧，乃至古装剧，都需紧靠政策。即使如此，由于“限古令”的影响，古装题材的缺失也成为上半年电视剧市场“爆款剧”迟迟未来的重要原因。而在电视剧排播方面，“始终在变”便成为政策限制之下电视剧编播的主要特征，这就导致编播中总会出现很多极端情况，有临时提档的，也有早早拿证却无法上星的。

2018 年恰逢改革开放 40 周年，另一政策调控的压力就来自“特殊时期”，如 3 月开两会、7 月建党、8 月建军、9 月抗战纪念月等。省级卫视在特殊年份特殊月份期间，必须要播出以抗战题材等为主的主旋律题材，电视剧的选择更是稀缺。

二、主要省级台电视剧产业发展现状

从目前来看，当下主要省级台在电视剧生产、评估及购买、播出、经营 4 个环节上的介入方式及介入程度略有不同。

（一）生产环节。

从目前各省级台来看，外购剧仍然是电视剧主流，但头部或已经集团化运作的省级台，通过出资、自制等形式，已经不同程度参与影视剧生产、制作及出品等各个环节。

自制剧：电视台同系统或者旗下公司自己生产制作的电视剧，或者参与投资或部分制作，版权自有。其实早在20世纪80年代前期，大部分播出的电视剧都由电视台独自制作，之后电视台从制作公司外购逐渐成为主流，而电视剧自行制作和播出再次合一，在2005年、2006年开始显露迹象，从最早的《又见一帘幽梦》《血色湘西》《恰同学少年》，直到后来形成强烈关注的《丑女无敌》和《一起去看流星雨》，湖南卫视始终走在自制剧前沿。

定制剧：电视台根据自身平台特点、观众偏好或者广告主需求，量身打造的电视剧，主要由电视台与社会公司合作制作，省略了传统意义上的制作公司和发行"做什么""谁来播"两大难题，电视台拥有绝对话语权和决定权。较为早期的电视台为广告品牌制作的定制剧出现在2010年，如江苏广播电视总台（集团）为日化品牌联合利华定制的都市剧《无懈可击之美女如云》。目前湖南卫视晚间剧场播出剧目很大一部分都属于湖南卫视专属定制剧。

主要省级台同集团或旗下影视制作公司不完全统计

省级台	公司名称	代表作
湖南台	芒果影视文化有限公司	《宫》系列
	天娱传媒有限公司	《人民的名义》《相爱穿梭千年》《一起来看流星雨》《匆匆那年》
	芒果影视	《爱的妇产科》《旋风少女》《漂亮的李慧珍》
	芒果娱乐	《封神》《相爱穿梭千年2》
	湖南华夏影视传播有限公司	《还珠格格》系列
上海台	SMG尚世影业	《平凡的世界》《媳妇的美好时代》《蜗居》
浙江台	浙江广电文化传播有限公司	《如懿传》
江苏台	蓝色星空影业	《红海行动》《湄公河行动》《捉妖记》系列
	幸福蓝海	《新恋爱时代》《最后一张签证》《于无声处》《一步之遥》《让子弹飞》
山东台	山东卫视传媒有限公司	《红高粱》
	山东影视传媒集团	《伪装者》《琅琊榜》
安徽台	五星东方影视投资有限公司	《生逢灿烂的日子》

通过自制或者定制形式，介入生产，在版权、购剧成本以及提升广告增值空间等方面均有所裨益。目前看来，介入电视剧生产环节在已经集团化、公司化、市场化的广电平台被较多实践，由于各个卫视自身环境、经营状况和对于影视剧生产介入程度、熟悉程度均有不同，成果也各不相同，但基本都产出过较为优质、有较强影响力、受市场认可的代表作品。

（二）评估及购买环节。

各家电视台电视剧采购环节主要分为两种模式，一种是中心制，负责采买卫视及地面频道所有影视剧需求；另一种则是分散购买，卫视与地面频道分开。如东方卫视的影视剧采买由 SMG 影视剧中心完成，而该中心负责上海广播电视台 6 大电视频道共 19 个剧场、3 个影院全年的影视剧采购、编排、播出和宣传推广；江苏卫视与安徽卫视则同属于独立购买，卫视节目采购部负责卫视影视剧采购，地面频道采购部负责地面频道影视剧采购。相比较而言，中心制的统一购买更加有利于影视资源的有效利用，便于卫视与地面之间的资源统筹。

在电视剧评估方面，目前可知的已形成完整电视剧综合评估工作的是东方卫视。2017 年起，东方卫视启动“黄金时段电视剧综合评价”，从思想性、专业性、创新性、融合力 4 个方面进行品质评价，结合收视率排名分值核定评价等级。东方卫视这种评估为播后效果评估，对于电视剧购买之前、播出之前，建立在数据、受众调研、主观评价等方面的成熟的效果预估体系，在省级卫视平台似乎并未出现及应用。

（三）播出环节。

一线卫视的电视剧成本包括三部分：购独播剧成本、购首播剧成本、购二轮剧成本。一线卫视非常重视发挥在独播剧和首播剧上的优势竞争，特别注重晚间黄金时间段剧场的电视剧质量。在省级卫视电视剧播出方面，分无版权的外购剧及有版权剧两种情况。无版权的外购剧按购买合同，享有一定期限内卫视黄金剧场/周播剧场/其他剧场首轮或者多轮播出。为分摊成本压力，卫视晚间黄金剧场在某些剧目上采取拼播形式。2015 年开始，“一剧两星”政策实施，一部电视剧最多只能同时在两家上星频道播出，一线卫视开打购剧价格战，凭借同一梯队的收入规模基本垄断头部剧集，二线卫视基本捡剩下的，偶尔砸钱拼播第一轮，保守拼播 1.5 轮或 2 轮，三线卫视则彻底退出购剧竞争。此外，近几年一些卫视还开辟出了周播剧场，希望找到新的电视剧时段。

有版权剧播出方式较为多样，完全不受合同时限及剧场限制，如湖南卫视《还珠格格》系列自 1998 年开始，几乎每个暑假都进行了重播，且依然拥有不俗的收视成绩。此外，湖南广电旗下自制剧同步上线芒果 TV 的同时，也可以向其他视频网站、IPTV 或其他网络电视等形式授权播出。

（四）经营环节。

传统电视台电视剧经营方式主要依赖广告售卖，当下政策尚未开放电视剧中插播广告，对于晚间黄金剧场、周播剧场，均以剧场冠名、特约赞助、合作伙伴、5 秒提醒、下集预告、互动支持、指定产品等贴片广告、角标提示标、口播等传统形式呈现。其他时段剧场，通常以打包形式进行广告销售。近年来，也开发出围绕黄金剧场的延时节目，如北京卫视《大戏看北京》、东方卫视《东方看大剧》，也都是以相同的方式实现广告经营。

在版权售卖方面，涉及电视剧版权分销以及版权音像制品等。广电系相对成熟的依旧是“芒果系”，快乐购披露的公告显示，旗下天娱传媒 2017 年上半年由于发行热播剧《人民的名义》，公司净利润大幅飙升到 1.21 亿元；2015 年、2016 年及 2017 年上半年，芒果影视分别实现营业收入 3.96 亿元、5.78 亿元和 3.03 亿元，其中影视剧业务收入 2016 年较 2015

年增长1.72亿元，增幅为43.93%。

在IP经营方面，芒果互娱基于湖南台电视剧及节目支撑，已储备30余款电视节目、影视剧的游戏改编权，包括《武神赵子龙》《还珠格格》《快乐大本营》《天天向上》等知名IP，2016年网游《武神赵子龙》及其他增值互动业务的优异表现，帮助芒果互娱实现扭亏为盈，实现净利润1300多万元。

三、广电媒体电视剧市场发展的现实困境

（一）内容竞争加剧，行业话语权提升困难。

近些年，为了推动电视剧产业合理化发展，“制播分离”政策逐渐被推广开来。在此风潮之下，影视制作公司如雨后春笋般蓬勃涌现，而电视台也纷纷与电视剧制作划清界限，成为电视剧购买的单纯“甲方”。2015年，电视剧制作掀起“IP热潮”，2016年就成了“IP疯潮”。一时间，手握“IP”成为影视制作公司的制胜法宝，电视剧产业的竞争也集中体现为对内容即“IP”的激烈争夺，甚至市场上85%的“IP”被疯抢一空，即使囤至版权过期，也要先抢下来再说。作为电视剧播出平台以及电视剧购买方的电视台，是电视剧产业的最后一环，也加入了“IP”抢夺大战。但此时的电视剧市场已然成为卖方市场，强势影视剧制作公司版权在手，要么完全掌控电视剧的产业链，要么抬高购剧价格，电视台的话语权被缩小成购买能力，参与度逐渐萎缩。

其实这与电视剧的产业形态关系密切。随着改革开放，民营企业逐渐成为电视剧制作的大户，但绝大多数的民营公司规模小而产量少。从产业形态来看，这是典型的分散型竞争，缺少航母型大公司，多的是“一部剧”小公司。每年只有一部剧问世，自然要将利益最大化，将风险规避到接近于零，于是买IP、越拍越长，就成了普遍现象。因此，电视剧产业恶性竞争的弊端也随之显现：电视剧创作者，只知迎合市场，无视价值观的苍白，拍电视剧变成了一种无意识无主体的投机型创作。剧本价格水涨船高，类型日渐俗套，“小鲜肉小花朵”外貌协会，霸道总裁玛丽苏，玄幻魔幻变虚幻，五毛特效成噱头，收视率真假不明。

（二）平台经营方式受限，产业天花板难突破。

通过近些年的探索与实践，传统电视台作为电视剧的重要播出平台，在经营方式上基本形成了“独播+周播”和“拼播+周播”两种竞争模式。由此而产生了各卫视频道电视剧产业优缺各不相同。

湖南卫视率先形成“独播+周播”模式。独播可以保证电视台对电视剧剧本选择、演员阵容、制作团队、版权购买和播出时间的确定性，也保证了剧场平台的收视引力和广告影响力，平台拥有全部的控制力。而周播剧场的开发，既是对次晚黄金时段电视剧的一种补充，也是在电视剧题材选择上的一次另辟蹊径。浙江卫视是第二个热衷独播的一线卫视。2018年以来，浙江卫视连续播出了《莫斯科行动》《和平饭店》《台湾往事》等独播剧。但“独播+周播”的经营模式也带来了购买能力和资本运作上的难题，电视剧题材与平台气质是否吻合，是电视台面临的棘手难题。东方卫视和我台卫视今年上半年基本保持拼播，但档期难凑，N轮剧比例高。拼播一般能实现双卫视共振的好效果，但为了凑成拼播，资源短缺的卫视便不得不拿出自家压箱底的剧目来凑数做“填档剧”，这就使得观众对平台无法形成稳定的黏性，会直接影响广告招商。对比主要卫视之间的电视剧竞争模式可以发现，湖南卫视除了《猎场》因官司产生的延播，几乎是播出平台最为稳定的卫视，相似的还有自从2016年开始独播计划的浙江卫视。这也从侧面说明这两个电视平台在电视剧供应链上的强大，以及独播策略的成功。

（三）网剧压力激增，“台退网进”成大势。

相较于网络新媒体，传统电视台一直最引以为傲的是有“内容优势”。但就2018年上半年电视剧的表现来看，传统电视台不但将内容优势拱手让出，而且在题材类型探索和内容创新上全面落后。

在题材类型上，视频网站先是选择卫视黄金时段受限的题材类型，并先后开发出至少两个成熟内容品类：盗墓探险类和刑侦犯罪类。当积累了一定的制作经验和资源之后，他们又开始进军新的题材类型，例如科幻、公路等题材，甚至如行业剧一类的传统题材。与传统电视台平台拿手的婆媳剧、青春偶像剧、都市生活剧、谍战剧等不同，视频网站通过“网台联动”，不仅可以同步播出，并且在传统题材上可以做得更纯粹，例如今年话题最足的都市剧《北京女子图鉴》。在内容创新上，视频网站开创了新剧集形式：例如5集的《东方华尔街》、12集的《无证之罪》、20集的《北京女子图鉴》，这种美剧路线的季播剧给传统电视台造成了极大的压力。

在目前竞争态势之下，视频网站的电视剧已经不再是卫视黄金时段消化库存大剧的“次日播平台”，随着平台竞争的加剧，观众群体的口味也被不断提升，对剧情、演技、特效、服化道等要求也随之升级。而水涨船高的网剧制作成本，则可以看作是生产端面向消费端变化的迎合与适应。台网界限逐渐消弭，越来越多的年轻用户转向新媒体平台，电视剧的受众空间也深受影响。

四、对广电媒体电视剧市场发展路径的思考

在线上线下审核标准逐步趋同的大形势下，视频网站题材优势将逐渐减弱，电视台仍将作为精品剧的重要输出渠道。在此前提下，广电媒体在电视剧市场虽然面临诸多困境，但依旧有相当宽广的发展前景。

（一）上游：前端介入电视剧生产，提升议价能力。

不难看出，无论是面对互联网还是同行业竞争，版权问题是目前广电系在电视剧领域的最大掣肘，长期处于影视剧行业下游，缺乏电视剧版权，导致电视台在内容、制作、营销、产业链开发等环节都无法掌握主动权。因此，强化广电媒体对影视剧项目的前端介入，可以在很大程度上提升广电媒体在影视剧领域的话语权，解决资源、成本、平台局限等众多问题。

广电媒体对于电视剧生产的前端介入可以分为几个层次：首先是资金定投或收益分成，以项目形式在拍摄前期以投资主体形式参与电视剧投资，优先享有该作品的播出权，一定程度上对剧本、剧情、人员等要素有建议权，剧目发行后，享受固定或者一定比例收益，投入成本低，资金回报相对稳定，但对电视剧的介入程度有限；第二种形式是联合出品或定制拍摄，带资、带广告或剧本创意等关键主体资源，与其他制作公司合作，以定制或者合拍形式，完成从剧本创意、立项到拍摄、制作、发行完整的跟踪锁定，享有作品收益分成，拥有作品版权，这种方式是在确保版权基础上的相对低成本方式；第三层面即是完全的自主化操作，广电媒体旗下影视公司主导并完成电视剧制作、发行、营销，与其他市场化影视制作公司无异，在这种情况下，可以对电视剧享有最大程度自主权，但专业化要求最高，投入程度与风险也最大。

介入电视剧行业，需要面对政策准入（许可证）、人才及生产要素资源整合（优质电视剧产业相关人才）、资金、品牌等诸多壁垒，对于广电媒体而言，短时间显然无法一蹴而就在电视剧行业立稳脚跟，任何一个产业的新经营者都是需要系统性的规划和长时间的维系，需要对即将付出的时间和资源成本做出合理评估。目前来看，对于已经集团化、市场化的广电集团而言，这种影视领域的运作流程相对比较清晰，而对于尚在事业编制下的广电单位来说，各种相关操作还会受到诸多限制，需要综合考虑，量力而行。

（二）受众：建立健全电视剧预估与效果评估体系。

电视剧产品异于普通产品，不直接向观众售卖，而是面向播出机构采购人员销售，采购人员不仅充当播出平台代理人，也充当电视剧观众代理人，他们根据播出平台定位、目标观众偏好，采购不同风格、题材、类型的电视剧，是电视剧市场供应者和需求者之间的重要桥梁。但在当下，缺乏科学评估体系，抛开价格、商业合作等客观条件，电视剧采购人员更多的是以主观经验来判断剧集与平台、时段之间的契合程度，无疑增加了购剧的风险程度与剧集播出成功与否的不确定性。因此，在这种情况下，重视市场的声音，建立依托大数据的电视剧预估与效果评估体系显得尤为迫切。

从1958年央视播出第一部电视剧至今，省级卫视平台在国产电视剧行业已经累积了大量数据，包括主创数据、类型数据、收视数据、平台数据，甚至各种数据之间的关联程度，从中不难发现电视剧发展变化趋势、受众收视偏好变化、制作团队成长更迭、播出平台竞争发展，而这些数据恰恰能成为单个电视剧项目评估、考量选择主创团队、题材设定、类型走向、整体风格等方面的重要参考。建立健全电视剧预估与效果评估体系，可以为电视台参与电视剧制作、电视剧购买、电视剧播出、播后效果评估等提供依据，提高制作、选剧、播剧的成功指数。换言之，只有建立起适当的评价体系，才能真正挖掘电视剧的价值。此外，在当下政策监管对网络端口逐渐收紧的竞争环境中，广电媒体平台数据及平台经验下的评估体系相对具有主流价值观优势。

（三）经营：突破传统硬广藩篱，拓宽经营空间。

作为传统电视台收视占比最高、广告资源吸纳能力最强的类型之一，电视剧经营依旧会在相当长一段时间内成为电视台主要收入来源。因此，拓宽电视剧经营的想象空间，突破现有的仅依赖传统硬广模式，成为电视媒体、电视剧经营中的重点。

2016年，总局出台《通知》取消电视剧中插广告，使得电视剧硬广告位容量基本保持稳定，短期内很难有显著增长，因此在传统硬广告模式之外，需要寻求更多尝试和突破。以网剧为例，2015 年《暗黑者 2》开始创意中插，2016 年《老九门》使创意中插成为网剧经营亮点，之后网剧、网综开始大规模应用小剧场广告形式，剧中人参与，容易让观众产生联想记忆，类似代言形式，以小搏大，成为 2017 年最热门的网络广告形式。对于电视平台而言，延伸节目、片尾小剧场、活动营销等多种方式，都是在现有条件下，对硬广告形式的突破。目前，已有一线卫视在招商活动中，明确下调硬广告招商比例，提高软广告占比，省级卫视晚间广告经营“软硬兼施”符合省级卫视拓展广告容量需求，也符合广告主投放意图。

而在版权前提下，广电媒体的电视剧经营有着更多的想象空间，可以贯穿从电视剧制作到售卖到最终受众的完整产业链，不仅是作为本平台电视剧资源的解决方案，更多是以经营主体姿态，完成对全媒体平台市场的销售与经营，甚至参与付费分成，开发延伸产品，参与所有可能的增值环节。

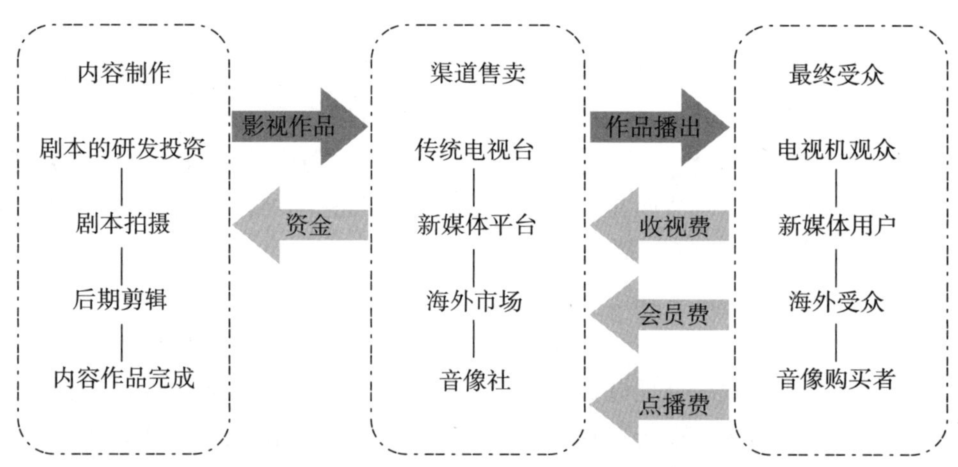

对于广电媒体而言，需要在当下激烈竞争中，跳出原有的单一平台身份，寻求更多更广阔的空间。电视台在电视剧领域资本运营和行业上游存在着短板，但对优质精品剧保持着首位吸引力，依旧体现出强大的平台聚合力。如何充分利用优势，权衡利弊，在电视剧市场开拓可能空间，还需长远且系统的综合考量。

自制为王——新媒体时代下电视台的生存之道

影视剧中心

随着信息时代到来，人们对互联网数字化技术的应用也变得越来越多，新兴媒体给传统传媒时代带来了剧烈的冲击，传统媒体的地位也在慢慢地减弱。网络的出现满足了受众越来越高的社会需求。依托网络，不受时空、地域等客观因素的限制，功能强大、速度快、简单易操作的新媒体平台，也逐渐在人们的生活中活跃起来。随着数字化手段的不断成熟，新媒体作为新兴的、能与传统媒体抗衡的重要信息传播渠道之一，也受到了越来越多的关注。

在当前新媒体快速崛起的时代背景下，传统媒体除了在传播渠道上被侵占，市场资源也开始大规模被抢夺。目标受众在市场中不断被细分、切割，再加上新媒体的冲击和传统媒体自身的弊端与不足，传统电视媒体以及电视人面临着越来越大的压力。

一、新媒体时代下传统电视媒体受到的冲击和影响

1. 科技进步改变观看方式。

视频网站对比电视，有两个特点：一是时间上的非线性，二是空间上的个性化。观众可以不用等待电视台的开播时间，更可以任意选择自己想要观看的节目，并且可以通过互联网产生交互式体验。这种观看方式，直接把受众从被动接受的“观众”转化为主动选择的“用户”。而随着多屏时代的迅速来临，电视最依赖的“客厅文化”也将越来越成为一种小众现象。电视作为一种重要的大众媒体，也许在很长一段时间内都不会消亡，但视频网站对传统电视的冲击，要远远强于当年电视对广播的冲击，因为科技的进步谁也无法阻挡。

2. 营收模式的迥异使得电视媒体的差距越来越大。

对于传统电视媒体而言，其生存来源更多的是源自广告业务的支持。然而，新媒体时代到来后，广告客户将用户市场细分得更加清晰，对合作的平台在广告需求上，要求也越来越多。广告客户开始针对用户特性甄选投放平台，导致传统电视媒体能够承接的广告业务大幅度减少，以至于传统媒体的广告业务大量分流，电视行业利润大幅度降低。

反观新媒体，由于多渠道的营收来源和灵活的融资方式，使其拥有充足的运营资金。视频网站雄厚的资金，充分展现了资本的本性，他们推高了所有具有商业价值的节目，推高了演员身价，推高了节目总成本，推高了营销的地位，也推高了整个行业的市值，甚至连带推高电视收视率。可以说，现在的影视行业，资本的力量无处不在。过去电视台那种“制作费—广告收入—制作费”的生产模式，面对咄咄逼人的资本攻势，防御起来异常吃力。

3. 不同的机制使得人才流向越来越明显。

在大多数存在竞争的行业里，国有单位面对民营企业，多显得力不从心。国有体制的电视台也不例外，多年来形成的行政本位体系，与民营企业追求最大利益的做法形成了鲜明的反差。电视台目前已经成为人才净流出单位。电视台辛辛苦苦培养出的人才，很轻易就被挖走。

4. 不同的监管要求导致节目尺度不同。

所有的视频网站都把自己定位成高科技企业而非媒体，这就使视频网站极大限度地躲避了内容监管。虽然要求同标准审查的呼声越来越高，有关部门也在不断加大监审力度，但事实是：越来越多有影响力的综艺和影视剧达不到电视播出标准，却可以在传播范围更广的网络上呈现。此消彼长，越来越多的观众也随着这些节目转化为网络观众。

二、新媒体时代下的传统电视媒体依然具备不可小觑的优势

电视媒体在“多屏时代”受到挑战是无法避免的，但并不意味着这些新兴媒体就可以轻而易举地取代电视媒体的市场地位。传统电视媒体依然具有一些优势：

1. 电视在整合传播中仍占据主导地位。

央视市场研究股份有限公司（CTR）在对一些节目进行研究后发现，重大新闻事件只有在被电视媒体播出以后，才会在微博、微信等新媒体上出现传播高峰。这说明电视媒体仍然是社会化整合传播的重要引爆点，社会化传播最强大的爆发力仍然集中在电视媒体上，新媒体只是以电视媒体为核心进行整合传播。电视的公信力依旧无与伦比。

2. 收看电视仍然是家庭生活中重要的娱乐方式。

目前，中国电视产业正处于数字化平移后期，有线数字化程度超过60%。随着中国数字化变革推动，电视高清数字化终端的更新换代提升了观众的收视观感体验，电视观众高自主和高审美收视需求不断被满足。如同电影屏幕的意义一样，即便新兴媒体对传统媒体冲击很大，改变了观众一定的收看习惯，但电视机依然是家庭中一块重要的屏幕，是每个家庭必不可少的客厅娱乐方式。电视依然是大众传播媒体中的重要平台。

3. 电视仍是优质内容的重要制作者。

面对互联网海量内容，传统电视虽在内容数量上不占优势，但主导了优质内容。首先，电视媒体在新闻资讯与评论上具有优势。目前，各大网站中对于重点新闻事件和新闻报道的视频，仍然以电视媒体内容为主。其次，电视媒体在综艺娱乐节目、电视剧以及纪录片方面占据优势。虽然近两年来，国内视频网站不断加大自制剧、自制栏目的投入，但真正能够引起社会大众广泛讨论、传播、关注的综艺节目或电视剧等，多来自电视媒体主导、主控并出品制作的内容，如《中国好声音》《爸爸去哪儿》《星光大道》《舌尖上的中国》等。最后，在大型晚会、赛事等直播类节目方面，电视媒体同样具备绝对竞争力。

4. 电视仍是广告主品牌建设的最高平台。

调查显示，不少广告主承认电视广告的削减对于品牌建设有一定负面影响。因此，绝大多数广告投放商，仍将电视媒体作为广告经营和品牌建设的首选媒体。其中，互联网类企业成为电视广告投放的重点行业，这说明新媒体机构意识到，在自身品牌建设的过程中，电视媒体的广告传播是一个非常重要的手段。总体而言，电视媒体仍然是目前建立品牌形象的最高平台。

三、回归自制是电视台的生存之道

随着科技的飞速进步，新媒体对电视媒体的挑战会越来越大，因此，作为传统行业，只有改变原有的生产模式，改变思路，才有可能在变革中求生存、谋发展。首先要做的就是要改变“制播分离”的思维模式。

在电视一家独大的时代，为了促进行业发展，业界提出了“制播分离”的口号，电视台不再是一家独大的节目生产单位，民营影视公司获得了极大的发展，特别是具有高度市场价值的电视剧、综艺等节目类型上，非国有公司在产量、市值等方面已经远远超过了国有企事业单位，节目质量也越来越高，逐渐成为市场的主流。在这种局面下，越来越多的节目转由民营公司生产，而电视台的业务则越来越萎缩。到了互联网时代，平台价值急剧下降的电视台，都不同程度地受到当年业务流失的影响，举步维艰。

各大卫视中，经营状况最好的无疑是湖南电视台，十几年前就开始的各种谋篇布局，到今天终于体现出了价值：高度统一的节目生产思路、灵活高效的人才机制、高度市场化的台属上市公司，共同造就了今日名列前茅的卫视平台和互联网平台。

除了湖南台，长三角地区的江苏、浙江、上海三台，凭借本地区的富庶和人才，以及多年来改革开放前沿的地位，也纷纷后发制人，走出了符合自身特点的发展道路，成为和湖南卫视并驾齐驱的重要卫视。

同为国内重要卫视的北京电视台，受环境所限，在市场化开拓方面落后于江浙沪湘几个大台。错过了电视资本扩张期的北京台，面对纷纭复杂的行业变化，必须要紧紧抓住综艺和影视剧这两个市场化程度最高的节目类型，特别是高度资本化的电视剧，更是我们可以寻求突破的方向。

客观地说，北京电视台，特别是北京卫视，在电视剧播出层面毋庸置疑是一流的。但是，仅仅依靠播出是不够的，首先，单纯采购相当于靠天吃饭，我们有没有精品剧、能不能拿到爆款剧，全看市场，作为播出平台，我们缺少对生产前端的把控；其次，时至今日，电视剧的采购价格和广告产值越来越不匹配，播出顶级剧，也越来越成为一种奢侈行为；第三，相对于新闻和综艺，电视剧缺乏标志性和品牌识别度，顶级剧的堆砌未必能形成顶级的效应，如果不能形成对播出剧的整体规划，一味追求头部，最终很难保证不会在资本的血拼中力不从心。

在这种局面下，涉入生产前端，参与到电视剧的投资和创作中，会在一定程度上缓解、摆脱困局，产生如下一些好处：

1. 拿到自己想要的精品剧。

电视台以参与电视剧投资创作的方式进入市场，可以进一步提升电视台在电视剧尤其是精品剧生产中的话语权，保证在创作之初就参与其中，便于电视台锁定版权，防止投入了精力的项目最终花落旁家。

2. 满足版面编排需要。

由电视台主导电视剧的投资和创作，能够在很大程度上明确方向、精准定位，除了基本的卫视、影视频道版面供给之外，还可保证我们在重大宣传节点上拿出北京台出品的、属于北京台自己的精品力作，在强调质量的同时满足版面编排的需求。

3. 降低购剧成本。

电视台参与电视剧投资创作，有助于平衡价格，拿到质量满意、价格合理、稍有盈余的电视剧，以降低购剧成本。

4. 锻炼队伍。

通过电视台主导的电视剧投资创作，可以锻炼团队，培养制片、责编人才，为电视台实现业务转型做尝试。

5. 拓宽产品线和营收渠道。

作为一个产业，电视剧的营收不仅仅是电视台、互联网的版权销售，植入广告、版权改编，甚至周边产品开发，都会衍生出更多更广的业务类型，从而拓宽收入渠道，并且进入到更广泛的业务当中，比如电影、动漫等等。

四、在电视剧高度市场化的今天，北京电视台还有自制剧的空间吗

自己制作满足自身需求，还能产生更多效益的产品，当然是美好的愿景。但是，在电视剧生产高度市场化的今天，国有企业尚且捉襟见肘，作为管控更加严格的事业单位，特别是北京电视台这样的财务严格受控的二级事业单位，还有可能自制电视剧吗？

我们认为：虽然难度很大，但是如果能整合我们现有的一些优势，调整原有的一些机制束缚，电视台的自制剧，还是可以小有作为的。

第一，台层面要意识高度统一。电视台必须认识到：参与到生产当中，就会面临激烈的竞争，在与成熟的企业，特别是民营企业的竞争中，国有单位是不占优势的。因此，台自制剧必须以“台里决策、依托平台、公司执行、紧密联动”的方式开展。电视剧的生产已经形成一个相对完善的产业，资本的力量越来越强大，动辄数亿元的投资和产能过剩使电视剧不再是单纯的艺术创作。因此，是否开展电视剧自制业务，自制剧的生产模式和创作方向，必须在台层面形成高度的统一，并且以自己的播出平台做依托，才能逐渐形成电视台自制剧的竞争力。

第二，制作自制剧必须对外合作，合纵连横。如今的电视剧市场已经不再是“找剧本、找导演、找投资、找演员、找电视台播出”的简单模式了，市场环境决定了一部电视剧的完成必须由多方合作，因此与其他兄弟台、民营公司、视频网站紧密合作缺一不可。同时，对外合作要完全遵循市场规律和市场规矩，各方平等，杜绝老大思想。

第三，在资金方面，要通过资本市场的运作，以购剧款撬动资本。电视台购剧款是专项经费，很难直接转化为投资款，但是，我们可以尝试利用贷款、基金等融资方式，利用购剧款来撬动资本市场，将其转化为电视台可用的资金资源。

第四，台内必须针对自制剧业务，形成有效联动机制，建立容错机制、奖励机制，打破一些固有壁垒，使自制剧项目在台内的流转能顺利进行。首要的责任主体是台属公司和影视剧中心。台属公司在初期不可避免地要依靠台里支持，但公司必须尽快建立自己的商业模式；台影视剧中心在自制剧项目上，必须做到全程监控；台其他业务、职能部门也要给予实质的帮扶。脱离开台里强力支持，自制剧是绝不可能成功的。

第五，台里必须建立有效的人事机制，培养人才，减少人才流失。市场是无情的，需要的是硬实力，而实力的核心来自于人才。人事机制不调整，传统媒体很容易形成“骨干流失”“年轻人的跳板”“养老院”的局面。台自制剧，不需要培养编剧、导演，但是我们必须培养自己的制片人及责编团队。在创业初期，在没有完全打通资金、渠道、机制的情况下，完全指望外来和尚念好经是不现实的；只有先自我完善，逐步培养建立一支队伍，形成稳定的业务规模和模式，我们才知道引进什么样的人才，以及如何使用和管理人才。因此，我们首先需要在内部打下人才基础，从影视剧中心开始建立这样一支队伍，且逐渐向公司输送，并逐渐利用公司相对灵活的机制，形成电视剧的生产团队。

第六，我们认为自制剧业务应稳中求进，不宜贪大求洋。在初始阶段，应以探索为主，以一两个项目为主，先尝试，在小范围内发现问题、解决问题，待所有流程都完善统一后，再扩大规模。

五、北京电视台自制剧的项目孵化模式

我们认为，当前北京电视台自制剧项目孵化模式，主要应由“抓源头”和“抓生产”两个关键词构成。

• 抓源头

抓源头是指项目最初孵化的来源，我们认为，北京电视台自制剧要抓的源头有以下两种：以重大宣传节点为目标形成策划源头（以电视台为主）；以民营公司提供的成熟商业项目策划案为源头（以民营公司为主）。

• 抓生产

自制剧的生产环节首先是尽可能借力有实力、有作品、与北京电视台有过合作的大公司，借此学习公司运作的经验，同时也要逐步培养有潜力的团队和公司，物色有前途的编剧、导演、演员，为台属公司的进一步发展打基础。

通过抓源头和抓生产，台自制剧项目的孵化能够有序进行，并且确保项目在任何一个阶段都能正常高效运转。

六、北京台自制剧的商业模式

从商业模式的角度出发，台自制剧可以由本台联合其他平台（其他卫视、视频网站）和公司共同孵化项目，使项目从创意初期就在各个平台要求下推进，以最大限度减少项目风险，各平台方及其他投资方、制作方共同投资，风险、利益共担，把“生产－销售模式”转变为依据市场需求（平台）订制产品。

我们认为，这种商业模式主要适用于卫视影视剧，主要的联合对象可以是江、浙、沪三台和优酷、爱奇艺、腾讯三网。该模式可遵照以下流程进行具体操作：

• 发起：台或“三台”或“三网”或民营公司；

• 论证：台＋友台＋网络，以播出为前提进行论证；

• 投资：台属企业＋另一公司＋网站＋民营公司共同投入；

• 制作发行：民营公司承制，各平台全程监控质量；

• 播出：各平台方按约定共同播出；

• 利益分配：几方共同享有著作权，其他的收益按约定分配。

通过这种商业模式，我们可以在台自主研发及对外合作两个方面达到很好的结合，有助于进一步打通台与友台、台与网的合作，将自制剧业务变成一项有前景、可持续的事业，而不仅仅是满足播出和求生的需要。

七、电视台自制剧的远景规划及目标

经营台自制剧业务，不仅仅是走完流程就可以成功的，而是要放眼未来；若要使自制剧业务持续蓬勃发展，电视台还需要着手制定自制剧业务的远景规划及更高目标。

1. 电视台要掌握主导权。

深入生产前端，建立起以电视台为主导的全新的自制体系，提高平台的主控权和商业利益。通过投资、买断、开发 IP、原创剧本等方式，充分掌握作品话语权，打造出一系列精品剧集，形成“BTV 出

品”的品牌。

2. 进行 IP 深加工和全产业开发。

将购买或原创的 IP 进行深度加工，使其具有转换价值，从而实现与动漫、电影、游戏、衍生品等行业的合作互利。

3. 持续拓宽市场。

不以本台为唯一播出平台目标，同时要服务于其他播出平台的需求，通过市场的不断拓展，使自制剧业务成为本台旗下一项可持续发展的独立事业。

八、结语

新媒体时代背景下，传统电视媒体可谓“饱受折磨”。面对新媒体的冲击，电视“一屏独大”的景象不再。新媒体对传统电视的影响，不仅是改变媒介终端，从根本上说，是对整个传统传媒运营思维的挑战。当然，虽然传统电视媒体将要迎接巨大挑战，但我们也要在这个时候看到发展的机遇。在未来发展过程中，传统电视媒体应当在不断的适应过程中逐渐应用与融合新媒体，我们要认识到自身的不足与弊端，不断地改进和创新，在挑战的同时，使二者互利共赢、共同进退。

立台最晚的北京电视台，在电视发展的初期，依靠首都的影响力和大胆的突破创新，在 90 年代成为省级台的标杆，除了首屈一指的新闻类节目，在电视剧生产和综艺节目生产上也多次开风气之先，成为名列前茅的大台。然而，一段时期以来，北京电视台在国内电视台的第一阵营中开始落后。面对时艰，我们必须要再次出发，拿出建台元老们努力创新的勇气，才能获得更好的生存和发展。随着北京卫视近年来的发力，北京电视台依然还是国内重要的媒体和市场终端。凭借北京卫视的新生和北京电视台的底蕴，我们相信，虽然媒体竞争残酷难测，但是身处首善之地的北京电视台，一定会有更好的前景，而电视剧，无疑是最值得我们尝试突破的方向。

关于北京电视台广告经营管理情况调研报告

监察审计办公室

为切实加强和规范北京电视台广告经营管理，杜绝跑冒滴漏现象发生，从根本上堵塞漏洞、防范风险，有效提高资金运营效率，最大限度地维护电视台利益和保证国有资产安全，维护电视台良好政治生态和促进电视台持续健康发展，北京电视台监察审计办公室会同广告部及相关部室，结合广告市场运营状况，立足北京电视台广告发展实际，就北京电视台 2017 年 4 月至 2018 年 8 月的广告经营管理模式及实际运营情况进行了了解、调研。同时，监察审计办公室相关人员也对台广告监播系统进行了学习和考察。调研情况表明，北京电视台广告经营管理上确实取得了一定成绩，但也存在一些问题，并与中共北京市委宣传部、北京市新闻出版广电局印发的《关于严肃纪律加强大型活动和广告经营管理的意见》等规定要求还有差距。因此，规范及加强北京电视台广告经营管理势在必行。现将调研情况汇报如下：

一、广告经营管理现状

（一）近年电视广告运营态势。

自改革开放以来，中国广告行业历经40年的发展已步入成熟期，市场规模见顶、增速下降，占GDP的比重也在快速增长后于一个相对稳定的区间内波动。

近两年，我国广告整体的市场规模微增，这种增长是源于行业内部集中度提升之后的挤出效应，一些具备垄断优势的企业获客能力不降反增，创造增量的同时又蚕食存量。因此，一方面是行业平均利润下降，另一方面是龙头企业的营收和利润增速远超同行业水平。

2016年国内全媒体广告刊例花费同比下降0.6%，其中传统媒体刊例花费持续较大幅度下降，报纸、杂志和交通类视频为跌幅前三。与此形成鲜明对照的是，影院广告的刊例花费同比增长44.8%，尤其是2016年上半年，同比增速约为77%，冲高回落后2017年进入了稳定增长的态势。行业内不同类型媒体分化明显：场景化和互联网广告媒体领涨，传统广告媒体领跌。

（二）北京电视台广告经营模式变化。

随着经济增长速度变缓和企业效益增长速度变慢，以及市场竞争的日益激烈，媒体广告投放呈现下降趋势。在这种情形下，北京电视台根据广告运营机制，2015年采用一体化经营的方式，即北京卫视、体育频道、生活频道、纪实频道，分别由北京京视卫星传媒有限责任公司、北京京视体育发展有限责任公司、北京京视电广传媒有限责任公司、新纪实（北京）传媒投资有限公司负责；其他7个频道的广告经营由广告部负责，根据“以收定支”的原则，广告经营任务由广告部和节目中心共同承担。同时，广告部承担对5个经营主体的统筹、监管、协调和服务工作。2018年，根据实际情况变化，纪实频道的广告经营工作也转由广告部负责。

广告部的工作分为管理和经营两个部分。管理部分，是承担全台广告经营管理的统筹、监管、协调和服务工作；经营部分是负责8个频道的广告经营工作。根据计财部和广告部共同确认的数据，2018年上半年，广告部负责经营的8个专业频道总收入与去年同期相比有所增长。

（三）北京电视台广告管理模式。

北京电视台按照全台一盘棋的战略，建立高效有序、监管有力、统分结合、目标责任明确、绩效考核到位的广告经营运行机制，对经营秩序进行有力的管控，对经营目标和方向进行明确的规划。

经营授权：对于一体化经营的频道，根据台党委会审批确定的各经营主体的年度经营收入指标、代理费比例，由台长代表北京电视台分别与经营主体签订广告经营协议，向经营主体签发广告经营授权书。各经营主体可按约定比例获得代理费。

定价机制：各经营主体制定广告产品体系和广告价格体系，报广告部后，经节目经营统筹协调领导小组审议通过后执行。

广告销售：一般情况下的广告业务，经营主体在遵循相关法律、法规的基础上，独立开展广告销售工作。北京电视台、经营主体与客户签订三方协议，由广告部审核协议折扣等内容是否符合审议通过的广告价格体系。

播前付款：各经营主体协调客户向北京电视台计财部支付广告费，计财部负责开具发票，经营主体遵循播前付款的原则，安排相应广告播出。

广告审查：各经营主体按照现行广告法律法规，对拟发布的广告内容和客户进行相应审查并保存相关审查文件。

广告监播：广告部委托北京特雷森信息中心，负责对全台播出的各类广告进行监播，并协调经营主体和节目中心处理监播问题。

（四）现今面临的压力。

2017年广告部和各经营主体在工作上取得了一定成绩，这些是建立在台党委的统一规划领导、各节目中心的共同努力、各职能部室支持配合的基础上的。但是未来广告的经营还面临着严峻的问题和挑战，完成经营任务相对艰难。

（1）宏观经济环境造成的压力。近年来，中国经济增长的动力结构变化，曾经电视媒体广告收入的支柱行业（快消品、日化、医药等）发展减缓，客户投放需求减少。

（2）新媒体分流客户预算。广告主的预算分配越来越多样化和立体化，新媒体对广告客户在电视等传统媒体投放预算的分流影响逐渐扩大。

（3）在全国电视广告投放总量缩水的情况下，媒体行业内的竞争更加激烈，省级电视台广告市场的马太效应日益加剧，有限的客户预算集中流向湖南、浙江、江苏、东方四台，省级地面频道均面临着不同程度的经营困难。

（4）北京地区的媒体竞争更加激烈。中央三台合并为中央广播电视总台后，中央级频道强大的头部化力量得到充分放大和利用，挤压北京电视台地面频道的生存空间。

（5）政策环境更加严格。随着新《广告法》的实施，国家工商行政管理总局和各级广电管理机构陆续出台了行业管理办法，如《关于进一步加强医疗养生类节目和医药广告播出管理的通知》《互联网广告管理暂行办法》等，各级管理机构特别是北京的工商部门监管力度不断加强，同时，在广电总局日渐严格的政策管控下，媒体广告时间不断缩减。

（6）受到客观条件制约，广告部的经营团队始终处于超负荷工作状态，激励机制所受体制层面的局限性较大。

二、当前广告管理存在的主要问题

传统媒体面临着不利的外部环境和激烈的行业竞争，广告部与各经营主体的经营工作也面临着北京地区异常激烈的媒体竞争局面。面对严峻的经营困境，广告部和各经营主体也积极寻求突破、创新营销方式，在广告与节目深度融合的道路上进行了有益的探索和尝试。但多年来北京电视台在广告经营管理中也存在着些许问题，主要问题体现在以下几方面。

（一）工作落实存在薄弱环节。

1. 部分广告合同履行不到位。

按照北京电视台的相关规定，广告合同均经过法务部门审核，部分特殊销售政策还要经过有关领导、党委会的批准，并且应严格按照合同约定执行。但监察审计办公室在监察过程中发现，部分广告合同在执行过程中没有严格按照相应条款履行，同时合同内容变动也未经过相关领导的书面批准。

（1）某节目中心的大型节目，在2015年10月党委会决议通过的“承诺广告创收不低于约定金额，并制定了节目制作总预算”，也按照党委会的决议签署了相关协议，但实际广告收入未达到党委会决议中所约定的金额。

（2）某节目中心2016—2017年某精品栏目，根据签订的广告协议，此项目合作期为1年，总计52期节目。但此节目中心提供的播出说明中写道，此项目合作周期从2016年4月至2017年5月，总计播出节目64期。按照规定，为保证北京电视台权益，此种变更应签署补充协议，否则容易造成隐患。

2. 部分广告款未按时支付，广告业务系统缺乏制约。

按照规定，北京电视台所有广告播出必须录入广告业务系统，包括广告内容、销售政策、付款情况等信息，广告播出端应依据广告业务系统给出的广告编播单进行播出。广告业务系统在保障北京电视台广告的经营数据、收入统计上有着极其重要的作用，同时也是确保广告协议执行的保障，对于未准时按协议付款的广告客户，应在业务系统上有所制约。监察审计办公室在监察过程中发现，部分广告客户未按协议约定按时付款，也没有任何原因说明，但广告依然播出。

（1）2017年某公司与北京电视台的广告协议中约定，公司应在每个月25日前向北京电视台支付相应的广告款。经核实，此公司2017年1、2月份两笔款项未按照协议条款准时到账，而广告仍然在继续播出。

（2）北京电视台某节目中心2016—2017年制作的某栏目，根据相关广告协议与制作费协议，北京电视台应收取相应数额的广告款，并支付对方低于广告款金额的一定制作费。监察中发现，广告部平账金额（根据发票确认收入）未达到约定广告金额，广告部在业务系统中发布了停止该节目的广告订单，但该节目和广告仍在继续播出，导致在监播中出现大量问题。

（二）把关不严，造成资源损失。

北京电视台在实行三级审片制的原则中，也规定了要对广告进行重播重审。但是部分节目在重播或制作精编版过程中，因工作失误没有将未签单的广告全部剔除，在最终审片时也未发现此问题，导致实际播出与广告单不一致，也给北京电视台造成了一定的经济损失。例如：

1. 2017年2月某银行广告到期，台内某节目去除了此银行广告的片头广告、角标、背景板等广告，但片尾滚屏中的银行标识没有及时删除，在审片中也未发现，造成两天多播广告的情况。

2. 台内某栏目，由于制作人员疏忽大意，将应该在2017年4月15日播出的广告放在了4月16日播出，在审片中也未发现，造成错播广告的情况。

（三）未严格按规定执行，问题处理不及时。

根据北京电视台京视发（2012）32号《北京电视台植入式广告管理规定》、《北京电视台广告监播管理办法》（2015年版）规定，应该在规定时间内对问题广告予以解决，并对当事人进行处罚处理。监察审计办公室在监察过程中发现：有部分问题广告超过处理时限后，补办手续仍未完成，还有部分问题广告未给予合理的解释说明。在2018年7月广告部向监察审计办公室提交的2017年未处理问题广告清单中，仍有大量问题广告未及时处理。

三、规范广告经营管理的建议

全台各广告相关部门要在思想认识上再深化，充分认识目前广告生产（经营）对于北京电视台的重大意义，切实增强全面接受监督的思想自觉和行动自觉，借势借力推动台内各项广告工作的落实。

（一）加强制度建设，针对存在风险的重点环节实施严格管控。

建议广告相关部门严格执行相关规定，先签订广告合同并执行播前付款原则，及时准确地将广告单录入到广告业务系统内，严格依照合同协议执行，如在执行之中发生变动，应及时签署补充协议。建立长效机制，做好广告业务方面的自查自纠；对合同履行、广告款项等问题，要齐心协力，跟踪督导，确保彻底整改到位。要在大局意识上再强化，按照台党委领导要求，落实广告经营制度。对内做到不推、不等、不拖、不靠；对外做到热情、简洁、坦诚、实事求是。要在统筹安排上再优化，以严肃认真、积极主动的工作态度开展广告生产（经营）。

（二）严格履行三审职责，切实把好逐级审核的质量关。

建议督促各节目部门提高栏目组人员责任意识，严格遵循北京电视台制定的三级审片原则，并在制作节目和审片时仔细核对广告播出单，防止错播漏播等情况发生，避免台内资源受损。节目负责人要从严把关，着力解决形式主义问题。

（三）切实履行主体责任，加强组织领导，强化责任担当。

坚决落实台内广告管理各项规定，按照“谁分管谁负责，谁牵头谁协调”的要求，把责任压实到人、落实到岗，建立问题、任务、责任清单，在“事事有回音，件件有着落”上集中发力，形成各部门联动的整改合力，保障台内广告业务生态系统健康发展。

2018年北京电视台节目收视情况调查

研发部

2018年北京电视台节目收视一览

数据包含日期：2018年1月1日—12月31日

序号	栏目名称	播出频道	收视率	市场份额
1	北京新闻	北京卫视	4.85	22.24
2	庭审纪实	科教频道	2.27	14.45
3	法治进行时	科教频道	2.20	15.90

续表

序号	栏目名称	播出频道	收视率	市场份额
4	第三调解室	科教频道	1.89	14.15
5	养生堂	北京卫视	1.74	10.43
6	特别关注	北京卫视	1.73	12.37
7	北京您早	北京卫视	1.55	29.23
8	我是大医生	北京卫视	1.27	6.94
9	暖暖的味道	北京卫视	1.12	8.87
10	最北京	科教频道	0.98	3.09
11	北京新闻	新闻频道	0.77	3.55
12	笑动剧场	文艺频道	0.76	5.13
13	法治中国 60′	科教频道	0.76	6.96
14	选择	生活频道	0.76	2.93
15	体坛资讯	体育频道	0.73	2.94
16	每日文娱播报	文艺频道	0.68	2.67
17	记忆	科教频道	0.68	2.19
18	警法目录	科教频道	0.66	5.59
19	现场说法	科教频道	0.65	5.09
20	喜剧合伙人	文艺频道	0.61	2.10
21	生活这一刻	生活频道	0.60	2.40
22	足球 100 分	体育频道	0.60	1.99
23	档案	北京卫视	0.59	5.00
24	我看行	文艺频道	0.57	2.96
25	周末喜乐汇	文艺频道	0.56	1.68
26	红绿灯	新闻频道	0.55	2.00
27	影视风云	文艺频道	0.52	1.76
28	星夜故事	文艺频道	0.49	1.69
29	春妮的周末时光	文艺频道	0.48	1.54
30	军情解码	青年频道	0.47	1.57
31	天天体育	体育频道	0.47	1.93
32	居家卫士	文艺频道	0.46	1.52
33	每日文娱播报·大头条	文艺频道	0.44	2.05
34	生活广角	生活频道	0.44	2.30
35	都市晚高峰	新闻频道	0.44	1.81

续表

序号	栏目名称	播出频道	收视率	市场份额
36	红绿灯·平安行	新闻频道	0.41	2.49
37	生活面对面	生活频道	0.40	1.30
38	拍宝	财经频道	0.37	1.19
39	文化之约	文艺频道	0.34	0.95
40	美食地图	生活频道	0.33	1.06
41	晚间新闻报道	新闻频道	0.32	1.59
42	新时代新担当新作为	新闻频道	0.31	0.97
43	我爱书画	文艺频道	0.27	0.91
44	加油吧孩子	文艺频道	0.27	0.92
45	食全食美	生活频道	0.26	1.43
46	迷尚北京	生活频道	0.26	0.73
47	全民健康学院	生活频道	0.24	0.78
48	医者	生活频道	0.24	0.77
49	闪天下·卡酷偶剧院	卡酷少儿	0.24	1.43
50	平安快递	科教频道	0.23	1.19
51	护航 2018	科教频道	0.21	0.65
52	健康北京	科教频道	0.21	1.04
53	欢乐二打一	体育频道	0.21	1.81
54	生活 + 全能改造	生活频道	0.20	0.61
55	锐观察	新闻频道	0.20	0.64
56	卡酷动物园	卡酷少儿	0.20	1.27
57	青春快乐季	青年频道	0.19	0.67
58	七色光·童声英雄	卡酷少儿	0.19	0.61
59	理财（周末版）	财经频道	0.18	0.83
60	四海漫游	生活频道	0.18	0.92
61	戏里戏外	青年频道	0.17	0.50
62	七色光	卡酷少儿	0.17	1.32
63	奇趣大自然	科教频道	0.16	0.88
64	TV 律师帮帮忙	科教频道	0.16	0.61
65	青春快乐季·青春的声音	青年频道	0.16	0.52
66	这里是北京	新闻频道	0.16	1.14
67	特别关注	新闻频道	0.16	1.12

续表

序号	栏目名称	播出频道	收视率	市场份额
68	创新北京	科教频道	0.15	0.64
69	青春快乐季·青春的梦想	青年频道	0.15	0.45
70	大玩家	卡酷少儿	0.15	0.95
71	青年探秘者	青年频道	0.14	0.48
72	妈妈育上娃	卡酷少儿	0.14	0.46
73	留学生	科教频道	0.13	0.44
74	首都经济报道	财经频道	0.13	0.57
75	大家收藏	财经频道	0.13	0.51
76	快乐生活一点通	生活频道	0.13	0.87
77	青春快乐季·周末版	青年频道	0.13	0.49
78	谁在说	青年频道	0.13	0.40
79	成长加油站	生活频道	0.12	0.38
80	北京您早	新闻频道	0.12	2.20
81	剧星派	卡酷少儿	0.12	0.94
82	翩翩少年	科教频道	0.11	0.41
83	我爱我车	生活频道	0.11	0.52
84	穿越吧少年	卡酷少儿	0.11	0.76
85	说画	财经频道	0.10	0.32
86	成长大会	青年频道	0.10	0.51
87	健身圈	体育频道	0.10	0.58
88	欢天戏地	文艺频道	0.09	0.92
89	生活+第一房产	生活频道	0.09	0.56
90	理财	财经频道	0.08	0.34
91	天下财经	财经频道	0.08	0.27
92	财富剧场	财经频道	0.08	0.26
93	我们退休啦	生活频道	0.08	0.70
94	书香北京	青年频道	0.08	0.28
95	诚信北京	财经频道	0.07	0.26
96	财富故事	财经频道	0.07	0.28
97	生活+家装攻略	生活频道	0.07	0.55
98	国际双行线	青年频道	0.07	0.35
99	数说北京	财经频道	0.06	0.22

续表

序号	栏目名称	播出频道	收视率	市场份额
100	京津冀大格局	财经频道	0.05	0.20
101	生活 + 周末开聊	生活频道	0.05	0.40
102	问鼎世界	财经频道	0.04	0.17
103	财富家战略	财经频道	0.04	0.13
104	税收天地	财经频道	0.04	0.14
105	对话大咖	财经频道	0.04	0.13
106	总裁读书会	财经频道	0.04	0.12
107	战无极・我就是拳王	生活频道	0.04	0.34
108	纪录中国	纪实频道	0.04	0.13
109	中国故事	纪实频道	0.04	0.13
110	影响者	财经频道	0.03	0.08
111	品味消费在北京	财经频道	0.03	0.21
112	提问投资人	财经频道	0.03	0.10
113	创业听我说	财经频道	0.03	0.12
114	奇趣自然	纪实频道	0.03	0.17
115	奇妙之旅	纪实频道	0.03	0.13
116	时尚印象	纪实频道	0.03	0.11
117	KAKU 幼儿园	卡酷少儿	0.02	0.60
118	寰宇客	纪实频道	0.02	0.09
119	纪实天下	纪实频道	0.02	0.09
120	影事	纪实频道	0.02	0.08
121	昨天的故事	纪实频道	0.02	0.07

2018 年卫视节目中心栏目收视一览（不含季播）

数据包含日期：2018 年 1 月 1 日—12 月 31 日

序号	栏目名称	播出频道	收视率	市场份额
1	养生堂	北京卫视	1.74	10.43
2	我是大医生	北京卫视	1.27	6.94
3	暖暖的味道	北京卫视	1.12	8.87
4	档案	北京卫视	0.59	5.00

2018 年文艺节目中心节目收视一览

数据包含日期：2018 年 1 月 1 日—12 月 31 日

序号	栏目名称	播出频道	收视率	市场份额
1	笑动剧场	文艺频道	0.76	5.13
2	每日文娱播报	文艺频道	0.68	2.67
3	喜剧合伙人	文艺频道	0.61	2.10
4	我看行	文艺频道	0.57	2.96
5	周末喜乐汇	文艺频道	0.56	1.68
6	影视风云	文艺频道	0.52	1.76
7	星夜故事	文艺频道	0.49	1.69
8	春妮的周末时光	文艺频道	0.48	1.54
9	居家卫士	文艺频道	0.46	1.52
10	每日文娱播报·大头条	文艺频道	0.44	2.05
11	文化之约	文艺频道	0.34	0.95
12	我爱书画	文艺频道	0.27	0.91
13	加油吧孩子	文艺频道	0.27	0.92
14	欢天戏地	文艺频道	0.09	0.92

2018 年科教节目中心节目收视一览

数据包含日期：2018 年 1 月 1 日—12 月 31 日

序号	栏目名称	播出频道	收视率	市场份额
1	庭审纪实	科教频道	2.27	14.45
2	法治进行时	科教频道	2.20	15.90
3	第三调解室	科教频道	1.89	14.15
4	最北京	科教频道	0.98	3.09
5	法治中国 60′	科教频道	0.76	6.96
6	记忆	科教频道	0.68	2.19
7	警法目录	科教频道	0.66	5.59
8	现场说法	科教频道	0.65	5.09
9	平安快递	科教频道	0.23	1.19
10	护航 2018	科教频道	0.21	0.65
11	健康北京	科教频道	0.21	1.04
12	奇趣大自然	科教频道	0.16	0.88

续表

序号	栏目名称	播出频道	收视率	市场份额
13	TV 律师帮帮忙	科教频道	0. 16	0. 61
14	创新北京	科教频道	0. 15	0. 64
15	留学生	科教频道	0. 13	0. 44
16	翩翩少年	科教频道	0. 11	0. 41

2018 年财经节目中心节目收视一览

数据包含日期：2018 年 1 月 1 日—12 月 31 日

序号	栏目名称	播出频道	收视率	市场份额
1	拍宝	财经频道	0. 37	1. 19
2	理财（周末版）	财经频道	0. 18	0. 83
3	首都经济报道	财经频道	0. 13	0. 57
4	大家收藏	财经频道	0. 13	0. 51
5	说画	财经频道	0. 10	0. 32
6	理财	财经频道	0. 08	0. 34
7	天下财经	财经频道	0. 08	0. 27
8	财富剧场	财经频道	0. 08	0. 26
9	诚信北京	财经频道	0. 07	0. 26
10	财富故事	财经频道	0. 07	0. 28
11	数说北京	财经频道	0. 06	0. 22
12	京津冀大格局	财经频道	0. 05	0. 20
13	问鼎世界	财经频道	0. 04	0. 17
14	财富家战略	财经频道	0. 04	0. 13
15	税收天地	财经频道	0. 04	0. 14
16	对话大咖	财经频道	0. 04	0. 13
17	总裁读书会	财经频道	0. 04	0. 12
18	影响者	财经频道	0. 03	0. 08
19	品味消费在北京	财经频道	0. 03	0. 21
20	提问投资人	财经频道	0. 03	0. 10
21	创业听我说	财经频道	0. 03	0. 12

2018 年体育节目中心节目收视一览

数据包含日期：2018 年 1 月 1 日—12 月 31 日

序号	栏目名称	播出频道	收视率	市场份额
1	体坛资讯	体育频道	0.73	2.94
2	足球 100 分	体育频道	0.60	1.99
3	天天体育	体育频道	0.47	1.93
4	欢乐二打一	体育频道	0.21	1.81
5	健身圈	体育频道	0.10	0.58

2018 年生活节目中心节目收视一览

数据包含日期：2018 年 1 月 1 日—12 月 31 日

序号	栏目名称	播出频道	收视率	市场份额
1	选择	生活频道	0.76	2.93
2	生活这一刻	生活频道	0.60	2.40
3	生活广角	生活频道	0.44	2.30
4	生活面对面	生活频道	0.40	1.30
5	美食地图	生活频道	0.33	1.06
6	食全食美	生活频道	0.26	1.43
7	迷尚北京	生活频道	0.26	0.73
8	全民健康学院	生活频道	0.24	0.78
9	医者	生活频道	0.24	0.77
10	生活 + 全能改造	生活频道	0.20	0.61
11	四海漫游	生活频道	0.18	0.92
12	快乐生活一点通	生活频道	0.13	0.87
13	成长加油站	生活频道	0.12	0.38
14	我爱我车	生活频道	0.11	0.52
15	生活 + 第一房产	生活频道	0.09	0.56
16	我们退休啦	生活频道	0.08	0.70
17	生活 + 家装攻略	生活频道	0.07	0.55
18	生活 + 周末开聊	生活频道	0.05	0.40
19	战无极 · 我就是拳王	生活频道	0.04	0.34

2018 年青年节目中心节目收视一览

数据包含日期：2018 年 1 月 1 日—12 月 31 日

序号	栏目名称	播出频道	收视率	市场份额
1	军情解码	青年频道	0. 47	1. 57
2	青春快乐季	青年频道	0. 19	0. 67
3	戏里戏外	青年频道	0. 17	0. 50
4	青春快乐季 · 青春的声音	青年频道	0. 16	0. 52
5	青春快乐季 · 青春的梦想	青年频道	0. 15	0. 45
6	青年探秘者	青年频道	0. 14	0. 48
7	青春快乐季（周末版）	青年频道	0. 13	0. 49
8	谁在说	青年频道	0. 13	0. 40
9	成长大会	青年频道	0. 10	0. 51
10	书香北京	青年频道	0. 08	0. 28
11	国际双行线	青年频道	0. 07	0. 35

2018 年新闻节目中心节目收视一览

数据包含日期：2018 年 1 月 1 日—12 月 31 日

序号	栏目名称	播出频道	收视率	市场份额
1	北京新闻	北京卫视	4. 85	22. 24
2	特别关注	北京卫视	1. 73	12. 37
3	北京您早	北京卫视	1. 55	29. 23
4	北京新闻	新闻频道	0. 77	3. 55
5	红绿灯	新闻频道	0. 55	2. 00
6	都市晚高峰	新闻频道	0. 44	1. 81
7	红绿灯 · 平安行	新闻频道	0. 41	2. 49
8	晚间新闻报道	新闻频道	0. 32	1. 59
9	新时代新担当新作为	新闻频道	0. 31	0. 97
10	锐观察	新闻频道	0. 20	0. 64
11	这里是北京	新闻频道	0. 16	1. 14
12	特别关注	新闻频道	0. 16	1. 12
13	北京您早	新闻频道	0. 12	2. 20

2018 年动画节目中心节目收视一览

数据包含日期：2018 年 1 月 1 日—12 月 31 日

序号	栏目名称	播出频道	收视率	市场份额
1	闪天下·卡酷偶剧院	卡酷少儿	0.24	1.43
2	卡酷动物园	卡酷少儿	0.20	1.27
3	七色光·童声英雄	卡酷少儿	0.19	0.61
4	七色光	卡酷少儿	0.17	1.32
5	大玩家	卡酷少儿	0.15	0.95
6	妈妈育上娃	卡酷少儿	0.14	0.46
7	剧星派	卡酷少儿	0.12	0.94
8	穿越吧少年	卡酷少儿	0.11	0.76
9	KAKU 幼儿园	卡酷少儿	0.02	0.60

2018 年纪实节目中心节目收视一览

数据包含日期：2018 年 1 月 1 日—12 月 31 日

序号	栏目名称	播出频道	收视率	市场份额
1	纪录中国	纪实频道	0.04	0.13
2	中国故事	纪实频道	0.04	0.13
3	奇趣自然	纪实频道	0.03	0.17
4	奇妙之旅	纪实频道	0.03	0.13
5	时尚印象	纪实频道	0.03	0.11
6	寰宇客	纪实频道	0.02	0.09
7	纪实天下	纪实频道	0.02	0.09
8	影事	纪实频道	0.02	0.08
9	昨天的故事	纪实频道	0.02	0.07

获奖　表彰

2018 年北京电视台节目获奖情况

总编室

（截至 2018 年 12 月 6 日）

序号	奖项名称	届数	奖项等级	作品题目	作者
1	中国广播影视大奖·广播电视节目奖	2015—2016 年度	电视类节目大奖（消息类）	《网民主动抵制谣言，为坚守者点赞传播正能量》	贾元真、刘效、王志胜、艾军
2	中国广播影视大奖·广播电视节目奖	2015—2016 年度	电视类节目大奖（专题类）	《生命缘·请你替我活下去》	马宏、邵晶、刘书含、王璐、李潇
3	中国广播影视大奖·广播电视节目奖	2015—2016 年度	电视类节目大奖（栏目类）	《军情解码》	集体
4	电视文艺“星光奖”	第 25 届	电视综艺节目大奖	《北京电视台 2017 年春节联欢晚会》	总策划：李春良、王珏 策划：艾冬云、潘全心 总导演：段嵘 总撰稿：朱海 执行导演：戴兵、赵伟 导演：李蓓、赵璇、张蕊、许燕、单岩柏、唐月喜、李尚、沈强 导播：殷鹤鸣 摄像指导：褚旭 视频包装：杜少鹏、黄锐、纪君 主持人：春妮、曹一楠、栗坤、罗旭、悦悦、曹扬、张卫健（中国香港）、关晓彤
5	电视文艺“星光奖”	第 25 届	少儿电视节目大奖	《音乐大师课》（第三季）	制片人：马宏、程军、刘熙晨 导演：林斐、张玲、姚小莹、胡亦珊 主持人：曹扬
6	电视文艺“星光奖”	第 25 届	电视文艺栏目大奖——提名作品	《传承者之中国意象》（第二季）	导演：郝竞波 主持人：春妮、刘仪伟 制片人：马宏
7	电视文艺“星光奖”	第 25 届	电视动画节目大奖——提名作品	《最可爱的人》	监制：张帆、史月光、周小芳 总导演：蒲文苑 执行导演：郭衍超、路漠、朱业、贾祎
8	中国新闻奖	第 28 届	二等奖 国际传播（专题）	《中国梦 365 个故事》第二季之《无国界医生》	吴群、李森、林天趣

续表

序号	奖项名称	届数	奖项等级	作品题目	作者
9	中国新闻奖	第 28 届	三等奖 国际传播（专题）	《筑梦可可西里》	孙志远、潘旭
10	北京新闻奖	第 27 届 （2017 年度）	组织策划奖	《跨越千里的爱》	
11	北京新闻奖	第 27 届 （2017 年度）	一等奖 （短消息）	《全球最快！京沪高铁复兴号列车实现 350 公里时速商业运营》	刘旭、王岩
12	北京新闻奖	第 27 届 （2017 年度）	一等奖 （长消息）	《全球首条最高世代液晶面板生产线今日投产》	李烨、张梦瑶、王晓龙
13	北京新闻奖	第 27 届 （2017 年度）	一等奖 （专题）	《扬帆——习近平总书记 2. 26 视察北京三周年》	集体
14	北京新闻奖	第 27 届 （2017 年度）	一等奖 （新闻访谈）	《新时代大家谈》之开启新时代	集体
15	北京新闻奖	第 27 届 （2017 年度）	一等奖 （系列报道）	《北京经济迈向新时代》	
16	北京新闻奖	第 27 届 （2017 年度）	二等奖 （评论）	《锐观察 · 医药分开推至全市公立医院》	集体
17	北京新闻奖	第 27 届 （2017 年度）	二等奖 （新闻节目编排）	《法治中国 60′》	董炬光、冯旭、高婉梅
18	北京新闻奖	第 27 届 （2017 年度）	二等奖 （栏目）	《北京新闻》	集体
19	北京新闻奖	第 27 届 （2017 年度）	二等奖 （系列报道）	《天涯共此时》第二季“一带一路”新闻行动	
20	北京新闻奖	第 27 届 （2017 年度）	二等奖 （境外专题）	《筑梦可可西里》	孙志远、潘旭
21	北京新闻奖	第 27 届 （2017 年度）	三等奖 （系列报道）	《寻踪英雄路》	集体
22	北京新闻奖	第 27 届 （2017 年度）	三等奖 （专题）	《税收天地 · 一带一路话税收》	集体
23	北京新闻奖	第 27 届 （2017 年度）	三等奖 （扎 UN 提）	《生活这一刻 · 临终关怀三十年》	戴俊艳、肖庆峰、汤军军、刘春艳
24	北京新闻奖	第 27 届 （2017 年度）	三等奖 （专题）	《生活这一刻 · 铁木真连锁自助回收口水肉》	刘春艳、杨苗、徐蕗、陈阳

续表

序号	奖项名称	届数	奖项等级	作品题目	作者
25	北京新闻奖	第 27 届（2017 年度）	三等奖（新闻访谈）	《记忆·周恩来：生日里的思念》	王未央、白红杰、左博、王嫄朝、曾珍
26	北京新闻奖	第 27 届（2017 年度）	三等奖（长消息）	《2016 年度国家科学技术奖今天揭晓中国原子钟成为国际基准钟之一》	
27	北京新闻奖	第 27 届（2017 年度）	三等奖（境外专题）	《中国梦 365 个故事·无国界医生》	吴群、李森、林天趣

2018 年度北京电视台技术获奖情况

技术设备管理部

（截至 2018 年 11 月 6 日）

2018 年学术年会新闻影视科技优秀论文

序号	项目名称	主要完成人	获奖等级
1	《全国首部杜比 5.1 环绕声电视剧〈异镇〉的制作心得》	史文霞、程宏、官健	三等奖

2018 年度中国电影电视技术学会“中国广播电影电视青年科技奖”

序号	姓　名
1	赵　涛

中国电影电视技术学会第十一届科技进步奖

序号	项目名称	主要完成人	获奖等级
1	《北京电视台大数据平台在融合媒体的智能应用》	毕江、周旭辉、赵志成、李程、芮浩、冯澈、金小健、苏苏	二等奖
2	《电视台网络安全监测系统建设技术白皮书》	毕江、周旭辉、王立冬、李程、张伟、赵为纲、王燕清、何晶	三等奖
3	《北京电视台新媒体生产平台与内容中心建设项目》	周旭辉、赵志成、李程、芮浩、宋峥、孙兵、李玥、张强	三等奖

2018年度电视节目技术质量奖（金帆奖）

序号	类别		名称	主要完成人	等级
1	标清	新闻	《北京新闻》	王浩、德旻晖、隋如文、王嘉	二等奖
2	高清	专题	《美人谷》	孙海峰、黄锐、郭豪珺、蒋红艳	二等奖
3			《这里是北京·绿色家园西山秘境》	王新新、赵娇、王丁、王永文	三等奖
4		综艺	《2018BTV春节联欢晚会》	林平、黄之为、张硕、邵京娜、赵江怀、易钢、陈广鑫、苑宏伟	一等奖
5			《2018环球跨年冰雪盛典》	张笑维、王一、于旖旎、金雯、刘进、张骞、叶晋卿、黄晓峰	二等奖
6		体育	《中国男子篮球职业联赛（首钢VS农商行）》	韩士聪、许沛然、李颖、侯毅、祝传靖、骆建华、王辉、刘宇	二等奖
7			《2018全国男子排球联赛决赛（北京VS上海）》	郝纪、张宁、纪梦、杜波、薛思邈、邹庆、褚存、倪晨爽	二等奖
8	高清音频	音频专题	《美人谷》	陈嘉超、杨宣军、张志杰、王克	三等奖
9		音频综艺	《2018环球跨年冰雪盛典》	吴铮、范强、张洋、王建业、王海晨、张远芳	二等奖
10		音频体育	《2018BTV春节联欢晚会》	吴铮、杨宣军、姚银壮、苏力、康金萍、尤辰	三等奖
11			《中国男子篮球职业联赛（首钢VS农商行）》	张磊、王一明、齐伟、曹董辉、王文博、陈宇	三等奖
12	视频图形	视频片头	《中国1927》	吴波、李朋礼、未立广	一等奖
13			《第八届北京国际电影节闭幕式暨颁奖典礼》	魏伯寅、顾宁、赵适宜	二等奖
14		视频短片	《中国1927》	胡嘉隆、王琨、刘朵	二等奖
15			《凝聚磅礴力量谱写北京新篇章》	刘睿、张鹏、孟伟	二等奖
16		演播室图形设计类	《暖暖的新家》	杨洋、张煜、邓菲	三等奖
17	灯光设计制作灯光综艺		《2018BTV春节联欢晚会》	韩正雷、庞玉龙、张保军	一等奖
18			《2018BTV跨年冰雪盛典》	史献宇、田铭辉、黄也峰	三等奖
19	美术设计制作美术综艺		《传承中国》	孙游、李玲、窦晋平	二等奖
20			《2018BTV春节联欢晚会》	王工、谭小颖、曲瑞庆	二等奖
21	4K超高清录制技术质量奖	专题类	《瞰北京》	张晨旭、何晓琳、乔军、张宁	二等奖

续表

序号	类别	名称	主要完成人	等级
22	播出技术质量	仪平、白国涛、尹成程、武岳、奚烁辰、官健、贾玉升、何莹、张帆、邹斌、王安琪、王维、陈奇、谢苏文、张文杰		二等奖
23	金帆综合大奖	田方、毕江、林平、刘晓光、朱雨稼、郑星、周旭辉、刘颖、董秀琴		

2018 年度广播影视科技创新奖（软科学）

序号	项目名称	主要完成人	获奖等级
1	《电视台信息系统运行维护服务通用要求》标准研制及应用	毕江、邓向冬、王学奎、肖辉、周旭辉、李湧、尚峰、陈奇、马晨阳、韦安明、王立冬、栾花	一等奖
2	《广播电视台融合媒体用户互动技术平台白皮书》研究与应用	肖辉、邓向冬、董升来、毕江、王立冬、范金慧、马正先、吴昊、郑冠雯、邸娜、高飞、冯健峰	一等奖

北京电视台2018年度播音主持作品专家奖获奖名单

总编室

序号	主持人	作品名称
1	高　燕	《生活这一刻》
2	刘洪悦	《养生堂·十周年荣耀庆典》
3	国培源	《市民对话一把手·两会系列直播访谈节目》
4	李杨薇	《2018最美科技工作者发布仪式》
5	李海峰	《数说北京·庆祝改革开放40周年特别节目：消费篇》
6	魏翊东	《BTV赛场·2018年中国足协杯决赛》
7	谭江海	《档案——中国1927》
8	李　杰	《说画——一代巨匠黄宾虹（上）》
9	汪　洋	《四海漫游》之澳门的不完全报道
10	罗　旭	《军情解码·远去的背影：两弹一星元勋任新民》

关于表彰2018年度考核优秀人员的决定

各中心、部、室：

2018年，全台广大干部职工爱岗敬业，锐意进取，扎实工作，为我台事业发展做出了积极贡献，涌现出了一大批先进个人。为鼓励先进，鼓舞士气，经研究决定，对在2018年度考核中被评为优秀的619名同志给予通报表彰（姓名按姓氏笔画排序，不分先后）。

于东玉	于成莹	于伟敏	于守山
于　旻	于　洋	于晓琳	于　晖
于　菲	于旖旎	于　瀛	万思余
门尚勇	马光辉	马　远	马克燕
马　宏	马　良	马英男	马枥鑫
马晓艳	马晓萌	马　涛	马银平
马雅玲	马　嘉	王　一	王一明
王　丁	王卫平	王天南	王文献
王立民	王永峰	王　伟	王任飞
王　冰	王　宇	王宇涵	王　欢
王　进	王　远	王志杰	王　克
王　宏	王　孜	王　卓	王忠立
王　岩	王　凯	王金春	王宗祺
王春元	王　威	王　峥	王　彦
王洪涛	王　哲	王　速	王　晓
王晓龙	王晓佳	王晓鹏	王　晔
王　烨	王　涛	王浴浩	王　娟
王继忠	王　萌	王梓琪	王　爽
王　晨	王　寅	王琳琦	王　超
王　晶	王傲然	王　强	王新新

王嫄朝	王　潇	王　瑾	王　毅
王　澎	王燕清	王　麒	王耀萱
牛俊恒	牛　皓	毛天宇	毛正宇
毛晓冬	毛海京	乌竹木	尹成程
尹　冰	尹　言	尹　航	尹　悦
尹颉君	孔庆梓	孔　洁	孔　雯
邓　力	邓　旭	艾　国	石　云
石雨濛	石晶晶	石　慧	石冀明
石璐娃	卢　青	叶丹阳	叶　诤
叶晋卿	叶　雪	申　跃	田　刚
田金城	田　洋	田海燕	田铭晖
史向晖	史椰森	史献宇	史　慎
付　谦	付德刚	白文河	白　怡
白　磊	尔星星	冯　旭	冯红才
冯　博	冯　焰	兰　天	司　健
邢蔚晨	吉彬彬	成小烨	成寒梓
曲佳筠	曲　勃	曲瑞庆	吕士超
吕　沁	吕剑魁	吕晓欧	吕　峰
吕　敬	吕　楠	朱少波	朱　业
朱　江	朱　丽	朱欣翔	朱姝静
朱莉亚	朱　嘉	乔鲁京	任友红
任战辉	华　槟	伊国庆	庄　严
刘井元	刘长利	刘丹丹	刘方平
刘书含	刘占胜	刘亚东	刘光辉
刘　宇（网管）	刘　宇（总编室）	刘宇闻	刘志霞
刘宏亚	刘　青	刘　畅	刘　佳
刘建鹏	刘绍芬	刘春艳	刘　盼
刘　恒	刘　哲	刘　晔	刘　虓
刘　效	刘海涛	刘　通	刘继东

刘　啸　　刘　婧（广告）　　刘　婧（卫视）　　刘朝晖
刘雯雯　　刘　微　　刘　颖　　刘新梅
刘旖旎　　刘　潇　　刘　溦　　齐　成
齐　伟　　闫丹丹　　关　月　　关　杉
江文川　　池　恒　　安　娜　　许　可
许佳多　　孙广生　　孙元元　　孙立国
孙　扬　　孙何芳子　　孙　松　　孙　岩
孙　凯　　孙京晶　　孙建华　　孙　烁
孙　萌　　孙　辉　　孙　斌　　孙　游
孙　勤　　孙鹏飞　　孙慕瑶　　孙　燕
芮　浩　　严　崴　　苏　抒　　苏卓涛
苏　珊　　杜文钊　　李　丹　　李文军
李予民　　李玉国　　李　戎　　李　臣
李　达　　李光军　　李　伟（文艺）　　李　伟（新闻）
李　旭　　李多莉莎　　李红霞　　李志斌
李　杜　　李杨薇　　李　沛　　李其遥
李　苑　　李　岩（体育）　　李　岩（制作）　　李　威
李　亮　　李　娜（财经）　　李　娜（卫视）　　李　勇
李艳丽　　李　莲　　李晓东　　李晓军（生活）
李晓军（新闻）　　李晓霞　　李　航　　李菲菲
李　硕　　李　雪　　李唯良　　李　铮
李　琪　　李　越　　李博羿　　李　晥
李　然　　李　斌　　李　鹏　　李　潇
李　毅　　李藏宇　　李耀东　　杨玉卓
杨　阳　　杨　苗　　杨　波　　杨　钧
杨彦君　　杨宣军　　杨宪坤　　杨晓飞
杨效春　　杨　涛　　杨珺珺　　杨　捷
杨　盛　　杨　瑒　　杨慧颖　　杨鑫鑫
励嘉霖　　肖远洁　　肖　宬　　肖艳萍

肖　鹏	吴　冰	吴克明	吴　波
吴　显	吴重柳	吴　群	吴　蕾
里文艳	邱红英	何　莹	何晓琳
余天华	谷　华	狄高进	邹　斌
冷　彬	汪亚洲	汪　哲	汪　雪
沈　艳	宋　扬	宋　伟	宋志勇
宋虹君	宋晨光	宋敏怡	宋　淼
宋　颖	张　义	张术文	张　宁
张永刚	张　伟（财经）	张　伟（网管）	张军乐
张志恒	张　苏	张丽丽	张　辰
张步君	张劲松	张　虎	张　昕
张京春	张京铭	张　泓	张　怡
张建军	张　禹	张俊丽	张　飒
张　洁	张洪亮	张恺轩	张艳菊
张桂花	张晓龙	张晓达	张晓晨
张海波	张海峰	张　娟	张萌萌
张　硕	张　雪	张铭元	张维伦
张晶淼	张　赓	张富容	张　媛
张　楠	张　鹏	张　颖	张颖勉
张新蕾	张　骞	张潇丹	张瑾超
张　璋	张墨一	张　巍	陆　姝
陈　卫	陈立一	陈立强	陈　宇
陈　军	陈　阳	陈　纬	陈　峥
陈钦伟	陈　栩	陈　啸	陈婧嘉
陈　歌	陈　磊	武文举	苗红旭
苑秋宝	范　震	林天趣	林志强
林　蒙	罗　丹	罗　宾	季　红
季　楠	金丽萍	金　露	周久兰
周　云	周可夫	周东红	周　亚

周旭辉	周志萍	周芸竹	周　欣
周思彤	周笑飞	周　疆	冼　铎
郑天尧	郑兆强	郑　芳	郑　星
郑　琳	单志勤	孟祥意	孟　梦
孟　晴	经　春	赵小璇	赵木子
赵文毓	赵宁云	赵　武	赵　青
赵怡帆	赵　钰	赵　涛	赵家一
赵　珺	赵菲菲	赵梦玉	赵　雪
赵　晨	赵　越	郝朋鑫	郝　涛
郝　媛	郝　霖	胡　月	胡宁扬
胡志坚	胡　杰	胡　昕	胡学军
胡思远	段　言	侯国强	姜　宣
姜燕虎	洪　聿	胥　兵	姚大禹
姚京明	骆建华	秦亚利	秦　峥
秦晓明	秦　溯	袁　朴	袁　斐
袁潇文	耿小路	聂一菁	贾广伟
贾　芸	贾　岩	贾贺翔	贾　敬
夏天天	夏新颖	夏　磊	顾　宇
倪健楠	倪　越	徐艺凡	徐　杰
徐春梅	徐　越	徐瑞玲	高　飞
高　扬（人事部）	高　扬（办公室）	高　亦	高宇博
高红星	高志坚	高丽京	高　珊
高笑冉	高海春	高　爽	高　源
高　磊	郭亚丽	郭　杉	郭　纯
郭欣阳	郭绍鹏	郭笑梅	郭　悦
郭　强	郭曦远	郭　巍	唐冬梅
唐　远	唐　青	唐骏飞	宾　平
陶小群	桑朝晖	黄　佳	黄　炜
黄蒂一	黄　瑠	曹东亮	曹　帅

曹董辉	曹　蕾	曹　霏	龚　涛
常伟力	常　烁	常海龙	常雪娇
崔大巍	崔　文	崔笑田	康许剑
康洪启	康　鸿	康　露	商　杨
商　鹏	梁　祁	梁辰硕	梁建华
彭博筠	彭　澎	斯　琴	董二兵
董　军	董明玥	董炬光	董桂平
董晓琳	董新蕊	蒋华娟	蒋　俐
韩正雷	韩　帅	韩亚文	韩　贤
韩益亚	韩　靖	覃　娜	景思斯
程　军	焦少波	焦　妍	曾　艺
谢一丹	谢海波	谢蕴青	靳玉娜
楚　健	路君磊	路增辉	鲍　文
褚　存	臧卓杨	管鹤淋	谭小颖
谭　焱	翟　珵	樊　波	樊　煜
潘　旭	潘春玲	潘海云	潘　续
薛　炜	薛建新	薛　涛	薛　瑛
薛　暘	戴　青	戴　勇	魏　齐
魏伯寅	魏　然	魏　祺	

以上受到表彰的同志要珍惜荣誉、再接再厉，在工作中取得更大进步。希望全台广大干部职工向他们学习，不断解放思想，开拓创新，真抓实干，为开创我台事业发展新局面而努力奋斗！

特此通知。

北京电视台

2019 年 7 月 26 日

节目播出时间表

2018年北京电视台节目播出时间表

总编室

2018年BTV北京卫视节目编排方案

<table>
<tr><th>时间</th><th>星期一</th><th>星期二</th><th>星期三</th><th>星期四</th><th>星期五</th><th>星期六</th><th>星期日</th><th>周六</th></tr>
<tr><td>6：00：00</td><td colspan="5">广宣1′</td><td colspan="2">广宣3′</td><td>6：00：00</td></tr>
<tr><td>6：01：00</td><td colspan="7">《法治进行时》（卫视版）18′</td><td>6：01：00</td></tr>
<tr><td>6：19：00</td><td colspan="5">广宣1′</td><td colspan="2">广宣4′</td><td>6：19：00</td></tr>
<tr><td>6：20：00</td><td colspan="5">《养生堂》（精华版）35′</td><td colspan="2">《电视先锋榜》30′</td><td>6：25：00</td></tr>
<tr><td>6：55：00</td><td colspan="7">《早间气象服务》2′</td><td>6：55：00</td></tr>
<tr><td>6：57：00</td><td colspan="7">广宣3′</td><td>6：57：00</td></tr>
<tr><td>7：00：00</td><td colspan="5">《北京您早》120′</td><td colspan="2">《北京您早》90′</td><td>7：00：00</td></tr>
<tr><td>9：00：00</td><td colspan="5">广宣5′</td><td colspan="2">广宣5′</td><td>8：30：00</td></tr>
<tr><td rowspan="4">9：05：00</td><td colspan="5" rowspan="2">《北京评书大会》25′</td><td colspan="2">《上午剧场》第一集45′</td><td>8：35：00</td></tr>
<tr><td colspan="2">广宣5′</td><td>9：20：00</td></tr>
<tr><td colspan="5" rowspan="2">《上午剧场》第一集45′</td><td colspan="2">《上午剧场》第二集45′</td><td>9：25：00</td></tr>
<tr><td colspan="2">广宣5′</td><td>10：10：00</td></tr>
<tr><td>10：15：00</td><td colspan="5">广宣5′</td><td colspan="2" rowspan="4">《周末大型季播节目》
（精华版）100′</td><td rowspan="4">10：15：00</td></tr>
<tr><td>10：20：00</td><td colspan="5">《上午剧场》第二集45′</td></tr>
<tr><td>11：05：00</td><td colspan="5">广宣5′</td></tr>
<tr><td>11：10：00</td><td colspan="5">《上午剧场》第三集45′</td></tr>
<tr><td>11：55：00</td><td colspan="7">广宣5′</td><td>11：55：00</td></tr>
<tr><td>12：00：00</td><td colspan="7">《特别关注》58′</td><td>12：00：00</td></tr>
<tr><td>12：58：00</td><td colspan="7">《午间气象服务》2′</td><td>12：58：00</td></tr>
<tr><td>13：00：00</td><td colspan="7">广宣6′</td><td>13：00：00</td></tr>
<tr><td>13：06：00</td><td colspan="5">《午茶剧场》第一集45′</td><td colspan="2">《春妮的周末时光》50′</td><td>13：06：00</td></tr>
<tr><td>13：51：00</td><td colspan="5">广宣7′</td><td colspan="2">广宣6′</td><td>13：56：00</td></tr>
<tr><td>13：58：00</td><td colspan="5">《午茶剧场》第二集45′</td><td colspan="2">《午茶剧场》第一集45′</td><td>14：02：00</td></tr>
<tr><td>14：43：00</td><td colspan="5">广宣7′</td><td colspan="2">广宣6′</td><td>14：47：00</td></tr>
<tr><td>14：50：00</td><td colspan="5">《午茶剧场》第三集45′</td><td colspan="2">《午茶剧场》第二集45′</td><td>14：53：00</td></tr>
<tr><td>15：35：00</td><td colspan="5">广宣8′</td><td colspan="2">广宣6′</td><td>15：38：00</td></tr>
<tr><td>15：43：00</td><td colspan="5">《午茶剧场》第四集45′</td><td colspan="2">《午茶剧场》第三集45′</td><td>15：44：00</td></tr>
<tr><td>16：28：00</td><td colspan="5">广宣7′</td><td colspan="2">广宣6′</td><td>16：29：00</td></tr>
<tr><td>16：35：00</td><td colspan="7">《暖暖的味道》45′</td><td>16：35：00</td></tr>
<tr><td>17：20：00</td><td colspan="7">广宣5′</td><td>17：20：00</td></tr>
</table>

续表

时间	星期一	星期二	星期三	星期四	星期五	星期六	星期日	周六时间
17：25：00	《养生堂》60′							17：25：00
18：25：00	广宣 5′（广告 5′）							18：25：00
18：30：00	《北京新闻》《天气预报》30′							18：30：00
19：00：00	转播中央台《新闻联播》30′							19：00：00
19：30：00	广宣 3′							19：30：00
19：33：00	《品质剧场》第一集 45′							19：33：00
20：18：00	广宣 8′					广宣 4′	广宣 8′	20：18：00
20：26：00	《品质剧场》第二集 45′					《大剧抢先看》1′30″ 广宣 4′30″	《品质剧场》第二集 45′	20：22：00 20：23：30
21：11：00	广宣 2′					《周六大型季播节目》（一）100′	广宣 2′	20：30：00
21：13：00	《大剧抢先看》1′30″						《大剧抢先看》1′30″	
21：14：30	广宣 2′30″						广宣 2′30″	
21：17：00	《身边》45′	《周间季播节目》45′	《周间季播节目》45′	《我是大医生》60′	《周五季播节目》90′	广宣 5′	《周日季播节目》60′	22：10：00
22：02：00	广宣 3′				广宣 3′	《周六大型季播节目》（二）100′	广宣 3′	22：15：00
22：05：00	《大戏看北京》10′							
22：15：00	广宣 3′				22：50 《周五季播节目》（重播）90′		22：20 《周日季播节目》（重播）60′	
22：18：00	《档案》（精华版）45′			22：20 《我是大医生》（重播）60′		广宣 5′		23：55：00
23：03：00	《晚间气象服务》2′				《晚间气象服务》2′	《周六大型季播节目》（一）（重播）100′+《周六大型季播节目》（二）（重播）100′	《晚间气象服务》2′	0：00：00
23：05：00	广宣 3′						广宣 3′	
23：08：00	《身边》（重播）45′	《周间季播节目》（重播）45′	《周间季播节目》（重播）45′	23：25 《好梦剧场》5 集	广宣 3′		23：25 《明星欢乐汇》60′ 《晚间气象服务》2′	
23：53：00	广宣 3′				《好梦剧场》4 集		广宣 3′	
23：56：00	《光阴》50′					《晚间气象服务》2′	《好梦剧场》4 集	3：20：00
0：46：00	广宣 2′					广宣 3′		3：22：00
0：48：00	《好梦剧场》4 集					《好梦剧场》3 集		3：25：00
6：00：00	结束接次日							6：00：00

2018 年 BTV 文艺频道节目编排方案

2018 年 1 月 1 日起执行

时间	星期一	星期二	星期三	星期四	星期五	星期六	星期日
6：00	《笑动剧场》（重播）55′						
6：55	广宣时段 5′（《百姓文化录》（重播）3′＋广告 2′）						
7：00	《美味人生》30′		《每日文娱播报》（重播）60′				
8：00	《家装大揭秘》15′						
8：15	《炫剧场》第一集（重播）45′						
9：00	广宣时段 5′（宣传 2′＋广告 2′＋宣传 1′）						
9：05	《炫剧场》第二集（重播）45′						
9：50	广告专题 12′						
10：02	《炫剧场》第三集（重播）45′					《欢天戏地》50′	
10：47	广告专题 12′						
10：59	《笑动剧场》（重播）55′						
11：54	《百姓文化录》3′（首播）＋广告 3′						
12：00	《每日文娱播报》（重播）60′						
13：00	广宣时段 5′（宣传 1′＋广告 3′＋宣传 1′）						
13：05	《电视先锋榜》30′	《解码中华地标》（重播版）30′	《笑动欢乐秀》（B 版）30′	《笑动欢乐秀》（B 版）30′	《美味人生》30′	《美味人生》30′	《文化之约》30′
13：35	《家装大揭秘》（重播）15′						
13：50	广宣时段 5′（宣传′＋ 广告 1′＋宣传 2′）						
13：55	《欢天戏地》50′	《我爱书画》50′	《喜剧合伙人》50′	《影视风云》50′	《星夜故事》50′	《加油吧孩子》50′	《春妮的周末》时光 50′
14：45	广宣时段 5′（宣传 1′＋广告 3′＋宣传 1′）						
14：50	《我看行》25′						
15：15	广告专题 12′						
15：27	《百姓文化录》（重播）3′						
15：30	《笑动欢乐秀》（A 版）50′						《笑动欢乐秀》（B 版）30′ 《笑动欢乐秀》（十分钟版）10′
16：20	广宣时段 5′（宣传 1′＋广告 3′＋宣传 1′）						广宣时段 5′
16：25	文化之约 30′	《笑动欢乐秀》（B 版）30′					《解码中华地标》40′
16：55	广宣时段 5′（宣传 1′ ＋ 广告 3′＋宣传 1′）						
17：00	《笑动剧场》55′						

续表

时间	星期一	星期二	星期三	星期四	星期五	星期六	星期日
17：55	广宣时段 5′（宣传 1′ + 广告 3′ + 宣传 1′）						
18：00	《我看行》25′						
18：25	广宣时段 5′（ 宣传 30″ + 广告 4′ + 宣传 30″）						
18：30	《每日文娱播报》60′						
19：30	广宣时段 5′（宣传 1′ + 广告 3′ + 宣传 1′）						
19：35	《我爱书画》50′	《喜剧合伙人》50′	《影视风云》50′	《星夜故事》50′	《加油吧孩子》50′	《春妮的周末时光》50′	《大戏看北京》（文艺版）50′
20：25	广宣时段 5′（广告 2′ + 宣传 2′ + 广告 1′）						
20：30	《炫剧场》第一集 45′						
21：15	广宣时段 5′（广告 1′30″ + 宣传 2′ + 广告 1′）						
21：20	《炫剧场》第二集 45′						
22：05	广宣时段 5′（广告 1′ + 宣传 1′ + 广告 1′ + 宣传 1′ + 广告 1′）						
22：10	《炫剧场》第三集 45′						
22：55	广宣时段 5′（广告 1′ + 宣传 4′）						
23：00	《每日文娱播报》（重播）60′						
0：00	广宣时段 3′（宣传 1′ + 广告 2′）						
0：03	《我看行》（重播）25′						
0：28	广宣时段 5′［宣传 1′ + 《百姓文化录》（重播）3′ + 宣传 1′］						
0：33	《我爱书画》50′	《喜剧合伙人》50′	《影视风云》50′	《星夜故事》50′	《加油吧孩子》50′	《春妮的周末时光》50′	《大戏看北京》（文艺版）50′
1：23	《笑动欢乐秀》（A 版）50′（重播）						《解码中华地标》40′ 《笑动欢乐秀》（十分钟版）
2：13	《笑动欢乐秀》（B 版）30′						
2：43	《每日文娱播报》（重播）60′						
3：43	《笑动剧场》（重播）55′						
4：38	《电视先锋榜》	《笑动欢乐秀》（B 版）30′	《笑动欢乐秀》（B 版）30′	《笑动欢乐秀》（B 版）30′	《美味人生》30′	《美味人生》30′	《文化之约》30′
5：08	《笑动欢乐秀》（A 版）50′						《解码中华地标》40′ 《笑动欢乐秀》（十分钟版）
5：58	广宣时段 2′（宣传 2′）						

2018 年 BTV 科教频道节目编排方案

2018 年 3 月 5 日版

<table>
<tr><th>时间</th><th>星期一</th><th>星期二</th><th>星期三</th><th>星期四</th><th>星期五</th><th>星期六</th><th>星期日</th><th>周六</th><th>周日</th></tr>
<tr><td rowspan="2">6：00：00</td><td colspan="6" rowspan="2">《法治进行时》（重播）40′</td><td>《法治进行时》（重播）20′</td><td>6：00：00</td><td rowspan="2">6：00：00</td></tr>
<tr><td>《庭审纪实》（重播）20′</td><td>6：20：00</td></tr>
<tr><td>6：40：00</td><td colspan="7">《法治中国 60′》（日间版）40′</td><td>6：40：00</td><td>6：40：00</td></tr>
<tr><td>7：20：00</td><td colspan="7">频道宣传 4′＋公共宣传 1′＋公共宣传 1′</td><td>7：20：00</td><td>7：20：00</td></tr>
<tr><td>7：26：00</td><td colspan="7">《奇趣大自然》（重播）30′</td><td>7：26：00</td><td>7：26：00</td></tr>
<tr><td>7：56：00</td><td colspan="7">《传奇》（重播）30′</td><td>7：56：00</td><td>7：56：00</td></tr>
<tr><td>8：26：00</td><td colspan="7">频道宣传 4′＋公共宣传 1′＋公共宣传 1′＋频道宣传 4′</td><td>8：26：00</td><td>8：26：00</td></tr>
<tr><td>8：36：00</td><td>《电视先锋榜》30′</td><td colspan="6" rowspan="2">《记忆》（重播）50′</td><td rowspan="2">8：36：00</td><td rowspan="2">8：36：00</td></tr>
<tr><td>9：06：00</td><td>《晚晴》20′</td></tr>
<tr><td>9：26：00</td><td colspan="7">广告 8′＋频宣 7′＋频道宣传 2′＋广告 1′＋
公共宣传 1′＋广告 3′＋公益宣传 1′</td><td>9：26：00</td><td>9：26：00</td></tr>
<tr><td>9：49：00</td><td colspan="7">《第三调解室》（上）（日间版）40′</td><td>9：49：00</td><td>9：49：00</td></tr>
<tr><td>10：29：00</td><td colspan="7">频道宣传 4′＋广告 12′＋公共宣传 1′</td><td>10：29：00</td><td>10：29：00</td></tr>
<tr><td>10：46：00</td><td colspan="7">《第三调解室》（下）（日间版）40′</td><td>10：46：00</td><td>10：46：00</td></tr>
<tr><td>11：26：00</td><td colspan="7">频道宣传 30″＋广告 3′30″</td><td>11：26：00</td><td>11：26：00</td></tr>
<tr><td>11：30：00</td><td>《警法目录》30′</td><td colspan="6">《现场说法》30′</td><td>11：30：00</td><td>11：30：00</td></tr>
<tr><td rowspan="2">12：00：00</td><td colspan="5" rowspan="2">《法治进行时》40′</td><td>《法治进行时》20′</td><td rowspan="2">《法治进行时》40′</td><td>12：00：00</td><td rowspan="2">12：00：00</td></tr>
<tr><td>《庭审纪实》20′</td><td>12：20：00</td></tr>
<tr><td>12：40：00</td><td colspan="7">《第三调解室》40′</td><td>12：40：00</td><td>12：40：00</td></tr>
<tr><td>13：20：00</td><td colspan="7">《法治中国 60′》60′</td><td>13：20：00</td><td>13：20：00</td></tr>
<tr><td>14：20：00</td><td colspan="7">广告 3′＋公共宣传 1′＋广告 3′＋公益宣传 1′＋广告 3′</td><td>14：20：00</td><td>14：20：00</td></tr>
<tr><td>14：31：00</td><td colspan="7">《正剧场》第一集 45′</td><td>14：31：00</td><td>14：31：00</td></tr>
<tr><td>15：16：00</td><td colspan="7">广告 3′＋频道宣传 2′＋广告 3′＋公共宣传 1′＋
广告 3′（周六减少 3 分钟广告）</td><td>15：16：00</td><td>15：16：00</td></tr>
<tr><td rowspan="2">15：28：00</td><td colspan="5" rowspan="2">《正剧场》第二集 45′</td><td>《记忆》（重播周四）50′</td><td>《正剧场》第二集 45′</td><td>15：25：00</td><td>15：28：00</td></tr>
<tr><td>广告 12′</td><td>广告 12′＋频道宣传 2′</td><td>16：15：00</td><td>16：13：00</td></tr>
</table>

续表

时间	星期一	星期二	星期三	星期四	星期五	星期六	星期日	周六	周日
16：13：00	广告 12′+ 频道宣传 1′+广告 3′					《庭审纪实》（重播上周六）20′	《庭审纪实》（重播本周六）20′	16：27：00	16：27：00
16：29：00	《最北京》（精编版）40′	《记忆》（精编版）40′				广告 8′+频道宣传 7′		16：47：00	16：47：00
17：09：00	广告 8′+频宣 7′+频道宣传 1′+广告 3′					《非常向上》（重播上周）45′	《非常向上》45′	17：02：00	17：02：00
						频道宣传 1′		17：47：00	17：47：00
17：28：00	《奇趣大自然》30′					《奇趣大自然》30′		17：48：00	17：48：00
17：58：00	《警法目录》（精编版）20′	《庭审纪实》（重播）20′	《现场说法》（精编版）20′						
18：18：00	《健康北京》30′							18：18：00	18：18：00
18：48：00	《红绿灯》（科教版）20′							18：48：00	18：48：00
19：08：00	《法治中国 60′》（晚间版）60′							19：08：00	19：08：00
20：08：00	《记忆》50′					《最北京》60′		20：08：00	20：08：00
20：58：00	《第三调解室》（精编版）40′					频宣 2′	《第三调解室》（精编版）40′	20：58：00	21：08：00
						《留学生》50′		21：00：00	
21：38：00	广告 2′							21：50：00	21：48：00
21：40：00	《法治中国 60′》（晚间版）（重播）60′					《第三调解室》（精编版）40′	《留学生》（重播）50′	21：52：00	21：50：00
22：40：00	《传奇》30′							22：32：00	22：40：00
23：10：00	频道宣传 4′+广告 2′+公共宣传 1′+公共宣传 1′							23：02：00	23：10：00
23：18：00	《记忆》（重播）50′					《最北京》（重播）60′		23：10：00	23：18：00
0：08：00	《奇趣大自然》（重播）30′							0：00：00	00：18：00
0：38：00	《第三调解室》（精编版）（重播）40′							0：30：00	0：48：00
1：18：00	《法治进行时》（重播）40′					《法治进行时》（重播）20′	《法治进行时》（重播）40′	1：10：00	1：28：00
						《庭审纪实》（重播）20′		1：30：00	
1：58：00	《法治中国 60′》（晚间版）（重播）60′				《留学生》（重播）50′	《法治中国 60′》（晚间版）（重播）60′	《健康北京》（重播）30′	1：50：00	2：08：00
2：58：00	结束夜曲 1′							2：50：00	2：38：00

2018 年 BTV 影视频道节目编排方案

2018 年 1 月 1 日起执行

时间	星期一	星期二	星期三	星期四	星期五	星期六	星期日	播出时长
5：45：00	广宣时段 10′（频宣 10′）/机动垫播时段							0：00：10
5：45：10	★《早剧场》1 正片 45′							0：45：00
6：30：10	★《早剧场》2 正片 45′							0：45：00
7：15：10	广宣时段 3′10″（频宣 10′＋广告 2′＋频宣 1′）/机动垫播时段							0：03：10
7：18：20	《首都剧场》1 正片（重播）35′							0：35：00
7：53：20	广宣时段 4′50″（频宣 10′＋广告 3′＋下集预告 30′＋ 广告 1′＋频宣 10′）							0：04：50
7：58：10	《首都剧场》2 正片（重播）35′							0：35：00
8：33：10	广宣时段 10′20″（频宣 10′＋广告 4′＋下集预告 30′＋频宣 1′＋广告 4′＋公宣 30′＋频宣 10′）							0：10：20
8：43：30	《首都剧场》3 正片（重播）35′							0：35：00
9：18：30	广宣时段 21′20″（频宣 10′＋广告 4′＋下集预告 30′＋频宣 1′＋公宣 30′＋广告专题 15′＋频宣 10′）							0：21：20
9：39：50	《首都剧场》4 正片（重播）35′							0：35：00
10：14：50	广宣时段 13′20″（频宣 10′＋广告专题 12′＋下集预告 30′＋公宣 30′＋频宣 10′）							0：13：20
10：28：10	《首都剧场》5 正片（重播）35′							0：35：00
11：03：10	广宣时段 10′20″（频宣 10′＋广告 3′＋下集预告 30′＋公宣 30′＋频宣 1′＋公益 1′＋广告 4′＋频宣 10′）							0：10：20
11：13：30	电影时间先导篇 9′30″（正片 5′，中插广告 2′30″＋广告 2′）							0：09：30
11：23：00	广告 2′30″							0：02：30
11：25：30	《电影时间》100′（正片 90′，中插广告 10′）							1：40：00
13：05：30	广宣时段 21′50″（频宣 10′＋广告 4′＋公宣 30′＋频宣 1′＋公益 1′＋广告专题 15′＋频宣 10′）							0：21：50
13：27：20	★《BTV 聚精彩》正片 40′							0：40：00
14：07：20	广宣时段 12′20″（频宣 10′＋广告专题 12′＋频宣 10′）							0：12：20
14：19：40	★《家和剧场》1 正片 45′							0：45：00
15：04：40	广宣时段 12′20″（频宣 10′＋广告 3′＋频宣 1′30″＋广告 4′＋公宣 30′＋广告 3′＋频宣 10′）							0：12：20
15：17：00	★《家和剧场》2 正片 45′							0：45：00
16：02：00	广宣时段 12′20″（频宣 10′＋广告专题 12′＋频宣 10′）							0：12：20
16：14：20	★《家和剧场》3 正片 45′							0：45：00
16：59：20	广宣时段 7′20″（频宣 10′＋广告 3′＋公益 1′＋广告 3′＋频宣 10′）							0：07：20
17：06：40	★《英雄剧场》1 正片 45′							0：45：00
17：51：40	广宣时段 8′20″（频宣 10′＋广告 3′＋频宣 1′30″＋广告 1′＋公宣 30′＋广告 2′＋频宣 10′）							0：08：20

续表

时间	星期一	星期二	星期三	星期四	星期五	星期六	星期日	播出时长
18：00：00	★《英雄剧场》2 正片 45′							0：45：00
18：45：00	广宣时段 6′55″（频宣 10′＋广告 6′35″＋频宣 10′）							0：06：55
18：51：55	★《气象星播报》1′30″							0：01：30
18：53：25	广宣时段 2′25″（广告 2′25″）							0：02：25
18：55：50	★《首都剧场》1 正片 35′							0：35：00
19：30：50	广宣时段 10′25″（频宣 10′＋广告 3′＋下集预告 30′＋ 公益 1′＋广告 3′＋频宣 30′＋广告 2′15″）							0：10：25
19：41：15	★《首都剧场》2 正片 35′							0：35：00
20：16：15	广宣时段 10′15″（频宣 10′＋广告 3′＋下集预告 30′＋公益 1′＋广告 3′＋公宣 30′＋广告 2′05″）							0：10：15
20：26：30	★《首都剧场》3 正片 35′							0：35：00
21：01：30	广宣时段 8′40″（频宣 10′＋广告 3′＋下集预告 30′＋广告 2′＋频宣 30′＋广告 2′30″）							0：08：40
21：10：10	★《首都剧场》4 正片 35′							0：35：00
21：45：10	广宣时段 5′05″（频宣 10′＋广告 2′＋下集预告 30′＋广告 2′25″）							0：05：05
21：50：15	★《首都剧场》5 正片 35′							0：35：00
22：25：15	广宣时段 8′10″（频宣 10′＋广告 2′＋下集预告 30′＋广告 1′＋频宣 30′＋广告 4′）							0：08：10
22：33：25	★电影时间先导篇 9′30″（正片 5′，中插广告 2′30″＋广告 2′）							0：09：30
22：42：55	广告 2′30″							0：02：30
22：45：25	★《电影时间》100′（正片 90′，中插广告 10′）							1：40：00
0：25：25	广宣时段 10′（频宣 10′）							0：00：10
0：25：35	《BTV 聚精彩》正片（重播）40′							0：40：00
1：05：35	★《星光剧场》6 集							4：30：00
5：35：35	垫播							

2018 年 BTV 财经频道节目编排方案

2018 年 1 月 22 日起执行

时间	星期一	星期二	星期三	星期四	星期五	星期六	星期日
6：00	频宣 6′＋公宣 1′＋公益 1′						
6：08	《理财》50′	《天下财经》50′					《理财》50′
6：58	频宣 6′＋公宣 1′＋公益 1′＋广告 3′						
7：09：00	《首都经济报道》60′						
8：09：00	频宣 5′30″＋公宣 1′＋公益 1′＋广告 2′						
8：18：30	《总裁读书会》30′	《财经商圈》30′		《财富故事》30′	《对话大咖》30′		《财富剧场》30′
8：48：30	频宣 6′30″＋公宣 1′＋公益 1′＋广告 3′						

续表

<table>
<tr><th>时间</th><th>星期一</th><th>星期二</th><th>星期三</th><th>星期四</th><th>星期五</th><th>星期六</th><th>星期日</th></tr>
<tr><td rowspan="6">9：00</td><td rowspan="6" colspan="5">《财富大魔方》《整点资讯》150′</td><td colspan="2">9：00《理财》50′</td></tr>
<tr><td colspan="2">9：50 频道 4′＋广告 2′</td></tr>
<tr><td colspan="2">9：56《拍宝》50′</td></tr>
<tr><td colspan="2">10：46 频道 5′＋广告 2′</td></tr>
<tr><td>10：53《品味消费在北京》30′</td><td>《影响者》30′</td></tr>
<tr><td colspan="2">11：23 频道 5′＋广告 2′</td></tr>
<tr><td>11：30</td><td colspan="7">频宣 5′30″＋公宣 1′＋公益 1′＋广告 2′</td></tr>
<tr><td>11：39：30</td><td>《财富剧场》30′</td><td colspan="4">《理财》30′</td><td colspan="2">《问鼎世界》20′前后各加频道 2′＋公 1′＋益 2′</td></tr>
<tr><td>12：09：30</td><td colspan="7">频宣 5′30″＋公宣 1′＋公益 1′＋广告 3′</td></tr>
<tr><td rowspan="6">13：00</td><td rowspan="6" colspan="5">《财富大魔方》《整点资讯》150′</td><td colspan="2">13：00《理财》50′</td></tr>
<tr><td colspan="2">13：50 频道 4′＋广告 2′</td></tr>
<tr><td colspan="2">13：56《拍宝》50′</td></tr>
<tr><td colspan="2">14：46 频道 5′＋广告 2′</td></tr>
<tr><td>14：53《品味消费在北京》30′</td><td>《对话大咖》30′</td></tr>
<tr><td colspan="2">15：23 频道 5′＋广告 2′</td></tr>
<tr><td>15：30</td><td colspan="7">频宣 4′30″＋公宣 1′＋公益 1′＋广告 3′</td></tr>
<tr><td>15：39：30</td><td>《电视先锋榜》30′</td><td colspan="3">《财经商圈》30′</td><td>《财富故事》30′</td><td>《对话大咖》30′</td><td>《说画》30′</td></tr>
<tr><td>16：09：30</td><td colspan="7">频宣 6′30″＋公益 1′＋广告 3′</td></tr>
<tr><td>16：20</td><td>《总裁读书会》30′</td><td>《诚信北京》30′</td><td>《数说北京》30′</td><td>《京津冀大格局》30′</td><td>《税收天地》30′</td><td>《品味消费在北京》30′</td><td>《财富剧场》30′</td></tr>
<tr><td>14：50</td><td colspan="7">频宣 4′＋公益 1′＋广告 3′</td></tr>
<tr><td>16：58</td><td colspan="7">《大牌价到》60′《大牌价到》60′《大牌价到》60′《大牌价到》60′</td></tr>
<tr><td>17：58</td><td colspan="7">广告 2′</td></tr>
<tr><td>18：00</td><td colspan="5">《理财》30′</td><td>《问鼎世界》20′前后各加频道 2′＋公宣 1′＋公益 1′＋广告 1′</td><td>《问鼎世界》20′前后各加频道 2′＋公宣 1′＋公益 1′＋广告 1′</td></tr>
<tr><td>18：30</td><td colspan="7">《首都经济报道》60′</td></tr>
<tr><td>19：30</td><td>《诚信北京》30′</td><td>《数说北京》30′</td><td>《京津冀大格局》（双周播）30′</td><td>《税收天地》30′</td><td>《品味消费在北京》30′</td><td>19：30《总裁读书会》30′</td><td>19：30《财富剧场》30′</td></tr>
<tr><td>20：00</td><td colspan="5">频宣 1′＋公宣 1′＋公益 1′＋广告 2′</td><td colspan="2">20：00 频宣 2′＋公宣 2′＋公益 2′＋广告 2′</td></tr>
<tr><td>20：05</td><td colspan="3">《财经商圈》30′</td><td>《财富故事》30′</td><td>《对话大咖》30′</td><td>20：08《影响者》30′</td><td>《说画》30′</td></tr>
</table>

续表

<table>
<tr><th>时间</th><th>星期一</th><th>星期二</th><th>星期三</th><th>星期四</th><th>星期五</th><th>星期六</th><th>星期日</th></tr>
<tr><td>20：35</td><td colspan="5">频宣 1′+公宣 1′+广告 3′</td><td colspan="2" rowspan="2">20：38 频宣 2′+公宣 1′+公益 1′+广告 3′</td></tr>
<tr><td>20：40</td><td colspan="5">《微理财》5′</td></tr>
<tr><td>20：45</td><td colspan="5">《理财》30′</td><td colspan="2" rowspan="2">20：46《拍宝》50′</td></tr>
<tr><td>21：15</td><td colspan="5">频宣 1′+公宣 1′+公益 1′+广告 2′</td></tr>
<tr><td>21：20</td><td colspan="5">《天下财经》50′</td><td colspan="2">21:36 公宣 1′+公益 1′+广告 2′</td></tr>
<tr><td>21：20</td><td colspan="5">频宣 3′+公宣 1′+公益 1′+广告 2′</td><td colspan="2" rowspan="2">21：40《微理财》5′2 集
21：50《理财》(周末版)50′</td></tr>
<tr><td>22：17</td><td colspan="3">《财经商圈》30′</td><td>《财富故事》30′</td><td>《对话大咖》30′</td></tr>
<tr><td>22：47</td><td colspan="5">频宣 2′+公宣 1′+公益 1′+广告 2′</td><td colspan="2">22：40 频宣 6′+公宣 1′+公益 1′+广告 2′</td></tr>
<tr><td>22：53</td><td colspan="7">《首都经济报道》60′</td></tr>
<tr><td>23：53</td><td colspan="7">频宣 3′+公宣 1′+公益 1′+广告 2′</td></tr>
<tr><td>0：00</td><td colspan="7">《电视购物》150′</td></tr>
<tr><td>2：30</td><td colspan="7">结束</td></tr>
</table>

2018 年 BTV 体育频道节目编排方案

2018 年 1 月 1 日起执行

<table>
<tr><th>时间</th><th>星期一</th><th>星期二</th><th>星期三</th><th>星期四</th><th>星期五</th><th>星期六</th><th>星期日</th></tr>
<tr><td>6：00</td><td colspan="7">《BTV 赛场》（重播）105′（含 5′广宣时段）</td></tr>
<tr><td>7：45</td><td colspan="7">广宣时段 5′</td></tr>
<tr><td>7：50</td><td colspan="5">《天天体育》（重播）50′</td><td colspan="2">《健身圈》（重播）50′</td></tr>
<tr><td>8：40</td><td colspan="7">公宣+广宣时段 3′</td></tr>
<tr><td>8：45</td><td colspan="7">《欢乐二打一》（重播）50′</td></tr>
<tr><td>9：35</td><td colspan="7">公宣 2′+广宣时段 3′</td></tr>
<tr><td>9：40</td><td colspan="7">《BTV 赛场》105′（含 5′广宣时段）</td></tr>
<tr><td>11：25</td><td colspan="7">广宣时段 5′</td></tr>
<tr><td>11：30</td><td colspan="4">《天天体育》（重播）50′</td><td colspan="2">《健身圈》(重播)50′</td><td>《终极格斗》</td></tr>
<tr><td>12：20</td><td colspan="7">广宣时段 5′</td></tr>
<tr><td>12：25</td><td colspan="7">《欢乐二打一》（重播）50′</td></tr>
<tr><td>13：15</td><td colspan="7">广宣时段 5′</td></tr>
<tr><td>13：20</td><td colspan="7">《BTV 赛场》105′（含 5′广宣时段）</td></tr>
<tr><td>15：05</td><td colspan="7">广宣时段 5′</td></tr>
<tr><td>15：10</td><td colspan="7">《欢乐二打一》（重播）50′</td></tr>
<tr><td>16：00</td><td colspan="7">广宣时段 5′</td></tr>
<tr><td>16：05</td><td colspan="5">《BTV 赛场》（重播）105′</td><td colspan="2" rowspan="2">直播：中超/排球联赛或其他</td></tr>
<tr><td>17：50</td><td colspan="5">广宣时段 5′</td></tr>
</table>

续表

<table>
<tr><th>时间</th><th>星期一</th><th>星期二</th><th>星期三</th><th>星期四</th><th>星期五</th><th>星期六</th><th>星期日</th></tr>
<tr><td>17：55</td><td colspan="7">《欢乐二打一》（首播）50′</td></tr>
<tr><td>18：45</td><td colspan="7">广宣时段 5′</td></tr>
<tr><td>18：50</td><td colspan="7">《体坛资讯》（首播）40′</td></tr>
<tr><td>19：30</td><td colspan="7">广宣时段 5′</td></tr>
<tr><td>19：35</td><td>《足球 100 分》（首播）100′</td><td colspan="2">直播 CBA 或 BTV 赛场 105′</td><td>《健身圈》50′+赛场</td><td colspan="3">直播 CBA/中超或 BTV 赛场 105′</td></tr>
<tr><td>21：20</td><td colspan="7">广宣时段 5′</td></tr>
<tr><td>21：25</td><td colspan="7">《天天体育》（首播）50′</td></tr>
<tr><td>22：15</td><td colspan="7">广宣时段 5′</td></tr>
<tr><td>22：20</td><td colspan="5">《欢乐二打一》（重播）50′</td><td colspan="2" rowspan="4">直播英超</td></tr>
<tr><td>23：10</td><td colspan="5">广宣时段 5′</td></tr>
<tr><td>23：15</td><td colspan="5">《BTV 赛场》（重播）105′（含 5′广宣时段）</td></tr>
<tr><td>1：00</td><td colspan="5">《天天体育》（重播）50′</td></tr>
<tr><td>1：50</td><td colspan="7">《BTV 赛场》（重播）100′</td></tr>
<tr><td>3：30</td><td colspan="7">《BTV 赛场》（重播）100′</td></tr>
<tr><td>5：10</td><td colspan="7">《天天体育》（重播 ）50′</td></tr>
</table>

2018 年 BTV 生活频道节目编排方案

2018 年 1 月 28 日起执行

<table>
<tr><th>时间</th><th>星期一</th><th>星期二</th><th>星期三</th><th>星期四</th><th>星期五</th><th>星期六</th><th>星期日</th><th>周六</th><th>周日</th></tr>
<tr><td>6：00</td><td colspan="7">开始曲、频宣 2′+公宣 1′+公益 1′+广告 4′</td><td colspan="2">6：00</td></tr>
<tr><td>6：08</td><td colspan="5">《快乐生活一点通》（重播）30′</td><td rowspan="3">《四海漫游》（重播）45′</td><td rowspan="3">《我爱我车》（重播）45′</td><td colspan="2" rowspan="3">6：08</td></tr>
<tr><td>6：38</td><td colspan="5">频宣 1′+公宣 1′+公益 1′+广告 4′</td></tr>
<tr><td>6：45</td><td colspan="5">《生活面对面》（重播）28′</td></tr>
<tr><td>7：20</td><td>《生活+周末开聊》（重播上周五）30′</td><td colspan="4">《生活+家装攻略》（重播）30′</td><td>《电视先锋榜》（首播）30′</td><td>《生活+第一房产》（重播周六）30′</td><td colspan="2">7：02</td></tr>
<tr><td>7：50</td><td colspan="5">频宣 1′+公宣 1′+公益 1′+广告 3′</td><td colspan="2">频宣 1′+公宣 1′+公益 1′+广告 5′</td><td colspan="2">7：32</td></tr>
<tr><td>7：56</td><td colspan="5">《食全食美》（重播）30′</td><td>《生活+全能改造》（重播上周日）45′</td><td>《王芳遇上王为念》精编（三）（重播）45′</td><td colspan="2">7：40</td></tr>
<tr><td>8：26</td><td colspan="7">《中国梦》主题曲 10′</td><td colspan="2">8：25</td></tr>
<tr><td>8：36</td><td colspan="5">频宣 1′+广告 5′</td><td colspan="2">频宣 1′+公益 1′+广告 5′</td><td colspan="2">8：35</td></tr>
<tr><td>8：42</td><td colspan="5">《我们退休啦》（重播）25′</td><td>《生活+家装攻略》30′（重播周一）</td><td>《生活+家装攻略》30′（重播周三）</td><td colspan="2">8：42</td></tr>
<tr><td>9：07</td><td colspan="5">频宣 1′+公宣 1′+公益 1′+广告 5′</td><td colspan="2">频道 1′+公益 1′+广告 3′</td><td colspan="2">9：12</td></tr>
</table>

续表

时间	星期一	星期二	星期三	星期四	星期五	星期六	星期日	周六周日
9：15	《生活气象》2′					《生活＋家装攻略》（重播周二）30′	《生活＋家装攻略》（重播周四）30′	9：17
9：17	《生活这一刻》（重播版）90′					公宣 1′＋公益 1′＋广告 1′＋频宣 1′＋广告 4′		9：47
						《生活气象》2′		9：55
10：47	频宣 1′＋公益 1′＋广告 5′					《生活这一刻》（重播）90′		9：57
12：09	频宣 1′＋广告 3′					《美食地图》（精编）30′（首播）		11：32
12：13	《快乐生活一点通》（午间版）（首播）30′					《生活特供》（上）（首播）40′		12：02
12：43	《美食地图》（重播版）45′					《生活特供》（下）（首播）68′		12：42
13：28	《生活特供》（首播）80′					《快乐生活一点通发》(精编)(首播) 45′		13：50
14：48	《生活气象》2′					《生活气象》2′		14：35
14：50	频宣 1′＋公益 1′＋公宣 1′＋广告 5′					频宣 1′＋公宣 1′＋广告 5′		14：37
14：58	《选择》（重播）45′					《我就是拳王》（重播）50′	《我就是拳王》（首播）50′	14：44
15：49	《生活广角》（重播）30′					《生活假日》精编（一）（首播）45′		15：39
16：19	公益 1′＋公宣 1′＋广告 3′							
16：24	《我们退休啦》（首播）25′							
16：49	频宣 1′＋公益 1′＋公宣 1′＋广告 3′					《生活假日》精编（二）（首播）45′		16：24
16：55	《生活＋家装攻略》（首播）30′				《生活＋周末开聊》（首播）30′	频宣 1′＋广告 3′		17：09
17：25	频宣 1′＋公宣 1′＋公益 1′					《生活＋第一房产》（首播）30′	《生活＋第一房产》（重播周六）30′	17：13
17：28	《快乐生活一点通》（首播）30′					《四海漫游》（首播）45′	《我爱我车》（首播）45′	17：43
17：58	《食全食美》（首播）30′							
18：28	频宣 1′							18：28
18：29	★《生活这一刻》（首播/直播）90′							18：29
19：59	★《生活面对面》（首播/直播）30′					《王芳遇上王为念》精编（一）（首播）45′	《王芳遇上王为念》精编（三）（首播）45′	19：59
20：29	★《美食地图》（首播/直播）45′					《王芳遇上王为念》精编（二）（首播）45′	《生活＋全能改造》（首播）45′	20：44
21：14	频宣 30″＋公益 30″＋广告 4′					频宣 1′＋公益 1′＋广告 5′		21：29
21：19	《选择》（首播）45′					《选择》（首播）60′		21：36
22：04	广告 5′							
22：09	《生活广角》（首播）30′							
22：39	频宣 30″＋公益 30″＋广告 2′					频宣 30″＋公益 30″＋广告 5′		22：36

续表

时间	星期一	星期二	星期三	星期四	星期五	星期六	星期日	周六	周日
22：42	《生活＋家装攻略》（重播）30′				《生活＋周末开聊》（重播）30′	《四海漫游》（重播）45′	《生活＋全能改造》（重播）45′	22：42	
23：17	《生活这一刻》（重播版）90′					《生活这一刻》（重播版）90′		23：31	
0：47	《我们退休啦》（重播）25′					公宣1′＋公益1′＋广告3′		1：01	
1：12	公宣1′＋公益1′＋广告3′					《选择》（重播）60′		1：06	
1：17	《快乐生活一点通》（重播）30′								
1：47	广告2′								
1：49	《美食地图》（重播版）45′								
2：34	公宣1′＋公益1′＋广告1′＋节目预告、结束语2′					公宣1′＋公益1′＋广告1′＋节目预告、结束语2′		2：06	
2：39	结束					结束		2：11	

2018年BTV青年频道节目编排方案

2018年3月26日起执行

时间	星期一	星期二	星期三	星期四	星期五	星期六	星期日
6：00	《国际双行线》（重播）60′						
7：00	广宣时段2′						
7：02	《青年探秘者》（重播）45′						《电视先锋榜》30′
7：47	广宣时段3′						
7：50	电视剧（重播）180′						
10：50	广宣时段3′						
10：53	《戏里戏外》（重播）45′						《书香北京》50′
11：38	广宣时段3′						
11：41	《评书大会》（重播）25′						
12：06	广宣时段2′						
12：08	《青年探秘者》（重播）45′						
12：53	广宣时段3′						
12：56	《青年下午茶》300′（养生堂、暖暖的味道）						《青年下午茶》270′ 《勇士的荣耀》30′
17：55	广宣时段5′						
18：00	《国际双行线之天才父母》60′	《国际双行线之时尚生活》60′	《国际双行线之厉害了我的课》60′	《国际双行线之游学致造》60′	《成长大会》60′	《国际双行线之完美行动》60′	《国际双行线之新歌来啦》60′

续表

时间	星期一	星期二	星期三	星期四	星期五	星期六	星期日
19：00	《评书大会》25′						
19：25	广宣时段 5′						
19：30	《谁在说》45′						
20：15	广宣时段 5′						
20：20	《青年探秘者》45′						
21：05	广宣时段 5′						
21：10	《戏里戏外》45′						
21：55	广宣时段 5′						
22：00	《书香北京》50′	电视剧 4 集连播					
22：50	广宣时段 5′						
22：55	电视剧 4 集连播						

2018 年 BTV 新闻频道节目编排方案

2018 年 2 月 25 日起执行

时间	星期一	星期二	星期三	星期四	星期五	星期六	星期日
6：00	广宣 2′						
6：02	《特别关注》（重播）58′						
7：00	《北京您早》120′（卫视周一至周五并机直播至 9：00，周六日并机直播至 8：30）						
9：00	（9：00－11：57）《直播北京》（1）（直播）177′						
	《整点新闻 9：00》（直播）						
	《红绿灯》（重播）						
	广宣时段						
	《整点新闻 10：00》（直播 ）						
	《这里是北京》（重播）						
	《整点新闻 11：00》（直播）						
	广宣时段						
	《法治进行时》（新闻版）（重播）						
11：57	广告 3′						
12：00	《特别关注》（并机直播）58′						
12：58	广告 2′						
13：00	《红绿灯》（重播）42′						

续表

时间	星期一	星期二	星期三	星期四	星期五	星期六	星期日
13：42	宣传 2′+广告 3′				3：42《美丽乡村》（首播）30′	《美丽乡村》（重播）30′	《电视先锋榜》30′
13：47	《清风北京》20′	《这里是北京》（重播）20′					
14：07	宣传 2′+广告 3′						
14：12	《新闻手语》（首播）10′						
14：22	广告 3′						
14：25	《都市阳光 2 期》（首播）20′		《人才》（首播）20′	《怎么看》（首播）20′	《党建进行时》（首播）20′	《消费观察》（首播）20′	《北京议事厅》（首播）20′
14：45	宣传 2′+广告 3′						
14：50	《锐观察》（重播）30′						
15：20	宣传 2′+广告 3′						
15：25	《这里是北京》（重播）20′						
15：45	广告 3′						
15：48	《红绿灯》（重播）42′						
16：30	《新闻手语》（重播）10′						
16：40	宣传 2′+广告 3′						
16：45	《法治进行时》（新闻版）（首播）40′						
17：25	宣传 2′+广告 3′						
17：30	《红绿灯——平安行》（直播）30′						
18：00	《都市晚高峰》（1）（直播）30′						
18：30	《北京新闻》（并机直播）25′						
18：55	《天气预报》（首播）5′						
19：00	《都市晚高峰》（2）（直播）97′ 含：《法治进行时》（新闻版）40′						
20：37	《锐观察》（直播）30′						
21：07	广告 3′						
21：10	《红绿灯》（直播）42′						
21：52	广告 3′						
21：55	《晚间新闻报道》（直播）45′						
22：40	《这里是北京》（首播）20′						
23：00	广告 2′						
23：02	《空气质量播报》（首播）3′						
23：05	《法治进行时》（新闻版）（重播）40′						
23：45	广告 3′						
23：48	《红绿灯》（重播）42′						
0：30	《锐观察》（重播）30′						
1：00	《晚间新闻报道》（重播）45′						
1：45	《这里是北京》（重播）20′						
2：05	全天结束						

2018 年 BTV 卡酷少儿频道节目编排方案

2018 年 1 月 1 日起执行

时间	星期一	星期二	星期三	星期四	星期五	星期六	星期日	周末时间
6：00—7：00 7：08—7：25	《蹦蹦跳跳》剧场							6：00—7：08
7：08—07：25	《卡酷幼儿园》					《超级大连播》剧场		7：08—17：00
7：25—17：06	《环球剧场》剧场							
17：06—17：19	《大玩家》（精编版）					大型季播栏目		17：00—17：30
17：19—17：48	栏目带					《大玩家》		17：30—17：59
17：48—21：00 21：00—21：30 21：30 - 00：04	《酷片酷映》剧场				《妈妈育上娃》	《酷片酷映》剧场		17：59—0：34
0：04—6：00	剧场（重播）					剧场（重播）		0：34—6：00

2018 年 BTV 纪实频道节目编排方案

2018 年 3 月 1 日起执行

时间	周一至周五	周六	周日	时间
6：00：00	《奇趣自然》（重播）27′（中插 30″+30″）			6：00：00
6：28：00	《中国故事》（重播）50′（中插 2′+3′+3′）			6：28：00
7：26：00	频宣时段 10′			7：26：00
7：36：00	《中国故事》（重播）50′（中插 1′+2′+1′）			7：36：00
8：30：00	频宣时段 10′			8：30：00
8：40：00	《纪实天下通档》（重播）27′（中插 1′30″+1′30″）		《电视先锋榜》	8：40：00
9：10：00	《寰宇客》（重播）50′（中插 2′+2′）	《奇趣自然》（重播）27′（中插 1′30″+1′30″）		9：10：00
10：04：00	频宣时段 6′	频宣时段 5′		9：40：00
10：10：00	《中国故事》（重播）50′（中插 2′+1′+2′）	《纪录片影院》（重播）77′（中插 1′+30″+30″+1′）		9：45：00
11：05：00	《档案》（纪实版）（重播）40′（中插 1′+1′）			11：05：00
11：47：00	频宣时段 10′			11：47：00
11：57：00	《中国故事》50′（中插 1′+1′+1′）			11：57：00
12：50：00	频宣时段 10′			12：50：00
13：00：00	《探索》（重播）50′（中插 1′+1′）			13：00：00
13：52：00	频宣时段 10′			13：52：00

续表

<table>
<tr><th>时间</th><th>周一至周五</th><th>周六</th><th>周日</th><th>时间</th></tr>
<tr><td>14：02：00</td><td colspan="3">《寰宇客》（重播）50′（中插1′+1′）</td><td>14：02：00</td></tr>
<tr><td>14：54：00</td><td colspan="3">频宣时段10′</td><td>14：54：00</td></tr>
<tr><td>15：04：00</td><td>《档案》（纪实版）（重播）40′（中插1′+1′）</td><td colspan="2" rowspan="2">《纪录片影院》（重播）77′（中插1′+1′+1′+1′）</td><td rowspan="2">15：04：00</td></tr>
<tr><td>15：46：00</td><td>频宣时段8′</td></tr>
<tr><td>15：54：00</td><td>《中国故事》（重播）50′（中插2′+2′+2′）</td><td colspan="2">《奇趣自然》（重播）27′（中插1′30″+1′30″）</td><td>16：25：00</td></tr>
<tr><td>16：50：00</td><td>频宣时段6′</td><td colspan="2">频宣时段1′</td><td>16：55：00</td></tr>
<tr><td>16：56：00</td><td colspan="3">《探索》（重播）50′（中插1′+2′）</td><td>16：56：00</td></tr>
<tr><td>17：49：00</td><td colspan="3">频宣时段11′</td><td>17：49：00</td></tr>
<tr><td>18：00：00</td><td>★《奇趣自然》27′（中插30″+30″）</td><td colspan="2">《奇趣自然》27′（中插30″+30″）</td><td>18：00：00</td></tr>
<tr><td>18：28：00</td><td colspan="3">频宣时段2′</td><td>18：28：00</td></tr>
<tr><td>18：30：00</td><td colspan="3">★《这里是北京》（中插30″+30″）</td><td>18：30：00</td></tr>
<tr><td>18：58：00</td><td colspan="3">频宣时段2′</td><td>18：58：00</td></tr>
<tr><td>19：00：00</td><td>★《档案》（纪实版）40′（中插1′+1′）</td><td>《纪录中国》45′</td><td>★《纪录中国》45′</td><td>19：00：00</td></tr>
<tr><td>19：42：00</td><td>频宣时段18′</td><td colspan="2">频宣时段15′</td><td>19：45：00</td></tr>
<tr><td>20：00：00</td><td>★《中国故事》50′（中插1′+1′+1′）</td><td rowspan="2">《纪录片影院》（重播）77′（中插1′+1′+1′+1′）</td><td rowspan="2">★《纪录片影院》77′（中插1′+1′+1′+1′）</td><td rowspan="2">20：00：00</td></tr>
<tr><td>20：53：00</td><td>频宣时段7′</td></tr>
<tr><td>21：00：00</td><td>★《纪实天下通档》27′（中插30″+30″）</td><td colspan="2" rowspan="2">频宣时段9′</td><td rowspan="2">21：21：00</td></tr>
<tr><td>21：28：00</td><td>频宣时段2′</td></tr>
<tr><td>21：30：00</td><td colspan="3">★《寰宇客》50′（中插1′+1′）</td><td>21：30：00</td></tr>
<tr><td>22：22：00</td><td colspan="3">频宣时段8′</td><td>22：22：00</td></tr>
<tr><td>22：30：00</td><td colspan="3">★《探索》50′（中插1′+1′）</td><td>22：30：00</td></tr>
<tr><td>23：22：00</td><td colspan="3">频宣时段8′</td><td>23：22：00</td></tr>
<tr><td>23：30：00</td><td colspan="3">《中国故事》（重播）50′（中插1′+1′+1′）</td><td>23：30：00</td></tr>
<tr><td>00：23：00</td><td colspan="3">频宣时段10′</td><td>00：23：00</td></tr>
<tr><td>00：33：00</td><td colspan="3">《纪实天下通档》（重播）27′（中插1′+1′）</td><td>00：33：00</td></tr>
<tr><td>01：02：00</td><td colspan="3">《中国故事》（重播）50′（中插3′+3′+4′）</td><td>01：02：00</td></tr>
<tr><td>02：02：00</td><td colspan="3">《中国故事》（重播）50′（中插1′+1′+1′）</td><td>02：02：00</td></tr>
<tr><td>02：55：00</td><td colspan="3">《这里是北京》（重播）（中插1′30″+1′30″）</td><td>02：55：00</td></tr>
<tr><td>03：25：00</td><td colspan="3">《档案》（纪实周末版）（重播）40′（中插1′30″+1′30″）</td><td>03：25：00</td></tr>
<tr><td>04：08：00</td><td colspan="3">《纪实天下通档》（重播）（中插1′+1′）</td><td>04：08：00</td></tr>
<tr><td>04：37：00</td><td colspan="3">《中国故事》（重播）（中插1′+1′+1′）</td><td>04：37：00</td></tr>
<tr><td>05：30：00</td><td colspan="3">《这里是北京》（重播）（中插1′30″+1′30″）</td><td>05：30：00</td></tr>
</table>

2018 年长城平台节目编排方案

美国/亚洲/欧洲/加拿大/拉美/马来西亚/澳大利亚/非洲　　　　2018 年 3 月 1 日起执行

北京时间	节目时长	星期一	星期二	星期三	星期四	星期五	星期六	星期日
6：00	0：03	节目导视 A1 3′						
6：03	0：18	《这里是北京》18′						
6：21	0：25	《四海漫游》40′	《食全食美》25′					《美食地图》40′
6：46	0：25	7：01《养生堂》50′	《快乐生活一点通》25′					7：01《养生堂》50′
7：11	0：50	7：51《锐观察》25′	《养生堂》50′					7：51《锐观察》25′
8：01	0：50	8：16《我爱书画》42′	《新闻 50＋》50′					8：16《书香北京》42′
8：51	0：02	8：58 节目导视 A2 2′	节目导视 A2 2′					8：58 节目导视 A2 2′
8：53	0：45	9：00《戏里戏外》45′	《欢天戏地》45′	《加油吧孩子》45′	《影视风云》45′	《星夜故事》45′	《春妮的周末时光》45′	9：00《戏里戏外》45′
9：38	0：25	9：45《健康北京》25′	《健康北京》25′					9：45《健康北京》25′
10：03	0：55	10：10 节目导视 A1 3′ 10：13《国际频道季播节目》55′ 11：08 节目导视 A2 2′	《国际双行线》55′					10：10 节目导视 A13′ 10：13《我是大医生》55′ 11：08 节目导视 A22′
10：58	0：42	11：10《拍宝》42′	《档案》42′			《记忆》42′	《记忆》42′	11：10《最北京》42′
11：40	0：18	11：52《这里是北京》18	《这里是北京》18′					11：52《这里是北京》18′
11：58	0：03		节目导视 B1 3′					
12：01	0：25	12：10《每日文娱播报》25′	《每日文娱播报》25′					12：10《每日文娱播报》25′
12：26	0：55	12：35《生命缘》55′	《生命缘》55′					12：35《生命缘》55′
13：21	0：02		节目导视 B3 2′					
13：23	0：25	13：30《四海漫游》40′	《食全食美》25′					13：30《美食地图》40′
13：48	0：25		《快乐生活一点通》25′					
14：13	0：55	14：10 节目导视 A1 3′ 14：13《国际频道季播节目》55′	《国际双行线》55′					14：10 节目导视 A1 3′ 14：13《我是大医生》55′
15：08	0：45	《戏里戏外》45′	《欢天戏地》45′	《加油吧孩子》45′	《影视风云》45′	《星夜故事》45′	《春妮的周末时光》45′	《戏里戏外》45′
15：53	0：42	《拍宝》42′	《档案》42′			《记忆》42′	《记忆》42′	《最北京》42′
16：35	0：25	《每日文娱播报》25′						
17：00	0：03	节目导视 C1 3′						
17：03	0：25	《食全食美》25′					《美食地图》40′	《四海漫游》40′
17：28	0：25	《快乐生活一点通》25′						

续表

北京时间	节目时长	星期一	星期二	星期三	星期四	星期五	星期六	星期日
17：53	0：02	节目导视 B4 2′					17：43 节目导视 B4 2′	17：43 节目导视 B4 2′
17：55	0：18	《这里是北京》18′					17：45《这里是北京》18′	17：45《这里是北京》18′
18：13	0：50	《养生堂》50′					18：03《养生堂》50′	18：03《养生堂》50′
19：03	0：03	节目导视 C2 3′					18：53 节目导视 C2 3′	18：53 节目导视 C2 3′
19：06	0：45	《欢天戏地》45′	《加油吧孩子》45′	《影视风云》45′	《星夜故事》45′	《春妮的周末时光》45′	18：56《戏里戏外》45′	18：56《戏里戏外》45′
19：51	0：02	节目导视 A2 2′					19：41 节目导视 B1 3′	19：41 节目导视 B1 3′
19：53	0：55	《国际双行线》55′					19：44《我是大医生》55′	19：44《国际频道季播节目》55′
20：48	0：42	《档案》42′			《记忆》42′	《记忆》42′	20：39《最北京》42′	20：39《拍宝》42′
21：30	0：02	节目导视 C3 2′					21：21 节目导视 C3 2′	21：21 节目导视 C3 2′
							21：23 节目导视 A3 1′	21：23 节目导视 A3 1′
21：32	0：50	《新闻 50 +》50′					21：24《锐观察》25′	21：24《锐观察》25′
22：22	0：02	节目导视 C4 2′					21：49 节目导视 C4 2′	21：52 节目导视 C4 2′
							21：51 节目导视 B1 3′	21：51 节目导视 B1 3′
22：24	0：55	《生命缘》55′					21：54《生命缘》55′	21：54《生命缘》55′
23：19	0：02	节目导视 B3 2′					22：49《书香北京》42′	22：49《我爱书画》42′
23：21	0：02	节目导视 A2 2′					23：31 节目导视 A2 2′	23：31 节目导视 A2 2′
23：23	0：25	《健康北京》25′					23：33《健康北京》25′	23：33《健康北京》25′

续表

北京时间	节目时长	星期一	星期二	星期三	星期四	星期五	星期六	星期日
23：48	0：25	《每日文娱播报》25′					23:58《每日文娱播报》25′	23：58《每日文娱播报》25′
0：13	0：03	节目导视 B1 3′						
0：16	0：25	《食全食美》25′					0:23《美食地图》40′	0：23《四海漫游》40′
0：41	0：25	《快乐生活一点通》25′						
1：06	0：02	节目导视 B4 2′					1:03《这里是北京》18′	1：03《这里是北京》18′
1：08	0：18	《这里是北京》18′						
1：26	0：50	《养生堂》50′					1:21《养生堂》50′	1：21《养生堂》50′
2：16	0：45	《欢天戏地》45′	《加油吧孩子》45′	《影视风云》45′	《星夜故事》45′	《春妮的周末时光》45′	2:11《戏里戏外》45′	2：11《戏里戏外》45′
3：01	0：02	节目导视 A2 2′					2：56 节目导视 A2 2′	2：56 节目导视 A2 2′
							2：58 节目导视 B1 3′	2：58 节目导视 B1 3′
3：03	0：55	《国际双行线》55′					3:01《我是大医生》55′	3：01《国际频道季播节目》55′
							3：56 节目导视 B3 2′	3：56 节目导视 B3 2′
3：58	0：42	《档案》42′			《记忆》42′	《记忆》42′	《最北京》42′	《拍宝》42′
4：40	0：55	《生命缘》55′						
5：35	0：25	《每日文娱播报》25′						

广告价格表

2018 年北京电视台广告价格表

广告部

北京卫视 2018 刊例价格

（2018 年 1 月 1 日起执行）

人民币：元/次

资源分类	段位名称	播出时间	资源名称	2018 刊例价（15 秒）	2018 刊例价（10 秒）	2018 刊例价（5 秒）
B 类	清晨时段	约 05：00 起	清晨节目及《早间气象服务》	12000	9600	6000
	Ba01	约 06：55～07：00	《北京您早》（前）	17000	13600	8500
	中插	约 07：00～09：00（周一至周五） 约 07：00～08：30（周六、周日）	《北京您早》（中）	17000	13600	8500
	Ba02	约 09：00～09：05（周一至周五）	《上午剧场》1 集（前）	17000	13600	8500
	Ba03	约 09：50～09：55（周一至周五）	《上午剧场》2 集（前）	17000	13600	8500
	Ba04	约 10：40～10：45（周一至周五）	《上午剧场》3 集（前）	17000	13600	8500
	Ba05	约 08：30～08：35（周六、周日）	《综艺季播节目精华版 95′》（前）	17000	13600	8500
	Ba06	约 10：10～10：15（周六、周日）	《综艺季播节目精华版 100′》（前）	17000	13600	8500
	Ba07	约 11：55～12：00	《特别关注》（前）	17000	13600	8500
	中插	约 12：00～13：00	《特别关注》及《午间气象服务》（中）	47000	37600	23500
	Ba08	约 13：00～13：06	《午茶剧场》1 集（前）	17000	13600	8500
	Ba09	约 13：51～13：58	《午茶剧场》2 集（前）	17000	13600	8500
	Ba10	约 14：43～14：50	《午茶剧场》3 集（前）	17000	13600	8500
	Ba11	约 15：35～15：43	《午茶剧场》4 集（前）	17000	13600	8500
	Ba12	约 16：28～16：35	双健康栏目带－全新栏目（前）	17000	13600	8500
A 类	中插	约 16：35～17：20	双健康栏目带－全新栏目（中）	47000	37600	23500
	Aa01	约 17：20～17：25	《养生堂》（前）	47000	37600	23500
	中插	约 17：25～18：25	《养生堂》（中）	87000	69600	43500
	Aa02	约 18：25～18：30	《北京新闻》（前）	77000	61600	38500
	新闻标版	约 18：55～19：00	《新闻标版》	详见北京卫视 2017《新闻标版》广告价格		

续表

资源分类	段位名称	播出时间	资源名称	2018 刊例价（15 秒）	2018 刊例价（10 秒）	2018 刊例价（5 秒）
A类	Aa03	约 19：30～19：33	《晚间黄金剧场》1 集（前）	167000	133600	83500
	Aa04	约 20：18～20：22	《晚间黄金剧场》1 集（后）	167000	133600	83500
	Aa05	约 20：22～20：26	《晚间黄金剧场》2 集（前）	167000	133600	83500
	Aa06	约 21：11～21：13	《大剧抢先看》(前)	167000	133600	83500
	Aa07	约 21：15～21：18	《大剧抢先看》(后)	167000	133600	83500
	中插	约 21：18～22：07（周一至周三）约 21：18～22：28（周四）	920 周间季播栏目带（中）	87000	69600	43500
	中插	约 21：08～22：48（周五、周六、周日）	周末大型季播栏目带（中）	单独定价		
	Aa08	约 22：07～22：10（周一至周三）	周播剧场 1 集（前）	87000	69600	43500
	Aa09	约 22：45～22：48（周一至周三）	周播剧场 1 集（后）	87000	69600	43500
	Aa10	约 23：23～23：30（周一至周三）	周播剧场 2 集（后）	87000	69600	43500
	Aa11	约 22：28～22：30（周四）	2230 时尚栏目带（前）	47000	37600	23500
	中插	约 22：30～23：30（周四）	2230 时尚栏目带（中）	单独定价		
	Aa12	约 22：48～22：55（周五、周六、周日）	周末大型季播栏目复播（前）	47000	37600	23500
B类	中插	约 23：30～00：20（周一至周三）	《档案》(中)	17000	13600	8500
	午夜时段	约 00：30 起	《晚间气象服务》、夜间节目及影视剧	12000	9600	6000
温馨提示	1. 凡指定位置的广告，正倒一位置加收 30%，正倒二位置加收 20%，正倒 3 及其他指定位置加收 10%。 2. 北京卫视广告资源以 15 秒广告价格为基数，30 秒广告价格按照两条 15 秒广告价格计算，5 秒广告价格按 15 秒的一半计算。 其他秒数广告价格：25 秒价格为 30 秒乘以 0. 9；20 秒价格为 30 秒乘以 0. 8；10 秒价格为 30 秒乘以 0. 4；45 秒广告价格为 30 秒和 15 秒广告价格之和；60 秒广告价格为两条 30 秒广告之和。 3. 特殊征订的电视剧或非常规节目，广告价格以所发相应通知为准。 * 此刊例价格表相关内容以京视卫星传媒（北京卫视广告运营中心）最终解释为准。					

2018 年 BTV 文艺广告价格表

2018. 1. 1

A 特类栏目广告价格表				
栏目名称	播出时间	刊例价（单位：元）		
		30 秒	15 秒	5 秒
《每日文娱播报》	18：30～19：30（周一至周日）	60000	36000	18000

A 类栏目广告价格表				
栏目名称	播出时间	刊例价（单位：元）		
		30 秒	15 秒	5 秒
《我看行》	18：00～18：25 （周一至周日）	30000	18000	9000
《我爱书画》	19：35～20：25 （周一）	25000	15000	7500
《喜剧合伙人》	19：35～20：25 （周二）	25000	15000	7500
《影视风云》	19：35～20：25 （周三）	25000	15000	7500
《星夜故事》	19：35～20：25 （周四）	25000	15000	7500
《加油吧孩子》	19：35～20：25 （周五）	25000	15000	7500
《春妮的周末时光》	19：35～20：25 （周六）	25000	15000	7500
《大戏看北京》（文艺版）	19：35～20：25 （周日）	25000	15000	7500

B 类栏目广告价格表				
栏目名称	播出时间	刊例价（单位：元）		
		30 秒	15 秒	5 秒
《笑动剧场》	17：00～17：55 （周一至周日）	15000	9000	4500
《欢天戏地》	13：55～14：45 （周一）	10000	6000	3000

备注：此价格表于 2018 年 1 月 1 日起执行。如有修改，请参照最新价格表。

A 类时段广告价格表					
段位	段位描述		刊例价（单位：元）		
	前节目主题	后节目主题	30 秒	15 秒	5 秒
Ab01 17：55～18：00（周一至周日）	《笑动剧场》	《我看行》	18000	10800	5400
Ab02 18：25～18：30（周一至周日）	《我看行》	《每日文娱播报》	24000	14400	7200

续表

<table>
<tr><th colspan="6">A 类时段广告价格表</th></tr>
<tr><th rowspan="2">段位</th><th colspan="2">段位描述</th><th colspan="3">刊例价（单位：元）</th></tr>
<tr><th>前节目主题</th><th>后节目主题</th><th>30 秒</th><th>15 秒</th><th>5 秒</th></tr>
<tr><td>Ab03
19：30～19：35（周一至周日）</td><td>《每日文娱播报》</td><td>《我爱书画》
《喜剧合伙人》
《影视风云》
《惊喜欢乐送》
《加油吧孩子》
《春妮的周末时光》
《大戏看北京》(文艺版)</td><td>35000</td><td>21000</td><td>10500</td></tr>
<tr><td>Ab04
20：25～20：30（周一至周日）</td><td>《我爱书画》
《喜剧合伙人》
《影视风云》
《惊喜欢乐送》
《加油吧孩子》
《春妮的周末时光》
《大戏看北京》(文艺版)</td><td>《炫剧场》第 1 集</td><td>18000</td><td>10800</td><td>5400</td></tr>
<tr><td>Ab05
21：15～21：20（周一至周日）</td><td>《炫剧场》第 1 集</td><td>《炫剧场》第 2 集</td><td>15000</td><td>9000</td><td>4500</td></tr>
<tr><td>Ab06
22：05～22：10（周一至周日）</td><td>《炫剧场》第 2 集</td><td>《炫剧场》第 3 集</td><td>15000</td><td>9000</td><td>4500</td></tr>
<tr><td>Ab07
22：55～23：00（周一至周日）</td><td>《炫剧场》第 3 集</td><td>《每日文娱播报》(重播)</td><td>15000</td><td>9000</td><td>4500</td></tr>
</table>

备注：此价格表于 2018 年 1 月 1 日起执行。如有修改，请参照最新价格表。

<table>
<tr><th colspan="6">B 类时段广告价格表</th></tr>
<tr><th rowspan="2">段位</th><th rowspan="2">节目间时段</th><th rowspan="2">段内节目内容</th><th colspan="3">刊例价（单位：元）</th></tr>
<tr><th>30 秒</th><th>15 秒</th><th>5 秒</th></tr>
<tr><td>Bb01
06：00～08：00</td><td>06：55～07：00</td><td>《笑动剧场》(重播)
《每日文娱播报》(重播)</td><td>4000</td><td>2400</td><td>1200</td></tr>
<tr><td rowspan="2">Bb02
08：00～11：00</td><td>09：00～09：05</td><td rowspan="2">《炫剧场》第 1 集（重播）
《炫剧场》第 2 集（重播）
《炫剧场》第 3 集（重播）</td><td rowspan="2">6000</td><td rowspan="2">3600</td><td rowspan="2">1800</td></tr>
<tr><td>10：59～11：00</td></tr>
<tr><td rowspan="3">Bb03
11：00～14：00
（周一至周四）</td><td>11：55～12：00</td><td rowspan="3">《笑动剧场》(日间)
《每日文娱播报》(日间)
《笑动欢乐秀 》（B 版）</td><td rowspan="3">10000</td><td rowspan="3">6000</td><td rowspan="3">3000</td></tr>
<tr><td>13：00～13：05</td></tr>
<tr><td>13：50～13：55</td></tr>
<tr><td rowspan="3">Bb04
11：00～14：00
（周五至周日）</td><td>11：55～12：00</td><td rowspan="3">《笑动剧场》(日间)
《每日文娱播报》(日间)
《笑动欢乐秀 》（B 版）
《文化之约》</td><td rowspan="3">12000</td><td rowspan="3">7200</td><td rowspan="3">3600</td></tr>
<tr><td>13：00～13：05</td></tr>
<tr><td>13：50～13：55</td></tr>
</table>

续表

B 类时段广告价格表					
段位	节目间时段	段内节目内容	刊例价（单位：元）		
			30 秒	15 秒	5 秒
Bb05 14：00～17：05	14：45～14：50 16：20～16：25 16：55～17：00	《欢天戏地》 《我爱书画》(日间) 《喜剧合伙人》(日间) 《影视风云》(日间) 《惊喜欢乐送》(日间) 《加油吧孩子》(日间) 《春妮的周末时光》(日间) 《我看行》（日间） 《笑动欢乐秀》（A 版） 《文化之约》 《笑动欢乐秀》（B 版）	8000	4800	2400
Bb06 00：00～02：00	00：00～00：03 00：28～00：33	《我看行》（晚间）（重播） 《我爱书画》（晚间）（重播） 《喜剧合伙人》（晚间）（重播） 《影视风云》（晚间）（重播） 《惊喜欢乐送》（晚间）（重播） 《加油吧孩子》（晚间）（重播） 《春妮的周末时光》（晚间）（重播） 《大戏看北京》(文艺版)（晚间）（重播）	6000	3600	1800

备注：此价格表于 2018 年 1 月 1 日起执行。如有修改，请参照最新价格表。非黄时间指定栏目中插需加收 20%。

2018 年 BTV 科教广告价格表

2018. 1. 22

A 类栏目广告价格表				
栏目名称	播出时间	刊例价（单位：元）		
		30 秒	15 秒	5 秒
《法治进行时》	12：00～12：40	45000	27000	13500
《第三调解室》 （含午间、精编版）	12：40～13：20 20：58～21：38（周一至周五、周日） 21：40～22：20（周六）	45000	27000	13500
《庭审纪实》	12：20～12：40（周六）	45000	27000	13500
《第三调解室》	12：40～13：20	32000	19200	9600
《第三调解室》(精编版)	20：58～21：38（周一至周五、周日） 21：40～22：20（周六）	20000	12000	6000
《现场说法》	11：30～12：00（周二至周日）	25000	15000	7500
《警法目录》	11：30～12：00（周一）	25000	15000	7500
《法治中国 60′》	13：20～14：20	15000	9000	4500

续表

A 类栏目广告价格表

栏目名称	播出时间	刊例价（单位：元）		
		30 秒	15 秒	5 秒
《法治中国 60′》(晚间版)	19：18～20：08	20000	12000	6000
《健康北京》	18：18～18：48	20000	12000	6000
《奇趣大自然》	18：48～19：18	20000	12000	6000
《记忆》(含精编)	20：08～20：58（周一至周六）	20000	12000	6000
《最北京》	20：08～21：08（周日）	20000	12000	6000
《留学生》	21：00～21：50（周六）	20000	12000	6000
《传奇》	22：20～22：50	20000	12000	6000

备注：此价格表于 2018 年 1 月 22 日执行。如有修改，请参照最新价格表。

B 类栏目广告价格表

栏目名称	播出时间	刊例价（单位：元）		
		30 秒	15 秒	5 秒
《红绿灯》(科教版)	18：03～18：18	10000	6000	3000
《非常向上》	17：02～17：47（周日）	12000	7200	3600
《晚晴》	09：06～09：26（周一）	6600	3960	1980

备注：此价格表于 2018 年 1 月 22 日执行。如有修改，请参照最新价格表。

B 类时段广告价格表

段位	节目间时段	段内节目内容	刊例价（单位：元）		
			30 秒	15 秒	5 秒
Bc01 06：00～09：49	09：43～09：44 09：45～09：48	《法治进行时》(重播) 《庭审纪实》(重播) 《法治中国 60′》(日间版) 《奇趣大自然》(重播) 《传奇》(重播) 《记忆》(重播)	5000	3000	1500
Bc02 09：49～11：30	10：26～11：30	《第三调解室》(日间版上) 《第三调解室》(日间版下)	9000	5400	2700
Bc03 14：20～18：03	14：50～14：53 14：54～14：57 14：58～15：01 15：46～15：49 15：53～15：56 15：57～16：00 16：58～17：01（周一至周五） 18：00～18：03（周一至周五）	《警法目录》(重播) 《现场说法》(重播) 《记忆》(重播) 《最北京》(重播) 《非常向上》(重播)	6000	3600	1800

续表

B 类时段广告价格表					
段位	节目间时段	段内节目内容	刊例价（单位：元）		
			30 秒	15 秒	5 秒
Bc04 21：38～22：50	21：38～21：40	《留学生》(重播) 《法治进行时》(重播) 《庭审纪实》(重播)	8000	4800	2400
Bc05 22：50～00：18	23：24～23：26	《奇趣大自然》(重播) 《记忆》(重播) 《最北京》(重播)	7000	4200	2100
Bc06 00：18～02：25	01：02～01：04	《法治中国 60′》 (晚间版)(重播) 《留学生》(重播)	5000	3000	1500

备注：此价格表于 2018 年 1 月 22 日执行。如有修改，请参照最新价格表。非黄时间指定栏目中插需加收 20%。

2018 年 BTV 影视广告价格表

2018. 1. 1

A 特类时段广告价格表					
段位	播出时间	段位描述	刊例价（单位：元）		
			30 秒	15 秒	5 秒
Td01	20：16～20：19	《首都剧场》2 集下集预告	50000	30000	15000
Td02	20：20～20：23	《首都剧场》3 集前	50000	30000	15000
Td03	20：24～20：26	《首都剧场》3 集上集回放	63000	37800	18900
Td04	21：01～21：04	《首都剧场》3 集下集预告	50000	30000	15000
Td05	21：05～21：07	《首都剧场》4 集前	50000	30000	15000
Td06	21：08～21：10	《首都剧场》4 集上集回放	63000	37800	18900
Td07	21：45～21：47	《首都剧场》4 集下集预告	68000	40800	20400
Td08	21：48～21：50	《首都剧场》5 集上集回放	50000	30000	15000
A 类时段广告价格表					
段位	播出时间	段位描述	刊例价（单位：元）		
			30 秒	15 秒	5 秒
Ad01	19：30～19：33	《首都剧场》1 集下集预告	43000	25800	12900
Ad02	19：34～19：37	《首都剧场》2 集前	43000	25800	12900
Ad03	19：38～19：41	《首都剧场》2 集上集回放	36000	21600	10800
Ad04	22：25～22：27	《首都剧场》5 集下集预告	30000	18000	9000
Ad05	22：27～22：28	《电影时间》前	30000	18000	9000
	22：29～22：33	《电影时间》贴片			

备注：此价格表于 2018 年 1 月 1 日起执行。如有修改，请参照最新价格表。

B 类时段广告价格表					
段位	播出时间	段位描述	刊例价（单位：元）		
			30 秒	15 秒	5 秒
Bd 重播首都剧场 1 集前	07：15～07：17	（重播）《首都剧场》1 集前	4000	2400	1200
Bd 重播首都剧场 1 集下集预告	07：53～07：56	（重播）《首都剧场》1 集下集预告			
Bd04	07：57～07：58	（重播）《首都剧场》2 集前			
Bd05	08：33～08：37	（重播）《首都剧场》2 集下集预告	6000	3600	1800
Bd06	08：39～08：43	（重播）《首都剧场》3 集前			
Bd07	09：18～09：22	（重播）《首都剧场》3 集下集预告			
Bd11	11：03～11：06	（重播）《首都剧场》5 集下集预告			
Bd 重播电影时间	11：09～11：13	《电影时间》前			
Bd 重播电影时间	13：05～13：09	《电影时间》后			
Bd15	15：04～15：07	《家和剧场》1 集下集预告			
Bd16	15：08～15：12	《家和剧场》2 集前			
Bd 家和剧场 2 集贴片	15：14～15：17	《家和剧场》2 集贴片			
Bd19	17：00～17：03	《家和剧场》3 集下集预告			
Bd22	17：03～17：06	《英雄剧场》1 集前			
Bd23	17：51～17：54	《英雄剧场》1 集下集预告			
Bd24	17：56～17：57	《英雄剧场》2 集前			
Bd25	17：58～18：00	《英雄剧场》2 集上集回放	30000	18000	9000
Bd26	18：45～18：51	《英雄剧场》2 集后《气象星播报》前	20000	12000	6000
Bd27	18：53～18：55	《首都剧场》1 集前	30000	18000	9000

备注：此价格表于 2018 年 1 月 1 日起执行。如有修改，请参照最新价格表。

2018 年 BTV 财经广告价格表

2018. 1. 1

A 类栏目广告价格表				
栏目名称	播出时间	刊例价（单位：元）		
		30 秒	15 秒	5 秒
《首都经济报道》	18：30～19：30（周一至周日）	15000	9000	4500

B 类栏目广告价格表				
栏目名称	播出时间	刊例价（单位：元）		
		30 秒	15 秒	5 秒
《影响者》	20：25～20：55（周五）	22000	13200	6600
《财经商圈》	20：25～20：55（周一至周三）	22000	13200	6600
《拍宝》	20：46～21：36（周六、日）	20000	12000	6000

续表

B 类栏目广告价格表

栏目名称	播出时间	刊例价（单位：元）		
		30 秒	15 秒	5 秒
《理财》	21：05～21：35（周一至周五） 21：50～22：40（周六、日）	18000	10800	5400
《天下财经》	19：30～20：20（周一至周五）	18000	10800	5400
《对话大咖》	20：25～20：55（周四）	18000	10800	5400
《数说北京》	21：40～22：10（周二）	15000	9000	4500
《京津冀大格局》	21：40～22：10（周三）	15000	9000	4500
《税收天地》	21：40～22：10（周四）	15000	9000	4500
《品味消费在北京》	12：20～12：50（周日）	15000	9000	4500
《问鼎世界》	18：00～18：30（周日）	15000	9000	4500
《大牌价到》	16：58～17：58（周一至周日）	15000	9000	4500
《总裁读书会》	19：30～20：00（周六）	15000	9000	4500
《财富剧场》	19：30～20：00（周日）	15000	9000	4500
《寻宝记》	20：08～20：38（周六）	15000	9000	4500
《说画》	20：08～20：38（周日）	15000	9000	4500
《财富大魔方》	09：00～11：30（周一至周五） 13：00～15：30（周一至周五）	10000	6000	3000

备注：此价格表于 2018 年 1 月 1 日执行。如有修改，请参照最新价格表。

A 类时段广告价格表

段位	播出时间	刊例价（单位：元）		
		30 秒	15 秒	5 秒
Ae01	20：20～20：25（周一至周五）	15000	9000	4500
Ae02	20：00～20：08（周六、日）	15000	9000	4500
Ae03	20：55～21：00（周一至周五）	15000	9000	4500
Ae04	20：38～20：46（周六、日）	15000	9000	4500
Ae05	21：35～21：40（周一至周五）	15000	9000	4500
Ae06	21：36～21：40（周六、日）	15000	9000	4500
Ae07	22：10～22：17（周一至周五）	15000	9000	4500
Ae08	22：40～22：53（周六、日）	15000	9000	4500
Ae09	22：47～22：53（周一至周五）	15000	9000	4500

备注：此价格表于 2018 年 1 月 1 日执行。如有修改，请参照最新价格表。

B 类时段广告价格表				
段位	段位节目内容	刊例价（单位：元）		
		30 秒	15 秒	5 秒
Be01 06：00～06：08	广宣时段	3000	1800	900
Be02 06：58～09：00	《首都经济报道》(重播) 《总裁读书会》(重播) 《财经商圈》(重播) 《财富剧场》(重播)	5000	3000	1500
Be03 09：00～11：30 （周六、周日）	《理财》(重播) 《拍宝》(重播) 《节目精编》(重播)	5000	3000	1500
Be04 11：30～12：50	《影响者》(重播) 《对话大咖》(重播) 《说画》、《诚信北京》(重播)	5000	3000	1500
Be05 13：00～15：30 （周六、周日）	《理财》(重播) 《拍宝》(重播) 《节目精编》(重播)	5000	3000	1500
Be06 15：30～18：00	《财富剧场》(重播) 《财经商圈》(重播) 《总裁读书会》(重播) 《对话大咖》(重播) 《影响者》(重播)、《电视先锋榜》(重播)	5000	3000	1500
Be07 23：53～24：00	《电视购物》前	5000	3000	1500

备注：此价格表于 2018 年 1 月 1 日执行。如有修改，请参照最新价格表。非黄时间指定栏目中插需加收 20%。

2018 年 BTV 体育频道栏目赛事广告刊例价格表

节目类别	名称	广告类别	首播时间	节目时长（分钟）	刊例价（单位：元）		
					30 秒	15 秒	5 秒
栏目	《天天体育》	A	周一至日 21：25	50	44000	26400	13200
	《体坛资讯》	A	周一至日 18：50	40	36000	21600	10800
	《足球 100 分》	B	周一 19：35	100	30000	18000	9000
	《欢乐二打一》	B	周一至日 17：55	50	44000	26400	13200
	《健身圈》	B	周五 22：20	50	12000	7200	3600
直播赛事（时间以赛程为准）	俄罗斯世界杯	B	23：00 之前开赛	120	36000	21600	10800
		B	23：00 之后开赛		18000	10800	5400
	平昌冬奥会	B	依转播安排	120	26000	15600	7800
	雅加达亚运会	B	依转播安排	120	26000	15600	7800

续表

节目类别	名称	广告类别	首播时间	节目时长（分钟）	刊例价（单位：元）		
					30 秒	15 秒	5 秒
直播赛事（时间以赛程为准）	中国足球超级联赛（中超）	A	国安队比赛日	120	85000	51000	25500
		B	非国安队比赛日		30000	18000	9000
	国际足联世界俱乐部杯（世俱杯）	B	依转播安排	120	30000	18000	9000
	中国足球协会杯（足协杯）	A	国安队比赛日	120	85000	51000	25500
		B	非国安队比赛日		30000	18000	9000
	中国之队	B	依转播安排	120	30000	18000	9000
	中国足球甲级联赛（中甲）	B	北京队比赛日	120	24000	14400	7200
	英格兰足球超级联赛（英超）	B	24：00 之前开赛	120	36000	21600	10800
		B	24：00 之后开赛		18000	10800	5400
	中国男子篮球职业联赛（CBA）	A	首钢队比赛日	120	80000	48000	24000
		B	非首钢队比赛日		20000	12000	6000
	中国女子篮球职业联赛（WCBA）	B	北京队比赛日	120	30000	18000	9000
	全国排球联赛	B	北京队比赛日	120	24000	14400	7200
	中国乒乓球俱乐部超级联赛	B	北京队比赛日	120	24000	14400	7200
	羽毛球赛事	B	依转播安排	120	24000	14400	7200
	网球赛事	B	依转播安排	120	7200	4320	2160

备注：凡指定位置的广告，头一、尾一位置加收 20%，其他位置加收 10%，赛事暂停时间广告加收 20%。

北京电视台体育频道广告总代理
北京京视体育发展有限责任公司
2017. 11

2018 年 BTV 生活广告价格表

2017. 12

A 类栏目广告价格表

栏目名称	首播时间	重播时间	刊例价（单位：元）		
			30 秒	15 秒	5 秒
《生活这一刻》	18：29～19：59	重播一 09：17～10：47（周一至周五） 09：57～11：27（周六、周日） 重播二 23：18～00：48（周一至周五） 23：33～01：03（周六、周日）	38000	22800	11400
《生活面对面》	19：59～20：29（周一至周五）	06：45～07：13（周一至周五）	28000	16800	8400
《美食地图》	20：29～21：14（周一至周五）	重播一 01：53～02：38（周一至周五） 重播二 12：43～13：33（周一至周五）	28000	16800	8400

续表

A 类栏目广告价格表					
栏目名称	首播时间	重播时间	刊例价（单位：元）		
			30 秒	15 秒	5 秒
《选择》	21：19～22：04（周一至周五） 21：36～22：36（周六、周日）	14：58～15：43（周一至周五） 01：11～02：11（周六、周日）	25000	15000	7500
《王芳遇上王为念》精编（一）	19：59～20：44（周六）	——	30000	18000	9000
《王芳遇上王为念》精编（三）/季播节目	19：59～20：44（周日）	重播 07：40～08：25（周日）	40000	24000	12000
《王芳遇上王为念》精编（二）	20：44～21：29（周六）	——	40000	24000	12000
《生活＋全能改造》	20：44～21：29（周日）	重播一 07：40～08：25（周六） 重播二 22：44～23：29（周日）	30000	18000	9000
B 类栏目广告价格表					
《生活特供》	13：33～14：48（周一至周五） 12：02～13：50（周六、周日）	——	10000	6000	3000
《我们退休啦》	16：24～16：49（周一至周五）	重播一 00：48～01：13（周一至周五） 重播二 08：42～09：07（周一至周五）	15000	9000	4500
《生活＋家装攻略》	16：55～17：25（周一至周四）	重播一 22：40～23：10（周一至周四） 重播二 07：20～07：50（周二至周五） 重播三 08：42～09：47（周六、周日）	20000	12000	6000
《生活＋第一房产》	17：13～17：43（周六）	重播一 07：02～07：32（周日） 重播二 17：13～17：43（周日）	20000	12000	6000
《快乐生活一点通》	17：28～17：58（周一至周五）	重播一 01：18～01：48（周一至周五） 重播二 06：08～06：38（周一至周五）	15000	9000	4500
《快乐生活一点通》（午间版）	12：13～12：43（周一至周五）	——	15000	9000	4500
《快乐生活一点通》（精编）	13：50～14：35（周六、周日）	——	10000	6000	3000
《生活＋周末开聊》	16：55～17：25（周五）	重播一 22：40～23：10（周五） 重播二 07：20～07：50（周一）重播上周五	20000	12000	6000

续表

B 类栏目广告价格表

栏目名称	首播时间	重播时间	刊例价（单位：元）		
			30 秒	15 秒	5 秒
《食全食美》	17：58～18：28（周一至周五）	07：56～08：26（周一至周五）	26000	15600	7800
《生活广角》	22：07～22：37（周一至周五）	15：49～16：19（周一至周五）	20000	12000	6000
《四海漫游》	17：43～18：28（周六）	重播一 06：08～06：53（周六） 重播二 22：44～23：29（周六）	15000	9000	4500
《我爱我车》	17：43～18：28（周日）	06：08～06：53（周日）	15000	9000	4500
《生活假日》（精编）	15：39～17：09（周六、周日）	——	15000	9000	4500
《美食地图》（精编）	11：32～12：02（周六、周日）	——	15000	9000	4500

备注：此价格表于 2018 年 1 月 1 日执行。如有修改，请参照最新价格表。

A 类时段广告价格表

段位	播出时间	前节目主题	后节目主题	刊例价（单位：元）		
				30 秒	15 秒	5 秒
Ag01	21：14～21：19（周一至周五）	《美食地图》（周一至周五）	《选择》（周一至周五）	16000	9600	4800
Ag02	21：29～21：36（周六、周日）	《王芳遇上王为念》精编（二）（周六） 《生活＋全能改造》（周日）	《选择》（周六、周日）	16000	9600	4800
Ag03	22：04～22：07（周一至周五）	《选择》（周一至周五）	《生活广角》（周一至周五）	16000	9600	4800
Ag04	22：36～22：44（周六、周日）	《选择》（周六、周日）	《四海漫游》（重播）（周六） 《生活＋全能改造》（重播）（周日）	16000	9600	4800
Ag05	22：37～22：40（周一至周五）	《生活广角》（周一至周五）	《生活＋家装攻略》（重播）（周一至周四） 《生活＋周末开聊》（重播）（周五）	16000	9600	4800

续表

B 类时段广告价格表						
段位	播出时间	前节目主题	后节目主题	刊例价（单位：元）		
				30 秒	15 秒	5 秒
Bg01	06：00～06：08	开始曲	《快乐生活一点通》(重播)(周一至周五)《四海漫游》(重播)(周六)《我爱我车》(重播)(周日)	3500	2100	1050
Bg02	06：38～06：45（周一至周五）	《快乐生活一点通》(重播)(周一至周五)	《生活面对面》（重播）(周一至周五)	3500	2100	1050
Bg03	06：53～07：02（周六、周日）	《四海漫游》(重播)(周六)《我爱我车》(重播)(周日)	《电视先锋榜》(周六)《生活＋第一房产》(周日)（重播）	3500	2100	1050
Bg04	07：13～07：20（周一至周五）	《生活面对面》(重播)（周一至周五）	《生活＋周末开聊》(重播上周五)(周一)《生活＋家装攻略》(重播)(周二至周五)	3500	2100	1050
Bg05	07：32～07：40（周六、周日）	《电视先锋榜》(周六)《生活＋第一房产》(周日)（重播）	《生活＋全能改造》(重播)(周六)《王芳遇上王为念》精编（三）季播节目(周日)	3500	2100	1050
Bg06	07：50～07：56（周一至周五）	《生活＋周末开聊》(重播上周五)(周一)《生活＋家装攻略》(重播)(周二至周五)	《食全食美》(重播)(周一至周五)	5000	3000	1500
Bg07	08：25～08：42（周六、周日）	《生活＋全能改造》(重播)(周六)《王芳遇上王为念》精编（三）季播节目(周日)	《生活＋家装攻略》(重播周一)(周六)《生活＋家装攻略》(重播周三)(周日)	5000	3000	1500
Bg08	08：26～08：42（周一至周五）	《食全食美》(重播)(周一至周五)	《我们退休啦》(重播)(周一至周五)	5000	3000	1500
Bg09	09：07～09：15（周一至周五）	《我们退休啦》(重播)(周一至周五)	《生活这一刻》(周一至周五)	5000	3000	1500
Bg10	09：12～09：17（周六、周日）	《生活＋家装攻略》(重播周一)(周六)《生活＋家装攻略》(重播周三)(周日)	《生活＋家装攻略》(重播周二)(周六)《生活＋家装攻略》(重播周四)(周日)	5000	3000	1500
Bg11	09：47～09：55（周六、周日）	《生活＋家装攻略》(重播周二)(周六)《生活＋家装攻略》(重播周四)(周日)	《生活这一刻》(重播)(周六、周日)	5000	3000	1500
Bg12	10：47～10：54（周一至周五）	《生活这一刻》(周一至周五)	《选择》(精编)(周一至周五)	7000	4200	2100
Bg13	11：27～11：32（周六、周日）	《生活这一刻》(重播)(周六、周日)	《美食地图精编》(周六、周日)	7000	4200	2100

续表

B 类时段广告价格表

段位	播出时间	前节目主题	后节目主题	刊例价（单位：元）		
				30 秒	15 秒	5 秒
Bg14	12：09～12：13（周一至周五）	《选择》(精编)（周一至周五）	《快乐生活一点通》（午间版）(周一至周五）	8000	4800	2400
Bg15	14：37～14：44（周六、周日）	《快乐生活一点通》（精编版）(周六、周日）	《我是拳王》（周六、周日）	8000	4800	2400
Bg16	14：50～14：58（周一至周五）	《生活特供》（周一至周五）	《选择》（重播）(周一至周五）	8000	4800	2400
Bg17	15：43～15：49（周一至周五）	《选择》（重播）(周一至周五）	《生活广角》（重播）(周一至周五）	8000	4800	2400
Bg18	16：19～16：24（周一至周五）	《生活广角》（重播）(周一至周五）	《我们退休啦》（周一至周五）	8000	4800	2400
Bg19	16：49～16：55（周一至周五）	《我们退休啦》（周一至周五）	《生活＋家装攻略》（周一至周四）《生活＋周末开聊》（周五）	7000	4200	2100
Bg20	17：09～17：13（周六、周日）	《生活假日》（精编）（周六、周日）	《生活＋第一房产》（周六）《生活＋第一房产》（重播）(周日）	7000	4200	2100
Bg21	23：10～23：18（周一至周五）	《生活＋家装攻略》（重播）(周一至周四）《生活＋周末开聊》（重播）(周五）	《生活这一刻》（重播）(周一至周五）	7000	4200	2100
Bg22	23：29～23：33（周六、周日）	《四海漫游》（重播）(周六）《生活＋全能改造》（重播）(周日）	《生活这一刻》（重播）(周六、周日）	7000	4200	2100
Bg23	01：03～01：11（周六、周日）	《生活这一刻》（重播）(周六、周日）	《选择》（重播）(周六、周日）	5000	3000	1500
Bg24	01：13～01：18（周一至周五）	《我们退休啦》（重播）(周一至周五）	《快乐生活一点通》（重播）(周一至周五）	5000	3000	1500
Bg25	01：48～01：53（周一至周五）	《快乐生活一点通》（重播）(周一至周五）	《美食地图》（重播）(周一至周五）	3500	2100	1050
Bg26	02：11～02：16（周六、周日）	《选择》（重播）(周六、周日）	结束语	3500	2100	1050
Bg27	02：38～02：43（周一至周五）	《美食地图》（重播）(周一至周五）	结束语	3500	2100	1050

备注：此价格表于 2018 年 1 月 1 日执行。如有修改，请参照最新价格表。

2018 年 BTV 青年广告价格表

2018. 1. 1

A 类栏目广告价格表				
栏目名称	播出时间	刊例价（单位：元）		
		30 秒	15 秒	5 秒
《谁在说》	19：28～19：58（周一至周日）	27000	16200	8100
《精编节目》（青年版）	19：00～19：25（周一至周日）	20000	12000	6000
《军情解码》	21：00～22：00（周一至周日）	18000	10800	5400
《戏里戏外》（晚间版）	20：01～20：56（周一至周日）	18000	10800	5400
《档案》	22：05～22：55（周二至周日）	15000	9000	4500

B 类栏目广告价格表				
栏目名称	播出时间	刊例价（单位：元）		
		30 秒	15 秒	5 秒
《国际双行线之天才父母》	18：00～19：00（周一）	12000	7200	3600
《国际双行线之食尚生活》	18：00～19：00（周二）	12000	7200	3600
《国际双行线之厉害了我的课》	18：00～19：00（周三）	12000	7200	3600
《国际双行线之游学致造》	18：00～19：00（周四）	12000	7200	3600
《成长大会》	18：00～19：00（周五）	12000	7200	3600
《国际双行线之完美行动》	18：00～19：00（周六）	12000	7200	3600
《国际双行线之新歌来了》	18：00～19：00（周日）	12000	7200	3600
《书香北京》	22：05～22：55（周一）	10000	6000	3000
《青年下午茶》	12：00～17：55（周一至周日）	5000	3000	1500

备注：此价格表于 2018 年 1 月 1 日起执行。如有修改，请参照最新价格表。

A 类时段广告价格表					
段位	播出时间	段位节目内容	刊例价（单位：元）		
			30 秒	15 秒	5 秒
Ah01	19：25～19：30（周一至周日）	《谁在说》（首播）	18000	10800	5400
Ah02	20：00～20：05（周一至周日）	《戏里戏外》（首播）	18000	10800	5400
Ah03	20：55～21：00（周一至周日）	《军情解码》（首播）	15000	9000	4500
Ah04	22：00～22：05（周一至周日）	《书香北京》《档案》	10000	6000	3000

备注：此价格表于 2018 年 1 月 1 日起执行。如有修改，请参照最新价格表。

B 类时段广告价格表					
段位	播出时间	段位节目内容	刊例价（单位：元）		
			30 秒	15 秒	5 秒
Bh01 06：00～11：55 （周一至周日）	07：00～07：02 07：27～07：30 08：00～08：05 08：55～09：00 10：00～10：05 10：55～11：00 11：50～11：55	《国际双行线》（重播） 《谁在说》（重播） 《档案》（重播） 《军情解码》（重播） 《暖暖的味道》（重播） 《书香北京》（重播） 《电视先锋榜》《戏里戏外》（重播）	3000	1800	900
Bh03 17：00～18：00 （周一至周日）	17：55～18：00	《青年下午茶》	5000	3000	1500
Bh04 22：55～23：00 （周一至周日）	22：55～23：00 （周一至周日）	《戏里戏外》（重播）	8000	4800	2400

备注：此价格表于 2018 年 1 月 1 日起执行。如有修改，请参照最新价格表。非黄时间指定栏目中插需加收 20%。

2018 年 BTV 新闻广告价格表

2018. 1. 1

A 类栏目广告价格表				
栏目名称	播出时间	刊例价（单位：元）		
		30 秒	15 秒	5 秒
《都市晚高峰》（1） 《都市晚高峰》（2）	18：00～18：30 19：00～19：47	10000	6000	3000
《红绿灯》	21：10～21：52	25000	15000	7500
《晚间新闻报道》	21：55～22：40	15000	9000	4500
《法治进行时》（新闻频道版）	19：52～20：37	15000	9000	4500
B 类栏目广告价格表				
栏目名称	播出时间	刊例价（单位：元）		
		30 秒	15 秒	5 秒
《直播北京》（早间版）	09：00～10：00	5000	3000	1500
《直播北京》（午间版）	11：00～11：57	5000	3000	1500
《新闻手语》	14：12～14：22	5000	3000	1500
《北京议事厅》	14：25～14：45（周日）	8000	4800	2400
《美丽乡村》	13：42～14：12（周五）	8000	4800	2400
《红绿灯·平安行》	17：30～18：00	10000	6000	3000
《锐观察》	20：37～21：07	10000	6000	3000
《这里是北京》	22：40～23：00	10000	6000	3000
《军情解码》（新闻频道版）	23：05～00：00	8000	4800	2400

备注：此价格表于 2018 年 1 月 1 日起执行。如有修改，请参照最新价格表。

B 类时段广告价格表					
段位	段位描述		刊例价（单位：元）		
	前节目主题	后节目主题	30 秒	15 秒	5 秒
Bj03 11：57～12：00（周一至周日）	《军情解码》（重播）	《特别关注》	4000	2400	1200
Bj04 12：58～13：00（周一至周日）	《特别关注》	《红绿灯》（重播）	5000	3000	1500
Bj05 13：42～13：47（周一至周四）	《红绿灯》（重播）	《镜鉴》（周一） 《这里是北京》（重播） （周二至周四）	4000	2400	1200
Bj06 14：07～14：12（周一至周四）	《镜鉴》（周一） 《这里是北京》（重播） （周二至周四）	《新闻手语》	4000	2400	1200
Bj07 14：22～14：25（周一至周日）	《新闻手语》	《都市阳光》 《北京议事厅》等	4000	2400	1200
Bj08 14：45～14：50（周一至周日）	《都市阳光》 《北京议事厅》等	《锐观察》（重播）	4000	2400	1200
Bj09 15：40～15：45（周一至周日）	《锐观察》（重播）	《军情解码》（重播）	4000	2400	1200
Bj10 16：35～16：40（周一至周日）	《军情解码》（重播）	《法治进行时》（重播）	6000	3600	1800
Bj11 17：25～17：30（周一至周日）	《法治进行时》（重播）	《红绿灯・平安行》	6000	3600	1800
Bj12 21：07～21：10（周一至周日）	《锐观察》	《红绿灯》	8000	4800	2400
Bj13 21：52～21：55（周一至周日）	《红绿灯》	《晚间新闻报道》	10000	6000	3000
Bj14 23：00～23：02（周一至周日）	《这里是北京》	《空气质量播报》	5000	3000	1500
Bj15 23：55～23：58（周一至周日）	《军情解码》（重播）	《红绿灯》（重播）	4000	2400	1200

备注：此价格表于 2018 年 1 月 1 日起执行。如有修改，请参照最新价格表。

2018 年 BTV 卡酷少儿频道广告价格表

<table>
<tr><th colspan="5">A 类时段价格总表</th></tr>
<tr><th rowspan="2">段位名称</th><th rowspan="2">播出时间</th><th rowspan="2">段位描述</th><th colspan="2">15 秒刊例价（单位：元）</th></tr>
<tr><th>周一至周五</th><th>假期（周六、日及寒暑假）</th></tr>
<tr><td rowspan="6">AK01</td><td rowspan="6">17：00 ~ 18：00</td><td>剧场《酷片酷映》(周一至周五)</td><td colspan="2" rowspan="6">30000</td></tr>
<tr><td>卡酷栏目带（周一至周五）</td></tr>
<tr><td>《大玩家》(精编版)（周一至周五）</td></tr>
<tr><td>《大玩家》(周六、日)</td></tr>
<tr><td>《萌娃看动物》（周六）</td></tr>
<tr><td>《闪天下》（周日）</td></tr>
<tr><td>AK02</td><td>18：00 ~ 19：00</td><td>剧场《酷片酷映》(周一至周日)</td><td colspan="2">35000</td></tr>
<tr><td>AK03</td><td>19：00 ~ 20：00</td><td>剧场《酷片酷映》(周一至周日)</td><td colspan="2">35000</td></tr>
<tr><td>AK04</td><td>20：00 ~ 21：00</td><td>剧场《酷片酷映》(周一至周日)</td><td colspan="2">35000</td></tr>
<tr><td rowspan="2">AK05</td><td rowspan="2">21：00 ~ 22：00</td><td>剧场《酷片酷映》(周一至周日)</td><td colspan="2" rowspan="2">25000</td></tr>
<tr><td>《妈妈育上娃》(周五)</td></tr>
<tr><td>AK06</td><td>22：00 ~ 22：30</td><td>剧场《合家欢》(周一至周日)</td><td colspan="2">15000</td></tr>
</table>

备注：此价格表于 2018 年 1 月 1 日执行。如有修改，请参照最新价格表。

<table>
<tr><th colspan="5">B 类时段价格总表</th></tr>
<tr><th rowspan="2">段位名称</th><th rowspan="2">播出时间</th><th rowspan="2">段位描述</th><th colspan="2">15 秒刊例价（单位：元）</th></tr>
<tr><th>周一至周五</th><th>假期（周六、日及寒暑假）</th></tr>
<tr><td>BK01</td><td>06：00 ~ 07：00</td><td>剧场《蹦蹦跳跳》(周一至周日)</td><td colspan="2">5500</td></tr>
<tr><td rowspan="3">BK02</td><td rowspan="3">07：00 ~ 08：00</td><td>《卡酷幼儿园》(周一至周五)</td><td colspan="2" rowspan="3">6500</td></tr>
<tr><td>剧场《环球剧场》(周一至周五)</td></tr>
<tr><td>剧场《超级大连播》(周六、日)</td></tr>
<tr><td rowspan="2">BK03</td><td rowspan="2">08：00 ~ 11：00</td><td>剧场《环球剧场》(周一至周五)</td><td rowspan="2">10000</td><td rowspan="2">13500</td></tr>
<tr><td>剧场《超级大连播》(周六、日)</td></tr>
<tr><td rowspan="2">BK04</td><td rowspan="2">11：00 ~ 12：00</td><td>剧场《环球剧场》(周一至周五)</td><td rowspan="2">13500</td><td rowspan="2">15000</td></tr>
<tr><td>剧场《超级大连播》(周六、日)</td></tr>
<tr><td rowspan="2">BK05</td><td rowspan="2">12：00 ~ 13：00</td><td>剧场《环球剧场》(周一至周五)</td><td rowspan="2">18500</td><td rowspan="2">25000</td></tr>
<tr><td>剧场《超级大连播》(周六、日)</td></tr>
<tr><td rowspan="2">BK06</td><td rowspan="2">13：00 ~ 14：00</td><td>剧场《环球剧场》(周一至周五)</td><td rowspan="2">13500</td><td rowspan="2">25000</td></tr>
<tr><td>剧场《超级大连播》(周六、日)</td></tr>
</table>

续表

B 类时段价格总表				
段位名称	播出时间	段位描述	15 秒刊例价（单位：元）	
			周一至周五	假期（周六、日及寒暑假）
BK07	14：00～16：30	剧场《环球剧场》(周一至周五) 剧场《超级大连播》(周六、日)	11000	15000
BK08	16：30－17：00	剧场《环球剧场》(周一至周五) 剧场《超级大连播》(周六、日)	13500	20000
BK09	22：30－24：00	剧场《合家欢》(周一至周日) 《妈妈育上娃晚间版》(周一至周日)	6500	12500

备注：此价格表于 2018 年 1 月 1 日执行。如有修改，请参照最新价格表。

2018 年 BTV 纪实广告价格表

2018. 1. 1

A 类栏目广告价格表				
栏目名称	播出时间	刊例价（单位：元）		
		30 秒	15 秒	5 秒
《档案》(周一至周五)(首播)	19：00～19：42	20000	12000	6000
《纪录中国》(周六、日)(首播)	19：00～19：45	20000	12000	6000
《中国故事》(周一至周五)(首播)	20：00～20：53	25000	15000	7500
《纪录片影院》(周六、日)(首播)	20：00～21：30	25000	15000	7500
《纪实天下》（通档）（周一至周五)(首播)	21：00～21：30	25000	15000	7500
《寰宇客》(首播)	21：30～22：30	20000	12000	6000
《探索》(首播)	22：30～23：30	20000	12000	6000

B 类栏目广告价格表				
栏目名称	播出时间	刊例价（单位：元）		
		30 秒	15 秒	5 秒
《中国故事》 《奇趣自然》 《军情解码》	06：00～08：30	5000	3000	1500
《纪实天下》（通档） 《寰宇客》 《奇趣自然》 《中国故事》 《纪录片影院》 《档案》 《电视先锋榜》	08：30～12：00	8000	4800	2400

续表

B 类栏目广告价格表

栏目名称	播出时间	刊例价（单位：元）		
		30 秒	15 秒	5 秒
《军情解码》(首播)	12：00～12：53	10000	6000	3000
《探索》	13：00～14：00	10000	6000	3000
《寰宇客》 《档案》 《中国故事》 《纪录片影院》 《奇趣自然》	14：00～17：00	8000	4800	2400
《寰宇客》/《探索》	17：00～18：00	10000	6000	3000
《奇趣自然》(首播)	18：00～18：30	10000	6000	3000
《这里是北京》(首播)	18：30～19：00	10000	6000	3000
《军情解码》	23：30～00：30	15000	9000	4500
《纪实天下》（通档）	00：30～01：00	8000	4800	2400
《中国故事》	01：00～02：00	5000	3000	1500
《军情解码》 《这里是北京》 《档案》 《纪实天下》 《中国故事》	02：00～06：00	5000	3000	1500

专题广告价格表

微电影及专题展播	微电影及专题套播 （共 9 次）	播出时段 07：20 08：30 12：50 13：50 14：50 16：50 22：20 23：20 00：20	36000 元/1 分钟

备注：此价格表于 2018 年 1 月 1 日起执行。如有修改，请参照最新价格表。
1. 各栏目播出时间以总编室最终编排为准。栏目价格中不包含重播。
2. 指定位置广告：头一、尾一位置加收 20%，其他位置加收 10%。

大事记

2018 年北京电视台大事记

一月

1 日　本台元旦报道主题鲜明，引领开年宣传新气象。新闻节目中心推出年终专稿《跨越 2017》，以“系列报道 + 网友自拍征集”的形式，从“污染防治成效”“疏解整治促提升”“文化中心建设”“京津冀协同发展”“2022 年冬奥会和残奥会”等方面集中梳理过去一年首都各领域取得的巨大成就，展望 2018 年发展愿景。北京卫视及其他节目中心推出《2018 环球跨年冰雪盛典》《2018 跨年楼宇灯光秀》《国家大剧院 2018 年新年音乐会》《2018 北京新年倒计时大型直播》等大型跨年节目，以鲜明的主题化设计，情系冬奥，唱响全球，打造城市景观，有力传播中国声音。

5 日　北京电视台新闻节目中心策划的《初心 · 使命 · 家书——廉洁颂主题纪律教育》特别节目，在北京电视台 1000 平方米演播室圆满完成录制。市委常委、市纪委书记、市监委主任张硕辅，市委常委、市委宣传部部长杜飞进，中央纪委宣传部副部长王宇光，市纪委副书记、市监委副主任王贵平出席，本台党委书记、台长李春良，党委副书记、纪委书记彭司海，副总编辑艾冬云等领导和相关部门负责同志参加。

9 日　北京电视台召开了新媒体内容管理工作会。会议由总编室组织，节目中心和研发部、广告部共 50 余人参会。总编辑王珏，常务副台长韦小玉及副总编辑李岭涛、艾冬云出席了会议并讲话。工作会上，全台 12 个中心逐一介绍了各自所属新媒体账号的发展概况、内容编审发布管理以及使用新媒体账号进行节目宣传推广、举办线上线下活动、与电视节目进行同步直播等创新做法和经验。

22 日　在北京两会首场直播开始之前，北京电视台领导王珏、彭司海、田方、艾冬云来到会场外的直播通讯保障工作地点，现场检查了参与会议直播的通讯指挥车及直播通讯保障准备情况，并提出了精心准备、安全高效完成两会直播的要求。

22 日至 30 日　第十五届北京市人民代表大会一次会议、北京市政协十三届一次会议召开，北京电视台圆满完成对北京市两会报道。会议期间《北京新闻》《北京您早》《特别关注》等栏目先后播出新闻 150 余条次，累计播出时长 600 分钟。现场直播达到 11.5 小时。推出的两会专题《市民对话一把手》《蓝图 2018》《两会新观察》《履职行动派》等全面展现两会盛况和代表委员履职风采，目光聚焦基层代表委员，先后采访代表委员近 200 人次。新媒体移动直播、短视频观看量合计近 50 万次，图文、话题阅读量超过 40 万次。

二月

1月30日至2月1日　总编室组织召开北京电视台2017年度优秀节目评选会，来自国家新闻出版广电总局、中国记协、市广电局、市记协、北京大学、中国人民大学、中国传媒大学、中央人民广播电台等单位的22位台内外专家、学者、专业技术人员受邀担任评委，从全台182件推荐作品中，投票评选出95件优秀作品。同时，总编室组织了专家点评会，对北京电视台整体节目情况作了深入的点评发言，各节目中心一线代表参加了交流。

5日　第五届北京惠民文化消费季总结会暨2017年北京文化消费品牌榜发布仪式在中华世纪坛举办。该活动由市文资办、市文化局、市新闻出版广电局、市文物局主办，市政府、市委宣传部领导出席仪式并颁奖。第七届北京国际电影节作为中外电影交流合作的优质平台，充分展现了中国电影繁荣发展的生机与活力，同时开展了展映、嘉年华、音乐会等文化惠民活动，丰富了群众文化生活，被评为“2017年文化消费品牌榜‘十大文化展演活动’”。

6日　北京电视台召开学习贯彻党的十九大精神暨“三项学习教育”集中培训，邀请专家作学习贯彻党的十九大精神讲话，观看市领导关于学习党的十九大精神讲话录像。党委副书记、纪委书记彭司海主持会议。党委副书记、常务副台长韦小玉代表台党委和李春良台长做动员讲话。全台干部职工近千人参加。

8日　北京电视台在BTV大剧院召开2018年工作会议，传达学习全市宣传部长会议精神，总结2017年工作，部署2018年工作，研判当前形势，动员全台干部职工振奋精神，全力以赴，以新气象、新作为推动新发展。会上，党委书记、台长李春良代表台党委作重要讲话，党委副书记、总编辑王珏主持会议，近千人参加会议。

15日　市委常委、市委宣传部部长杜飞进来北京电视台看望慰问春节前夕坚守一线的采编播人员，市委宣传部秘书长张爱军等陪同。北京电视台台长李春良、总编辑王珏、常务副台长韦小玉、总工程师田方、副总编辑徐滔及相关部门负责人参加。

15日　春节节目《智享未来——2018机器人大联欢》播出。此次晚会集中了北京乃至国内20多个品种的200多台机器人，是机器人有史以来第一次大集结，这一“非人类”春晚更是当之无愧地开电视春晚节目之先河，是当代电视荧屏上一次不亚于里程碑式的开山之作。该晚会在北京电视台2018年优秀节目评选中，荣获电视文艺类三档作品。

三月

6日　北京电视台副总编辑李岭涛带队，纪实频道主任严崴、副主任周永萍等一行5人专程前往北京市纪委监察委进行交流座谈。市纪委常委陈名杰，宣传部长王学锋，宣传部宣传处副处长高明，电教中心副主任胡谦等参加了座谈会。与会的市纪委领导高度评价几年来纪实频道对市纪委市监察委工作的支持和帮助，对纪实频道制作的一系列反映市监察委改革进程的专题片、警示教育纪录片和短视频等给予充分肯定，并转达了市纪委相关领导对北京电视台所做工作的认可。

5日　市委常委、市委宣传部部长杜飞进同志主持召开专题会，听取第八届北京国际电影节筹备工作进展汇报。市委宣传部常务副部长赵卫东、副部长赵佳琛、秘书长张爱军参会，市新闻出版广电局、怀柔区委宣传部、北京电视台分别汇报。北京市新闻出版广电局局长杨烁、副局长胡东、副巡视员卞建国，怀柔区委常委、宣传部部长鲍晓健，北京电视台台长李春良，北京电视台总编辑王珏等参会。

16日　北京市政府副秘书长、市信访办主任韩庚，市信访办副主任、市非紧急救助服务中心主任王传颂等一行，到北京电视台与李春良台长、艾冬云副总编辑以及新闻中心相关同志就《12345需求与反馈》暨“听民意解民忧”特别系列报道，进行专题座谈。

26日　北京市副市长王宁主持召开专题会，听取第八届北京国际电影节筹备工作进展汇报，协调解决电影节重点、难点工作。会议要求，组委会各成员单位进一步统一思想，协同作战，全力做好各项保障工作，确保电影节顺利、安全举办。市政府副秘书长尹培彦、北京市新闻出版广电局局长杨烁、北京电视台总编辑王珏等参加。

四月

2日　北京市副市长王宁主持召开第八届北京国际电影节现场运行指挥部会议，市委常委、宣传部部长杜飞进，中宣部文艺局局长汤恒、中央广播电视总台领导胡邦胜、电影局副局长李国奇、中国国际广播电台副总编辑任谦、北京市政府副秘书长尹培彦、市委宣传部常务副部长赵卫东、市委宣传部副部长赵佳琛、市委宣传部秘书长张爱军，以及电影节组委会运行指挥部相关单位、电影节项目承办方负责人参加会议。

同日　市委宣传部副部长赵佳琛召开会议，专题听取第八届北京国际电影节开幕式、闭幕式方案和各项活动的筹备进展情况。北京市新闻出版广电局局长杨烁，北京电视台台长李春良、总编辑王珏、副总编辑徐滔及北京电视台总编室、卫视节目中心、文艺节目中心、青少·海外节目中心、影运中心和开幕式、闭幕式导演组、电影节各项活动的主要负责人参加会议。会议强调保障工作安全是基本前提，要求提高活动现场的把控力；注重细节，打磨好节目内容；嘉宾邀约和颁奖环节要进一步提升品质，突出重点，做好人员把关工作。

9日　北京电视台召开2018年党风廉政建设工作会。台长李春良代表台党委作重要讲话，要求各级领导干部把党风廉政建设工作放在心上、扛在肩上、抓在手上、落实在行动上，确保取得实实在在的成效。北京广播电视台纪委书记王伟代表总台纪委要求各级领导干部进一步提高思想认识，夯实主体责任，落实各项部署，履行监督责任，协助党委开展、做好协助工作。总编辑王珏主持会议，常务副台长韦小玉通报了2018年全台党风廉政建设重点工作，纪委书记彭司海通报了2018年北京电视台专项监察工作方案，新闻、青少·海外、生活节目中心部门负责人介绍了推动党风廉政建设工作的经验和做法。市纪委市监委驻北京市广电局纪检监察组副组长马峥、处长陈涛，全体台领导班子成员、北京广播电视台纪检部主任侯召国及各部门中层干部、台属企业负责人、纪检协作员以及纪律监督员、部分科长和制片人等近400人参会。

14日　第八届北京国际电影节电影嘉年华在北京市怀柔区的国家中影数字制作基地开幕。北京市新闻出版广电局副局长胡东致辞。市委宣传部副部长赵佳琛，怀柔区区长卢宇国，怀柔区委宣传部部长鲍晓健，怀柔区副区长焦宝军出席。中国电影股份有限公司和国家中影数字制作基地的有关领导参加。中国电影家协会主席李雪健、副主席尹力，著名导演郑晓龙，著名编剧王小平，著名表演艺术家王姬、张光北、梁天等影视界人士到场助阵。

15日　第八届北京国际电影节在北京雁栖湖国际会展中心隆重开幕。中共中央宣传部常务副部长王晓晖，中共中央宣传部副部长、中央广播电视总台台长慎海雄，国家广播电视总局副局长张宏森，中共北京市委常委、宣传部部长杜飞进，北京市副市长王宁，文化和旅游部党组成员于群等出席。慎海雄宣布电影节开幕，杜飞进代表电影节组委会致辞。开幕式以“一个电影节一座城”为主题进行了精彩演出，中国影史票房冠军《战狼2》主演吴京、亚军《红海行动》导演林超贤和主演张涵予、季军《唐人街探案2》导演陈思诚在开幕式上联手开启了中国电影史上的重要一幕——首次发布中国电影大数据。以上三部电影均出自北京电影制作机构。

16日—18日　由北京国际电影节主办，北京电视台纪实频道、中国传媒大学新闻传播学部、五洲传播中心联合承办的第八届北京国际电影节纪录片单元在中国传媒大学成功举办。这是纪实频道连续5年承办纪录片单元活动。活动期间，国务院新闻办公室对外推广局副局长凌厉、国家广播电视总局国际合作司司长马黎、国家广播电视总局宣传司副司长满昌学、中国传媒大学校长廖祥忠、北京市新闻出版广电局的相关领导、北京电视台副总编辑李岭涛到场并发言。

17日　第八届北京国际电影节主席及电影行业代表沙龙在北京国际饭店举办，活动旨在推动电影产业发展和国际文化传播，为国际电影行业领袖提供优质的合作交流平台。北京市新闻出版广电局副局长胡东、副巡视员卞建国出席。东京国际电影节主席久松猛朗和华沙国际电影节主席斯蒂芬·劳丁致辞，来自蒙特利尔国际电影节、尼泊尔国际电影节、中美电影节、巴黎中国电影节、中加电影节、韩国光州电影节、欧洲万象国际华语电影节、牙买加加特福斯特电影节等国际电影节主席及多位国际行业协会代表共同出席了本次沙龙活动，展现了北京国际电影节强大的品牌凝聚力、国际影响力和广泛的业内认知度。

22日　第八届北京国际电影节闭幕式暨颁奖典礼在北京雁栖湖国际会展中心举办，揭晓“天坛奖”10个奖项。北京市委常委、宣传部部长杜飞进，北京市副市长王宁，中央宣传部文艺局局长汤恒等出席。闭幕式暨颁奖典礼以“国际视野、中国表达、北京风范”的姿态，围绕“电影情怀、致敬经典、追寻时代、东方审美”的核心要素，用全新的视听体验表达电影梦想。王家卫、段奕宏、詹恩·凯兹梅利克、乔纳森·莫斯托、卡林·皮特

·内策尔、鲁本·奥斯特伦德、舒淇等7位“天坛奖”国际评委会成员和李雪健、冯小刚、顾长卫、安东尼·拉默里纳拉等来自世界各地的知名电影人和各界人士参加。格鲁吉亚、爱沙尼亚合拍影片《惊慌妈妈》获“天坛奖”最佳影片奖；格鲁吉亚、卡塔尔、爱尔兰、荷兰及克罗地亚合拍影片《妈妈》获最佳导演奖；加拿大影片《目视朱丽叶》获最佳男主角奖；格鲁吉亚、爱沙尼亚合拍影片《惊慌妈妈》获最佳女主角奖；英国影片《旅程尽头》获最佳男配角奖；伊朗影片《灼热之夏》获最佳女配角奖；以色列、奥地利合拍影片《证言》获最佳编剧奖；格鲁吉亚、卡塔尔、爱尔兰、荷兰及克罗地亚合拍影片《妈妈》获最佳摄影奖；英国影片《旅程尽头》获最佳音乐奖；中国影片《红海行动》获最佳视觉效果奖。

4月　网管部自主开发了一套监控运维系统，实现了内容生产服务平台和北京IPTV系统的重点监控数据可视化。

五月

3日　北京电视台团委举办“五四”主题团日活动暨团干部培训班，组织全台各团支部书记、团员青年代表集体参观了北京市规划展览馆，邀请80后十九大代表韩青同志讲团课。

7日　北京电视台总编室组织召开全台改革开放40周年宣传规划推进落实会，王珏总编辑主持会议，李岭涛副总编辑、艾冬云副总编辑、秦华副台长以及总编室、研发部、计财部、广告部、各节目中心等15个部门40余人参加会议。

9日　北京市委宣传部组织召开全市宣传系统信息工作会。北京电视台党委副书记彭司海及办公室相关负责同志参加会议。北京电视台编辑上报的《北京电视台专题片〈天涯共此时——见证者〉展现“一带一路”建设合作成果》等信息入选市委宣传部《快报优秀范例摘编》。按照市委宣传部统计数据，2017年，北京电视台报送信息被市委宣传部采用数量居全市宣传系统第二位。

11日　中国广播电影电视社会组织联合会法制电视节目工作委员会2018年度理事会在北京召开，本次会议由中广联合会法制电视节目工作委员会和北京电视台共同主办，北京电视台科教节目中心承办。会上，北京电视台总编辑王珏致欢迎词，并以“融合创新　面向未来”的主题，围绕新型主流媒体，从内容生产与产业经营方面，详细阐述了如何争做新时代媒体，形成新型传播体系的问题。北京电视台科教节目中心主任杜研结合频道自身经验，围绕地面频道的内容经营发展，从地面频道如何做好法治节目、如何进行内容营销等方面和与会代表进行了交流。

14日　希腊中国友好协会执行副主席贡多斯·莱夫特瑞斯来北京电视台参观交流座谈。北京电视台副总编辑李岭涛、市新闻出版广电局相关处室及卫视节目中心、青少·海外节目中心、纪实频道节目中心负责人参加座谈。

18日　“96168”服务热线举办了挂牌仪式，办公室领导和相关负责人共同为“96168”服务热线挂牌。北京电视台“96168”服务热线被首都精神文明建设委员会授予市级“学雷锋志愿服务示范岗”称号。

31日　来自哈萨克斯坦、乌兹别克

斯坦、巴基斯坦等上海合作组织成员国的13家主流媒体20余位高管和记者代表来北京电视台参观交流，实地了解北京媒体融合创新的发展现状。办公室、卫视节目中心、新闻节目中心、播出部、制作部相关负责人陪同交流。

六月

5日 科教节目中心《法治进行时》栏目组与最高人民法院新闻局、最高人民法院执行局以及北京市高级人民法院合作，以“决胜执行难”为主题，助力“北京法院执行直播月”，开展为期一个月的全媒体直播。此次直播是《法治进行时》的第一次长时间场外全媒体直播的新尝试，将演播室和执行现场结合，多场景、多维度、多空间融合的新形态。

22日 《北京您早》《直播北京1》《特别关注》《晚间新闻报道》新闻直播节目正式切到新系统进行节目制作；25日，《北京新闻》节目切到新系统进行并行制作和播出演练；7月1日《北京新闻》切到新系统进行播出，历时近两个月，新闻直播新系统正式上线。

26日至7月6日 为庆祝中国共产党成立97周年，广泛宣传北京市基层党组织和共产党员在推动首都各项事业中做出的突出业绩，发挥先进典型示范引领作用，由市委组织部、市委宣传部和北京电视台科教节目中心联合制作了20集大型党建系列片《为你而歌》（第十六部）。该系列片旨在挖掘、展现新时代优秀共产党员努力奋斗、不忘初心、牢记使命，先进基层党组织忠诚担当、服务人民的真实故事，向观众传递一种直达人心的温暖的力量。

七月

2日 党委书记、台长李春良同志代表北京电视台党委对7名患重大疾病和家庭困难的党员进行了慰问。分管台领导韦小玉、田方、王澎、艾冬云和相关部门负责人陪同慰问。

31日和8月1日 北京电视台召开上半年工作总结暨下半年工作务虚会，深入传达学习了市委十二届五次全会精神，总结了上半年工作，分析了面临的主要问题和困难，研究并部署了下半年工作。北京电视台台长李春良等全体台领导班子成员及各部门中层干部、台属一级企业主要负责人、业务骨干等150余人参加。党委副书记、总编辑王珏主持会议。

八月

4日 “记录新时代——第六届国产纪录片及创作人才推优活动”颁奖典礼在北京电视台大剧院举行。活动由国家广播电视总局主办，北京市新闻出版广电局、北京广播电视台承办。国家广播电视总局党组成员、副局长范卫平出席推优活动。当晚，纪实频道共获7项大奖：在8部获选优秀国产纪录片短片之中有3部作品出自北京电视台纪实频道，分别是《当他们渐渐老去》《恐袭12小时》《不老的车轮》；在4项优秀国际传播类获奖作品中，《记录北京的人》名列其中；在5档优秀纪录片栏目中，《奇妙之旅》榜上有名；5家优秀播出机构中，北京电视台纪实频道荣膺一席。

13日 2018年第14届北京国际体育

电影周闭幕式暨颁奖活动在鸟巢文化中心举行。纪实频道《破雪而上》荣获米兰国际体育电影电视节全球总决赛北京站优秀作品奖，王珏总编辑代表北京电视台获邀出席并为获奖作品颁奖。

16日　北京市委外办、市政府外办会同市委组织部、市国家安全局工作小组一行4人来北京电视台，对因公出访管理工作及护照管理情况进行了专项检查。北京电视台党委副书记彭司海和办公室副主任王昕以及外事接待科相关人员陪同接待。台外事负责人向工作小组详细汇报了北京电视台2016年至2018年上半年因公出访管理工作的自查情况。工作小组对因公出访团组回国后的安全排查等方面工作提出了几点建议和更高要求。

20日至27日　纪录片《永定河》在北京卫视、BTV新闻、BTV纪实频道播出。作为北京电视台2017—2018年重点原创纪录片作品和改革开放40周年重点文化献礼片，纪录片《永定河》通过镜头追寻北京千年生命之水的源头，为北京城市文化追根溯源；重温历史、回望今昔，为构筑京津冀一体化新格局助力；以科学的、生态的视角，引导公众认知、了解、保护永定河。

23日　由国家广电总局研修学院副院长刘颖带队的“发展中国家主流媒体部级研讨班”一行21人来北京电视台参观访问并进行座谈交流。北京电视台党委副书记彭司海和办公室、总编室、研发部、总工办、计财部、人事部及经营管理部的负责同志陪同座谈。

27日　北京广播电视台融媒体中心成立仪式在北京电视台隆重举行，北京市委常委、宣传部部长杜飞进出席活动并讲话。市委宣传部常务副部长赵卫东、市委宣传部秘书长张爱军、人民日报北京分社社长朱竞若、新华社北京分社社长梁相斌参加活动。北京广播电视台台长李春良致辞，并代表北京广播电视台分别与人民日报北京分社和北京日报签订了战略合作协议。中央电视台北京记者站、市互联网信息办公室、市新闻出版广电局、全市16区区委宣传部和亦庄开发区宣传部领导，北京日报、北京青年报、新京报、千龙网、北京广播电视台、北京人民广播电台、北京电视台、北京新媒体集团相关负责人参加活动。

8月　北京市国家保密局、北京市人力资源和社会保障局对2014—2017年度在保密工作中做出突出成绩的先进集体和先进个人予以表彰通报。北京电视台办公室荣获“北京市保密工作系统先进集体”称号，是市宣传系统唯一获先进集体表彰的单位。

同月　网管部承建的北京电视台大数据平台在融合媒体的智能应用和北京电视台新媒体生产平台与内容中心建设项目分获中国电影电视技术学会科学技术奖二等奖、三等奖。

九月

3日至4日　2018年中非合作论坛峰会在北京举行，北京电视台、北京电台新闻广播、北京时间网站联袂进行了融合报道。北京电视台《北京新闻》《北京您早》《特别关注》《都市晚高峰》《晚间新闻报道》分别开专栏《中非共绘新蓝图》，共播出新闻110条次；融媒体现场直播《中非共绘新蓝图》5场，直播连线近20次，并在北京卫视和新闻频道中推出3集系列专题片《握手非洲》，电视台微信公众号“北京新闻”制作推送新媒体图文21篇；北京电台共采制播发相关录音报道、口播、连线约110条，策划制作专题访谈3大系列，北京广播网更新发稿35篇，推出2款新媒体产品；北京时间共发布各类稿件256篇。

17日 北京电视台与匈牙利D1电视台在匈牙利首都布达佩斯签署《北京之夜》周播节目落地播出及战略合作协议，双方宣布，自2018年10月起，每周六晚黄金时段19：00—19：30将连续播出52期《北京之夜》系列纪录片，这是北京市推动中华文化走出去的一项新举措。签约仪式现场，中国驻匈牙利大使馆、匈牙利人力资源部媒体管理组、匈牙利全国体育外交司、匈牙利残奥会和布达佩斯市政府官员和各界人士近百人出席。北京市委宣传部研究室主任孔建华致辞，北京冬奥组委新闻宣传部副部长吕钦做冬奥推介。匈牙利全国体育外交司司长、国际公平竞赛委员会通讯专员德莱戈·嘎博、匈牙利冬残奥会主席绍博也在活动中致辞，共叙中匈友谊与合作。

21日 在德国法兰克福举行《北京之夜》周播节目开播暨“2022相约北京”冬奥会德国推介会。北京电视台的系列纪录片《北京之夜》周播节目，2017年在德国4家电视台播出，为德国观众打开一扇认识北京、了解中国和2022北京冬奥会的窗口。第二季《北京之夜》将从2018年12月起每周五晚上，通过德语日播中国专题栏目《来看吧》，在德国萨沃电视台、门兴城市视角电视台、莱茵美茵电视台播出，共52期，每期30分钟。中国驻法兰克福总领事馆副总领事孙瑞英参加《北京之夜》周播节目开播仪式。

十月

31日 由北京广播电视台、天津广播电视台、河北广播电视台联合推出的庆祝改革开放40年——“壮阔东方潮 筑梦京津冀”大型新闻行动，在河北雄安新区启动。河北省委宣传部部务会成员、副巡视员、雄安新区宣传中心主任边建国，北京电视台副总编辑艾冬云，天津广播电视台电视新闻中心党委书记、副主任李秀英，河北广播电视台（集团）党委副书记、总编辑李社军以及京津冀三台参与此次报道的编辑记者共60余人，参加启动仪式。

十一月

3日 北京电视台制作部、北视英特维与日本NHK电视台、NEP公司完成国内首部户外8K纪录片《极致中国之境——川西秘境》拍摄。纪录片时间长度为45分钟，将于2019年3月在NHK8K频道上线播出。

5日 北京市副市长王宁在国家大剧院《对话艺术家》录制现场与艾冬云副总编辑及新闻中心主创团队进行座谈。11月1日起，北京电视台联合国家大剧院推出专题节目《对话艺术家》。

9日 北京电视台办公室与北京京视传媒有限责任公司联合创办的以服务观众、服务栏目为宗旨的微信公众号BTV96168观众俱乐部微信平台首次开通了由文艺节目中心主办的第八届喜剧幽默大赛现场录制观众报名通道。报名通道一经开启，仅通过朋友圈链接途径即新增报名观众300余名。

19日至24日　北京市委宣传部主办、北京电视台新闻节目中心制作的6集大型历史人文纪录片《这里是通州》在北京卫视、BTV新闻同步推出。《这里是通州》共6集，每集30分钟，从《水脉相连》《漕运沧桑》《京师要冲》《文汇天下》《商通南北》《未来之城》，各有侧重地介绍了通州的历史变迁、漕运商贸、文脉传承、作为京畿门户的政治军事地位，及其未来发展规划。

23日　在第24届中国纪录片学术盛典上，纪实频道节目中心的《奇妙之旅》荣获“十佳栏目奖”，《院士马国馨》《当他们渐渐老去》分别荣获“短片好作品奖”与“系列片好作品奖”。第24届中国纪录片学术盛典由中国电视艺术家协会、中共深圳市委宣传部、深圳文学艺术界联合会主办，中国视协电视纪录片学术委员会、深圳市电影电视家协会承办，深圳市影视产业联合会协办。本届纪录片学术盛典是国内纪录片参评数量最多、规模最大、规格最高的评选活动，代表了年度国内纪录片的发展方向和最高成就。

22日　北京电视台台长李春良与内蒙古广播电视台台长王雪峰、党委副书记张德贵、副总编辑朝鲁巴特尔、副台长张轶敏一行座谈，双方就推进务实合作进行深入交流。北京电视台党委副书记彭司海，办公室、总编室、研发部、人事部，新闻、体育、纪实频道节目中心负责人等参加座谈。

同月　北京电视台600平方米新闻演播室建成。4月份制作部技术人员开始进场施工，历时半年多的时间完成了此项工作，新闻演播科全体工作人员从2月份开始至年底进行了多次培训学习，为2019年演播室的投入使用做好准备，打下了坚实的基础。

十二月

12日　为庆祝改革开放40年，由北京市商务局与北京电视台共同打造、联合出品的两部大型纪录片《为民而商——北京商业服务业四十年纪实》和《开放北京与世界同行——北京外经贸四十年》开播启动仪式在三里屯太古里红馆举行。北京市商务局副巡视员王洪存，北京市市委宣传部副巡视员徐和建，北京市商务局党组书记、局长闫立刚，北京电视台副总编辑艾冬云，北京一轻食品集团董事长李奇等参加启动仪式。

21日　由北京电视台纪实频道全新打造的系列文化微纪录片《我们的传承》新闻发布会在中国紫檀博物馆举行。《我们的传承》作为北京市委宣传部2016年度文化精品工程第一批重点项目，2018年北京宣传文化引导基金资助项目，于2018年年初启动，历时一年，5组导演深度挖掘出30个北京文化传承的故事，用“平凡中传递文化的力量”视角，寻访这座城市中的普通人，记录他们用平凡的力量，传承北京传统文化的内涵、精神、匠心。发布会上，《我们的传承》30个故事的主人公齐聚一堂，北京电视台副总编辑艾冬云、北京文化发展中心副主任李霞以及朝阳、石景山、门头沟区的非遗中心的负责人也来到发布会现场。

索　引

索　引

汉语拼音索引

B

C

D

Q

R

S

T

W

X

Y

Z

数字索引

英文字母索引

图书在版编目（CIP）数据

2019北京电视台年鉴 /《北京电视台年鉴》编辑部编. -- 北京 : 北京日报出版社, 2020.6
ISBN 978-7-5477-3557-2

Ⅰ. ①2… Ⅱ. ①北… Ⅲ. ①北京电视台—2019—年鉴 Ⅳ. ①G229.271-54

中国版本图书馆CIP数据核字(2019)第260528号

责任编辑：史　琴
助理编辑：秦　姚

2019北京电视台年鉴

出版发行	北京日报出版社
地　址	北京市东城区东单三条8-16号东方广场东配楼四层
邮　编	100005
电　话	发行部：（010）65255876
	总编室：（010）65252135
印　刷	廊坊市博林印务有限公司
经　销	各地新华书店
版　次	2020年6月第1版
印　次	2020年6月第1次印刷
开　本	787毫米×1096毫米　1/16
印　张	28　彩　插　2.5
字　数	690千字
定　价	128.00元